BIBLIOTHEKEN BAUEN · BUILDING FOR BOOKS

Schweizerische Landesbibliothek
Swiss National Library
Bibliothèque nationale suisse

SUSANNE BIERI • WALTHER FUCHS

BIBLIOTHEKEN BAUEN
Tradition und Vision

BUILDING FOR BOOKS
Traditions and Visions

Birkhäuser – Verlag für Architektur • Publishers for Architecture
Basel • Boston • Berlin

BIBLIOTHEKEN BAUEN • BUILDING FOR BOOKS
Tradition und Vision • Traditions and Visions
Diese Publikation erscheint im Juni 2001 anlässlich der offiziellen Wiedereröffnung nach der Neu- und Umbauphase der Schweizerischen Landsbibliothek. • This book will be published in June 2001 to mark the official opening of the Swiss National Library, following conversion and extension. • Cette publication paraît en juin 2001 à l'occasion de la réouverture après rénovation de la Bibliothèque nationale suisse.
Herausgeber • Editor: Schweizerische Landesbibliothek
Konzept und Redaktion • Concept and editorial coordination: Susanne Bieri, Walther Fuchs
Übersetzung vom Englischen ins Deutsche • Translations from English into German: Regina D. Schiewer, Berlin; Meino Brüning, Berlin
Übersetzung vom Französischen ins Deutsche • Translations from French into German: Maya Im Hof, Muri b. Bern
Übersetzung vom Italienischen ins Deutsche • Translations from Italian into German: Monica Nolli, Bern
Übersetzung vom Deutschen ins Englische • Translations from German into English: Robin Benson, Berlin; Adam Blauhut, Berlin; Joseph O'Donnell, Berlin; Mark Walz, Berlin
Übersetzung vom Französischen ins Englische • Translations from French into German: Sarah Parsons, Paris
Kurzfassungen französisch • French abstracts: Gilles Cuenat, Bern; Christian Surber, Bern; Alain Perrinjaquet, Le Bémont; Sylvie Colbois, Neuchâtel
Kurzfassungen deutsch • German abstracts: Maya Im Hof, Muri b. Bern
Lektorat deutsch • German text editors: Peter Kraut, Bern; Rätus Luck, Bern; Wolfram Schneider-Lastin, Zürich; Marlis Stähli, Zürich
Lektorat englisch • English text editors: Robin Benson, Berlin; Adam Blauhut, Berlin; Joseph O'Donnell, Berlin; Mark Walz, Berlin
Lektorat französisch • French text editor: Stéphanie Cudré-Mauroux, Fribourg
Recherchen, technische Angaben und Bildvorlagen • Research, technical details and illustrations: Monika Bohnenblust, Bernhard Dufour, Sylvain Rossel, Silvia Schneider, Peter Sterchi

A CIP catalogue record for this book is available from the Library of Congress, Washington D.C., USA
Die Deutsche Bibliothek – CIP-Einheitsaufnahme
Bibliotheken bauen : Tradition und Vision ; [erscheint im Juni 2001 anlässlich der offiziellen Wiedereröffnung nach der Neu- und Umbauphase der Schweizerischen Landesbibliothek] = Building for books / Schweizerische Landesbibliothek. Susanne Bieri/Walter Fuchs. [Übers. vom Engl. ins Dt.: Regina D. Schiewer …]. - Basel ; Boston ; Berlin : Birkhäuser, 2001
ISBN 3-7643-6429-7

© 2001 Birkhäuser – Verlag für Architektur • Publishers for Architecture
P.O.Box 133, CH-4010 Basel, Switzerland; http://www.birkhauser.ch
Member of the BertelsmannSpringer Publishing Group

© Abbildungen • Illustrations: siehe Abbildungsnachweis • see illustration credits
Gestaltung, Frontispiz • Design, Frontispiece: Vaclav Pozarek
Printed on acid-free paper produced from chlorine-free pulp. TCF ∞
Printed in Germany
ISBN 3-7643-6429-7
9 8 7 6 5 4 3 2

Inhalt • Contents • Sommaire

Ruth Dreifuss
Portes ouvertes 11

Rosemarie Simmen
Mehr als nur ein Ort für Bücher. 12

Jean-Frédéric Jauslin
« Il n'y a pas de solution parce qu'il n'y a pas de problème ! » 14

Susanne Bieri
Doppelter Januskopf 17
Dual Janus Face. 22
Janus et son double 25

Tradition • Traditions • Traditions 29

Jan Assmann
Bibliotheken in der Alten Welt, insbesondere im Alten Ägypten 31
Libraries in the Ancient World – with Special Reference to Ancient Egypt. . . 50
Les bibliothèques dans le Monde antique : l'exemple de l'Égypte ancienne. . . 68

Jeffrey F. Hamburger
Frauen und Schriftlichkeit in der Schweiz im Mittelalter 71
Women and the Written Word in Medieval Switzerland. 122
Les femmes et l'écrit en Suisse au Moyen Âge. 160

Werner Oechslin

Die Bibliothek und ihre Bücher – des Menschen Nahrung 165

The Library and its Books – Human Nourishment 190

La bibliothèque et ses livres – nourriture de l'humanité 212

Adolf Max Vogt

Boullée sucht «kosmische Grösse» für seine Bibliothek 215

Boullée Seeks "Cosmic Scale" for his Library 227

Boullée à la recherche d'une dimension cosmique pour sa bibliothèque. 234

Dorothée Bauerle-Willert

Aby Warburgs Daimonium: Die Kulturwissenschaftliche Bibliothek 237

On the Warburg Humanities Library 253

La bibliothèque Warburg des lettres et des sciences humaines 268

Jean Roudaut

Les bibliothèques et leurs hommes 271

Libraries and Their People 286

Bibliotheken und ihre Menschen 302

Walther Fuchs

Die Modernität der Schweizerischen Landesbibliothek, 1798–2001 305

The Modernity of the Swiss National Library, 1798–2001 345

La modernité de la Bibliothèque nationale suisse, 1798–2001 370

Anna Klingmann

Datascapes: Bibliotheken als Informationslandschaften 377

Datascapes: Libraries as Information Landscapes. 406

« Datascapes » : les bibliothèques et l'aménagement du paysage de
l'information 424

**Andere Bibliotheken • Different Libraries •
Autres bibliothèques**............................... 427

Thomas Huber
Andere Bibliotheken • Different Libraries • Autres bibliothèques......... 427

Vision • Visions • Visions...................... 453

Bonnard & Woeffray VS.............................. 455
Roberto Briccola TI................................ 463
Conradin Clavuot GR................................ 471
Galletti & Matter VD............................... 479
Christian Kerez ZH................................. 489
Miller & Maranta BS................................ 497
smarch: Stücheli & Mathys & Waldvogel BE........... 503
Jens Studer ZH..................................... 511

**Baumaterialien • Building Materials •
Matériaux pour une bibliothèque**.................. 519

Abbildungsnachweis • Illustration Credits • Crédits photographiques...... 523

RUTH DREIFUSS

Portes ouvertes

La Suisse ne manque pas de bibliothèques intéressantes. Temples du savoir, mémoires du passé, royaumes de silence, bâtiments simples et populaires ou véritables monuments bien équipés, elles restent le symbole de la connaissance, de l'émancipation et de la liberté.

L'idée de rassembler le savoir du monde entier en un seul endroit a autant inspiré les architectes que les philosophes et les artistes comme, par exemple Jorge Luis Borges, qui a reconstruit l'univers dans « la Bibliothèque de Babel ». Et si la bibliothèque encyclopédique reste un rêve que l'on croit parfois approcher avec la création de réseaux mondiaux, les hommes ont construit au fil des siècles une multitude de bibliothèques bien réelles, dans lesquelles le savoir a été rangé, classé, protégé. Elles renferment les trésors de ce monde, et contrairement aux banques qui enferment leurs trésors dans des coffres-forts, elles nous invitent à découvrir leur richesse.

Bibliothèques d'école, bibliothèques de quartier ou bibliothèques universitaires, elles jalonnent notre vie qu'on les parcoure à la recherche d'un livre bien précis ou juste pour le plaisir, pour l'odeur des reliures ou le contact du papier ; en tournant les pages de livres que des milliers d'autres mains ont feuilletés avant nous, on découvre le monde et la vie, entre fiction et réalité.

Il y a 70 ans, la Confédération a fait construire le bâtiment de la Bibliothèque nationale suisse. Grande, pratique, moderne, mais aussi bien pensée, elle a été construite de façon à pouvoir être agrandie et rénovée de manière judicieuse et esthétique. Aujourd'hui, après deux ans de rénovation, nous la rendons au public.

C'est à cette occasion que paraît cet ouvrage qui illustre la riche tradition des bibliothèques tout en donnant libre cours aux visions futuristes. Il montre également que si certaines choses ont changé au cours de l'histoire, le droit et le besoin des hommes d'avoir accès au savoir des bibliothèques demeurent. Leurs portes doivent donc rester grandes ouvertes pour ceux qui veulent voyager dans le temps et dans l'histoire, pour ceux qui cherchent des réponses à leurs questions ou pour ceux qui aiment tout simplement partir à la découverte d'autres horizons.

Ruth Dreifuss, Conseillère fédérale

ROSEMARIE SIMMEN

Mehr als nur ein Ort für Bücher

Mit der Erweiterung und Renovation der Schweizerischen Landesbibliothek findet ein grosses Projekt seinen verdienten Abschluss. Durch die Verdreifachung der Publikumszone und neue attraktive Räume für verschiedenste Zwecke wandelt sich die Bibliothek zu einem modernen Dienstleistungszentrum. Ihre markante Hülle und ihr faszinierendes Innenleben sind nun noch beeindruckender als zuvor – und doch bilden sie erst die Voraussetzung für die eigentlichen Aufgaben, die sie erfüllen muss.

Müsste man das Verhältnis von Schweizer Parlamentarierinnen und Parlamentariern zur Schweizerischen Landesbibliothek beschreiben, man könnte es vielleicht unter dem Titel der ehemaligen Fernsehreihe *Was man weiss und doch nicht kennt* tun. Nicht wenige Mitglieder des Parlamentes sind hierin ein getreuer Spiegel ihrer Wählerinnen und Wähler, ja der ganzen schweizerischen Bevölkerung. Es lässt sich nicht leugnen, dass die Schweizerische Landesbibliothek im Bewusstsein der Öffentlichkeit bei weitem nicht den Platz einnimmt, der ihr aufgrund ihrer Aufgaben und der Qualität ihrer Leistungen zukommt. Eine Verstärkung ihrer politischen, kulturellen und gesellschaftlichen Stellung als Sammlerin und Hüterin aller Informationen über die Schweiz – ungeachtet der Art der Träger oder der Herkunft – ist aber sowohl für die Bibliothek selber als auch für den Staat Schweiz von grösster Bedeutung. Wie wichtig es ist, neben fremden Informationen über unsere Vergangenheit auch eigene Quellen zu haben, wurde im Zusammenhang mit der Diskussion um die Haltung der Schweiz im Zweiten Weltkrieg deutlich.

Die Menge der Information wächst von Tag zu Tag mit hoher Geschwindigkeit, während die Mittel zu deren Sammlung, Aufbewahrung und Ausleihe im günstigsten Fall stagnieren. Wenn wir verhindern wollen, dass wir binnen kurzem über das 15. Jahrhundert umfassender informiert sind als über die ersten Dezennien des 21. Jahrhunderts, müssen wir so rasch wie möglich neue, innovative Wege gehen. Es sei denn, die Eidgenossenschaft verstärke die personellen und finanziellen Ressourcen rasch, massiv und nachhaltig.

Ein wichtiger Schritt ist bereits getan: Mit der Inbetriebnahme der Entsäuerungsanlage in Wimmis ist es möglich geworden, Papier, das nach 1850 hergestellt wurde und vom Zerfall bedroht ist, zu konservieren. Es wäre unverständlich und unverzeihlich, wenn wir den Informationen der jüngsten Vergangenheit, der Gegenwart und der Zukunft – seien diese nun gedruckt oder elektronisch – nicht dieselbe Aufmerksamkeit zukommen liessen.

Es ist Aufgabe der breit zusammengesetzten Eidgenössischen Bibliothekskommission, Visionen und Strategien zu entwickeln, damit die SLB ihren Auftrag auch in Zukunft erfüllen kann. Wer entscheidet, was archiviert werden soll? Wer entwickelt Strategien für die Erhaltung elektronischer Publikationen? Wie können drängende Platzprobleme gelöst werden? Aber auch organisatorische Fragen sind wichtig, so etwa die vermehrte Differenzierung zwischen jenen Aufgaben der Landesbibliothek, welche sie als Nationalbibliothek von Gesetzes wegen zu erbringen hat und die der Staat somit auch berappen muss und jenen anderen Bibliothekstätigkeiten, welche die SLB in eigener unternehmerischer Verantwortung erfüllen kann und soll.

Bibliotheken bauen ist das Eine – sie zu betreiben, zu nutzen und für das Publikum attraktiv zu gestalten das Andere. Nur wenn beides zusammenkommt, erfüllt die Schweizerische Landesbibliothek ihren Auftrag. Die Texte und Projekte in diesem Buch beschreiben unterschiedlichste Konzepte, wie Bibliotheken in der Vergangenheit funktioniert haben und – für unseren Fall entscheidend – in Zukunft aussehen könnten.

JEAN-FRÉDÉRIC JAUSLIN

« Il n'y a pas de solution parce qu'il n'y a pas de problème ! »

Cette affirmation, un peu provocante, de l'artiste français Marcel Duchamp (1887–1968) m'a accompagné tout au long du projet de réorganisation de la Bibliothèque nationale suisse. «Il faut tout réorganiser», tel était en résumé le mandat que j'ai reçu de ma hiérarchie lorsque j'ai pris mes fonctions à la direction de la BN. Lancée en 1990, cette restructuration concernait tous les secteurs de l'institution qui n'avait malheureusement pas suivi le mouvement de modernisation que ses consœurs universitaires avaient démarré durant les années quatre-vingts.

Avant de nous lancer tête baissée dans un programme d'envergure, nous avons préféré adopter une démarche méthodique en analysant la situation de l'institution et en réfléchissant aux solutions qu'il convenait de mettre en place. Car en réalité, il faut bien reconnaître que, contrairement à la boutade de Duchamp, problèmes il y avait; en conséquence de quoi il restait à trouver les solutions. Si je dis problèmes et solutions au pluriel, c'est qu'effectivement le navire prenait l'eau en de nombreux endroits. Et si la question de la nécessité d'informatiser ne se posait simplement pas, il fallait tout d'abord découvrir le modèle de bibliothèque nationale que les autorités envisageaient pour un pays fédéraliste et multiculturel comme le nôtre. Plusieurs solutions ont donc été analysées avant d'être présentées au Conseil fédéral, puis au Parlement. Cette démarche auprès de l'autorité législative était impérative, car une révision de la loi de 1911 était une nécessité. Après l'accord de nos autorités fédérales à fin 1992, les travaux débutèrent dans plusieurs domaines.

L'informatisation

Informatiser nécessite en premier lieu d'évaluer et d'acquérir un système de gestion intégré permettant d'automatiser toutes les fonctions de la bibliothèque. Ce premier pas a été réa-

14

lisé en un temps record. Mais qui dit système informatique, dit gestion de données. Or ces données – encore sous forme de fiches – devaient au préalable être converties en enregistrements électroniques de manière à alimenter notre catalogue informatisé. Ce que nous avons fait. L'option retenue était ambitieuse, puisque nous avons décidé de créer une référence dans le système informatique pour tout document faisant partie des collections de la BN. À ce jour, ce but n'est pas encore atteint mais nous avons fait une bonne partie du chemin.

Les bâtiments

Même à l'ère virtuelle, une bibliothèque restera toujours un *lieu* qui met ses collections à disposition de son public. Elle doit donc disposer de locaux adéquats, non seulement pour le stockage des fonds, mais aussi pour l'accueil des lecteurs. Dans les débats au Parlement, le projet de loi avait d'ailleurs été explicitement complété par un article précisant que nous devions faciliter l'accès public de nos collections, au moyen, notamment, de salles de lecture et d'un service du prêt. Les techniques de conservation ayant fortement évolué et le manque de place se faisant cruellement sentir, il a tout d'abord fallu construire de nouveaux magasins souterrains, lesquels sont entrés en fonction en 1997. Puis vint la phase de modernisation du bâtiment que nous achevons à ce jour. Selon le principe que « toujours sur le métier tu remettras ton ouvrage », nous devons dès maintenant nous consacrer à la prochaine étape prévue dès l'origine des travaux, la construction d'un deuxième magasin souterrain aux abords immédiats de la BN.

La conservation

La dégradation des fonds sur tous les types de support nous a également fortement occupés. Dans le domaine de l'imprimé et du papier, nous avons développé et mis en exploitation, en collaboration avec les Archives fédérales, un système de désacidification du papier. Pour ce qui concerne les documents audiovisuels, l'association Memoriav pour le sauvetage de la mémoire audiovisuelle de notre pays a été créée à la fin de 1995 et peut faire état de belles réalisations, même si d'énormes travaux restent à mener.

Les collections spéciales

Enfin, les collections spéciales ont connu un essor important avec la création des Archives littéraires, avec le développement du Cabinet des estampes ou, plus récemment, avec le Centre Dürrenmatt à Neuchâtel.

Pour terminer ce petit survol de la réorganisation de la BN, j'aimerais évoquer le domaine de la *collaboration*. Au niveau national tout d'abord, où malgré d'importants efforts, nous devons constater que toutes nos démarches n'ont pas atteint les résultats escomptés.

15

Au niveau international par contre, la BN peut être fière d'avoir su se recréer une belle notoriété et peut, sans honte ni fausse modestie, jouer dans la cour des grands.

La réouverture de la BN dans ses locaux rénovés marque donc la fin d'une étape importante dans la vie de cette institution et dans celle de notre pays. Elle peut, dès maintenant, offrir des services modernes, adaptés aux besoins de ses divers usagers, et comparables à ce que d'autres bibliothèques renommées proposent à ce jour. Mais ne nous leurrons pas! Il n'est pas question de nous reposer sur nos lauriers, le monde du traitement de l'information est en perpétuelle mutation et évolue à une vitesse telle que la BN doit impérativement poursuivre ses efforts et investir dans de nouvelles technologies. À ce jour, force est toutefois de constater qu'elle n'est pas encore tout à fait prête à prendre le prochain virage qui consistera à offrir des services aux usagers au travers des réseaux de communication. L'ère digitale a déjà commencé et la BN devra s'y adapter. Si l'on veut éviter qu'elle ne se retrouve dans l'état d'obsolescence qu'elle connaissait au début des années nonante, il est essentiel que les autorités reconnaissent le rôle vital de la BN pour ce pays et sa population et lui donnent les moyens de poursuivre son évolution.

Jean-Frédéric Jauslin, Directeur de la Bibliothèque nationale suisse

SUSANNE BIERI

Doppelter Januskopf

«Wenige Jahre später (1536) begann er die *Biblioteca* an der Piazzetta, welche man wohl als das prächtigste profane Gebäude Italiens bezeichnen darf. Hier zuerst erfuhren die Venezianer, welche Fortschritte das übrige Italien seit den Jahrzehnten in der Ergründung und Neuordnung der echten römischen Säulenordnung gemacht hatte; alle bisherige venezianische Renaissance war eine Nachfolge des Altertums auf blosses Hörensagen hin neben diesem einzigen Werke.» (Jacob Burckhardt, *Der Cicerone*)

Zwei übereinandergestellte Bogenpfeilerreihen mit vorgelagerten Halbsäulen, unten in Dorischer und im oberen Geschoss in Jonischer Ordnung gesetzt, umgeben zwei Hallen.

In mutiger und äusserst moderner Manier setzt Jacopo Sansovino sich über das Gesetz von bestimmten Grössenverhältnissen zwischen Triglyphen und Metopen hinweg. Zugunsten einer sich nach Ausgestaltung der beiden Elemente ausrichtenden klaren Gliederung wird dem Kreismotiv in der Metope der ihm zustehende Raum gewährt, der wiederum die Triglyphe entsprechend verschmälert. Als regelmässiges, über dem Architrav liegendes Band umspannt so das sich nach den Säulenachsen ausrichtende Triglyphen-Metopenfries der unteren Pfeilerhalbsäulenreihe das Gebäude und hat damit den berühmt gewordenen Streit um die Ecke provoziert.

Die Ecke als Januskopf

Hat sich die «Ecklösung» in der Neuinterpretation oder Neuformulierung einer klassischen architektonischen Ordnung, wie sie uns aus dem griechischen und römischen Altertum überliefert ist, zur Problemstellung par excellence in der Architekturkritik und -würdigung entwickelt, so bildet ausgerechnet diese Diskussion um die Ecke zur Zeit Sansovinos einen historischen Wendepunkt im Umgang mit sowohl rückwärts als auch vorwärts schauenden architektonischen Lösungen. Die Bedeutung, die dieser Diskurs am Detail erreicht, ist insbesondere deshalb nicht zu unterschätzen, weil er die Bauaufgabe, die in der Zeit der Renaissance neu auftaucht,

zur Gestaltung eines Gebäudetyps herausfordert, wie er zu diesem Zweck, nämlich als selbstän-
diger, neu auch der Repräsentation dienender Bau, noch nicht erfunden war. Andere Gebäu-
detypen wären für die Behausung und das Zugänglich-machen von Wissen vorstellbar gewesen:
sprechendere, den Inhalt deutende Hüllen; doch Sansovino zog es vor, die Aufgabe «Bibliotheksbau» als architektonische «Fingerübung» am antiken Vorbild zu lösen. Indem er den Wissensspeicher, wie er als einfacher Nutzbau existierte – zum Beispiel noch 1447 in der Biblioteca
Malatestiana in Cesena – zum durchlässigen Amphitheater mutiert, bietet er den Kostbarkeiten
der Bildung, entsprechend dem neu herrschenden Repräsentationswillen, eine wirkungsvolle
Bühne.

Das Motiv «Dorische Halbsäule – Pilaster – Dorische Halbsäule», wie es als Ecklösung in der
Marciana nach aussen gerichtet zur Anwendung kommt, ruft mit der erwähnten ungewohnten
Architrav-Fries-Gestaltung eine neue, nonkonformistische Ära der Baugeschichte herbei, wie
sie wenig früher auch Michelangelo frei von Zwängen angegangen und gelöst hatte.

Wurde die kreisförmige Metope des Frieses von Sansovino einfach in zwei Hälften um die
Ecke geklappt, so treffen bei Michelangelo die beiden Volutenkonsolen auf denen die Kuppel-
säulen ruhen, an ihren voluminösesten Stellen wie selbstverständlich bündig aufeinander. Des-
weiteren findet sich das Motiv «Dorische Halbsäule – Pilaster – Dorische Halbsäule» als Ecklösung in seiner nach innen verdrehten Version praktisch identisch wieder.

Mit der Aus- und Umgestaltung eines bereits bestehenden Gebäudetraktes des Klosters von
San Lorenzo in Florenz von Cosimo de Medici um 1524 beauftragt, begegnet Michelangelo
einer Problematik, die er statisch neuartig löst: Indem er Stützelemente und nischenartige
Blindfenster einfügt, die der Entlastung des schwachen Unterbaus dienen, gelingt es ihm gleichzeitig, im vorgegebenen beschränkten Rahmen das Bibliotheks-Vestibül spektakulär zu insze-
nieren, was vom Bauherrn zweifellos erwartet wurde und dem eigentlichen Bibliotheks-Haupt-
traum, dem Büchersaal einen würdigen Vorraum zu geben. Ein Vorraum, der wortwörtlich als
Aussenraum behandelt ist, womit erstmals durch Verdrehung der architektonischen Vorzeichen
das Aussen nach innen gekehrt wird. Die auf dem Niveau des Lesesaalfussbodens durchgeführte
Doppel-Halbsäulenstellungen des Vestibüls der Laurenziana, die abwechselnd mit den in den
Feldern liegenden Blindfenstern die Wände gliedern, sollten erwartungsgemäss als Lastenträger
der darüber liegenden Wand vorgestellt werden; in Wirklichkeit findet aber Michelangelo zu
einer Lösung, die umgekehrte Verhältnisse schafft und regelwidrig die gekuppelten Säulen in
Nischen verschwinden und mit ihrer ganzen Last auf Volutenkonsolen lagern lässt, was die
Vertikalwirkung unterstützt und auch ihre eigenartige Schwebewirkung erklärt.

Bei der Marciana und der Laurenziana haben wir es nicht nur mit den ersten öffentlichen
Bibliotheken überhaupt zu tun; vielmehr dürfte sich – im Detail ersichtlich an den beiden Eck-
lösungen – überhaupt ein architektonischer Paradigmawechsel vollzogen haben, der zwar auf
den hergebrachten Bautypen basiert, aber mit unglaublicher Vitalität und Forschheit Modernes

hervorbringt. Möglicherweise nimmt der Streit um die Ecke bereits die Jahrhunderte später wirksam werdende Baupraxis mit normierten Bauelementen vorweg. Dass einzelne Bauteile wie Säulen, Pfeiler, Konsolen, Metopen als individuell gestaltete Einheiten verstanden werden, weist als neues Harmonieverständnis mindestens in diese Richtung.

Janus

Diese altitalische Gottheit, die, als Seherin in die Zukunft und Vergangenheit mit zwei Gesichtern ausgestattet, vorwärts und rückwärts blickt, milde und wohltätig über Frieden und Gerechtigkeit die Zeit golden erblühen lässt, Metapher ist für Beginn und Ende einer Ära, taucht im Diskurs «Bibliotheken bauen» ein zweites Mal auf:

Analogien in der Gegenwart finden sich für die Marciana in einer Bibliothekshülle, die die Säulenreihungen nach ihrer Transparenz und Opazität neu interpretiert und die statischen, konstruktiven Bedingungen mit Bauplastik, also mit Schmuck verbundener Elementbauweise beantwortet – vergleichbar den übereinandergesetzten opaken und semitransparenten Bändern, die mittels serigraphierter Ornamentierung einen ebenfalls mit den konstruktiven Elementen verbundenen Bauschmuck darstellen und in ähnlicher Weise auf die Wirkung ihres Äusseren vertrauen (Bibliothek Eberswalde, Herzog & de Meuron).

Im Gegensatz dazu steht die aufwändige Formfindung der beabsichtigter Vorraum-Wirkung dienenden Innenraumgestaltung der Laurenziana, deren Vestibül die sanfte, aber bestimmte Publikums(irre)führung durch Vertauschung von Innen- und Aussenraumgestaltungsmerkmalen und die so verdächtig in die Nähe der maximalen Transparenz der Bibliothek Jussieu von OMA gerät, wo der Einbezug des Aussenraumes in das Innere als Thema aufgegriffen und durch die raffinierte Verklammerung von Geschossebenen eine ähnlich verwirrende Interpretation geliefert wird.

Andere Bibliotheken wiederum suchen im Wort-, Bild- und Erinnerungsraum konkret zu werden. An der Schwelle vom realen zum virtuellen Zeitalter finden wir also möglicherweise im schlichten Datenspeicher die ausreichend gestaltete architektonische Form, durch die sich das Bibliotheks*gebäude* dann tatsächlich zum Bibliotheks*gebilde* weiterentwickelt.

Abbildungen: Jacopo Sansovino, Bibliotheca Marciana, Venedig.

SUSANNE BIERI

Dual Janus Face

"Some years later (1536) he began the *Biblioteca* on the Piazzetta, perhaps Italy's most magnificent secular building. Here, for the first time, the Venetians were confronted with the decades of progress that the rest of Italy had made in terms of the discovery and reorganisation of the genuine Roman order of columns; beside this single work, all previous works of the Venetian Renaissance represented an emulation of antiquity based on pure hearsay." (Jacob Burckhardt, *Der Cicerone*)

Two rooms at different levels, both surrounded by a series of semi-columns, one in the Doric order, the other in the Ionic order.

Jacopo Sansovino's courageous design exhibits a highly modern character in its disregard for the rules governing the comparative dimensions of triglyphs and metopes. The circular motif in the metope is accorded the space it requires, which in turn results in a narrower triglyph. This provides for a clear division of the surface based on these two alternating elements. The triglyph-metope frieze of the lower row of semi-columns thus forms a symmetrical strip which runs around the building above the architrave and is aligned with the column axes. It is this formation which provoked the now famous dispute over the corner.

The Corner as Janus Face

The "corner solution" is regarded as an architectural solution *par excellence* in architectural criticism and appreciation concerned with the reinterpretation and reformulation of the classical architectural order passed down from Greek and Roman antiquity. And in Sansovino's time, it was precisely this discussion of the corner formation which constituted a historic turning point in the approach to both backward-looking and forward-looking architectural solutions. One should not underestimate the significance that this discourse concerning architectural detail assumed, particularly since it is associated with a new approach that emerged during the

Renaissance. This called for the design of a building type that, as an autonomous representative structure, had not yet been developed. Other building types would have been conceivable for housing knowledge and making it accessible, with an exterior more indicative of their content; however, Sansovino chose to approach the task of a "library structure" as an architectural "finger exercise" based on the model of antiquity. In contrast to the simple functional building exemplified by the *Biblioteca Malatestiana* in Cesena built in 1447, he transformed the storehouse of knowledge into a semi-open amphitheatre. He thus presented an effective stage for the treasures of education, one which corresponded to the newly dominant concept of representation.

The motif of "Doric semi-column – pilaster – Doric semi-column", as used in the externally oriented corner solution in the *Marciana*, with its unusual architrave-frieze formation, heralded a new non-conformist era in architectural history, which Michelangelo had also liberated from its strictures only a few years before.

Whereas the circular metope of the frieze by Sansovino is merely folded around the corner in two halves, in the case of Michelangelo the two volute consoles on which the columns rest meet concisely at their most voluminous point. In addition, the motif of "Doric semi-column – pilaster – Doric semi-column" as corner solution is also found in a practically identical form in his inward-turned version. Commissioned with the decoration and remodelling of a wing of the Monastery of San Lorenzo in Florence by Cosimo de Medici in 1524, Michelangelo was confronted with a problem for which he found a novel solution. By adding supporting elements and niche-like blind window-frames, which serve to relieve the strain on the weak foundations, he was also able to lend the limited framework of the library vestibule the spectacular quality undoubtedly expected by his client, and to provide the main room of the library with a worthy anteroom. This anteroom is literally treated as an external space, and it is the first example of an exterior being turned inwards through the distortion of the architectural signifiers. The sets of double semi-columns in the vestibule of the *Laurenziana* at the level of the reading room floor, which alternate with the blind window-frames set in the intermediate fields to divide the walls, would be expected to act as bearing elements for the wall above; in reality, however, Michelangelo finds a solution which reverses the relationship and has the coupled columns disappear into niches with their entire load resting on volute consoles. This emphasises their verticality and also explains their peculiar "hovering" effect.

The significance of the *Marciana* and the *Laurenziana* lies not only in their being the first examples of public libraries; one can also see in them – in terms of the detail of the corner solutions applied in both cases – the realisation of an architectural paradigm-shift, which, although based on traditional building types, produces a modern character with extraordinary vitality and boldness. Indeed, it may be that the dispute over the corner already anticipates the practice of building with standardised component elements adopted centuries later. At least one can say that the conceptualisation of separate components such as columns, pillars, consoles and metopes as individually designed elements represents a new understanding of harmony which points in this direction.

Janus

One face of this ancient Roman divinity looks into the future, the other into the past. As a lenient and charitable godhead, he is associated with a golden time of peace and justice and can be seen as a metaphor for the beginning and end of an era. This figure reemerges in the contemporary discourse of "Building for Books".

A contemporary analogy for the *Marciana* can be seen in a library exterior which reinterprets the arrangement of columns according to their transparency and opaqueness and responds to the static, structural conditions by using building sculpture, i. e., a component-based means of construction linked with decoration. This is comparable to the parallel opaque and semi-transparent strips which, by means of serigraphic ornamentation, also represent building decoration linked with structural components, and, in a similar way, rely on their exterior effect. (*Eberswalde Library, Herzog & de Meuron*).

Contrasting to this is the lavish formal creation of the interior design that achieves the intended anteroom effect of the *Laurenziana*, whose vestibule gently but definitely (mis)leads the public by means of the exchange of interior and exterior design features. An analogous effect is achieved by the maximum transparency of the *Jussieu Library of OMA, Office for Metropolitan Architecture*, where the inclusion of the exterior space in the interior is taken up as a theme and produces a similarly confusing interpretation by way of the clever bracing of the different levels.

Different libraries, on the other hand, seek a concreteness as spaces of words, images and recollection. On the threshhold between the real and the virtual age, it is thus possible to find in a simple data store the adequately designed architectural form through which the library *building* is in fact developing into the library *structure*.

Illustrations: Jacopo Sansovino, Bibliotheca Marciana, Venice.

Translation: Joseph O'Donnell

SUSANNE BIERI

Janus et son double

« [En 1536, Jacopo Sansovino] entreprenait la réalisation de la *Libreria Vecchia* sur la Piazzetta, que l'on peut certainement considérer comme le plus magnifique bâtiment profane d'Italie. C'est là que les Vénitiens purent se rendre compte, pour la première fois, des progrès accomplis par le reste de l'Italie au cours des décennies qui avaient suivi la redécouverte et la réinterprétation des ordres architecturaux authentiquement romains. Comparée à cette oeuvre unique, toute la Renaissance vénitienne n'avait été qu'une imitation par ouï-dire de l'Antiquité. » (Jacob Burckhardt, *Le Cicérone*)

La *Marciana* ou Libreria Vecchia de Venise présente deux rangs de piliers superposés reliés par des arcs, avec des colonnes engagées d'ordre dorique pour l'étage inférieur, ionique pour l'étage supérieur, qui entourent deux salles.

Par un geste audacieux et éminemment moderne, Jacopo Sansovino s'affranchit de la loi des proportions classiques entre les triglyphes et les métopes. Il tient à favoriser la clarté de l'articulation entre ces deux éléments, et pour ce faire, il confie au motif circulaire des métopes tout l'espace disponible, réduisant par là même la largeur des triglyphes. La bande régulière de la frise triglyphes-métopes, rythmée par l'axe des colonnes, fait le tour du bâtiment, au-dessus de l'architrave des colonnes engagées inférieures, déclenchant du même coup la dispute, devenue fameuse, autour de l'angle formé par la jonction de deux surfaces architecturales.

L'angle à la croisée des chemins

Si la critique et l'appréciation de la réinterprétation et de la reformulation d'un ordre architectonique classique, tel que l'Antiquité grecque et latine nous l'a transmis, tournent essentiellement autour de la problématique « de l'angle », cette discussion représente, à l'époque même de Sansovino, un point d'articulation historique pour les solutions architectoniques orientées vers le passé ou vers l'avenir. Il convient d'autant moins de sous-estimer l'importance de ce discours autour d'un point de détail, qu'il implique une nouvelle tâche que la Renaissance venait d'impartir au bâtisseur : la création d'un type de bâtiment qui n'avait pas encore été inventé pour l'affectation qui nous occupe ici, à savoir un bâtiment de prestige et indépendant. On pouvait imaginer d'autres modèles pour abriter le savoir et le rendre accessible, des enveloppes plus évocatrices de leur contenu. Or Sansovino a préféré concevoir sa bibliothèque comme une gamme d'exercices architectoniques sur le modèle antique. Métamorphosant le simple bâtiment utilitaire destiné à engranger le savoir – tel qu'on le trouve encore en 1447 avec la *bibliothèque Malatestienne* de Césène – il en fait un amphithéâtre ouvert, offrant aux précieux objets de connaissance une enveloppe à la hauteur de la volonté de représentation qui dominait depuis peu.

Le motif « colonne engagée dorique – pilastre – colonne engagée dorique » retenu pour traiter l'angle extérieur de la Libreria Vecchia, joint au traitement inhabituel du rapport architrave-frise, en appelle à une ère nouvelle, non-conformiste, de l'histoire de la construction, telle que Michel-Ange l'avait inaugurée peu de temps auparavant en se libérant des contraintes pour traiter à sa guise un angle rentrant.

Alors que la métope à décor circulaire de la frise de Sansovino était simplement rabattue en deux moitiés sur l'angle extérieur du bâtiment, les deux consoles en volutes sur lesquelles reposent les colonnes jumelles chez Michel-Ange se joignent tout naturellement en leur point le plus saillant. A cela près, le motif « colonne engagée dorique – pilastre – colonne engagée dorique » se retrouve pratiquement sans changement pour résoudre le problème posé par l'angle intérieur.

Avec l'achèvement et la transformation d'un bâtiment existant du couvent de *San Lorenzo* à Florence, Michel-Ange, mandaté vers 1524 par Cosme de Médicis, s'était trouvé confronté à un problème qu'il allait résoudre par une innovation portant sur la statique : par l'introduction d'éléments porteurs et de fenêtres aveugles en forme de niches pour décharger le sous-oeuvre peu solide, il obtenait une mise en scène spectaculaire du vestibule de la bibliothèque Laurentienne dans l'espace restreint qui était à sa disposition – ce que le commanditaire attendait certainement de lui – et donnait du même coup à la salle principale, la bibliothèque proprement dite, une entrée digne d'elle. Cette entrée est littéralement traitée comme un volume extérieur, où pour la première fois l'inversion des marqueurs architectoniques installe l'extérieur à l'intérieur. Les doubles colonnes engagées conduites autour du vestibule de la bibliothèque Laurentienne au niveau du sol de la salle de lecture, et qui articulent les parois en alternance avec les fenêtre aveugles inscrites dans les intervalles, auraient dû, selon toute attente, être mises en évidence pour souligner leur rôle de supports de charge par rapport à la paroi située au-dessus. En fait, Michel-Ange recourt à une solution qui inverse les rapports usuels et s'oppose aux règles établies, en noyant dans des niches les colonnes accouplées qu'il fait reposer avec toute leur charge sur des consoles en volute, ce qui souligne la verticalité de l'ensemble et en explique la remarquable impression d'équilibre quasi aérien.

La *Marciana* et la *Laurenziana* ne sont pas seulement les premières bibliothèques publiques, elles sont l'occasion d'un changement de paradigme architectonique – repérable par le détail de la solution du problème de l'angle – qui, certes, se fonde encore sur les types de bâtiments traditionnels, mais dont la vitalité et le mordant inouïs sont vecteurs de modernité. Il n'est pas exclu que la dispute autour de l'angle ait anticipé de plusieurs siècles la pratique de la construction à partir d'éléments standardisés. Du moins, la nouvelle conception de l'harmonie tirée d'éléments isolés tels que les colonnes, les piliers, les consoles, les métopes, conçus comme unités façonnées individuellement, suggère une ouverture dans cette direction.

Janus

Cette divinité italique, ce voyant aux deux visages, l'un tourné vers l'avenir, l'autre vers le passé, qui a régné avec douceur et bienveillance sur l'âge d'or de la paix et la justice est une parfaite métaphore du début et de la fin d'une ère. On trouve, à notre avis, une autre manifestation – contemporaine cette fois – d'un de ces moments charnière.

Il est une bibliothèque construite depuis peu dont l'enveloppe présente certaines analogies avec la Libreria Vecchia de Sansovino. Cette dernière, par la transparence et l'opacité créées par l'alternance des colonnes et des ouvertures, répond aux contraintes statiques du bâtiment par le recours à des éléments plastiques, c'est-à-dire par un mode de construction lié à des éléments décoratifs – son avatar moderne (*la bibliothèque d'Eberswalde, Herzog & de Meuron*) offre une solution comparable, avec ses bandes opaques et semi-transparentes qui se superposent pour former, par leur ornementation sérigraphiée, un décor intégré aux éléments constitutifs du bâtiment, et qui font pareillement confiance au prestige de leur apparence.

Par contraste, l'effet d'antichambre dévolu à la fastueuse invention formelle de l'aménagement intérieur de la bibliothèque Laurentienne – dont le vestibule conduit insensiblement, mais fermement, le public de l'extérieur à l'intérieur en intériorisant les signes de l'extériorité – s'approche étrangement de la transparence maximale de la *Bibliothèque de Jussieu par l'OMA*, où l'intégration interne de l'espace extérieur sert de thème et où l'intrication raffinée des étages est sujette à une interprétation pareillement déconcertante.

D'autres bibliothèques encore cherchent à matérialiser leur présence dans l'espace de la parole, de l'image et de la mémoire. Au seuil du passage de l'ère du réel à celle du virtuel se trouve peut-être alors la forme architectonique sobrement suffisante du serveur de données, par lequel la structure qui *abrite* la bibliothèque devient celle qui *constitue* la bibliothèque.

Illustrations : Jacopo Sansovino, Libreria Vecchia, Venice.

Traduction : Christian Surber

Tradition • Traditions • Traditions

Bibliotheken des Altertums, als Repräsentanten des gesprochenen Wortes, im mittelalterlichen Codex niedergeschrieben, als Quelle der monastischen Existenzberechtigung, Bücher als menschliche Nahrung, *Kosmisches* und *Daimonisches* in gegenwärtigen *Datenlandschaften*, Bibliotheken der Moderne und ihr Publikum unter den Bedingungen der Umwandlung und steten Erweiterung.

Als imaginierte Tradition im tatsächlichen, baulichen aber auch im geistigen Sinne, sollte die *Bibliothek* als kulturelles Gedächtnis begriffen werden.

Libraries of antiquity, as representatives of the spoken word, written down in the medieval manuscript, as source for the justification of monastic existence, books as human nourishment, the *cosmic* and the *demonic* in contemporary data landscapes, libraries of modernity and their public within a framework of transformation and constant expansion.

As an imagined tradition in the factual, structural but also intellectual sense, the *library* should be positioned within a specific discourse of cultural memory.

Bibliothèques de l'Antiquité, témoins d'une mémoire orale ; bibliothèques du Moyen Âge, décrites dans le codex ou sources d'informations sur les rites monacaux ; livres comme nourriture de l'homme ; dimensions *cosmique* et *mystique* dans les *paysages de données* actuels ; bibliothèques contemporaines et leur public soumis au changement et l'accroissement constant…

Le fil conducteur est donné dans cette partie par la présentation de bibliothèques spécifiques, lieux de mémoire culturelle, selon les différentes traditions mentales, architecturales ou spirituelles.

JAN ASSMANN

Bibliotheken in der Alten Welt, insbesondere im Alten Ägypten

Unter einer «Bibliothek» wollen wir eine grössere Sammlung schriftlicher Texte verstehen. Wenn wir nach den Ursprüngen solchen Sammelns fragen, gelangen wir sehr weit zurück in der Zeit, fast bis an die Schwelle der Schrifterfindung. Ist schon die Schrift ein Speicher, dann ist die Bibliothek ein Speicher zweiten Grades: ein Speicher des Gespeicherten. Man könnte auch sagen, dass die Schrift als der Speicher des Gesagten und Gedachten von allem Anfang an auf die Bibliothek als den Speicher des Geschriebenen angelegt ist. Trotzdem haben sich Bibliotheken im eigentlichen Sinne erst ganz allmählich im Laufe vieler Jahrhunderte aus ganz verschiedenen Ursprüngen, Funktionen und Kontexten des Schriftensammelns heraus entwickelt. Diesen Prozessen möchte der folgende Beitrag nachgehen.[1]

Archive und Bibliotheken

Drei Basisfunktionen des Speicherns von Geschriebenem lassen sich unterscheiden, die ich «Vorrat», «Archiv» und «Repräsentation» nennen möchte. Die «Vorrats»-Funktion stellt das Wissen bereit, das zur Ausübung bestimmter Handlungen notwendig ist, die Funktion des Archivs bewahrt alles mögliche, von dem man annimmt, es könnte noch einmal wichtig sein, zur allfälligen Wiederverwendung auf, und die Funktion der Repräsentation sammelt Schriften im Sinne von Bildungsschätzen zur Sicherung und Darstellung einer bestimmten kulturellen Identität. Von diesen drei Funktionen ist die dritte die am spätesten bezeugte; die ersten beiden aber führen uns bis weit ins dritte Jahrtausend v. Chr. zurück. Die drei Funktionen unterscheiden sich in ihrem Zeitbezug: «Vorrat» bezieht sich vor allem auf die Zukunft, «Archiv» auf die Vergangenheit und «Repräsentation» auf die Gegenwart. Die Zukunftsbezogenheit des «Vorrats»

---

[1] Grundlegend: Jochum, Uwe, Kleine Bibliotheksgeschichte, Stuttgart 1993.

kommt schon in seiner englischen und französischen Bezeichnung «provision», wörtlich «Vorausschau», zum Ausdruck. Mit Büchern rüstet man sich aus im Hinblick auf Projekte und Bedürfnisse, die man vor sich sieht. Ins Archiv dagegen legt man ab, was dazu bestimmt ist, Gegenwärtiges zu dokumentieren, damit es als Vergangenheit zur Verfügung steht. «Repräsentation» schliesslich setzt auf Sichtbarkeit in der Gegenwart; erst im Zusammenhang dieser Funktion kann es dann auch auf die äussere, architektonische Form der Bibliothek ankommen. Davon hat sich jedoch aus der Antike nichts erhalten.

In Mesopotamien und Ägypten entstanden im geographischen Raum der Alten Welt die beiden ältesten Schriftkulturen. In Mesopotamien schrieb man auf Tontafeln, in Ägypten auf Papyrus. Damit hängt zusammen, dass sich in Mesopotamien vor allem Archive, in Ägypten dagegen Handbibliotheken zum Zwecke des «Vorrats» erhalten haben. Tontafeln erhalten sich in Siedlungskontexten, wo die Archive angelegt werden; Papyri dagegen zerfallen hier spurlos und bleiben nur im trockenen Wüstenklima erhalten, wo die Ägypter ihre Gräber angelegt haben. In den Gräbern aber haben sich die wohlhabenden Ägypter mit dem notwendigen Schrifttum ausgerüstet und sich ins Jenseits eine Handbibliothek sogenannter «Totenliteratur» mitgenommen. Der Ursprung dieser Sitte liegt im 24. Jh. v. Chr. und geht auf den letzten König der 5. Dynastie namens Unas zurück, der sich als erster die Wände der Sarg- und Vorkammer seiner Pyramide von oben bis unten mit Texten vollschreiben liess. Der Inhalt füllt schätzungsweise sechs bis acht, vielleicht zehn Schriftrollen. Das darf man schon eine kleine Hand- oder Arbeitsbibliothek nennen.[2]

Alle Texte sind durch den immer wiederholten Vermerk «zu rezitieren» als «Sprüche» gekennzeichnet. Die Wandbeschriftung dieser unterirdischen Kammern ist also als eine permanente Rezitation konzipiert, die den Toten von allen Seiten umgeben soll. Die Schrift fungiert hier als «Tonträger», und die Bibliothek erscheint als ein Gehäuse von Stimmen, die den in sie hineingelegten Toten permanent anreden. Die Schrift als künstliche Stimme ist dazu bestimmt, die kultische Rezitation auf Dauer zu stellen über die Zeitspanne ihrer rituellen Aufführung hinaus und den Toten für immer in Reichweite der priesterlichen Stimme zu halten. In dieser Funktion dient sie dazu, eine permanente, aber symbolische Rezitation zu verwirklichen.

Im Mittleren Reich werden anstatt der Pyramiden der Könige die Särge der Privatleute auf den Innenseiten über und über mit Totentexten beschriftet.[3] Diese «Sargtexte» gehören zu einer anderen Schriftkultur als die Pyramidentexte des Alten Reichs. Die Pyramidentexte sind Inschriften, die Sargtexte dagegen Handschriften, mit den ganzen Raffinessen der ägyptischen Handschriftkunst verfertigt, die in den Amtstuben der Verwaltungsbürokratie entwickelt

[2] Sethe, K., Die altägyptischen Pyramidentexte, Leipzig 1908–1922; engl. Übersetzung von R. O. Faulkner, The Ancient Egyptian Pyramid Texts, Oxford 1969.
[3] Buck, A. de (ed.), The Egyptian Coffin Texts, 7 Bde., Chicago 1938–1961; engl. Übersetzung von Faulkner, R. O., The Ancient Egyptian Coffin Texts, 3 Bde., Warminster 1973–1978.

Jan Assmann

wurde. Dazu gehört die Verwendung von Listen und Tabellen, vor allem aber von roter und schwarzer Tusche, um «Texte» und «Paratexte» voneinander unterscheiden zu können. «Texte» sind die eigentlichen Sprüche; diese werden schwarz geschrieben. Bei den rot geschriebenen «Paratexten» dagegen handelt es sich um Überschriften und Nachschriften, die Auskunft geben über die Zweckbestimmung und die Wirkungen des jeweiligen Spruchs sowie um Rezitationsanweisungen, falls der Spruch unter bestimmten Bedingungen oder unter Verwendung bestimmter Objekte zu rezitieren ist.

Diese Neuerung weist darauf hin, dass der Hauptzweck der Sargdekoration nicht mehr wie in den Pyramiden in der Aufzeichnung einer Stimme liegt, die den Toten permanent anreden oder mit der der Tote selbst permanent reden will. Die Stimme kann nämlich diesen Unterschied zwischen Text und Paratext, roter und schwarzer Tinte, nicht zum Ausdruck bringen. Diese bürokratischen Formen der Textaufzeichnung wenden sich an das lesende Auge. Hier wird nicht eine Rezitation verstetigt, sondern ein Wissensvorrat bereitgestellt. Mit anderen Worten: hier fungiert die Schrift nicht als eine Prothese der Stimme, sondern als ein künstliches Gedächtnis. Der Sarg als Bibliothek ist ein Gehäuse des Wissens, in das der Tote hineingelegt wird. Zur leichten Verwaltung dieses Wissens und zum Zwecke schneller Orientierung werden die Mittel der bürokratischen Schriftkultur, Rotschreibung, Tabellen, Titel und Nachschriften eingesetzt.

Seit dem 16. Jh. v. Chr. werden Totentexte nicht mehr in die Särge, sondern auf Papyrusrollen geschrieben. Das ist das ägyptische «Totenbuch».[4] Jetzt wird die Totenliteratur zu einer einzigen Schriftrolle und damit zu einer Ein-Buch-Bibliothek komprimiert. Einzelne Grabherren nehmen sich aber darüber hinaus noch mehr Texte ins Grab mit. Noch aus dem 18. Jh. stammt der Fund eines Grabes mit einer Bücherkiste, in der wir die tragbare Handbibliothek eines praktizierenden Intellektuellen zu erkennen haben. Sie enthielt Reste von gut 20 Schriftrollen mit Ritualen, Hymnen, medizinisch-magischen Handbüchern, Weisheitstexten und Werken der erzählenden Literatur. Ihr Besitzer hat als Arzt, Beschwörer, Ritualist und Vorleser gearbeitet.[5] Eine ganz ähnliche Zusammenstellung von Kult, Medizin, Magie und Literatur finden wir 500 Jahre später in dem Fund von Schriftrollen in der Arbeitersiedlung von Der el Medine: literarische Werke (Liebeslieder, der Streit zwischen Horus und Seth, Nilhymnus, Weisheitslehre), medico-magische Texte, Rituale (Amenophis I) und ein Buch über Traumdeutung.[6] In beiden Fällen handelt es sich um Hand- oder Arbeitsbibliotheken von Privatleuten, die mit deren beruflicher Tätigkeit in Verbindung standen.

[4] Deutsche Übersetzung von Hornung, E., Das Totenbuch der Ägypter, Zürich 1979, mit bibliographischen Angaben zu Editionen und anderen Übersetzungen.
[5] Alan H. Gardiner, The Ramesseum Papyri, Oxford 1955, S. 1ff.; Janine Bourriau, Pharaohs and Mortals. Egyptian Art in the Middle Kingdom, Cambridge 1988, S. 110.
[6] Pestman, P. W., «Who were the owners, in the ‹community of workmen›, of the Chester Beatty Papyri?», in: R. J. Demarée, J. J. Janssen (Hgg.), Gleanings from Deir el Medina, Leiden 1982, S. 155–72.

Nach dem Vorbild dieser privaten Handbibliotheken müssen wir uns auch die Bibliotheken grösserer Betriebe vorstellen, zu denen in Ägypten auch und sogar in erster Linie die Tempel und Totentempel gehörten. Betriebe aber müssen nicht nur eine Bibliothek führen, die das notwendige Wissen bereitstellt, sondern auch ein Archiv, das die Akten, Listen, Korrespondenzen, Protokolle, Urkunden, Inventare und was alles sonst der Aufbewahrung für wert erachtet wird, aufnimmt. Alle grossen Wirtschaftsbetriebe wie Tempel, Domänen, Verwaltungssitze und der königliche Palast mit seinen verschiedenen Dependencen, aber vermutlich auch die bedeutenderen Familien hatten Archive.[7] Über alles wurde in Ägypten und Mesopotamien Buch geführt; den jährlichen Ausstoss eines mittelgrossen ägyptischen Betriebes berechnet man auf 120 laufende Meter Papyrus. Die altorientalischen Schriftkulturen produzierten vor allem zwei Ströme von Texten: den Strom der kulturellen Tradition und den Strom der laufenden Verwaltung und Buchführung. Der eine Strom speiste die Bibliotheken, der andere die Archive. Die Frage ist aber, ob dieser Unterschied wirklich gemacht wurde oder ob nicht in den grösseren Betrieben, Tempeln und Palästen die Produkte beider Ströme in ein und demselben Rahmen aufbewahrt wurden. Für Ägypten haben wir nur einzelne Textfunde und können über die Zusammensetzung eines ganzen Archivs nur Mutmassungen anstellen. Für Mesopotamien jedoch lässt sich zeigen, dass sich die Bibliotheken erst allmählich aus den Archiven ausdifferenziert haben. Den Kern bilden auch hier wie in Ägypten die Wirtschaftstexte der laufenden Buchführung. Darüber hinaus aber finden sich im selben Kontext auch Werke des «Traditionsstroms».[8] Das sind alte, zum Wiedergebrauch bestimmte Texte wie Mythen und Epen, Klagelieder, Weisheitsbücher, Sammlungen von Opferschaubefunden (Omina), Wortlisten, Glossare, Enzyklopädien und andere Kodifizierungen des tradierten Wissens, wie man sie vielleicht eher in einer Bibliothek als in einem Archiv erwarten würde. Für Mesopotamien scheint diese Unterscheidung nicht zu gelten. Das eine Archiv erfüllt sowohl die Funktion der Bereitstellung notwendigen Wissens als auch die der Aufbewahrung wichtiger Dokumente.[9] In Ägypten ist es vermutlich ähnlich gewesen.

Das Wort «Archiv» kommt aus dem Griechischen und hängt mit dem Wort *archein* «herrschen» zusammen. Das Archiv war das ausgelagerte Gedächtnis der Herrschaft und umfasste die Dokumente, auf die die Herrschaft im Vollzug ihrer Ausübung jederzeit zurückzugreifen in der Lage sein musste. Das griechische *archeion* war dem Amtssitz der Archonten angegliedert, genau so wie die mesopotamischen und ägyptischen Archive den Tempeln, Betrieben und Äm-

---

[7]   Von dem Archiv des Pyramidentempels des Neferirkare Kakai in Abusir haben sich umfangreiche Reste erhalten: Posener-Kriéger, Paule, Les archives du temple funéraire de Néferirkarê-Kakai, 2 Bde., Kairo 1976.

[8]   Oppenheim, A. Leo, Ancient Mesopotamia. Portrait of a Dead Civilization, Chicago, London 1964.

[9]   Otten, Heinrich, «Bibliotheken im Alten Orient», in: Das Altertum 1, 1955, S. 67–81, S. 67; Larsen, Trolle Mogens, «What they wrote on clay», in: Literacy and society, hgg. v. K. Shousboe und T. M. Larsen, Kopenhagen 1989, S. 121–148, S. 138f.; Jochum, Uwe, Kleine Bibliotheksgeschichte, S. 13f.

tern, die allesamt Organe der Staatsverwaltung und damit der Herrschaft waren. Das Archiv ist das Instrument der Herrschaft und insbesondere der bürokratischen Herrschaft, die sich über Tradition, Kontrolle und Gedächtnis legitimiert.[10]

Das Archiv verkörpert am reinsten die Gedächtnisfunktion der Bibliothek, das Speichern von schriftlich Gespeichertem. Es ermöglicht den Herrschenden die Kontrolle über die Vergangenheit. Auf den Archiven beruht die Verbindung von staatlicher Organisation und Geschichts- oder Vergangenheitsbewusstsein, die für die altorientalischen Staaten so charakteristisch ist. Alle Betriebe führten Buch über die in ihrem Bereich anfallenden Ereignisse und speicherten diese Daten in ihren Archiven. Im Palast aber wurde Buch geführt über die Ereignisse des Staates, und diese «Annalen» wurden im Archiv des Palastes bewahrt. Die Führung von Annalen reicht bis ans Ende des 4. Jt. zurück. Damals wurden die Jahre nicht gezählt, sondern anhand herausragender Ereignisse identifiziert, die man in einer Art Bilderschrift auf hölzernen oder elfenbeinernen Täfelchen einritzte. Solche Täfelchen wurden zum Zweck der Datierung an Waren angebracht, aber wohl auch zum Zweck chronologischer Orientierung archiviert, woraus sich dann später die Annalistik entwickelte. Zwar hat sich kein einziger Papyrus mit derartigen Jahresdaten erhalten, wohl aber mehrere Umsetzungen in monumentaler Form, die auf solchen Quellen beruhen. Dazu gehört vor allem der Palermostein mit den Annalen von der Vorzeit bis zur 5. Dynastie und der unlängst publizierte Annalenstein aus Saqqara Süd mit den Annalen der 6. Dynastie. Aus diesen Quellen lässt sich zumindest für das Alte Reich eine Vorstellung von Form und Inhalt der Annalen gewinnen. Jedes Jahr bildet eine Rubrik, in die Ereignisse wie Riten, Prozessionen, Apis-Läufe, Herstellung von Kultbildern, Errichtung von Heiligtümern, Steuerveranlagungen, kriegerische Aktionen, Beutezüge, Erbauung von Schiffen, Opferstiftungen u. ä. eingetragen werden. Diese Täfelchen, im Verein mit den späteren Annalen, implizieren und illustrieren einen Begriff von Geschichte, der sich als das Insgesamt der für die Jahreszählung bedeutungsvollen und erinnerungswürdigen königlichen Handlungen definieren lässt. Diese umfassen vor allem drei Bereiche: die Götter (Heiligtümer, Statuen, Opfer), die Menschen (Steuer) und die Feinde. Nicht auf den Täfelchen, aber in den späteren Annalen kommen dazu noch Angaben über die Höhe der jährlichen Nilüberschwemmung. Die Annalen wurden vorzugsweise konsultiert, wenn es galt, theologische Informationen zu erhalten, z. B. über die Herstellung von Kultbildern (Neferhotep, 13. Dynastie)[11], vor allem aber, um festzustellen, ob es für ein bestimmtes Ereignis Präzedenzfälle gab. Seit Beginn des Neuen Reiches ist die Beteuerung, dass nichts einem bestimmten Ereignis Vergleichbares in den Annalen der Vorfahren gefunden werden konnte, ein fester Topos, um die historische Erstmaligkeit königlicher bzw.

---

[10] Vgl. hierzu Jacques Derrida, Mal d'Archive, Editions Galilée, Paris 1995, deutsch 1997: Dem Archiv verschrieben, Brinkmann + Bose, Berlin 1997.
[11] Ferner die theologische Bedeutung von Theben (Ramses II.), die Theologie des Osiris (Ramses IV., 20. Dyn.) oder auch die göttliche Zuständigkeit für die Nilüberschwemmung (sog. Hungersnotstele).

den Wunder-Charakter göttlicher Handlungen hervorzuheben. Die Annalen verkörpern das Gedächtnis des Königtums. Sie sichern die Kontinuität dieser Institution, indem sie jede Regierungszeit an alle vorhergehenden anknüpfen und in bruchloser Kette bis in die mythische Zeit zurückführen, in der die Götter selbst auf der Erde regierten.

Diese Kette, die Königsliste, wurde aus den Annalen zusammengestellt, die ein exaktes chronologisches Gerüst bereitstellten vom regierenden König rückwärts bis zum Reichsgründer Menes, und von diesem weiter zurück über die Könige der Vorzeit, die «verklärten Toten» (von Manetho als «Heroen» wiedergegeben), die Götter der «kleinen Neunheit» (Manethos «Halbgötter») und Götter der «Grossen Neunheit» (Manethos «Götter») bis zum Anfang der Welt. Ein stärkeres Band, eine unauflöslichere Verbindung zwischen der Institution des Königtums und der kosmischen Dimension der Zeit, als sie durch das Institut der Königsliste geschaffen wurde, lässt sich kaum vorstellen. Zeit war Königszeit. Das Königtum entstand zugleich mit der Welt, es ging von den Göttern auf die Menschen über, und die Weltzeit ist gleichbedeutend mit seiner Geschichte. Jahre des Interregnums wurden in der Königsliste mit dem Vermerk «müssig» oder «vakant» geführt; wenn das Königtum ausfiel, unbesetzt war, blieben die Jahre leer; sie konnten gezählt, aber nicht mit Inhalt und Erinnerung gefüllt werden. Nur das Königtum konnte sie füllen und zu einer Geschichte formen, auf deren Erinnerung die Identität der ägyptischen Kultur basierte.

Die Königsliste ist uns in ihrer archivalischen Form erhalten in Gestalt des berühmten Turiner Königspapyrus aus der Zeit Ramses II. Zweifellos hat es zahlreiche derartige Dokumente in den Palast- und Tempelarchiven gegeben. Auf ihnen beruht die Geschichte Ägyptens, die der ägyptische Priester Manetho von Sebennytos um 275 v. Chr. in griechischer Sprache geschrieben hat und aus der verschiedene christliche Chronographen die Königsliste exzerpiert haben. Die Archive waren natürlich nur befugten Beamten zugänglich. Es gibt aber auch zahlreiche monumentale Umsetzungen der Königsliste, die breiteren Schichten zugänglich waren. Im thebanischen Minfest wurden Statuen der königlichen Vorgänger in Prozession getragen. Man darf also davon ausgehen, dass die Königsliste eine breite, das Geschichtsbild weiterer Schichten bestimmende, mentalitätsbildende Idee darstellte. Die Griechen waren von dieser Form archivarischer Erinnerung tief beeindruckt, die von Jahrtausenden und Jahrzehntausenden vergangener Zeit, Jahr für Jahr, bis in die kosmogonische Urzeit zurück Rechenschaft abzulegen vermochte. Die Ägypter galten ihnen daher als Spezialisten der Geschichtswissenschaft (Herodot II 77). Besonders beeindruckte sie die Periodisierung der Geschichte in die Epochen göttlicher, halbgöttlicher und menschlicher Herrschaft. Diese Dreiteilung findet sich schon im Turiner Königspapyrus und wird von Herodot, Diodor, Manetho und anderen erwähnt. Im 18. Jahrhundert greift Giambattista Vico diese Dreiteilung auf und verbindet sie mit den drei Medien Bild, Symbol und Alphabetschrift. Im Zeitalter der Götter kommunizierte man in Bildern und in Poesie, im Zeitalter der Heroen in Symbolen und Epik und im Zeitalter der Menschen in

Jan Assmann

Buchstaben und Prosa. Man ist also berechtigt, auch die archivarische Erinnerung der Ägypter zu den grossen Ideen der Menschheitsgeschichte zu rechnen, die nicht nur das ägyptische Denken bestimmt haben, sondern durch die Vermittlung der Griechen bis in die Neuzeit hinein einflussreich geblieben sind.

Die Einbeziehung mythischer Regierungszeiten und den Rückgang bis zur Entstehung der Welt hat die ägyptische mit der sumerischen Königsliste gemein; sobald aber mit Menes die Schwelle erreicht ist, die auch nach heutiger Begrifflichkeit «Vorgeschichte» von «Geschichte» trennt, verliert die ägyptische Königsliste alle mythischen Elemente und wird zur präzisen Aufzeichnung geschichtlicher Daten. Die Archive erschliessen die Vergangenheit bis Menes und ermöglichen die exakte chronologische Einordnung der zahllosen Denkmäler, mit denen sich Ägypten in einer in der Kulturgeschichte beispiellosen Dichte anfüllte. So stand dem gebildeten Ägypter die Vergangenheit seiner Kultur bis zu deren Anfängen vor Augen, und der Spott, mit dem sie nach einer bei Herodot (II 143) berichteten Anekdote einen vornehmen griechischen Reisenden abfertigten, der in der 16. Generation von einem Gott abzustammen behauptete, ist völlig verständlich. Für den Ägypter lag die Zeit, in der Götter auf Erden wandelten und sich mit Menschen vermischten, viele Jahrtausende zurück. Diese Mythenferne ihres Geschichtsbildes war eine unmittelbare Folge ihrer Form der Speicherung geschichtlichen Wissens im Archiv.

In Ägypten gab es aber darüber hinaus eine Institution, die mit der Herstellung und Aufbewahrung von Schriften ausschliesslich der kulturellen Tradition in besonderer Weise verbunden ist: das «Lebenshaus».[12] Das Lebenshaus dient vier Funktionen: es ist erstens ein Ort für die Durchführung «lebenserhaltender» Rituale[13], daher der Name; zweitens ein Ort der Aufbewahrung von Schriften, also eine Bibliothek; drittens ein Ort der Abschrift, Vervielfältigung und Produktion von Schriften, also ein Skriptorium; und viertens ein Ort der höheren Ausbildung, an dem die Schrift und Sprache der alten Texte, die korrekte Rezitation und die Durchführung der Rituale und magischen Handlungen und sicher noch vieles andere mehr gelehrt wurden. Die Lebenshäuser waren den bedeutenderen Tempeln angegliedert und selbst heilige Orte, an denen streng geheime Riten, wahrhafte Mysterien, vollzogen wurden. Sie «waren» nicht, sondern «hatten» eine Bibliothek. Aber diese Bibliothek bildete den Mittelpunkt eines heiligen Ortes und hatte an dessen Heiligkeit Anteil. Sie war das Kernstück einer lebenswichtigen, lebenserhaltenden Institution, und das «Leben», um das es hier ging, war im Grunde das kulturelle Gedächtnis und die kulturelle Identität des alten Ägypten. Das verstand sich lange Zeit von selbst. In den Zeiten der Fremdherrschaft aber, beginnend mit den assyrischen Eroberungen im 8. und 7. Jh. über die persische, griechische und römische Fremdherrschaft bis zur Christianisierung als der eigentlichen und entscheidenden Eroberung, die erst im Laufe des 4. Jh. das

---

[12] M. Weber, «Lebenshaus», in: Lexikon der Ägyptologie III, S. 954–57.
[13] Philippe Derchain, Le Pap. Salt 825. Rituel pour la conservation de la vie en Egypte, Brüssel 1965.

Ende der altägyptischen Kultur bedeutete, wurden sich die Lebenshäuser ihrer Funktion als Hüter des wahren Ägyptertums bewusst.

Nationale und Imperiale Sammelbibliotheken

Wie in den Lebenshäusern, so war auch in den Tempeln und Palästen die Bibliothek – das «Haus der Schriftrollen» – nur eine kleine Vorratskammer für Papyri, aber keine selbständige Institution.[14] Das Entsprechende galt gewiss auch für die Archive der mesopotamischen Tradition. In Assyrien aber kam es im 1. Jahrtausend zu einer ungemein folgenreichen Neuerung. Die Assyrer bewohnten den Norden Mesopotamiens und kulturell gesehen die Peripherie. Sie gehörten zur selben Kultur, gebrauchten die Keilschrift, sprachen einen Dialekt des Akkadischen und mussten sich doch trotz ihrer zunehmend überlegenen politischen Macht als Provinzler fühlen in Bezug auf die kulturelle Dominanz der Babylonier und die Zentren der keilschriftlichen Bildung im Süden des Zweistromlandes. Als die Assyrer schliesslich Babylonien eroberten und annektierten, legten sie alles darauf an, ihre Städte zu Zentren der Bildung zu machen.[15] So schufen sie den neuartigen Typus der Palast- und Sammelbibliothek, in der schlechthin alles Schrifttum, dessen man irgend habhaft werden konnte, gesammelt, gesichtet und aufbewahrt wurde. Diese Bibliothek ging weit hinaus über den Umfang sowohl eines Archivs als auch einer Fach- bzw. Arbeitsbibliothek, enthielt sie doch nicht nur die notwendige Wissens-Ausrüstung für den Vollzug bestimmter professioneller Kompetenzen wie Opferschau, Heilkunst, Rechtsprechung, Verwaltung, Ritual und Erziehung, sondern alles, was die assyrischen Eroberer in den verschiedenen Archiven-Bibliotheken Babyloniens an Traditionsgut auftreiben konnten.[16] So entstand eine Bibliothek nach dem Modell und Prinzip des Schatzhauses. Ihr Zweck bestand weder in «Ausrüstung» noch in «Archivierung», sondern in Repräsentation. Wie das Schatzhaus des Palastes sollte sie Macht, Reichtum, Prestige des Herrschers zum Ausdruck bringen, und zwar in der symbolischen Währung der Bildung und des Wissens. Sie sollte den assyrischen Herrscher nicht nur in den Vollbesitz der babylonischen Bildung, und das heisst: der kanonischen keilschriftlichen Tradition *bringen*, sondern ihn auch als Besitzer dieser Tradition *darstellen*. Man schätzt die Bestände der Palastbibliothek Assurbanipals auf 5 000 bis 10 000 Tafeln mit insgesamt ungefähr 1 500 Texten («Büchern»).[17] Die Texte wurden jedoch nicht nur gesam-

---

[14] Das ägyptische Wort für «Bibliothek» ist *pr md3.t* «Haus der Schriftrollen» (sakrale Spezialbibliothek, hierá bibliothéke nach Diodor I 49.3). Das äg. Wort *md3.t* «Schriftrolle» leitet sich wie das lat. Wort volumen (< volvere, drehen, wickeln, wälzen) von einer Wurzel her, die «wälzen, rollen, wenden» bedeutet und auch im hebr. megillah «Buchrolle» vorliegt (äg. *d3* = sem. gl, auch in gilgal «Kreis»: Weber, Manfred, Beiträge zur Kenntnis des Schrift- und Buchwesens der alten Ägypter, Köln 1969, S. 98ff). Buchrollen wurden in Kisten aufbewahrt, die oft in Abbildungen erscheinen.

[15] P. Machinist, «The Assyrians and their Babylonian Problem», in: Wissenschaftskolleg zu Berlin, Jahrbuch 1984/85, S. 353–364.

[16] Otten, Bibliotheken im Alten Orient.

[17] Otten, a.a.O.

melt, sondern philologisch bearbeitet, kommentiert und ediert. So wurde z. B. das Gilgamesch-Epos erst in seiner neuassyrischen Redaktion in die kanonische Zwölf-Tafel-Form gebracht.[18] Die Palastbibliothek Assurbanipals ist die erste Bibliothek, die auf der Grundlage planvoller Sammlung entstand.[19] Die Assyrer blickten als die militärisch dominierende Macht auf die Babylonier als die überlegene Kultur, ähnlich wie die Römer auf die Griechen. Durch die Institution der Palastbibliothek versuchten sie ihre kulturelle Unterlegenheit zu kompensieren. In architektonischer Hinsicht freilich handelte es sich auch bei der assyrischen Palastbibliothek immer noch um eine unscheinbare Institution, ein Raum innerhalb des Palastareals, der zur Lagerung von Tontafeln auf hölzernen Regalen bestimmt war, aber kein freistehendes Gebäude, das die repräsentative Funktion der Sammlung auch architektonisch zum Ausdruck brachte.

Obwohl die Assyrer zahlreiche Handwerker und Intellektuelle – Ärzte, Magier, Architekten – aus Ägypten holten, beschränkte sich ihr Sammeleifer wahrscheinlich auf die keilschriftliche sumerisch-akkadische Tradition. Sie sahen ihr Ziel vermutlich eher in der vollständigen Sammlung des Eigenen, als in der Zur-Schau-Stellung des Fremden. In diesem Punkt unterschieden sich Schatzhaus und Bibliothek. In den Schatzhäusern der Paläste versammelte man das Fremde; diese Sammlungen sollten an Geschenken und Tributen aus aller Herren Länder die Reichweite der Macht des Herrschers repräsentieren. Das assyrische Reich war vermutlich das erste, das sich als Vielvölkerstaat darstellen wollte. Das persische Reich übernahm und steigerte diese Idee und erblickte gerade in der Vielsprachig- und Vielschriftigkeit seines Herrschaftsbereichs ein besonderes Prestige. Davon vermittelt das Buch Esther einen Eindruck, wo es von den Edikten des Königs Ahasveros heisst, dass sie «an die Satrapen, Statthalter und Fürsten der hundertsiebenundzwanzig Provinzen von Indien bis Kusch geschickt» wurden, «für jede einzelne Provinz in ihrer eigenen Schrift und für jedes einzelne Volk in seiner eigenen Sprache». Dieses imperiale Prinzip machten sich die Ptolemäer zu eigen, sowohl in der Dreisprachig- und -schriftigkeit ihrer offiziellen Verlautbarungen (von denen der Stein von Rosette am bekanntesten geworden ist), als auch in dem neuen Typus der «Imperialbibliothek», den sie geschaffen haben.

Die Bibliothek von Alexandrien vollzog den entscheidenden Schritt zur Erfassung auch fremder Überlieferungen. Auch diese Bibliothek war keine selbständige Institution, sondern Teil des «Museions». Ptolemaios I. hatte Ende des 4. Jhs. v. Chr. in seinem Palastbezirk ein solches Heiligtum der Musen anlegen lassen nach dem Vorbild der platonischen Akademie, die sich um ein solches Museion im Sinne einer wissenschaftlichen Forschungsstätte herum organisierte. Das Musenheiligtum diente einerseits als Ort religiöser Riten und Feste und andererseits der Aufbewahrung von Lehrmaterialien und Schriftrollen. Nimmt man drittens die Funk-

---

[18] George, A., The Epic of Gilgamesh. The Babylonian Epic Poem and Other Texts in Akkadian and Sumerian, New York 1999.
[19] Oppenheim, Ancient Mesopotamia, S. 243f.

tion der Forschung und Ausbildung hinzu, der die Akademie oblag, so hat man auch hier dieselbe Dreiheit wie beim altägyptischen «Lebenshaus»: Heiligtum, Archiv-Bibliothek und Ausbildungsstätte. Das Museion von Alexandrien konnte so an zwei Traditionen zugleich anknüpfen: an die griechische Tradition der Akademie und an die ägyptische Tradition des Lebenshauses.

Die Bibliothek des Museions von Alexandrien sah ihr Ziel von Anfang an sowohl in der Sammlung, Kodifizierung, Klassifizierung und Kanonisierung des Eigenen wie auch in einer möglichst vollständigen Erfassung des Fremden. Agenten durchreisten die Mittelmeerwelt auf der Suche nach Büchern. Jedes in den Hafen einlaufende Schiff wurde auf Schriftrollen hin durchsucht; diese mussten abgeliefert und gegen eilig hergestellte Kopien eingetauscht werden.[20] Wichtige fremdsprachliche Traditionen wurden übersetzt. Am bekanntesten ist der Fall der hebräischen Bibel geworden, die von einem Team von (der Sage nach) siebzig Gelehrten unter Ptolemaios II. ins Griechische übersetzt wurde: die «Septuaginta» (lat. «Siebzig»).[21] Siebzig ist die traditionelle hebräische Zahl für die Gesamtheit der Völker und Sprachen. Hinter dieser Zahl steht also die Idee, die Literaturen aller Völker und Sprachen ins Griechische zu übersetzen und in einer Bibliothek zu versammeln. Trotz dieser sagenhaften Entstehungsgeschichte ist die Septuaginta ein historisches Faktum und die älteste Bezeugung des alttestamentlichen Kanons. Sie umfasst nicht nur die kanonischen, sondern dazu noch eine Reihe apokrypher Schriften, ist also ebenfalls wie die ganze Bibliothek, für die sie geschaffen wurde, auf maximale Vollständigkeit angelegt. Insgesamt wird der Gesamtbestand der Bibliothek von Alexandria in antiken Quellen auf 400 000 bzw. 700 000 Schriftrollen beziffert.[22] Für diese Bibliothek musste erstmals ein Katalog erstellt werden, und dieses unter dem berühmten Dichter und Grammatiker Kallimachos erstellte Verzeichnis («Pinakes») umfasste allein 120 Schriftrollen.[23] Sie enthielten vermutlich nur die griechischen Werke und Autoren («die auf dem gesamten Gebiet der Paideia hervorragen, und ihre Schriften», heisst es im griechischen Titel), dafür aber ausser Namen und Titeln noch biographische und literaturgeschichtliche Angaben sowie die Anfangsworte. Der Katalog war nach Klassen oder Sachgruppen gegliedert: Dichter (Epiker, Lyriker, Tragiker); Prosaschriftsteller (Philosophen, Historiker, Rhetoren…), Fachautoren (Mediziner, Mathematiker, Geographen, Köche…). Innerhalb der Klassen waren die Autoren in alphabetischer Ordnung aufgeführt. In diesem Punkt entsprach die Bibliothek von Alexandrien dem von den neuassyrischen Königen geschaffenen Bibliothekstyp, der die «grosse Tradi-

---

[20] Carl Wendel, Willi Göber, Das griechisch-römische Altertum, Wiesbaden 1953, S. 66.
[21] Giuseppe Veltri, Eine Tora für den König Tolmai. Untersuchungen zum Übersetzungsverständnis in der jüdisch-hellenistischen und rabbinischen Literatur (Texte und Studien zum antiken Judentum 41), Tübingen 1994.
[22] Jochum, Kleine Bibliotheksgeschichte, S. 26f.
[23] Rudolf Blum, «Kallimachos und die Literaturverzeichnung bei den Griechen, Untersuchungen zur Geschichte der Bibliographie», in: Archiv für die Geschichte des Bibliothekswesens 18, 1977, S. 1–360.

Jan Assmann

tion» der eigenen Kultur erfassen wollte, nicht nur durch das systematische Sammeln aller irgend erreichbarer Handschriften, sondern auch durch Klassifikation und philologische Bearbeitung. Dadurch wurde eine weit verstreute und von niemandem je in ihrer Gesamtheit überschaute Tradition erstmals sichtbar, vorstellbar und zu einer normativen, verbindlichen Gestalt verdichtet, in der sich das Vorbildliche vom Epigonalen, das Bedeutende vom Speziellen, das Alte vom Neuen, das Klassische vom Exotischen, Provinziellen und Avantgardistischen klar und deutlich abhoben. Die Bibliothek von Alexandrien erfüllte drei verschiedene Funktion und war drei Bibliotheken in einer: sie war eine *Fachbibliothek*, d.h. sie vereinigte in sich die Fachbibliotheken aller möglicher Fächer von der Geometrie bis zur Kochkunst; sie war eine *Nationalbibliothek,* d.h. sie umfasste den Gesamtbestand der griechischen (panhellenischen) Literatur, und sie war eine *Imperialbibliothek* mit dem neuartigen Ziel der Sammlung aller Literaturen der Welt. Die «Grosse Bibliothek» (wie sie im Altertum genannt wurde) von Alexandria war in der ganzen Alten Welt berühmt und machte Schule. In Pergamon in Kleinasien versuchte das Herrscherhaus es ihr gleichzutun und brachte es mit den gleichen Methoden auf an die 200 000 Schriftrollen.[24] Caesar soll in Rom die Anlage einer öffentlichen Bibliothek nach dem Vorbild der Bibliothek von Alexandrien geplant haben. Dabei schwebte ihm gewiss eine Imperialbibliothek als Mittel monarchischer Macht- und Bildungsrepräsentation vor. Nach seinem Tod wurde dieser Plan fallen gelassen und die öffentliche Bibliothek, die Pollio später errichtete, war viel bescheidener angelegt und spiegelte Pollios eigene literarische Interessen wider. Erst die späteren Kaiser traten dann mit der Stiftung grösserer öffentlicher Bibliotheken hervor. [25]

Ein ganz anderer Bibliothekstypus entwickelte sich in Griechenland im Zusammenhang mit der im 5. und 4. Jahrhundert erblühenden Sophistik, Philosophie und Wissenschaft: die Privatbibliothek. Anders als im Orient waren diese Bibliotheken nicht sakralen oder administrativen Institutionen angegliedert, sondern gehörten wohlhabenden Einzelpersonen, vor allem Philosophen und Philosophenschulen. Das Aufkommen von Privatbibliotheken in Griechenland stand also in engstem Zusammenhang mit der demokratischen oder aristokratischen Struktur der Polisgesellschaft, in der das Individuum eine ganz andere Rolle spielte als in den Gesellschaften des Orients. Hier wurde die unauflösliche Verbindung von Schrift, Verwaltung und Kult aufgebrochen, die im gesamten Alten Orient einschliesslich Israels gegolten hatte.[26] Berühmt war die Bibliothek des Aristoteles, die dieser seinem Nachfolger Theophrast vermachte und die nach wechselvollen Schicksalen von Sulla, der Athen 86 v. Chr. erobert hatte, nach Rom

---

[24] Wendel, Göber, Das griechisch-römische Altertum, S. 82ff. Christian Callmer, Antike Bibliotheken, Lund 1944.
[25] Jochum, Kleine Bibliotheksgeschichte, S. 43f. mit Verweis auf Rudolf Fehrle, Das Bibliothekswesen im Alten Rom: Voraussetzungen, Bedingungen, Anfänge, Freiburg/Br. 1986.
[26] A. u. J. Assmann, Einleitung, in: E. Havelock, Schriftlichkeit, Weinheim 1990, S. 12, 14.

verschleppt wurde.[27] Das war kein Einzelfall. Zahlreiche griechische Privatbibliotheken gelangten als Beutestücke nach Rom und wandelten sich dadurch aus Arbeitsbibliotheken zu repräsentativen Bildungsbibliotheken. Die Römer hatten, wie schon erwähnt, zur griechischen Tradition ein ähnliches Verhältnis wie die Assyrer zur babylonischen. Für sie «gehörte es bald zum guten Ton, nach griechischem Vorbild eine eigene private Bibliothek zu besitzen».[28] Die private Bildungsbibliothek repräsentiert nicht, wie die Palastbibliothek, das kulturelle Gedächtnis einer ganzen Gesellschaft, sondern die individuelle Teilhabe daran.

Kernbibliotheken und Textgemeinschaften

Zur gleichen Zeit aber hielten in Ägypten die traditionellen Tempelbibliotheken an dem alten Typus der Kern- oder Arbeitsbibliothek fest und beschränkten sich auf das Notwendige und Wichtige. Davon geben uns sowohl inschriftlich erhaltene Buchkataloge von Tempelbibliotheken[29] sowie archäologische Funde einen Eindruck. Aus der Stadt Tebtynis am Eingang des Fayum stammen Rituale, Götterhymnen, kosmographische und geographische Bücher, solche zur Astronomie, Magie, Medizin, Weisheitstexte, Traumbücher, Bücher über die Anlage, Dekoration und Verwaltung der Tempel, Onomastica u. a.[30] Den bei weitem informativsten Einblick in die Systematik einer solchen Arbeitsbibliothek verdanken wir Clemens von Alexandrien.[31] Er spricht von 42 unabdingbaren (*pany anagkaiai*) Büchern, die den Grundbestand einer Tempelbibliothek ausmachten und sämtlich von Thot-Hermes verfasst worden sein sollen. Diese Bücher mussten von bestimmten Priestern auswendig gelernt und durch und durch beherrscht werden. Die Rangordnung dieser Priester spiegelt die Gliederung dieser Bibliothek wider. Bei der feierlichen Prozession der Priester, wenn sie zum Vollzug heiliger Handlungen in bestimmter Reihenfolge aus dem Tempelhaus traten, wurde die Gliederung sichtbar dargestellt.

[27] L. Canfora, Die verschwundene Bibliothek, Berlin 1990, S. 165ff.
[28] Jochum, Kleine Bibliotheksgeschichte, S. 42.
[29] Zu den Bücherkatalogen vgl. A. Grimm, «Altägyptische Tempelliteratur. Zur Gliederung und Funktion der Bücherkataloge von Edfu und et-Tod», in: SAK Beiheft 3, 1988, S. 168f., D. B. Redford, Pharaonic Kinglists, Annals and Daybooks: A Contribution to the Egyptian Sense of History, Mississauge 1986, S. 214ff.
[30] W. J. Tait, Papyri from Tebtunis in egyptian and in greek. London 1977; E. Reymond, From the contents of the libraries of the suchos temples in the Fayyum 2: from ancient Egyptian Hermetic Writings. Vienna 1977; J. Osing, «La science sacerdotale», in: D. Valbelle, J. Leclant (Hgg.), Le décret de Memphis, Fondation Singer-Polignac, Paris 2000, S. 127–140; J. F. Quack, «Das Buch vom Tempel. Ein Vorbericht», in: Archiv für Religionsgeschichte 2, 2000, S. 1–20.
[31] Clemens Alex., Strom. VI. Cap. IV, §§35.1–37, vgl. G. Fowden, The Egyptian Hermes. A Historical Approach to the Late Pagan Mind, Cambridge 1986, S. 58f.; Bernhard Lang, «The Writings: A Hellenistic Literary Canon in the Bible», in: A. van der Kooj, K. van der Toorn (eds.), Canonization & Decanonization, Leiden 1998, S. 41–65, S. 45f.; J. Osing, «La science sacerdotale», S. 127–140, S. 127f.

Jan Assmann

Zuerst tritt der *Sänger* mit einem musikalischen Emblem als Insignium seines Ranges hervor. Sein Spezialgebiet sind

> ein Buch mit Hymnen an die Götter
>
> ein Buch mit dem Bericht über das Leben des Königs.

Als nächster kommt der *Horoskopos* heraus. Er trägt als Rangabzeichen einen Palmzweig und ein astrologisches Emblem und kennt vier Astrologische Bücher

> über die Anordnung der Fixsterne
>
> über die Stellung von Sonne, Mond und den fünf Planeten
>
> über die Konjunktionen und Phasen von Sonne und Mond
>
> über die Aufgangszeiten der Sterne.

Der *Hierogrammateus* trägt eine Feder als Kopfschmuck und eine Buchrolle sowie sein Schreibgerät in der Hand. Er beherrscht

> zehn hieroglyphische Bücher über Kosmographie und Geographie, Ägypten und den Nil, Tempelbau, Landbesitz der Tempel, Versorgung und Ausstattung der Tempel.

Der *Stolist* trägt die Stola als Rangabzeichen und ist Spezialist für

> zehn Bücher über Erziehung und Opferkunst, handelnd von Weisheit und Frömmigkeit, Opferriten, Erstlingsopfer, Hymnen, Gebete, Prozessionen und Feste.

Zuletzt kommt der *Prophet* oder Hohepriester heraus und trägt eine Situla, einen bronzenen Wassereimer. Sein Spezialgebiet sind

> zehn Hieratische Bücher, über Gesetze, Götter und das Ganze der priesterlichen Bildung.

Bis hierher ist die Liste klimaktisch angeordnet. Der Prophet bekleidet den höchsten, der Stolist den zweiten, der Hierogrammateus den dritten Rang usw. Der ranghöchste Priester beherrscht die Bücher mit dem höchsten Verbindlichkeitsgrad, weil er als einziger zu ihrer Auslegung berufen ist.

Darüber hinaus gibt es nach Clemens sechs medizinische Bücher, die in den Zuständigkeitsbereich der als Ärzte und Opferbeschauer amtierenden *pastophoroi* fallen:

> über den Bau des Körpers
>
> über Krankheiten
>
> über Organe
>
> über Drogen
>
> über Augenkrankheiten
>
> über Frauenkrankheiten

Der Gesamtbestand ergänzt sich zu 36 + 6, also 42 Büchern. Beide Zahlen, 36 und 42, sind hochbedeutsam. 36 ist die Zahl der «Dekane», d.h. der Sterne oder Sternbilder, die jeweils eine Dekade oder 10-Tage-Woche regieren und deren Zahl sich daher zu einem Jahr als der Gesamtgestalt der Zeit addiert. 42 ist die Zahl der «Gaue» oder Verwaltungsdistrikte, in die das Land Ägypten nach alter, geheiligter Überlieferung zerfällt. Diese Zahl bedeutet daher die Gesamtgestalt des Raumes. Zugleich heisst es, dass der Leichnam des von Seth-Typhon getöteten Osiris in 42 Teile zerrissen worden sein soll und dass jeder Gau ein Körperteil des Osiris in einem Osirisgrab enthielte. 42 ist eine Ganzheits- oder geradezu Weltformel, die die Gesamtheit des Landes und den wiedervereinigten Körper des Gottes Osiris symbolisiert. Alljährlich werden in feierlichen Prozessionen die Körperteile aus allen Landesteilen zusammengetragen und zu einem Körper vereinigt.[32] So verbindet sich mit der Zahl 42 auch die Idee Ägyptens als einer heiligen Ganzheit, die immer wieder neu aus der Zerrissenheit der Geschichte gerettet und zusammengefügt werden muss. So ergänzen sich auch die 42 Bücher zu einer allumfassenden Ganzheit. Es darf kein Buch mehr und keines weniger sein. Aus der Form und Struktur einer solchen Bibliothek ist alle Beliebigkeit ausgeschlossen.

In der Spätzeit und möglicherweise unter dem Eindruck der Fremdherrschaft griffen die Ägypter noch zu einem anderen Mittel der Traditionssicherung: sie beschrifteten die Wände, Säulen und Decken ihrer Tempel von oben bis unten mit Texten und Darstellungen, die den Hauptwerken der Tempelbibliothek entnommen waren und verwandelten auf diese Weise den gesamten Tempel in eine Bibliothek, ebenso, wie sie vor Jahrtausenden Sargkammern und Särge in Handbibliotheken für die Jenseitsreise verwandelt hatten.[33] Das Verfahren, die Tempelwände zu beschriften, ist zwar nicht ganz neu. Vom Alten Reich bis zur Spätzeit lässt sich ein stetiges Anwachsen der Tempeldekoration erkennen. Hier gibt es dann jedoch einen qualitativen Sprung, der in der Perserzeit liegen dürfte. Bis dahin nämlich sind die Dekorationsprogramme der Tempel auf die Funktion der betreffenden Räume bezogen: sie bilden ab, was in diesen Räumen vor sich geht und konservieren so den Kultvollzug auf symbolische Weise. Auch wenn die Priester einmal mit dem Vollzug der Riten aussetzen sollten, würden sie doch in effigie weiterlaufen, ähnlich wie in den Pyramidenkammern die Rezitationen des Totenkults im symbolischen Medium der Schrift den Toten weiter anreden sollten. In der Spätzeit kommt etwas Neues hinzu: die Kodifizierung von Wissen. Jetzt verwandelt sich der Tempel in ein Gehäuse

---

[32] H. Beinlich, Die Osirisreliquien. Zum Motiv der Körperzergliederung in der altägyptischen Religion, Wiesbaden 1984; L. Pantalacci, «Une conception originale de la survie osirienne d'après les textes de Basse Epoque», GM 52, 1981, S. 57–66; ead., «Sur quelques termes d'anatomie sacrée dans les listes ptolemaiques de reliques osiriennes», GM 58, 1952, S. 65–72; ead., «Sur les méthodes de travail des décorateurs tentyrites», BIFAO 86, 1986, S. 267–275; ead., «Décor de la 2e chapelle osirienne de l'est (sud) sur le toit du temple de Dendara, 4e ICE, SAK Beihefte 3, 1989, S. 327–337; J. Cl. Goyon, «Momification et recomposition du corps divin: Anubis et les canopes», in: Funerary Symbols and Religion (Fs. Heerma van Voss), 1988, S. 34–44; S. Cauville, Dendara. Les chapelles osiriennes 2, commentaire, BE 118, Kairo 1997, S. 33–45.

[33] Vgl. hierzu J. Assmann, «Der Tempel der ägyptischen Spätzeit als Kanonisierung kultureller Identität», in: J. Osing, E. K. Nielsen (Hgg.), The Heritage of Ancient Egypt, Studies in Honor of Erik Iversen, The Carsten Niebuhr Institute of Ancient Near Eastern Studies 13, Copenhagen 1992, S. 9–25.

des Gedächtnisses, entsprechend den Särgen des Mittleren Reichs. Was jetzt auf den Wänden in Stein verewigt wird, geht über das Ritual weit hinaus. Es sind kosmographische, geographische, theologische und mythologische Texte und Bilder sowie sehr umfangreiche Bauinschriften und Texte mit ethischen Vorschriften für die Priester, Inventare, Auflistungen der *res sacrae*, der Ordnungen und Verbote des jeweiligen Tempels und aller anderen Tempel und Gaue des Landes, kurz: eine geradezu enzyklopädische Wissens-Literatur, wie sie sich in keinem Tempel der älteren Zeit findet. Die Schrift selbst nimmt enzyklopädische Züge an. Der Zeichenbestand vermehrt sich sprunghaft, ja geradezu explosiv, von an die 700 auf ungefähr 7 000 Zeichen. Jeder Tempel entwickelt sein eigenes Schriftsystem.[34] Dieser Prozess beruht auf einer systematischen Ausschöpfung der dem hieroglyphischen Schriftsystem – im Gegensatz zur daraus abgeleiteten Kursivschrift – inhärenten Bildhaftigkeit, die es erlaubt, ständig neue Zeichen einzuführen und die Welt der Dinge gleichsam als ein unerschöpfliches Typeninventar zu betrachten. Daraus entwickelt sich die Vorstellung der Schrift als eines enzyklopädischen Bildlexikons, in dem die ganze Welt abgebildet ist, sowie die korrespondierende Vorstellung der Welt als einer «göttlichen Hieroglyphenschrift».[35] Indem der ägyptische Tempel die Welt gleichsam in sich aufnimmt, schliesst er sich gegenüber der Welt ab. Die Vorlagen dieser ungemein umfangreichen und ausgeklügelten Dekorationsprogramme, die in sich schon eine viele Schriftrollen umfassende Bibliothek bilden, entnahmen die Priester den Beständen ihrer Tempelbibliothek. Dieser Tempeltyp fungierte nicht nur als Gehäuse des Kults, der in ihm realiter in den Räumen und in effigie an den Wänden vollzogen wurde, sondern auch als Gehäuse des kulturellen Gedächtnisses, das man gefährdet wusste und mit allen Mitteln zu sichern trachtete.

Im Aufbau der ägyptischen Tempel-Bibliothek, wie sie uns Clemens beschreibt, ist das Prinzip des Kanons wirksam, das nicht nur auf dem Gedanken der Sammlung, sondern vor allem auch dem der Auswahl beruht, sowie drittens auf der Idee der hierarchischen Gliederung. Auch die hebräische Bibel ist eine solche Kern-Bibliothek. Nach heutiger Zählung käme man auch hier auf 36 Bücher, die zeitbezogene Weltformel der Ägypter. In der jüdischen Tradition werden aber die 12 «kleinen Propheten» zu einem Buch zusammengezogen, ebenso wie die Bücher Samuel und Könige, und dadurch ein 22-Bücher-Kanon geschaffen.[36] 22 ist die Gesamtzahl der Buchstaben des hebräischen Alphabets und ebenfalls eine «Weltformel». Da Gott die Welt durch das Wort geschaffen hat, sind die Sprachlaute=Buchstaben zugleich auch die Elemente, deren Kombination die Welt ergeben. Indem der Kanon diese Weltformel verwirklicht, wird er zur Welt in Buchform.

---

[34] Cf. S. Sauneron, L'écriture figurative dans les textes d'Esna. Esna VIII, Kairo 1982.
[35] F. Junge, «Zur Sprachwissenschaft der Ägypter», in: Studien zu Sprache und Religion Ägyptens, Fs. W. Westendorf, Göttingen 1984, S. 272.
[36] Vgl. B. Lang, «The Writings».

Die Architektur dieses Kanons ist nicht fünfstöckig, wie bei den Ägyptern, sondern dreistöckig. Der vornehmste und verbindlichste Kanonteil, der darin den vom Hohepriester zu beherrschenden Büchern «über Gesetze, Götter und das Ganze der priesterlichen Bildung» entspricht, ist die Thora oder der Pentateuch, die fünf Bücher Mose. Auch hier geht es um Gesetze, darüber hinaus aber um Geschichte, die im Rahmen der Bundestheologie in den Rang einer heiligen Geschichte aufsteigt, der Geschichte der Befreiung aus Ägypten und des Bundesschlusses am Sinai. Den zweiten Teil bilden die 19 Bücher der Propheten, die das Gesetz auslegen, indem sie die geschichtlichen Perspektiven aufzeigen, in denen sich sein Sinn und seine Bedeutung erweist. Im dritten Teil stehen dann die 12 «Schriften» (*ketubim*), das heisst die schöne Literatur, nämlich Lyrik (das Hohelied und die Klagelieder), Weisheit (Kohelet, Sprüche, Hiob), Romane (Ruth, Daniel und Esther), liturgische Lieder, Gebete und geistliche Dichtung (Psalmen) und Geschichtsbücher (Ezra, Nehemia und Chronik I-II).

Die Bibel repräsentiert denselben Bibliothekstyp wie die ägyptische Tempelbibliothek nach der Beschreibung von Clemens von Alexandrien. In beiden Fällen handelt es sich um Kernbibliotheken «hochnotwendiger» Bücher, die drei Funktionen zu erfüllen haben:

> die Wissens-Ausrüstung für priesterliches, richterliches, ärztliches Handeln bereitzustellen,
>
> die Grundlage für die alltägliche und allgemeine Lebensführung (Weisheit und Ethik) zu kodifizieren und
>
> die kulturelle und religiöse Identität der Gemeinschaft zu repräsentieren, die sich auf diese Bücher stützt, nach ihnen lebt und sie zur Grundlage ihres Weltbilds und ihres Glaubens erhebt.

Diese dritte, entscheidende Funktion wächst dem Typus der Kernbibliothek in Situationen des Konflikts zu. Jetzt wird die Tradition zum Kanon verfestigt. Dabei geht es nicht nur um Repräsentation, sondern auch um Distinktion. In Ägypten beobachten wir solche Prozesse der distinktiven Aufrüstung von Traditionen in den Zeiten der Fremdherrschaft, beginnend mit den Persern Ende des 7. Jhs. In Israel hängen sie mit der Bedrohung durch die Assyrer und Babylonier zusammen. Schon 722 v. Chr. haben die zehn Stämme des Nordreichs durch die Assyrer das bittere Schicksal der Vertreibung erfahren und sind spurlos von der Landkarte verschwunden. 135 Jahre später fiel das Südreich den Babyloniern in die Hände, und die jüdischen Eliten wurden nach Babylon deportiert. Aber jetzt hatte sich der geistige Raum des Buches bereits weit genug verfestigt, um als Gehäuse einer distinktiven Lebensform im Exil bewohnbar zu sein und die Erinnerung an Jerusalem wachzuhalten. Zum ersten Mal erwies sich die Erinnerung als das Geheimnis der Erlösung. Der berühmte Ausspruch des chassidischen Weisen Baal Schem Tov aus dem 18. Jh. bezieht sich in seinem vordergründigen Sinn auf die Erfahrung von Exil und Diaspora: «Das Geheimnis der Erlösung heisst Erinnerung. Vergessen verlängert das Exil.» So hielten die Juden über 50 Jahre in der babylonischen Gefangenschaft aus, bis Kyros sie befreite, indem sie Juden blieben und wussten, wohin sie zurückkehren mussten.

In einem hellenistischen Text vergleicht ein Jude, der in der ägyptischen Diaspora lebt, das Gesetz mit einer «ehernen Mauer»:

«Der Gesetzgeber, von Gott zu umfassender Erkenntnis ausgerüstet, umschloss uns mit nicht zu durchbrechenden Palisaden und ehernen Mauern, damit wir mit keinem der anderen Völker in irgendeiner Hinsicht in Verkehr seien, rein an Leib und Seele, frei von trügerischen Vorstellungen, den Gott, der allein Gott, allein mächtig ist, im Unterschied zur Schöpfung verehrten (…). Damit wir nun mit nichts uns befleckten und nicht im Verkehr mit Schlechtem verdorben würden, umschloss er uns von allen Seiten mit Reinheitsvorschriften, Geboten über Speisen und Getränke und Hören und Sehen.»[37]

Hier wird der geistige Raum des Buches mit einer uneinnehmbaren Festung verglichen: «Ein' feste Burg ist unser Buch». Der Charakter der Selbstausgrenzung aus dieser Welt durch Einzug in den Raum des Buches kommt in aller Klarheit zum Ausdruck. Das Gottesvolk bildet in dieser Welt des Schlechten und der «trügerischen Vorstellungen» eine Enklave der Reinheit und Wahrheit.

Um die Kern-Bibliothek der hebräischen Bibel herum entwickelten sich im Hellenismus richtige Bibliotheken, gesammelt von Gemeinschaften eines ganz neuen Typs, die auf der Grundlage von Lesen und Lernen, Auslegen und Lehren eine neue Lebensform aufbauten. Die Funde von Qumran am Toten Meer und Nag Hammadi in Oberägypten geben uns Einblicke in die Überreste solcher Bibliotheken, auf die sich solche Gemeinschaften stützten. Trotz ihres fragmentarischen Zustands lassen sie darauf schliessen, dass sie nicht wie heutige Bibliotheken auf möglichste Fülle und Vielfalt angelegt waren, sondern sich auf die für die Gemeinschaft verbindliche Literatur beschränkten. Den Gesamtbestand der Bibliothek von Qumran schätzt man auf maximal 1000 Schriftrollen.[38] Das ist wesentlich mehr als der 22er-Kanon der hebräischen Bibel oder der 42er-Kanon der ägyptischen Tempelbibliothek, aber doch auch unvergleichlich viel weniger als der Bestand einer hellenistischen Sammelbibliothek. Ausserdem fungierte Qumran auch als ein Skriptorium, ein Zentrum der Buchproduktion und enthielt auch deswegen wesentlich mehr Schriftrollen als die Kernbibliothek der Gemeinschaft. Die Tempelbibliothek von Tebtynis in Ägypten wird auf einen ähnlichen Bestand geschätzt. Hier waren viele Werke aber in Dutzenden von Exemplaren vorhanden, weil sie von Novizen zu Studienzwecken abgeschrieben wurden.

In der Situation des Hellenismus erwuchs der traditionellen Kernbibliothek über die Funktion der praxisbezogenen Ausrüstung hinaus die neue Funktion der identitätsbezogenen Distinktion und Repräsentation zu. Die Bibliothek diente als Fundament einer alternativen Le-

---

[37] Brief des Aristeas, 139 und 142, nach G. Delling, Die Bewältigung der Diasporasituation durch das hellenistische Judentum, Göttingen 1987, S. 9.

[38] H. Stegemann, Die Essener, Qumran, Johannes der Täufer und Jesus, Freiburg 3. Auflage 1994, S. 121.

bensform, die sich bewusst von der majoritären Lebensform absetzen wollte. Besonders deutlich tritt diese Funktion im antiken Judentum hervor. Die verschiedenen Bewegungen oder «Sekten», in die es sich aufspaltete, definierten sich alle aufgrund der von ihnen kanonisierten Kernbibliothek.[39] Die Samaritaner erkannten nur die Tora als verbindlich an, die Sadduzäer nur die Kernbibliothek der Hebräischen Bibel und die Pharisäer darüber hinaus noch die Lehrtradition der «mündlichen Tora», von der man sagte, Mose habe sie zusammen mit der schriftlichen Tora am Sinai empfangen und von ihm sei sie in bruchloser Überlieferungskette bis auf den heutigen Tag weitergereicht worden. Als dann mit der Zerstörung des Zweiten Tempels diese Kette abzureissen drohte, entschloss man sich allmählich dazu, auch diese Lehrtradition zu verschriften, woraus dann Mischna, Talmud und die frühen Kommentarwerke entstanden.

Auch der ägyptische Tempel wird in der Spätzeit zum Gehäuse einer alternativen Lebensform, die durch Askese und Kontemplation gekennzeichnet ist. Die Priester sondern sich ab von der hellenisierten Kultur, aber auch von anderen Tempeln. Jeder Tempel entwickelt im Zusammenhang eines ausgeprägten Bedürfnisses nach Distinktion seine eigene Lehre und sogar, wie schon erwähnt, sein eigenes Schriftsystem.

Diesen Weg gingen in der damaligen Welt auch ausserhalb des Judentums viele Menschen: Gnostiker, Hermetiker, Pythagoräer, Orphiker, Platoniker.[40] Die Grenze zwischen Philosophie, alternativer Lebensform und Religion war nicht zu ziehen, das ging notwendig zusammen. Und überall standen Bücher im Mittelpunkt. Immer ging es darum, Weltlichkeit abzulegen und Geistigkeit zu gewinnen. Das war ohne Schrift und Buch nicht zu schaffen.

Der Historiker Brian Stock hat für diesen buchgestützten Typus der Vergemeinschaftung und mit Bezug auf die häretischen Bewegungen des Mittelalters den Begriff der «Textgemeinschaft», der *textual community* geprägt.[41] Er konnte zeigen, dass sich diese Bewegungen auf hochverbindliche Texte stützten, deren Bestand und/oder deren Interpretation ihnen eigen war. Sie konnten ihren Bruch mit der offiziellen Tradition und ihren Sonderweg nur legitimieren, indem sie auf einen Text verwiesen, dessen Autorität und normative Ansprüche als allen traditionellen und institutionellen Ansprüchen übergeordnet dargestellt werden konnte. Kennzeichen einer *textual community* ist einerseits die identitäts-definierende Bedeutung eines solchen Grundtexts, zum anderen die Struktur von Autorität und Führerschaft, die sich aus der Kompetenz im Umgang mit Texten ergibt. Philologische und politische Kompetenz fallen hier zusammen. Die Führung gebührt dem, der die umfassendste Kenntnis und die einleuchtendste Deutung der Texte besitzt. Die Institution der Kernbibliothek und die verschiedenen

---

[39] S. hierzu A. I. Baumgarten, The Flourishing of Jewish Sects in the Maccabean Era: An Interpretation, Leiden 1997, vgl. insbesondere Kap. III, «Literacy and its Implications», S. 114–136.

[40] Vgl. hierzu E. P. Sanders, Jewish and Christian Self-Definition, Philadephia 1980, 1981 und 1984.

[41] Brian Stock, «Textual Communities», in: The Implications of Literacy. Written Language and Models of Interpretation in the Eleventh and Twelfth Centuries, Princeton 1983, S. 88–240.

Jan Assmann

Formen solchen kulturellen und kollektiven Aussteigertums hängen eng und unablösbar zusammen. Dissidenz setzt Literalität voraus. Die Schrift und das Sammeln, Auswählen und Auslegen von Büchern ermöglichen einen neuen Typ von Vergemeinschaftung und Identität, die auf der unbedingten Autorität der Texte und ihrer Auslegung beruht. Damit wird die Bibliothek zum Fundament einer kollektiven und vor allem distinktiven Identität.

Auf diesem Weg zur Textgemeinschaft ist das Judentum der Menschheit vorangeschritten. Sie sind das «Volk des Buchs»[42] schlechthin. Das hat die englische Bildhauerin Rachel Whiteread in ihrem Wiener Mahnmal für die ermordeten Juden dargestellt. Sie hat ihm die Form eines begehbaren Würfels aus Büchern, also einer Bibliothek gegeben. Für die Juden ist die Tora, wie Heine sagte, ein «portatives Vaterland». Sie sind nicht angewiesen auf ein Territorium und können durch Vertreibung nicht ausgelöscht werden. So sind sie, anders als alle anderen von den Assyrern und Babyloniern verschleppten Völkerschaften, auch im babylonischen Exil ein Volk geblieben und haben eine zweitausendjährige Diaspora überstanden. Das war nur möglich mithilfe des Buchs der Tora. Die Juden bewohnen den Raum des Buches und der Bücher als ihre eigentliche Heimat. Das bewirkt, dass sie sich in dieser Welt nie ganz und gar zuhause fühlen. Diesen Auszug und diesen inneren Vorbehalt hat ihnen die Welt nicht verziehen. Wer in der Tora wohnt, ist in dieser Welt ein Fremdling: «Ich bin nur ein Gast auf Erden: verbirg deine Tora nicht vor mir.» (Ps 119.19). Die Beheimatung in der Tora bewirkt Weltfremdheit.

---

[42] Moshe Halbertal, People of the Book. Canon, Meaning, and Authority, Cambridge Mass. 1997.

JAN ASSMANN

Libraries in the Ancient World –
with Special Reference to Ancient Egypt

We are using the term "library" here to refer to a large collection of written texts. If we enquire into the origins of such collections, we must go far back in time, almost to the invention of writing itself. If writing can be considered a repository, then a library is a repository of the second degree: a repository of repositories. One might even say that writing, as a repository of what is spoken and thought, was created for the library as *the* repository of the written word from the very start. Nevertheless, libraries (in the accepted sense of the term) developed only gradually from diverse origins, functions and contexts of compiling scripts over the course of many centuries. In the following, I should like to examine these processes.[1]

Archives and Libraries

One can distinguish three basic functions of storing the written word. I should like to refer to these functions as "repository", "archive" and "representation". The function of a "repository" is to supply the knowledge required to perform certain activities; that of an archive is to stock all sorts of things for possible re-use which one assumes might be of importance one day; representation involves the compilation of written works as treasures of learning with the aim of preserving and presenting a particular cultural identity. Of these three functions, the third is the most recent; the first two take us far back into the third millennium BC. These functions differ in their relationship to time. "Stores" are primarily established with an eye to the future, whilst "archives" relate to the past, and "representation" to the present. The forward-looking character of stores is also implicit in the English and French term "provision", which literally means "foresight". People equip themselves with books for forthcoming projects and needs. In archives, by

---

[1] See the seminal work: Jochum, Uwe, Kleine Bibliotheksgeschichte, Stuttgart 1993.

contrast, they set aside all sorts of objects of present significance to make them available as the past. Finally, "representation" strives for visibility in the present; it was only in this function that the external, architectural form of the library was able to assume importance too. However, no direct evidence of this has survived from antiquity.

The two oldest literate cultures arose in Mesopotamia and Egypt, within the geographical boundaries of the Ancient World. In Mesopotamia people wrote on clay tablets, in Egypt they used papyrus; consequently, it is archives that have generally survived from Mesopotamia, whereas reference libraries functioning as "repositories" have primarily survived from ancient Egypt. Clay tablets have been preserved in and near settlements, where archives were created. Papyri, however, disintegrated completely in such environments, and could only survive in the dry desert climate where the Egyptians constructed their tombs. There, wealthy Egyptians equipped themselves with all the literature they needed, taking with them a reference library comprising so-called funerary texts into the next world. This custom dates back to the 24th century BC, to Unas, the last king of the 5th dynasty. Unas was the first to have the walls to the burial chamber and antechamber of his pyramid completely decorated with texts. It is estimated that these texts would fill eight or even ten scrolls, constituting what one could justifiably term a reference or working library.[2]

All of the texts are characterised as "spells" by the constantly repeated note: "to be recited". The wall writings in these subterranean chambers are thus conceived as a perpetual recitation surrounding the deceased on all sides. The written word functions here as a "sound storage medium", and the library appears as a receptacle of voices eternally addressing the deceased laid to rest there. The written word as an artificial voice is intended to give the cult recitation a permanence exceeding the duration of its ritual execution, and to ensure that the deceased remains within eternal reach of these priestly voices. In this function, the written word serves the realisation of a perpetual symbolic recitation.

In the Middle Kingdom, it was not the pyramids of the kings but the insides of the coffins of private persons that were completely overwritten with funerary texts.[3] These coffin texts belong to a different literate culture from the pyramid texts of the Old Kingdom. Pyramid texts are inscriptions, whilst coffin texts are hand-written scripts executed with all the sophistication of the Egyptian art of handwriting as developed in the offices of the administrative bureaucracy. This art included the use of lists and tables and, above all, of red and black ink to distinguish "texts" from "para-texts". "Texts" contain the actual spells, and are written in black. "Para-texts", executed in red ink, comprise headings and notes supplying information on the purpose and

[2] Sethe, K., Die altägyptischen Pyramidentexte, Leipzig 1908–1922; English translation by R. O. Faulkner, The Ancient Egyptian Pyramid Texts, Oxford 1969.
[3] Buck, A. de (ed.), The Egyptian Coffin Texts, 7 vols., Chicago 1938–1961; English translation by Faulkner, R. O., The Ancient Egyptian Coffin Texts, 3 vols., Warminster 1973–1978.

effects of each spell as well as instructions for recital if the spell is to be recited under certain circumstances, or involves the use of certain objects.

This innovation suggests that the main purpose of coffin decoration no longer lies, as had been the case in the pyramids, in recording a voice that was to eternally address the deceased, or with whom the deceased himself would forever engage in dialogue. For a voice is incapable of expressing the difference between a text and a para-text, i. e. between red and black ink. These bureaucratic forms of recording texts are intended to address the reading eye. The aim here is not to eternalise a recitation, but to present a store of knowledge. In other words, the script does not function here as an extension of the voice, but as an artificial memory. The coffin *qua* library is a store of knowledge into which the dead person is laid. And the media of a bureaucratic writing culture – red lettering, tables, titles and notes – are intended to facilitate the administration of this knowledge and to provide orientation.

From the 16th century BC on, funerary texts were no longer written inside the coffins but on papyrus rolls. This is the Egyptian "Book of the Dead".[4] Forming a single scroll, funerary texts were henceforth condensed into a one-book library. However, this did not prevent some of the tomb owners from taking even more texts with them into the grave. A tomb discovered in the 18th century contains a case of books in which we can identify the portable library of a practising intellectual. It holds the remains of some twenty scrolls with rituals, hymns, medical-magical manuals, proverbs, and works of narrative literature. The owner had worked as a physician, a sorcerer, a ritualist and a reader.[5] A very similar assortment of cult, medicine, magic and literary texts appeared 500 years later in the find of scrolls at the workmen's village of Der el Medine: works of literature (love songs, the conflict between Horus and Seth, hymn to the Nile, proverbs), medical-magical texts, rituals (Amenophis I) and a book on the interpretation of dreams.[6] Both collections represented the reference and study libraries of private persons, who needed them for their work.

The libraries of larger enterprises, and especially the temples and mortuary temples in Egypt, would have also resembled these private reference libraries. However enterprises not only had to run libraries that provided essential knowledge, but also archives storing files, lists, correspondence, records, documents, inventories and anything else deemed worthy of preservation. All major economic enterprises such as the temples, domains, seats of administration, the royal palace with its various dependencies, and probably the more important families too, had archives.[7] In Egypt and Mesopotamia, records were kept on everything. A medium-sized Egyptian enter-

[4] German translation by Hornung, E., Das Totenbuch der Ägypter, Zurich 1979, with bibliographical references to editions and other translations.

[5] Alan H. Gardiner, The Ramesseum Papyri, Oxford 1955, p. 1ff.; Janine Bourriau, Pharaohs and Mortals. Egyptian Art in the Middle Kingdom, Cambridge 1988, p. 110.

[6] Pestman, P. W., "Who were the owners, in the 'community of workmen' of the Chester Beatty Papyri?" in: R. J. Demarée, J. J. Janssen (eds.), Gleanings from Deir el Medina, Leiden 1982, pp. 155–72.

Jan Assmann

prise is estimated to have produced 120 metres of papyrus a year. The ancient literate cultures of the Orient produced two main currents of texts: the current of their cultural tradition and that of routine administration and bookkeeping. One current supplied the libraries, the other the archives. However, it remains uncertain whether this distinction was actually made, or whether the products of these two currents were not kept in one and the same place in the large enterprises, temples and palaces. Having only a few isolated texts from Egypt at our disposal, we can only speculate about the composition of any particular archive. For Mesopotamia, however, surviving archives demonstrate that the evolution of the archive into the distinct form of the library was a very gradual process. As in Egypt, it primarily held commercial texts that would have appeared in routine accounting. And works from the "stream of tradition"[8] also appear in the same context. These include texts intended for repeated use, such as myths and epics, lamentations, books of proverbs, collections of finds from animal entrails used for making predictions (omina), lists of words, glossaries, encyclopaedias and other codifications of handed-down knowledge, which one would expect to find in a library rather than in an archive. This distinction, which seems to be so obvious to us, does not seem to apply to Mesopotamia. There, archives fulfilled the dual function of making essential knowledge available and of preserving important documents.[9] The situation was presumably similar in Egypt.

The term "archive" comes from the Greek and is related to *archein*, meaning "to rule". The archive represented the externalised memory of the rulers, and contained documents to which the latter had to have recourse at all times in exercising the functions of government. The Greek *archeion* was attached to the official residence of the Archon, just as archives in Mesopotamia and Egypt were attached to temples, enterprises and offices, all of which were organs of state administration and hence of state rule. The archive is the instrument of rule and, in particular, of bureaucratic rule, which legitimises itself through tradition, control and the memory.[10]

The archive embodies most clearly the mnemonic function of the library: the storage of stored texts. It gives the rulers control over the past. Furthermore, the archive constitutes the basis of the relationship between state organisation and historical consciousness, or consciousness of the past, which is so characteristic of states of the Ancient Orient. Whilst all enterprises kept records on events occurring in their domains, storing them in their archives, the palaces maintained records on *state* events, which were preserved as "annals" in the palace archive.

---

[7] Extensive finds have been preserved from the archives of the pyramid temple of Neferirkare Kakai in Abusir: Posener-Kriéger, Paule, Les archives du temple funéraire de Néferirkarê-Kakai, 2 vols., Cairo 1976.

[8] Oppenheim, A. Leo, Ancient Mesopotamia. Portrait of a Dead Civilization, Chicago, London 1964.

[9] Otten, Heinrich, "Bibliotheken im Alten Orient", in: Das Altertum 1, 1955, pp. 67–81, p. 67; Larsen, Trolle Mogens, "What they wrote on clay", in: Literacy and society, ed. by K. Shousboe and T. M. Larsen, Copenhagen 1989, pp. 121–148, p. 138f.; Jochum, Uwe, Kleine Bibliotheksgeschichte, p. 13f.

[10] Cf. Jacques Derrida, Mal d'Archive, Editions Galilée, Paris 1995.

This practice of keeping annals dates back to the end of the 4th millennium BC. At that time, the years were not counted, but identified by references to outstanding events inscribed in wooden and ivory tablets in a kind of pictographic script. These tablets were attached to wares in order to date them, and were probably also archived for chronological purposes – thus laying the foundations for the subsequent development of annalistic procedure. Even though not one single papyrus mentioning such annual events has survived for these years, a number of monuments based on such sources have. A prime example is the Palermo Stone, bearing annals dating from the earliest times to the 5th dynasty, and the recently published annal stone from Saqqara South, showing the annals of the 6th dynasty. These sources give us some idea of the form and contents of the annals – at least for the Old Kingdom. Each year forms a section in which events such as rites, processions, the courses of the Apis bull, the manufacture of cult images, the erection of shrines, tax assessments, military operations, raids, the construction of ships, sacrificial offerings, and so on, were inscribed. These tables, together with the later annals, imply and illustrate a concept of history that may be defined as the totality of memorable royal acts for dating these years. They focused on three areas: the gods (shrines, statues, sacrifices), human beings (taxes) and enemies. Records showing the level of the annual inundation of the Nile were not inscribed on the tablets, but they did appear later in the annals. People generally tended to consult the annals whenever they sought theological information, e. g. on the manufacture of cult images (Neferhotep, 13th dynasty),[11] and, above all, to find out whether precedents existed for this or that occurrence. From the earliest days of the New Kingdom, the assertion that the annals of the forefathers contained no comparable events became a commonplace serving to underline the historical uniqueness of royal deeds and the miraculous character of divine acts. The annals incarnated the memory of the monarchy, serving to ensure the continuity of that institution, linking each reign with those that went before, and establishing an unbroken chain going back to a mythical time in which the gods themselves ruled the earth.

This chain, the king list, was forged from the annals, which provided a precise chronological framework starting with the reigning king and going back to Menes, who founded the kingdom, and then even further back to the predynastic kings, the "transfigured dead" (referred to as "heroes" by Manetho), the gods of the "Lesser Ennead" (Manetho's "demigods") and gods of the "Great Ennead" (Manetho's "gods") and finally to the very beginning of the world. It is hard to imagine a more powerful, indissoluble bond linking the institution of the monarchy with the cosmic dimensions of time than that created by the institution of the king list. Time was royal time. The monarchy arose with the world itself, devolving from the gods to human beings, so that worldly time became identical with the history of the monarchy. The years of interregnum were labelled "idle" or "vacant" in the king list. If there was no monarchy or

---

[11] As well as the theological significance of Thebes (Ramses II), the theology of Osiris (Ramses IV, 20th dynasty) and divine responsibility for the inundation of the Nile (the so-called famine stela).

king, the years remained empty; they could be counted, but not filled with contents and memories. Only the monarchy could fill them and lend them form as history, the memory of which gave Egyptian culture its identity.

The king list has been handed down to us in archived form as the famous Turin Papyrus, which dates from the reign of Ramses II. The palace and temple archives must have contained countless documents of this nature. They formed the basis for the history of Egypt that was written in Greek by the Egyptian priest Manetho of Sebennytos around 275 BC, and from which the diverse Christian chronologists took excerpts of the king list. Numerous monumental representations of the king list also existed that were accessible to broader strata of the population. At the Theban Min festival, statues of the royal predecessors were borne in processions. This suggests that the king list expressed a general idea that moulded the mentality and view of history held by other social strata. The Greeks were deeply impressed by a form of archival memory that could account for thousands and tens-of-thousands of years of elapsed time, year for year, right back into the remotest cosmogonical past. They consequently viewed the Egyptians as specialists in the science of history (Herodotus II 77), and were particularly impressed by the periodisation of history into the epochs of divine, semi-divine and human rule. This tripartition appears in the Turin Papyrus, and was mentioned by Herodotus, Diodorus, Manetho and others. In the 18th century, Giambattista Vico takes up this tripartition again, linking it with the three media: the picture, the symbol and alphabetical writing. In the age of the gods, people communicated in images and poetry, in the age of the heroes they used symbols and epics, whilst in the age of man alphabetical letters and prose prevailed. One can therefore justifiably count the archival memory of the Egyptians among the great ideas of human history; it not only shaped Egyptian thought, but also had a considerable influence, via the Greeks, that has lasted right down to the modern age.

Both the Egyptian and Sumerian king lists included mythical reigns going back to the origins of the world; however, when we reach Menes and arrive at that threshold which is still seen today as dividing "prehistory" from "history", the Egyptian king list loses its mythical quality and becomes a precise record of historical data. Giving us access to the past up to Menes, the archives make it possible to place in precise chronological order the countless monuments that populated Egypt to a degree unparalleled in cultural history. Educated Egyptians stood face to face with the entire history of their culture – right back to its very origins. Against this background, it is all too easy to understand the scorn (according to an anecdote from Herodotus, II 143) they swiftly poured on a respectable Greek traveller who claimed sixteenth-generation descent from a god. For the Egyptians, the time when the gods walked the earth and mingled with human beings had occurred thousands of years before. The far-from-mythical character of their view of history was a direct consequence of their storing historical knowledge in archives.

Furthermore, in ancient Egypt there existed an institution that was linked exclusively, and in a special way, to their cultural tradition of producing and preserving scripts: the "Houses of Life".[12] The Houses of Life served four functions: firstly, as a place where "life-conserving" rituals were held,[13] hence the name; secondly, as a place for preserving scripts, i. e. as a library; thirdly, as a place for copying, reproducing and producing scripts, i. e. as a scriptorium; and fourthly, as a place of higher learning where one received instruction on the written and spoken language of the old texts, their correct recitation as well as the execution of rituals and magical acts, and undoubtedly many other things too. The Houses of Life were incorporated into the more important temples and other holy places where highly secret rites and veritable mysteries were held. They "were" not, but "had" a library. However, this library constituted the focal point of a sacred place and shared in its sacredness. It was the centrepiece of a vitally necessary, life-conserving institution, and the "life" around which it centred was, in essence, the cultural memory and cultural identity of ancient Egypt. And for quite some time this was the most natural thing in the world. However, under foreign occupation – from the Assyrian conquests in the 8th and 7th centuries, followed by Persian, Greek and Roman domination right up to Christianisation, which proved to be the real and decisive conquest, signalling the end of ancient Egyptian culture in the course of the 4th century – the Houses of Life became conscious of their function as guardians of authentic Egyptianness.

National and Imperial Collection Libraries

In the temples and palaces, as in the Houses of Life, the library – the "house of the scrolls" – was simply a small storeroom for papyri, and not an independent institution.[14] The same was undoubtedly true of the Mesopotamian archive for the archives in the Mesopotamian tradition. In the 1st millennium, however, a momentous innovation took place in Assyria. The Assyrians lived in the north of Mesopotamia which, culturally speaking, was on the periphery. Although they were of the same culture (using cuneiform writing and speaking an Akkadian dialect) they must have felt quite provincial – despite their growing political predominance – faced with the cultural superiority of the Babylonians and the centres of cuneiform education in southern Mesopotamia. When the Assyrians finally conquered and annexed Babylon, they did everything in their power to transform their towns and cities into centres of education.[15] They created a new

---

[12] M. Weber, "Lebenshaus", in: Lexikon der Ägyptologie III, pp. 954–57.

[13] Philippe Derchain, Le Pap. Salt 825, Rituel pour la conservation de la vie en Egypte, Brussels 1965.

[14] The Egyptian word for "library" is *pr mḏ3.t* "house of scrolls" (sacred special library, hierá bibliothéke after Diodorus I 49.3). The root of the Egyptian word *mḏ3.t*, like that of the Latin word volumen (< volvere turn, wind, roll) means "roll, turn"; the same is true of the Hebraic term megillah "scroll" (Egyptian *ḏ3* = Sem. Gl and gl, also in gilgal "circle": Weber, Manfred, Beiträge zur Kenntnis des Schrift- und Buchwesens der alten Ägypter, Cologne 1969, p. 98ff). Scrolls were kept in cases which often appear in illustrations.

Jan Assmann

type of palace and collection library, in which they collected, sorted and conserved all the literature they could get hold of. The scope of their library went far beyond that of an archive or a specialised or reference library. It was not only designed to equip people with the knowledge needed to execute particular professional duties such as inspecting the entrails of sacrificial animals to make predictions, or practising medicine, jurisprudence, administration, rituals, and education, but also contained every aspect of traditional Babylonian culture that the Assyrian conquerors managed to find in the various archive-libraries in Babylon.[16] Consequently, a library came into being based on the model and principle of the treasury. Its purpose neither lay in "equipping" people nor in "archiving" material, but in representation. Like the palace treasury, this library was designed to convey the power, wealth and prestige of the ruler in the symbolic currency of education and knowledge. It was not only intended to place the Assyrian ruler in full possession of Babylonian education, i. e. of the canonical cuneiform (writing) tradition, but also to present him as the proprietor of this tradition. Assurbanipal's palace library collection is estimated to have held between 5,000 and 10,000 tablets with a total of approximately 1,500 texts ("books").[17] However, these texts were not only compiled, but also philologically analysed, annotated and edited. Thus, for example, the Gilgamesh epic was first set out in the canonical twelve-tablet form in the Neo-Assyrian edition.[18] Assurbanipal's palace library was the first to be established with a planned collection.[19] As the dominant military power, the Assyrians looked upon the Babylonians as members of a superior culture, just as the Romans did upon the Greeks. And with the institution of the palace library, the Assyrians tried to compensate for their cultural inferiority. Admittedly, from an architectural standpoint, the Assyrian palace library, too, remained a nondescript institution, a place within the palace grounds set aside for storing clay tablets on wooden shelves. It was not a freely free-standing building architecturally designed to express the representational, prestigious character of the collection.

Although the Assyrians brought in countless craftsmen and intellectuals – physicians, magicians, architects, etc. – from Egypt, they seem to have confined their passion for collecting to works within the cuneiform Sumerian-Akkadian tradition. They probably felt it more their duty to acquire complete collections of works from their own culture than to exhibit an alien culture. The treasury and the library differed here. In the palace treasuries, exotic objects were collected. And these collections, which contained gifts and tributes from all four corners of the earth, were intended to represent the extent of the ruler's power. The Assyrian Kingdom

---

[15] P. Machinist, "The Assyrians and their Babylonian Problem", in: Wissenschaftskolleg zu Berlin, Jahrbuch 1984/85, pp. 353–364.
[16] Otten, Bibliotheken im Alten Orient.
[17] Otten, loc. cit.
[18] George, A., The Epic of Gilgamesh. The Babylonian Epic Poem and Other Texts in Akkadian and Sumerian, New York 1999.
[19] Oppenheim, Ancient Mesopotamia, p. 243f.

was probably the first that sought to present itself as a multinational state. The Persian empire took over this idea, attaching to it even greater importance in the belief that the polyglot character of the peoples within its territory added to its prestige. This impression is confirmed by the Book of Esther where it is stated that the edicts of King Ahasuerus were "sent to each of the satraps, the governors and princes of the one hundred and twenty-seven provinces, from India to Kush… to each province in its own script and for each people in its own language". The Ptolemies also adopted this imperial principle, issuing their official written and spoken proclamations (of which the Rosseta Stone is the most famous) in three languages, and creating a new type of "imperial library".

The Library at Alexandria also accomplished the decisive step of collecting texts handed down from foreign sources. This library was not an independent institution either, but a part of the "Museion". At the end of the 4th century BC, Ptolemy I had a sanctuary erected to the Muses in his palace district. The sanctuary was modelled on the Platonic Academy, which was organised around this type of "museion" functioning as a centre of scientific research. The Muses' sanctuary functioned, on the one hand, as a centre for holding religious rites and festivals and, on the other hand, for conserving teaching materials and scrolls. If we include the function of research and teaching, for which the Academy was responsible, we arrive at the same tripartite subdivision that we find in the ancient Egyptian "Houses of Life": a sanctuary, archive-library and place of instruction. The Museion of Alexandria was thus able to draw on two traditions at the same time: the Greek tradition of the Academy, and the Egyptian tradition of the "Houses of Life".

The Library at the Museion of Alexandria was conceived, from the very start, for collecting, codifying, classifying and canonising the country's own culture, and for compiling the most extensive record of foreign culture possible. Agents travelled the entire Mediterranean world looking for new books. Each ship that entered the harbour was searched for scrolls, which had to be surrendered and were exchanged for hastily made copies.[20] Important foreign works were translated, the most famous being the Hebraic Bible, which – according to legend – was translated into Greek by a team of seventy scholars: the "Septuagint" (Latin for "seventy")[21] under Ptolemy II. Seventy is the traditional Hebraic number for the totality of peoples and languages. This number thus contained the idea of translating the literature of all peoples and languages into Greek and gathering all these works in a library. The legendary story of its origin notwithstanding, the Septuagint is a historical fact and the earliest example of Old Testament canon. Comprising not only canonical but also a number of apocryphal texts, the Hebraic Bible thus aimed

---

[20] Carl Wendel, Willi Göber, Das griechisch-römische Altertum, Wiesbaden 1953, p. 66.

[21] Giuseppe Veltri, Eine Tora für den König Tolmai. Untersuchungen zum Übersetzungsverständnis in der jüdisch-hellenistischen und rabbinischen Literatur (Texte und Studien zum antiken Judentum 41), Tübingen 1994.

Jan Assmann

at maximum comprehensiveness, as did the great library for which it was created. Ancient sources estimate the total number of books contained in the library at Alexandria at between 400,000 and 700,000 scrolls.[22] For the first time, it became necessary to compile a catalogue. Even the catalogue ("Pinakes") compiled by the famous poet and grammarian Callimachus comprised 120 books.[23] It probably contained only Greek works and authors ("who excelled in the entire field of paideia [educational curriculum], and their writings", as the Greek title states); apart from names and titles it also included biographical notes, information on the history of literature, and the initial words. The catalogue was subdivided into classes and special areas: poets (epic poets, lyricists and tragedians); prose-writers (philosophers, historians, rhetoricians), specialised writers (physicians, mathematicians, geographers, cooks, etc.). The authors in each class were listed alphabetically. In this respect, the Library of Alexandria corresponded to that created by the Neo-Assyrian kings, which was intended to record the 'great tradition' of their own culture by not merely systematically collecting any manuscripts they could get hold of, but also by classification and philological analysis. For the very first time, a disparate tradition that nobody had ever grasped in its totality was there for all to see; it was condensed and given a normative, binding form in which exemplary works clearly stood out against poor imitations, the significant against the specialised, the old against the new, the classical against the exotic, the provincial and the avant-gardist. The Library of Alexandria fulfilled three different functions, constituting three libraries in one: a *specialised library* bringing together the specialised libraries of all subjects from geometry to culinary art; a *national library*, comprising all works of Greek (Pan-Hellenic) literature, and an *imperial library* with the novel goal of collecting all of the world's literature. The "Great Library" (as it was referred to in antiquity) of Alexandria was known throughout the ancient world. It created a precedent. In Pergamon, in Asia Minor, the ruling house tried to equal this achievement, and compiled 200,000 scrolls using the same methods.[24] In Rome, Caesar is said to have planned a public library modelled on the Library of Alexandria, doubtlessly envisaging an imperial library that would represent monarchical power and education. The plan was abandoned after his death, and the public library subsequently erected by Pollio was of far more modest design, reflecting Pollio's own literary interests. It was left to later Emperors to distinguish themselves by founding large public libraries.[25]

---

[22] Jochum, Kleine Bibliotheksgeschichte, p. 26f.

[23] Rudolf Blum, "Kallimachos und die Literaturverzeichnung bei den Griechen, Untersuchungen zur Geschichte der Bibliographie", in: Archiv für die Geschichte des Bibliothekswesens 18, 1977, pp. 1–360.

[24] Wendel, Göber, Das griechisch-römische Altertum, p. 82ff.; Christian Callmer, Antike Bibliotheken, Lund 1944.

[25] Jochum, Kleine Bibliotheksgeschichte, p. 43f. referring to Rudolf Fehrle, Das Bibliothekswesen im Alten Rom: Voraussetzungen, Bedingungen, Anfänge, Freiburg/Br. 1986.

A completely different type of library developed in Greece in the heyday of sophistry, philosophy and science in the 4th and 5th centuries BC: the private library. Unlike the libraries of the orient, those of the Greeks were not attached to any sacred or administrative institutions but belonged to wealthy individuals and, above all, philosophers and schools of philosophy. The emergence of the private library in Greece was thus closely linked with the democratic or aristocratic structure of the polis, where the individual played a very different role to that prevailing in the oriental societies. Among the Greeks, the indissoluble bond between script, administration and cult was severed that had prevailed in the entire Ancient Orient, including Israel.[26] Aristotle's library was much celebrated. He bequeathed it to Theoprast, his successor. After a chequered history, it was carried off to Rome by Sulla, following his conquest of Athens in 86 BC.[27] This was no isolated case. Numerous private libraries were taken from Greece to Rome as spoils, to be transformed from reference libraries to prestigious educational libraries. As mentioned above, the Romans regarded Greek tradition in much the same way as the Assyrians did the culture of the Babylonians. The Romans soon considered it "good form to own their own private libraries following the Greek example".[28] In contradistinction to the palace library, the private educational library does not represent the cultural memory of an entire society, but merely the library owner's individual share in that memory.

Core Libraries and Textual Communities

The traditional temple libraries in Egypt continued in the style of the core or working library, their contents being restricted to what was considered necessary and important. Surviving written book catalogues from temple libraries[29] as well as archaeological finds bear witness to this. Rituals, hymns to the gods, cosmographical and geographical books, books on astronomy, magic and medicine, proverbs, dreams, as well as on the design, decoration and administration of the temples, onomastica, etc. survive from the city of Tebtunis at the entrance to the Fayum.[30] It is to Clement of Alexandria that we owe what is by far the most informative insight into the systematic structure of one such reference library.[31] Clement mentions forty-two indispensable

---

[26] A. u. J. Assmann, Introduction, in: E. Havelock, Schriftlichkeit, Weinheim 1990, pp. 12, 14.

[27] L. Canfora, Die verschwundene Bibliothek, Berlin 1990, p. 165ff.

[28] Jochum, Kleine Bibliotheksgeschichte, p. 42.

[29] For information on the book catalogues, see A. Grimm, "Altägyptische Tempelliteratur. Zur Gliederung und Funktion der Bücherkataloge von Edfu und et-Tod", in: SAK Beiheft 3, 1988, p. 168f.; D. B. Redford, Pharaonic Kinglists, Annals and Daybooks: A Contribution to the Egyptian Sense of History, Mississauge 1986, p. 214ff.

[30] W. J. Tait, Papyri from Tebtunis in Egyptian and in Greek, London 1977; E. Reymond, From the contents of the libraries of the Suchos temples in the Fayyum 2: from Ancient Egyptian Hermetic Writings, Vienna 1977; J. Osing, "La science sacerdotale", in: D. Valbelle, J. Leclant (eds.), Le décret de Memphis, Fondation Singer-Polignac, Paris 2000, pp. 127–140; J. F. Quack, "Das Buch vom Tempel. Ein Vorbericht", in: Archiv für Religionsgeschichte 2, 2000, pp. 1–20.

Jan Assmann

(*pany anagkaiai*) books that formed the basic inventory of a temple library and were allegedly all written by Thoth-Hermes. Their contents had to be learned by heart by certain priests, who had to have perfect command of them. The priestly hierarchy reflected the organisation of the library, as when the priests held solemn processions, stepping out of the temple building in a specific order to perform sacred acts.

The first to emerge was the *singer* with a musical emblem as the insignia of his rank. His special field comprised:
> a book of hymns to the gods
> a book containing a report on the life of the king.

Then the *Horoskopos* emerges. He bears the branch of a palm and an astrological emblem showing his rank, and his knowledge encompasses four astrological books:
> on the arrangement of the fixed stars
> on the position of the sun, the moon and the five planets
> on the conjunctions and phases of the sun and the moon
> on the times when the stars rise.

The *hierogrammate* wears a feather as his head-dress and holds a scroll as well as his writing utensil in his hand. He has a command of:
> ten hieroglyphic books on cosmography and geography, Egypt and the Nile, temple construction, the landed property of the temple, and temple supplies and furnishings.

The *stolist*, who wears the stole, is a specialist in
> ten books on education and the art of sacrifice; these deal with wisdom and piety, sacrificial rites, the sacrifice of the firstborn, hymns, prayers, processions and festivals.

The last to emerge is the prophet, or high-priest, bearing a situla, a bronze water vessel. He is a specialist in:
> ten hieratic books on laws, gods, and every aspect of a priests' instruction.

Thus far, the list is arranged in climactic order. The prophet holds the highest, the stolist the second, the hierogrammate the third position in the hierarchy, etc. The highest priest has mastery over the books containing the most binding obligations, and is the only one with the vocation to interpret them.

---

[31] Clemens Alex., Strom. VI. Chap. IV, §§35.1–37, see G. Fowden, The Egyptian Hermes. A Historical Approach to the Late Pagan Mind, Cambridge 1986, p. 58f.; Bernhard Lang, "The Writings: A Hellenistic Literary Canon in the Bible", in: A. van der Kooj, K. van der Toorn (eds.), Canonization & Decanonization, Leiden 1998, pp. 41–65, p. 45f.; J. Osing, La science sacerdotale, pp. 127–140, p. 127f.

Clement also names six medical books, which come under the sphere of competence of pasto-phoroi, who hold the office of physician and are responsible for making predictions from the entrails of sacrificial animals. These six books deal with:

> the build of the body
> illnesses
> organs
> drugs
> eye diseases
> women's diseases

The entire collection thus comprises 36 plus 6 books, making a total of 42. Both figures, 36 and 42 are of great significance, for 36 represents the "decans" or the star configurations governing a decade or ten-day week; their number gives one year (= 36 decades) as the total organisation of time. The figure 42 represents the number of "nomes", or political administrative districts into which the land of Egypt was divided according to ancient, holy tradition. This number thus refers to the total organisation of space. At the same time it is said that the corpse of Osiris, who was killed by Seth-Typhon, was torn into 42 pieces, and that each administrative district contained a part of Osiris' body kept in an Osiris tomb. Furthermore, 42 is a formula for the wholeness of the world and the reunited body of Osiris, the god. Every year, solemn processions are held in which the parts of his body are brought together from all parts of the country and united to form one body.[32] Hence, the number 42 is also tied to the idea of Egypt as a holy to-tality, which has to be forever rescued anew from the inner fragmentation of history and re-united. In this way, the 42 books complement one another to form an all-embracing whole: their number can neither rise above nor fall below this figure. The form and structure of this type of library exclude any danger of arbitrary choice.

During the Late Period, and possibly under the influence of foreign domination, the Egyp-tians turned to a new method of preserving their tradition: they inscribed the walls, columns and ceilings of their temples from top to bottom with texts and images taken from the principle works in the temple library. In so doing, they transformed the entire temple into a library in the same way that, some millennia before, they had transformed the funeral chambers and coffins into reference libraries for those undertaking the journey into the next world.[33] The practice of

---

[32] H. Beinlich, Die Osirisreliquien. Zum Motiv der Körperzergliederung in der altägyptischen Religion, Wiesbaden 1984; L. Pantalacci, "Une conception originale de la survie osirienne d'après les textes de Basse Epoque", GM 52, 1981, pp. 57–66; ead., "Sur quelques termes d'anatomie sacrée dans les listes ptolemaiques de reliques osiriennes", GM 58, 1952, pp. 65–72; ead., "Sur les méthodes de travail des décorateurs tentyrites", BIFAO 86, 1986, pp. 267–275; ead., "Décor de la 2e chapelle osirienne de l'est (sud) sur le toit du temple de Dendara", 4e ICE, SAK Beihefte 3, 1989, pp. 327–337; J. Cl. Goyon, "Momification et recomposition du corps divin: Anubis et les canopes", in: Funerary Symbols and Religion (Festschrift Heerma van Voss), 1988, pp. 34–44; S. Cauville, Dendara. Les chapelles osiriennes 2, commentaire, BE 118, Cairo 1997, pp. 33–45.

Jan Assmann

inscribing temple walls was, it is true, not completely new. From the Old Kingdom to the Late Period there was an increasing tendency to decorate temples. Suddenly, however, a qualitative leap occurred, which must have taken place during the Persian period. For up to this time, the design of the temples reflected the function of the rooms adorned, depicting what took place in each room, and symbolically preserving cult practices. And even if the priests had stopped performing the rites, these rites would have continued in effigy, in much the same way that recitations of the death cult in the symbolic medium of writing continued to address the dead in the pyramid chambers. The Late Period witnessed an innovation: the codification of knowledge. From now on, the temple became a receptacle of the memory, as had been the case with the coffins in the Middle Kingdom. The texts now eternalised in stone on the walls went far beyond ritual. They dealt with cosmography, geography and mythology, and included pictures and extensive building inscriptions. They also contained ethical instructions for the priests, as well as inventories, lists of *res sacrae*, orders and prohibitions for one particular temple and for all of the other temples and nomes in the land, in a word: a *quasi* encyclopaedic literature containing a wealth of knowledge unprecedented in the temples of the ancients. The script itself assumed encyclopaedic dimensions, with the number of signs soaring from approximately 700 to about 7,000. Each temple developed its own system of writing[34] based on systematic exploitation of the imagery inherent in the hieroglyphic system, which, in contrast to the cursive script derived from it, made it possible to constantly introduce new symbols and to view the world of objects as a more or less inexhaustible stock of signs. From this evolved the notion of the script as an encyclopaedic visual-dictionary depicting the entire world, as well as the corresponding notion of the world as "divine hieroglyphics".[35] By assimilating the entire world, as it were, the Egyptian temple excluded itself from the world. And the priests found the models for their vast and highly sophisticated decoration programmes, which comprise a library of many scrolls in themselves, in their temple library stock. This type of temple not only served to accommodate a cult performed *in reality* in the rooms and *in effigy* on the walls, but also a cultural memory perceived to be under threat and in need of protection by all means.

The Egyptian temple library design, as described by Clement, was inspired by the principle of the canon, which is based not only on the concept of the collection but, above all, on that of selection and, finally, on the idea of hierarchical structure. The Hebraic Bible is also a core library of this type. Using contemporary modes of counting, we would arrive at thirty-six books, the chronological world formula of the Egyptians. In the Jewish tradition, however, the Twelve

[33] See J. Assmann, "Der Tempel der ägyptischen Spätzeit als Kanonisierung kultureller Identität", in: J. Osing, E. K. Nielsen (eds.), The Heritage of Ancient Egypt, Studies in Honor of Erik Iversen, The Carsten Niebuhr Institute of Ancient Near Eastern Studies 13, Copenhagen 1992, pp. 9–25.
[34] See S. Sauneron, L'écriture figurative dans les textes d'Esna. Esna VIII, Cairo 1982.
[35] F. Junge, "Zur Sprachwissenschaft der Ägypter", in: Studien zu Sprache und Religion Ägyptens, Festschrift W. Westendorf, Göttingen 1982, p. 272.

"Minor Prophets" are condensed into one book, as are the books of Samuel and Kings, to produce a twenty-two-book canon.[36] Containing twenty-two letters, the Hebraic alphabet is yet another "world formula". As God created the world with the Word, the speech sounds=letters simultaneously serve as the elements whose combination constitute the world. As the realisation of this world formula, the canon is the embodiment of the world in book form.

However, this canon is not based on a five-tier structure, as was the case with the Egyptians, but three. The noblest and most binding part of the canon, which corresponds to the books "on laws, gods and all aspects of priestly instruction" to be mastered by the high priest, is the Torah or Pentateuch: the five books of Moses. It also deals with laws but extends further to history, which is elevated – within the framework of a covenant theology – to the status of holy history: the history of the liberation from Egypt and of the Covenant at Sinai. The second part comprises the nineteen books of the prophets, which lay down the law by showing the historical perspectives that demonstrate both its sense and meaning. The third part contains the twelve "Writings", (*Ketuvim*), the *belles lettres* of the Bible: poetry (the Song of Solomon and the Lamentations of Jeremiah), wisdom (Ecclesiastes, Proverbs, Book of Job), stories (Ruth, Daniel and Esther), liturgical songs, prayers and spiritual poetry (the Psalms) and historical books (Ezra, Nehemiah and I and II Chronicles).

The bible represents the same type of library as that of an Egyptian temple as described by Clement of Alexandria. Both are core libraries of "highly essential" books expected to fulfil three functions:

> to provide a store of knowledge for priestly, judicial, medical activity
>
> to codify the basis of everyday life and conduct in general (wisdom and ethics) and
>
> to represent the cultural and religious identity of the community which draws its strength from these books, lives according to them and exalts them as the basis of its world-view and beliefs.

In conflicts, this third and decisive function falls to the core library. From now on, tradition is concretised in canon. However, it is not merely a question of representation, but of distinction too. In Egypt, we can see such processes of distinctively arming traditions in times of foreign occupation, starting with the Persians at the end of the 7th century. In Israel, they are linked with the threat posed by the Assyrians and the Babylonians. As early as 722 BC, the ten tribes of the northern kingdom suffered the bitter fate of being deported by the Assyrians, and disappeared from the map without a trace. When the southern kingdom fell into the hands of the Babylonians 135 years later, the Jewish elites were deported to Babylon. By now, however, the spiritual realm occupied by the Book was sufficiently well established to

---

[36] See B. Lang, "The Writings".

serve as home to a distinctive lifestyle of people living in exile, and to keep awake memories of Jerusalem. For the very first time, the memory contained the secret of redemption. The famous saying by the Hasid master Ba'al Shem Tov in the 18th century is related, first and foremost, to the experience of exile and Diaspora: "The secret of redemption is memory. Forgetting prolongs exile." In this way, by remaining Jews who knew where they had to return to, the Jews were able to endure more than fifty years of captivity in Babylon before they were liberated by Cyrus.

In a Hellenistic text, a Jew living in the Egyptian Diaspora compares the law with an "iron wall":

"The legislator, armed by God with all-embracing knowledge, surrounded us with impenetrable palisades and iron walls so that we, having no intercourse of any kind with any other peoples, and being pure in body and soul, and free from deceptive ideas, would honour God, the only God, who alone is powerful, in contrast to the Creation (…) So that we would not defile ourselves with anything whatsoever nor corrupt ourselves through intercourse with evil, He enclosed us on all sides with rules concerning purity, and commandments on what we might eat and drink, as well as hear and see."[37]

Here, the spiritual realm of the Book is compared to an unassailable fortress: "A mighty fortress is our Book". The character of excluding oneself from this world by entering the realm of the Book is expressed in no uncertain clarity here. In this evil world of "deceptive ideas", the people of God form an enclave of purity and truth.

Within Hellenism, real libraries, compiled by a very new type of community, developed around the core library of the Hebraic Bible, evolving a new mode of life on the basis of reading and learning, interpreting and teaching. The finds at Qumran on the Dead Sea and Naj' Hammadi in Upper Egypt give us a glimpse of the remains of the libraries on which such communities were built. Despite their fragmentary condition, it seems that they were not designed to provide the greatest quantity and variety of books, as are today's libraries, but to provide a restricted number of works that were binding for the community. The library at Qumran is estimated to have had a total of 1,000 scrolls at most.[38] Although this number exceeded by far the twenty-two book canon of the Hebraic Bible or the forty-two book canon of the Egyptian temple library, it was incomparably lower than the number for a Hellenistic collection library. Furthermore, Qumran also functioned as a scriptorium, a centre of book production, and thus contained far more scrolls than the core library of the community. The temple library at Tebtunis in Egypt is believed to have contained a similar number. At Tebtunis, however, dozens of

---

[37] Letter from Aristeas, 139 and 142, after G. Delling, Die Bewältigung der Diasporasituation durch das hellenistische Judentum, Göttingen 1987, p. 9.

[38] H. Stegemann, Die Essener, Qumran, Johannes der Täufer und Jesus, Freiburg 3rd edition 1994, p. 121.

copies were kept of many of the works, since they were transcribed by novices for study purposes.

Under Hellenism, the traditional core library outgrew its purely practical purpose and assumed a new representational function, conferring and creating identity. The library now served as the foundation of an alternative mode of life that consciously set itself apart from that of the majority. This function was particularly marked in early Judaism.

All of the various movements or "sects" into which Judaism subsequently split defined themselves by the particular core library they had canonised.[39] The Samaritans held that only the Torah was binding, whilst the Sadducees believed that this was only true of the core library of the Hebraic Bible. The Pharisees, on the other hand, maintained that teaching based on the "oral tradition of the Torah" was also valid, claiming that Moses had received the Torah both orally and as a script at Mount Sinai to be handed down uninterrupted to the present day. When, with the destruction of the Second Temple, it looked as if this chain might be broken, people gradually decided to put this teaching tradition down in writing, too, thus creating the basis for the Mishna, the Talmud, and the early commentaries.

During the Late Period, the Egyptian temple also came to accommodate an alternative mode of living characterised by asceticism and contemplation. The priests broke with Hellenistic culture and with other temples. Each temple, inspired by a pronounced desire to distinguish itself, developed its own doctrine and even, as mentioned above, its own system of writing.

At the time, many others, including people outside the Jewish religion, chose the same path: Gnostics, Hermetists, Pythagoreans, Orpheans and Platonists.[40] It was impossible to draw a clear dividing line between philosophy, alternative modes of living, and religion, all of which were necessarily interrelated. And books played a central role everywhere. Everywhere the goal was the same: to cast off secular attitudes and attain spirituality. This would have been impossible without the written word and books.

Brian Stock, the historian, coined the term *textual community*[41] for this book-centred form of communalisation, and with an eye on the heretical movements of the Middle Ages. He was able to show that these movements drew their strength from texts of a very binding character, and whose existence and interpretation was exclusive to them. These movements were only able to legitimise their break with official tradition and go their own way by referring to a text whose authority and normative claims could be presented as superordinate to all those whose legitimacy rested on tradition and institutional demands. The characteristic feature of a *textual com-*

---

[39] See A. I. Baumgarten, The Flourishing of Jewish Sects in the Maccabean Era: An Interpretation, Leiden 1997, see especially Chapter III, "Literacy and its Implications", pp. 114–136.

[40] See E. P. Sanders, Jewish and Christian Self-Definition, Philadelphia 1980, 1981 and 1984.

[41] Brian Stock, "Textual Communities", in: The Implications of Literacy. Written Language and Models of Interpretation in the Eleventh and Twelfth Centuries, Princeton 1983, pp. 88–240.

Jan Assmann

munity is, on the one hand, the importance of a basic text in defining community identity and, on the other hand, the structure of authority and leadership resulting from competence in handling texts. Philological and political competence converge at this point. Leadership behoves him who displays the greatest knowledge and most plausible interpretation of the texts. The institution of the core library and the various ways – cultural and collective – people chose to drop out are closely and indissolubly linked. Dissidence presupposes literacy. Writing and the collection, selection and interpretation of books made possible a new type of communalisation and identity based on the absolute authority of written texts and their interpretation. The library thus became the foundation of a collective and, above all, distinctive, identity.

The Jews functioned as humanity's vanguard on the way to establishing a textual community. They are the "People of the Book" *par excellence*.[42] The English sculptor, Rachel Whiteread, captured this in her monument – in Vienna – to the murdered Jews. She made it in the form of a cube that visitors can enter. The monument is composed of books or, in other words, a library. To the Jews, the Torah (as Heine once said) is a "portable fatherland". They are neither dependent on a territory nor can they be eliminated by expulsion. In contrast to all the peoples carried off by the Assyrians and Babylonians, the Jews remained a single people in exile in Babylon, and survived for two thousand years in the Diaspora. They could not have achieved all this without the Book – the Torah. The Jews lived in the realm of the Book and books. The Book served as their true home. Consequently, they never felt completely at home anywhere in this world. The world has never forgiven them for this withdrawal and their inner reservations. Anyone who lives in the Torah is a stranger to this world. "I am only a guest here on Earth: don't hide your Torah from me." (Ps 191.9). Those who make their home in the Torah become unworldly.

Translation: Robin Benson

---

[42] Moshe Halbertal, People of the Book. Canon, Meaning, and Authority, Cambrige Mass. 1997.

JAN ASSMANN

Les bibliothèques dans le Monde antique : l'exemple de l'Égypte ancienne

En rassemblant des documents écrits, on répondait déjà dans le Monde antique à trois objectifs distincts : 1/ constituer des archives, 2/ les conserver et 3/ les présenter au public. Les rois égyptiens de l'Ancien Empire espéraient assurer la pérennité des récitations rituelles en faisant tapisser de textes les chambres souterraines de leurs pyramides ; de cette pratique est née la coutume égyptienne de la littérature des morts. Le tracé graphique de ces textes avait en premier lieu pour fonction de perpétuer le discours des prêtres qui devait maintenir éternellement le mort sous le charme de son réconfort vivifiant ; par la suite, l'idée fut plutôt de créer une mémoire artificielle, dont le mort disposerait dans l'au-delà. De nos jours encore, la bibliothèque remplit cette même fonction de conservation d'une mémoire.

Du côté des vivants, des textes littéraires étaient conservés dans des archives avec des lettres, toutes sortes de listes et de documents. Ce n'est que petit à petit que la bibliothèque, restreinte aux livres, s'est développée indépendamment des archives, tout en restant étroitement liée aux palais, aux temples et aux institutions économiques. La « maison de vie » égyptienne représentait une tradition d'un genre particulier ; elle servait non seulement de bibliothèque, mais aussi de centre de formation, de scriptorium et de lieu de culte réservé à des « rites de vie ». Clément d'Alexandrie nous apprend que la bibliothèque d'un temple égyptien est constituée d'un canon de 42 « livres absolument nécessaires », que 5 classes de prêtres différentes se doivent d'apprendre par cœur et d'interpréter. La Bible hébraïque peut aussi se concevoir comme une bibliothèque canonique composée, elle, de 36 livres (24 dans la numérotation hébraïque). 42, 36 et 24 sont des chiffres extrêmement importants qui représentent des ensembles complets (les 42 provinces d'Égypte, les 36 décans de l'astronomie égyptienne, les 24 lettres de l'alphabet hébraïque).

À l'inverse de la bibliothèque canonique constituée exclusivement des livres absolument nécessaires, la bibliothèque encyclopédique a pour but de recueillir la totalité des écrits existants.

La première bibliothèque de ce type est celle d'Assurbanipal, à Ninive ; la plus célèbre celle d'Alexandrie comptait de 400 000 à 700 000 rouleaux de papyrus. Mais elle contenait aussi, dans l'esprit d'une bibliothèque de base, le canon des classiques grecs, qui y a été pour la première fois réuni et édité dans une approche philologique, à l'époque même où se constituait le canon de la Bible hébraïque. Or, la Bible et les classiques grecs, ces deux bibliothèques canoniques de l'Antiquité, ont marqué jusqu'à aujourd'hui la mémoire culturelle de l'Occident.

Bibliography

Uwe Jochum, Kleine Bibliotheksgeschichte, Stuttgart 1993.

Luciano Canfora, Die verschwundene Bibliothek, Berlin 1990. English translation: The Vanished Library. A Wonder of the Ancient World, Berkeley 1990.

Jürgen Osing, "La science sacerdotale", in: Le décret de Memphis, Colloque de la Fondation Singer-Polignac, sous la direction de D. Valbelle et J. Leclant, Paris 2000, pp. 127–140.

Günter Burkard, Bibliotheken im Alten Ägypten, in: Bibliothek 4, 1980, pp. 79–113.

Bernhard Lang, "The Writings: A Hellenistic Literary Canon in the Bible", in: A. van der Kooij, K. van der Toorn (eds.), Canonization & Decanonization, Leiden 1998, pp. 41–65.

A. Leo Oppenheim, Ancient Mesopotamia. Portrait of a Dead Civilization, Chicago 1971.

Lionel Casson, Libraries in the Ancient World, Yale University Press, New Haven 2001.

Jan Assmann

Born 1938, studied Egyptology, classical archeology and Greek studies in Munich, Göttingen, Paris and Heidelberg. Doctorate 1965, postdoctoral lecturing qualification 1971. Since 1976 Professor of Egyptology at the University of Heidelberg. Numerous guest professorships in Paris, the USA and Israel. Research emphases: Egyptian religious history (hymnic forms, theology, death rituals), including its relation to general religious history; archeological-epigraphic records of Theban graves, research on cultural memory, also in cooperation with his wife Aleida Assmann (Chair of English and Comparative Literature in Constance). 1998 awarded the German Historians' Prize and an honorary doctorate by the University of Münster.

Major publications:

Ägypten – Theologie und Frömmigkeit einer frühen Hochkultur, Stuttgart 1984; Ma'at. Gerechtigkeit und Unsterblichkeit im Alten Ägypten, Munich 1990; Das kulturelle Gedächtnis, Munich 1996; Ägypten: eine Sinngeschichte, Munich 1996; Moses der Ägypter, Munich 1998; Herrschaft und Heil, Munich 2000; Tod und Jenseits im Alten Ägypten, Munich 2001

JEFFREY F. HAMBURGER

Frauen und Schriftlichkeit in der Schweiz im Mittelalter

Die Geschichte von Klöstern ist untrennbar verbunden mit der ihrer Bibliotheken.[1] Kein Kloster konnte gänzlich ohne Bücher auskommen. Das geschriebene Wort stellt nicht nur die Hauptquelle für die Geschichte der meisten monastischen Einrichtungen dar, sondern die Bücher selbst gehörten auch zu den wertvollsten und wichtigsten Besitztümern der Klöster. Als Ausdruck der Frömmigkeit und als Statussymbole in einer Kultur, in der die Fähigkeit zu lesen und zu schreiben nicht sehr verbreitet war, waren Bücher und die mit ihrer Hilfe ausgeführten Zeremonien unabdingbar für die Rituale und wiederkehrenden Abläufe, die das klösterliche Leben bestimmten. Ob in prächtig ausgestatteten liturgischen Kodizes oder in Sammlungen von Urkunden, die Rechte und Privilegien dokumentierten: das geschriebene Wort war das Instrument, das die für das klösterliche Leben zentralen Riten ermöglichte und festhielt. «Claustrum sine armario quasi castrum sine armamentario», erklärte Gottfried, ein Kanoniker von Sainte-Barbe-en-Auge in der Diözese Lisieux gegen 1170: «Ein Kloster ohne Bibliothek ist wie ein Feldlager ohne Waffen.»[2] Handschriften waren die Waffen des kirchlichen Kämpfers im Kampf für das Heil in dieser Welt und in der nächsten.

Es ist zumindest aus moderner Sicht paradox, dass die Klosterbibliothek des Mittelalters, die ja nicht nur als eine Sammlung von Büchern verstanden wurde, sondern als ein speziell für deren Unterbringung konstruiertes Gebäude, für uns eine unbekannte Grösse darstellt. Abgese-

<hr>

[1] Kottje, Raymund, «Klosterbibliotheken und monastische Kultur in der zweiten Hälfte des 11. Jahrhunderts», in: Il monachismo e la riforma ecclesiastica (1049–1112). Atti della quarta settimana internazionale di studio Mendola 23–29 agosto 1968, Miscellanea del Centro di Studi medioevali 6, Milano: Università Cattolica del Sacro Cuore, 1971, pp. 351–370.

[2] Kottje, Raymund, *«Claustra sine armario?* Zum Unterschied von Kloster und Stift im Mittelalter», in: Consuetudines monasticae. Festgabe für Kassius Halliger aus Anlass seines 70. Geburtstages, hrsg. von Joachim F. Angerer und Josef Lenzenweger, Studia Anselmiana 85, Rom: Pontificio Ateneo S. Anselmo, 1982, pp. 125–144, bes. p. 125, Anm. 1.

hen von einigen Orten wie z. B. Oxford und Cambridge, haben nur wenige Bibliotheksgebäude aus dem Früh- oder Hochmittelalter überdauert.[3] Die Mehrzahl der noch existierenden Gebäude gehören zu Kathedralanlagen, wo sie von den Kanonikern des Kapitels benutzt wurden.[4] Universitäten wie die Sorbonne und andere Bildungsinstitutionen, vor allem die Schulen des Dominikanerordens, die eingerichtet wurden, um Theologen und Prediger auszubilden, erbauten ebenfalls gesonderte Gebäude, um die grossen Bibliotheken zu beherbergen.[5]

Klöster – seien es Frauen- oder Männerklöster – zeigen interessanterweise ein ganz anderes Bild. Das Kloster war ein komplexer architektonischer Organismus mit sorgfältig aufgeteilten Bereichen, die eine grosse Zahl stark reglementierter Tätigkeiten beherbergen (und voneinander trennen) mussten. Trotzdem verfügten selbst die Klöster, von denen bekannt ist, dass sie beträchtliche Bibliotheksbestände besassen, nur selten über grosse Räume, ganz zu schweigen von eigenständigen Gebäuden, die für die systematische Herstellung und den Schutz der Bücher gedacht gewesen wären.[6] Im Doppelkloster von Königsfelden diente ein kleines Gebäude nördlich der Kirche, das häufig als «Schatzkammer» bezeichnet wird, dem Konvent als Archiv.[7] Traktate, die die Klostergebäude allegorisch interpretieren, gehörten zum Standardrepertoire der Frömmigkeitsliteratur. Und trotzdem sucht man umsonst nach einer einzigen Erwähnung der Bibliothek.[8] Erst im Spätmittelalter begannen die Klöster, sich am neuen Ideal des Lernens, das von den Universitäten repräsentiert wurde, zu orientieren und Bibliotheken zu bauen, die wir heute auch äusserlich als solche erkennen würden, die nämlich sowohl Annehmlichkeiten für die Leser boten als auch Platz für die Aufbewahrung der Bücher.[9] Im Frühmittelalter be-

---

[3] Müller, Johanna, «Bibliothek», in: Reallexikon zur deutschen Kunstgeschichte, hrsg. von Otto Schmidt, Bd. II, Stuttgart/Waldsee: Alfred Druckenmüller, 1948, Sp. 518–542; Clark, James Willis, The Care of Books. An Essay on the Development of Libraries and their Fittings, from the Earliest Times to the End of the Eighteenth Century, Cambridge: Cambridge University Press, 1901; Thompson, James Westfall, The Medieval Library, Chicago: University of Chicago Press, 1939.

[4] Prache, Anne, «Bâtiments et décor», in: Histoire des bibliothèques françaises. Bd. 1: Les bibliothèques médiévales du VIe siècle à 1350, Paris: Promodis, 1989, pp. 351–363.

[5] Rouse, Richard H. und Mary A., «La bibliothèque du collège de Sorbonne», in: Histoire des bibliothèques françaises. Bd. 1: Les bibliothèques médiévales du VIe siècle à 1350, Paris: Promodis, 1989, pp. 113–123.

[6] Vgl. Wormald, Francis, «The Monastic Library», in: The English Library Before 1700. Studies in Its History, hrsg. von Francis Wormald und Cyril E. Wright, London: Athalone Press, 1958, pp. 15–31.

[7] Maurer, Emil, Die Kunstdenkmäler des Kantons Aargau, Bd. III, Basel: Birkhäuser, 1954, pp. 36–38.

[8] Ohly, Friedrich, «Haus als Metapher», in: Reallexikon für Antike und Christentum. Bd. 13 (1986), Sp. 905–1063, und Bauer, Gerhard, *Claustrum animae.* Untersuchungen zur Geschichte der Metapher vom Herzen als Kloster, München: Fink, 1973. Für ein Beispiel aus einem Frauenkloster vgl. Rieder, Karl, «Mystischer Traktat aus dem Kloster Unterlinden zu Colmar i. Els.», in: Zeitschrift für hochdeutsche Mundarten 1, 1900, pp. 80–90.

[9] Lehmann, Edgar, Die Bibliotheksräume der deutschen Klöster im Mittelalter, Schriften zur Kunstgeschichte 2, Berlin: Akademie-Verlag, 1957, p. 8. Das Zisterzienserkloster Eberbach im Rheingau kann beispielhaft als Fallstudie betrachtet werden: vgl. Palmer, Nigel F., Zisterzienser und ihre Bücher. Die mittelalterliche Bibliotheksgeschichte von Kloster Eberbach im Rheingau, Regensburg: Schnell & Steiner, 1999, pp. 23–27, und Tilgner, Hilmar, «Armarium und Bibliotheksbau. Die Bibliotheksräume

zeichnete der Begriff ‹bibliotheca› üblicherweise ein «Pandekt», in dem alle biblischen Bücher zwischen zwei Buchdeckeln zusammengebracht wurden, was an sich schon eine Rarität darstellte.[10] Das übliche Wort für Bibliothek dagegen, ‹armarium›, wurde ursprünglich für eine Truhe oder einen Schrank verwendet, in dem Bücher aufbewahrt wurden und der mehr als genug Platz bot zu einer Zeit, in der einhundert Handschriften als beträchtliche Sammlung galten.[11] Zu den Möbeln einer Zelle des Benediktinerinnenkonvents St. Agnes in Schaffhausen gehört ein Einbauschrank in einer Ecke des Raumes, der sicherlich unter anderem auch Bücher beherbergte.[12] (Abb. 1) Dasselbe Wort ‹armarium› wurde für den Raum verwendet, in welchem die *armaria*, systematisch mit Buchstaben versehen und nach diesen angeordnet, untergebracht waren. Ein solcher Raum war üblicherweise eher klein und ohne Fenster, eben ein Lagerraum, und befand sich – bequem und gleichzeitig sicher – häufig (wenn auch nicht immer) im Ostflügel des Kreuzgangs, nahe bei der Sakristei, aber doch getrennt von ihr: südlich des Chores und nördlich vom Kapitelsaal.[13] (Abb. 2) Während aufgrund der Trennung beider die Sakristei nur für den Priester vom Hochaltar aus zugänglich war, konnte man das *armarium* selbst ausschliesslich vom Kreuzgang aus betreten. Manchmal wurden zusätzliche Nischen für die Aufbewahrung von Büchern in die Wände des Kreuzganges selbst eingebaut, dessen an die Kirche angrenzender Gang häufig für die Lektüre und Meditation bestimmt war.

Bücher waren Mittel und nicht Selbstzweck, und deshalb wurden sie oft einfach dort aufbewahrt, wo sie benötigt wurden: liturgische Bücher im Chor, Messbücher in der Sakristei, Nekrologe und Exemplare der Ordensregel im Kapitelsaal, Heiligenlegenden und andere erbauliche Literatur im Refektorium und Frömmigkeitsliteratur in den einzelnen Klosterzellen.[14] Ein aktives *scriptorium* ist das sicherste Zeichen intellektuellen Lebens in einem mittelalterlichen Kloster. Der aus dem 9. Jahrhundert stammende Grundriss für das Benediktinerkloster

---

im Zisterzienserkloster Eberbach vom 12. Jahrhundert bis 1810», in: Wolfenbüttler Notizen zur Buchgeschichte 23, 1998, pp. 132–181. Zu Zisterzienserbibliotheken s. auch: Die Zistercienser. Geschichte, Geist, Kunst, 3., erw. Aufl., Köln: Wienand, 1986, pp. 395–433.

[10] Wie bei den Pandekten von Tour; vgl. z. B. Kessler, Herbert L., ««Facies bibliothecae revelata›: Carolingian art as spiritual seeing», in: Testi e immagine nell'alto medioevo, 15–21 aprile 1993, 2 Bde., Settimane di Studio del Centro Italiano di Studi sull'Alto Medioevo 41, Spoleto: Presso la Sede del Centro, 1994, Bd. 1, pp. 533–594.

[11] Zu ‹armaria› vgl. Wattenbach, Wilhelm, Das Schriftwesen im Mittelalter, 4. Aufl., Graz: ADEVA, 1958, pp. 616–619, und Vezin, Jean, «Le mobilier des bibliothèques», in: Histoire des bibliothèques françaises, 1989, pp. 365–373. Zu den auf Inventaren beruhenden Statistiken über die Grösse von Bibliotheken des 12. Jahrhunderts vgl. Olsen, Munk, «Gli inventari del XII secolo. Localizzazione, datazione e circostanze della composizione», in: Le Biblioteche nel mondo antico e medievale, hrsg. von Guglielmo Cavallo, Rom/Bari: Editori Laterza, 1988, pp. 139–162.

[12] Frauenfelder, Reinhard, Die Kunstdenkmäler des Kantons Schaffhausen. Bd. I: Die Stadt Schaffhausen, Basel: Birkhäuser, 1951, pp. 164–165.

[13] Zisterzienserbauten in der Schweiz. Neue Forschungsergebnisse zur Archäologie und Kunstgeschichte. I. Frauenklöster, Zürich: Verlag der Fachvereine, 1990, pp. 37–38.

[14] Lehmann 1957, p. 2.

St. Gallen stellt in gewisser Weise eine Ausnahme dar, indem er ein kleines einstöckiges Gebäude, versteckt zwischen Querschiff und Chor, für das Skriptorium und die Bibliothek aufweist, wobei sich die Bibliothek aus Sicherheitsgründen im ersten Stock befand. In den meisten Fällen jedoch dürfte das Schreiben genauso wie das Lesen von Büchern dort stattgefunden haben, wo immer sich ein adäquater und geeigneter Platz finden liess: sei es im Kreuzgang, dem Kapitelsaal oder – dort wo individuelle Klosterzellen existierten – in der jeweiligen Zelle.[15] Es ist sogar vermutet worden, dass sich der ideale Platz für das Skriptorium über der Küche im Versorgungsflügel des Klosters befunden habe, angesichts der Wärme, die benötigt wurde, um Tinte und Farben herzustellen und die Finger im Winter geschmeidig zu halten.

Bei der Entwicklung der Bibliothek und derjenigen des Museums lassen sich Parallelen erkennen: Als eine Institution zur Sammlung, Kategorisierung und zum Schutz von Kunstobjekten entstand das Museum (und in gewissem Masse auch sein Vorgänger, die Schatzkammer) erst, als die Objekte, die es beherbergte, selbst als «Kunst» anerkannt wurden. Im Vergleich hierzu behielten Bücher stets einen gewissen Grad von Funktionalität. Unabhängige Bibliotheksgebäude verbreiteten sich erst mit dem Auftreten neuer Konzepte von öffentlichem und privatem Nutzen während des Spätmittelalters.[16] Auch wenn manche Gelehrte Bücher sammelten, so waren die meisten wichtigen Sammlungen privater, häufig fürstlicher Provenienz.[17] So ist es kein Zufall, dass die innovative Klosterbibliothek, die von Michelozzo für das Kloster S. Marco in Florenz entworfen wurde, vor allem die Bibliothek des Humanisten Niccolò Niccoli beherbergen sollte, die mit ca. 800 Bänden zu dieser Zeit eine aussergewöhnliche Sammlung darstellte.[18] Andere Faktoren, die zum Auftreten der Bibliothek als eigenständigem Gebäude beitrugen, waren die Urbanisierung, die zunehmende Alphabetisierung, die immer stärkere Abhängigkeit aller Formen gesellschaftlicher Aktivitäten von geschriebenen Dokumenten und nicht zuletzt die gleichzeitige Explosion der Zahl von Büchern.

[15] Lentes, Thomas, «*Vita perfecta* zwischen *vita communis* und *vita privata*. Eine Skizze zur klösterlichen Einzelzelle», in: Das Öffentliche und Private in der Vormoderne, hrsg. von Gert Melville und Peter von Moos, Köln: Böhlau, 1988, pp. 125–164.

[16] Schreiner, Klaus, «Bibliotheken und ‹gemeiner Nutzen› in Spätmittelalter und in der frühen Neuzeit. Geistes- und sozialgeschichtliche Beiträge zur Frage nach der ‹utilitas librorum›», in: Bibliothek und Wissenschaft 9, 1975, pp. 202–249.

[17] Tenberg, Reinhard, «Residenzbibliotheken im deutschen Reich. Literaturverzeichnis», in: Mitteilungen der Residenzen-Kommission der Akademie der Wissenschaften zu Göttingen 2/1, 1992, pp. 26–31, und Werner, Arnold, «Fürstenbibliotheken», in: Die Erforschung der Buch- und Bibliotheksgeschichte in Deutschland. Paul Raabe zum 60. Geburtstag, hrsg. von Arnold Werner, Wolfgang Dittrich und Bernhard Zeller, Wiesbaden: Reichert, 1987, pp. 398–415. Zu einem berühmten Sammler vgl. Camille, Michael, «The Book as Flesh and Fetish in Richard de Bury's Philobiblion», in: The Book and the Body, hrsg. von Dolores Warwick Frese und Katherine O'Brien O'Keeffe, Ward-Phillips Lectures in English Language and Literature 14, Notre Dame: University of Notre Dame Press, 1997, pp. 34–77.

[18] Poeschke, Joachim, «Bücher und Bauten. Bibliotheken der Frührenaissance und ihre künstlerische Ausstattung», in: Das Buch in Mittelalter und Renaissance, hrsg. von Rudolf Hiestand, Studia humaniora 19, Düsseldorf: Droste, 1994, pp. 111–128.

Jeffrey F. Hamburger

Innerhalb dieses Kontextes stellt die Fähigkeit zu lesen und zu schreiben unter Frauen einen Sonderfall dar. Frauen als Autorinnen und nicht nur als Leserinnen sowohl lateinischer als auch deutscher Literatur lassen sich im ganzen Mittelalter finden.[19] Der *Sachsenspiegel* assoziiert Lesen und die Pflege des geschriebenen Wortes mit Frauen: «seltere und alle buchere, die zu gotes dienst gehoren, die vrowen phlegen zu lesene …, diz hort zu vrowen gerade» (Landrecht I. 24 §3).[20] Trotzdem hielt die weibliche Schriftlichkeit niemals Schritt mit der der Männer – vor allem weil der Ausbildung von Frauen Hindernisse in den Weg gelegt waren.[21] Auch Vorurteile spielten eine Rolle: Frauen, die schreiben und lesen konnten, waren Gegenstand von Verdächtigungen, Satire und direkter Anfeindung.[22] Seit dem Frühchristentum war es Frauen verboten zu predigen (ein Verbot, das in vielen Konfessionen bis zum heutigen Tag eingehalten wird), wenn auch bemerkenswerte Ausnahmen wie Hildegard von Bingen und Katharina von Siena zu beobachten sind.[23] Weder Universitäten noch Schulen liessen Frauen zu, obwohl Frauen häufig die Verantwortung für den Leseunterricht ihrer Kinder übernahmen.[24] Die Aufgabe der Frau, Kinder zu unterrichten, wurde durch die spätmittelalterlichen Bildnisse der heiligen Anna, wie sie Maria unterrichtet, und Mariens, die das Jesuskind lehrt, reflektiert und be-

[19] Dronke, Peter, Women Writers of the Middle Ages, Cambridge: Cambridge University Press, 1984, und Classen, Albrecht, «… und sie schreiben doch. Frauen als Schriftstellerinnen im deutschen Mittelalter», in: Wirkendes Wort 44, 1994, pp. 7–24. Frauen blieben, was Bibliotheken betrifft, bis weit in die Neuzeit hinein eine gesonderte Gruppe; vgl. Moore, Lindy, «The Provision of Women's Reading Rooms in Public Libraries», in: Library History 9, 1993, pp. 190–202.

[20] Bumke, Joachim, Mäzene im Mittelalter. Die Gönner und Auftraggeber der höfischen Literatur in Deutschland 1150–1300, München: Beck, 1979, pp. 242–243.

[21] Nelson, Janet L., «Women and the Word in the Earlier Middle Ages», in: Women in the Church, hrsg. von W. J. Sheils und Diana Woods, Studies in Church History 27, Oxford 1990, pp. 53–78, und Gill, Katherine, «Women and the Production of Religious Literature in the Vernacular, 1300–1500», in: Creative Women in Medieval and Early Modern Italy. A Religious and Artistic Renaissance, hrsg. von E. Ann Matter und John Coakley, Philadelphia: University of Pennsylvania Press, 1994, pp. 64–104.

[22] Thoss, Dagmar, «Frauenerziehung im späten Mittelalter», in: Frau und spätmittelalterlicher Alltag: Internationaler Kongress Krems an der Donau 2. bis 5. Oktober 1984, Veröffentlichungen des Instituts für mittelalterliche Realienkunde Österreichs, Bd. 9, Wien: Verlag der Österreichischen Akademie der Wissenschaften, 1986, pp. 301–323, und Limmer, Rudolf, Bildungszustände und Bildungsideen des 13. Jahrhunderts. Unter besonderer Berücksichtigung der lateinischen Quellen, Darmstadt: Wissenschaftliche Buchgesellschaft, 1970, p. 73.

[23] Blamires, Alcuin und C. William Marx, «Woman not to Preach. A Disputation in British Library MS Harley 31», in: Journal of Medieval Latin 3, 1993, pp. 34–49, und Nürnberg, R., «*Non decet neque necessarium est, ut mulieres doceant*. Überlegungen zum altkirchlichen Predigtverbot für Frauen», in: Jahrbuch für Antike und Christentum 31, 1988, pp. 57–73.

[24] Clanchy, Michael T., «Learning to Read in the Middle Ages and the Role of Mothers», in: Studies in the History of Reading, hrsg. von Greg Brooks und A. K. Pugh, Reading: Reading University Press, 1984, pp. 33–39; Alexandre-Bidon, Daniele, «Des femmes de bonne foi. La religion des mères au Moyen Âge», in: La religion de ma mère. Les femmes et la transmission de la foi, hrsg. von Jacques Delumeau, Paris: Le Cerf, 1992, pp. 91–122, und ders., «La Lettre volée. Apprendre à lire à l'enfant au Moyen Age», in: Annales 44, 1989, pp. 953–992.

stärkt.[25] Eine für einen Zisterzienserinnenkonvent der Konstanzer Diözese verfasste Predigt-sammlung aus dem zweiten Viertel des 14. Jahrhunderts zeigt Maria selbst als Schülerin – nicht im Tempel, sondern in einem Klassenraum in der Obhut eines Schulmeisters.[26] (Abb. 3) Ma-rias eigene Fähigkeit zu lesen und diejenige des frommen Lesers wurden dargestellt in Bildern der Verkündigung, die ab dem 12. Jahrhundert die von Gabriel in ihren Gebeten unterbro-chene Maria zeigt, häufig an einem *prieu-dieu* mit Bücherborden.[27] Ein einfaches, aber trotz-dem aussagekräftiges Bild, das ein unveröffentlichtes Lehrgespräch («Ein Gespräch einer geist-lichen Mutter und Tochter über 17 theologische Fragen») illustriert, zeigt eine Äbtissin (oder Priorin) beim Unterricht mit einem ihrer weiblichen Schützlinge.[28] (Abb. 4)

Adlige Frauen spielten die führende Rolle als Förderinnen und Rezipientinnen geistlicher und weltlicher Literatur während eines grossen Teils des Mittelalters, wenn man auch skeptisch sein kann, was das Ausmass ihrer tatsächlich ausgeübten Kontrolle betrifft über das, was und wie sie es lasen.[29] Nur überraschend wenige der vielen überlieferten Handschriften der Versromane und der epischen Literatur können mit bestimmten Frauen als Auftraggeberinnen in Verbin-dung gebracht werden.[30] Trotzdem ist die höfische Welt sogar in religiösen Gebetbüchern prä-

---

[25] Eine Miniatur eines süddeutschen Psalters aus dem zweiten Viertel des 13. Jahrhunderts stellt Maria dar, wie sie Jesus zur Schule bringt. Vgl. hierzu Medieval Manuscripts on Merseyside, Liverpool: Centre for Medieval Studies, 1993, pp. 3–4. Die Rute in Marias Hand geht auf eine Personifikation der Grammatik zurück. Vgl. Maria als Lehrerin Jesu im St. Katharinentaler Graduale (Zürich, Schweizerisches Landesmuseum, LM 26117), f. 179ᵛ; Farbreproduktion in: ‹edele frouwen – schoene man›. Die Manessische Liederhandschrift in Zürich, hrsg. von Claudia Brinker und Dione Flühler-Kreis, Zürich: Schweizerisches Landesmuseum, 1991, pp. 249–250.

[26] Vgl. Sheingorn, Pamela, «‹The Wise Mother.› The Image of St. Anne Teaching the Virgin Mary», in: Gesta 32, 1993, pp. 69–80, und, allgemeiner, Schreiner, Klaus, Maria. Jungfrau, Mutter, Herrscherin, München/Wien: Hanser, 1994, pp. 113–171.

[27] Vgl. Schreiner, Klaus, «Konnte Maria lesen? Von der Magd des Herrn zur Symbolgestalt mittelalterlicher Frauenbildung», in: Merkur 44, 1990, pp. 82–88; ders., «Marienverehrung, Lesekultur, Schriftlichkeit. Bildungs- und frömmigkeitsgeschichtliche Studien zur Auslegung und Darstellung von ‹Mariä Verkündigung›», in: Frühmittelalterliche Studien 24, 1990, pp. 314–368; Wenzel, Horst, «Die Verkündigung an Maria. Zur Visualisierung des Wortes in der Szene oder: Schriftgeschichte im Bild», in: Maria in der Welt. Marienverehrung im Kontext der Sozialgeschichte, X.–XVIII. Jahrhundert, hrsg. von Claudia Opitz, Helga Röckelein, Gabriela Signori und Guy P. Marchal, Zürich: Chronos, 1993, pp. 323–352; Penketh, Sandra, «Women and Books of Hours», in: Women and the Book. Assessing the Visual Evidence, hrsg. von Lesley Smith und Jane H. M. Taylor, London: British Library, 1996, pp. 266–280, und Kolve, V. A., «The Annunciation to Christine: Authorial Empowerment in the *The Book of the City of Ladies*», in: Iconography at the Crossroads. Papers from the Colloquium sponsored by the Index of Christian Art, Princeton University, 23–24 March, 1990, hrsg. von Brendan Cassidy, Princeton: Index of Christian Art, 1993, pp. 171–191.

[28] Es gibt eine nicht illustrierte Parallelüberlieferung: Augsburg, Universitätsbibliothek, Oettingen-Wallerstein, Cod. III. 1.8°.8, ff. 15ʳ-184ʳ; vgl. Schneider, Karin, Deutsche mittelalterliche Handschriften der Universitätsbibliothek Augsburg. Die Signaturengruppen Cod. I. 3 und Cod. III.1, Die Handschriften der Universitätsbibliothek Augsburg II/1, Wiesbaden: Harrassowitz, 1988, p. 423, und Hamburger, Jeffrey F., «Am Anfang war das Bild. Kunst in Frauenklöstern des späten Mittelalters», in: Die literarische und materielle Kultur der Frauenklöster im späten Mittelalter und in der frühen Neuzeit (ca. 1350–1550), hrsg. von Volker Honemann und Falk Eisermann, Frankfurt: Lang, 2001.

Jeffrey F. Hamburger

sent; Zeugnis hierfür ist der aus dem frühen 13. Jahrhundert stammende Engelberger Psalter, heute in Sarnen (Kollegium, Cod. 37), der in parodistischer Umkehrung einen geharnischten Ritter auf dem Pferd verwendet – nicht etwa um einen Helden darzustellen, sondern um den Mann abzubilden, der in den Einleitungsworten von Psalm 51 «sich der Bosheit rühmt» («quid gloriaris in malicia»). (Abb. 12) Eine vergleichbare Darstellung begegnet bei der *Beatus*-Initiale des St.-Albans-Psalters, der aus England stammt und dort um 1120 ebenfalls für eine Frau geschrieben und illuminiert wurde, nämlich für die Einsiedlerin Christina von Markyate.[31] Im Engelberger Psalter scheint der Ritter mit voller Wucht in den Kampf zu reiten, wobei sein Pferd durch die Öffnung der Initiale über den Körper des beissenden Drachens springt, der den Abschlussstrich des Buchstabens «Q» bildet. In Frankreich sammelten sich hochrangige Damen des Hofs – in Paris wie auch in der Provinz – ihre eigenen Bibliotheken zusammen, die sowohl geistliche als auch weltliche Literatur enthielten.[32] Gelegentlich bestanden Autorinnen wie Christine de Pizan darauf, die Produktion ihrer eigenen Werke selbst zu beaufsichtigen.[33] In der Schweiz sind die Belege spärlich. Zu allen Zeiten können Frauen Werke gewidmet worden sein, oder Frauen Werke rezipiert haben, ohne dass diese deswegen unbedingt eine aktive Rolle bei Auftrag oder Produktion gespielt haben müssen. Ekkehard IV. von St. Gallen zufolge besuchte Kaiserin Gisela, die Frau Konrads II., im Jahre 1027 das Kloster und interessierte sich für die Werke Notkers III. von St. Gallen, und zwar besonders für seine Übersetzungen und Kommentare des Psalters und des Buches Hiob.[34] Leider scheinen die Abschriften, die sie in Auftrag gab, definitiv verloren zu sein. Einen raren Überlieferungszeugen stellt das prächtig illuminierte Prunkexemplar von Konrad Heingarters *Liber de morborum causis* (Zürich, Zentralbibliothek, Ms. C 131) dar, welches – was höchst selten ist – in Zürich für eine französische Auftraggeberin angefertigt wurde. Als Datum der Fertigstellung ist der 26. August 1480 angegeben. Die vorangestellte Illustration zeigt, wie Jeanne de Bourbon von Frankreich, an deren

[29] Für eine Fallstudie vgl. Summit, Jennifer, «William Caxton, Margaret Beaufort and the Romance of Female Patronage», in: Women, the Book and the Worldly. Selected Proceedings of the St. Hilda's Conference, 1993, Bd. II, hrsg. von Lesley Smith und Jane H. M. Taylor, Cambridge: Brewer, 1995, pp. 151–165.

[30] Bumke 1979, Kap. 5: «Die Rolle der Frau im höfischen Literaturbetrieb».

[31] Alexander, Jonathan J. G., «Ideological Representations of Military Combat in Anglo-Norman Art», in: Proceedings of the XVth Battle Conference and of the XI Colloquio Medievale of the Officina di Studi Medievale, hrsg. von Marjorie Chibnall, Woodbridge: Boydell, 1992, pp. 21–24.

[32] Vgl. z. B. Stirnemann, Patricia, «Women and Book in France, 1170–1220», in: Representations of the Feminine in the Middle Ages, hrsg. von Bonnie Wheeler, Feminea Medievalia 1, Dallas: Academia Press 1992, pp. 247–252, und Viriville, Valet de, «La bibliothèque de Isabeau de Bavière», in: Bulletin du Bibliophile 14, 1858, pp. 663–687.

[33] Vgl. z. B. Zühlke, Bärbel, Christine de Pisan in Text und Bild. Zur Selbstdarstellung einer frühhumanistischen Intellektuellen, Ergebnisse der Frauenforschung 36, Stuttgart/Weimar: Metzler, 1994.

[34] Sonderegger, Stefan, «Notker III. von St. Gallen», in: ²VL, Bd. VI, Sp. 1212–1236, bes. Sp. 1230.

Hof Heingarter als Astrologe und Arzt wirkte, das Buch feierlich aus den Händen des Autors empfängt.[35] (Kat. 20)

In ganz Deutschland ist nur eine einzige Bibliothek einer klösterlichen Frauengemeinschaft, die von St. Walburg in Eichstätt, an ihrem ursprünglichen Ort geblieben – und selbst dort nicht an ihrem mittelalterlichen Platz.[36] Albert Bruckners monumentales Werk *Scriptoria Medii Aevi Helvetica* kann häufig nur das gänzliche Fehlen von Belegen für Bibliotheken von Frauenklöstern konstatieren. Zum Beispiel verzeichnet sein Werk für die Diözese von Lausanne nichts für Maigrauge, Bellevaux, La Fille-Dieu (Zisterzienserinnen), Rueyres und Posat (Prämonstratenserinnen) und Vevey und Orbe (Klarissen).[37] Die Bibliothek der Dominikanerinnen bei Estavayer-le-Lac, die über viele Handschriften verfügt, enthält nicht eine einzige aus dem Originalbestand des Konvents; die Handschriften stammen aus der Bibliothek der dominikanischen Mitbrüder in Lausanne.[38] In anderen Fällen wie dem des Zisterzienserinnenkonvents von Rathausen im Kanton Luzern verzeichnet ein Katalog aus dem 17. Jahrhundert zahlreiche Titel, die vermutlich aus dem Mittelalter stammten, von denen aber nicht ein einziger Band überdauert hat. (Es konnte auch keine Provenienz aus diesem Kloster nachgewiesen werden.)[39]

Angesichts dieser vernichtenden Bilanz spielen bei der Rekonstruktion von Klosterbibliotheken andere Formen der Dokumentation eine wichtige Rolle. Einige von ihnen werden in der Ausstellung präsentiert, die diese Studie begleitet. Sie schliessen Bibliothekskataloge, Inventare und Testamente ein. Selbst wenn die Handschriften verloren sind, stellen Kataloge und Inventare wertvolle Informationen über die Zusammensetzung von Bibliotheken, ihre Geschichte,

[35] Mohlberg, Leo Cunibert, Katalog der Handschriften der Zentralbibliothek, Zürich I. Mittelalterliche Handschriften, 4 Bde., Zürich: Zentralbibliothek, 1932–1952, Bd. 1, p. 62; Thorndike, Lynn, A History of Magic and Experimental Science. Bd. IV: Fourteenth and Fifteenth Centuries, New York: Columbia University Press, 1934, pp. 357–385; ders., «Conrad Heingarter in Zurich Manuscripts», in: Bulletin of the Institute of the History of Medicine 4, 1936, pp. 81–87, und von Scarpatetti, Beat Matthias (Hg.), Katalog der datierten Handschriften in der Schweiz in lateinischer Schrift vom Anfang des Mittelalters bis 1550, 3 Bde., Dietikon/Zürich: Urs Graf, 1977–1991, Bd. III, 1991, pp. 181–182. Zu einem ungewöhnlichen Beispiel eines Schenkungsbildes, das eine Frau darstellt, die ein Buch von einer Frau erhält, vgl. ein englisches Stundenbuch des 15. Jahrhunderts (Liverpool, University Library, Liverpool Cathedral Ms. Radcliffe 6, ff. 5ᵛ–6ʳ), veröffentlicht von Scott, Kathleen L., «*Caveat Lector*. Ownership and Standardization in the Illustration of Fifteenth-Century English Manuscripts», in: English Manuscript Studies 1100–1700, hrsg. von Peter Beal und Jeremy Griffiths, Oxford: Basil Blackwell, 1989, pp. 19–63, bes. p. 28, und Sutton, Anne F. und Livia Visser-Fuchs, «The Cult of Angels in Late Fifteenth-Century England. An Hours of the Guardian Angel presented to Queen Elizabeth Woodville», in: Women and the Book, 1996, pp. 230–265, Farbabb. 9.

[36] Lechner, Josef, Die spätmittelalterliche Handschriftengeschichte der Benediktinerinnenabtei St. Walburg/Eichstätt, Eichstätter Studien 2, Münster: Aschendorff, 1937.

[37] Bruckner, Albert, Scriptoria Medii Aevi Helvetica. Denkmäler Schweizerischer Schreibkunst des Mittelalters, 14 Bde., Genf: Roto-Sadag, 1935–1967, Bd. XI, p. 26.

[38] Leisibach, Joseph, «Die liturgischen Handschriften des Kantons Freiburg (ohne Kantonsbibliothek)», in: Iter Helveticum II, Spicilegii Friburgensis Subsidia 16, Freiburg/Ue.: Presse Universitaire, 1977, pp. 153–174, und Jurot, Romain, «Estavayer-le-Lac», in: Helvetia Sacra IV, Bd. V/2, pp. 674–675.

[39] Bruckner 1935–1967, Bd. IX, pp. 69–74. Zu Rathausen vgl. auch Sennhauser, Hans Rudolph, «Rathausen», in: Zisterzienserbauten in der Schweiz, 1990, pp. 247–258.

die geistigen Interessen und die Ausbildung einer bestimmten Gemeinschaft zur Verfügung.[40] Die Quellen sind dabei so unterschiedlich wie die Institutionen selbst. Im 12. Jahrhundert spielten Doppelklöster – unter ihnen St. Andreas in Engelberg und Interlaken – eine prominente Rolle, während in späteren Zeiten Bettelordensgründungen, insbesondere Dominikanerkonvente, in den Vordergrund treten.[41] Der im *Hausbuch* der Priorin Angela Varnbühler enthaltene Katalog des Dominikanerinnenklosters St. Katharina in St. Gallen, das sich einst einer Bibliothek von über 300 Bänden rühmen konnte, ist verloren.[42] Varnbühler kam aus einer der führenden Familien St. Gallens; einer ihrer Brüder war Ulrich V., Bürgermeister von St. Gallen. Geboren 1441, trat Angela 1453 in das Kloster St. Katharina ein und war dort von 1476 bis zu ihrem Tod am 5. März 1509 Priorin. Sie schrieb auch den ersten Teil der Klosterchronik und katalogisierte die Bibliotheksbestände. Ihr persönliches Gebetbuch befindet sich heute in der Stiftsbibliothek St. Gallen unter der Signatur Hs 1899. Zusammen mit dem Dominikaner Johannes Scherl war Angela 1482 massgeblich an der Reform des Konvents beteiligt.[43] Scherl schrieb ein Lied mit 37 Strophen zu je fünf Versen über die Reform und die Beschliessung des Klosters im Jahr 1482. Die Handschrift (Tübingen, Universitätsbibliothek, Md 456, ff. 245ᵛ-249ᵛ), die von der Nonne Elisabeth Muntprat (1459–1531) geschrieben wurde, wurde später dem Augustinerchorfrauenstift Inzigkofen zum Geschenk gemacht.[44]

---

[40] Vgl. z. B. Młynarczyk, Gertrud, Ein Franziskanerinnenkloster im 15. Jahrhundert. Edition und Analyse von Besitzinventaren aus der Abtei Longchamp, Pariser Historische Studien 23, Bonn: Ludwig Röhrscheid, 1987. Zu einem fragmentarischen und undatierten Katalog von Klingental (Basel, Staatsarchiv, Kling HH 5 Nr. 12), geschrieben von Johann von Eschenberg um 1445, vgl. Weis-Müller, Renée, Die Reform des Klosters Klingental und ihr Personenkreis, Basler Beiträge zur Geschichtswissenschaft 59, Basel/Stuttgart: Helbing & Lichtenhahn, 1956, p. 29, Anm. 39; Bruckner 1935–1967, Bd. X, pp. 104–105, und Degler-Spengler, Brigitte und Dorothea A. Christ, «Basel, Klingental», in: Helvetia Sacra IV, Bd. V/2, pp. 570–571.

[41] Gilomen-Schenkel, Elsanne, «Engelberg, Interlaken und andere autonome Doppelklöster im Südwesten des Reiches (11.–13. Jh.). Zur Quellenproblematik und zur historiographischen Tradition», in: Doppelklöster und andere Formen der Symbiose männlicher und weiblicher Religiosen im Mittelalter, hrsg. von Kaspar Elm und Michel Parisse, Berliner Historische Studien 18; Ordensstudien 8, Berlin: Dunker & Humblot, 1992, pp. 115–134.

[42] Bless-Grabher, Magdalen, «St. Gallen», in: Helvetia Sacra IV, Bd. V/2, pp. 732–734; Vogler, M. Thoma Katharina, Geschichte des Dominikanerinnen-Klosters St. Katharina in St. Gallen, 1228–1607, Freiburg: Paulusdruckerei, 1938, pp. 150–155, und Rüther, Andreas, «Schreibbetrieb, Bücheraustausch und Briefwechsel. Der Konvent St. Katharina in St. Gallen während der Reform», in: Vita Religiosa im Mittelalter. Festschrift für Kaspar Elm zum 70. Geburtstag, hrsg. von Franz J. Felten und Nikolaus Jaspert, unter Mitarbeit von Stephanie Haarländer, Berlin: Dunker & Humblot, 2000, pp. 653–677. Vgl. auch Ochsenbein, Peter, «Varnbühler, Angela (Engel)», in: ²VL, Bd. X, Sp. 161.

[43] Ochsenbein, Peter, «Scherl, Johannes OP», in: ²VL, Bd. VIII, Sp. 644–645.

[44] Hauber, Anton, «Johannes Scherl, ein deutscher Tondichter des 15. Jahrhunderts», in: Archiv für Musikwissenschaft 1, 1918–1919, pp. 346–353, und Meyer, K., «Ein historisches Lied aus dem Frauenkloster zu St. Gallen», in: Zeitschrift für Musikwissenschaft 1, 1918–1919, pp. 269–277. Zur Bibliothek der Nonnen in Inzigkofen vgl. Fechter, Werner, Deutsche Handschriften des 15. und 16. Jahrhunderts aus der Bibliothek des ehemaligen Augustinerchorfrauenstifts Inzigkofen, Arbeiten zur Landeskunde Hohenzollerns, Bd. 15, Sigmaringen: Thorbecke, 1997.

Unter der Leitung Angela Varnbühlers entwickelte sich in St. Katharina eine intensive Schreibtätigkeit. Ein Eintrag in die noch unveröffentlichte Chronik des Konvents gibt uns ein lebendiges Bild spätmittelalterlicher Buchproduktion:[45] «lxxxiiij\Jtem wir hand geschriben vnd genotiert ain gross gesang buch ain halbtail sumertails der hailgen vnd dz sumertail von dem zit angehept vnd ij núwi procesional vnd die alten gebessret vnd ain obsequeial da man alle ding in vindt von den sichen vnd toten vnd ain gross buoch am tutzschen von der gemachelschaft vnd ain gross predig puch vnd [dz habtail (!) mer] die xxiiij alten voll vs vnd ain schwostren buch schankent wir den von vntzkofen vnd ain schwostren buch von vil salger swostren vnd suss vil guter materi dar zuo vnd Sant katherina legend kostet dz permet vnd paor vnd robric vnd tinten zúg xiiij gulden die buecher sind nit in gebunden denn dz wir den von úntzcofen hand geeschenk\Jtem úns het geschenkt her hans knússli an getrukt in gebunden buoch mit fi-guren haist der ros gart vnd hett begert dz man got fúr in bit.»

Skriptorien gab es in Frauenkonventen bereits sehr früh, was einen höheren Stand von La-teinkenntnissen unter Frauen belegt, als häufig angenommen wird.[46] Nonnen waren stolz auf ihre Rolle als Auftraggeberinnen – und dies nicht nur um ihr Seelenheil zu befördern: Die Sei-tenränder und Initialen des St. Katharinentaler Graduale von 1312 sind voll von Porträts ein-zelner Nonnen und Stifter, von denen viele namentlich bezeichnet sind.[47] Ganz pragmatisch gesehen, mussten die Nonnen auch meist ihre eigenen Angelegenheiten in die Hand nehmen, wenn auch manchmal nur, um sich vor inkompetenten und korrupten Prioren zu schützen. Dies konnte ebenfalls eine Quelle des selbstbewussten Stolzes der Nonnen sein. Das vielleicht eindrucksvollste Beispiel hierfür kommt aus Schleswig-Holstein, wo die Priorin von Preetz, Anna von Buchwald (1484–1508), einen in der 1. Person geschriebenen Bericht ihrer Reform- und Verwaltungstätigkeiten zusammenstellte, der als das *Buch im Chor* bekannt ist.[48] Das Ko-lophon, das den Hauptteil der Kompilation beschliesst, drückt Annas Stolz auf ihre Leistungen aus: «Im Jahr des Herrn 1487, am Vorabend des Michaelisfestes, wurde dieses Buch, das 1471

---

[45] Rüther 2000, p. 671, Anm. 90 (Chronik, f. 43^v).

[46] Bischoff, Bernhard, «Die Kölner Nonnenhandschriften und das Skriptorium in Chelles», in: Karolingische und ottonische Kunst. Werden, Wesen, Wirkung, Internationaler Kongreß für die Frühmittelalterforschung 6, Forschungen zur Kunstgeschichte und christlichen Archäologie 3, Wiesbaden: F. Steiner, 1957, pp. 395–411, und Stocklet, Alain J., «Gisèle, Kisyla, Chelles, Benediktbeuren et Kochel. Scriptoria, Bibliothèques et politique à l'époque carolingienne. Une mise à point», in: Revue Bénédictine 96, 1986, pp. 250–270. Vgl. auch Christ, Karl, «Das Mittelalter», in: Handbuch der Bibliothekswissenschaft. Bd. 3: Geschichte der Bibliotheken, Wiesbaden: Harrassowitz, 1950–1965, Kap. 5, Abschn. 105, und McKitterick, Rosamond, «Frauen und Schriftlichkeit im Frühmittelalter», in: Weibliche Lebensgestaltung im frühen Mittelalter, hrsg. von Hans-Werner Goetz, Köln: Böhlau, 1991, pp. 65–118.

[47] Bräm, Andreas, «*Imitatio sanctorum*. Überlegungen zur Stifterdarstellung im Graduale von St. Katharinenthal», in: Zeitschrift für Schweizerische Archäologie und Kunstgeschichte 49, 1992, pp. 103–113.

[48] Faust, Ulrich (Hrsg.), «Die Frauenklöster in Niedersachsen, Schleswig-Holstein und Bremen», in: Germania Benedictina. Norddeutschland, Bd. XI, St. Ottilien: EOS, 1984, pp. 498–511.

Jeffrey F. Hamburger

von mir, Anna von Bockwolde, begonnen wurde, vervollständigt und abgeschlossen. Man soll nicht denken, dass ich dieses Buch aus anderen Kodizes zusammengeschrieben oder -gesammelt hätte, sondern durch die Gnade und die Eingebung des Höchsten. Die Namen und Worte, die in diesem Buch enthalten sind, wurden vorher in keinem anderen Buch aufgeschrieben, das in den Besitz des Konvents kam. Wieviel Arbeit es mir machte, gewissenhaft zu sammeln, auszuwählen und aufzuschreiben, glaubt vielleicht kein Mensch. Das kann nur durch Gott bestätigt werden, der für diese ganze Arbeit mein Lohn sein möge, welchem ich das Buch darbringe zum Nutzen und für die Erfordernisse des Konvents und der ganzen Gemeinschaft.»[49] Ein ähnlicher, wenn auch weniger sorgfältig ausgearbeiteter Beleg existiert für die Gemeinschaft St. Klara in Basel, wo eine Bemerkung in dem nach 1419 geschriebenen Zinsbuch des Konvents (Basel, Stadtarchiv, St. Clara, Zinsregistratur E) Folgendes festhält: «Dis buoch ist gemacht und geschriben und von entphelnusse der erwirdigen geistlichen frowen frowe Elizabeth von Schalsingen zuo diser zijt epptissin und frowe Lucien von Sennheim der schriberin dis closters sant Claren anno etc. LI [=1451]. Fur die bittent mit flisse got by irem leben und nach irem tot.»[50]

Frauen des Mittelalters sind zurecht als die «Herrinnen der Laienfrömmigkeit und Kulturbotschafterinnen» gefeiert worden.[51] Gleichzeitig muss man sich jedoch fragen, wieviel Selbstständigkeit ihnen zugestanden wurde, selbst im Fall der Hocharistokratie.[52] Frauen besassen Gebetbücher im Überfluss, doch nur wenige konnten einen Raum ihr Eigen nennen, ein Arbeitszimmer, angefüllt mit Büchern. Abgesehen von einigen bemerkenswerten Ausnahmen wie Isabella d'Este, Ippolita Sforza und Eleonora d'Aragone blieb das Studierzimmer (*studiolo*) ein ausschliesslich männliches Phänomen.[53] Einige Frauen erwarben sich Ruhm für ihre Gelehrtheit: Ein gefeiertes Beispiel ist Caritas Pirckheimer, die Schwester des Humanisten Willibald und Äbtissin von St. Klara in Nürnberg.[54] Trotzdem bleibt im monastischen Bereich das einzige wirkliche Vergleichsmoment zum Gelehrten in seinem Studierzimmer die Mystikerin in

[49] Kloster Preetz, *Buch im Chor*, ff. 142ᵛ-143ʳ: «Anno domini 1487 in profesto Michaelis iste liber est completus et finitus, qui anno et cetera lxxi a me, Anna de Bockwolde, inchoatus fuit. Non est estimandum, quod hunc librum ex codicibus aliis scripsi siue collegi, sed ex gratia et infusione altissimi, nomina cum sillaba, in hoc libro contenta, non prius fuit scripta in aliquo libro, qui in usum conventus veniebat. Quantum laborem et quam diligentiam in colligendo, querendo et conschribendo [sic] feci, leviter non credit homo, sed soli constat deo, qui pro tanto labore sit merces mea, cui hunc offero librum pro usu et necessitate conventus et totius communitatis.»
[50] Bruckner 1935–1967, Bd. X, p. 111.
[51] Bell, Susan Groag, «Medieval Woman Book Owners. Arbiters of Lay Piety and Ambassadors of Culture», in: Sisters and Workers in the Middle Ages, hrsg. von Judith M. Bennett u. a., Chicago: University of Chicago, 1989, pp. 135–161.
[52] Caviness, Madeline H., «Anchoress, Abbess, and Queen. Donors and Patrons or Intercessors and Matrons?» in: The Cultural Patronage of Medieval Women, hrsg. von June H. McCash, Athens, Ga.: University of Georgia Press, 1996, pp. 105–154.
[53] Thornton, Dora, The Scholar in his Study. Ownership and Experience in Renaissance Italy, New Haven/London: Yale University Press, 1997, pp. 90–97.
[54] Caritas Pirckheimer, 1467–1532, hrsg. von Lotte Kurras und Franz Machilek, München: Prestel, 1982.

ihrer Zelle. (Abb. 5) Auch wenn manche Äbtissinnen Privatbibliotheken in ihren Gemächern gehabt haben mögen, verfügten Mönche und Nonnen doch über unterschiedliche Zugänge zu und Erfahrungen von Innerlichkeit – ganz zu schweigen von Männern und Frauen insgesamt. Während für Männer das Studium einen Rückzugsort von der *vita activa* darstellte, wurde von Nonnen im Allgemeinen erwartet, dass sie zurückgezogen in der Sphäre der Kontemplation verblieben.

Das Kloster war einer der wenigen Orte, an denen Frauen eine irgendwie geartete formelle Ausbildung erhalten konnten. Die Konvente nahmen junge Mädchen nicht einfach als Novizinnen auf, sondern auch um dem örtlichen Adel einen Dienst zu erweisen. Von diesen Schulen ist die wohl bekannteste – und in jedem Falle die am besten dokumentierte – die Schule des Benediktinerinnenkonvents von Ebstorf in der Lüneburger Heide.[55] Den Mädchen wurden die Grundlagen lateinischer Grammatik anhand von Standardtexten wie dem *Vocabularius Ex quo* und der *Ars minor* des Donatus vermittelt.[56] In Ebstorf halten in einem Heft überlieferte Übungsaufgaben nicht nur die Gefühle einiger Schülerinnen fest, sondern dokumentieren auch das harte Leben, das sie führen mussten: «Ich verbringe die Wintertage untätig wegen der grossen Kälte, unter der ich leide. Meine Hände sind so steif, dass ich sie zum Schreiben nicht bewegen kann. Darüber hinaus ist meine Tinte gänzlich eingefroren. Ich möchte mir neue Handschuhe aus einem Unterkleid anfertigen, das meine Eltern für mich auf dem Markt gekauft haben.»[57] Die Chronik des Dominikanerinnenkonvents St. Katharina in St. Gallen dokumentiert vergleichbaren Unterricht während des letzten Viertels des 15. Jahrhunderts.[58] Im Einklang mit den Regeln der Reform wurden das Lesen und das Auswendiglernen von Texten des Stundengebets (Officium Divinum) besonders betont.

Der Grossteil der von und für Nonnen geschriebenen Literatur wurde jedoch in der Volkssprache verfasst, so dass die Notwendigkeit, Nonnen mit erbaulichen Texten zu versorgen, mit einer entscheidenden Rolle in der Herausbildung deutschsprachiger religiöser Literatur belohnt wurde.[59] Für Nonnen, die des Lateinischen unkundig waren, wurden Übersetzungen aller wichtigen Texte, einschliesslich liturgischer Lesungen und Gesänge, angefertigt.[60] Ein in der zweiten

55 Härtel, Helmar, «Die Bibliothek des Klosters Ebstorf am Ausgang des Mittelalters», in: In Treue und Hingabe. 800 Jahre Kloster Ebstorf, Schriften zur Uelzener Heimatkunde 13, Ebstorf: Kloster Ebstorf, 1997, pp. 109–121.

56 Vgl. Grubmüller, Klaus, «Vocabularius Ex quo», in: ²VL, Bd. X, Sp. 469–473.

57 Härtel 1997, p. 111: «Dies hiebernales deduco inutiliter propter nimium frigus quam [!] pacior, Manus sunt michi tam rigide. Quod eas nequeo ad scribendum movere. Insuper est totaliter congelatum meum incaustum. Quod posui super foracem ut liquescat ut saltim aliquantulum possim scribere. Ego propono continere novas cyrotecas de nova tunica quam in foro michi emerunt mei parentes.»

58 Helvetia Sacra IV, Bd. V/2, pp. 750–751.

59 Grundmann, Herbert, «Die Frauen und die Literatur im Mittelalter. Ein Beitrag zur Frage nach der Entstehung des Schrifttums in der Volkssprache», in: Archiv für Kulturgeschichte 26, 1936, pp. 129–161.

Hälfte des 14. Jahrhunderts entstandenes *Ordinarium von dem götlichen ampte* aus dem Dominikanerinnenkonvent von Oetenbach (München, Staatsbibliothek, Cgm 168) umreisst umfassend und äusserst präzise die ganze Abfolge der klösterlichen Liturgie.[61]

Ein Lektionar des Dominikanerinnenklosters St. Katharina in St. Gallen (St. Gallen, Stiftsbibliothek, Hs. 363) enthält alle Lesungen der Messe in deutscher Übersetzung.[62] Eine Bemerkung auf S. 718 hält Folgendes fest: «Dis bůch ist volendet vnd geschriben von der gnad gocz durch Schwöster Elizabeth Muntpratin zů Sant Katharina prediger ordens an aller hailgen Octaaf in dem iar do man zalt nach der gebůrt Jhesu christi Mᵒ CCCCᵒ lxxxiij iar bittend gott für die schriberin des begert sy von ganczem herczen lebind vnd todt.»

Trotz des Verbots von Privateigentum blieben viele Bücher im Besitz einzelner Nonnen. Ein Inventar des Privateigentums des Dominikanerinnenkonvents von Klingental in Basel (Staatsarchiv des Kantons Basel-Stadt, Klosterarchiv Klingental HH 4, Nr. 40) verzeichnet zahlreiche Bücher. Einem anderen Dokument zufolge (Staatsarchiv des Kantons Basel-Stadt, Klosterarchiv Klingental HH 5, Nr. 28) hatte Margret von Ampringen Bücher «in der zell uff dem obern nuwen buw und uff einem schafft XV gross und cleine bucherr, in der cammern neben dem stubli … XII gross und cleine bucherr».[63] Ein Inventar aus dem 16. Jahrhundert ist zwar ein spätes, aber trotzdem aussagekräftiges Zeugnis, da es darauf schliessen lässt, dass die verschiedensten Bücher überall verstreut lagen: «in einer zelle II gseng biecher hatt min frow selig dem von Schenouw zu Werr …, 1 kruterbuch …; in der rumpell zell uff dem hindern tormenter: 1 bettbuchlin …; in des Annalis stublin: vil biecher und gloser uff dem schafft; … in dem stublin: … in dem loch gross und klein biecher hind dem offen …; in dem kemmerlin: gsangbucher und anders mit eim claffencordium …; 2 artzetbiecher … in dem tröglin vor dem bedt … artzetbüecher, gsangbüecher, tablatturbüecher.»[64] Trotz all dieser Belege lässt sich von keiner einzigen uns überlieferten Handschrift mit Sicherheit sagen, dass sie in Klingental geschrieben wurde.

Während des Spätmittelalters war in den meisten Konventen die im Rahmen der *cura monialium* (der seelsorgerlichen Betreuung der Nonnen) durchgeführte Klosterreform die trei-

---

[60] Ochsenbein, Peter, «Latein und Deutsch im Alltag oberrheinischer Dominikanerinnenklöster des Spätmittelalters», in: Latein und Volkssprache im deutschen Mittelalter 1100–1500. Regensburger Colloquium 1988, hrsg. von Nikolaus Henkel und Nigel F. Palmer, Tübingen: Niemeyer, 1992, pp. 42–51, und ders., «Lateinische Liturgie im Spiegel deutscher Texte oder von der Schwierigkeit vieler St. Andreas-Frauen im Umgang mit der Kirchensprache im Mittelalter», in: Bewegung in der Beständigkeit. Zu Geschichte und Wirren der Benediktinerinnen von St. Andreas/Sarnen Obwalden, hrsg. von Rolf De Kegel, Alpnach: Martin Wallimann, 2000, pp. 121–130.

[61] Hamburger, Jeffrey F., The Visual and the Visionary: Art and Female Spirituality in Late Medieval Germany, New York: Zone Books, 1998, p. 496, Anm. 258, und Schneider-Lastin, Wolfram, «Zürich, Oetenbach. Literaturproduktion und Bibliothek», in: Helvetia Sacra IV, Bd. V/2, pp. 1029–1035, bes. p. 1032.

[62] Von Scarpatetti, 1991, Bd. III, Nr. 86, p. 34, Abb. 442.

[63] Helvetia Sacra IV, Bd. V/2, p. 571.

[64] Bruckner 1935–1967, Bd. X, p. 106.

bende Kraft für die Produktion von Handschriften.[65] Der Anstoss für die Reform kam üblicherweise von ausserhalb der Klostermauern. Ein häufig angeführtes und gut dokumentiertes Beispiel hierfür ist der lange (und vergebliche) Kampf, die Reform im Dominikanerinnenkonvent Klingental in Basel durchzusetzen.[66] Patrizierfamilien mit lange bestehenden Bindungen an die Klöster übernahmen häufig die Führung bei Reformbemühungen. Diese Verquickung von Interessen spiegelte sich im Austausch von Büchern zwischen Nonnen und ihren Gönnern, ja wurde teilweise erst durch diesen Austausch geknüpft.[67] Bereits im 13. Jahrhundert richtete der Dominikanerorden ein Äquivalent zum modernen Gesamtkatalog ein, um den Brüdern eines Hauses das Entleihen von Titeln zu ermöglichen, die in ihren eigenen Bibliotheken nicht zur Verfügung standen.[68] Ähnliche Praktiken, die allerdings etwas weniger systematisch zur Anwendung kamen, halfen bei der Reform von Dominikanerinnenkonventen im 15. Jahrhundert. Während der 1465 durchgeführten Reform des Konvents St. Agnes in Freiburg i. Br. bedingten sich die Nonnen zu St. Maria Magdalena an den Steinen in Basel aus, dass die von ihnen mit den Reformschwestern nach Freiburg gesandten Bücher nach deren Tod wieder nach Basel zurückgeschickt werden sollten, vermutlich nachdem diese in einem neu eingerichteten Skriptorium kopiert worden waren: «wenn eine derselben swestren bi uns abgat von todes wegen, so söllent diselben bücher, die ir verliche sind und hie noch gezeichnet und benemt stond, wider fallen und gefallen sin an ir closter obgenant und sont wir priorin und convent zuo sant Agnesen inen die wider antwurten, und so magent und söllent die wider höischen und foreren an uns und wir söllent inen die antwurten und widergeben, wann wir inen des ingond und verwilliget und gegönnet habent in kraft dis briefes, und ist an dieselben bucher ir eigen handgeschrifft geschriben die lichung und der widerfall ze fordrest oder ze hindrest.»[69]

65 Williams-Krapp, Werner, «Ordensreform und Literatur im 15. Jahrhundert», in: Jahrbuch der Oswald von Wolkenstein Gesellschaft 4, 1986–1987, pp. 41–51, und ders., «Frauenmystik und Ordensreform im 15. Jahrhundert», in: Literarische Interessenbildung im Mittelalter. DFG-Symposion 1991, hrsg. von Joachim Heinzle, Stuttgart: Metzler, 1993, pp. 301–313. Vgl. Stamm, Gerhard, «Klosterreform und Buchproduktion. Das Werk der Schreib- und Lesemeisterin Regula», in: Faszination eines Klosters. 750 Jahre Zisterzienserinnen-Abtei Lichtenthal, hrsg. von Harald Siebenmorgen, Sigmaringen: Thorbecke, 1995, pp. 63–70.

66 Weis-Müller 1956.

67 Schneider, Karin, «Die Bibliothek des Katharinenklosters in Nürnberg und die städtische Gesellschaft», in: Studien zum städtischen Bildungswesen des späten Mittelalters und der frühen Neuzeit, hrsg. von Bernd Moeller, Hans Patze, Karl Stackmann und Ludger Grenzmann, Göttingen: Vandenhoeck & Rupprecht, 1983, pp. 70–83.

68 Rouse, Richard H. und Mary A., zus. mit Roger A. B. Mynors, Registrum Angliae de libris doctorum et auctorum veterum, Corpus of British Medieval Library Catalogues, London, 1991. Vgl. auch Lerche, Otto, «Das älteste Ausleihverzeichnis einer deutschen Bibliothek», in: Zentralblatt für Bibliothekswesen 27, 1910, pp. 441–450.

69 Bruckner 1935–1967, Bd. XII, p. 41. Vgl. auch Zimmer, Petra, «Basel, St. Maria Magdalena an den Steinen», in: Helvetia Sacra IV, Bd. V/2, pp. 599–600.

Jeffrey F. Hamburger

Aus der Umgebung des Steinenklosters stammt das vielleicht aussagekräftigste Dokument über die Organisation und Verwaltung der Bibliothek eines Dominikanerinnenkonvents im späten Mittelalter. Das fragliche Werk ist das 1454 geschriebene *Ämterbuch* Johannes Meyers, eine höchst selektive Adaptation und Übersetzung des *Liber de instructione officialium* Humberts von Romans, den der Reformer und Ordenschronist Johannes Meyer auf die Bedürfnisse der in seiner Obhut befindlichen Dominikanerinnen zuschnitt.[70] Meyer beschreibt detailliert die Aufgaben der «buchmeistrin».[71] Als Qualifikation für dieses Amt sollte sie ganz einfach «die Bücher lieben und verehren».[72] Ihre Hauptaufgabe ist es, sicherzustellen, dass die Bibliothek gut untergebracht ist und gross genug, um mit der Anschaffung neuer Bücher zu wachsen.[73] Meyer weist darauf hin, dass dort, wo sich die lateinischen Bücher innerhalb der Klausur befinden, diese getrennt von den deutschen Bänden aufbewahrt werden sollen.[74] Wo aber die lateinischen Bücher ausserhalb der Klausur im Priesterhaus aufbewahrt werden, sollen die Nonnen über zwei oder drei Exemplare eines Kataloges verfügen, der alle lateinischen Titel verzeichnet.[75] Meyers Worte über die «gemeinen bücher» oder die «Bücher für alle» implizieren, dass einige Nonnen eigene Bücher gehabt haben könnten, obwohl er als Reformer jegliche Art von Privateigentum abgelehnt haben müsste. In jedem Fall heisst Meyer es gut, wenn Bücher von Nonnen entliehen und zum Studium mit auf die Zellen genommen werden.[76]

---

[70] Vgl. Fechter, Werner, «Meyer, Johannes OP», in: ²VL, Bd. VI, Sp. 474–489, bes. Sp. 477–479; zum Konvent: Claudia Engler, ««Ein news puch». Die ‹Bibliothek› des Dominikanerinnenklosters St. Michael in der Insel», in: Berns grosse Zeit. Das 15. Jahrhundert neu endeckt, hrsg. von Ellen J. Beer, Norberto Gramaccini, Charlotte Gutscher-Schmid und Rainer C. Schwingers, Bern: Berner Lehrmittel- und Medienverlag, 1999, pp. 482–489.

[71] Christ, Karl, «Mittelalterliche Bibliotheksordnungen für Frauenklöster», in: Zentralblatt für Bibliothekswesen 59, 1942, pp. 1–29, stützt sich auf eine Abschrift des Dominikanerinnenkonvents St. Agnes in Freiburg i. Br., Freiburg, Stadtarchiv, Ms. 147, ff. 114ᵛ-119ʳ.

[72] Ebd., p. 25: «Einer buchmeisterin ampt ist das si gute liebe hab zu den bucheren vnd grosse gnod.»

[73] Ebd.: «Si sol achten, das ein zimliche, gutte stat sige und sicher und wol geschickt wider das ungewitter und den regen, und das si gutten lufft hab. Und das sol die liberij sin. Und sol glich geformiert sin als ein cell, grosz oder klein noch zal der bücher. Doch sol die liberij also sin, das man si mög wittern, so sich die zal der bücher meren werend.»

[74] Ebd.: «Doch wo man hat von innen in dem closter die latinschen bücher, die mag man noch ordnung bysunder legen, und die tützschen bücher öch noch ordnung bysunder.»

[75] Ebd.: «Ist aber usswendig uff dem hoff des closters in der swestren priester husz ein sunder liberij mit latinschen bücheren, als denn bi etlichen clöstren gewonheit ist, so mögent so die priester des closters acht und flisz haben der selben liberij, doch also, das über die bucher der selben liberij sigen gutte zwifaltige oder drifaltige register ze latin vnd ze tüschtz. Und der selben regist öch von innen haben die swestren, also das si wissen, wie vil und waz bücher si haben.»

[76] Ebd.: «So etliche swestern bücher von ir wend entlehnen und etwas zit bruchen in ir cellen, so sol si es anschriben an ein sunder register.»

Meyer beschreibt nicht nur die Aufgaben der Bibliothekarin, sondern schreibt auch ein System zur Katalogisierung der Bücher vor.[77] Meyers systematische Kategorien repräsentieren allerdings eher eine Idealvorstellung der Lektüre, als dass man anhand ihrer die Überreste einer bestimmten Bibliothek beurteilen könnte. Trotzdem stellt seine Liste einen nützlichen Anhaltspunkt dar. Folgt man Meyer, sollen die Bücher des Konvents in einer Reihe von Schränken aufbewahrt werden. Jedes *armarium*, also jeder Schrank oder jedes Fach («pulpet»), beinhaltete je verschiedene Disziplinen oder Interessenfelder. Das erste, mit der Signatur «A», ist für die verschiedenen biblischen Bücher vorgesehen. Meyers zweite Kategorie, «B», ist für die Schriftauslegung bestimmt («uslegung der heiligen über die bibel»). «C» reserviert Meyer für die Kommentare der Kirchenväter; er erwähnt Gregorius, Augustinus, Hieronymus, Ambrosius, Beda und Bernhard von Clairvaux. Unter «D» werden die Werke der Hagiographie aufbewahrt: Heiligenleben, die *Vitae Patrum* und Literatur über heilige Einsiedler («die Collaciones patrum und das Leben der altvetter, Buch der heligen marterer und leben, und des glichen»). Texte über Eremiten besassen grosse Popularität im Spätmittelalter und waren Bestandteil der üblichen Lesungen bei jeder *collatio*.[78] Eine der wichtigsten Quellen für die Frühgeschichte des Dominikanerordens sind die zwischen 1256 und 1259 in Limoges verfassten *Vitae Fratrum* Gerards von Frachet, die sich an den *Vitae Patrum* (dem Leben der Wüstenheiligen) orientierten.[79] Dem Buchstaben «E», dem letzten Buchstaben, für den Meyer eine besondere Thematik vorschreibt, ordnet er Chroniken und andere geschichtliche Werke zu.[80] Meyer bestimmt keine Kategorie für die für die Frauenseelsorge wichtigen Predigten.[81] Auch die reiche Bandbreite liturgischer

---

[77] Ebd.: pp. 25–26. Vgl. Sharpe, Richard, «Accession, Classification, Location. Shelfmarks in Medieval Libraries», in: Scriptorium 50, 1996, pp. 247–253.

[78] Hamburger, Jeffrey F., The Rothschild Canticles. Art and Mysticism in Flanders and the Rhineland, ca. 1300, New Haven: Yale University Press, 1990, Kap. 9; Williams-Krapp, Werner, «*Nucleus totius perfectionis*. Die Altväterspiritualität in Heinrich Seuses Vita», in: Festschrift Walter Haug und Burghart Wachinger, hrsg. von Johannes Janota u. a., 2 Bde., Tübingen: Niemeyer, 1992, Bd. II, pp. 407–421, und Kunze, Konrad, Ulla Williams und P. Kaiser, «Information und innere Formung. Zur Rezeption der Vitae patrum», in: Wissensorientierende und wissensvermittelnde Literatur im Mittelalter. Perspektiven ihrer Erforschung. Kolloquium 5.–7. Dez. 1985, hrsg. von Norbert R. Wolf, Wiesbaden: Reichert, 1987, pp. 123–142.

[79] Gerard of Frachet, Vitae fratrum ordinis Praedicatorum, hrsg. von B. M. Reichert, Monumenta Ordinis Praedicatorum Historia, 1, Rom: Charpentier & Schoonjans, 1896, und Boureau, Alain, «Vitae Fratrum, Vitae Patrum. L'ordre dominicain et le modèle des pères du désert au XIIIe siècle», in: Mélanges de l'école française de Rome. Moyen Âges – Temps modernes, 99, 1987, pp. 79–100.

[80] Ringler, Siegfried, Viten- und Offenbarungsliteratur in Frauenklöstern des Mittelalters. Quellen und Studien, Münchener Texte und Untersuchungen zur deutschen Literatur des Mittelalters 72, Zürich/München: Artemis, 1980, und Lewis, Gertrud J., By Women, for Women, about Women. The Sister-Books of Fourteenth-Century Germany, Studies and Texts 125, Toronto: Pontifical Institute, 1996.

[81] Schiewer, Regina D., «Sermons for Nuns of the Dominican Observance Movement», in: Medieval Monastic Preaching, hrsg. von Carolyn Muessig, Brill's Studies in Intellectual History 90, Leiden: Brill, 1998, pp. 75–92, und Rüther, Andreas und Hans-Jochen Schiewer, «Die Predigthandschriften des Straßburger Dominikanerinnenklosters St. Nikolaus in undis. Historischer Bestand, Geschichte,

Jeffrey F. Hamburger

Handschriften – Missalia, Ordinalia, Gradualia, Antiphonare, Psalterien, Hymnare, Diurnalia und Prozessionalia – fehlt in Meyers Kategorisierung. Ebenfalls unerwähnt bleiben die mittelhochdeutschen mystischen Traktate, die die Massenware frommer Lektüre in Dominikanerinnenkonventen bildeten. Dies könnte ein Hinweis auf den Privatbesitz dieser Bücher sein. Meyers *Ämterbuch* zeugt von einem eindrucksvollen Stand der Schreib- und Lesekultur bei Dominikanerinnen. Gleichzeitig belegt es aber auch gewisse selbstbewusste Beschränkungen. Ein Vergleich mit seiner lateinischen Vorlage, dem *Liber de instructione officialium* Humberts von Romans zeigt Unterschiede zwischen der Ausbildung und dem Unterricht von Dominikanerinnen und der Ausbildung ihrer Mitbrüder.[82] Schliesslich blieben die Nonnen auf einer Stufe mit den männlichen Novizen, ohne zum systematischen Studium der Theologie vorzudringen.[83] Wie Burkhard Hasebrink feststellt, «war nicht eine Autorin die herausragende Figur der klösterlichen Bildungswelt, sondern die Buchmeisterin».[84]

Kataloge ermunterten zum Verleihen von Büchern an andere Konvente, eine Praxis, die so weit verbreitet war, dass es die Spender von Büchern gelegentlich für notwendig hielten, die Ausleihe einzuschränken. In Klingental bezeugt ein Dokument von 1430 mit offensichtlichem Bedauern den Verlust von wertvollen Büchern, die zur Deckung von Schulden nach Wettingen gingen.[85] Ein verlorenes Dokument von 1432 zeugt von einer Schenkung Konrad Schlatters (†1458), der 1436 Prior des Dominikanerklosters in Basel wurde und Beichtvater der Nonnen des Steinenklosters war: «Für uns und unser nochkommen, daz wir dise nochgeschribenen bücher … für basser súllent niemant liechen noch geben usser unserem hoff und ingesesse, er sy wer er welle. Wer es ouch daz wir do wider tetten und dis nütt stell und fest hielten, so sol daz selb buoch, daz wir fur unseren hoff und ingesesse ussgelehen hant, sol fürbasser der predigeren von Kolmar eigen sin, es were denne daz man ein ander buoch als guot als daz dir ist dafur versetzet ist oder ze pfant gegeben, also das man dise buocher sol liechen unser bichtvatter bruoder Cuonrat Schlatter sin leptag zuo allen ziten und an alle stett und ende, wo er wil und nottürfftig ist.»[86]

Vergleich», in: Die deutsche Predigt im Mittelalter. Internationales Symposium am Fachbereich Germanistik der Freien Universität Berlin vom 3.–6. Oktober 1989, hrsg. von Volker Mertens und Hans-Jochen Schiewer, Tübingen: Niemeyer, 1992, pp. 169–193.

[82] Humbert of Romans, Opera de vita regulari, hrsg. von Joachim J. Berthier, 2 Bde., Rom: Befani, 1956, Bd. 2, pp. 263–268 («De officio librarii»).

[83] Hasebrink, Burkhard, «Tischlesung und Bildungskultur im Nürnberger Katharinenkloster. Ein Beitrag zu ihrer Rekonstruktion», in: Schule und Schüler im Mittelalter. Beiträge zur europäischen Bildungsgeschichte des 9. bis 15. Jahrhunderts, hrsg. von Martin Kintzinger, Sönke Lorenz und Michael Walter, Köln: Böhlau, 1996, pp. 187–216. Vgl. Hamburger, Jeffrey F., «The Use of Images in the Pastoral Care of Nuns. The Case of Heinrich Suso and the Dominicans», in: Art Bulletin 71, 1989, pp. 20–46, nochmals in Hamburger 1998, Kap. 4.

[84] Hasebrinck 1996, p. 215.

[85] Bruckner 1935–1967, Bd. X, p. 102.

[86] Bruckner 1935–1967, Bd. XII, p. 40.

Dem Verleihen von Büchern lag die wesentlich ältere Praxis der Schenkungen zugrunde, die nicht nur die intellektuellen und religiösen Grundlagen klösterlicher Gemeinschaften legten, sondern auch soziale Bindungen begründeten und bestärkten. Eine Abschrift aus dem späten 10. oder frühen 11. Jahrhundert von Gregors des Grossen *Moralia in Job* (Zentralbibliothek Zürich, Ms. Car. C. 27) (Kat. 4) ist ein gut dokumentiertes Beispiel eines solchen Geschenks.[87] Konrad, ein Dekan aus Metz, schenkte die Handschrift dem Fraumünster, offensichtlich als Zeichen seiner Dankbarkeit, da ihn die Nonnen auf seinem Weg nach Rom in ihrem Konvent in Zürich beherbergt hatten. Damit erfüllte er den ausdrücklichen Wunsch der Nonnen, eine Abschrift dieses höchst populären exegetischen Werkes zu besitzen. Nach seiner Rückkehr nach Metz liess Konrad eine Abschrift des Exemplars des Metzer Domstifts anfertigen. Bei näherer Betrachtung zeigt sich allerdings, dass die Empfängerin, die Äbtissin Ermentrudis (ca. 995 – ca. 1030) enge Familienbande nach Metz hatte: Drei ihrer Verwandten, darunter ihr Bruder Dietrich (1005–1046), waren Bischöfe von Metz, welches stets seine engen Bindungen mit Rom pflegte.[88]

Kein Geschenk kann ohne eine Gegenleistung angenommen werden. Die Nekrologe der Konvente, wie diejenigen von St. Agnes in Schaffhausen (Kat. 2) erinnerten nicht nur an Mitglieder der Klostergemeinschaft, sondern führten auch ein Verzeichnis wichtiger Spender und Schirmherren, für deren Seelen die Nonnen an der Wiederkehr ihres Todestages beten sollten.[89] In den meisten Fällen war das Geschenk eines Buches, ganz zu schweigen von dem Vermächtnis einer ganzen Bibliothek, verbunden mit der Verpflichtung auf Seiten der Klostergemeinschaft, für das Seelenheil des Gebers Gebete zu sprechen und Messen zu lesen. Es könnte allerdings sein, dass Bücher, die dem Abhalten der Messe dienten, niemals in die Hände der Nonnen gelangt sind, denen, zumindest in den reformierten Konventen, der Zugang zur Sakristei und das Herantreten an den Hochaltar untersagt war.[90] Am 21. Oktober 1392 hinterliess Peter Schlatter, ein Priester in Waldshut und Kaplan in Klingental, diesem Konvent seine Bücher, schrieb aber vor, dass sie dem Priester dienen sollten: «Unum librum suum matutinalem cum uno

[87] Mohlberg 1951, Bd. 1, p. 99.

[88] Steinmann, Judith, Die Benediktinerinnenabtei zum Fraumünster und ihr Verhältnis zur Stadt Zürich, 853–1524, Studien und Mitteilungen zur Geschichte des Benediktiner-Ordens und seiner Zweige, Ergänzungsband 23, St. Ottilien: EOS, 1980, pp. 20–21.

[89] Lemaître, Jean-Loup, «*Liber capituli*. Le livre du chapitre des origines au XVIe siècle. L'exemple français», in: Memoria. Der geschichtliche Zeugniswert des liturgischen Gedenkens im Mittelalter, hrsg. von Karl Schmid und Joachim Wollasch, Münstersche Mittelalterschriften 48, München: Fink, 1984, pp. 625–648, und Stein-Kecks, Heidrun, «Quellen zum *capitulum*», in: Wohn- und Wirtschaftsbauten frühmittelalterlicher Klöster. Internationales Symposium, 26.9.–1.10.1995 in Zurzach und Müstair, im Zusammenhang mit den Untersuchungen im Kloster St. Johann zu Müstair. Acta, hrsg. von Hans Rudolph Sennhauser, Zürich: Hochschulverlag an der ETH Zürich, 1996, pp. 219–232.

[90] Vgl. Zimmer, Petra, Die Funktion und Ausstattung des Altars auf der Nonnenempore. Beispiele zum Bildgebrauch in Frauenklöstern aus dem 13. bis 16. Jahrhundert, Diss. Köln, 1991, und Hamburger 1998, Kap. 2.

Jeffrey F. Hamburger

psalterio et cursu beate Marie cum horis canonicis septem psalmis cum vigiliis mortuorum in pergameno scriptum cum letania beate Marie virginis et septem sexternis similiter in pergameno scriptis hystoriarium de sanctis et unum libellum parvum, in quo continentur preces quadragesimales ac preces de sanctis et de aliis, que pertinent ad sacerdotem.»[91] Die meisten dieser Geschenke und die aus ihnen erwachsenden Verpflichtungen sind in «Jahrzeitbüchern» oder in Nekrologen verzeichnet. Der 1507 vom Beichtvater Hans Riser von Burgdorf, einem Karthäuser aus Torberg, für den Zisterzienserinnenkonvent in Fraubrunnen (Kanton Bern) eingerichtete Nekrolog hält beispielsweise für den 26. April Folgendes fest: «Item Heinrich Suderman des kouffmans von Köln, der hat uns geben umb siner sel heil willen ein silbrin übergültne kelch und ein messbuoch, darumb wir sin jarzit herlich söllen begon uff disem tag. Item man sol ouch gedencken der personen, es sigen man oder frouwen, die ir almuosen mit disem kelch santen, des waren hundert und einliff guldin on ander guot.» Ein gesonderter Eintrag für den 12. Mai verzeichnet Folgendes: «Her Cristan, kilcher zuo Beteringen, gab uns ein tútsches epistelbuoch, durch siner sel heil willen.»[92]

Verbindungen zwischen der Welt innerhalb der Klausur und der Welt ausserhalb waren im Spätmittelalter nichts Neues. Dies stellte auch Peter Ochsenbein mit Bezug auf das aus dem späten 12. Jahrhundert stammende *Gebetbuch aus Muri* (Kat. 8) fest, die älteste uns überlieferte geschlossene Sammlung vorwiegend deutschsprachiger Gebete: «Denn der herausgespielte Gegensatz verheiratete Dame versus begüterte Chorfrau ist nur einer aus dem vielmaschigen Netz sozialer Gegebenheiten. Einer Frau, die um 1200 einem geistlichen Ideal nachstrebte, bot sich fast selbstverständlich das Modell der *soror pia* an, die ihr Leben der Liebe Gottes im geschlossenen Kloster geweiht hatte.»[93] Klassische Beispiele solcher Frauen sind Hedwig von Schlesien (†1243), die Mitbegründerin des Zisterzienserinnenkonvents im schlesischen Trebnitz, und Agnes von Ungarn (1280–1364), welche die erste Äbtissin der franziskanischen Klostergründung in Königsfelden (Kat. 17) war.[94] Bezeichnend für die Durchdringung von säkularem

[91] Bruckner 1935–1967, Bd. X, p. 100.

[92] Bruckner 1935–1967, Bd. X, p. 125. Vgl. auch Schweizer, Jürg , «Fraubrunnen», in: Zisterzienserbauten in der Schweiz, 1990, pp. 121–128.

[93] Ochsenbein, Peter, «Das Gebetbuch von Muri als frühes Zeugnis privater Frömmigkeit einer Frau um 1200», in: *Gotes und der werlde hulde*. Literatur in Mittelalter und Neuzeit. Festschrift für Heinz Rupp zum 70. Geburtstag, hrsg. von Rüdiger Schnell, Bern/Stuttgart: Francke, 1989, pp. 175–199. Zu verwandtem Material vgl. Hellgardt, Ernst, «Seckauer Handschriften als Träger frühmittelhochdeutscher Texte», in: Die mittelalterliche Literatur in der Steiermark, hrsg. von Alfred Ebenbauer u. a., Jahrbuch für Internationale Germanistik, Reihe A: Kongressberichte 23, Bern: Lang, 1988, pp. 103–130.

[94] Vgl. Das Bild der heiligen Hedwig in Mittelalter und Neuzeit, hrsg. von Ickhard Grunewald und Nikolaus Gussone, München: R. Oldenbourg, 1996, und Ruh, Kurt, «Agnes von Ungarn und Liutgart von Wittichen. Zwei Klostergründerinnen des frühen 14. Jahrhunderts», in: Philologische Untersuchungen, gewidmet Elfriede Stutz zum 65. Geburtstag, hrsg. von Alfred Ebenbauer, Philologia Germanica 7, Wien: Wilhelm Braumüller, 1984, pp. 374–391, und Marti, Susan, «Königin Agnes und ihre Geschenke. Zeugnisse, Zuschreibungen und Legenden», in: Die Kunst der Habsburger, Kunst + Architektur in der Schweiz, Sonderausgabe, 1996, pp. 169–180.

und geistlichem Bereich ist der Inhalt des Gebetbuchs von Muri, der neben zahlreichen liturgischen Gebeten und Bittgebeten an die Trinität und die Heiligen auch zwei Beschwörungen enthält, die gesprochen werden sollen, um die Liebe des Ehepartners zurückzugewinnen: «In nomine patris et filii et spiritus sancti. deus abraham. deus ysaac. deus iacob, deus qui de costa primi hominis evam coniugem creasti … [93ʳ] Nunc amorem concedat deus N. marito meo. Amen.» «Tu qui es alfa et Ω. coniurationem facio per magos Capsar [!]. Melchior, Balthasar, Leviathan, protine et crinite, Sidrac, Misaac, Abdenago, Christus on, elyon, tetragrammaton, eley, Emmanuel, Abra, Abraa, Abracham, Abracala, Abrachalaus, va, va. ha, fara, faza, ziveletiel: vos creaturas dei coniuro … ut feriatis et incendiatis cor et mentem. N. in amorem meum.» Ein Gebet wie dieses ist eine heilsame Erinnerung daran, dass das Kloster des Mittelalters nicht einfach ein Rückzugsort von der Welt war, sondern in alle Aspekte des Lebens ausserhalb der Klostermauern eingebunden blieb.

Bibliothekskatalog

1) Sammelhandschrift, die u. a. den Katalog des Tertiarinnenklosters Wonnenstein (Kt. Appenzell) enthält, nach 1499. (Abb. 6)
St. Gallen, Stiftsbibliothek, Hs. 973, S. 1–9.
Papier, 730 S., 210 × 168 mm.

Eine Bemerkung auf S. 12 stellt fest: «dysses buchlin ist der swestern zu dem Wunnenstain in Tüffenn des dritten orden sanct Francissen Deo gracias by sanct Gallen.»[95] Der Katalog wurde vorne in eine geistliche Sammelhandschrift eingefügt, die auch eine Übersetzung der Novizenregel enthält, für deren Ausbildung und Erbauung viele der Bibliotheksbücher bestimmt waren. Der Katalog beginnt folgendermassen: «Item diss sind die bůcher diss hus. Item zum ersten das ewangeliibůch. Den schatzbehalter. Item den bom des lebens. Item das gross ewangeliibůch. Item das vestbůch und der armůtt bůch. Item die h<i>melstrass. Item Humbertus bůch. Item XXIIII alten bůch. Item XXIIII gulden harpgen. Item das gross hailligenbůch. Item das alt hailigenbůch» usw. Abgesehen von wenigen Ausnahmen, unter ihnen die Mystiker Eckhart und Tauler, gibt der Katalog nur selten den Autor eines Buches preis, wie im Fall des ‹Humbertus bůchs›. Welches Werk des Dominikaners Humbert von Romans (†1277) gemeint ist, bleibt unklar. Denkbare Titel wären sein *Liber de instructione officialium*, welches für die Klosterreform des 15. Jahrhunderts von Wichtigkeit war, sein Kommentar der Augustinerregel oder der Traktat *De tribus votis*, der sich mit den Grundlagen des geistlichen Lebens beschäftigt. Eine Handschrift des Klosters mit Predigten und Traktaten Eckharts ist in der St. Galler Stiftsbibliothek als Hs. 972a überliefert.

---

[95] Mittelalterliche Bibliothekskataloge Deutschlands und der Schweiz. Bd. I: Die Bistümer Konstanz und Chur, hrsg. von Paul Lehmann, München: Beck, 1918, pp. 451–454.

Jeffrey F. Hamburger

Klosterverwaltung

2) *Liber officii capituli* von St. Agnes in Schaffhausen, um 1400,
mit späteren Zusätzen. (Abb. 7)
Schaffhausen, Stadtbibliothek, Ministerialbibliothek, Min. 90, f. 1ʳ.
Pergament, ff. 80, 355 × 240 (255 × 175) mm.

Das Kloster Allerheiligen in Schaffhausen wurde am 22. November 1049 von Eberhard von
Nellenburg und Papst Leo IX. gegründet. Kurz vor Eberhards Tod 1078 oder 1079 wurde es
durch die Gründung von St. Agnes zu einem Doppelkloster, in das sich Ita von Nellenburg
nach dem Tod ihres Mannes zurückzog.[96] Der *Liber officii capituli*, eine von nur zwei uns bekannten Handschriften der Konventsbibliothek, entstand zu einer Zeit, in der St. Agnes bereits
nicht mehr zum Allerheiligenkloster gehörte, wenn auch die Mönche des Klosters an der seelsorgerlichen Betreuung der Nonnen noch beteiligt waren.[97] Die Handschrift enthält ein
Martyrologium, die Benediktinerregel, Evangeliumslesungen für Sonn- und Feiertage, den Nekrolog des Konvents, einen liturgischen Kalender, der Abgänge und Todestage von Klosteran-
gehörigen sowie wichtiger Schirmherren und Gönner verzeichnet. Die 192 aufgeführten Nonnen sind mit den Buchstaben «n.c.m.» gekennzeichnet, was für «nostrae congregationis
monacha» steht.[98] Die Vielzahl der Hände auf jeder Seite belegen den Charakter des Buchs
als Gemeinschaftsbesitz. Nekrologe waren in Konventen üblich und wurden häufig reich ausgeschmückt. Ein berühmtes Beispiel ist der Kodex Guta-Sintram (Strasbourg, Bibliothèque du
Grand Séminaire de Strasbourg, Ms. 37), der 1154 für den Konvent der Augustinerinnen in
Schwarzenthann im Elsass fertiggestellt wurde. Die Handschrift ist nach dem Kanoniker
und der Nonne benannt, die an ihrer Herstellung beteiligt waren. Die Nonne Guta schrieb
das Buch und Sintram, ihr männlicher Mitarbeiter, besorgte die Ausschmückung.[99]

---

[96] Vgl. Frauenfelder, Reinhard, «St. Agnes in Schaffhausen», in: Helvetia Sacra III, Bd. I/3, pp. 1941–
1945, und die wichtigen Korrekturen Rudolf Gampers in: «Die Rechts- und Herrschaftsverhältnisse des
Allerheiligenklosters im 11. und 12. Jahrhundert», in: Kurt Bänteli, Rudolf Gamper und Peter Lehmann
(Hrsg.), Das Kloster Allerheiligen in Schaffhausen. Zum 950. Jahr seiner Gründung am 22. November
1049, Schaffhauser Archäologie 4, Schaffhausen: Kantonsarchäologie, 1999, pp. 125–145, 249–262 und
288–295.

[97] Zu Allerheiligen in dieser späten Zeit vgl. Degler-Spengler, Brigitte, «Die Schweizer Benediktinerinnen
in der Neuzeit», in: Benediktinisches Mönchtum in der Schweiz. Männer- und Frauenklöster vom
frühen Mittelalter bis zur Gegenwart, hrsg. von Elsanne Gilomen-Schenkel, Rudolf Reinhardt und
Brigitte Degler-Spengler, Bern: Francke, 1986, pp. 171–230, bes. 174–176.

[98] Henggeler, Rudolf, «Das Nekrologium des Benediktinerinnenklosters St. Agnes in Schaffhausen», in:
Schweizerische Beiträge 21, 1944, p. 5, und Rudolf Gamper, Gaby Knoch-Mund und Marlis Stähli,
Katalog der mittelalterlichen Handschriften der Ministerialbibliothek Schaffhausen, Dietikon/Zürich:
Urs Graf, 1994, pp. 201–202.

[99] Weis, Béatrice (Hrsg.), Le Codex Guta-Sintram. Manuscrit 37 de la Bibliothèque du Grand Séminaire
de Strasbourg, Luzern: Editions Fac-similes, 1983.

3) Mittelhochdeutsche Übersetzung der Benediktinerregel, 1250–1267
oder 1267–1276. (Abb. 8)
Engelberg, Stiftsbibliothek, Hs. 72.
Pergament, ff. 72, 270–275 × 160 (175–180 × 115–125) mm.

Der Eckstein westlicher Klosterkultur, die Benediktinerregel, wurde vom 9. Jahrhundert an ins Deutsche übersetzt. Die Engelberger Handschrift enthält eine mittelhochdeutsche Übersetzung aus der Mitte des 13. Jahrhunderts.[100] Ein Eintrag auf Bl. 1ʳ besagt, dass «Abbas Waltherus hoc fecit nempe uolumen. Quo circa petimus capiat celeste cacumen». Es ist jedoch nicht geklärt, ob der Eintrag sich auf Walther I. von Iberg bezieht, der von 1250 bis 1267 Abt war, oder auf Walther II. von Cham, der dieses Amt von 1267 bis 1276 innehatte.[101] Auf Bl. 72ʳ kommentieren Verse den Übersetzungsvorgang: «Sit diz bv̆ch in selchir frist. in bv̆cshvn <…> vnde in tvschvn ist. nah monslichir chvnst gescribin. warm were den hindirstelle blibin. ein grv̆z dim ortfrvm mere. dim apt Walthere. dem wunsche der lesere heils. vnde himilslichis teils. daz selbe tv̆t der versin schin. die da obnan stant in Latin.» Die grosse Initiale auf Bl. 1ᵛ, mit der der Text beginnt, stellt Abt Walther (von Iberg) dar, wie er das Buch einem Engel überreicht, unter dem der Schreiber, «chŏno monachus», zwischen Weinranken zum Vorschein kommt, die Hände zum Gebet gefaltet. Walthers Stab, mit dem er das entblösste Gesäss eines von zwei dämonischen Atlanten aufspiesst, die den grossen Buchstaben «A» stützen, verläuft parallel zum Buchstabenkörper und endet in einer Weinranke.[102] Die Empfängerin des Buches, die Priorin Guota, wird in einem kleineren Massstab dargestellt und spielt buchstäblich eine stützende Rolle: Ihre Hände sind ausgestreckt, um den Anfangsbuchstaben des Textes zu umfangen und zu stützen, den sie und ihre Nonnen sich zu Herzen nehmen sollen.

---

[100] Von Scarpatetti, 1983, Bd. II, Nr. 251, pp. 92–93, Abb. 98–99; Gottwald, Benedictus, Catalogus codicum manu scriptorum qui asservantur in bibliotheca monasterii O.S.B. Engelbergensis in Helvetia, Freiburg i. Br.: Herder, 1891, p. 100; Selmer, Carl (Hrsg.), Middle High German Translations of the Regula Sancti Benedicti. The Eight Oldest Versions, Publications of The Medieval Academy of America 17, Cambridge, Ma.: Medieval Academy of America, 1933; Neudr. 1970, pp. 89–128, und Wolf, Norbert R., «Mittelhochdeutsche Übertragungen der Benediktinerregel», in: ²VL, Bd. I, Sp. 707–710.

[101] Von Scarpatetti, 1983, Bd. II, Nr. 251, pp. 92–93, Abb. 98–99.

[102] Vgl. Michel, Catharine, «Die Atlanten», in: Die Bilderwelt des Klosters Engelberg. Das Skriptorium unter den Äbten Frowin (1143–1178), Berchtold (1178–1197), Heinrich (1197–1223), Luzern: Diopter, 1993, pp. 37–40, und De Kegel, Rolf, «Am Anfang war das Doppelkloster – der Frauenkonvent St. Andreas in Engelberg 1120 bis 1615», in: Bewegung in der Beständigkeit, 2000, pp. 17f.

Jeffrey F. Hamburger

Patristik

4) Gregor der Grosse, *Moralia in Job*, spätes 10. oder frühes 11. Jahrhundert. (Abb. 9)
Zürich, Zentralbibliothek, Ms. Car. C. 27, f. 1ᵛ.
Pergament, ff. 118, 345 × 270 (270–275 × 195–200) mm.

Auf einem Pilgerweg nach Rom, machte Konrad (ca. 935 – ca. 1000), ein Dekan der Metzer Kathedrale, Halt in Zürich, wo er im Fraumünster Aufnahme fand.[103] Dem Widmungsbrief der Handschrift zufolge, der an die Äbtissin Ermentrudis (ca. 995 – ca. 1030) gerichtet ist, brachten die Nonnen Konrad gegenüber ihren Wunsch zum Ausdruck, ein Exemplar von Gregors *Moralia* zu besitzen, einem äusserst populären exegetischen Werk, welches in mehr als 570 Handschriften vom 7. bis zum frühen 16. Jahrhundert überliefert ist. Um den Nonnen zu danken, liess Konrad nach seiner Rückkehr diese Abschrift von einem Exemplar des Metzer Domstifts anfertigen und schickte sie den Nonnen. In der Handschrift fehlt der erste Teil von Gregors Text, doch deutet die Initiale darauf hin, dass der erste Teil des Textes vielleicht in einem gesonderten Band vorlag. Die Äbtissin Ermentrudis lässt sich vermutlich als Tochter des Grafen Siegfried von Moselgau und Lützelburg identifizieren. Drei ihrer Verwandten, unter ihnen ihr Bruder Dietrich (1005–1046), waren Bischöfe von Metz, was erklären würde, wieso Konrad seine Reise nach Rom in der Abtei unterbrach. Die Bibliothek der Abtei besass ein weiteres Exemplar von Gregors Werk, welches ebenfalls unvollständig ist (Zürich, Zentralbibliothek, Ms. Car. C 108). Die Handschrift gehört zu den ältesten überlieferten Exemplaren der *Moralia*, von denen nachgewiesen werden kann, dass sie Eigentum einer Frauengemeinschaft waren.[104] Die Eröffnungsseite (1ᵛ) tut Konrads Schenkung in grossen Prunkbuchstaben kund (EPISTOLA DOMINI CONRADI METENSIS ARCHIDIACONI), auf die eine Initiale «S» mit weissem Rankenornament folgt, das auf ottonische Vorbilder zurückgeht.

Liturgische Handschriften

5) Franziskanerbrevier (pars aestivalis), um 1400. (Abb. 10)
Schaffhausen, Stadtbibliothek, Ministerialbibliothek, Min. 100.
Pergament, ff. 461, 230 × 165 (155–160 × 120) mm.

Das Brevier enthält die Texte des Stundengebets. Die vorliegende Handschrift beginnt mit einem franziskanischen Kalender der Diözese von Lausanne und enthält nur den Sommerteil,

---

[103] Steinmann 1980, pp. 20–21.
[104] Bruckner 1935–1967, Bd. IV, p. 71, und El Kholi, Susann, Lektüre in Frauenkonventen des ostfränkisch-deutschen Reiches vom 8. Jahrhundert bis zur Mitte des 13. Jahrhunderts, Epistemata: Würzburger Wissenschaftliche Schriften, Reihe Literaturwissenschaft, Bd. 203, Würzburg: Könighausen & Neumann, 1997, pp. 105–106.

d. h. die für die Feier des Amts zwischen Ostern und dem 1. Advent benötigten Texte. Die Handschrift wurde für einen unbekannten Franziskanerkonvent im Bodenseeraum geschrieben und ausgeschmückt.[105] Die auf dem hinteren Innenspiegel des Einbandes inserierte Zeichnung einer zu Christus betenden Nonne stellt einen späteren Zusatz aus dem 15. Jahrhundert dar. Sie ist typische ‹Nonnenarbeit›.[106] Trotz ihrer vergleichsweise einfachen Ausführung zeigt sie eine bemerkenswerte ikonographische Vorstellungskraft. Die Nonne, die zu Christus im Moment seiner Verspottung betet, bittet ihn: «adiuua me domine quoniam caput meum dolor [est] domine deus meus». («Hilf mir, o Herr, da mein Kopf voller Schmerzen ist, o Herr, mein Gott!») Woraufhin Christus antwortet: «de uertice capitis usque ad plantam pedes non est sanitas in me (vgl. Is 1,6)». («Vom Scheitel meines Kopfes bis zu den Sohlen meiner Füsse ist nichts Gesundes an mir.») Trotz seiner Selbstcharakterisierung als Schmerzensmann bewahrt Christus im Augenblick der Verspottung wahrhaft königliche Würde. Eine erzählerische Szene wurde in ein klassisches Andachtsbild verwandelt. In Abwesenheit der Peiniger, die die Dornenkrone immer tiefer in sein Haupt drücken, erscheinen die gekreuzten Zweige wie Lichtstrahlen, die von einem übergrossen Heiligenschein Christi ausgehen. Christi Worte beruhen auf Is 53,2–3: «Er hatte keine Gestalt noch Schönheit, dass wir nach ihm geschaut, kein Ansehen, dass er uns gefallen hätte. Verachtet war er und verlassen von Menschen, ein Mann der Schmerzen und vertraut mit Krankheit …» Durch die Bitte, dass ihre Schmerzen – sie betont, daß es Schmerzen ihres Hauptes seien – mit denen Christi in eins gesetzt würden, setzt die gegenüber ihrem Erretter in viel kleinerem Massstab dargestellte Nonne die Verwandlung in Szene, die von Augustinus höchst wortgewandt beschrieben wird: «Pendebat enim in cruce deformis, sed deformitas illius pulchritudo nostra erat.» («Denn er [Christus] hing entstellt am Kreuz, doch jene Entstellung war unsere Schönheit.»)[107]

6) Brevier der Diözese Lausanne, Gebrauch von Interlaken, 1440–1446. (Abb. 11)
Bern, Burgerbibliothek, Hs. B 524, f. 341ʳ.
Pergament, ff. 386, 210 × 152 (145 × 100) mm.

Ein Besitzereintrag («Johanna von Arberg/Agnesa stollera», f. Iʳ) nennt die Namen zweier Nonnen des Augustinerinnenklosters in Interlaken. Ein Sterbeeintrag in den Kalender (f. 12ᵛ) verzeichnet den Namen einer der Schwestern Johannas: «Clara de arberg soror mea dilecta, obijt in domino anno domini.1440.» Der im Kalendar enthaltenen Tafel mit goldenen Zahlen zufolge

---

[105] Handschriften der Ministerialbibliothek Schaffhausen, 1994, pp. 228–230.
[106] Buchmalerei im Bodenseeraum. 13. bis 16. Jahrhundert, hrsg. von Eva Moser, Friedrichshafen: Gessler, 1997, p. 304, und, allgemeiner, Hamburger 1996.
[107] Augustinus, Sermones de Vetere Testamento I–L, Corpus Christianorum Series Latina 41, Turnhout: Brepols, 1961, p. 365 (Predigt XXVII,6, Z. 131–132).

Jeffrey F. Hamburger

(f. 11ᵛ), die dazu benutzt wurde, um den Ostertermin zu berechnen, wurde die ganze Handschrift 1446 fertiggestellt.[108] Vermutlich von Nonnen geschaffene Stickereien in der Handschrift zieren Löcher und Risse, an denen sich die vergleichsweise schlechte Qualität des Pergaments zeigt.[109] Viele der mit der Feder ausgeführten Verzierungen mit ihren grossen, flächigen Feldern, die die Textspalten umrahmen, die spinnennetzartigen Ornamente und wiederholte Motive wie Vögel am Rand einer Seite, scheinen durch Stickereien inspiriert zu sein. Trotzdem ist es gut möglich, dass die Handschrift für das Nachbarhaus, die Augustinerchorherren, bestimmt war. Ein zweites, nicht datiertes Brevier für Interlaken enthält vergleichbare Ausschmückungen und Stickereien (Bern, Burgerbibliothek, Cod. 524) und könnte zu einem etwas früheren Zeitpunkt entstanden sein.[110] Stickereien, die aber selten so sorgfältig ausgeführt sind, begegnen auch in anderen liturgischen Handschriften des 15. Jahrhunderts aus dem Gebiet der Schweiz, so z. B. in einem Missale in Schaffhausen (Ministerialbibliothek, Min. 97) und einem Missale in Sion (Bibliothèque du Chapitre, Ms. 18, f. 178ᵛ). Beide Handschriften wurden für männliche Kommunitäten angefertigt, wenn auch nicht unbedingt von diesen.

Psalterien

7) Psalter, Engelberg (?), spätes 12./frühes 13. Jahrhundert. (Abb. 12)
Sarnen, Cod. 37, f. 7ʳ.
Pergament, ff. 110, 195 × 15 (145 × 100–105) mm.

Die Herkunft des Psalters, welcher ursprünglich die liturgischen Einrichtungen für die Feier des Stundengebets nicht enthielt, ist unbekannt.[111] Seine Ausschmückung lässt auf Engelberg schliessen, sein Kalendarium jedoch nicht. Ein Sterbeeintrag für den 4. Februar, der mit roter Tinte zu einem späteren Zeitpunkt nachgetragen wurde, erinnert an den Tod Rudolfs, eines Engelberger Abtes: «Abbas Rudolfus dictus de Winkelriet O.» Der Psalter ist nach einem dreiteiligen Schema ausgeschmückt und enthält drei Initialen zu den Psalmen 1, 50 und 101. In der Initiale für Psalm 1, «Beatus vir», spielt der mit einem roten Umhang und einem gelben Hut

[108] Bruckner 1935–1967, Bd. XI, pp. 106–108, Abb. xxxvi-xxxviii, und von Scarpatetti, 1991, Bd. III, Nr. 56, pp. 24–25, Abb. 267. Die Handschrift wird ebenfalls berücksichtigt in Bildersturm – Wahnsinn oder Gottes Wille? Ausstellungskatalog Bern, Historisches Museum und Strasbourg, Musée de l'Œuvre Notre-Dame, hrsg. von Cécile Dupeux, Peter Jezler und Jean Wirth, Zürich: NZZ Verlag, 2000, Kat. Nr. 111. Ich danke Dr. Martin Germann und Dr. Susan Marti für diese Information.
[109] Zu vergleichbaren Stickereien vgl. Muff, P. Guido und Sr. Ursula Benz, «Lasst uns das Kindelein kleiden … lasst uns das Kindelein zieren». Textiles Arbeiten im Kloster St. Andreas», in: Bewegung in der Beständigkeit, 2000, pp. 141–157.
[110] Marlis Stähli M. A. machte mich freundlicherweise darauf aufmerksam.
[111] Bruckner 1935–1967, Bd. VII, pp. 46 und 80, und Bd. VIII, pp. 49, 56, 129–130. Eine genauere Beschreibung wird in dem von Charlotte Bretscher und Rudolf Gamper vorbereiteten Handschriftenkatalog von Sarnen enthalten sein. Ich danke Herrn Dr. Gamper, dass er mir die Beschreibung vor ihrer Veröffentlichung zugänglich machte.

bekleidete David die Harfe und richtet seine Gebete zum segnenden Christus über ihm. Wenn die Buchstaben A R M T B, die auf den Einband des Buches geschrieben sind, das Christus in der linken Hand hält, wie Durrer meint, als «Abbas Rudolphe Montis Angelorum Te Benedico» zu lesen sind, würde der Abt mit dem betenden Psalmisten zu identifizieren sein.[112] Die Initiale für Psalm 51, «Quid gloriaris», ist ein auffallender Entwurf, dessen imposanter Eindruck durch seine kühne Farbgebung (rot, grün, blau und ockergelb) noch verstärkt wird. Sie identifiziert den Mann, «der sich der Bosheit rühmt», mit einem geharnischten Ritter auf dem Pferd, der eine weisse Lanze mit sich führt und einen beissenden Drachen niedertrampelt, dessen Körper den Abschlussstrich des Buchstabens «Q» bildet. Die dritte Initiale, für Psalm 101, verfügt über keine figürliche Ausschmückung. Der ursprüngliche Rezipient des Psalters, ob Mönch oder Nonne, wäre dazu angehalten worden, sich wie der fromme König des Alten Testaments mit dem bösen Ritter zu vergleichen und seinen – oder ihren – eigenen Status als *miles christianus* zu überdenken.

8) Liturgischer Psalter, um 1330–1340. (Abb. 13)
Engelberg, Stiftsbibliothek, Cod. 62.
Pergament, ff. 201, 245 × 180 (123 × 157) mm.

Dieser prächtig ausgeschmückte Psalter ist einer von zwei (der andere ist überliefert in Engelberg, Cod. 60), die offensichtlich von den Nonnen von Engelberg zum eigenen Gebrauch angefertigt wurden, wobei sie einen in ihrem Besitz befindlichen Psalter aus dem späten 13. Jahrhundert (Engelberg, Cod. 61) als ihre hauptsächliche Grundlage benutzten.[113] Auf das Kalendar (ff. 1ʳ-6ᵛ), welches auch die hinzugefügten Sterbeeinträge vieler Nonnen enthält, folgt eine Gruppe vorangestellter Miniaturen, von denen viele durch eine ungewöhnliche Ikonographie auffallen. Besonders erwähnenswert sind die allegorischen Darstellungen eines von den Tugenden gekreuzigten Christus (hier liegt die entsprechende Miniatur in Cod. 61 zugrunde) und dem frommen und dem unaufmerksamen Beter. Während sich der fromme Betrachter zur Rechten Christi in Christi Passion versenkt – ein Vorgang, der durch Linien visualisiert wird, die seinen Mund mit Christi Wunden verbinden –, lässt sich der Mann zur Linken Christi von den Versuchungen ablenken, die am Fuss des Kreuzes dargestellt sind. Der Heuchler scheint die Worte von König Claudius in Shakespeares «Hamlet» zu sprechen (III.3; Vv. 97–

---

[112] Hermann, Hermann Julius, Die illuminierten Handschriften in Tirol: Beschreibendes Verzeichnis der illuminierten Handschriften in Österreich, Bd. I, Leipzig: Hiersemann, 1905, p. 65, und Durrer, Robert, Die Kunstdenkmäler des Kantons Unterwalden, Basel: Birkhäuser, 1971, p. 711.

[113] Gottwald 1891, pp. 95–96, Durrer 1971, pp. 215–217, und Buchmalerei im Bodenseeraum, 1997, pp. 250–251. Folgender Titel stand mir nicht zur Verfügung: Marti, Susan, Illuminierte Psalterien aus Engelberg. Zur Handschriftenproduktion in der Frauengemeinschaft eines spätmittelalterlichen Doppelklosters, masch. Diss. Universität Zürich, 1998.

98): «My words fly up, my thoughts remain below. Words without thoughts never to heaven go.» («Mein Wort strebt auf, mein Sinn bleibt hier auf Erden: Wort ohne Sinn kann nie zum Heile werden.»)[114]

Volkssprachliche Gebetbücher

9) Gebete und Segen aus Muri, letztes Drittel des 12. Jahrhunderts. (Abb. 14)
Sarnen, Kollegiumsarchiv, Ms. Membr. 69, ff. 44ᵛ-45ʳ.
Pergament, ff. 95, 90 × 63 (67–70 × 48–51) mm.

Die Ursprünge des Doppelklosters von Muri können bis ins 11. Jahrhundert zurückverfolgt werden. Erst gegen Ende des 12. Jahrhunderts mussten die Nonnen in den nahegelegenen Konvent in Hermetschwil umziehen.[115] Auch wenn es nicht unbedingt in Muri selbst geschrieben wurde, stellt das *Gebetbuch von Muri* die älteste uns überlieferte eigenständige Sammlung von Gebeten in deutscher Sprache dar.[116] Das *Engelberger Gebetbuch* (Stiftsbibliothek, Cod. 155) zum Beispiel, die älteste überlieferte Sammlung deutschsprachiger Prosagebete, die nicht einfach liturgische Texte übersetzt, besteht aus zwei getrennten Teilen, die beide aus dem 14. Jahrhundert stammen. Im Gegensatz hierzu bietet das Gebetbuch von Muri eine einheitliche Erscheinung, enthält aber disparate Texte. Nach der Analyse Peter Ochsenbeins lässt sich der Inhalt in drei verschiedene Bereiche aufteilen: 1. deutschsprachige Gebete und Gebetsanweisungen, 2. eine *Passio sanctae Margarethae* (die als Vorbild für die weibliche Leserschaft dient) und 3. lateinische Gebete, unter ihnen auch Messgebete. Früher dachte man, dass das Gebetbuch der Königin Agnes von Ungarn (1280–1364) gehört hätte, doch diese Zuschreibung ist falsch. Zusätzlich zu Schutzgebeten und -formeln enthält die Handschrift eine grosse Bandbreite an Gebeten, die von einem einzelnen oder einer ganzen Gemeinschaft gesprochen werden konnten, Anweisungen für das Gebet von Psalmen, Gebete zur Dreieinigkeit, Christus, Maria, den Engeln und zu Heiligen, Segensformeln für die Messe, Ratschläge zum Almosengeben, übersetzte Sequenzen (darunter auch die berühmte *Mariensequenz aus Muri*) und gegen Ende zwei Beschwörungsformeln, die man verwenden soll, um die Liebe des Ehegatten zurückzugewinnen. Auf ff. 44ᵛ–45ʳ sind zwei Federzeichnungen der Passion der Heiligen Margarethe vorangestellt. Auf f. 44ᵛ steht eine Frau mit einem Heiligenschein – vermutlich die hl. Marga-

---

[114] Übersetzung aus: William Shakespeare, Die großen Dramen. Tragödien, Historien und Komödien in zehn Bänden, ausgewählt, übersetzt und erläutert von Rudolf Schaller, Bd. 1, Frankfurt/M.: Insel 1981, p. 99.

[115] Bruckner 1935–1967, Bd. VII, p. 32.

[116] Ochsenbein, Peter, «Gebete und Benediktionen von Muri», in: ²VL, Bd. II, Sp. 1110–1012, und ders., «Das Gebetbuch von Muri», in: *Gotes und der werlde hulde*, 1989, pp. 175–199. Eine Teiledition in: Wilhelm, Friedrich, Denkmäler deutscher Prosa des 11. und 12. Jahrhunderts, Münchener Texte 8, München: Callwey, 1914, pp. 73–86.

rethe – mit erhobenen Händen in einer *orans*-Haltung, wobei sie mehr den Betrachter anblickt als die Kreuzigungsszene auf der gegenüberliegenden Seite. Dadurch bringt sie sich auf eine Linie mit der Figur des gekreuzigten Christus, dessen Darstellung in der Tat doppelt so gross ist wie die der trauernden Maria und des Johannes, die sich zu seiner rechten und linken Seite befinden. Vergleichbare Bilder der Verehrung Christi – ebenfalls in paarweiser Anordnung – finden sich bereits seit der Zeit der Karolinger in Gebetbüchern.[117] Das zur andächtigen Betrachtung bestimmte Diptychon bezieht sich auf den Anfang der Legende («Post passionem et resurrectionem domini nostri Ihesu Christi [...]») und bietet dem Leser ein anschauliches Vorbild zur frommen Nachahmung. Es besteht kein Zweifel, dass das Buch für eine Frau bestimmt war: Die Gebete nötigen die Leserin, sich selbst mit «ich sundigu», «mir vil armun sundarinun», «peccatrix homuncula» und ähnlichen Bezeichnungen zu identifizieren.

10) Gebetbuch der Gräfin Veronika von Montfort-Bregenz, 1489. (Abb. 15)
Basel, Universitätsbibliothek, Cod. B XI 27.
Pergament, 90 × 70 (60–65 × 45–50) mm.

Das kleine Gebetbuch in Duodez wurde 1489 für die Gräfin Veronika von Montfort-Bregenz (†1517) hergestellt, vermutlich als Geschenk von ihrem zweiten Ehemann, Graf Hugo XVIII. von Montfort-Bregenz, um an ihre Eheschliessung im Jahre 1488 zu erinnern.[118] Abgesehen von Gebeten und Anrufungen der Heiligen, Kommunions- und Passionsmeditationen und Übersetzungen der Busspsalmen enthält die Handschrift Seuses *100 Betrachtungen* (eine Reihe von Passionsgebeten aus dem *Büchlein der ewigen Weisheit*) und Exzerpte von Gebeten, die Johannes von Indersdorf für das Gebetbuch Herzog Wilhelms III. von Bayern zusammengestellt hatte. Die Handschrift enthält darüber hinaus eine von dem Karthäuser Ludwig Moser von Basel angefertigte Übersetzung eines Sendbriefs Johannes Gersons (1363–1429), des Kanzlers der Pariser Universität, an seine Schwester, der detaillierte Anweisungen enthält, wie man an den einzelnen Wochentagen beten soll.[119] Die zwanzig ganzseitigen Miniaturen zeigen unter ande-

---

[117] Vgl. z. B. das Gebetbuch Karls des Kahlen (München, Schatzkammer) und das Gebetbuch Ottos II. (München, Bayerische Staatsbibliothek, Clm 30111). Siehe hierzu: Görich, Knut und Elisabeth Klemm, Gebetbuch Ottos III. Patrimonia 84, München/Berlin: Bayerische Staatsbibliothek – Kulturstiftung der Länder, 1995, und Deshman, Robert, «The Exalted Servant. The Ruler Theology of the Prayer Book of Charles the Bald», in: Viator 11, 1980, pp. 385–417. Zu anderen Beispielen s. Jammers, Ewald, «Der sog. Ludwigspsalter als geschichtliches Dokument», in: Zeitschrift für die Geschichte des Oberrheins 103, N.S. 64, 1955, pp. 259–271; Turner, Derek H., «The Prayer Book of Archbishop Arnulph II of Milan», in: Revue Bénédictine 70, 1960, pp. 360–392; Heiming, Odilo, «Ein Benediktinisch-Ambrosianisches Gebetbuch», in: Archiv für Liturgiewissenschaft 8, 1964, pp. 325–435, und Hamburger, Jeffrey F., «A *Liber precum* in Sélestat and the Development of the Illustrated Prayer Book in Germany», in: Art Bulletin 73, 1991, pp. 209–236.

[118] Ochsenbein, Peter, «Gebetbuch für Gräfin Veronika von Montfort-Bregenz», in: ²VL, Bd. II, Sp. 1115–1116.

Jeffrey F. Hamburger

rem das Wappen und die Initialen des Grafen (f. 78ᵛ). Die übrigen Miniaturen stellen die Verkündigung dar, die Anbetung der Könige, den Einzug in Jerusalem, Jesus im Garten Gethsemane, das Abendmahl (welches hier in einem Kircheninneren mit Rundbögen und Glasfenstern stattfindet), die Geisselung, das Tragen des Kreuzes (wobei die Handlung dadurch zum Stillstand kommt, dass Christus den Betrachter direkt anblickt), eine menschenreiche Kreuzigungsszene, bei der Maria Magdalena den Fuss des Kreuzes umfasst, die Auferstehung, den Tod Mariens, Christus als Schmerzensmann mit Engeln, die die Werkzeuge der Passion tragen, das Jüngste Gericht, die Messe des Heiligen Gregorius, ein Brustbild Christi als *Salvator mundi*, das man durch ein mit «IHESVS 1489 MARIA» überschriebenes Fenster betrachtet, Maria als die *mulier amicta sole* aus Offenbarung 12, begleitet von Engeln, eine Gnadenstuhl-Trinität und schliesslich Abbildungen dreier männlicher Heiliger: Sebastian, Georg und Christophorus. Die an einigen Stellen (z. B. beim Jüngsten Gericht) sehr abgenutzten Miniaturen lassen einen lebendigen, unabhängigen und höchst kunstfertigen Stil des Untergrunds erkennen, der grösstenteils durch die darüberliegenden Farbschichten unkenntlich gemacht wurde.

11) Gebete für die Karwoche und Weihnachten, Engelberg,
Mitte des 15. Jahrhunderts. (Abb. 16)
Engelberg, Stiftsbibliothek, Cod. 241.
Papier, ff. 10, 220 × 300 (160 × 220–230) mm.

Der Typ des Gebetbuchs, das aus Gebeten für die Karwoche besteht, ist in Konventen des deutschsprachigen Raums weit verbreitet und versorgt den Leser nicht nur mit Gebeten, sondern – was viel interessanter ist – mit ausführlichen Anweisungen über ihre Wiedergabe und Ausführung.[119] Am Gründonnerstag beispielsweise, an dem an Jesu Gebet im Garten Gethsemane erinnert wird, wird in einer Rubrik festgesetzt, dass der Konvent ein «drivaltig pett» («dreifaches Gebet») unisono beten solle. Drei- bis siebenteilige Meditationen über einzelne Geschehnisse der Heilsgeschichte bildeten die Massenware der Passionsgebete in deutschsprachigen Gebetbüchern des Spätmittelalters. In diesem Fall jedoch bezieht sich das dreifache Gebet auf das dreiteilige Gebet Christi am Ölberg, wie es bei Mt 26,39–44 beschrieben wird. In der Gründonnerstagsmesse begegnet eine solche Gebetsreihe nicht, was Hunkelers Verwirrung

---

[119] Stammler, Wolfgang, Spätlese des Mittelalters II. Religiöses Schrifttum, Texte des späten Mittelalters und der frühen Neuzeit 19, Berlin: Erich Schmidt, 1965, pp. 23–28 und 72–77. Zum Original s. Vansteenberghe, Edmond, «Quelques écrits de Jean Gerson. Textes inédits et études (Suite). V.: Lettre à ses sœurs sur la méditation et les dévotions quotidiennes», in: Revue des Sciences Religieuses 14, 1934, pp. 370–386.

[120] Vgl. Gottwald 1891, p. 184, und Hunkeler, Leodegar, «Ein Charwochenbüchlein aus dem Engelberger Frauenkloster», in: Angelomontana, Blätter aus der Geschichte von Engelberg. Jubiläumsgabe für Abt Leodgar II., Gossau/St. Gallen: Buchdruckerei Cavelti-Hangartner, 1914, pp. 177–200, und Hamburger 1996, pp. 63–100.

erklärt (p. 86): «Was damit gemeint ist, konnte ich nicht ermitteln.» Doch die Rubrik erklärt dies ganz genau: «und zeichnet das dů únser her got uf dem berg bettet, und er denn blůtigen schweiss schwiczt, das er dů dristen ab sinem gebett gieng und er trost sůcht an sinen lieben jungren und er kein trost an inen fand, und sond zu dem ersten únsern her got bitten und ermanen als des we und scherczes so er an sinem heiligen hópt je erleid, das er sich erbarmi úber alle die hópter in der cristenheit. Zů dem andren mal so sóllend wir únsren her got ermanen als des we und der müdi so er an sinen heilgen glideren je erleid die älly verserd waren von dem hópt biss uf die füss, das nút ganczes an im was, das er sich erbarmi úber älly die glieder der heilgen cristenheit. Zů dem tritten so sollen wir únsren her got ermanen aller der angst und not in die sin heilige sel ie kam, das er sich erbarmi úber all glůbig selen.» Ein vorne in die Handschrift eingeklebter Holzschnitt von dem Gebet im Garten Gethsemane ermöglichte es den Nonnen, Christi Leiden zu visualisieren, während sie dreimal beteten und dabei Christi eigene dreifache Bitte wiederholten und meditierten. Das in Engelberg praktizierte dreifache Gebet, für das es auch Parallelen in anderen Konventen gibt, nötigte nicht nur zur Imitatio Christi im Garten Gethsemane, sondern ermöglichte auch erzählerische, meditative und sogar theologische Ausführungen in seinen Kommentaren zu jeder Handlung Christi. Auf dem hinteren Innenspiegel findet sich ein zweiter Holzschnitt, der Christus am Kreuz darstellt mit Maria und Johannes zu seinen beiden Seiten. Drei Engel fangen Christi Blut in Kelchen auf und bilden so das Gegenstück zu der durch den vorderen Druck eingeführten eucharistischen und liturgischen Metaphorik. Die beiden Drucke sind so ein perfekter bildhafter Rahmen für die in der Handschrift enthaltenen Gebete der Passions- und Osterzeit.

Hagiographie – Predigten

12) Legenden der Heiligen Gallus, Magnus, Otmar und Wiborada,
St. Gallen, 1430–1436. (Abb. 17)
St. Gallen, Stiftsbibliothek, Cod. 586, p. 230.
Papier, 495 S., 220 × 150 (165 × 105) mm.

Die Handschrift ist das Autograph von Friedrich Kölners Übersetzung der Legenden von vier Heiligen, die eng mit St. Gallen verbunden sind.[121] Wie sein Name nahelegt, wurde Friedrich vermutlich in Köln geboren und kam 1420 auf Bitte des Abts Eglolf Blarer im Zuge der Hersfelder Reform nach St. Gallen, wo er den Benediktinerinnen von St. Georgen als Beichtvater, Über-

---

[121] Irblich, Eva, «Die Vita sanctae Wiboradae», in: Schriften des Vereines für Geschichte des Bodensees und seiner Umgebung 88, 1970, pp. 1–208; dies., «Kölner (Kolner, Colner), Friedrich», in: ²VL, Bd. V, Sp. 46–47, und Stocker, Barbara Christine, Friedrich Colner, Schreiber und Übersetzer in St. Gallen 1430–1436 (mit Beigabe der deutschen Wiborada-Vita in dynamischer Edition), Göppinger Arbeiten zur Germanistik 619, Göppingen: Kümmerle, 1996, pp. 12–16.

Jeffrey F. Hamburger

setzer und Schreiber diente. Nach dem Scheitern der Reform 1440 verliess er St. Gallen, um nach Eichstätt zu gehen. Er starb 1451 in Köln. Die Handschrift beinhaltet Folgendes: pp. 1–117 Vita s. Galli (unvollständig), pp. 117–175 Vita s. Magni, pp. 176–197 Vita s. Otmari, pp. 231–322 Vita II s. Wiboradae. Allen Legenden sind lateinische Texte zugrunde gelegt: Walahfrieds *Vitae* der Heiligen Gallus und Otmar, einschliesslich der *Miracula s. Otmari* des Iso von St. Gallen, die ältere Version des Ps.-Theodorius der *Vita* von St. Magnus und Hermanns von St. Gallen *Vita s. Wiboradae*, die 1072 geschrieben wurde.[122] In einem langen Kolophon auf p. 322 bemerkt Friedrich: «Hie hat das bůch ain end got wel vns schirmen an vnserm end. Ich brůder friderich Colner der aller vnnützeste münch sant gallen bitten vnd vermanen alle die diss leben Sant Gallen vnd sant mangen vnd sant Othmar vnd sant Wilbrad lesen oder abschriben werden. daz sy sy mit flyss lesen syent vnd abschriben vnd bass verstanden denn sy getütschet sint won ich von bett wegen vnd liebi myner gaistlichen kind dise leben mit grosser arbeit vss dem subtilen latin zu disem ainfaltigen tutsch do ich dennoch nit gar kundig in bin mit der hilff gottes bracht han vnd begeren der gaistlichen hilff daz ist des bettes aller gůten menschen.» Kölner schrieb einen grossen Teil, aber nicht die ganze Handschrift. Sie beinhaltet darüber hinaus Heiligenviten, Auszüge aus der *Elsässischen Legenda Aurea*, Predigten (unter ihnen solche von Eckhart, Tauler und dem Engelberger Prediger), aszetische und mystische Traktate wie das *Leben Christi* des Thomas von Kempen und Ottos von Passau *Vierundzwanzig Alte*. Die Handschrift stellt ein lebendiges Zeugnis für die Kontinuität literarischer Traditionen im St. Galler Kloster und seinen Dependancen dar. Sie enthält zwei Miniaturen: Die eine stellt den heiligen Otmar dar (p. 323), und bei der anderen handelt es sich um das vielleicht älteste überlieferte Bild der heiligen Wiborada (p. 230), der Patronin der Bibliotheken und Bibliophilen, die bei einem Ungarneinfall am 1. Mai 926 ums Leben kam. Sie ist mit einem Buch und einer Lanze in den Händen abgebildet.[123] Die Zeichnungen gleichen kolorierten Holzschnitten und könnten Kopien von Drucken darstellen.

13) *Johannes-Libellus*, Oberrhein, vor 1493. (Abb. 18)
Basel, Öffentliche Bibliothek der Universität, Ms. A VI 38, f. 4^r.
Pergament, ff. 300, 205 × 135 (130–135 × 88–90) mm.

Die Handschrift, die einen starken Wasserschaden aufweist, enthält eine Reihe von Texten, vorwiegend Predigten, zu Ehren des Evangelisten Johannes.[124] Binz schrieb die Handschrift

---

[122] Worstbrock, Franz Josef, «Hermann (Herimannus) von St. Gallen», in: ²VL, Bd. III, Sp. 1059–1061.

[123] Jerchel, Heinrich, «Spätmittelalterliche Buchmalerei am Oberlauf des Rheins», in: Oberrheinische Kunst 5, 1932, pp. 17–82, bes. 76, Zimmermann, A. M., «Die heilige Wiborada in der Kunst», in: Sankt Wiborada. Jahrbuch für Bücherfreunde 2, 1934, pp. 1–11, und Buchmalerei im Bodenseeraum, 1997, p. 333.

[124] Binz, Gustav, Die Handschriften der Öffentlichen Bibliothek der Universität Basel. Erste Abteilung. Die deutschen Handschriften, Basel/Leipzig: Beck, 1907, pp. 75–78.

dem Klarissenkonvent Gnadenthal in Basel zu, da eine Predigt Johannes' von Nördlingen darauf schliessen lässt (f. 83vb), dass sie «in der kilchen ze gnodental ze basel ze Sanct Cloren» gehalten wurde. Die Handschrift hält aber dem Vergleich mit den wenigen uns überlieferten Büchern, die dem Gnadenthaler Konvent zugeschrieben werden können, nicht stand, und ihr Inhalt legt auch eher einen dominikanischen Ursprung nahe. Der Evangelist Johannes genoss besondere Verehrung unter Nonnen, vor allem im Dominikanerorden, wegen seiner Jungfräulichkeit und seines Status als Visionär und Christi Lieblingsjünger.[125] Viele der zumeist anonymen Predigten der Handschrift sind unveröffentlicht, doch wurden sie – wie Hans-Jochen Schiewer für den Pommersfeldener Johannes-Libellus aufzeigte – vermutlich von dominikanischen Predigern, die um 1300 im Bodenseeraum tätig waren, geschrieben.[126] Die Predigten, die z. T. auch in vergleichbaren Sammlungen überliefert sind (Karlsruhe, Badische Landesbibliothek, Ms. St. Peter pap. 21, Bamberg, Staatsbibliothek, Cod. hist. 153, und Pommersfelden, Gräflich Schönbornsche Bibliothek, Cod. 120), schliessen deutsche Übertragungen des karolingischen Theologen Johannes Scotus Eriugena und des Petrus Damianus (1007–1072) ein.[127] Von dieser Gruppe von Handschriften ist der Basler Libellus der einzige illuminierte.[128] Sechzehn ganzseitige Miniaturen in leuchtenden Farben, die im vorderen Teil der Handschrift konzentriert sind, wo sie eine einzigartige Adaptation der Legende des Evangelisten Johannes illustrieren, stellen Szenen aus dessen Leben dar, unter ihnen auch die apokryphe Geschichte seiner leiblichen Aufnahme in den Himmel. (Diese wird auch vom Engelberger Psalter, Cod. 62, Kat. 8, in Szene gesetzt.) Die feminine Charakterisierung des Johannes wird besonders deutlich in der dritten Miniatur, die den apokryphen Bericht von der Hochzeit zu Kana illustriert. Johannes, in der Mitte des Bildes, hat langes goldenes

[125] Vgl. Conzelmann, Jochen, «Die Johannsen-Devotion im Dominikanerinnenkonvent St. Katharinental bei Diessenhofen. Ein Modellfall für Literaturrezeption und -produktion in oberrheinischen Frauenklöstern zu Beginn des 14. Jahrhunderts?», in: Predigt im Kontext. Internationales Symposium am Fachbereich Germanistik der Freien Universität Berlin vom 5.–8. Dezember 1996, hrsg. von Volker Mertens, Hans-Jochen Schiewer und Wolfram Schneider-Lastin, Tübingen: Niemeyer, 2001, im Druck, und Hamburger, Jeffrey F., «Brother, Bride and ‹alter Christus›. The Virginal Body of John the Evangelist in Medieval Art, Theology and Literature», in: Text und Kultur. Mittelalterliche Literatur 1150–1450, Deutsche Forschungsgemeinschaft-Symposium, hrsg. von Ursula Peters u. a., im Druck.

[126] Schiewer, Hans-Jochen, «Die beiden Sankt Johannsen, ein dominikanischer Johannes-Libellus und das literarische Leben im Bodenseeraum um 1300», in: Oxford German Studies 22, 1993, pp. 21–54.

[127] Zu den Übernahmen aus Petrus Damianus vgl. Volfing, Annette, «The Authorship of John the Evangelist as Presented in Medieval German Sermons and *Meisterlieder*», in: Oxford German Studies 23, 1994, pp. 1–44, und den Aufsatz von Regina D. Schiewer in: Der Pommersfeldener Johannes-Libellus: Der Evangelist und der Baptist in früher dominikanischer Literatur in der Volkssprache, hrsg. von Hans-Jochen Schiewer unter Mitarbeit von Viola Beckmann u. a., Tübingen: Niemeyer, in Vorbereitung. Die Entlehnungen aus Eriugena sind beschrieben in Hamburger, Jeffrey F., St. John the Divine. The Deified Evangelist in Medieval Art and Theology, Berkeley/Los Angeles: University of California Press, 2002, Appendix II.

[128] Von Heusinger, Christian, «Spätmittelalterliche Buchmalereien in oberrheinischen Frauenklöstern», in: Zeitschrift für Geschichte des Oberrheins 107, N.F. 68, 1959, pp. 139–160, bes. pp. 139–140.

Jeffrey F. Hamburger

Haar und trägt einen Brautkranz. Die weissen Punkte auf seinem Gewand stehen für Perlen, Symbolen der Reinheit. Die Miniatur zeigt, wie Johannes sich von der Frau zu seiner Rechten abwendet (die, nach ihrem Heiligenschein zu schliessen, eher als Jungfrau Maria identifiziert werden muss denn als seine ehemalige Verlobte) und Christus, seinem wahren Gemahl, ewige Treue schwört – eine Szene, die sich an der Darstellung des Abendmahls orientiert, wo Christus und Johannes sich ein zweites Mal umarmen.

Mystik

14) Elsbeth von Oye, *Offenbarungen*. (Abb. 19)
Zürich, Zentralbibliothek, Ms. Rh. 159, pp. 50–51.
Pergament, pp. 160, 90 × 63 (67–70 × 48–51 mm).

Die Handschrift stellt einen seltenen Überlieferungsfall dar: das Autograph einer Mystikerin des Mittelalters, anhand dessen man den Prozess der Niederschrift und anschliessenden Überarbeitung ihrer Erfahrungen nachvollziehen kann.[129] Der Text ist in der ersten Person geschrieben (wie auf p. 51: «Do sprich ich zů gotte mit mine[m] gedanke») und weist starke Überarbeitungsspuren, wie Rasuren und Wiederbeschriftungen, auf. Neuste Forschungsergebnisse von Wolfram Schneider-Lastin zeigen, dass Elsbeth mit grosser Wahrscheinlichkeit 1289 in Bern geboren wurde, wo sie im dortigen Dominikanerinnenkonvent aufwuchs, bevor sie im Alter von sechs Jahren in den Zürcher Konvent Oetenbach kam, der bis zu ihrem Tod 1339 ihre Heimat bleiben sollte. In all dieser Zeit ertrug sie aussergewöhnliches Leid, das sie sich zu einem grossen Teil selbst zufügte.[130] Elsbeth beschreibt, wie sie sich selbst wiederholt bis aufs Blut geisselte. In der Nachfolge Christi trug sie ein schweres hölzernes Kreuz. Im Zusammenhang mit der Verwendung eines zweiten, nägelbesetzten Kreuzes schreibt Elsbeth von den Spitzen der Nägel, die sich in ihren Körper wie ein Siegel in Wachs gruben, vom Saugen an den Blutflüssen des Kreuzes Christi und von ihren Wunden als blühenden Blumen. Elsbeths Selbstkasteiung war aber nicht rein metaphorisch. In ihren eigenen Worten suchte sie «die allerblutigiste glicheit» oder «die glichste glicheit», eine erschreckende Identifikation mit Christus, die durch ihren eigenen Körper erfolgen sollte.[131] Elsbeth stellt ein extremes Beispiel eines im 13.

---

[129] Schneider-Lastin, Wolfram, «Das Handexemplar einer mittelalterlichen Autorin. Zur Edition der Offenbarungen Elsbeths von Oye», in: editio 8, 1994, pp. 53–70.

[130] Vgl. Schneider-Lastin, Wolfram, «Literaturproduktion» und die Einleitung zu seiner in Vorbereitung befindlichen Ausgabe der Offenbarungen, die den früheren Forschungsstand revidiert, der von Hans Neumann in «Elsbeth von Oye», in: ²VL, Bd. II, pp. 511–514, zusammengefasst wurde.

[131] Ochsenbein, Peter, «Leidensmystik in dominikanischen Frauenklöstern des 14. Jahrhunderts am Beispiel der Elsbeth von Oye», in: Religiöse Frauenbewegung und mystische Frömmigkeit im Mittelalter, hrsg. von Peter Dinzelbacher und Dieter R. Bauer, Beihefte zum Archiv für Kulturgeschichte 28, Köln/Wien: Böhlau, 1988, pp. 353–372.

und 14. Jahrhundert weitverbreiteten Ideals dar: den Wunsch zur *imitatio* der Passion Christi, der häufig bis zur buchstäblichen Umsetzung ging.[132] Gemäss den *Vitae sororum* gaben die Nonnen des Dominikanerinnenkonvents Unterlinden in Colmar (Elsass) ihrer Verehrung der Passion Christi mit ähnlicher Inbrust Ausdruck. Agnes Ochsenstein beispielsweise band über viele Jahre hinweg «drei verschiedene Gürtel fest um sich direkt auf die Haut: einer war ganz aus Eisen mit breiten Eisenplatten, die voneinander nur durch Eisenringe getrennt und mit sehr spitzen Nägeln versehen waren, die grausam stachen; diesen Gürtel trug sie um ihre Brust. Um die Taille trug sie einen anderen, der wie eine Kette war und ebenso gänzlich aus Eisen gemacht war. Der dritte war ein langer Strick, den sie sich um die Lenden gegürtet hatte. Nach ihrem Tod stellte sich heraus, dass ihre Haut und ihr Fleisch unter diesen Gürteln so schwarz waren, als ob sie mit Kohle beschmutzt wären, und wir sahen, dass alles verfault war.»[133] Eine Ergänzung zum St. Katharinentaler Schwesternbuch berichtet, dass Elsbeth von Villingen «nam als emsseklich alle nǎcht vnd alle tag dysyplin nach der mety und nach der complet, daz ir das blůt dik ̌vber den rugen ran, rech als von ainer ader, das ettlich schwe-stren, die nebent ir knǔwetend, als fast besprenget wurdent mit blůt von ir disciplin, das sy ir gewand weschen mǔstent».[134] Ungeachtet dessen, wie abstossend solche Berichte auf den modernen Betrachter wirken, können sie doch nicht als erbauliche Erfindungen abgetan werden. Sie bleiben ein authentischer, wenn auch manchmal befremdlicher Ausdruck mittelalterlicher Verehrung für die Passion Christi.[135]

15) Dorothea von Hof, *Das Buch von der göttlichen Liebe*, 31. Dezember 1483. (Abb. 20)
Einsiedeln, Stiftsbibliothek, Hs. 752 (746), f. 1ʳ.
Papier, ff. 382, 205 × 145 (145–150 × 95–100) mm.

Die Kompilation, deren Titel aus dem Hauptteil des Textes stammt («Von der gotlichen Liebe vnd was sy würckt vnd tůt in dem menschen vnd wie sy ain kǔnigin ist der tügendenn …», f. 11ʳ), ist eine von mehreren Handschriften, die von Dorothea von Hof geschrieben wurden,

[132] Tinsley, D. F., «The Spirituality of Suffering in the Revelations of Elsbeth von Oye», in: Mystics Quarterly 21, 1995, pp. 121–147.

[133] Ancelet-Hustache, Jeanne, «Les ‹Vitae sororum› d'Unterlinden. Edition critique du manuscrit 508 de la Bibliothèque de Colmar», in: Archives d'histoire doctrinale et littéraire du Moyen Age 5, 1930, pp. 317–517.

[134] Meyer, Ruth, Das ‹St. Katharinentaler Schwesternbuch›. Untersuchung, Edition, Kommentar, Münchener Texte und Untersuchungen zur deutschen Literatur des Mittelalters 104, Tübingen: Niemeyer, 1995, pp. 170–171.

[135] Vgl. Gsell, Monika, «Das fliessende Blut der ‹Offenbarungen› Elsbeths von Oye», in: Deutsche Mystik im abendländischen Zusammenhang. Neu erschlossene Texte, neue methodische Ansätze, neue theoretische Konzepte, hrsg. von Walter Haug und Wolfram Schneider-Lastin, Tübingen: Niemeyer, 2000, pp. 455–482.

Jeffrey F. Hamburger

die 1477 als Tertiarin in den Konvent St. Katharina in St. Gallen eintrat.[136] Nach ihrer eigenen Aussage (f. 378ʳ) wurde sie am Tag der hl. Verena (1. September) im Jahr 1458 geboren: «Do man zalt von der geburt vnseres heren ihesu christi tussent fier hundert vnd Jm drú vnd acht-zigsten Jar am sant siluestern tag han ich Dorathe von hof dis bůch vsgeschriben vnd bin da vor zeherpst an sant frennen tag Jm zwayn vnd achtzigosten Jar als gesin fier vnd zwaintzig Jar vnd ist gesin nún Jar an sant Pallus bekert Jm drú vnd achtzigosten Jar das Jerg vnd Ich Elich zusa-ment kament. Liebe úberwint alle ding. Deo gratias. Jtem vnd do ich alt bin gesin núntzehn Jar vf sant vrenna tag do gieng ich vf des hailgen crúztag nächst dar nach gen den ainsidlen vf ain engelwiche vnd satzt do den sturtz vf vnd let etliche weltlichen claiden vnd clainet hin das ich yr nit me trůg.» Dorotheas Bekehrung, die sie implizit mit der des Apostels Paulus vergleicht, folgt einem vertrauten Muster und erinnert in gewisser Weise an den Weg, den die englische Mysti-kerin Margret Kempe einschlug, die ebenfalls ihre Ehe aufgab, um ein religiöses Leben zu füh-ren. *Das Buch von der göttlichen Liebe* stellt Dorotheas eigene, persönliche Kompilation mysti-scher Texte dar und ist wegen der in ihr enthaltenen spekulativen wie didaktischen Themen bemerkenswert. Unter Dorotheas Quellen befinden sich verschiedene Kirchenväter, deutsche Mystiker wie Seuse und Eckhart, geistliche Autoren wie Johannes Füterer, Otto von Passau und Johannes Nider, denen in unsystematischer Weise *dicta* über die Beichte, die Busse, die Sa-kramente, das Jüngste Gericht, die Hölle, die Sieben Todsünden und die Tugenden angefügt werden. Ebenfalls enthalten sind Exzerpte von *Schwester Katrei*, einem Traktat, der im Mittel-alter häufig Meister Eckhart zugeschrieben wurde. Ein «Disput zwischen der minnenden Seele und unserm Herrn» thematisiert die Natur der Seele und ihre beispielhafte Beziehung zu Gott.[137] Dorothea sagt selbst, sie habe «nach dem besten so ich kunt» gearbeitet, und bei ihrer Arbeitsweise habe sie «zůsammen gelesen vnd uzgezogen vnd zesament gesetzt» (f. 2ᵛ). Die Handschrift enthält eine einzelne inserierte Miniatur auf Pergament (f. 1ʳ), die einen Schreiber (möglicherweise einen Bischof, den heiligen Augustinus) darstellt, der an einem in einer Land-schaft stehenden Schreibtisch sitzt, welchen man durch einen Bogen aus roten Ziegelsteinen sieht, der mit vier einfarbigen Heiligenstatuen versehen ist (oben links Paulus, der sein nicht-identifiziertes männliches Gegenüber anblickt, unten links Georg, ihm gegenüber eine nicht-identifizierte Frau). Im Bogen auf einem glatten goldenen Hintergrund thront der segnende Christus, der den Erdkreis in seiner linken Hand hält, auf drei Regenbogen, die vermutlich auf die Trinität verweisen. Eine Inschrift am unteren Seitenrand lautet: «Beati mundo corde quoniam ipsi deum videbunt.» («Selig sind, die reinen Herzens sind; denn sie werden Gott

[136] Bruckner 1935–1967, Bd. V, pp. 96 und 100; von Scarpatetti, 1991, Bd. III, Nr. 215, p. 80, Abb. 539, und Ruh, Kurt, «Dorothea von Hof», in: ²VL, Bd. II, Sp. 216–217.

[137] Banz, Romuald, Christus und die minnende Seele. Zwei mittelalterliche mystische Gedichte. Im Anhang ein Prosadisput verwandten Inhaltes. Untersuchungen und Texte, Germanistische Abhandlungen 29, Breslau: Marcus, 1908, pp. 15–16.

schauen.» [Mt 5,8; Bergpredigt].) Über der Miniatur gibt eine andere Inschrift in schlichten Grossbuchstaben das Datum an: «ANNO SALUTIS 1483 HENSLI Me fe[ci]t.» Das Wappen, das vorne in der Handschrift hinzugefügt wurde, weist darauf hin, dass sie einstmals einem Mitglied der Konstanzer Patrizierfamilien Ehinger und Neithart gehörten, vermutlich jener Margret, die ihren Namen am Ende des Buches einfügte (f. 357ʳ): «dis büch ist min margreth ehingerin am mergstat.» Ein Eintrag auf f. 357ᵛ hält fest, dass die Handschrift anschliessend an Anna Otilga Ehinger weitergegeben wurde, die 1509 im Alter von neun Jahren in den Klarissenkonvent (Bickenkloster) zu Villingen eintrat und 1515 ihre Gelübde ablegte: «Item ich schwöster Anna Otilga Ehingerin bin jn dz closter komen am nächsten tag nach Sant Joh's baptisten tag, ward danach im advent IX jar alt, und do ich alt bin gesin drizehn jar darvor uff Sant Othmars tag zwüschent aim und zwaygen jst min liebe trüwe mütter sälgen uss dissem zit geschaiden, ob got wil zu den Ewigen fröden, jst jetz jm VII jar und bin ich jetz jm XIX, und do ich XV jar alt bin gesin darvor uf únser frowen tag festum nivis hon ich profess ton, jst jetz jm V jar.»

Klosterverwaltung

16) Urkunde, Müstair, 1394. (Abb. 21)
Müstair, Klosterarchiv, XVIII. no. 3.
Pergament, 34 × 25 cm.

Der mit 1394 datierten Urkunde ist eine ungelenke, aber eindrucksvolle Zeichnung vorangestellt, die Johannes den Täufer als Patron des berühmten Klosters und Karl den Grossen als seinen Gründer abbildet.[138] Johannes ist mit einem farbenprächtigen Gewand aus Haar bekleidet, das in brauner, gelber und roter Farbe glänzt. Er zeigt sein Attribut, den *Agnus dei*, während der Kaiser des Heiligen Römischen Reichs, der in einem etwas kleineren Massstab mit einem Schwert am Gürtel dargestellt ist, ein Modell der Kirche in Händen hält. Der Täufer wird gemäss seinem Auftrag in der Wüste barfuss gezeigt, dagegen trägt der Monarch einen pelzgefütterten roten Mantel und vornehme Schuhe. Der Zeichnung könnten die Stuckfiguren zugrunde liegen, die sich seitlich des Einganges zum Chor befanden und von denen heute nur noch die Figur des Kaisers existiert. Einige der von drei verschiedenen Händen geschriebenen Inschriften lauten folgendermassen: «Ecce agnus Dei, ecce qui tollit peccata mundi», «Baptista edificauit sanctam domum» und «Beatus karolus construere fecit cenobium dictum monasterium».

---

[138] Müller, Iso, Geschichte des Klosters Müstair von den Anfängen bis zur Gegenwart, Disentis: Desertina, 1978, pp. 100, 102 und 237.

17) Anordnungen der Königin Agnes von Ungarn für den Konvent in Königsfelden,
15. August 1335, verändert und revidiert um 1355. (Abb. 22)
Aarau, Staatsarchiv, Urk. Königsfelden 152.
Pergament, 510 × 690 mm.

1308 wurde Albrecht I. von Habsburg an dem Ort ermordet, der später als Königsfelden bekannt wurde. Der Bau eines franziskanischen Doppelklosters wurde fast unmittelbar darauf begonnen. Dieser Typ Kloster war in Mitteleuropa weit verbreitet; prominentestes Beispiel hierfür ist das Doppelkloster St. Agnes in Prag. Albrechts Witwe, Königin Elisabeth, starb 1313 in
Wien und wurde an der Seite ihres Mannes in Königsfelden begraben, welches so neben Tülln
zu einer bedeutenden Begräbnisstätte der Habsburger wurde. Die Kirche in Königsfelden war
noch nicht vollendet, als Albrechts Tochter, Agnes von Ungarn, die ebenfalls verwitwet war, sich
gegen 1317 oder 1318 in an den Chor angrenzenden Räumlichkeiten niederliess. Das vorliegende Dokument ist eines in einer Reihe von Erlassen, die versuchen, die komplexe Verwaltung
des Konvents zu regeln.[139] Der um 1355 hergestellte Text stellt ein Kopie der erstmals am 15.
August 1335 aufgeschriebenen Verfügungen dar, die wiederum eine frühere Sammlung revi-
dierten, die am 23. Januar 1330 niedergelegt worden war. Der einleitende Abschnitt dient
dazu, den Charakter des Textes zu vermitteln: «Wir Agnes von gottes gnaden wilent kúniginn
ze Ungern, tůnt kunt allen den, die disen brief ansechent oder hôrent lesen, das wir ordenen und
setzen ze dem lobe des almechtigen gottes und ze einem ewigen frid und besorgung der swes-
ren sant Claren ordens, die uff únser stift ze Kúngsvelt sint oder hienach kúnftig werdent, das
der gewileten swestern nút me súllent werden denne fier und fierzig und der dienenden swestern
zwo, die súllent nút gewilet sin noch cappitel stimme nút han und súllent sich darzů ferbinden
nach aller der wise, als sich ânderi clôster darzů ferbunden hant ze ir zal. Dem vorgenanten convent ordenen und setzen wir von allen den gůtern, so si hant von únser lieben frôwen und můter
seligen, kúnigen Elisabethen, und von úns und únsern brůdern durch únsers lieben herren und
vatters seligen sele, kúnig Albrehtes, und únser und aller únser geswistergit und foderen sele
von der kilchen ze Stôffen und ze Windesch, von dem hoff ze Rinfelden und von allen den

---

[139] Boner, Georg, «Die Königsfelder Klosterordnungen der Königin Agnes von Ungarn», in: Schaffhauser
Beiträge zur vaterländischen Geschichte 48, 1971, pp. 59–89. Vgl. zu den Kunstwerken des Konvents
und seiner Architektur auch die neuesten Veröffentlichungen: Die Kunst der Habsburger, 1996;
Kurmann, Peter und Brigitte Kurmann-Schwarz, «Das religiöse Kunstwerk der Gotik als Zeichen der
Übereinkunft zwischen Pfaffen und Laien», in: Pfaffen und Laien – ein mittelalterlicher Antagonismus?
Freiburger Colloquium 1996, hrsg. von Eckhart Conrad Lutz und Ernst Tremp, Freiburg/Ue.:
Universitätsverlag, 1999, pp. 77–99; Kurmann-Schwarz, Brigitte, «Les vitraux du chœur de l'ancienne
abbatiale de Königsfelden: L'origine des ateliers, leurs modèles et la place de leur œuvres dans le vitrail
alsacien», in: Revue de l'art 121, 1998, pp. 29–42; und Jäggi, Carola, «Eastern Choir or Western
Gallery? The Problem of the Nuns' Choir in Königsfelden and other Early Mendicant Nunneries»,
erscheint in: Gesta.

gůtern, so si hie obnen und da niden in Elsåzz hant, so wellen wir, das die eptissin gebunden si bi gehorsami, der kellerin und der siechmeisterin so vil phenning ze gebenn, uff weli zit si sin bedúrffen, das si gentzlich und gar erfúllen múgen alles, das wir hie nach an disem brief ordenen und setzen, und bi der selben gehorsami so binden wir si öch ze gebenn der werkmeisterin und der custrin alles, das wir inen geordenot hant» usw.[140] Vergleichbare Verordnungen sind für das Doppelkloster in Schaffhausen überliefert.[141]

Reform und Reformation

18) Protestbrief von den Reformern zu Klingental, 16. Oktober 1482. (Abb. 23)
Basel, Staatsarchiv des Kantons Basel-Stadt, Klosterarchiv Klingental, HH 4, Nr. 162.
Papier, 142 × 215 mm.

Berichte von der Klosterreform beschreiben ihren Verlauf zwangsläufig als unabwendbaren Erfolg. Es gab jedoch auch Rückschläge, von denen nur wenige spektakulärer oder besser dokumentiert sind als das Misslingen der Reform des Dominikanerinnenkonvents Klingental in Basel. Am 1. August 1477 erliess Papst Sixtus IV. eine Bulle, die die Reform genehmigte. Die sogenannten «alten» Klingentalerinnen widersetzten sich jedoch jedem Reformversuch; selbst dann noch, als sie bereits exkommuniziert worden waren. 1482 wurden die Reformschwestern nach einem langwierigen Kampf, in den auch verschiedene Parteien innerhalb der Stadt involviert waren, angewiesen, nach Engelporten zurückzukehren. Diese wiederum weigerten sich entgegen ihrem Gehorsamsgelübde und verliessen den Konvent erst, als sie von den früheren Bewohnern mit Gewalt dazu gezwungen wurden. 1483 forderten die nicht reformierten Nonnen Entschädigungszahlungen, die sich auf 36 000 Gulden beliefen. Der Basler Rat versicherte, dass allein die Dominikaner haftbar zu machen seien. Verhandlungen reduzierten den Betrag schliesslich auf 11 000 Gulden – immer noch eine beträchtliche Summe. Die ganze, wenig erbauliche Abfolge der Ereignisse unterstreicht aber die Unabhängigkeit und den Reichtum, den eine Frauenkommunität durch die grosse Unterstützung ihrer Familien und Freunde in der Stadt geniessen konnte. Das auf den 16. Oktober 1482 datierte und an den Generalmeister des Dominikanerordens, Salvus Casseta, gerichtete Dokument übermittelt den erbitterten Protest der Reformschwestern gegen die Entscheidung des Papstes, die Reform rückgängig zu machen, die er in der Bulle vom 4. Mai 1482 bekannt gibt: «Herr General uns befrömdet, das Ir uns also verderben went an Sel und Lip, und wir / went üch erwisen, das Ir unseren halp Unrecht

---

[140] Boner 1971, p. 84.
[141] Frauenfelder, Reinhard, «Spätmittelalterliche Ordnungen für das Benediktinerinnenkloster St. Agnes in Schaffhausen», in: Zeitschrift für Schweizerische Kirchengeschichte 58, 1964, pp. 107–18, und Reinhardt, Rudolf, «Eine weitere spätmittelalterliche Ordnung für das Benediktinerinnenkloster St. Agnes in Schaffhausen», in: Zeitschrift für Schweizerische Kirchengeschichte 59, 1965, pp. 13–19.

Jeffrey F. Hamburger

geton, und fügent Ir uns harüber / förter Ungemach zü, went wir üch klagen Bobst und Keyser, unseren Fründen / aller Welt harnach wissent üch zu richten. Geben uff sant gallen tag in dem Jor. Swestern von den alten in Klingental und Iren Zuchtmeysterin.» Wie Weis-Müller feststellt, bezieht sich die Bezeichnung «alten» in diesem Dokument auf die Reformschwestern, die nach dem 12. Oktober 1482 rechtlich nicht mehr als «Klingentalerinnen» angesehen werden konnten, wenn sie den Konvent auch noch für sich beanspruchten.[142] Casseta, der zu dieser Zeit direkt gegenüber von den Nonnen auf der anderen Seite des Rheins im Predigerkonvent residierte, antwortete: «Ich hab uwer Brief genommen und uss Im vernommen üwers Gemüetes Pittrikeit ... Ich hab ein Mittleiden mit uch, aber Ir sond gedenken, das alles das uff nahstvergangen Tag und In der Verainigung beschene ist umb unnsers und üwers Frides willen und Rwe und des gantzen Ordens und sunderlich der Burger diser Statt Basel beschehen ist, och wer Frund, und zu vermiden vil Schaden und Ungemach, die Sach hetten mügen pegeben, die also menigveltig sind, das ich sy nit erzelen mag. In vergangen Tagen sind Burger von Basel gefangen worden und unnsers ordens Brüder; ist zu besorgen gewesen, das sich ergers begeben hiet mögen, das man alles an üch und unns hette wellen tzue chömen.»

19) Dorothea Schermann, Empfangsbestätigung von 100 Gulden nach der Schliessung des Gnadenthaler Konvents, Basel 1534 . (Abb. 24)
Basel, Staatsarchiv des Kantons Basel-Stadt, J 1.
Pergament, 215 × 225 mm.

Die Verwaltung der Konvente war komplex und erforderte die aktive Beteiligung der Nonnen, die sich trotz der von ihnen erwarteten Zurückgezogenheit von der Welt sehr intensiv mit ihr beschäftigen mussten. Selbst wenn Konvente kein richtiges Skriptorium besassen, nehmen die Dokumente häufig Bezug auf eine *scriptrix superior*, die manchmal mit der Äbtissin oder Priorin identisch ist, oder auf andere Nonnen als *subscriptrix*. In Dorothea Schermann fanden die Klarissen in Gnadental zu Basel eine fähige *scriptrix*.[143] Neben Urkunden schrieb Dorothea ganze Handschriften ab, unter ihnen ein hübsches *Psalterium Marianum* (Sarnen, Kollegium, Cod. 65), das mit folgendem Kolophon schliesst (ff. 127ʳ-127ᵛ): «Dis büchlin wart geendet durch mich schwester Dorothea Schermanyn in dem closter Gnodenthal in der stat Bassel sant Claren ordens der observantz uff vigilia visitacionis Marie virginis ... im 1515 jar und gehört der geistlichen und andechtigen schwester Anna Lowlin och in Gnodental und begert dz sy got fur sy well bitten um ein güt selig end.» Dorothea Schermanns Familie kann in Basel seit der

[142] Weis-Müller 1956, pp. 120–121, Anm. 262.
[143] Bruckner, Albert, «Zum Problem der Frauenhandschriften im Mittelalter», in: Aus Mittelalter und Neuzeit. Gerhard Kallen zum 70. Geburtstag dargebracht von Kollegen, Freunden und Schülern, hrsg. von Josef Engel und Hans Martin Klinkenberg, Bonn: Peter Hannstein, 1957, pp. 171–183.

Mitte des 15. Jahrhunderts nachgewiesen werden. Eine Verwandte, Greda Schermann, trat dem Konvent um 1460 nach dem Tod ihres Mannes bei. Ihre Grosseltern, Anton und Ennelin Schermann, hatten Gnadenthal 1490 anlässlich von Dorotheas Aufnahme grosse Liegenschaften gestiftet. Dorothea blieb im Konvent bis zu seiner Schliessung im Jahre 1529.[144] Die Nonnen, die katholisch bleiben wollten, gingen nach Freiburg im Breisgau. Dorothea jedoch wollte in Basel bleiben und nahm 1534 eine Kompensation durch die Stadt Basel in Höhe von 100 Gulden an. Im vorliegenden, mit einem grossen Siegel versehenen Dokument, welches durch eine florale kalligraphische Initiale «I» eröffnet wird, liest man Folgendes: «Ich Dorothea Schermännin tůndt kůndt aller manglichem mit diser miner eygenen handtgeschrifft dz mir die edlen festen ersammen wisen juncker Hanns Thüring, Hug von Sulz und meister Hanns Oltinger, bede burger und des rots zu Basel, als von einem ersamen rott zu Basel verordnete pfleger, herren des gotzhuses und closters Gnodental, usgericht und bezalt handt in namen und von wegen obgedachts closters Gnodental die hundert guldin in müntz, für yeden guldin ein pfund und fünff schilling gerechnet, so sy mir, minen erben oder wem ich die vergönn, inhalt miner gewarsamy, brieff und sigel, dorumb uffgericht. schuldig gewesen; deren hundert guldin obgemelt sag ich, Dorothea Schermännin, mine gnedigen herrn, die pfleger vorgemelt, in nammen und von wegen wie obstott für mich und mine erben und nochkommen gantz fry, quitt, ledig und los. … Die geben ist uff den heligen tag zů wienechten anno etc. noch Cristi unsers erlösers und seligmachers geburt 1534 jar.»

Säkulare Provenienz

20) Conradus Heingarter, *Liber de morborum causis*, 26. August 1480. (Abb. 25)
Zürich, Zentralbibliothek, Ms. C 131, f. 1[r].
Pergament, ff. 50, 195 × 125 (120 × 70–75) mm.

Conrad erwarb 1464 den Bakkalaureus und Magister Artium der Pariser Universität. Neben seinem Dienst bei den Bourbonen wurde er später Leibarzt Karls VIII. von Frankreich.[145] Der in der Handschrift enthaltene Traktat ist an Jeanne de Bourbon gerichtet, die Tochter Karls VII. von Frankreich und die dritte Frau Jeans II., Herzog von Bourbon und der Auvergne. Er diskutiert die Ursachen von Krankheiten, wobei besonderes Gewicht auf solche Krankheiten gelegt wird, die eine glückliche Geburt verhindern.[146] Die Rezipientin, an deren Hof der Autor,

---

[144] Zur Geschichte des Konvents s. Degler-Spengler, Brigitte, Das Klarissenkloster Gnadental in Basel, 1289–1529, Quellen und Forschungen zur Basler Geschichte 3, Basel: Friedrich Reinhardt, 1969.

[145] Milt, B., «Beiträge zur Kenntnis der mittelalterlichen Heilkunde am Bodensee und Oberrhein», in: Vierteljahrsschrift der Naturforschenden Gesellschaft in Zürich 85, 1940, pp. 263–321, bes. pp. 298–299.

[146] Von Scarpatetti, 1991, Bd. III, Nr. 498, pp. 181–182, Abb. 430–431; Mohlberg 1951, pp. 62 und 363; Thorndike 1934, pp. 357–385, und ders. 1936, pp. 81–87.

Jeffrey F. Hamburger

Conrad Heingarter (dessen Name mit Conradus Turicensis angegeben wird) als Astrologe und Arzt diente, konnte keine Kinder mehr gebären, nachdem ihr erster Sohn und einziges Kind kurz nach der Geburt gestorben war. Der Text, der medizinische und astrologische Kenntnisse vereint, von denen einige antiken Ursprungs sind, enthält im Grossen und Ganzen dieselben Ratschläge, die Heingarter dem Herzog in einem früheren Traktat gab, schliesst jedoch mit einer Diät für schwangere Frauen. Die Handschrift könnte wie der Text aus Frankreich stammen. Die leuchtende Illumination einschliesslich der breiten üppigen Ränder ist jedoch stilistisch unverwechselbar deutschen Ursprungs und erinnert insbesondere an Handschriften, die in Zentren wie Basel und Augsburg im späten 15. Jahrhundert hergestellt wurden. Im Gegensatz zum Text beschwört die Illustration die hellere Seite des höfischen Kultur: Am unteren Bildrand umranken die leuchtend kolorierten Weinreben zwei kämpfende Ritter; oben rechts hält eine grün gekleidete Frau ein flatterndes blaues Fähnchen, während sie auf einem springenden Pferd reitet. Die Anfangsinitiale ist dagegen recht klein: Sie bildet Jeanne ab, wie sie das Widmungsexemplar von einem Mitglied ihres Gefolges, höchstwahrscheinlich von Conrad selbst, erhält. Das Wappen zu seinen Füssen, blau und weiss mit einem Löwen, ist das der Stadt Zürich. Das Wappen der Bourbonen erscheint in einer zweiten Initiale auf f. 29ʳ. [*]

Übersetzung: Regina D. Schiewer

[*] Ich bedanke mich bei allen, die mir geholfen haben, diesen Aufsatz fertig zu stellen: Monika Bohnenblust, Rolf De Kegel, Walther J. Fuchs, Rudolf Gamper, Martin Germann, Susan Marti, Nigel Palmer, Regina D. Schiewer, Wolfram Schneider-Lastin, Marlis Stähli und P. Beda Szukics.

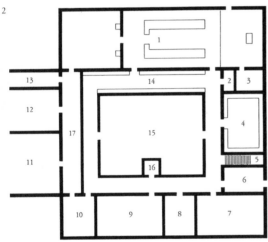

1 Klosterkirche
2 Armarium
3 Sakristei
4 Kapitelsaal
5 Dormitoriumstreppe
6 Durchgang
7 Arbeitsraum
8 Calefactorium
9 Refektorium
10 Küche
11 Refektorium der Konversen
12 Kapitelsaal der Konversen
13 Pforte
14 Kreuzgang
15 Kreuzgarten
16 Brunnen
17 Konversengasse
18 Krankenhaus

1 Zelle des Benediktinerinnenklosters St. Agnes, Schaffhausen, Museum zu Allerheiligen. • *Cell from the Benedictine convent of St. Agnes, Schaffhausen, Museum zu Allerheiligen.*
2 Idealplan eines Zisterzienserinnenklosters. • *Ideal Plan of Cistercian convent.*

Jeffrey F. Hamburger

3 Christi Geburt und die Jungfrau Maria als Schülerin, Oxford, Bodleian Library, Ms. Douce 185, f. 35ᵛ, ca. 1325–1350. • *Nativity and Virgin Mary as a school child, Oxford, Bodleian Library, Ms. Douce 185, f. 35ᵛ, ca. 1325–1350.*
4 Gespräch einer geistlichen Mutter und Tochter über 17 theologische Fragen, München, Bayerische Staatsbibliothek, Cgm 862, f. 9ʳ. • *Gespräch einer geistlichen Mutter und Tochter über 17 theologischen Fragen, Munich, Bayerische Staatsbibliothek, Cgm. 862, f. 9ʳ.*
5 Die Heilige Erentrude, Albertina, Wien. • *St. Erentrude, Albertina, Vienna.*

6   Katalog des Tertiarinnenklosters Wonnenstein (Kt. Appenzell), nach 1499, St. Gallen, Stiftsbibliothek, Cod. 973, p. 1. • *Catalogue of the Tertiarinnenkloster Wonnenstein (Kanton Appenzell), after 1499, St. Gallen, Stiftsbibliothek, Cod. 973, p. 1.*

7   *Liber officii capituli* von St. Agnes in Schaffhausen, um 1400, mit späteren Zusätzen, Schaffhausen, Ministerialbibliothek, Hs. Min. 90, f. 1ʳ. • Liber officii capituli *of St. Agnes in Schaffhausen, ca. 1400, with later additions, Schaffhausen, Ministerialbibliothek, Hs. Min. 90, f. 1ʳ.*

8   Abt Walter (von Iberg?), der einem Engel ein Buch überreicht, mit dem Schreiber Kuno und der Priorin Guota, mittelhochdeutsche Übersetzung der Benediktinerregel, 1250–1267 oder 1267–1276, Engelberg, Stiftsbibliothek, Hs. 72, f. 1ᵛ. • *Abbot Walter (von Iberg?) presenting the book to an angel accompanied by Chuno the scribe and the prioress Guota, Middle High German translation of the Rule of St. Benedict, 1250–1267 or 1267–1276, Engelberg, Stiftsbibliothek, Hs. 72, f. 1ᵛ.*

9   Widmungsbrief, Gregor der Grosse, *Moralia in Job*, spätes 10. oder frühes 11. Jahrhundert, Zentralbibliothek Zürich, Ms. Car. C. 27, f. 1ᵛ. • *Dedicatory epistle, Gregory the Great,* Moralia in Job, *late tenth or early eleventh century, Zentralbibliothek Zurich, Ms. Car. C. 27, f. 1ᵛ.*

10   Zum verspotteten Christus betende Nonne, Franziskanisches Brevier (pars aestivalis), ca. 1400, Schaffhausen, Stadtbibliothek, Ministerialbibliothek, Min. 100, hinterer Innenspiegel. • *Nun praying to Christ at the Mocking of Christ, Franciscan Breviary (pars aestivalis), ca. 1400, Schaffhausen, Stadtbibliothek, Ministerialbibliothek, Min. 100, inside back cover.*

11 Brevier der Diözese Lausanne, nach dem Gebrauch von Interlaken, 1440–1446, Bern, Burgerbibliothek, Hs. B 524, f. 341ʳ. • *Breviary of the Diocese of Lausanne, Use of Interlaken, 1440–1446, Bern, Burgerbibliothek, Hs. B 524, f. 341ʳ.*

12 «Quid gloriaris» (Ps. 51), Psalter, Engelberg?, Mitte 13. Jahrhundert, Sarnen, Cod. 37, f. 41ʳ. • *"Quid gloriaris" (Ps. 51), Psalter, Engelberg?, mid-thirteenth century, Sarnen, Cod. 37, f. 41ʳ.*

13 Andächtiges und abgelenktes Gebet, liturgischer Psalter, um 1350–1400, Engelberg, Cod. 62, f. 17ʳ • *Good and distracted prayer, Liturgical Psalter, ca. 1350–1400, Engelberg, Cod. 62, f. 17ʳ*

116   Jeffrey F. Hamburger

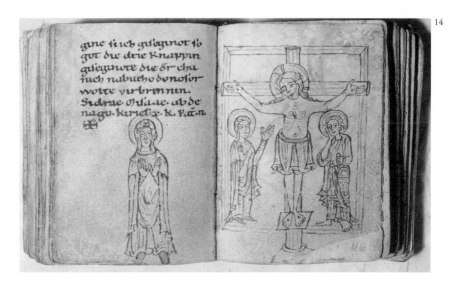

14 Gebete und Segen aus Muri, letztes Drittel des 12. Jahrhunderts, Sarnen, Kollegiumsarchiv, Ms. Membr. 69, ff. 44ᵛ45ʳ. • *Prayers and Benedictions from Muri, last third of 12th century, Sarnen, Kollegiumsarchiv, Ms. Membr. 69, ff. 44ᵛ45ʳ.*

15 Gebetbuch der Gräfin Veronika von Montfort-Bregenz, 1489, Basel, Universitätsbibliothek, Cod. B XI 27, f. 76. • *Prayer Book of Gräfin Veronika von Montfort-Bregenz, 1489, Basel, Universitätsbibliothek, Cod. B XI 27, f. 76.*

16

17

18

16 Jesus im Garten Gethsemane, Holzschnitt, Gebet für die Karwoche und Weihnachten, Engelberg, Mitte 15. Jahrhundert, Engelberg, Stiftsbibliothek, Cod. 241, vorderer Innenspiegel. • *Agony in the Garden, Woodcut, Prayers for Holy Week and Christmas, Engelberg, mid-fifteenth century, Engelberg, Stiftsbibliothek, Cod. 241, inside front cover.*

17 St. Wiborada, Legenden der Heiligen Gallus, Magnus, Otmar und Wiborada, St. Gallen, 1430–1436, St. Gallen, Stiftsbibliothek, Cod. 586, S. 230. • *St. Wiborada, Legends of Sts. Gallus, Magnus, Otmar und Wiborada, St. Gallen, 1430–1436, St. Gallen, Stiftsbibliothek, Cod. 586, p. 230.*

18 Hochzeit des Evangelisten Johannes mit Christus, dem Evangelisten Johannes gewidmeter Libellus, Oberrhein, vor 1493, Basel, Universitätsbibliothek, Ms. A VI 38, f. 4ʳ. • *Marriage of Christ and John the Evangelist, Libellus for John the Evangelist, Upper Rhine, before 1493, Basel, Universitätsbibliothek, Ms. A VI 38, f. 4ʳ.*

Jeffrey F. Hamburger

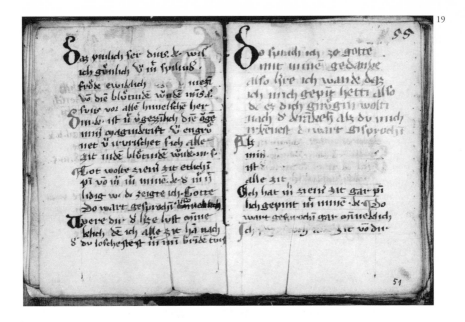

19 Elsbeth von Oye, *Offenbarungen*, Zürich, Zentralbibliothek, Ms. Rh. 159, S. 50–51. • *Elsbeth von Oye, Offenbarungen, Zurich, Zentralbibliothek, Ms. Rh. 159, pp. 50–51.*
20 Dorothea von Hof, *Das Buch von der göttlichen Liebe*, St. Gallen, 1483, Einsiedeln, Stiftsbibliothek, Hs. 752 (746), f. 1ʳ. • *Dorothea von Hof, Das Buch von der göttlichen Liebe, St. Gallen, 1483, Einsiedeln, Stiftsbibliothek, Hs. 752 (746), f. 1ʳ.*

21 Der Täufer Johannes und Karl der Grosse, Urkunde, Müstair, 1394, Müstair, Klosterarchiv XVIII. no. 3. • *John the Baptist and Charlemagne, Charter, Müstair, 1394, Müstair, Klosterarchiv XVIII. no. 3.*
22 Anordnungen der Königin Agnes von Ungarn für den Konvent von Königsfelden, 15. August 1335, verändert und revidiert um 1355, Aarau Staatsarchiv, Urk. Königsfelden 152. • *Ordinances of Queen Agnes of Hungary for the convent of Königsfelden, August 15, 1335, altered and reissued ca. 1355, Aarau, Staatsarchiv, Urk. Königsfelden 152.*

Jeffrey F. Hamburger

23 Protestbrief der Reformschwestern von Klingental, 16. Oktober 1482, Basel, Staatsarchiv des Kantons Basel Stadt, Klosterarchiv Klingental, HH 4, Nr. 162. • *Letter of protest from the reformers at Klingental, October 16, 1482, Basel, Staatsarchiv des Kantons Basel Stadt, Klosterarchiv Klingental HH 4, Nr. 162.*
24 Erklärung Dorothea Schermanns, Basel 1534, Basel, Staatsarchiv des Kantons Basel Stadt, J 1. • *Declaration of Dorothea Shermann, Basel, 1534, Basel, Staatsarchiv des Kantons Basel Stadt, J 1.*
25 Jeanne de Bourbon erhält das Buch *Liber de morborum causis* des Conradus Heingarter, 26. August 1480, Zürich, Zentralbibliothek, Ms. C 131, f. 1ʳ. • *Jeanne de Bourbon receiving the book, Conradus Heingarter, Liber de morborum causis, August 26, 1480, Zurich, Zentralbibliothek, Ms. C 131, f. 1ʳ.*

JEFFREY F. HAMBURGER

Women and the Written Word in Medieval Switzerland

Monastic history is synonymous with library history.[1] No monastery could function entirely without books. Not only does the written word provide the principal source for the history of most monastic institutions, books themselves were among monasteries' most precious – and essential – possessions. Expressions of devotion and symbols of status in a culture in which literacy remained rare, books and the ceremonies they supported were indispensable to the rituals and routines that governed monastic life. Whether in sumptuously decorated liturgical codices or collections of charters documenting rights and exemptions, the written word was the instrument that enabled and recorded the rites central to monastic life. "Claustrum sine armario quasi castrum sine armamentario," declared Godefroy, a canon of Sainte-Barbe-en-Auge (diocese Lisieux) ca. 1170: "a monastery without a library is like an encampment without armaments."[2] Manuscripts were the weapons of the Church Militant in its battle for salvation in this world and the next.

It is paradoxical, at least from a modern perspective, that the medieval monastic library, understood not simply as a collection of books, but as a building specifically designed to house them, remains an elusive entity. Apart from a few places (e. g., Oxford and Cambridge), few library buildings survive from the period prior to the late Middle Ages.[3] The majority of extant structures are attached to cathedral complexes, where they served the canons of the chapter.[4]

[1] Kottje, Raymund, "Klosterbibliotheken und monastische Kultur in der zweiten Hälfte des 11. Jahrhunderts," in: Il monachismo e la riforma ecclesiastica (1049–1112). Atti della quarta settimana internazionale di studio Mendola 23–29 agosto 1968, Miscellanea del Centro di Studi medioevali 6, Milano: Università Cattolica del Sacro Cuore, 1971, pp. 351–370.

[2] Kottje, Raymund, "*Claustra sine armario?* Zum Unterschied von Kloster und Stift im Mittelalter," in: Consuetudines monasticae. Festgabe für Kassius Halliger aus Anlass seines 70. Geburtstages, eds. Joachim F. Angerer and Josef Lenzenweger, Studia Anselmiana 85, Rome: Pontificio Ateneo S. Anselmo, 1982, pp. 125–144, esp. 125, note 1.

Universities, such as the Sorbonne, and other educational institutions, most notably, the schools of the Dominican order, designed to train theologians and preachers, also built special structures to accommodate large libraries.[5]

Monasteries, whether male or female, present a dramatically different picture. The monastery was a complex architectural organism with elaborately subdivided spaces designed to accommodate (and segregate) a vast array of highly regimented activities. Few, however, even those known to have owned substantial libraries, appear to have had large rooms, let alone independent structures, dedicated to the systematic production and protection of books.[6] At the double monastery of Königsfelden, a small building to the north of the church often identified as a "Schatzkammer" more likely served as the convent's archive.[7] Treatises allegorizing monastic architecture were a stock-in-trade of devotional literature, yet one searches in vain for so much as a mention of libraries.[8] It was only in the late Middle Ages that monasteries, taking the new ideal of learning represented by universities as their model, began to build libraries of a kind that we would recognize today incorporating amenities for readers as well as storage space.[9] In the early Middle Ages, the term "bibliotheca" usually signified a pandect, i. e., all the various books of the bible brought together between two covers, itself a relative rarity.[10] A common term for library, "armarium," in turn originally meant no more than the chest or cupboard

3   Müller, Johanna, "Bibliothek," Reallexikon zur deutschen Kunstgeschichte, ed. Otto Schmidt, vol. II, Stuttgart/Waldsee: Alfred Druckenmüller, 1948, cols. 518–542; Clark, James Willis, The Care of Books. An Essay on the Development of Libraries and their Fittings, from the Earliest Times to the End of the Eighteenth Century, Cambridge: Cambridge University Press, 1901; Thompson, James Westfall, The Medieval Library, Chicago: University of Chicago Press, 1939.

4   Prache, Anne, "Bâtiments et décor," in: Histoire des bibliothèques françaises, vol. 1. Les bibliothèques médiévales du VIe siècle à 1350, Paris: Promodis, 1989, pp. 351–363.

5   Rouse, Richard H. and Mary A., "La bibliothèque du collège de Sorbonne," in: Histoire des bibliothèques françaises, vol. 1. Les bibliothèques médiévales du VIe siècle à 1350, Paris: Promodis, 1989, pp. 113–123.

6   See Wormald, Francis, "The Monastic Library," in: The English Library Before 1700. Studies in Its History, eds. Francis Wormald and Cyril E. Wright, London: Athalone Press, 1958, pp. 15–31.

7   Maurer, Emil, Die Kunstdenkmäler des Kantons Aargau, vol. III, Basel: Birkhäuser, 1954, pp. 36–38.

8   Ohly, Friedrich, "Haus als Metapher," Reallexikon für Antike und Christentum 13, 1986, cols. 905–1063, and Bauer, Gerhard, Claustrum animae. Untersuchungen zur Geschichte der Metapher vom Herzen als Kloster, München: Fink, 1973. For an example from a female monastery, see Rieder, Karl, "Mystischer Traktat aus dem Kloster Unterlinden zu Colmar i. Els.," in: Zeitschrift für hochdeutsche Mundarten 1, 1900, pp. 80–90.

9   Lehmann, Edgar, Die Bibliotheksräume der deutschen Klöster im Mittelalter, Schriften zur Kunstgeschichte 2, Berlin: Akademie-Verlag, 1957, p. 8. The Cistercian monastery of Eberbach in the Rhineland offers an exemplary case study: see Palmer, Nigel F., Zisterzienser und ihre Bücher. Die mittelalterliche Bibliotheksgeschichte von Kloster Eberbach im Rheingau, Regensburg: Schnell & Steiner, 1999, pp. 23–27, and Tilgner, Hilmar, "Armarium und Bibliotheksbau. Die Bibliotheksräume im Zisterzienserkloster Eberbach vom 12. Jahrhundert bis 1810," in: Wolfenbüttler Notizen zur Buchgeschichte 23, 1998, pp. 132–181. On Cistercian monastic libraries, see also Die Zisterzienser. Geschichte, Geist, Kunst, 3rd expanded edition, Köln: Wienand, 1986, pp. 395–433.

in which books were housed, more than enough space when 100 manuscripts constituted a considerable collection.[11] The furnishings of a cell from the Benedictine convent of St. Agnes in Schaffhausen include a built-in corner cupboard that surely served to house books in addition to other articles.[12] (Fig. 1) The same term came to be employed for the room, usually quite small and windowless – essentially a storage area – in which the *armaria*, labelled alphabetically for different classes of books – were housed. Convenient and secure, the *armarium* was often (although not always) located in the east wing of the cloister, close to, but detached from, the sacristy, just to the south of choir and north of the Chapter House.[13] (Fig. 2) If, for the sake of segregation, the sacristy were accessible only to the priest from the high altar, the *armarium* itself was accessed solely from the cloister. Occasionally, additional recesses designed to hold books were built into the walls of the cloister itself, where the walk adjacent to the church was often reserved for reading and meditation.

Books were instruments, not ends in themselves, and, accordingly, they sometimes were kept wherever they were needed: liturgical books in the choir, Mass books in the sacristy, necrologies and copies of the Rule in the Chapter House, saints' lives and other edifying literature in the refectory, and devotional literature in the cell.[14] An active *scriptorium* provides the surest sign of intellectual life at a medieval monastery. The ninth-century plan for the monastery St. Gallen represents something of an exception in that it reserves a small two-story building tucked between transept and sanctuary for *scriptorium* and library, with the library on the upper floor for reasons of security. In most cases, however, the writing, no less than the reading, of books, would have occurred wherever an adequate and appropriate space could be found, be it the cloister, the chapter house or an individual cell (where individual cells existed).[15] It has even been suggested that the ideal space for the *scriptorium* would have been over the kitchen in

---

[10] As in the pandects of Tours; see, e. g., Kessler, Herbert L., "Facies bibliothecae revelata: Carolingian art as spiritual seeing," in: Testi e immagine nell'alto medioevo, 15–21 aprile 1993, 2 vols., Settimane di Studio del Centro Italiano di Studi sull'Alto Medioevo 41, Spoleto: Presso la Sede del Centro, 1994, vol. 1, pp. 533–594.

[11] For armaria, see Wattenbach, Wilhelm, Das Schriftwesen im Mittelalter, 4th edition, Graz: ADEVA, 1958, pp. 616–619, and Vezin, Jean, "Le mobiler des bibliothèques," in: Histoire des bibliothèques françaises, 1989, pp. 365–373. For statistics, based on inventories, on the size of twelfth-century libraries, see Olsen, Munk, "Gli inventari del XII secolo. Localizzazione, datazione e circostanze della composizione," in: Le Biblioteche nel mondo antico e medievale, ed. Guglielmo Cavallo, Roma/Bari: Editori Laterza, 1988, pp. 139–162.

[12] Frauenfelder, Reinhard, Die Kunstdenkmäler des Kantons Schaffhausen, vol. I, Die Stadt Schaffhausen, Basel: Birkhäuser, 1951, pp. 164–165.

[13] Zisterzienserbauten in der Schweiz, Neue Forschungsergebnisse zur Archäologie und Kunstgeschichte. I. Frauenklöster, Zürich: Verlag der Fachvereine, 1990, pp. 37–38.

[14] Lehmann 1957, p. 2.

[15] Lentes, Thomas, "*Vita perfecta* zwischen *vita communis* und *vita privata*. Eine Skizze zur klösterlichen Einzelzelle," in: Das Öffentliche und Private in der Vormoderne, eds. Gert Melville and Peter von Moos, Köln: Böhlau, 1988, pp. 125–164.

Jeffrey F. Hamburger

the service wing of the cloister, on account of the heat, needed both for making inks and pigments and keeping fingers warm in winter.

Analogies can be drawn between the development of the library and the museum. Conceived as an institution to collect, categorize and safeguard art objects, the museum (and, to a lesser extent, its predecessor, the *Schatzkammer*) only came into existence once the objects it housed were themselves appreciated as "art." Books, by comparison, always retained a degree of functionality. Independent library buildings only became more common with the emergence of novel conceptions of public and private utility during the later Middle Ages.[16] Although some scholars collected books, the most important collections had private, often princely origins.[17] Thus, it is no accident that the innovative monastic library designed by Michelozzo for the monastery of S. Marco in Florence was intended, above all else, to house the library of the humanist Niccolò Niccoli, at ca. 800 volumes an enormous collection by the standards of the day.[18] Other factors in the emergence of the library as an independent building type were urbanization, the spread of literacy, the increasing dependence of all forms of social activity on written documentation and, not least, the concomitant explosion in the number of books.

Within this context, female literacy constitutes a case apart. Women as authors, not just readers, of both Latin and German literature, can be traced throughout the Middle Ages.[19] The *Sachsenspiegel* associates reading and the cultivation of literacy with women: "seltere und alle buchere, die zu gotes dienst gehoren, die vrowen phlegen zu lesene …, diz hort zu vrowen gerade" (Landrecht I. 24 §3).[20] Female literacy, however, never kept pace with that of men, in large measure because of obstacles to the education of women.[21] Prejudice played a part: literate

---

16 Schreiner, Klaus, "Bibliotheken und 'gemeiner Nutzen' in Spätmittelalter und in der frühen Neuzeit. Geistes- und sozialgeschichtliche Beiträge zur Frage nach der 'utilitas librorum'," in: Bibliothek und Wissenschaft 9, 1975, pp. 202–249.

17 Tenberg, Reinhard, "Residenzbibliotheken im deutschen Reich. Literaturverzeichnis," in: Mitteilungen der Residenzen-Kommission der Akademie der Wissenschaften zu Göttingen 2/1, 1992, pp. 26–31, and Werner, Arnold, "Fürstenbibliotheken," in: Die Erforschung der Buch- und Bibliotheksgeschichte in Deutschland. Paul Raabe zum 60. Geburtstag, eds. Arnold Werner, Wolfgang Dittrich and Bernhard Zeller, Wiesbaden: Reichert, 1987, pp. 398–415. For one famous collector, see Camille, Michael, "The Book as Flesh and Fetish in Richard de Bury's Philobiblion," in: The Book and the Body, eds. Dolores Warwick Frese and Katherine O'Brien O'Keeffe, Ward-Phillips Lectures in English Language and Literature 14, Notre Dame: University of Notre Dame Press, 1997, pp. 34–77.

18 Poeschke, Joachim, "Bücher und Bauten. Bibliotheken der Frührenaissance und ihre künstlerische Ausstattung," in: Das Buch in Mittelalter und Renaissance, ed. Rudolf Hiestand, Studia humaniora 19, Düsseldorf: Droste, 1994, pp. 111–128.

19 Dronke, Peter, Women Writers of the Middle Ages, Cambridge: Cambridge University Press, 1984, and Albrecht Classen, "…und sie schreiben doch. Frauen als Schriftstellerinnen im deutschen Mittelalter," in: Wirkendes Wort 44, 1994, pp. 7–24. Women remained a distinct group as far as libraries are concerned until well into the modern period; see Moore, Lindy, "The Provision of Women's Reading Rooms in Public Libraries," in: Library History 9, 1993, pp. 190–202.

20 Bumke, Joachim, Mäzene im Mittelalter. Die Gönner und Auftraggeber der höfischen Literatur in Deutschland 1150–1300, München: Beck, 1979, pp. 242–243.

women were subject to suspicion, satire, and outright animosity.[22] Women had been forbidden to preach from the early Christian period (a practice that in many denominations continues to this day), although notable exceptions – Hildegard of Bingen and Catherine of Siena among them – did occur.[23] Neither universities nor grammar schools admitted women, even though women often took the lead in training their children how to read.[24] Women's role in teaching children was both reflected and reinforced by late medieval images of St. Anne teaching the Virgin and Mary teaching the Christ Child.[25] A collection of sermons made for a Cistercian convent in the diocese of Constance in the second quarter of the fourteenth century shows Mary herself as a student, not in the Temple, but in a classroom under the supervision of a schoolmaster.[26] (Fig. 3) Mary's own literacy and that of pious readers was figured in images of the Annunciation, which, from the twelfth century onward, depicted Gabriel interrupting Mary at her prayers, often at a *prieu-dieu* with bookshelves.[27] A crude but nonetheless telling image illustrating an unpublished devotional dialogue, "Ein Gespräch einer geistlichen Mutter und Tochter

[21] Nelson, Janet L., "Women and the Word in the Earlier Middle Ages," in: Women in the Church, eds. W. J. Sheils and Diana Woods, Studies in Church History 27, Oxford 1990, pp. 53–78, and Gill, Katherine, "Women and the Production of Religious Literature in the Vernacular, 1300–1500," in: Creative Women in Medieval and Early Modern Italy. A Religious and Artistic Renaissance, eds. E. Ann Matter and John Coakley, Philadelphia: University of Pennsylvania Press, 1994, pp. 64–104.

[22] Thoss, Dagmar, "Frauenerziehung im späten Mittelalter," in: Frau und spätmittelalterlicher Alltag: Internationaler Kongress Krems an der Donau 2. bis 5. Oktober 1984, Veröffentlichungen des Instituts für mittelalterliche Realienkunde Österreichs, vol. 9, Wien: Verlag der Österreichischen Akademie der Wissenschaften, 1986, pp. 301–323, and Limmer, Rudolf, Bildungszustände und Bildungsideen des 13. Jahrhunderts. Unter besonderer Berücksichtigung der lateinischen Quellen, Darmstadt: Wissenschaftliche Buchgesellschaft, 1970, p. 73.

[23] Blamires, Alcuin and C. William Marx, "Woman not to Preach. A Disputation in British Library MS Harley 31," in: Journal of Medieval Latin 3, 1993, pp. 34–49, and Nürnberg, R. ,"*Non decet neque necessarium est, ut mulieres doceant.* Überlegungen zum altkirchlichen Predigtverbot für Frauen," in: Jahrbuch für Antike und Christentum 31, 1988, pp. 57–73.

[24] Clanchy, Michael T., "Learning to Read in the Middle Ages and the Role of Mothers," in: Studies in the History of Reading, eds. Greg Brooks and A. K. Pugh, Reading: Reading University Press, 1984, pp. 33–39; Alexandre-Bidon, Daniele, "Des femmes de bonne foi. La religion des mères au Moyen Âge," in: La religion de ma mère. Les femmes et la transmission de la foi, ed. Jacques Delumeau, Paris: Le Cerf, 1992, pp. 91–122, and idem, "La Lettre volée. Apprendre à lire à l'enfant au Moyen Age," in: Annales 44, 1989, pp. 953–992.

[25] For a miniature of Mary taking Jesus to school in a South German psalter of the second quarter of the thirteenth century, see Medieval Manuscripts on Merseyside, Liverpool: Centre for Medieval Studies, 1993, pp. 3–4. The switch in Mary's hand is based on a personification of Grammar. Cf. Mary as Jesus' teacher in the Gradual of St. Katharinenthal, Zürich, Schweizerisches Landesmuseum, LM 26117, f. 179ᵛ, reproduced in color in 'edele frouwen – schoene man'. Die Manessische Liederhandschrift in Zürich, eds. Claudia Brinker and Dione Flühler-Kreis, Zürich: Schweizerisches Landesmuseum, 1991, pp. 249–250.

[26] See Sheingorn, Pamela, "'The Wise Mother.' The Image of St. Anne Teaching the Virgin Mary," in: Gesta 32, 1993, pp. 69–80, and, more generally, Klaus Schreiner, Maria. Jungfrau, Mutter, Herrscherin, München/Wien: Hanser, 1994, pp. 113–171.

Jeffrey F. Hamburger

über 17 theologische Fragen," shows an abbess (or prioress) teaching one of her female charges.[28] (Fig. 4)

Aristocratic women played the predominant role as patrons and readers of secular literature during much of the Middle Ages, although one can be skeptical about the extent to which they truly exercised control over what and how they read.[29] Surprisingly few of the many surviving manuscripts of romance and epic literature can be connected with the patronage of specific women.[30] The world of the court is present, however, even in religious prayer books; witness the early thirteenth-century psalter from Engelberg, now at Sarnen (Kollegium, Cod. 37), which, in a parodic inversion, employs an armored knight on horseback to depict, not a hero, but the man who, in the opening words of Psalm 51, "glorifies in malice." (Fig. 12) Similar imagery occurs accompanying the Beatus initial in the St. Albans Psalter, also made for a woman, the anchoress, Christina of Markyate, and illuminated in England ca. 1120.[31] In the Engelberg psalter, the knight appears to charge into battle at full tilt, his horse leaping through the opening of the initial over the body of the biting dragon who makes up the serif of the letter "Q." In France, high-ranking ladies at court, both in Paris and the provinces, accumulated libraries of their own, including both sacred and secular literature.[32] Occasionally, female authors such as Christine de Pizan insisted on active oversight of the production of their

---

[27]   See Schreiner, Klaus, "Konnte Maria lesen? Von der Magd des Herrn zur Symbolgestalt mittelalterlicher Frauenbildung," in: Merkur 44, 1990, 82–88; idem, "Marienverehrung, Lesekultur, Schriftlichkeit. Bildungs- und frömmigkeitsgeschichtliche Studien zur Auslegung und Darstellung von 'Maria Verkündigung,'" in: Frühmittelalterliche Studien 24, 1990, pp. 314–368; Wenzel, Horst, "Die Verkündigung an Maria. Zur Visualisierung des Wortes in der Szene oder: Schriftgeschichte im Bild," in: Maria in der Welt. Marienverehrung im Kontext der Sozialgeschichte, X.–XVIII. Jahrhundert, eds. Claudia Opitz, Helga Röckelein, Gabriela Signori and Guy P. Marchal, Zürich: Chronos, 1993, pp. 323–352; Penketh, Sandra, "Women and Books of Hours," in: Women and the Book. Assessing the Visual Evidence, eds. Lesley Smith and Jane H. M. Taylor, London: British Library, 1996, pp. 266–280, and Kolve, V. A., "The Annunciation to Christine: Authorial Empowerment in the The Book of the City of Ladies," in: Iconography at the Crossroads. Papers from the Colloquium sponsored by the Index of Christian Art, Princeton University, 23–24 March, 1990, ed. Brendan Cassidy, Princeton: Index of Christian Art, 1993, pp. 171–191.

[28]   There is a second, unillustrated copy: Augsburg, Universitätsbibliothek, Oettingen-Wallerstein, Cod. III. 1.8°.8, ff. 15ʳ-184ʳ; see Schneider, Karin, Deutsche mittelalterliche Handschriften der Universitätsbibliothek Augsburg. Die Signaturengruppen Cod. I. 3 and Cod. III.1, Die Handschriften der Universitätsbibliothek Augsburg II/1. Wiesbaden: Harrassowitz, 1988, p. 423, and Hamburger, Jeffrey F., "Am Anfang war das Bild. Kunst in Frauenklöstern des späten Mittelalters," in: Die literarische und materielle Kultur der Frauenklöster im späten Mittelalter und in der frühen Neuzeit (ca. 1350–1550), eds. Volker Honemann and Falk Eisermann, Frankfurt: Lang, 2001.

[29]   For a case study, see Summit, Jennifer, "William Caxton, Margaret Beaufort and the Romance of Female Patronage," in: Women, the Book and the Worldly. Selected Proceedings of the St. Hilda's Conference, 1993, vol. II, eds. Lesley Smith and Jane H. M. Taylor, Cambridge: Brewer, 1995, pp. 151–165.

[30]   Bumke 1979, chap. 5: "Die Rolle der Frau im höfischen Literaturbetrieb".

[31]   Alexander, Jonathan J. G., "Ideological Representations of Military Combat in Anglo-Norman Art," in: Proceedings of the XVth Battle Conference and of the XI Colloquio Medievale of the Officina di Studi Medievale, ed. Marjorie Chibnall, Woodbridge: Boydell, 1992, pp. 21–24.

own works.[33] In Switzerland, the evidence is much sparser. At times, women might have functioned as recipients or dedicatees of works without, however, necessarily having had an active role in either their commissioning or production. According to Ekkehard IV. of St. Gallen, the empress Gisela, wife of Conrad II., visited the monastery in 1027 and took an interest in the works of Notker III. von St. Gallen, specifically, his translations and commentaries of the psalter and Job.[34] Unfortunately, the copies she commissioned appear to be definitively lost. A rare survival – all the more exceptional in that it was prepared in Zurich for a French patron – is the sumptuously illuminated presentation copy of Conradus Heingarter's *Liber de morborum causis* (Zurich, Zentralbibliothek, Hs. C 131) completed August 26, 1480, whose opening shows Jeanne de Bourbon of France, at whose court Heingarter worked as both astrologer and physician, ceremoniously receiving the book from the author.[35] (Cat. 20)

In all of Germany, only one library from a female monastic community – that of St. Walburg in Eichstätt – remains in its original location, and even then, not in its medieval quarters.[36] Albert Bruckner's monumental *Scriptoria Medii Aevi Helvetica* can often only note the complete and utter lack of evidence for libraries at female monasteries. For example, in the diocese of Lausanne, his corpus records nothing from Maigrauge, Bellevaux, La Fille-Dieu (Cistercians), Rueyres and Posat (Praemonstratensians), and Vevey and Orbe (Poor Clares).[37] The library

---

[32] See, e. g., Stirnemann, Patricia, "Women and Book in France, 1170–1220," in: Representations of the Feminine in the Middle Ages, ed. Bonnie Wheeler, Feminea Medievalia 1, Dallas: Academia Press 1992, pp. 247–252, and de Viriville, Valet, "La bibliothèque de Isabeau de Bavière," in: Bulletin du Bibliophile 14, 1858, pp. 663–687.

[33] See, e. g., Zühlke, Bärbel, Christine de Pisan in Text und Bild. Zur Selbstdarstellung einer frühhumanistischen Intellektuellen, Ergebnisse der Frauenforschung 36, Stuttgart/Weimar: Metzler, 1994.

[34] Sonderegger, Stefan, "Notker III. von St. Gallen," in: ²VL, vol. VI, cols. 1212–1236, esp. col. 1230.

[35] Mohlberg, Leo Cunibert, Katalog der Handschriften der Zentralbibliothek Zürich I. Mittelalterliche Handschriften, 4 vols. Zürich: Zentralbibliothek, 1932–1952, vol. 1, 1951, p. 62; Thorndike, Lynn, A History of Magic and Experimental Science, vol. IV: Fourteenth and Fifteenth Centuries, New York: Columbia University Press, 1934, pp. 357–385; idem, "Conrad Heingarter in Zurich Manuscripts," in: Bulletin of the Institute of the History of Medicine 4, 1936, 81–87, and von Scarpatetti, Beat Matthias (ed.), Katalog der datierten Handschriften in der Schweiz in lateinischer Schrift vom Anfang des Mittelalters bis 1550, 3 vols., Dietikon/Zürich: Urs Graf, 1977–1991, vol. III, 1991, pp. 181–182. For an unusual example of a presentation miniature depicting a women receiving a book from a woman, see the fifteenth-century English Book of Hours, Liverpool, University Library, Liverpool Cathedral Ms. Radcliffe 6, ff. 5ᵛ–6ʳ, published by Scott, Kathleen L., "*Caveat Lector*. Ownership and Standardization in the Illustration of Fifteenth-Century English Manuscripts," in: English Manuscript Studies 1100–1700, eds. Peter Beal and Jeremy Griffiths, Oxford: Basil Blackwell, 1989, pp. 19–63, esp. p. 28, and Sutton, Anne F. and Livia Visser-Fuchs, "The Cult of Angels in Late Fifteenth-Century England. An Hours of the Guardian Angel presented to Queen Elizabeth Woodville," in: Women and the Book 1996, pp. 230–265, color pl. 9.

[36] Lechner, Josef, Die spätmittelalterliche Handschriftengeschichte der Benediktinerinnenabtei St. Walburg/Eichstätt, Eichstätter Studien 2, Münster: Aschendorff, 1937.

[37] Bruckner, Albert, Scriptoria Medii Aevi Helvetica. Denkmäler Schweizerischer Schreibkunst des Mittelalters, 14 vols., Genf: Roto-Sadag, 1935–1967, vol. XI, p. 26.

Jeffrey F. Hamburger

of the Dominican nuns at Estavayer-le-Lac, while rich in manuscripts, contains not one of the community's own original inventory; the manuscripts come from the library of the nuns' Dominican confrères in Lausanne.[38] In other cases, such as the Cistercian convent of Rathausen (Kanton Luzern), a seventeenth-century catalogue records numerous titles presumably of medieval origin, but not a single volume survives (or can be identified as coming from the monastery).[39]

In light of this dismal record, other forms of documentation, some represented in the exhibition that accompanies this essay, play a major role in the reconstruction of monastic libraries. They include library catalogues, inventories, and wills. Even when manuscripts themselves do not survive, catalogues and inventories provide precious information on the composition of libraries, their history, and the intellectual interests and education of a given community.[40] The sources are as varied as the institutions themselves. In the twelfth century, double monasteries, among them St. Andreas at Engelberg and Interlaken, played a prominent role, whereas at a later period, mendicant foundations, especially Dominican houses, come to the fore.[41] At the Dominican convent of St. Katharina in St. Gallen, which once boasted a library of over 300 volumes, the catalogue incorporated into the *Hausbuch* of the prioress, Angela Varnbüler, is lost.[42] Varnbühler came from one of the leading families in St. Gallen; among her brothers was Ulrich V., mayor (Bürgermeister) of St. Gallen. Born in 1441, she entered St. Katharina in 1453, and served as its prioress from 1476 until her death on March 5, 1509. She also wrote

[38] Leisibach, Joseph, Die liturgischen Handschriften des Kantons Freiburg (ohne Kantonsbibliothek), Iter Helveticum II, Spicilegii Friburgensis Subsidia 16, Fribourg: Presse Universitaire, 1977, pp. 153–174, and Jurot, Romain, "Estavayer-le-Lac," in: Helvetia Sacra IV, vol. V/2, pp. 674–675.

[39] Bruckner 1935–1967, vol. IX, pp. 69–74. For Rathausen, see also Sennhauser, Hans Rudolph, "Rathausen," in: Zisterzienserbauten in der Schweiz, 1990, pp. 247–258.

[40] See, e. g., Młynarczyk, Gertrud, Ein Franziskanerinnenkloster im 15. Jahrhundert. Edition und Analyse von Besitzinventaren aus der Abtei Longchamp, Pariser Historische Studien 23, Bonn: Ludwig Röhrscheid, 1987. For a fragmentary undated catalogue of Klingental (Basel, Staatsarchiv, Kling HH 5 Nr. 12), written by Johann von Eschenberg ca. 1445, see Weis-Müller, Renée, Die Reform des Klosters Klingental und ihr Personenkreis, Basler Beiträge zur Geschichtswissenschaft 59, Basel/Stuttgart: Helbing & Lichtenhahn, 1956, p. 29, note 39; Bruckner 1935–1967, vol. X, pp. 104–105, and Degler-Spengler, Brigitte and Dorothea A. Christ, "Basel, Klingental," in: Helvetia Sacra IV, vol. V/2, pp. 570–571.

[41] Gilomen-Schenkel, Elsanne, "Engelberg, Interlaken und andere autonome Doppelklöster im Südwesten des Reiches (11.–13. Jh.). Zur Quellenproblematik und zur historiographischen Tradition," in: Doppelklöster und andere Formen der Symbiose männlicher und weiblicher Religiosen im Mittelalter, eds. Kaspar Elm and Michel Parisse, Berliner Historische Studien 18, Ordensstudien 8, Berlin: Dunker & Humblot, 1992, pp. 115–134.

[42] Bless-Grabher, Magdalen, "St. Gallen," in: Helvetia Sacra IV, vol. V/2, pp. 732–734; Vogler, M. Thoma Katharina, Geschichte des Dominikanerinnen-Klosters St. Katharina in St. Gallen, 1228–1607, Freiburg: Paulusdruckerei, 1938, pp. 150–155, and Rüther, Andreas, "Schreibbetrieb, Bücheraustausch und Briefwechsel. Der Konvent St. Katharina in St. Gallen während der Reform," in: Vita Religiosa im Mittelalter. Festschrift für Kaspar Elm zum 70. Geburtstag, eds. Franz. J. Felten and Nikolaus Jaspert, in collaboration with Stephanie Haarländer, Berlin: Dunker & Humblot, 2000, pp. 653–677. See also Ochsenbein, Peter, "Varnbühler, Angela (Engel)," in: ²VL, vol. X, col. 161.

the first part of the convent's chronicle and catalogued the library. Her personal prayer book survives as St. Gallen, Stiftsbibliothek, cod. 1899. Together with the Dominican, Johannes Scherl, Angela took the lead in reforming the convent in 1482.[43] Scherl wrote a song in 37 strophes of 5 verses each over the reform and imposition of enclosure in 1482. The manuscript (Tübingen, Universitätsbibliothek, Md 456, ff. 245[v]-249[v]), written by the nun Elisabeth Muntprat (1459–1531), was later given to the nuns of the Augustinian Chorfrauenstift Inzigkofen as a gift.[44]

Under Angela Varnbühler's leadership, the convent of St. Katharina developed an active *scriptorium*. An entry in the convent's still unpublished chronicle paints a vivid picture of late medieval book production:[45] "lxxxiiij\Jtem wir hand geschriben vnd genotiert ain gross gesang buch ain halbtail sumertails der hailgen vnd dz sumertail von dem zit angehept vnd ij núwi procesional vnd die alten gebessret vnd ain obsequeial da man alle ding in vindt von den sichen vnd toten vnd ain gross buoch am tutzschen von der gemachelschaft vnd ain gross predig puch vnd [dz habtail (!) mer] die xxiiij alten voll vs vnd ain schwostren buch schankent wir den von vntzkofen vnd ain schwostren buch von vil salger swostren vnd suss vil guter materi dar zuo vnd Sant katherina legend kostet dz permet vnd paor vnd robric vnd tinten zúg xiiij gulden die buecher sind nit in gebunden denn dz wir den von úntzcofen hand geeschenk\Jtem úns het geschenkt her hans knússli an getrukt in gebunden buoch mit figuren haist der ros gart vnd hett begert dz man got fúr in bit."

Scriptoria in women's houses existed from an early period, attesting to higher levels of Latin literacy among women than have often been assumed.[46] Nuns took pride in their own patronage, and not just by way of ensuring the salvation of their souls; the borders and initials of the Gradual of St. Katharinenthal, dated 1312, are filled with portrayals of individual nuns and

[43] Ochsenbein, Peter, "Scherl, Johannes OP," in: ²VL, vol. VIII, cols. 644–645.

[44] Hauber, Anton, "Johannes Scherl, ein deutscher Tondichter des 15. Jahrhunderts," in: Archiv für Musikwissenschaft 1, 1918–1919, pp. 346–353, and Meyer, K., "Ein historisches Lied aus dem Frauenkloster zu St. Gallen," in: Zeitschrift für Musikwissenschaft 1, 1918–1919, pp. 269–277. For the library of the nuns at Inzigkofen, see Fechter, Werner, Deutsche Handschriften des 15. und 16. Jahrhunderts aus der Bibliothek des ehemaligen Augustinerchorfrauenstifts Inzigkofen, Arbeiten zur Landeskunde Hohenzollerns, vol. 15, Sigmaringen: Thorbecke, 1997.

[45] Rüther 2000, p. 671, note 90, Chronik, f. 43[v].

[46] Bischoff, Bernhard, "Die Kölner Nonnenhandschriften und das Skriptorium in Chelles," in: Karolingische und ottonische Kunst. Werden, Wesen, Wirkung, Internationaler Kongreß für die Frühmittelalterforschung 6; Forschungen zur Kunstgeschichte und christlichen Archäologie 3, Wiesbaden: F. Steiner, 1957, pp. 395–411, and Stocklet, Alain J., "Gisèle, Kisyla, Chelles, Benediktbeuren et Kochel. Scriptoria, Bibliothèques et politique à l'époque carolingienne. Une mise à point," in: Revue Bénédictine 96, 1986, pp. 250–270. See also Christ, Karl, "Das Mittelalter," in: Handbuch der Bibliothekswissenschaft, vol. 3, Geschichte der Bibliotheken, Wiesbaden: Harrassowitz, 1950–1965, chap. 5, section 105, and McKitterick, Rosamond, "Frauen und Schriftlichkeit im Frühmittelalter," in: Weibliche Lebensgestaltung im frühen Mittelalter, ed. Hans-Werner Goetz, Köln: Böhlau, 1991, pp. 65–118.

donors, many of them named by inscriptions.[47] At a more practical level, nuns often had to manage their own affairs, if only to save themselves from incompetent or corrupt priors. This too could be a source of self-evident pride. Perhaps the most dramatic example comes from Schleswig-Holstein, where the prioress of Preetz, Anna von Buchwald (1484–1508), compiled a first-person account of her reforming and administrative activities, known as the *Buch im Chor*.[48] The colophon that concludes the main portion of the compilation conveys Anna's pride in her administrative accomplishments: "In the year of our Lord 1487, on the feast of St. Michael, this book, which was begun by me, Anna de Bockwolde, in 1471, was completed and finished. It is not to be thought that this book has been written or compiled out of other books, but through the grace and the inspiration of the Highest One. The names and words contained in this book were not first written in some other book, which came into possession of the convent. How much work I had in carefully seeking out, compiling, and writing no man would believe. It can only be confirmed by God, who alone is my reward for so much work, to whom I offer the book for the use and requirements of the convent and the entire community."[49] Although less elaborate, similar evidence exists for the community of St. Clara in Basel, where a note in the convent's *Zinsbuch* (Basel, Stadtarchiv, St. Clara, Zinsregistratur E), written after 1419, records: "Dis buoch ist gemacht und geschriben und von entphelnusse der erwirdigen geistlichen frowen frowe Elizabeth von Schalsingen zuo diser zijt epptissin und frowe Lucien von Sennheim der schriberin dis closters sant Claren anno etc. LI [=1451]. Fur die bittent mit flisse got by irem leben und nach irem tot."[50]

Medieval women have rightly been celebrated as "arbiters of lay piety and ambassadors of culture."[51] At the same time, one can question how much agency was available to them, even in the case of high-ranking aristocrats.[52] Women owned prayer books in abundance, but few could claim a "room of their own," a study stocked with books. A few notable instances aside – Isabella d'Este, Ippolita Sforza and Eleonora d'Aragone – the *studiolo* remains an exclu-

---

47 Bräm, Andreas, "*Imitatio sanctorum*. Überlegungen zur Stifterdarstellung im Graduale von St. Katharinenthal," in: Zeitschrift für Schweizerische Archäologie und Kunstgeschichte 49, 1992, pp. 103–113.

48 Faust, Ulrich (ed.), Die Frauenklöster in Niedersachsen, Schleswig-Holstein und Bremen, in: Germania Benedictina. Norddeutschland, vol. XI, St. Ottilien: EOS, 1984, pp. 498–511.

49 Kloster Preetz, *Buch im Chor*, ff. 142ᵛ-143ʳ: "Anno domini 1487 in profesto Michaelis iste liber est completus et finitus, qui anno et cetera lxxi a me, Anna de Bockwolde, inchoatus fuit. Non est estimandum, quod hunc librum ex codicibus aliis scripsi siue collegi, sed ex gratia et infusione altissimi, nomina cum sillaba, in hoc libro contenta, non prius fuit scripta in aliquo libro, qui in usum conventus veniebat. Quantum laborem et quam diligentiam in colligendo, querendo et conschribendo [sic] feci, leviter non credit homo, sed soli constat deo, qui pro tanto labore sit merces mea, cui hunc offero librum pro usu et necessitate conventus et totius communitatis".

50 Bruckner 1935–1967, vol. X, p. 111.

51 Bell, Susan Groag, "Medieval Woman Book Owners. Arbiters of Lay Piety and Ambassadors of Culture," in: Sisters and Workers in the Middle Ages, eds. Judith M. Bennett et al., Chicago: University of Chicago, 1989, pp. 135–161.

sively male phenomenon.[53] Some women achieved fame for their learning – a celebrated example is Caritas Pirckheimer, sister to the humanist, Willibald, and abbess of St. Clara in Nuremberg.[54] In the monastic sphere, however, the only real point of comparison to the scholar in his study is the ecstatic nun in her cell. (Fig. 5) Although some abbesses may have had private libraries in their apartments, monks and nuns, let alone men and women in general, had access to different conceptions and experiences of interiority. Whereas for men, the study represented a place of retreat from the *vita activa*, nuns were generally expected to remain enclosed within the realm of contemplation.

Convents were one of the few places where women could receive a formal education of any kind. Convents took in young girls, not simply as novices, but also as a service to the local aristocracy. Of these schools, the best known – certainly the best documented – is that at the Benedictine convent of Ebstorf on the Lüneburger Heide.[55] Girls were educated in basic Latin grammar using standard texts such as the *Vocabularis Ex quo* and the *ars minor* of Donatus.[56] At Ebstorf, exercises recorded in a leaflet not only record the sentiments of some of the students, they also document some of the hardships they endured: "I spend the winter days futilely on account of the great cold, which makes me suffer. My hands are so stiff, that I can't move them for writing. In addition, my ink is completely frozen. I'm planning to make new gloves from an undergarment that my parents bought for me at the market."[57] The chronicle of the Dominican convent of St. Katharina in St. Gallen documents similar schooling there during the last quarter of the fifteenth century.[58] In keeping with the precepts of the reform, the reading and recitation of the prayers for the Divine Office received special emphasis.

Most of the literature produced by and for nuns, however, was in the vernacular, to the point that the need to provide nuns with edifying texts has been credited with playing a major role in the emergence of German vernacular religious literature.[59] For nuns not able to read or comprehend Latin, translations of all essential texts, including liturgical readings and chant, were

---

[52] Caviness, Madeline H., "Anchoress, Abbess, and Queen. Donors and Patrons or Intercessors and Matrons?," in: The Cultural Patronage of Medieval Women, ed. June H. McCash, Athens, Ga.: University of Georgia Press, 1996, pp. 105–154.

[53] Thornton, Dora, The Scholar in his Study. Ownership and Experience in Renaissance Italy, New Haven/London: Yale University Press, 1997, pp. 90–97.

[54] Pirckheimer, Caritas, 1467–1532, eds. Lotte Kurras and Franz Machilek, München: Prestel, 1982.

[55] Härtel, Helmar, "Die Bibliothek des Klosters Ebstorf am Ausgang des Mittelalters," in: "In Treue und Hingabe." 800 Jahre Kloster Ebstorf, Schriften zur Uelzener Heimatkunde 13, Ebstorf: Kloster Ebstorf, 1997, pp. 109–121.

[56] See Grubmüller, Klaus, "Vocabularius Ex quo," in: ²VL, vol. X, cols. 469–473.

[57] Härtel 1997, p. 111: "Dies hiebernales deduco inutiliter propter nimium frigus quam [!] pacior, Manus sunt michi tam rigide. Quod eas nequeo ad scribendum movere. Insuper est totaliter congelatum meum incaustum. Quod posui super foracem ut liquescat ut saltim aliquantulum possim scribere. Ego propono continere novas cyrotecas de nova tunica quam in foro michi emerunt mei parentes".

[58] Helvetia Sacra IV, vol. V/2, pp. 750–751.

Jeffrey F. Hamburger

produced.[60] At the Dominican convent of Oetenbach, an *Ordinarium von dem götlichen ampte* dating to the second half of the fourteenth century (Munich, Staatsbibliothek, Cgm. 168) outlines the entire sequence of the convent's liturgy in enormous and exacting detail.[61] At St. Katharina in St. Gallen, a German-language lectionary (St. Gallen, Stiftsbibliothek, Hs. 363) contains all the readings for Mass in translation.[62] A note on p. 718 records: "Dis bůch ist volendet vnd geschriben von der gnad gocz durch Schwöster Elizabeth Muntpratin zů Sant Katharina prediger ordens an aller hailgen Octaaf in dem iar do man zalt nach der gebůrt Jhesu christi Mᵒ CCCCᵒ lxxxiij iar bittend gott fůr die schriberin des begert sy von ganczem herczen lebind vnd todt."

Despite bans on private property, many books remained the property of individual nuns, at least during their lifetime. An inventory of private property at the Dominican convent of Klingental in Basel (Staatsarchiv des Kantons Basel-Stadt, Klosterarchiv Klingental HH 4, Nr. 40), dated 1480, records numerous books. According to another document (Staatsarchiv des Kantons Basel-Stadt, Klosterarchiv Klingental, HH 5, r. 28) Margret von Ampringen had books "in der zell uff dem obern nuwen buw und uff einem schafft XV gross und cleine bucherr, in der cammern neben dem stubli ... XII gross und cleine bucherr."[63] A mid-sixteenth-century inventory, while late, is nonetheless indicative in that it suggests books of various kinds scattered just about everywhere: "in einer zelle II gseng biecher hatt min frow selig dem von Schenouw zu Werr ...; 1 kruterbuch ...; in der rumpell zell uff dem hindern tormenter: 1 bettbuchlin ...; in des Annalis stublin: vil biecher und gloser uff dem schafft; ... in dem stublin: ... in dem loch gross und klein biecher hind dem offen ...; in dem kemmerlin: gsangbucher und anders mit eim claffencordium ...; 2 artzetbiecher ... in dem tröglin vor dem bedt ... artzetbüecher, gsangbüecher, tablatturbüecher."[64] Despite all this documentation, not a single manuscript written at Klingental can be said with certainty to survive.

59 Grundmann, Herbert, "Die Frauen und die Literatur im Mittelalter. Ein Beitrag zur Frage nach der Entstehung des Schrifttums in der Volkssprache," in: Archiv für Kulturgeschichte 26, 1936, pp. 129–161.

60 Ochsenbein, Peter, "Latein und Deutsch im Alltag oberrheinischer Dominikanerinnenklöster des Spätmittelalters," in: Latein und Volkssprache im deutschen Mittelalter 1100–1500. Regensburger Colloquium 1988, eds. Nikolaus Henkel and Nigel F. Palmer, Tübingen 1992, pp. 42–51, and idem, "Lateinische Liturgie im Spiegel deutscher Texte oder von der Schwierigkeit vieler St. Andreas-Frauen im Umgang mit der Kirchensprache im Mittelalter," in: Bewegung in der Beständigkeit. Zu Geschichte und Wirren der Benediktinerinnen von St. Andreas/Sarnen Obwalden, ed. Rolf De Kegel, Alpnach: Martin Wallimann, 2000, pp. 121–130.

61 Hamburger, Jeffrey F., The Visual and the Visionary: Art and Female Spirituality in Late Medieval Germany, New York: Zone Books, 1998, p. 496, note 258, and Schneider-Lastin, Wolfram, "Zürich, Oetenbach. Literaturproduktion und Bibliothek," in: Helvetia Sacra IV, V/2, pp. 1029–1035, esp. p. 1032.

62 Von Scarpatetti 1991, vol. III, no. 86, p. 34, pl. 442.

63 Helvetia Sacra IV, vol. V/2, p. 571.

64 Bruckner 1935–1967, vol. X, p. 106.

During the late Middle Ages, the driving force behind the production of manuscripts at most convents was reform, which took place within the context of the *cura monialium* (the pastoral care of nuns).[65] The impetus to reform usually came from outside monastery's walls, a celebrated and well-documented example being the protracted (and unsuccessful) struggle to reform the Dominican convent of Klingental in Basel.[66] Patrician families with long-standing ties to monasteries often took the lead in reform efforts. This web of interests was reflected and, in part, formed by the exchange of books between nuns and their patrons.[67] Already in the thirteenth century, the Dominican order has established the equivalent of a modern union catalogue to allow friars at one house to borrow titles unavailable in their own libraries.[68] Similar, if somewhat less systematic, practices underwrote the reform of Dominican convents in the fifteenth century. During the reform of St. Agnes in Freiburg i.Br. in 1465, the Dominican nuns at St. Maria Magdalena an dem Steinen in Basel stipulated that the books they had sent along with the nuns who were to carry out the reform were to be returned to Basel on their death, presumably after they had been transcribed in a newly established *scriptorium*: "wenn eine derselben swestren bi uns abgat von todes wegen, so söllent diselben bücher, die ir verliche sind und hie noch gezeichnet und benemt stond, wider fallen und gefallen sin an ir closter obgenant und sont wir priorin und convent zuo sant Agnesen inen die wider antwurten, und so magent und söllent die wider höischen und foderen an uns und wir söllent inen die antwurten und widergeben, wann wir inen des ingond und verwilliget und gegönnet habent in kraft dis briefes, und ist an dieselben bucher ir eigen handgeschrifft geschriben die lichung und der widerfall ze fordrest oder ze hindrest."[69]

From the orbit of St. Maria Magdalena an den Steinen comes perhaps the most informative document on the organization and administration of a Dominican convent library in the late

---

[65] Williams-Krapp, Werner, "Ordensreform und Literatur im 15. Jahrhundert," in: Jahrbuch der Oswald von Wolkenstein Gesellschaft 4, 1986–1987, pp. 41–51, and idem, "Frauenmystik und Ordensreform im 15. Jahrhundert," in: Literarische Interessenbildung im Mittelalter. DFG-Symposion 1991, ed. Joachim Heinzle, Stuttgart: Metzler, 1993, pp. 301–313. Cf. Stamm, Gerhard, "Klosterreform und Buchproduktion. Das Werk der Schreib- und Lesemeisterin Regula," in: Faszination eines Klosters. 750 Jahre Zisterzienserinnen-Abtei Lichtenthal, ed. Harald Siebenmorgen, Sigmaringen: Thorbecke, 1995, pp. 63–70.

[66] Weis-Müller 1956.

[67] Schneider, Karin, "Die Bibliothek des Katharinenklosters in Nürnberg und die städtische Gesellschaft," in: Studien zum städtischen Bildungswesen des späten Mittelalters und der frühen Neuzeit, eds. Bernd Moeller, Hans Patze, Karl Stackmann, and Ludger Grenzmann, Göttingen: Vandenhoeck & Rupprecht, 1983, pp. 70–83.

[68] Rouse, Richard H. and Mary A., with Roger A. B. Mynors, Registrum Angliae de libris doctorum et auctorum veterum, Corpus of British Medieval Library Catalogues, London 1991. See also Lerche, Otto, "Das älteste Ausleihverzeichnis einer deutschen Bibliothek," in: Zentralblatt für Bibliothekswesen 27, 1910, pp. 441–450.

[69] Bruckner 1935–1967, vol. XII, p. 41. See also Zimmer, Petra, "Basel, St. Maria Magdalena an den Steinen," in: Helvetia Sacra IV, vol. V/2, pp. 599–600.

Jeffrey F. Hamburger

Middle Ages. The work in question, written in 1454, is Johannes Meyer's *Ämterbuch*, or Book of Offices, a highly selective adaptation and translation of Humbert of Romans' *Liber de instructione officialium* tailored to what the reformer thought were the needs of the Dominican nuns in his care.[70] Meyer describes in great detail the responsibilities of the "buchmeistrin."[71] As for the qualifications for this office, she should, quite simply, "love books and take good care of them."[72] Her principal responsibility is to make sure that the library is well-housed and large enough to grow as new books are acquired.[73] Meyer indicates that if the Latin books are kept within enclosure, they should be kept separately from the German titles.[74] If, however, the Latin books are kept in the priest's house, the nuns should keep at least two or three copies of a catalogue in which all Latin titles are registered.[75] In speaking of "gemeinen bücher," or books held in common, Meyer implies that some nuns might have had books of their own, even though, as a reformer, he would have opposed all forms of private property. Meyer certainly countenances nuns borrowing books and taking them to their cells for study.[76]

In addition to laying out the librarian's duties, Meyer prescribes a cataloguing system.[77] Meyer's categories represent an ideal range of reading rather than a checklist against which the remnants of any particular library should be measured. Nonetheless, his list establishes a useful benchmark. According to Meyer, the convent's books are to be kept in a series of cupboards, one for Latin, one for German titles. Each *armarium*, cupboard or compartment ("Fach" in modern German) stored a different "Fach" or discipline or field of inquiry. The first,

70 See Fechter, Werner, "Meyer, Johannes OP", in: ²VL, vol. VI, cols. 474–489, esp. cols. 477–479, and, for the convent, Engler, Claudia, "'Ein news puch'. Die 'Bibliothek' des Dominikanerinnenklosters St. Michael in der Insel," in: Berns grosse Zeit. Das 15. Jahrhundert neu endeckt, ed. Ellen J. Beer, Norberto Gramaccini, Charlotte Gutscher-Schmid, and Rainer C. Schwingers, Bern: Berner Lehrmittel- und Medienverlag, 1999, pp. 482–489.

71 Christ, Karl, "Mittelalterliche Bibliotheksordnungen für Frauenklöster", in: Zentralblatt für Bibliothekswesen 59, 1942, pp. 1–29, based on the copy from the Dominican convent of St. Agnes in Freiburg i.Br., Freiburg, Stadtarchiv, Ms. 147, ff. 114ᵛ-119ʳ.

72 Ibid., p. 25: "Einer buchmeisterin ampt ist das si gute liebe hab zu den bucheren vnd grosse gnod".

73 Ibid.: "Si sol achten, das ein zimliche, gutte stat sige und sicher und wol geschickt wider das ungewitter und den regen, und das si gutten lufft hab. Und das sol die liberij sin. Und sol glich geformiert sin als ein cell, grosz oder klein noch zal der bücher. Doch sol die liberij also sin, das man si mög witteren, so sich die zal der bücher meren werend".

74 Ibid.: "Doch wo man hat von innen in dem closter die latinschen bücher, die mag man noch ordnung bysunder legen, und die tützschen bücher öch noch ordnung bysunder".

75 Ibid.: "Ist aber usswendig uff dem hoff des closters in der swestren priester husz ein sunder liberij mit latinschen bücheren, als denn bi etlichen clöstren gewonheit ist, so mögent die priester des closters acht und flisz haben der selben liberij, doch also, das über die bucher der selben liberij sigen gutte zwifalte oder drifalte register ze latin vnd ze tüschtz. Und der selben regist öch von innen haben die swestren, also das si wissen, wie vil und waz bücher si haben".

76 Ibid.: "So etliche swestern bücher von ir wend entlehnen und etwas zit bruchen in ir cellen, so sol si es anschriben an ein sunder register".

77 Ibid.: pp. 25–26. Cf. Sharpe, Richard, "Accession, Classification, Location. Shelfmarks in Medieval Libraries," in: Scriptorium 50, 1996, pp. 247–253.

labelled "A," is for the various books of the bible. Meyer's second category, "B," is dedicated to scriptural exegesis ("uslegung der heiligen über die bibel"). "C" Meyer reserves for the commentaries of the Church Fathers; he mentions Gregory, Augustine, Jerome, Ambrose, Bede and Bernard of Clairvaux. Meyer reserves "D" for hagiographical works: saints' lives, the *Vitae Patrum* and other literature associated with hermit saints ("die Collaciones patrum und das Leben der altvetter, Buch der heligen marterer und leben, und des glichen"). Eremetical literature enjoyed wide popularity in the later Middle Ages, and formed part of the usual readings at every *collatio*.[78] One of the most important sources for the early history of the Order, Gerard of Frachet's *Vitae Fratrum*, written in Limoges between 1256 and 1259, takes the *Vitae Patrum*, or lives of the desert saints, as its model.[79] To "E," the last letter for which Meyer specifies any particular type of book, he assigns chronicles and other historical works.[80] Meyer does not specify a category for sermons, important in the pastoral care of nuns.[81] Not included in any of Meyer's categories is the wealth of liturgical manuscripts – Missals, Ordinals, Graduals, Antiphonals, Psalters, Hymnals, Diurnales, and Processionals. Also omitted are Middle High German mystical miscellanies that formed a staple of devotional reading in Dominican convents, an indication that many of these books may have been privately owned. Meyer's *Ämterbuch* bespeaks an impressive level of literacy among Dominican nuns. Yet it also underscores certain self-conscious limitations. Comparison with its Latin model, Humbert of Romans' *Liber de instructione officialium*, highlights differences in the education and training of Dominican nuns and friars.[82] In effect, the nuns remain at the level of Dominican novices, without passing on to the systematic

---

[78] Hamburger, Jeffrey F., The Rothschild Canticles. Art and Mysticism in Flanders and the Rhineland, ca. 1300, New Haven: Yale University Press, 1990, chap. 9; Williams-Krapp, Werner, "*Nucleus totius perfectionis*. Die Altväterspiritualität in Heinrich Seuses Vita," in: Festschrift Walter Haug und Burghart Wachinger, 2 vols., ed. Johannes Janota et al., Tübingen: Niemeyer, 1992, vol. II, pp. 407–421, and Kunze, Konrad, Ulla Williams and P. Kaiser, "Information und innere Formung. Zur Rezeption der Vitae patrum," in: Wissensorientierende und wissensvermittelnde Literatur im Mittelalter. Perspektiven ihrer Erforschung. Kolloquium 5.–7. Dez. 1985, ed. Norbert R. Wolf, Wiesbaden: Reichert, 1987, pp. 123–142.

[79] Gerard of Frachet, Vitae fratrum ordinis Praedicatorum, ed. B. M. Reichert, Monumenta Ordinis Praedicatorum Historia, 1, Rome: Charpentier & Schoonjans, 1896, and Boureau, Alain, "*Vitae Fratrum, Vitae Patrum*. L'ordre dominicain et le modèle des pères du désert au XIIIe siècle," in: Mélanges de l'école française de Rome. Moyen Âges – Temps modernes 99, 1987, pp. 79–100.

[80] Ringler, Siegfried, Viten- und Offenbarungsliteratur in Frauenklöstern des Mittelalters. Quellen und Studien, Münchener Texte und Untersuchungen zur deutschen Literatur des Mittelalters 72, Zürich/ München: Artemis, 1980, and Lewis, Gertrud J., By Women, for Women, about Women. The Sister-Books of Fourteenth-Century Germany, Studies and Texts 125, Toronto: Pontifical Institute, 1996.

[81] Schiewer, Regina D., "Sermons for Nuns of the Dominican Observance Movement," in: Medieval Monastic Preaching, ed. Carolyn Muessig, Brill's Studies in Intellectual History 90, Leiden: Brill, 1998, pp. 75–92, and Rüther, Andreas and Hans-Jochen Schiewer, "Die Predigthandschriften des Straßburger Dominikanerinnenklosters St. Nikolaus in undis. Historischer Bestand, Geschichte, Vergleich," in: Die deutsche Predigt im Mittelalter. Internationales Symposium am Fachbereich Germanistik der Freien Universität Berlin vom 3.–6. Oktober 1989, eds. Volker Mertens and Hans-Jochen Schiewer, Tübingen: Niemeyer, 1992, pp. 169–193.

study of theology.[83] As Burkhard Hasebrink observes, "war nicht eine Autorin die herausragende Figur der klösterlichen Bildungswelt, sondern die Buchmeisterin."[84]

Catalogues encouraged the lending of books among convents, a practice that so widespread that donors occasionally felt it necessary to place restrictions on loans. At Klingental, a document of 1430 notes with evident regret the loss of certain precious books to Wettingen on account of debts.[85] A lost document of 1432 documenting a donation from Conrad Schlatter (†1458), later prior of the Dominican convent in Basel 1436, and confessor to the nuns of Sta. Maria Magdalena, stipulates: "Für uns und unser nochkommen, daz wir dise nochgeschribenen bücher … für basser súllent niemant liechen noch geben usser unserem hoff und ingesesse, er sy wer er welle. Wer es ouch daz wir do wider tetten und dis nütt stell und fest hielten, so sol daz selb buoch, daz wir fur unseren hoff und ingesesse ussgelechen hant, sol fürbasser der predigern von Kolmar eigen sin, es were denne daz man ein ander buoch als guot als daz dir ist dafur versetzet ist oder ze pfant gegeben, also das man dise buocher sol liechen unser bichtvatter bruoder Cuonrat Schlatter sin leptag zuo allen ziten und an alle stett und ende, wo er wil und nottürfftig ist."[86]

The lending of books was rooted in the much more ancient practice of gift-giving that, in addition to laying the intellectual and religious foundations of monastic communities, cemented and secured social ties. The late tenth or early eleventh-century copy of Gregory the Great's *Moralia in Job* (Zentralbibliothek Zurich, Ms. Car. C. 27) (Cat. 4) offers a well-documented example of such a gift.[87] The manuscript was given by Conrad, a deacon of Metz, to the Fraumünster, ostensibly as a token of his gratitude to the nuns, who had housed him at the convent while on his way to Rome, and in response to their stated desire for a copy of this extremely popular exegetical work. On his return to Metz, Conrad had a copy made from an exemplar in the library of the Domstift in Metz. Closer inspection, however, reveals that the recipient, the abbess Ermentrudis (ca. 995 – ca. 1030), had close family ties to Metz: three of her relatives, including her brother Dietrich (1005–1046) were bishops of Metz, which had always cultivated close ties to Rome.[88]

[82] Humbert of Romans, Opera de vita regulari, ed. Joachim J. Berthier, 2 vols., Rome: Befani, 1956, vol. 2, pp. 263–268 ("De officio librarii").
[83] Hasebrink, Burkhard, "Tischlesung und Bildungskultur im Nürnberger Katharinenkloster. Ein Beitrag zu ihrer Rekonstruktion," in: Schule und Schüler im Mittelalter. Beiträge zur europäischen Bildungsgeschichte des 9. bis 15. Jahrhunderts, eds. Martin Kintzinger, Sönke Lorenz and Michael Walter, Köln: Böhlau, 1996, pp. 187–216. Cf. Hamburger, Jeffrey F., "The Use of Images in the Pastoral Care of Nuns. The Case of Heinrich Suso and the Dominicans," in: Art Bulletin 71, 1989, pp. 20–46, reprinted in Hamburger 1998, chap. 4.
[84] Hasebrinck 1996, p. 215.
[85] Bruckner 1935–1967, vol. X, p. 102.
[86] Bruckner 1935–1967, vol. XII, p. 40.
[87] Mohlberg 1951, vol. 1, p. 99.

No gift can be received without something being given in return. Convent necrologies, such as the necrology of St. Agnes in Schaffhausen (Cat. 2) not only commemorated members of the community, they also kept a record of important donors and patrons for whose souls the nuns should pray on the anniversaries of their deaths.[89] In most cases, the receipt of a book, let alone the legacy of an entire library, was linked to an obligation on the part of the community to say prayers and Masses for the salvation of the donor's soul. Yet books intended to support the recitation of Masses might never have passed through the hands of the nuns, who, at least in reformed convents, would have been barred from the sacristy and were prohibited from approaching the high altar.[90] On 21 October 1392, Peter Schlatter, a priest of Waldshut and a chaplain at Klingental, left the convent his books, adding the provision that they pertained to the priest: "Unum librum suum matutinalem cum uno psalterio et cursu beate Marie cum horis canonicis septem psalmis cum vigiliis mortuorum in pergameno scriptum cum letania beate Marie virginis et septem sexternis similiter in pergameno scriptis hystoriarium de sanctis et unum libellum parvum, in quo continentur preces quadragesimales ac preces de sanctis et de aliis, que pertinent ad sacerdotem."[91] Most such gifts, and the obligations that ensued, are recorded in "Jahrzeitenbücher" or necrologies. For example, at the Cistercian convent of Fraubrunnen (Kanton Bern), the necrology prepared for the nuns in 1507 by their confessor, Hans Riser von Burgdorf, a Carthusian from Torberg, records for April 26th: "Item Heinrich Suderman des kouffmans von Köln, der hat uns geben umb siner sel heil willen ein silbrin übergültne kelch und ein messbuoch, darumb wir sin jarzit herlich söllen began uff disem tag. Item man sol ouch gedencken der personen, es sigen man oder frouwen, die ir almuosen mit disem kelch santen, des waren hundert und einliff guldin on ander guot." A separate entry for May 12th notes that "Her Cristan, kilcher zuo Beteringen, gab uns ein tútsches epistelbuoch, durch siner sel heil willen."[92]

[88] Steinmann, Judith, Die Benediktinerinnenabtei zum Fraumünster und ihr Verhältnis zur Stadt Zürich, 853–1524, Studien und Mitteilungen zur Geschichte des Benediktiner-Ordens und seiner Zweige, Ergänzungsband 23, St. Ottilien: EOS, 1980, pp. 20–21.

[89] Lemaître, Jean-Loup, "*Liber capituli*. Le livre du chapitre des origines au XVIe siècle. L'exemple français," in: Memoria. Der geschichtliche Zeugniswert des liturgischen Gedenkens im Mittelalter, eds. Karl Schmid and Joachim Wollasch, Münstersche Mittelalterschriften 48, München: Fink, 1984, pp. 625–648, and Stein-Kecks, Heidrun, "Quellen zum *capitulum*," in: Wohn- und Wirtschaftsbauten frühmittelalterlicher Klöster. Internationales Symposium, 26.9.–1.10.1995 in Zurzach und Müstair, im Zusammenhang mit den Untersuchungen im Kloster St. Johann zu Müstair, in: Acta, ed. Hans Rudolph Sennhauser, Zürich: Hochschulverlag an der ETH Zürich, 1996, pp. 219–232.

[90] See Zimmer, Petra, Die Funktion und Ausstattung des Altars auf der Nonnenempore. Beispiele zum Bildgebrauch in Frauenklöstern aus dem 13. bis 16. Jahrhundert, Diss. Köln, 1991, and Hamburger 1998, chap. 2.

[91] Bruckner 1935–1967, vol. X, p. 100.

[92] Bruckner 1935–1967, vol. X, p. 125. See also Schweizer, Jürg, "Fraubrunnen," in: Zisterzienserbauten in der Schweiz 1990, pp. 121–128.

Connections between the world within and without enclosure was hardly new to the late Middle Ages. As Peter Ochsenbein has observed with regard to the late twelfth-century *Gebetbuch aus Muri* (Cat. 8), the oldest surviving self-contained collection of predominantly German prayers: "Denn der herausgespielte Gegensatz verheiratete Dame versus begüterte Chorfrau ist nur einer aus dem vielmaschigen Netz sozialer Gegebenheiten. Einer Frau, die um 1200 einem geistlichen Ideal nachstrebte, bot sich fast selbstverständlich das Modell der *soror pia* an, die ihr Leben der Liebe Gottes im geschlossenen Kloster geweiht hatte."[93] Classic examples of such women would be Hedwig of Silesia (†1243), co-founder of the Cistercian convent of Trebnitz in Silesia, and Agnes of Hungary (1280–1364), who became the first abbess of the Franciscan foundation at Königsfelden (Cat. 17).[94] Indicative of the interpenetration of secular and sacred spheres is the content of the prayer from Muri, which, in addition to numerous liturgical prayers and invocations to the Trinity and the saints, includes two conjurations (Beschwörungen) to be said to win back conjugal love: "In nomine patris et filii et spiritus sancti. deus abraham. deus ysaac. deus iacob, deus qui de costa primi hominis evam coniugem creasti … [93ʳ] Nunc amorem concedat deus N. marito meo. Amen." "Tu qui es alfa et Ω. coniurationem facio per magos Capsar [!]. Melchior, Balthasar, Leviathan, protine et crinite, Sidrac, Misaac, Abdenago, Christus on, elyon, tetragrammaton, eley, Emmanuel, Abra, Abraa, Abracham, Abracala, Abrachalaus, va, va. ha, fara, faza, ziveletiel: vos creaturas dei coniuro … ut feriatis et incendiatis cor et mentem. N. in amorem meum." A prayer such as this offers a salutary reminder that the medieval convent was not simply a place of retreat from the world, but remained engaged with all aspects of life without the walls.

[93] Ochsenbein, Peter, "Das Gebetbuch von Muri als frühes Zeugnis privater Frömmigkeit einer Frau um 1200," in: *Gotes und der werlde hulde.* Literatur in Mittelalter und Neuzeit. Festschrift für Heinz Rupp zum 70. Geburtstag, ed. Rüdiger Schnell, Bern/Stuttgart: Francke, 1989, pp. 175–199. For related material, see Hellgardt, Ernst, "Seckauer Handschriften als Träger frühmittelhochdeutscher Texte," in: Die mittelalterliche Literatur in der Steiermark, ed. Alfred Ebenbauer et al., Jahrbuch für Internationale Germanistik, Reihe A: Kongressberichte 23, Bern: Lang, 1988, pp. 103–130.

[94] See Das Bild der heiligen Hedwig in Mittelalter und Neuzeit, eds. Ickhard Grunewald and Nikolaus Gussone, München: R. Oldenbourg, 1996, and Ruh, Kurt, "Agnes von Ungarn und Liutgart von Wittichen. Zwei Klostergründerinnen des frühen 14. Jahrhunderts," in: Philologische Untersuchungen, gewidmet Elfriede Stutz zum 65. Geburtstag, ed. Alfred Ebenbauer, Philologia Germanica 7, Wien: Wilhelm Braumüller, 1984, pp. 374–391, and Marti, Susan, "Königin Agnes und ihre Geschenke. Zeugnisse, Zuschreibungen und Legenden," in: Die Kunst der Habsburger, Kunst + Architektur in der Schweiz, Sonderausgabe, 1996, pp. 169–180.

Library Catalogue

1) Miscellany, including catalogue of the Tertiarierinnenkloster Wonnenstein
(Kt. Appenzell), after 1499. (Fig. 6)
St. Gallen, Stiftsbibliothek, Hs. 973, pp. 1–9.
Paper, pp. 730, 210 × 168 mm.

According to a note on p. 12, "dysses buchlin ist der swestern zu dem Wunnenstain in Tůffenn
des dritten orden sanct Francissen Deo gracias by sanct Gallen."[95] The catalogue was added at
the front of a devotional miscellany that includes a translation of the rule for novices, for whose
education and edification many of the books in the library were intended. The catalogue begins:
"Item diss sind die bcher diss hus. Item zum ersten das ewangeliibůch. Den schatzbehalter. Item
den bom des lebens. Item das gross ewangeliibůch. Item das vestbůch und der armůtt bůch.
Item die h<i>melstrass. Item Humbertus bůch. Item XXIIII alten bůch. Item XXIIII gulden
harpgen. Item das gross hailligenbůch. Item das alt hailligenbůch," etc. With a few exceptions,
including the mystics Eckhart and Tauler, the catalogue only rarely indicates authorship, as in
the case of the *Humbertus bůch*. Which work of the Dominican Humbert of Roman (†1277) is
intended remains unclear. Candidates include his *Liber de instructione officialium,* important
for fifteenth-century monastic reform, his commentary on the Augustinian Rule, or *De tribus
votis,* a treatise on the foundations of the spiritual life. The monastery's manuscript of Eckhart's
sermons and treatises survives at St. Gallen, Stiftsbibliothek, Hs. 972a.

Monastic Governance

2) *Liber officii capituli* of St. Agnes in Schaffhausen, ca. 1400, with later additions. (Fig. 7)
Schaffhausen, Stadtbibliothek, Ministerialbibliothek, Min. 90, f. 1ʳ.
Parchment, ff. 80, 355 × 240 (255 × 175) mm.

The monastery of Allerheiligen in Schaffhausen was founded on November 22, 1049 by Eberhard von Nellenburg and Pope Leo IX. Shortly before Eberhard's death in 1078–1079, it became a double monastery with the foundation of St. Agnes, to which Ita von Nellenburg retired
at her husband's death. Construction appears to have been completed by 1094.[96] The *Liber of-*

---

[95] Mittelalterliche Bibliothekskataloge Deutschlands und der Schweiz, vol. I. Die Bistümer Konstanz und
Chur, ed. Paul Lehmann, München: Beck, 1918, pp. 451–454.

[96] See Frauenfelder, Reinhard, "St. Agnes in Schaffhausen," in: Helvetia Sacra III, vol. I/3, pp. 1941–1945,
and the important revisions made by Gamper, Rudolf, "Die Rechts- und Herrschaftsverhältnisse des
Allerheiligenklosters im 11. und 12. Jahrhundert," in: Kurt Bänteli, Rudolf Gamper, and Peter Lehmann
(eds.), Das Kloster Allerheiligen in Schaffhausen. Zum 950. Jahr seiner Gründung am 22. November
1049, Schaffhauser Archäologie 4, Schaffhausen: Kantonsarchäologie, 1999, pp. 125–145, 249–262,
and 288–295.

ficii capituli, one of only two manuscripts to survive from the convent's library, dates from a period at which St. Agnes no longer belonged to Allerheiligen, although the monks of the monastery still played a role in the pastoral care of the nuns.[97] The manuscript combines a Martyrology, the Benedictine Rule, Gospel readings for Sundays and feast days, and the convent's necrology, a liturgical calendar listing the obits or death dates of members of the community and important patrons and donors. The 192 nuns listed are identified with the letters, "n.c.m.," signifying "*nostrae congregationis monacha.*"[98] The multitude of hands on any given page testify to the book's communal character. Necrologies were common in convents, and often were richly illuminated. A famous example is the Codex Guta-Sintram (Strasbourg, Bibliothèque du Grand Séminaire de Strasbourg, Ms. 37), completed in 1154 for the Augustinian canonesses at Schwarzenthann in Alsace. The manuscript is named for the Canon and nun who shared in its production. Guta, the nun, wrote the book, and Sintram, her male collaborator, supplied its decoration.[99]

3) Middle High German translation of the Rule of St. Benedict, 1250–1267 or 1267–1276. (Fig. 8)
Engelberg, Stiftsbibliothek, Hs. 72.
Parchment, ff. 72, 270–245 × 160 (175–180 × 115–125) mm.

The Benedictine Rule, the cornerstone of western monasticism, was translated into German from the ninth century onward. The manuscript from Engelberg contains a Middle High German translation of the mid-thirteenth century.[100] According to an entry on f. 1ʳ, "Abbas Waltherus hoc fecit nempe uolumen. Quo circa petimus capiat celeste cacumen." It is not clear, however, whether the entry refers to Walther I. von Iberg, abbot from 1250 to 1267, or Walther II. von Cham, abbot from 1267 to 1276.[101] Verses added on f. 72ʳ, comment on the process of

---

[97] For Allerheiligen at this late period, see Degler-Spengler, Brigitte, "Die Schweizer Benediktinerinnen in der Neuzeit," in: Benediktinisches Mönchtum in der Schweiz. Männer- und Frauenklöster vom frühen Mittelalter bis zur Gegenwart, eds. Elsanne Gilomen-Schenkel, Rudolf Reinhardt, and Brigitte Degler-Spengler, Bern: Francke, 1986, pp. 171–230, esp. 174–176.

[98] Henggeler, Rudolf, "Das Nekrologium des Benediktinerinnenklosters St. Agnes in Schaffhausen," in: Schweizerische Beiträge 21, 1944, p. 5, and Gamper, Rudolf, Gaby Knoch-Mund and Marlis Stähli, Katalog der mittelalterlichen Handschriften der Ministerialbibliothek Schaffhausen, Dietikon/Zürich: Urs Graf, 1994, pp. 201–202.

[99] Weis, Béatrice (ed.), Le Codex Guta-Sintram. Manuscrit 37 de la Bibliothèque du Grand Séminaire de Strasbourg, Luzern: Editions Fac-similes, 1983.

[100] Von Scarpatetti 1983, vol. II, no 251, pp. 92–93, pl. 98–99; Gottwald, Benedictus, Catalogus codicum manu scriptorum qui asservantur in bibliotheca monasterii O.S.B. Engelbergensis in Helvetia, Freiburg i.Br.: Herder, 1891, p. 100; Selmer, Carl (ed.), Middle High German Translations of the Regula Sancti Benedicti. The Eight Oldest Versions, Publications of The Medieval Academy of America 17, Cambridge, Ma.: Medieval Academy of America, 1933; reprinted 1970, pp. 89–128, and Wolf, Norbert R., "Mittelhochdeutsche Übertragungen der Benediktinerregel," in: ²VL, vol. I, cols. 707–710.

translation: "Sit diz bv̆ch in selchir frist. in bv̆cshvn <...> vnde in tvschvn ist. nah monslichir chvnst gescribin. warm were den hindirstelle blibin. ein grv̆z dim ortfrvm mere. dim apt Walthere. dem wunsche der lesere heils. vnde himilslichis teils. daz selbe tv̆t der versin schin. die da obnan stant in Latin." The large initial on f. 1ᵛ that opens the text depicts Abbot Walter (von Iberg?) presenting the book to an angel beneath which the scribe, "chŏno monachus," emerges from vine tendrils, his hands joined in prayer. Walter's staff, with which he spears the exposed buttocks of one of the two demonic *atlantes* supporting the large letter "A", parallels the body of the letter and terminates in a curling vine serif.[102] The recipient of the book, the prioress Guota, is shown on a smaller scale and literally plays a supporting role: her hands extent to embrace and support the text that she and her nuns are supposed to take to heart.

Patristic Authors

4) Gregory the Great, *Moralia in Job*, late tenth or early eleventh century. (Fig. 9)
Zurich, Zentralbibliothek, Ms. Car. C. 27, f. 1ᵛ.
Parchment, ff. 118, 345 × 270 (270–275 × 195–200) mm.

On a pilgrimage to Rome, Konrad (ca. 935–ca. 1000), a deacon of the cathedral at Metz, stopped in Zurich, where he stayed at the Fraumünster.[103] According to the dedicatory letter at the front of the manuscript, which is addressed to the abbess, Ermentrudis (ca. 995 – ca. 1030), the nuns informed Konrad of their desire to have a copy of Gregory's *Moralia*, an extremely popular exegetical work, which survives in over 570 manuscripts from the seventh to early sixteenth centuries. By way of thanking the nuns on his return, Conrad had this copy made from an exemplar in the library of the Domstift in Metz and sent to the nuns. In the manuscript, the first part of Gregory's text is missing, but the letter suggests it originally was complete, perhaps in the form of a separate volume. Abbess Ermentrudis can probably be identified as the daughter of Count Siegfried von Moselgau und Lützelburg. Three of her relatives, including her brother Dietrich (1005–1046) were bishops of Metz, which would explain why Konrad decided to break his journey to Rome at the abbey. The abbey's library possessed another copy of Gregory's work, also incomplete (Zurich, Zentralbibliothek Ms. Car. C 108). The manuscript is among the earliest extant copies of the *Moralia* that can be documented as having belonged to a female community.[104] The opening folio (1ᵛ) proclaims Conrad's gift in

---

[101] Von Scarpatetti 1983, vol. II, no. 251, pp. 92–93, pls. 98–99.
[102] See Michel, Catharine, "Die Atlanten," in: Die Bilderwelt des Klosters Engelberg. Das Skriptorium unter den Äbten Frowin (1143–1178), Berchtold (1178–1197), Heinrich (1197–1223), Luzern: Diopter, 1993, pp. 37–40, and De Kegel, Rolf, "Am Anfang war das Doppelkloster – der Frauenkonvent St. Andreas in Engelberg 1120 bis 1615," in: Bewegung in der Beständigkeit 2000, pp. 17f.
[103] Steinmann 1980, pp. 20–21.

Jeffrey F. Hamburger

large display letters (Epistola Domini Conradi Metensis Archidiaconi), followed by an initial "S" with white-vine ornament derived from Ottonian models.

Liturgical Manuscripts

5) Franciscan Breviary (pars aestivalis), ca. 1400. (Fig. 10)

Schaffhausen, Stadtbibliothek, Ministerialbibliothek, Min. 100.

Parchment, ff. 461, 230 × 165 (155–160 × 120) mm.

The Breviary contains the texts for the recitation of the Divine Office. This particular manuscript, which opens with a Franciscan calendar for the diocese of Lausanne, contains only the summer section, that is, the texts required for the celebration of the Office between Easter and the beginning of Advent. The manuscript was written and decorated at or for an unidentifiable Franciscan convent in the region of the Bodensee.[105] The drawing of a nun praying to Christ represents a later, fifteenth-century addition. The drawing inserted inside the back cover is a typical *Nonnenarbeit*.[106] Despite its relatively crude character, it nonetheless displays considerable iconographic imagination. The nun, who prays to Christ at the moment of his mocking, petitions him: "adiuua me domine quoniam caput meum dolor [est] domine deus meus," "help me, O Lord, seeing that my head is full of sorrow, O Lord, my God," to which Christ replies, "de uertice capitis usque ad plantam pedes non est sanitas in me," "from the top of my head to the soles of my feet, there is no health in me" (Cf. Isaiah 1,6). Despite his characterization of himself as the Man of Sorrows at the moment of the mocking, Christ assumes true royal dignity. A narrative scene is converted into a classic *Andachtsbild*: in the absence of the tormentors who press the crown of thorns deeper into his skull, the crossed staves appear like rays of light extending from Christ's oversized halo. Christ's words are based on Isaiah 53,2–3: "there is no beauty in him, nor comeliness: and we have seen him, and there was no sightliness, that we should be desirous of him, despised, and the most abject of men, a man of sorrows". In asking that her sorrows, specifically, her head, be identified with that of Christ, the nun, who is depicted on a much smaller scale than her Savior, enacts the transformation so eloquently described by Augustine: "Pendebat enim in cruce deformis, sed deformitas illius pulchritudo nostra erat," "For he [Christ] hung ugly, disfigured on the cross, but his ugliness was our beauty."[107]

---

[104] Bruckner 1935–1967, vol. IV, p. 71, and El Kholi, Susann, Lektüre in Frauenkonventen des ostfränkisch-deutschen Reiches vom 8. Jahrhundert bis zur Mitte des 13. Jahrhunderts, Epistemata: Würzburger Wissenschaftliche Schriften, Reihe Literaturwissenschaft, vol. 203, Würzburg: Könighausen & Neumann, 1997, pp. 105–106.

[105] Handschriften der Ministerialbibliothek Schaffhausen 1994, pp. 228–230.

[106] Buchmalerei im Bodenseeraum. 13. bis 16. Jahrhundert, ed. Eva Moser, Friedrichshafen: Gessler 1997, p. 304, and, more generally, Hamburger 1996.

6) Breviary of the Diocese of Lausanne, Use of Interlaken, 1440–1446. (Fig. 11)

Bern, Burgerbibliothek, Hs. B 524, f. 341ʳ.

Parchment, ff. 386, 210 × 152 (145 × 100) mm.

An ownership note ("Johanna von Arberg/Agnesa stollera," f. Iʳ) gives the names of two nuns of the Augustinerinnenkloster in Interlaken. An obit in the calendar (f. 12ᵛ) records the name of one of Johanna's sisters: "Clara de arberg soror mea dilecta, obijt in domino anno domini. 1440." According to the table of golden numbers in the calendar (f. 11ᵛ), used to help calculate the date of Easter, the entire manuscript was completed by 1446.[108] Embroidery throughout the manuscript, most likely the work of the nuns, masks holes and tears reflecting the relatively poor quality of the parchment.[109] Much of the manuscript's pen decoration, with its large, flat panels framing the text columns, the spidery ornament, and repeated motifs such as the birds in the margins, appears to have been inspired by embroidery. Nonetheless, the manuscript may well have been destined for the neighboring house of Augustinian canons. A second Breviary for Interlaken containing similar decoration and embroidery (Bern, Burgerbibliothek, Cod. 524) is undated and may have been produced at a slightly earlier date.[110] Embroidery, if hardly so elaborate, occurs in other fifteenth-century liturgical manuscripts from Switzerland, e. g., a Missal in Schaffhausen (Ministerialbibliothek, Min. 97), and a Missal in Sion (Bibliothèque du Chapitre, Ms. 18, f. 178ᵛ), both of which also were made for, if not necessarily by, male communities.

Psalters

7) Psalter, Engelberg?, late twelfth–early thirteenth century. (Fig. 12)

Sarnen, Cod. 37, f. 7ʳ.

Parchment, ff. 110, 195 × 15 (145 × 100–105) mm.

The psalter, which originally did not include the liturgical apparatus required for celebration of the Divine Office (*non feriatum*) is of uncertain origin.[111] Although its decoration points to En-

---

[107] Augustine, Sermones de Vetere Testamento I–L, Corpus Christianorum Series Latina 41, Turnhout: Brepols, 1961, p. 365 (Sermon XXVII, 6, lines 131–32).

[108] Bruckner 1935–1967, vol. XI, pp. 106–108, pls. xxxvi-xxxviii, and von Scarpatetti 1991, vol. III, no. 56, pp. 24–25, pl. 267. The manuscript will also be included in Bildersturm: Wahnsinn oder Gottes Wille? Ausstellungskatalog Bern, Historisches Museum and Strasbourg, Musée de l'Œuvre Notre-Dame, eds. Cécile Dupeux, Peter Jezler and Jean Wirth, Zürich: NZZ Verlag, 2000, cat. no. 111. My thanks to Dr. Martin Germann and Dr. Susan Marti for this information.

[109] For similar stiching, see Muff, P. Guido and Sr. Ursula Benz, "'Lasst uns das Kindelein kleiden … lasst uns das Kindelein zieren'. Textiles Arbeiten im Kloster St. Andreas," in: Bewegung in der Beständigkeit 2000, pp. 141–157.

[110] Kindly brought to my attention by Marlis Stähli M.A.

Jeffrey F. Hamburger

gelberg, the calendar does not. An obit for February 4th added in red ink at a later date commemorates the death of Rudolph, abbot of Engelberg: "Abbas Rudolfus dictus de Winkelriet O." The psalter is decorated according to a tripartite scheme and consists of three initials at Psalms 1, 50 and 101. In the initial for Psalm 1, "Beatus vir," David, dressed in a red cloak and a yellow cap, plays his harp and addresses his prayers to the blessing Christ above him. If, as Durrer suggests, the letters A R M T B added to the cover of the book in Christ's left hand can be read as "Abbas Rudolphe Montis Angelorum Te Benedico," the abbot would be identified with the praying psalmist.[112] The initial for psalm 51 ("Quid gloriatur"), a bold design enhanced by its bold coloration (red, green, blue and ochre), identifies the man who "glorifies in malice and who is mighty in iniquity" with an armored knight on horseback carrying a white lance and trampling the biting dragon whose body makes up the serif of the letter "Q." The third initial, for psalm 101, contains no figural decoration. Whether a monk or a nun, the psalter's original recipient would have been invited to compare him or herself as the pious Old Testament monarch with the evil knight and to reflect on their own status as a *miles christianus*.

8) Liturgical Psalter, ca. 1330–1340. (Fig. 13)
Engelberg, Stiftsbibliothek, Cod. 62.
Parchment, ff. 201, 245 × 180 (123 × 157) mm.

The richly decorated psalter is one of a pair (the other being Engelberg, Cod. 60) that appear to have been made by the nuns of Engelberg for their own use, taking as their principal model a late thirteenth-century psalter in their possession (Engelberg, Cod. 61).[113] Following the calendar (ff. 1ʳ-6ᵛ), which includes the added obits of many nuns, there follows a set of prefatory miniatures, many with unusual iconography. Especially noteworthy are the allegorical representations of Christ crucified by the Virtues (based on the corresponding miniature in Cod. 61) and pious and distracted prayer. Whereas the pious onlooker, to Christ's right, immerses himself in Christ's words, a process visualized by the lines connecting his mouth to Christ's appendages, the man to Christ's left allows himself to be distracted by the temptations depicted at the foot of the Cross. The hypocrite seems to speak with the words of King Claudius in Shakespeare's

---

[111] Bruckner 1935–1967, vol. VII, pp. 46 and 80, and vol. VIII, pp. 49, 56, 129–130. A fuller description is forthcoming in the catalogue of manuscripts at Sarnen by Charlotte Bretscher and Rudolf Gamper. My thanks to Herr Dr. Gamper for sharing the description with me in advance of publication.

[112] Hermann, Hermann Julius, Die illuminierten Handschriften in Tirol: Beschreibendes Verzeichnis der illuminierten Handschriften in Österreich, vol. I, Leipzig: Hiersemann, 1905, p. 65, and Durrer, Robert, Die Kunstdenkmäler des Kantons Unterwalden, Basel: Birkhäuser, 1971, p. 711.

[113] Gottwald 1891, pp. 95–96, Durrer 1971, pp. 215–217, and Buchmalerei im Bodenseeraum 1997, pp. 250–251. I was unable to consult Susan Marti, Illuminierte Psalterien aus Engelberg. Zur Handschriftenproduktion in der Frauengemeinschaft eines spätmittelalterlichen Doppelklosters, masch. Diss. Universität Zürich, 1998.

Hamlet (III.iii.97–98): "My words fly up, my thoughts remain below. Words without thoughts never to heaven go."

Vernacular Prayer Books

9) Prayers and Benedictions from Muri, last third of 12th century. (Fig. 14)

Sarnen, Kollegiumsarchiv, Ms. Membr. 69, ff. 44^v-45^r.

Parchment, ff. 95, 90 × 63 (67–70 × 48–51) mm.

The origins of the double monastery at Muri can be traced to the eleventh century. Only towards the end of the twelfth century were the nuns moved away to the nearby community at Hermetschwil.[114] Even if not necessarily written at Muri itself, the *Gebetbuch von Muri* remains the oldest surviving self-contained collection of prayers in the German language.[115] By comparison, the *Engelberger Gebetbuch* (Stiftsbibliothek, Cod. 155), the oldest extant collection of German-language prose prayers that do not simply translate liturgical texts, consists of two separate sections, both fourteenth century in origin. In contrast, the prayer book from Muri is uniform in appearance, but contains disparate texts. As analyzed by Peter Ochsenbein, its contents fall into three separate sections: i) German prayers and prayer instructions ii) a *Passio sanctae Margarethae* (who is included as a model for the female reader), and iii) Latin prayers, including some for recitation at Mass. The prayer book was once believed to have belonged to Queen Agnes of Hungary (1280–1364), but the attribution of ownership is spurious. In addition to apotropaic prayers and formulas, the manuscript includes a wide variety of prayers for recitation by an individual or an entire community; instructions on recitation of psalms; prayers to Trinity, Christ, Mary, angels, saints; blessings, to be said at Mass; advice on alms giving; hymns and sequences in translation (including the famous *Mariensequenz aus Muri*), and, towards the end, two conjurations to be said to win back conjugal love. On ff. 44^v-45^r, a pair of pen drawings preface the Passion of St. Margaret. On 44^v, a nimbed woman, probably St. Margaret, stands with her hands upraised in an *orans* gesture, facing the viewer rather than the Crucifixion on the opposite page and thereby aligning herself with the figure of the crucified Christ, who is represented virtually twice the size of the mourning Mary and John that flank him to his right and left. Similar paired images of devotion to the Christ occur in prayer books going back to the Carolingian period.[116] The devotional diptych refers to the beginning of the legend ("Post passionem et resurrectionen domini nostri Ihesu Christi […]") and provides the reader with a visi-

[114] Bruckner 1935–1967, vol. VII, p. 32.
[115] Ochsenbein, Peter, "Gebete und Benediktionen von Muri," in: ²VL, vol. II, cols. 1110–1012, and idem, "Das Gebetbuch von Muri," in: *Gotes und der werlde hulde* 1989, pp. 175–199. For a partial edition, see Wilhelm, Friedrich, Denkmäler deutscher Prosa des 11. und 12. Jahrhunderts, Münchener Texte 8, München: Callwey, 1914, pp. 73–86.

Jeffrey F. Hamburger

ble model for pious imitation. There can be no doubt that the book was intended for a woman; the prayers compel the reader to identify herself as "ich sundigu," "zi mir vik armun sundarinun," "peccatrix homuncula," etc.

10) Prayer Book of Gräfin Veronika von Montfort-Bregenz, 1489. (Fig. 15)
Basel, Universitätsbibliothek, Cod. B XI 27.
Parchment, 90 × 70 (60–65 × 45–50) mm.

The diminutive duodecimo prayer book was made for Gräfin Veronika von Montfort-Bregenz (†1517) in 1489, presumably as a gift from her second husband, Graf Hugo XVIII. von Montfort-Bregenz, to commemorate their marriage in 1488.[117] In addition to prayers and petitions to saints, meditations for Communion and on the Passion, and translations of the penitential psalms, the manuscript includes Seuses *100 Betrachtungen* (a set of Passion devotions excerpted from the *Büchlein der ewigen Weisheit*) and excerpts from the prayers prepared by Johannes von Indersdorf for the prayer book of Herzog Wilhelm III. von Bayern. Also included is a translation by the Carthusian, Ludwig Moser of Basel, of a pastoral letter by Jean Gerson (1363–1429), chancellor of the University of Paris, to his sisters, which contains detailed instructions of how to pray throughout the course of the week.[118] The twenty full-page miniatures include the arms and initials of the count (f. 78ᵛ). The remaining miniatures depict the Annunciation, Adoration of the Magi, Entry in Jerusalem, Agony in the Garden, Last Supper (set within an ecclesiastical interior complete with vaults and stained-glass windows), Flagellation, Carrying of the Cross (in which the action is arrested by Christ gazing out directly at the viewer), a crowded Crucifixion with Mary Magdalene embracing the foot of the Cross, Resurrection,

---

[116] Cf., e. g., the Prayer Book of Charles the Bald (Munich, Schatzkammer) and the Prayer Book of Otto III. (Munich, Bayerische Staatsbibliothek, Clm 30111), for which see Görich, Knut and Elisabeth Klemm, Gebetbuch Ottos III, Patrimonia 84, München/Berlin: Bayerische Staatsbibliothek – Kulturstiftung der Länder, 1995, and Deshman, Robert, "The Exalted Servant. The Ruler Theology of the Prayer Book of Charles the Bald," in: Viator 11, 1980, pp. 385–417. For other examples, see Jammers, Ewald, "Der sog. Ludwigspsalter als geschichtliches Dokument," in: Zeitschrift für die Geschichte des Oberrheins 103, N.S. 64, 1955, pp. 259–271; Turner, Derek H., "The Prayer Book of Archbishop Arnulph II of Milan," in: Revue Bénédictine 70, 1960, pp. 360–392; Heiming, Odilo, "Ein Benedektinisch-Ambrosianisches Gebetbuch," in: Archiv für Liturgiewissenschaft 8, 1964, pp. 325–435, and Hamburger, Jeffrey F., "A *Liber precum* in Sélestat and the Development of the Illustrated Prayer Book in Germany," in: Art Bulletin 73, 1991, pp. 209–236.

[117] Ochsenbein, Peter, "Gebetbuch für Gräfin Veronika von Montfort-Bregenz," in: ²VL, vol. II, cols. 1115–1116.

[118] Stammler, Wolfgang, Spätlese des Mittelalters II. Religiöses Schrifttum, Texte des späten Mittelalters und der frühen Neuzeit 19, Berlin: Erich Schmidt, 1965, pp. 23–28 and 72–77. For the original, see Vansteenberghe, Edmond, "Quelques écrits de Jean Gerson. Textes inédits et études (Suite). V.: Lettre à ses sœurs sur la méditation et les dévotions quotidiennes," in: Revue des Sciences Religieuses 14, 1934, pp. 370–386.

Death of the Virgin, Christ as the Man of Sorrows with angels bearing instruments of the Passion, Last Judgment, Mass of St. Gregory, a half-length image of Christ as the *Salvator mundi* seen through a window inscribed "IHESVS 1489 MARIA," Mary as the *mulier amicta sole* of Revelation 12 accompanied by angels, a *Gnadenstuhl* Trinity, and images of three male saints: Sebastian, George and Christopher. Badly abraded in places (e. g., in the Last Judgment), the miniatures reveal a lively, loose and highly skilled style of underdrawing largely obscured by the overlying layers of paint.

11) Prayers for Holy Week and Christmas, Engelberg, mid-fifteenth century. (Fig. 16)
Engelberg, Stiftsbibliothek, Cod. 241.
Paper, ff. 10, 220 × 300 (160 × 220–230) mm.

The prayer book, which consists of devotions for Holy Week, is of a type common in convents through the German-speaking world, and supplies the reader, not only with prayers, but, still more interesting, elaborate instructions on their recitation and performance.[119] For example, for Holy Thursday, the day the Agony in the Garden is commemorated, a rubric specifies that the community recite in unison a "drivaltig pett," a "threefold prayer." Meditations on individual events from the history of salvation, including from three to as many as seven parts, were a staple of devotions to the Passion in German vernacular prayer books of the later Middle Ages. In this case, however, the threefold prayer refers specifically to Christ's tripartite prayer on the Mount of Olives as described in Matthew 26:39–44. No such set of petitions occurs as a standard part of the Mass for Holy Thursday; hence Hunkeler's bewilderment (p. 86): "Was damit gemeint ist, konnte ich nicht ermitteln." The rubric, however, spells out exactly what is intended: "und zeichnet das dů únser her got uf dem berg bettet, und er denn blůtigen schweiß schwiczt, das er dů dristen ab sinem gebet gieng und er trost sůcht an sinen lieben jungren und er kein trost an inen fand, und sond zu dem ersten únsern her got bitten und ermanen als des we und scherczes so er an sinem heiligen höpt je erleid, das er sich erbarmi über alle die höpter in der cristenheit. Zů dem andren mal so söllend wir únsren her got ermanen als des we und der müdi so er an sinen heilgen gliderden je erleid die älly verserd waren von dem höpt biß uf die fůß, das nút ganczes an im was, das er sich erbarmi über älly die glieder der heilgen cristenheit. Zů dem tritten so sollen wir únsren her got ermanen aller der angst und not in die sin heilige sel ie kam, das er sich erbarmi über all glůbig selen." A woodcut of the Agony in the Garden pasted into the front of the manuscript allowed the nuns to visualize Christ's sufferings as they

---

[119] See Gottwald 1891, p. 184, and Hunkeler, Leodegar, "Ein Charwochenbüchlein aus dem Engelberger Frauenkloster," in: Angelomontana, Blätter aus der Geschichte von Engelberg. Jubiläumsgabe für Abt Leodgar II., Gossau/St. Gallen: Buchdruckerei J. G. Cavelti-Hangartner, 1914, pp. 177–200, and Hamburger 1996, pp. 63–100.

Jeffrey F. Hamburger

prayed three times, thereby recapitulating as well as commemorating Christ's own threefold petition. In addition to compelling imitation of Christ at Gethsemane, the threefold prayer practiced at Engelberg, for which there are parallels at other convents, allowed for narrative, meditative, and even theological expansion in its glosses on each of Christ's actions. Inserted in the back cover is a second woodcut representing Christ on the Cross flanked by Mary and John. Three angels collect Christ's blood in chalices, complementing the eucharistic and liturgical imagery introduced by the print in the front cover and providing the perfect pictorial frame for the Easter devotions contained within the manuscript.

Hagiography – Sermons

12) Legends of Saints Gallus, Magnus, Otmar und Wiborada, St. Gallen, 1430–1436.
(Fig. 17)
St. Gallen, Stiftsbibliothek, Cod. 586, p. 230.
Paper, pp. 495, 220 × 150 (165 × 105) mm.

The manuscript is the autograph of Friedrich Kölner's translations of the legends of four saints with close ties to St. Gallen.[120] Probably born in Cologne, as his name suggests, Friedrich came to St. Gallen in 1420 at the request of Abbot Eglolf Blarer in the wake of the Hersfelder reform, where he served the Benedictine nuns of St. Georgen near St. Gallen as confessor, translator and scribe. Following the collapse of the reform in 1440, he left St. Gallen for Eichstätt before dying in Cologne in 1451. The contents of the manuscript are as follows: pp. 1–117, Vita s. Galli (incomplete); pp. 117–175 (Vita s. Magni); pp. 176–197 (Vita s. Otmari); pp. 231–322 (Vitae II s. Wiboradae). All the legends are based on Latin models: Walahfried's *Vitae* of Sts. Gallus and Otmar, including the *Miracula s. Otmari* of Iso von St. Gallen; the older version of ps.-Theodor's *Vita* of St. Magnus; and Hermann von St. Gallen's *Vita s. Wiboradae*, written in 1072.[121] In an extensive colophon on p. 322, Friedrich remarks: "Hie hat das bůch ain end got wel vns schirmen an vnserm end. Ich brůder friderich Colner der aller vnnützeste münch sant gallen bitten vnd vermanen alle die diss leben Sant Gallen vnd sant mangen vnd sant Othmar vnd sant Wilbrad lesen oder abschriben werden. daz sy sy mit flyss lesen syent vnd abschriben vnd bass verstanden denn sy getütschet sint won ich von bett wegen vnd liebi myner gaistlichen kind dise leben mit grosser arbeit vß dem subtilen latin zu disem ainfaltigen tutsch do ich dennoch nit gar kundig ich bin mit der hilff gottes bracht han vnd begern der gaistlichen hilff

---

[120] Irblich, Eva, "Die Vita sanctae Wiboradae," in: Schriften des Vereins für Geschichte des Bodensees und seiner Umgebung 88, 1970, pp. 1–208; eadem, "Kölner (Kolner, Colner), Friedrich," in: ²VL, vol. V, cols. 46–47, and Stocker, Barbara Christine, Friedrich Colner, Schreiber und Übersetzer in St. Gallen 1430–1436 (mit Beigabe der deutschen Wiborada-Vita in dynamischer Edition), Göppinger Arbeiten zur Germanistik 619, Göppingen: Kümmerle, 1996, pp. 12–16.
[121] Worstbrock, Franz Josef, "Hermann (Herimannus) von St. Gallen," in: ²VL, vol. III, cols. 1059–1061.

daz ist des bettes aller gůten menschen." Kölner wrote much, but not all, of the manuscript, which also contains lives of other saints, excerpts from the Alsatian *Legenda Aurea*, sermons (including some by Eckhart, Tauler and the Engelberger Prediger), ascetic and mystical treatises such as *Life of Christ* by Thomas à Kempis, and Otto von Passau's *Vierundzwanzig Alte*. The manuscript provides vivid testimony to the continuity of literary tradition at the monastery of St. Gallen and among its dependencies. The manuscript contains two miniatures, one of St. Otmar (p. 323) and the other, perhaps the oldest extant representation of St. Wiborada (p. 230), the patron saint of libraries and book lovers, who died at the hands of Hungarian attackers on May 1, 926, shown holding a book and a lance.[122] The drawings look very much like colored woodcuts and may have been copied after prints.

13) *Johannes-Libellus*, Upper Rhine, before 1493. (Fig. 18)
Öffentliche Bibliothek der Universität Basel, Ms. A VI 38, f. 4[r].
Parchment, ff. 300, 205 × 135 (130–135 × 88–90) mm.

The manuscript, which is badly water-damaged, contains a series of texts, mostly sermons, in honor of John the Evangelist.[123] Binz attributed the manuscript to the Franciscan convent of Gnadenthal in Basel because one sermon by Johannes von Nördlingen indicates (f. 83vb) that it was delivered "in der kilchen ze gnodental ze basel ze Sanct Cloren." The manuscript, however, bears no comparison to the few surviving books that can be documented as coming from Gnadenthal, and the contents make an origin in a Dominican convent much more likely. The Evangelist enjoyed special veneration among nuns, above all, in the Dominican order, on account of his virginity and his status as a visionary and Christ's beloved disciple.[124] Many of the mostly anonymous sermons in the manuscript remain unpublished, but, as Hans-Jochen Schiewer has shown, they were composed by Dominican preachers active in the Bodensee region ca. 1300.[125] The sermons, which recur in three comparable collections (Karlsruhe, Ba-

[122] Jerchel, Heinrich, "Spätmittelalterliche Buchmalerei am Oberlauf des Rheins," in: Oberrheinische Kunst 5, 1932, pp. 17–82, esp. 76; Zimmermann, A. M., "Die heilige Wiborada in der Kunst," in: Sankt Wiborada. Jahrbuch für Bücherfreunde 2, 1934, pp. 1–11, and Buchmalerei im Bodenseeraum 1997, p. 333.

[123] Binz, Gustav, Die Handschriften der Öffentlichen Bibliothek der Universität Basel. Erste Abteilung. Die deutschen Handschriften, Basel/Leipzig: Beck, 1907, pp. 75–78.

[124] See Conzelmann, Jochen, "Die Johannsen-Devotion im Dominikanerinnenkonvent St Katharinental bei Diessenhofen. Ein Modellfall für Literaturrezeption und -produktion in oberrheinischen Frauenklöstern zu Beginn des 14. Jahrhunderts?," in: Predigt im Kontext. Internationales Symposium am Fachbereich Germanistik der Freien Universität Berlin vom 5.–8. Dezember 1996, eds. Volker Mertens, Hans-Jochen Schiewer and Wolfram Schneider-Lastin, Tübingen: Niemeyer, 2001, in press, and Hamburger, Jeffrey F., "Brother, Bride and 'alter Christus.' The Virginal Body of John the Evangelist in Medieval Art, Theology and Literature," in: Text und Kultur. Mittelalterliche Literatur 1150–1450, Deutsche Forschungsgemeinschaft-Symposium, ed. Ursula Peters et al., forthcoming.

Jeffrey F. Hamburger

dische Landesbibliothek, Ms. St. Peter pap. 21, Bamberg, Staatsbibliothek, Cod. hist. 153, and Pommersfelden, Gräflich Schönbornsche Bibliothek, Cod. 120), include German translations of the Carolingian theologian, John Scotus Eriugena, and Peter Damian (1007–1072).[126] Of the manuscripts in the group, however, the *libellus* in Basel is the only one that is illuminated.[127] Sixteen brightly-colored full-page miniatures, concentrated at the front of the manuscript, where they illustrate a unique adaptation of John's legend, depict scenes from the life of John the Evangelist, including the apocryphal story of his bodily ascension into heaven (also depicted in the psalter from Engelberg, Cod. 62, cat. 8). The feminization of John is especially apparent in the third miniature, which illustrates an apocryphal account of the marriage of Cana. John, seated at the center, has long golden hair and wears a bridal chaplet. The white dots on his robe represent pearls, symbols of purity. Modelled on the scene of the Last Supper, where Christ and John embraced a second time, the miniature shows John turning away from the woman to his right (to be identified, on account of her halo, with the Virgin Mary rather than his former betrothed) and pledging his troth to Christ, his true spouse.

Mysticism

14) Elsbeth von Oye, *Offenbarungen*. (Fig. 19)
Zurich, Zentralbibliothek, Ms. Rh. 159, pp. 50–51.
Parchment, ff. 160, 90–95 × 65–70 (65–70 × 45–50) mm; after p. 163 95 × 75 (85 × 65) mm.

The manuscript represents a rare survival, the autograph of a medieval mystic in which one can trace the process by which she recorded, then revised, her account of her experiences.[128] Written in the first person (as on p. 51: "Do sprich ich zů gotte mit mine[m] gedanke," etc.), the manuscript bears extensive traces of revision such as erasures and rewriting. Wolfram Schneider-Lastin's recent research has demonstrated that Elsbeth was almost certainly born in Bern in 1289, where she entered the Dominican convent before moving at the age of six to Oetenbach near Zurich, which remained her home until her death in 1339, all the while enduring extra-

---

[125] Schiewer, Hans-Jochen, "Die beiden Sankt Johannsen, ein dominikanischer Johannes-Libellus und das literarische Leben im Bodenseeraum um 1300," in: Oxford German Studies 22, 1993, pp. 21–54.

[126] For the borrowings from Peter Damian, see Volfing, Annette, "The Authorship of John the Evangelist as Presented in Medieval German Sermons and *Meisterlieder*," in: Oxford German Studies 23, 1994, pp. 1–44, and the essay by Regina D. Schiewer, forthcoming in: Der Pommersfeldener Johannes-Libellus: Der Evangelist und der Baptist in früher dominikanischer Literatur in der Volkssprache, Tübingen: Niemeyer. The borrowings from Eriugena are documented in Hamburger, Jeffrey F., St. John the Divine. The Deified Evangelist in Medieval Art and Theology, Berkeley/Los Angeles: University of California Press, 2002, appendix II.

[127] Van Heusinger, Christian, "Spätmittelalterliche Buchmalereien in oberrheinischen Frauenklöstern," in: Zeitschrift für Geschichte des Oberrheins 107, N.F. 68, 1959, pp. 139–160, esp. pp. 139–140.

[128] Schneider-Lastin, Wolfram, "Das Handexemplar einer mittelalterlichen Autorin. Zur Edition der Offenbarungen Elsbeths von Oye," in: editio 8, 1994, pp. 53–70.

ordinary suffering, much of it self-inflicted.[129] Elsbeth describes how she flagellated herself repeatedly to the point of bleeding profusely. In imitation of Christ, she also carried a heavy wooden cross. Describing her use of another cross studded with nails, Elsbeth writes of their spikes sinking into her body as a seal into wax, of suckling from the veins of the cross, and of her wounds as blossoming flowers. Elsbeth's mortification, however, was not merely metaphorical. In her own words, she sought "die allerblutigiste glicheit," "die glichste glicheit," a grisly identification with Christ realized in her own body.[130] Elsbeth represents an extreme example of an ideal widespread in the thirteenth and fourteenth centuries: the desire to imitate Christ's Passion to the point of literal reenactment.[131] According to the *Vitae sororum*, the nuns of the Dominican convent of Unterlinden in Colmar (Alsace) expressed their devotion to Christ's Passion with similar ardor. For example, Agnes Ochsenstein, "for many years tied three different kinds of girdle tightly around herself next to the skin: one was entirely made of iron, with broad iron plates just slightly separated from each other with iron rings inserted between them, carrying very sharp nails which pricked savagely; she wore this around her breast. She wore another one round her waist, which was like a chain and was also made entirely of iron. The third was a great rope, which she wore tied round her loins. After her death, the skin and flesh under these girdles was found to be as black as if it has been stained with coal, and we saw that it was all decayed."[132] An addition to the chronicle of St. Katharinental relates that Elsbeth of Villingen "nam als emsseklich alle nåcht vnd alle tag dysyplin nach der mety und nach der complet, daz ir das blůt dik v́ber den rugen ran, rech als von ainer ader, das ettlich schwestren, die nebent ir knúwetend, als fast besprenget wurdent mit blůt von ir disciplin, das sy ir gewand weschen mů́stent."[133] No matter how abhorrent to a modern observer, such accounts cannot be dismissed as edifying fictions. They remain an authentic, if at times alienating, expression of late medieval devotion to the Passion.[134]

---

[129] See Schneider-Lastin, Wolfram, "Literaturproduktion" and the introduction to his edition of the *Offenbarungen*, forthcoming, which revise the state of research previously summarized by Hans Neumann, "Elsbeth von Oye," in: ²VL, vol. II, pp. 511–514.

[130] Ochsenbein, Peter, "Leidensmystik in dominikanischen Frauenklöstern des 14. Jahrhunderts am Beispiel der Elsbeth von Oye," in: Religiöse Frauenbewegung und mystische Frömmigkeit im Mittelalter, eds. Peter Dinzelbacher and Dieter R. Bauer, Beihefte zum Archiv für Kulturgeschichte 28, Köln/Wien: Böhlau, 1988, pp. 353–372.

[131] Tinsley, D. F., "The Spirituality of Suffering in the Revelations of Elspeth von Oye," in: Mystics Quarterly 21, 1995, pp. 121–147.

[132] Ancelet-Hustache, Jeanne, "Les *Vitae sororum* d'Unterlinden. Édition critique du manuscrit 508 de la Bibliothèque de Colmar", in: Archives d'histoire doctrinale et littéraire du Moyen Age 5, 1930, pp. 317–517.

[133] Meyer, Ruth, Das *St. Katharinenthaler Schwesternbuch*. Untersuchung, Edition, Kommentar, in: Münchener Texte und Untersuchungen zur deutschen Literatur des Mittelalters 104, Tübingen: Niemeyer, 1995, pp. 170–171.

15) Dorothea von Hof, *Das Buch von der göttlichen Liebe*, 31 December 1483. (Fig. 20)
Einsiedeln, Stiftsbibliothek, Hs. 752 (746), f. 1ʳ.
Paper, ff. 382, 205 × 145 (145–150 × 95–100) mm.

The compilation, which takes its title from the main part of the text ("Von der gotlichen Liebe vnd was sy würckt vnd tůt in dem menschen vnd wie sy ain kůnigin ist der tügendenn …," f. 11ʳ) is one of several manuscripts written by Dorothea von Hof, who became a tertiary at St. Katharina in St. Gallen in 1477.[135] By her own report (f. 378ʳ), she was born on St. Verena's day (Sept. 1), 1458: "Do man zalt von der geburt vnsere heren ihesu christi tussent fier hundert vnd Jm dr ú vnd achtzigsten Jar am sant siluester tag han ich Dorathe von hof dis bůch vsge-schriben vnd bin da vor zeherpst an sant frennen tag Jm zwayn vnd achtzigosten Jar als gesin fier vnd zwaintzig Jar vnd ist gesin nún Jar an sant Pallus bekert Jm dr ú vnd achtzigosten Jar das Jerg vnd Ich Elich zusamen kament. Liebe ůberwint alle ding. Deo gratias. Jtem vnd do ich alt bin gesin núntzehn Jar vf sant vrenna tag do gieng ich vf des hailgen crúztag nächst dar nach gen den ainsidlen vf ain engelwiche vnd satzt do den sturtz vf vnd let etliche weltlichen claiden vnd clai-net hin das ich yr nit me trůg." Dorothea's conversion, which she implicitly compares to that of St. Paul, follows a familiar pattern and in some ways is reminiscent of the path followed by the English mystic, Margery Kempe, who also left her marriage to adopt a religious life. *Das Buch von der göttlichen Liebe* represents Dorothea's own, personal compilation of mystical texts no-table for its inclusion of speculative as well as didactic themes. Among Dorothea's sources are various Church Fathers, German mystics such as Suso and Eckhart, spiritual writers such as Jo-hannes Futerer, Otto von Passau and Johannes Nider, to which are added in rather unsystematic fashion *dicta* on confession, penance, sacraments, the Last Judgment, Hell, the Seven Deadly Sins, and the Virtues. Also included are excerpts from *Schwester Katrei,* a tract often attributed to Meister Eckhart in the late Middle Ages. A "Disput zwischen der minnenden Seele und un-serm Herrn" addresses the nature of the soul and its exemplary relationship to God.[136] Dorothea describes herself as having worked "nach dem besten so ich kunt" and her method as having "zůsammen gelesen vnd uzgezogen vnd zesament gesetzt" (f. 2ᵛ). The manuscript contains a single inserted miniature on parchment (f. 1ʳ) which depicts a scribe (possibly a bishop – St. Augustine of Hippo?) – seated at a writing desk placed incongruously in a landscape seen

---

[134] See Gsell, Monika, "Das fliessende Blut der *Offenbarungen* Elsbeths von Oye," in: Deutsche Mystik im abendländischen Zusammenhang. Neu erschlossene Texte, neue methodische Ansätze, neue theoretische Konzepte, eds. Walter Haug and Wolfram Schneider-Lastin, Tübingen: Niemeyer, 2000, pp. 455–482.

[135] Bruckner 1935–1967, vol. V, pp. 96 and 100; von Scarpatetti 1991, vol. III, no. 215, p. 80, pl. 539, and Ruh, Kurt, "Dorothea von Hof," in: ²VL, vol. II, cols. 216–217.

[136] Banz, Romuald, Christus und die minnende Seele. Zwei mittelalterliche mystische Gedichte. Im Anhang ein Prosadisput verwandten Inhalts. Untersuchungen und Texte, Germanistische Abhandlungen 29, Breslau: Marcus, 1908, pp. 15–16.

through a red-brick arch bearing four grisaille statues of saints (at the upper left, Paul, facing an unidentified male companion; at the lower left, George, facing an unidentified female). Seated within the arch against a burnished gold background is the blessing Christ, holding an orb in his left hand and enthroned on three rainbows referring, presumably, to the Trinity. An inscription at the bottom reads: "Beati mundo corde quoniam ipsi deum videbunt," "Blessed are the pure of heart, for they shall see God" (Matthew 5.8, Sermon on the Mount). At the top, an inscription in rustic capitals gives the date: "ANNO SALUTIS 1483 HENSLI Me fe[ci]t." The coats-of-arms added at the front of the manuscript indicate that it at one point belonged to a member of the prominent Ehinger and Neithart families in Constance, most likely the Margaret who added her name at the back of the book (f. 357ʳ): "dis büch ist min margreth ehingerin am mergstat." An entry on f. 357ᵛ records that the manuscript subsequently passed to Anna Otilga Ehinger, who entered the community of Poor Clares (Bickenkloster) at Villingen in 1509 at the age of 9 before taking her vows in 1515: "Item ich schwöster Anna Otilga Ehingerin bin jn dz closter komen am nächsten tag nach Sant Joh's baptisten tag, ward danach im advent IX jar alt, und do ich alt bin gesin drizehn jar darvor uff Sant Othmars tag zwüschent aim und zwaygen jst min liebe trüwe mütter sälgen uß dißem zit geschaiden, ob got wil zu den Ewigen fröden, jst jetz jm VII jar und bin ich jetz jm XIX, und do ich XV jar alt bin gesin darvor uf únser frowen tag festum nivis hon ich profeß ton, jst jetz jm V jar."

Monastic Administration

16) Charter, Müstair, 1394. (Fig. 21)
Müstair, Klosterarchiv, XVIII. no. 3.
Parchment, 34 × 25 cm.

The charter, dated 1394, opens with a crude but imposing drawing that portrays John the Baptist as the patron and Charlemagne as the founder of the famed monastery.[137] John, dressed in a flamboyant hair shirt brilliantly colored in brown, yellow and red, displays his attribute, the *Agnus dei*, while the Holy Roman emperor, who is depicted on a somewhat smaller scale with a sword tucked into his belt, holds a model of the church. Whereas the Baptist is shown barefoot, in keeping with his mission in the desert, the monarch is shown wearing a fur-lined red robe and delicate slippers. The drawing may be based on the stucco figures that flank the entrance to the choir, of which only the emperor survives today. The inscriptions, which are written in three different hands, read, in part: "Ecce agnus Dei, ecce qui tollit peccata mundi," "Baptista edificauit sanctam domum," and "Beatus karolus construere fecit cenobium dictum monasterium."

---

[137] Müller, Iso, Geschichte des Klosters Müstair von den Anfängen bis zur Gegenwart, Disentis: Desertina, 1978, pp. 100, 102 and 237.

Jeffrey F. Hamburger

17) Ordinances of Queen Agnes of Hungary for the convent of Königsfelden, August 15, 1335, altered and reissued ca. 1355. (Fig. 22)
Aarau, Staatsarchiv, Urk. Königsfelden 152.
Parchment, 510 × 690 mm.

In 1308, Albrecht I von Habsburg was murdered at the site later known as Königsfelden. Construction began almost immediately on a Franciscan double monastery of a type quite common in central Europe (the most important precedent being the double monastery of St. Agnes in Prague). Albrecht's widow, Queen Elisabeth, died in Vienna in 1313, and was buried together with her husband at Königsfelden, which joined Tülln as an important Hapsburg mausoleum. The church was still unfinished ca. 1317–18 when Albrecht's daughter, Agnes of Hungary, who also had been widowed, established herself in an apartment adjacent to the choir at Königsfelden. The document represents one of a series of ordinances that attempt to prescribe in great deal the complex administration of the convent.[138] Prepared ca. 1355, the text represents a copy of ordinances first written on August 15, 1335 that in turn revised a previous set laid down on January 23, 1330. The document bears the seals of Agnes, the abbess, and the convent. The opening section serves to convey the character of the text: "Wir Agnes von gottes gnaden wilent kúniginn ze Ungern, tůnt kunt allen den, die disen brief ansechent oder hôrent lesen, das wir ordenen und setzen ze dem lobe des almechtigen gottes und ze einem ewigen frid und besorgung der swesteren sant Claren ordens, die uff únser stift ze Kúngsvelt sint oder hienach kúnftig werdent, das der gewileten swestern nút me súllent werden denne fier und fierzig und der dienenden swestern zwo, die súllent nút gewilet sin noch cappitel stimme nút han und súllent sich darzů ferbinden nach aller der wise, als sich ånder clôster darzů ferbunden hat ze ir zal. Dem vorgenanten convent ordenen und setzen wir von allen den gůtern, so si hant von únser lieben frôwen und můter seligen, kúnigen Elisabethen, und von úns und únsern brúdern durch únsers lieben herren und vatters seligen sele, kúnig Albrehtes, und únser und aller únser geswistergit und forderen sele von der kilchen ze Stöffen und ze Windesch, von dem hoff ze Rinfelden und von allen den gůtern, so si hie obnen und da niden in Elsåzz hant, so wellen wir, das die eptissin gebunden si bi gehorsami, der kellerin und der siechmeis-

---

[138] Boner, Georg, "Die Königsfelder Klosterordnungen der Königin Agnes von Ungarn," in: Schaffhauser Beiträge zur vaterländischen Geschichte 48, 1971, pp. 59–89. For the art and architecture of the convent, see most recently: Die Kunst der Habsburger 1996; Kurmann, Peter and Brigitte Kurmann-Schwarz, "Das religiöse Kunstwerk der Gotik als Zeichen der Übereinkunft zwischen Pfaffen und Laien," in: Pfaffen und Laien – ein mittelalterlicher Antagonismus?, Freiburger Colloquium 1996, eds. Eckhart Conrad Lutz and Ernst Tremp, Fribourg: Universitätsverlag, 1999, pp. 77–99; Kurmann-Schwarz, Brigitte, "Les vîtreaux du chœur de l'ancienne abbatiale de Königsfelden: L'origine des ateliers, leurs modèles et la place de leurs œuvres dans le vitrail alsacien," in: Revue de l'art 121, 1998, pp. 29–42, and Jäggi, Carola, "Eastern Choir or Western Gallery? The Problem of the Nuns' Choir in Königsfelden and other Early Mendicant Nunneries," forthcoming in: Gesta.

terin so vil phenning ze gebenn, uff weli zit si sin bedúrffen, das si gentzlich und gar erfüllen múgen alles, das wir hie nach an disem brief ordenen und setzen, und bi der selben úgehorsami so binden wir si ŏch ze gebenn der werkmeistrin un d der custrin alles, das wir inen geordenot hant," etc.[139] Similar ordinances survive from the double monastery at Schaffhausen.[140]

Reform and Reformation

18) Letter of protest from the reformers at Klingenthal, October 16, 1482. (Fig. 23)
Basel, Staatsarchiv des Kantons Basel-Stadt, Klosterarchiv Klingental HH 4, Nr. 162.
Paper, 142 × 215 mm.

Accounts of monastic reform inevitably present their progress in terms of inexorable success. There were also setbacks, however, few more spectacular or better documented than the failure to reform the Dominican convent of Klingental in Basel. On August 2, 1477 Pope Sixtus IV issued a bull authorizing the reform. The so-called "alte" Klingental nuns, however, resisted every step of the way, even after they were excommunicated. In 1482, after a protracted struggle involving various factions within the city, the reforming nuns were ordered to return to Engelporten. They, in turn, refused, in violation of their oaths of obedience, and left only after they were forcibly expelled by the former occupants. In 1483, the non-reformed nuns demanded reparations amounting to 36,000 Gulden. The Basler Rat ensured that only the Dominican friars were liable. Negotiations eventually reduced the figure to 11,000 Gulden, still an enormous sum. The entire sequence of events, while hardly edifying, underscores the independence and wealth enjoyed by a female community with strong support from their families and friends within the city. Dated October 16, 1482, the document conveys the bitter protest of the reforming nuns to the Master General of the Dominican Order, Salvus Casseta, against the Papal decision to revoke the reform, promulgated in a Bull dated May 4, 1482: "Herr General uns befrömdet, das Ir uns also verderben went an Sel und Lip, und wir went üch erwisen, das Ir unseren hal Unrecht geton, und fúgent Ir uns harüber förter Ungemach zü, went wir üch klagen Bobst und Keyser, unseren Fründen / aller Welt harnach wissent üch zu richten. Geben uff sant gallen tag in dem Jor. Swstern von den alten in Klingental und Iren Zuchtmeyersterin." As noted by Weis-Müller, in this document, the designation "alten" refers to the reformers, as after October 12, 1482, the reformers could no longer legally be considered "Klingentalerinnen," even though they still occupied the convent.[141] Casseta, who at the time the nuns resided just across

---

[139] Boner 1971, p. 84.
[140] Frauenfelder, Reinhard, "Spätmittelalterliche Ordnungen für das Benediktinerinnenkloster St. Agnes in Schaffhausen," in: Zeitschrift für Schweizerische Kirchengeschichte 58, 1964, pp. 107–118, and Reinhardt, Rudolf, "Eine weitere spätmittelalterliche Ordnung für das Benediktinerinnenkloster St. Agnes in Schaffhausen," in: Zeitschrift für Schweizerische Kirchengeschichte 59, 1965, pp. 13–19.
[141] Weis-Müller 1956, pp. 120–121, note 262.

Jeffrey F. Hamburger

the Rhine in the convent of the Preachers, replied, in part: "Ich hab uwer Brief genommen und uss Im vernommen üwers Gemüetes Pittrikeit … Ich hab ein Mittleiden mit uch, aber Ir sond gedenken, das alles das uff nahstvergangen Tag und In der Verainigung beschene ist umb unnsers und üwers Frides willen und Rwe und des gantzen Ordens und sunderlich der Burger diser Statt Basel beschehen ist, och wer Frund, und zu vermiden vil Schaden und Ungemach, die Sach hetten mügen pegeben, die also menigveltig sind, das ich sy nit erzelen mag. In vergangen Tagen sind Burger von Basel gefangen worden und unnsers ordens Brüder; ist zu besorgen gewesen, das sich ergers begeben hiet mögen, das man alles an üch und unns hette wellen tzue chömen."

19) Dorothea Shermann, receipt of 100 Gulden following the closure of the convent of Gnadenthal, Basel, 1534. (Fig. 24)
Basel, Staatsarchiv des Kantons Basel-Stadt, J 1.
Parchment, 215 × 225 mm.

The administration of convents was complex and required the active participation of the nuns, who, despite their supposed withdrawal from the world, found themselves very much engaged with it. Even if convents did not have had a formal *scriptorium*, documents often refer to a *scriptrix superior*, sometimes identical with the abbess or prioress, and to other nuns as *subscriptrix*. In Dorothea Shermann, the Poor Clares of Gnadental zu Basel found an able *scriptrix*.[142] In addition to documents, Dorothea transcribed entire manuscripts, among them, a handsome *Psalterium Marianum* (Sarnen, Kollegium, Cod. 65), which closes (ff. 127^r-127^v) with the colophon: "Dis büchlin wart geendet durch mich schwester Dorothea Schermanyn in dem closter Gnodenthal in der stat Bassel sant Claren ordens der observantz uff vigilia visitacionis Marie virginis … im 1515 und gehört der geistlichen und andechtigen schwester Anna Lowlin och in Gnodental und begert dz sy got fur sy well bitten um ein gůt selig end." Dorothea Shermann's family can be documented in Basel from the middle of the fifteenth century. A relative, Greda Shermann, had entered the convent ca. 1460 on the death of her husband. Her grandparents, Anthony and Ennelin Shermann, had given extensive landholdings to Gnadental in 1490 on the occasion of Dorothea's admission. Dorothea remained in the convent until its closure in 1529.[143] The nuns who decided to remain Catholic retired to Freiburg im Breisgau. Dorothea, however, chose to remain in Basel, and in 1534 she accepted recompense from the city of Basel in the sum of 100 Gulden. The document, which opens with a florid calli-

---

[142] Bruckner, Albert, "Zum Problem der Frauenhandschriften im Mittelalter," in: Aus Mittelalter und Neuzeit. Gerhard Kallen zum 70. Geburtstag dargebracht von Kollegen, Freunden und Schülern, eds. Josef Engel and Hans Martin Klinkenberg, Bonn: Peter Hannstein, 1957, pp. 171–183.

[143] For the community's history, see Degler-Spengler, Brigitte, Das Klarissenkloster Gnadental in Basel, 1289–1529, Quellen und Forschungen zur Basler Geschichte 3, Basel: Friedrich Reinhardt, 1969.

graphic initial "I," and which bears a large seal, reads, in part: "Ich Dorothea Schermännin tůndt kůndt aller manglichem mit diser miner eygenen handtgeschrifft dz mir die edlen festen ersammen wisen juncker Hanns Thüring, Hug von Sulz und meister Hanns Oltinger, bede burger und des rots zu Basel, als von einem ersamen rott zu Basel verordnete pfleger, herren des gotzhuses und closters Gnodental, usgericht und bezalt handt in namen und von wegen obgedachts closters Gnodental die hundert guldin in müntz, für yeden guldin ein pfund und fünff schilling gerechnet, so sy mir, minen erben oder wem ich die vergönn, inhalt miner gewarsamy, brieff und sigel, dorumb uffgericht. schuldig gewesen; deren hundert guldin obgemelt sag ich, Dorothea Schermännin, mine gnedigen herrn, die pfleger vorgemelt, in nammen und von wegen wie obstott für mich und mine erben und nochkommen gantz fry, quitt, ledig und los. … Die geben ist uff den heligen tag zů wienechten anno etc. noch Cristi unsers erlösers und seligmachers geburt 1534 jar."

Secular Patronage

20) Conradus Heingarter, *Liber de morborum causis*, August 26, 1480. (Fig. 25)
Zurich, Zentralbibliothek, Ms. C 131, f. 1ʳ.
Parchment, ff. 50, 195 × 125 (120 × 70–75) mm.

Conrad received his Bachelor and Master of Arts at the University in Paris in 1464. In addition to serving the Bourbons, he later acted as physician to Charles VIII of France.[144] Addressed to Jeanne de Bourbon, daughter of Charles VII of France and third wife of Jean II, Duke of Bourbon and Auvergne, the treatise in the manuscript discusses the causes of disease, emphasizing those that hinder healthy childbirth.[145] The recipient, at whose court the author, Conrad Heingarter (whose name is given as Conradus Turicensis), served as astrologer and physician, suffered from an inability to bear children after her first son and only child died shortly after childbirth. The text, which combines medicinal and astrological lore, some of it going back to Antiquity, contains much the same advice offered by Heingarter to the Duke in a previous treatise, but concludes with a regime for pregnant women. The manuscript, like the text, may have originated in France. The flamboyant illumination, however, including the broad, luxuriant borders, is unmistakably Germanic in style, and is especially reminiscent of manuscripts produced in centers such as Basel and Augsburg in the late fifteenth century. In contrast to the text, the decoration evokes the lighter side of courtly culture: in the lower margin, the brightly colored vine scrolls are inhabited by two jousting horsemen, while, at the upper right, a women

[144] Milt, B., "Beiträge zur Kenntnis der mittelalterlichen Heilkunde am Bodensee und Oberrhein," in: Vierteljahresschrift der Naturforschenden Gesellschaft in Zürich 85, 1940, pp. 263–321, esp. 298–299.
[145] Von Scarpatetti 1991, vol. III, no. 498, pp. 181–182, pl. 430–431; Mohlberg 1951, pp. 62 and 363; Thorndike 1934, pp. 357–385, and Thorndike 1936, pp. 81–87.

Jeffrey F. Hamburger

dressed in green carries a fluttering blue pennant while riding a leaping stag. In contrast, the opening initial is quite small; it portrays Jeanne receiving the presentation copy from a member of her entourage, most likely Conrad himself. The arms at his feet, blue and white with a lion, are those of Zurich. The Bourbon arms appear in a second initial on f. 29^r.*

* I am grateful to all those who helped me in preparing this essay: Monika Bohnenblust, Rolf De Kegel, Walther J. Fuchs, Rudolf Gamper, Martin Germann, Susan Marti, Nigel Palmer, Regina D. Schiewer, Wolfram Schneider-Lastin, Marlis Stähli and P. Beda Szukics.

JEFFREY F. HAMBURGER

Les femmes et l'écrit en Suisse au Moyen Âge

« Claustrum sine armario quasi castrum sine armentario » : un monastère sans bibliothèque est comme un camp retranché sans armement.

Les livres comptaient parmi les possessions les plus précieuses – et constitutives – des monastères. Symboles du rang du monastère et instruments de pouvoir dans une culture où l'analphabétisme prédominait, les livres, et les cérémonies qu'ils réglaient, occupaient une position centrale dans les rituels de la vie conventuelle. L'écrit sous toutes ses formes est la principale source d'information pour l'histoire de la plupart des institutions monastiques. Qu'il s'agisse de codex liturgiques somptueusement enluminés ou de collections de chartes énumérant droits et exonérations, l'écrit était l'instrument qui rendait possible et qui enregistrait les rites de commémoration et de célébration au cœur de la vie monastique.

Il existe étonnamment peu d'informations relatives à l'agencement architectural des bibliothèques médiévales. On possède par contre de nombreux témoignages sur le contenu de ces bibliothèques, notamment de celles des communautés de femmes en Suisse. Un large éventail documentaire – catalogues, règlements de bibliothèques, nécrologies, lettres, chroniques, chartes, testaments, sans oublier les manuscrits eux-mêmes – permettent de reconstituer les collections des bibliothèques et les règles qui régissaient la fabrication, le classement, le prêt et le don de livres. Cette documentation met en outre en lumière toute une série de pratiques sociales réglementant la vie des nonnes et de leurs protecteurs, traditions qui reposaient sur l'enregistrement et la transmission de l'écrit. Nous avons sélectionné vingt manuscrits datant du dixième au seizième siècle et provenant de bibliothèques suisses, pour illustrer les types de manuscrits que l'on trouve fréquemment dans les couvents ; ce choix laisse entrevoir la quantité de documents qui attendent encore d'être étudiés.

Bibliography

The following bibliography, while hardly exhaustive, provides a list of reference works essential to the study of medieval monastic libraries in Switzerland as well as general studies on women as authors, readers, scribes, and patrons of the written word in medieval Europe.

Baratin, Marc, and Christian Jacob (eds.), Le Pouvoir des bibliothèques. La mémoire des livres en Occident, Paris: Albin Michel, 1996.

Bell, David N., What Nuns Read. Books and Libraries in Medieval English Nunneries, Cistercian Studies Series 158, Kalamazoo, Mi.: Cistercian Publications, 1995.

Bell, Susan Groag, "Medieval Woman Book Owners. Arbiters of Lay Piety and Ambassadors of Culture," in: Sisters and Workers in the Middle Ages, ed. Judith M. Bennett et al., Chicago: University of Chicago Press, 1989, pp. 135–161.

Bruckner, Albert, Scriptoria Medii Aevi Helvetica. Denkmäler Schweizerischer Schreibkunst des Mittelalters, 14 vols., Genf: Roto-Sadag, 1935–1967.

Brunner, Otto, "Österreichische Adelsbibliotheken des 15. bis 18. Jahrhunderts als geistesgeschichtliche Quelle," in: Neue Wege der Verfassungs- und Sozialgeschichte, ed. Otto Brunner, 3rd edition, Göttingen: Vandenhoeck & Rupprecht, 1980, pp. 281–293.

Buchmalerei im Bodenseeraum. 13. bis 16. Jahrhundert, ed. Eva Moser, Friedrichshafen: Gessler, 1997.

Buzas, Ladislaus, Deutsche Bibliotheksgeschichte des Mittelalters, Elemente des Buch- und Bibliothekswesens 1, Wiesbaden: Reichert, 1975.

Cavallo, Guglielmo (ed.), Le Biblioteche nel mondo antico e medievale, Roma/Bari: Editori Laterza, 1988.

Caviness, Madeline H., "Anchoress, Abbess, and Queen. Donors and Patrons or Intercessors and Matrons?," in: The Cultural Patronage of Medieval Women, ed. J. H. McCash, Athens, Ga.: University of Georgia Press, 1996, pp. 105–154.

Chartier, Robert, The Order of Books. Readers, Authors and Libraries in Europe Between the Fourteenth and Eighteenth Centuries, translated by Linda G. Cochrane, Stanford: Stanford University Press, 1993.

Christ, Karl, "Mittelalterliche Bibliotheksordnungen für Frauenklöster," in: Zentralblatt für Bibliothekswesen 59, 1942, pp. 1–29.

Conzelmann, Jochen, "Die Johannsen-Devotion im Dominikanerinnenkonvent St. Katharinental bei Diessenhofen. Ein Modellfall für Literaturrezeption und -produktion in oberrheinischen Frauenklöstern zu Beginn des 14. Jahrhunderts?," in: Predigt im Kontext. Internationales Symposium am Fachbereich Germanistik der Freien Universität Berlin vom 5.–8. Dezember 1996, eds. Volker Mertens, Hans-Jochen Schiewer and Wolfram Schneider-Lastin, Tübingen: Niemeyer, 2001, in press.

Driver, Martha W., "Nuns as Patrons, Artists, Readers. Bridgettine Woodcits in Printed Books Produced for the English Market," in: Art Into Life. Collected Papers from the Kresge Art Museum Medieval Symposium, eds. Carol Garrett Fisher and Kathleen L. Scott, East Lansing, Mi.: Michigan State University Press, 1995, pp. 237–267.

Dutton, Anne M., "Passing the Book. Testamentary Transmission of Religious Literature to and by Women in England, 1350–1500," in: Women, the Book and the Godly. Selected Proceedings of The St. Hilda's Conference, 1993, eds. Lesley Smith and Jane H. M. Taylor, Cambridge: D. S. Brewer, 1995, vol. 1, pp. 41–54.

Goetz, Hans-Werner, Frauen im frühen Mittelalter. Frauenbild und Frauenleben im Frankenreich, Köln/Wien: Böhlau, 1995.

Hamburger, Jeffrey F., Nuns as Artists. The Visual Culture of a Medieval Convent, Berkeley/Los Angeles: University of California Press, 1996.

Hamburger, Jeffrey F., The Visual and the Visionary. Art and Female Spirituality in Late Medieval Germany, New York: Zone Books, 1998.

Hasebrink, Burkhard, "Tischlesung und Bildungskultur im Nürnberger Katharinenkloster: Ein Beitrag zu ihrer Rekonstruktion," in: Schule und Schüler im Mittelalter. Beiträge zur europäischen Bildungsgeschichte des 9. bis 15. Jahrhunderts, eds. Martin Kintzinger, Sönke Lorenz and Michael Walter, Köln: Böhlau, 1996, pp. 187–216.

Hasenohr, Geneviève, "La vie quotidienne de la femme vue par l'Église. L'enseignement des 'Journées chrétiennes' de la fin du Moyen Âge," in: Frau und spätmittelalterlicher Alltag: Internationaler Kongress Krems an der Donau 2. bis 5. Oktober 1984, Veröffentlichungen des Instituts für mittelalterliche Realienkunde Österreichs, vol. 9, Wien: Akademie der Wissenschaften, 1986, pp. 19–101.

Hasenohr, Geneviève, "Les monastères des femmes," in: Histoire des bibliothèques françaises, 3 vols., vol. 1: Les bibliothèques médiévales du VIe siècle à 1530, Paris: Promodis, 1989, pp. 250–251.

Hauber, Anton, "Deutsche Handschriften in Frauenklöstern des späteren Mittelalters," in: Zentralblatt für Bibliothekswesen 31, 1914, pp. 341–373.

Helvetia Sacra, Basel: Helbing & Lichtenhahn, 1964ff.

Hentsch, Alice A., De la littérature didactique du moyen âge s'addressant spécialement aux femmes, Cahors: A. Coueslant, 1903; reprint, Geneva 1975.

Kelchner, Ernst, "Eine Bibliotheksordnung aus dem Jahre 1259. Ein Beitrag zum Bibliothekswesen des Mittelalters," in: Zeitschrift für Buchwesen 1, 1884, pp. 307–313.

Lehmann, Edgar, Die Bibliotheksräume der deutschen Klöster im Mittelalter, Schriften zur Kunstgeschichte 2, Berlin: Akademie-Verlag, 1957.

Leistle, D., "Über Klosterbibliotheken des Mittelalters," in: Studien und Mitteilungen des Instituts für Geschichte des Benediktinerordens und seiner Zweige 5, 1915, pp. 198–228 and 356–377.

Lesne, Emile, Les Livres. 'Scriptoria' et bibliothèques du commencement du VIIIe à la fin du XIe siècle, Histoire de la propriété ecclésiastique en France 4, Mémoires et travaux publiés par des professeurs des facultés catholiques de Lille 46, Lille: Facultés catholiques, 1938.

Lingier, C., "Boekengebruik in vrouwenkloosters onder de invloed van de Moderne Devotie," in: Boeken voor de eeuwigheid. Middelnederlands geestelijk proza, ed. Thomas Mertens et al., Nederlandse literatuur en cultuur in de middeleeuwen 8, Amsterdam: Prometheus, 1993, pp. 280–294 and 454–466.

McKitterick, Rosamond, "Frauen und Schriftlichkeit im Frühmittelalter," in: Weibliche Lebensgestaltung im frühen Mittelalter, ed. Hans-Werner Goetz, Köln: Böhlau, 1991, pp. 65–118.

Meale, Carol M., "'Alle the Bokes That I Haue of Latyn, Englisch, and Frensch': Laywomen and Their Books in Late Medieval England," in: Women and Literature in Britain, 1150–1500, Cambridge Studies in Medieval Literature 17, Cambridge: Cambridge University Press, 1993, pp. 128–158.

Opitz, Claudia, "zu schreiben von gutten und selgen swestren uebung. Frauenmystik und geistliche Literatur in südwestdeutschen Frauenklöstern des Mittelalters," in: Evatöchter und Bräute Christi, Weiblicher Lebenszusammenhang und Frauenkultur im Mittelalter, ed. Claudia Opitz, Weinheim: Deutscher Studienverlag, 1990, pp. 129–149.

Persoons, Ernest, "Lebensverhältnisse in den Frauenklöstern der Windesheimer Kongregation in Belgien und in den Niederlanden," in: Klösterliche Sachkultur des Spätmittelalters: Internationaler Kongress Krems an der Donau 18. bis 21. Semptember 1978, ed. M. H. Appelt, Veröffentlichungen des Instituts für mittelalterliche Realienkunde Österreichs 3; Österreichische Akademie der Wissenschaften, Philosophisch-historische Klasse, Sitzungsberichte 367, Wien: Akademie der Wissenschaften, 1980, pp. 73–111.

Rüther, Andreas, "Schreibbetrieb, Bücheraustausch und Briefwechsel. Der Konvent St. Katharina in St. Gallen während der Reform," in: Vita Religiosa im Mittelalter. Festschrift für Kaspar Elm zum 70. Geburtstag, eds. Franz J. Felten and Nikolaus Jaspert, with Stephanie Haarländer, Berlin: Dunker & Humblot, 2000, pp. 653–677.

Schneider-Lastin, Wolfram, "Zürich, Oetenbach. Literaturproduktion und Bibliothek," in: Helvetia Sacra IV, V/2, pp. 1029–1035.

Schraut, Elisabeth, "Zum Bildungstand fränkischer Zisterzienserinnenkonvente," in: Württembergisch Franken 72, 1988, pp. 42–67.

Schraut, Elisabeth, "Kunst im Frauenkloster. Überlegungen zu den Möglichkeiten im mittelalterlichen Kunstbetrieb am Beispiel Nürnberg," in: Auf der Suche nach der Frau im Mittelalter. Fragen, Quellen, Antworten, ed. Bea Lundt, München: Fink, 1991, pp. 81–114.

Schneider, Karin, "Die Bibliothek des Katharinenklosters in Nürnberg und die städtische Gesellschaft," in: Studien zum städtischen Bildungswesen des späten Mittelalters und der frühen Neuzeit, eds. Bernd

162

Jeffrey F. Hamburger

Moeller, Hans Patze, Karl Stackmann, and Ludger Grenzmann, Göttingen: Vandenhoeck & Rupprecht, 1983, pp. 70–83.

Senser, Christine, Die Bibliotheken der Schweiz, Elemente des Buch- und Bibliothekswesens 13, Wiesbaden: Reichert, 1991.

Stirnemann, Patricia, "Women and Books in France, 1170–1220," in: Representations of the Feminine in the Middle Ages, ed. Bonnie Wheeler, Feminea Medievalia 1, Dallas: Academia Press, 1992, pp. 247–252.

Thoss, Dagmar, "Frauenerziehung im späten Mittelalter," in: Frau und spätmittelalterlicher Alltag: Internationaler Kongress Krems an der Donau 2. bis 5. Oktober 1984, Veröffentlichungen des Instituts für mittelalterliche Realienkunde Österreichs, vol. 9, Wien: Verlag der Österreichischen Akademie der Wissenschaften, 1986, pp. 301–323.

von Scarpatetti, Beat Matthias (ed.), Katalog der datierten Handschriften in der Schweiz in lateinischer Schrift vom Anfang des Mittelalters bis 1550, 3 vols., Dietikon/Zürich: Urs Graf, 1977–1991.

Vadstena klosters bibliotek. Ny katalog och nya forskningsmöjligheter/The Monastic Library of Medieval Vadstena. A New Catalogue and New Potentials for Research, eds. Monica Hedlund and Alf Härdelin, Acta Bibliothecae R. Universitatis Upsaliensis 29, Stockholm: Almquist & Wiksell International, 1990.

²VL = Die deutsche Literatur des Mittelalters. Verfasserlexikon, ed. Kurt Ruh et al., 10 vols., 2nd edition, Berlin: de Gruyter, 1977–1999.

Wattenbach, Wilhelm, Das Schriftwesen im Mittelalter, 4th edition, Graz: ADEVA, 1958.

Women and the Book. Assessing the Visual Evidence, eds. Leslie Smith and Jane H. M. Taylor, London: British Library, 1996.

Jeffrey F. Hamburger

Born in 1957, is Professor of History of Art and Architecture at Harvard University specializing in medieval art. His interests include art, mysticism and theology in the Middle Ages, the visual culture of female monasticism, and the history of manuscript illumination. His previous publications have won numerous awards, among them the Charles Rufus Morey Prize of the College Art Association, the Roland H. Bainton Book Prize in Art & Music from the Sixteenth-Century Studies Conference, the Otto Gründler Prize from the International Congress of Medieval Studies, the Jacques Barzun Prize in Cultural History from the American Philosophical Society, and the John Nicholas Brown Prize from the Medieval Academy of America. His most recent book, St. John the Divine. The Deified Evangelist in Medieval Art and Theology, is forthcoming from the University of California Press.

WERNER OECHSLIN

Die Bibliothek und ihre Bücher – des Menschen Nahrung

Der moderne Zugriff auf die Bücherbestände per Computer, das Herauslösen der einzelnen Information, der scheinbar so unbegrenzte Zugang zu allem und jedem lässt zuweilen *die physische Wirklichkeit des Buches* mitsamt seinen unverkennbaren Vorzügen vergessen. Die Metapher des Buches als Nahrung suggeriert dessen Notwendigkeit. Von dem ist auszugehen, wenn man vom Buch und der Bibliothek mehr als blosse Informationsbeschaffung und Dienstleistung erwartet. Das ‹Mehr› ist das Wesentliche: ein Blick in die Geschichte von Buch und Bibliothek lässt schnell erkennen, dass dieser Mehrwert ununterbrochen in systematischer Ausrichtung, versuchter Gesamtheit und damit natürlich im Abbild menschlicher Kultur gesucht und bei gleichbleibendem Ziel in tausendfacher Brechung und Variation erbracht wird. Buch und Bibliothek formen ein wesentliches Kapitel menschlicher Wissenskonstituierung und dies in Rücksicht auf Veränderung und stetigen Wandel. Ihnen kommt deshalb ein *bedeutender kulturgeschichtlicher Stellenwert* zu. Das ist kaum bestritten, aber gleichwohl wenig erkannt und selten genug aus diesem Blickwinkel heraus beschrieben und dokumentiert. Ein solcher Versuch führt aber notwendigerweise zur Feststellung einer erstaunlichen *Nähe von Buch, Bibliothek und Kulturbegriff selbst* und dies betrifft Wesentliches: das notwendige Zusammengehen umfassend systematischen Ausgreifens und stets gegebener Einschränkung, die damit verknüpfte Einheit eines begrifflich-erdachten und eines individuell-bestimmten, geschichtlichen Seins und nicht zuletzt – aus diesem Geschichtlichen erst hervorgehend – die Konkretheit des Zeitlichen, der immerwährenden Veränderung. Gerade damit kontrastiert im Blick auf alte Bücherbestände häufig das äussere Vorurteil. Und gleichwohl ist nichts lebendiger als gerade dies: die stets in Veränderung begriffene und immer wieder neu gefasste Vergegenwärtigung des Ganzen aus seinen Teilen. Das erfährt notwendigerweise, wer diese Nahrung zu sich nimmt.

Die Bücher seien «*l'aliment & la nourriture*», Nahrung und Ernährung, schreibt Claude du Molinet, der Bibliothekar der Bibliothèque Sainte-Geneviève in Paris, zu Beginn seines berühmten, aufwändig gedruckten Sammlungskataloges.[1] Man spricht gelegentlich von ‹geistiger Nahrung›; aber die Vorstellung von Büchern und Bibliotheken wird denn doch meist nicht so nahe an die elementarsten Bedürfnisse des Menschen herangerückt. Ganz im Gegenteil! Mit dem Buch – insbesondere mit dem alten – verbindet sich häufig genug die Vorstellung von Vergangenem, von Staub und Moder. Was sich in Bibliotheken findet, ist nach einem verbreiteten Vorurteil abgelegt, rückwärtsgewandt, verblichen, hat sein Leben verwirkt. In einer Welt, in der trotz gegenteiliger Beteuerungen der Augenblicksvorzug, die «Neutönerei» das äussere Geschehen beherrscht, scheint das in schierer Konsequenz eine ausgemachte Sache zu sein.

Vorurteile! Auch die Euphorie einer bald alles Reale ersetzenden virtuellen Welt ist längst abgeflacht. Die Vorzüge einer physisch *wirklichen* Welt sind unverkennbar und so schnell nicht zu ersetzen. Diese Erkenntnis hat auch vor dem Buch und der Bibliothek nicht haltgemacht. Gerade ältere Bibliotheken, wie sie beispielsweise in barocken Klöstern von Mafra bis Strahov dem staunenden Publikum vorgezeigt werden, lösen offensichtlich eine ganz besondere Faszination aus. Plötzlich sehen Augen (wieder), dass gesammeltes Wissen Körper und Raum geworden ist, dass Bücher eine wie auch immer strukturierte Ordnung bilden, die sich – zuerst architektonisch abgebildet – dem visuellen und haptischen Zugriff unmittelbar erschliesst. Wenige jener Bibliotheksbesucher wissen, dass sie mit solchen ersten, scheinbar naiven Eindrücken schon sehr nahe bei den Vorstellungen sind, die Bibliotheksgründer und Bibliothekare seit dem Bestehen von Bibliotheken selbst entwickelt und für die Anordnung des gesammelten Wissens festlegt haben. Darüber gibt die Geschichte der Bibliotheken umfassenden Aufschluss. Die virtuelle Welt der modernen Information drohte uns dies vergessen zu lassen. Jetzt, durch den Informationsüberfluss, durch die Wissensinflation, durch die neue Unübersichtlichkeit und durch die daraus resultierenden Mängel sensibilisiert, werden die Augen für die sinnlich wahrnehmbare Wirklichkeit der Bücher und des Wissens wieder geöffnet: Wissen zum Anfassen im ganz wörtlichen Sinne.

Wie aber sollen die Bücher als «aliment» und «nourriture» und nicht bloss als Kuriosität begriffen werden? In den Räumen des ehemaligen Klosters Ittingen im Schweizer Kanton Thurgau hat der amerikanische Künstler Joseph Kosuth im Jahre 1999 unter dem Titel «Die verstummte Bibliothek» eine Installation gezeigt: auf Bodenplatten gravierte er in monumentaler Form den alten Bibliothekskatalog von 1717 ein. Eine Kritikerin konstatierte, der Effekt von Grabplatten würde sich einstellen. Sie sprach von «Grabplattenästhetik» und bemerkte zu Recht, dass durch den monumental inszenierten Katalog die Bibliothek selbst nicht besser greifbar sei als zuvor. Dann aber folgerte sie allzu schnell: «Würde die Bibliothek denn zu uns sprechen, wenn sie noch vollständig vorhanden wäre? Wohl kaum, eben weil sich die Ordnung des

---

[1] Vgl. du Molinet, Claude, Le Cabinet de la Bibliothèque de Sainte-Geneviève: Divisé en 2 parties; Contenant les Antiquitez de la Religion des Chrétiens, des Egyptiens, et des Romains ..., Paris: Chez Antoine Dezallier, ruë Saint Jacques, à la Couronne, 1692, Préface.

Werner Oechslin

Wissens geändert hat…». Die Kritikerin beanstandet die Musealisierung der Bibliotheksidee durch die künstlerische Umsetzung von Joseph Kosuth. Aber bei der Beurteilung der möglichen Wirkung der Bibliothek übersieht sie, dass – wäre die Bibliothek 1848 nicht aufgehoben, sondern weiter benutzt und gepflegt worden – die Ordnung sich natürlich, notgedrungen gewandelt hätte. An ihrer Wahrnehmung von etwas «Verschmocktem» sei wohl die «echte Kathedrale» schuld, meint sie. Damit bestärkt sie den Eindruck, dass hier in erster Linie die *Aura* und weniger das wirklich gegebene Monument diskutiert wird. Ist die Bibliothek als reale Vorstellung so entrückt, wie dies hier dargestellt wird? «Grabplattenästhetik», Kathedrale? Das ist weder als Nahrung noch zum Anfassen gedacht. Viel eher scheint hier beides, Kunst wie Kunstkritik, vornehmlich mit sich selbst beschäftigt – im Kunstjargon ‹selbstreflexiv› – zu sein. Der «ästhetische Blick» schafft letztlich Distanz und die ist hier, da wir den tatsächlichen Zugang zum Buch suchen, keineswegs erwünscht.[2]

Als Ende 1999 in Kopenhagen die neue Königliche Bibliothek der dänischen Architekten Schmidt, Hammer & Lassen eingeweiht wurde, schrieb eine prominente Tageszeitung unter das entsprechende Bild «halb Kaaba und halb Villa Malaparte». Man hätte ja auch einfach feststellen können, dass in diesem Bau dekonstruktivistische Verformung und neue Körperlichkeit – wie beispielsweise in einigen Bauten von Herzog & de Meuron – pünktlich und zeitkonform eine neue Einheit eingingen. Weshalb also der Verweis auf Arabien und Capri? Offensichtlich assoziiert und begünstigt die Bindung an die Funktion Bibliothek solche esoterischen und hermetischen Bilder.[3] Immerhin ist auf diese Weise wenigstens die äussere Hülle dieser Bibliothek auf auffällige Weise wieder ins Bewusstsein gerückt, genauer: der sinnlichen Wahrnehmung wieder zugeführt worden.

Ist dies Zufall? Die Künste scheinen heute oft genug ihre Aufgabe darin wiedererkannt zu haben, dass sie der Welt die – anderweitig unsichtbaren oder verlorengangenen – emotionalen und intelligiblen Werte wieder erfahrbar machen. Zuweilen gewinnt man gar den Eindruck, dass die Menschen in die Kunstausstellung oder ins Kino gehen müssen, um wieder auf die Möglichkeiten ihrer Sinneswahrnehmung hingewiesen zu werden. Die Künste haben die Aufgabe der Re-Sensibilisierung des homo sapiens in Zeiten scheinbar durchrationalisierter Wirklichkeit längst entdeckt. Wenn ein Architekt und Künstler wie Ben Nicolson monatelang der laurenzianischen Bibliothek Michelangelos nachspürt, um eben dort der Ordnung – ganz unabhängig davon, ob diese aktuell sei oder nicht – und Ordnungssystemen an und für sich

---

[2] Vgl. im Sinn einer weiterführenden Analyse: Otto Neumaier, «Flanerie zum Ende der Philosophie. Das ‹Passagen-Werk› des Joseph Kosuth», in: Vom Ende der Kunst: ästhetische Versuche, 1. Aufl., Salzburg: Noëma Press, 1997, p. 73 ff.

[3] Zumindest ist diese Bezeichnung etwas inspirierender als jene andere, die der Peckham Library von Alsop & Störmer in London zugedacht wurde: «Medienbox auf Stelzen». Der architektonischen wie der journalistischen Phantasie sind keine Grenzen gesetzt!

sowie deren Sinn nachzuforschen, so ist das Indiz dafür, dass diesbezüglich eher Mangel vorhanden ist.

Dessen ungeachtet beherrscht das Informationszeitalter die Diskussion – oder eben der naive Glauben, alles liesse sich als Information darstellen und durch Information bewältigen. Wenn die «Zukunft der Bibliothek» mit der Frage «Haben Bücher als Datenträger ausgespielt?» angegangen wird, muss man allerdings energisch auf die Einseitigkeit solchen Fragens reagieren. Denn natürlich ist das Objekt Buch weit mehr als eine blosse Informationsansammlung, es ist durch alles, was es mitführt – vom Seitenumbruch und von der Titelei bis zu den Vorworten und den Indices – selbst ein System, meistens ein intelligentes, zudem ausgestattet mit haptischen und ästhetischen Qualitäten. Wer das übersieht, hat mindestens die Hälfte, den ganzen Kontext, in dem das Leben der Bücher steckt, verloren. Ähnlich einseitig ist es, wenn man die Bibliothek «seit dem Altertum» bloss unter die Rubrik der Aufbewahrung von Wissen stellt. Dann kann man – quantitativ – sehr wohl die «konkurrenzierenden modernen Technologien» auf der Gewinnerseite ansiedeln. Anders sähe es aus, wenn man danach fragen würde, was – im Kopf, nicht im Computer, im Zusammenhang, nicht als einzelne Information – bewältigt werden kann und so in den Kreislauf der Kultur zurückfindet. Nichts sei gegen die Bequemlichkeit und die anderen Vorteile heutiger Möglichkeiten im Umgang mit Information gesagt. Doch es zeigt sich leider allzu oft, dass die gute alte Bibliothek in ihrer kulturellen und systematischen Bedeutung – durchaus nach Massgabe des modernsten Anforderungsprofiles – völlig unterschätzt und oft schlichtweg verkannt wird. Nachholbedarf ist längst vorhanden, um beispielsweise zeigen zu können, dass jene Metapher vom «*l'aliment & la nourriture*», mitten im Leben angesiedelt, durchaus eine sehr sinnvolle ist.

I.
« *Il y a trente ans que je travaille à un livre*
de douze pages, qui doit contenir tout ce que
nous sçavons sur la métaphysique, la politique
& la morale, & tout ce que de grands auteurs
ont oublié dans les volumes qu'ils ont donnés
sur ces sciences-là. »
Charles de Secondat de Montesquieu, *Le Temple de Gnide*, revu corrigé et augmenté, Londres (Paris), 1742, Préface, p. vii.

« *Il s'agit d'un procédé très spécial. Et, ce*
procédé, il me semble qu'il est de mon devoir
de le révéler, car j'ai l'impression que des
écrivains de l'avenir pourraient peut-être

Werner Oechslin

l'exploiter avec fruit. »
Raymond Roussel, *Comment j'ai écrit certains de mes livres,* Paris, 1935, p. 3.

« ... & *unirlo talmente con quelle,* & *quelle con*
lui ; che dell'universale artificio, & *della*
particolar materia havesse a riuscire un corpo
solo, pieno di corrispondenze. »
Giulio Camillo, *Due Trattati...,* Venezia, 1544, fol. 11ᵛ.

Wenn also die Bibliothek Nahrung bietet, will man doch genauer erfahren, von welcher Art, was
daran bekömmlich und verdaubar ist, und wie die Menukarte zusammengestellt wird. Das war
zuweilen ein durchaus strittiges Thema. Jean Henri Samuel Formey, seines Zeichens Sekretär
der königlich preussischen Akademie, der immerhin soviel von Büchern und vom Lesen verstand, dass er Voltaire des Plagiats bezichtigen konnte, gab ein mehrfach aufgelegtes Werk
mit dem Titel *Conseils pour former une Bibliothèque peu nombreuse, mais choisie* heraus. Wie
der Zusatz der dritten Auflage von 1756 – «corrigée et augmentée» – verrät, zeigte Formey
zwar selbst Mühe mit der Beschränkung. Doch das Thema blieb für sich genommen unbestrit-
ten aktuell. Um dies zu betonen, druckte er zu Beginn einen Brief von François La Mothe le
Vayer ab, in dem dieser eine Bibliothek von rund einhundert Büchern als «pour faire toute sorte
de lecture» ausreichend erachtet.[4] Natürlich folgt hier der Hinweis, es seien ja anderweitig Bibliotheken überall öffentlich zugänglich. Denn offensichtlich beschränkte sich La Mothe le Vayer auf den notwendig täglichen Gebrauch. Die Rede ist von Büchern, «qu'il faut posséder en
pleine propriété, parce qu'ils sont d'un journalier & perpétuel usage».[5] Die Liste beginnt, wen
wundert es, mit Nachschlagewerken wie dem lateinisch-französischen Dictionnaire von
Estienne oder dem Wörterbuch der Accademia della Crusca, führt dann aber schnell zu an-
spruchsvolleren Wissensenzyklopädien, zu Possevinus etwa, dessen Werk seinerseits den Titel
«Bibliotheca selecta» trägt. Dann geht es auch schon zu den einzelnen Disziplinen, genauer
zu den jeweils repräsentativen Vertretern, zu Vitruv beispielsweise für den Bereich Architektur.
Sehr rasch ist die Hundertzahl der Bücher erreicht. Bei seiner rigiden Auswahl verlässt sich la
Mothe le Vayer auf die moralisierenden Empfehlungen zur Kürze, wie sie bei Seneca zu finden

---

4   Vgl. Formey, Jean-Henri-Samuel, Conseils pour former une bibliothèque peu nombreuse, mais choisie:
    Suivie de l'Introd. générale à l'étude des sciences par Ant. Aug. Bruz de La Martinière, Berlin: Haude et
    Spener, 1756, p. vi ff.: «...une Lettre du célèbre La Mothe le Vayer, qui justifie tout-à-fait mon idée...,
    j'ai cru qu'elle feroit un ornement considérable de cette nouvelle Edition».
5   a.a.O., p.x.; zuvor die Unterscheidung von Büchern «d'une estude suivie & continuée» und von
    Nachschlagewerken «d'un usage & service passager, & à tems», auf die sich der zitierte Passus bezieht.
    p. xv folgt eine weitere Formulierung und Unterscheidung von Büchern «pour estre d'un usage & service
    quotidien» und solchen, «in quibus immorari oportet & senescere».

sind: «multo satius est paucis de authoribus tradere, quam errare per multos».[6] Wie im einzelnen diese Auswahl zu treffen sei, das verrät hier keiner. Es geht vorerst um das Prinzip der Beschränkung. Mittelbar steht die allgemeine Skepsis gegen das versammelte – und bloss nach aussen demonstrierte – Wissen im Vordergrund. Dies ist der rote Faden, der den Brief von la Mothe le Vayer vom Anfang bis zum Ende durchzieht. Das Ganze gipfelt in der Warnung Senecas gegen «la vaine parade» und gegen «l'ignorante ostentation d'une Librairie». Manchen sei ihre Bibliothek oft noch unbekannter als die Länder, die sie noch nie besucht hätten. Die Bücher seien ihnen weniger Instrumente des Studiums als Ornamente von Esszimmern («non studiorum instrumenta, sed coenationum ornamenta sunt»).[7] Von hier zum modernen Spott über bürgerliches Innendekor mit Klavier, Sofa und anderweitigen «Bibliotheksmöbeln», über Bibliotheken mit Vitrinen und «Trophäen aller Art», ist nur ein kurzer Schritt.[8]

Das also, das Esszimmerornament nach Seneca, ist es nicht, was den Büchern die Eigenschaft von «aliment» und «nourriture» zuerkennen lässt. Mittelbar zeigt sich, wie schwierig es ist, eine Bibliothek gezielt und systematisch aufzubauen. Formey beginnt seine *Conseils* mit einigen Plattitüden zur Nützlichkeit des Lesens. Nach der Konversation gäbe es kein besseres Mittel, seinen Geist zu kultivieren, als die Lektüre. Und dies wohl deshalb, weil eine gute Konversation nicht jedermanns Sache sei, und weil die Ignoranten zu oberflächlich und die Gebildeten zu pedantisch seien. Gespräche können zu Widerspruch und Verstimmung führen und hinterlassen dann im besten Fall gemischte Gefühle. Dagegen ist das Buch nicht nur etwas, was anregt, bildet und erfreut, es ist auch jederzeit – ohne jene Risiken und Turbulenzen – im umfassenden Sinne zugänglich. Formeys verallgemeinernde Schlussfolgerung: «Voilà, ce me semble, bien des endroits par lesquels le commerce des Livres l'emporte sur celui des hommes.»[9]

Der Umgang mit Büchern hat Vorteile gegenüber dem Umgang mit Menschen. Also beginnt Formey jetzt mit Ratschlägen, wohlwissend, dass dies nicht so einfach sei und dass jeder Bürger der «République des Lettres» sowieso davon ausgehe, jeden Winkel und jeden Weg in jener Republik selbst am besten zu kennen. Da wird für einmal stillschweigend unterstellt, dass jemand bloss zufällig Bücher anschaffen und anhäufen würde. Denn – so Formey in Wiederholung des mittlerweile bekannten Topos – wer eine Bibliothek bloss zum Zweck der Dekoration, «par ostentation, & pour meubler un de ses appartemens», zusammentragen wolle, der brauche solche Ratschläge nicht.[10] Was danach folgt, ist weniger der angekündigte Ratschlag, wie man ge-

[6] a.a.O., p. xvi.
[7] a.a.O., p. viii.
[8] Vgl. Oechslin, Werner, «‹Et Visui Et Usui›/‹comparanda eruditione› – auf der Suche nach der verlorenen Ordnung der Bücher und ihrem Sinn», in: Ulrico Hoepli, 1847–1935: …am literarischen Webstuhl…: Buchhändler, Verleger, Antiquar, Mäzen, hrsg. von Joseph Jung; mit einem Geleitwort von Flavio Cotti, Zürich: Verlag Neue Zürcher Zeitung, 1997, p. 327 ff., p. 331.
[9] a.a.O., p. 3.
[10] a.a.O., p. 5.

mäss «*l'esprit et le cœur*» eine Bibliothek bildet, als der übliche Vorschlag, in den ausgedienten Bahnen der gegebenen Wissenschaftszweige von der Theologie und Philosophie bis zur Jurisprudenz und Medizin Altes und Neues zu erwerben. Da fällt höchstens die kleine Abweichung von der Regel auf, wenn etwa «Morale et Goût» zusammen verhandelt werden. Man erfährt auf diese Weise, dass die Werke von St. Evremond eher der Moral als dem Geschmack zuzurechnen seien, und ist wohl darüber etwas erstaunt, dass der *Temple de Gnide* mit den *Dialogues des Morts* von Fénelon und einer ganzen weiteren Reihe von Dialogen zusammengesehen wird. Formeys *Conseils* sind doch ‹nur› Ratschläge für den, der sich bei der Feststellung der wichtigsten und aktuellsten Titel helfen lassen will. Ansonsten tappt man im Dunkeln: gerade so, wie es der Autor des *Temple de Gnide*, Montesquieu, in seiner «préface du traducteur» als durchaus erwünschte Fiktion einer fremden Autorschaft seines Textes konstruiert: «Un ambassadeur de France à la Porte ottomane, connu par son goût pour les lettres, ayant acheté plusieurs manuscrits Grecs, il les porta en France.»[11] Man verweist auf die, die – wahr oder fiktiv – in Kennerschaft und kluger Auswahl vorausgegangen sind. Dagegen wird das Ungenügen jeder Regel – hier bezogen auf die Herstellung des literarischen Textes – betont und der verbindliche Rahmen grosszügig gefasst: «Mais si l'ouvrage a plu, vous verrez que le cœur ne leur a pas dit toutes les règles.»[12] Dieser – durchaus verallgemeinerbaren – Attacke gegen voreilige Systematisierung lässt Montesquieu auf seine Weise ein Manifest der schwierigen und gleichwohl sehr erwünschten Zusammenfassung des gesammelten Wissens folgen: «Il y a trente ans que je travaille à un livre de douze pages, qui doit contenir tout ce que nous sçavons sur la métaphysique, la politique & la morale, & tout ce que de grands auteurs ont oublié dans les volumes qu'ils ont donnés sur ces sciences-là.»[13]

Ein Alptraum für jeden Bibliothekar, der seine Bibliothek im Rhythmus des neu Geschriebenen und neu Gedruckten stetig wachsen sehen möchte. Umgekehrt: die Beschränkung – und dies, um im Bild zu bleiben, ohne Einbusse des Nährwerts – ist wohl die schwierigste Aufgabe der Bibliothek. An Montesquieu, der ja auch noch das von den berühmtesten Autoren Unterschlagene in die zwölf Seiten hineinzwingen möchte, wird man kaum Mass nehmen wollen. Das bleibt unerreichbar! Über das Gegenteil allerdings, die Geschwätzigkeit, den Zufall, das Ausufern von Bücherbeständen hat man sich vergleichsweise schnell geeinigt, ohne dass man diesem Risiko jedoch so einfach enteilen könnte. Auch Formeys *Conseils* ähneln zuweilen eher der üblichen Bibliographie, die sich mit Informationen zu Neuerscheinungen brüstet. Einen darüber hinausgehenden, umfassenden Anspruch erkennt man kaum. Es bleibt

[11] Vgl. Charles Louis de Secondat de Montesquieu, Le Temple de Gnide revu corrigé et augmenté, London/Paris 1742, p. i.

[12] Formey a.a.O, p. 10 charakterisiert diesen Topos von «*l'esprit et le cœur*» später als «…cette division rebattue, mais pourtant juste & significative».

[13] Vgl. Montesquieu 1742, p. vii.

bei den blossen Klassifizierungen und Unterteilungen gemäss üblichen Wissensdisziplinen. Wie gehabt!

Formeys Werk zeugt gleichwohl von umfassender Kenntnis im Umgang mit Büchern. Muralt sei ein Misanthrop, der immer nur grollend die Wahrheit berichte und dessen Argumente dennoch gefielen, «parce qu'il est rare qu'ils ne soient pas soutenus d'un fonds exquis de bon sens».[14] Der Abbé Le Blanc – das hört man gern – sei einer seiner Nachahmer. Formey gibt Anleitungen, wie man wohl die Texte zu lesen – und auch zu verstehen hätten. Immerhin! Durch solche Hinweise auf die Feinheiten zwischen den Zeilen wird die Notwendigkeit des Buches erst begründet. Denn, so folgert man schnell, jedes ist anders, es mag noch so ähnliche Inhalte vorgeben. Erst im Wissen um diese kleine Differenz wird man das auch verstehen und schätzen lernen.

Diese nicht gerade einfache Vorstellung lag unter anderem jenem eben so berühmten wie kaum je präzis beschriebenen ‹Wissens-System› zugrunde, das Giulio Camillo in bester mnemotechnischer Tradition vorschlug. Von Galen und der notwendigen optimalen Anpassung der Arzneimittel in jedem einzelnen Fall von Krankheit ausgehend, beschwört Camillo seine Leser: «…così non dobbiamo applicar un'artificio fatto universale ad alcuna particolar materia, se prima non veggiamo, se con le circostanze di quello esso confar si possa.»[15] Nichts ist einfacher als irgendwelche Systeme zu erfinden und sie den Dingen überzustülpen. Davon, von solchen ‹Ordnungen›, hat unsere Welt – auch im Wissens- und Bibliotheksbereich – im Überfluss. Aber jene anderen ‹Systeme›, die so präzis der Wirklichkeit nachgeformt sind, dass sie – medizinisch gesprochen – wirkungsvoll und heilsam sein können, sind schwierig und eher selten. Es lohnt sich, die Vorgehensweise Giulio Camillos im Wortlaut nochmals zu vergegenwärtigen. Ausgangspunkt und Aufgabe war es zu prüfen, ob es denn «ne gli ordini miei» überhaupt irgendetwas gäbe, was sich verallgemeinern und wiederum auf den gegebenen Sachverhalt zurückbezogen anwenden liesse. Wenn ja, und wenn es denn gar mehrere solche «artifici» – Methoden, Systeme – gäbe, sollte man diese mit den konkreten Gegebenheiten zusammenführen, woraus ein reiches Beziehungsgeflecht aus universalen Betrachtungsweisen und partikulären, konkreten Dingen entstünde: «…& unirlo talmente con quelle, & quelle con lui; che dell'universale artificio, & della particolar materia havesse a riuscire un corpo solo, pieno di corrispondenze.»[16]

Diese Vorstellung eines das Universale und Partikuläre zusammenfügenden Körpers dient Giulio Camillo für die Vergegenwärtigung des Wissens im Hinblick auf Anwendung und Nutzung. Dies bleibt wohl auch das gültige – und übrigens immer wieder neu umschriebene – Modell für jenen lebendigen Prozess, aus dem Bibliotheken hervorgehen, wodurch sie nicht bloss

---

[14] Vgl. Formey 1756, p. 80.
[15] Vgl. Camillo, Giulio, Due Trattati dell'eccellentissimo, l'uno delle materie, che possono venir sotto lo stile dell'eloquente: l'altro della imitazione, Venezia 1544, fol. 11ᵛ.
[16] a.a.O.

Medizin, sondern eben Nahrung für den Menschen sind. Umgekehrt, jenes Eindringen in die kapillaren Strukturen kultureller Wirklichkeit liegt dem, der selber schreibt – und so entstehen doch Bücher und Bibliotheken – meist viel näher, als dem systemsüchtigen Wissensverwalter. Gerade deshalb bedarf es der Provokation eines Montesquieu und seines unmöglichen Projektes «de douze pages».

Es ist noch eines anderen Magiers der Wissenskonstruktion zu gedenken. «Il s'agit d'un procédé très spécial», schreibt Raymond Roussel zu Beginn seines *Comment j'ai écrit certains de mes livres.*[17] Dieses sehr spezielle Verfahren besteht darin, dass Roussel von zwei beinahe (aber eben *nur* beinahe) identischen Wörtern ausgeht, sie in ansonsten gleiche Sätze einfügt, um dann dazwischen eine ganze Geschichte einzubetten. Aus dem kleinstmöglichen Unterschied entfaltet sich die ganze Welt. Wesentlich ist, dass nicht aus einer Vielzahl von Wörtern – oder gar Büchern – ein Ganzes gebildet wird, sondern dass dieses ausgehend von dem kleinsten Element, in dem eine Differenzierung erkennbar wird, und nach Massgabe dieser Differenzierung entsteht. Natürlich versteht Roussel sein – und nur ein solches – Vorgehen als «procédé de *création*». Nimmt man etwa das Beispiel der «maison à espagnolette», so sieht man, wie schnell – gemäss Roussel – dieser minime (sprachliche) Unterschied ganze Welten unterschiedlicher Bedeutungen (und Konventionen) auftut und sichtbar macht. Zum besseren Verständnis: zum einen meinen die «espagnolettes» die Fenstergriffe, zum andern eben jene «petites Espagnoles», von denen, so weiss Roussel zu berichten, die Talou-Yaour abstammen.[18]

Roussel bemerkt natürlich, dass keinerlei innere Gesetzmässigkeit vom identischen Wort zur völlig andersartigen Bedeutung führen kann. Der Reim («due à des combinaisons phoniques») hat sich selbständig gemacht. Daraus ergibt sich an Stelle irgendeiner Ab- und Herleitung «création imprévue»: «c'est un procédé poétique».[19] Das ist die Lektion Roussels, die sich vom Bücherschreiben auf die Bücher und von diesen mühelos auf die Bibliothek übertragen lässt. Wer dagegen von einer vorgegebenen, rigiden Gesetzmässigkeit ausgeht, wer gemäss der Unterscheidung Montesquieus von den «règles» statt vom «cœur» ausgeht, wird wohl gerade dies, den unendlichen und oft genug unberechenbaren Reichtum (auch) der Bücher übersehen.

Es war und ist eine weit verbreitete Ansicht, dass der Vorgang der ‹Wissenskonstituierung› in umgekehrter Reihenfolge, nämlich aus dem System heraus, überhaupt erst möglich sei. Allein, das Risiko ist dabei – gerade auch im Falle der Bibliothek – sehr gross, dass ein Ordnungssystem nicht nur in eine Vielfalt hineingetragen wird, sondern diese auch erdrückt. Die *Vielfalt als Ordnung* zu erhalten, das aber ist ein vernünftiges Ziel, auch wenn das Zusammenfassen auf zwölf Seiten gemäss Montesquieu ein kaum erreichbares Ideal darstellt.

---

[17] Vgl. Roussel, Raymond, Comment j'ai écrit certains de mes livres, Paris: A. Lemerre, 1935, p. 3.
[18] a.a.O., pp. 8–9.
[19] a.a.O., p. 22.

Nach solchen Gesichtspunkten mag man all jene nicht überaus zahlreichen Modelle lesen, die Bibliothekare im Laufe der Zeit vorgeschlagen haben, wann immer sie eben mehr als das blosse Zusammentragen von Büchern und Informationen zur Diskussion stellten. Natürlich steht die alte Formel der «aurea catena», der unser heutiges ‹vernetztes Denken› nachgebildet ist, als ideale Wunschvorstellung am Horizont. Doch wird man nach den obigen Hinweisen solchen festgeschmiedeten Vorstellungen nicht allzu wörtlich folgen wollen. Das Bild der Kette suggeriert allzusehr, dass jedes Glied an das andere solide und kaum trennbar festgemacht sei. Das steht der Vorstellung der Veränderung – und aus diesem Stoff besteht Kultur, Wissen und auch die Bibliothek – und noch mehr Roussels Einsicht in das Unvorhergesehene und in die Poesie entgegen. «Nell'incominciamento di una Biblioteca spesso mancano gli anelli intermedj per conservare questo rigoroso concatenamento.»[20] So stellt es Paolo Maria Paciaudi, der Bibliothekar der Parmenser Bibliothek in seiner 1815 posthum erschienenen *Memoria ed Orazione intorno la Biblioteca Parmense* dar. Wenn schon Verkettung, dann zu der Bedingung, dass neue Glieder eingefügt werden, die Kette also dauernd in Bearbeitung bleibt. Wenn schon System, dann ein offenes.

II.
« Tandem subiit animum meum haec cogitatio,
magnum fore operae pretium si latifundium regni
philosophici uno syntagmate delinearem… ».
J. H. Alsted, *Cursus Philosophici Encyclopaedia Libri XXVII complectens…,*
Herborn 1620, Praefatio.

« Nec manus nuda, nec intellectus sibi
permissus, multum valet; Instrumentis &
auxiliis res perficitur; quibus opus est, non
minus ad intellectum, quam ad manum. »
Francis Bacon, Instauratio Magna (1620), in: *Operum Moralium et Civium Tomus…,* London 1638, p. 47.

« Soit que nous nous élevions, pour parler
métaphoriquement, jusques dans les cieux, soit

---

[20] Vgl. Paciaudi, Paolo M., Memoria ed Orazione… intorno la Biblioteca Parmense, Parma, 1815, p. 61. Paciaudis eigene Empfehlung zur Gratwanderung zwischen fester Ordnung und erwünschter Dynamik lautet: «In questo caso il Bibliotecario non deve collocare i libri immobilmente in un sito, donde non dipartansi più; ma deve disporli interinalmente come può…». Vgl. Oechslin, Werner, «Die Quadratur des Kreises. Zur Entstehung einer Bibliothek», in: DU 1, 1998, p. 32.

Werner Oechslin

que nous descendions dans les abîmes, nous ne
sortons point de nous mêmes; & ce n'est jamais
que notre propre pensée que nous appercevons».
E. B. Abbé de Condillac, *Essai sur l'origine des Connoissances humaines.*
Ouvrage où l'on réduit à un seul principe tout ce qui concerne l'Entendement
Humain, I, Amsterdam 1746, p. 1.

Das Systematische bedient sich also der Metapher der Kette; mit dem Bild der Nahrung ist dagegen der lebendige Mensch angesprochen. Zu seinem Unterhalt braucht er die Nahrung. Fehlt es daran oder ist sie schlecht auf die wirklichen Bedürfnisse abgestimmt, so stellt sich ein Mangel oder gar eine Krankheit ein. Von Galen ausgehend hat Giulio Camillo die angemessene Dosierung der Medikamente als Modell des Zusammengehens des Universalen mit dem Partikularen gewählt. Dazu passt jene andere, weit in die Gründungsgeschichte von Bibliotheken zurückreichende Metapher des Spitals. Diodor berichtet von der Bibliothek des ägyptischen Königs Osymandyas in Theben, über dessen Eingang die berühmte Inschrift *«psyches iatreion»*, lateinisch übersetzt *«animi medica officina»*, stand.[21] Justus Lipsius, der an diese Überlieferung zu Beginn seiner kurzen Schrift «De Bibliothecis Syntagma» (1612) anschliesst, verfolgt von hier weg das Geschick von Bibliotheken und scheint stets all das besonders hervorheben zu wollen, was erkennbar den konkreten Nutzen und Gebrauch, also das Leben der Bibliothek ausweist: dass man nebst den Büchern mittels Standbilder die Kultur – genauer: deren menschliche Verursacher – vergegenwärtigt, dass man zusätzlich zu den Büchergestellen Lesepulte anbieten soll, um eben das Lesen («quibus libri legendi imponerentur») tatsächlich zu befördern, dass es nicht zuletzt auch der Ort der Zusammenkunft und der Lesung («ut certi libri ibi quotannis recitarentur») sei.[22] Auf diese Weise wird auch der Übergang von der ‹bloss› privaten zur öffentlichen Bibliothek erklärt und begründet. Alles dient letztlich dazu, die Einrichtung Bibliothek den ureigensten menschlichen Bedürfnissen zuzuordnen. Geradezu zwangsläufig ergibt sich daraus der Anspruch der Öffentlichkeit: «Constituerant veteres loca publica, in quibus bibliothecas habebant reconditas, quas *legendi gratia* intrare *cuilibet* permittebant.»

---

[21] Zur Frühgeschichte der Bibliothek, zusammenfassend: Artikel ‹Bibliothek›, in: Paulys Realencyclopädie der classischen Altertumswissenschaft, neue Bearb. begonnen von Georg Wissowa, fortgef. von Wilhelm Kroll und Karl Mittelhaus. Unter Mitw. zahlr. Fachgenossen hrsg. von Konrat Ziegler, Bd. 3, Stuttgart: Metzler, 1899, col. 405 ff. – Bei la Mothe le Vayer lautet die Übersetzung des griechischen «psyches iatreion» «Animae medicatorium» (op.cit., p. viii); bei Sanchez (op.cit., in Anm. 28, p. viii) «Tesoro de'rimedii dell'anima».

[22] Vgl. Operum Iusti Lipsi tomus II, I opera: quae velut in partes ante sparsa, nunc in certas classes digesta; atque in gratiam & vtilitatem legentium, in nouum corpus redacta, & II. tomis comprehensa: quorum operum seriem & ordinem, ad lectorem epistolam subsequens pagina exhibebit, Operum Iusti Lipsi Tomus II., Lugduni: Apud Horatium Cardon, MDCXIII, p. 892 ff. (De Bibliothecis Syntagma. Editio secunda, & ab ultima Auctoris manu): p. 896.

Die Geschichte der Bibliotheken folgt diesem Topos. Und natürlich ist das vor dem Hintergrund des – bis vor kurzem unbestrittenen – Vorrangs des Öffentlichen gegenüber dem Privaten zu lesen. Wenn die Gelehrten – denn an sie und ihre Aufgabe in der Gesellschaft ist dabei in erster Linie gedacht – Bibliotheken benützen, tun sie es «in publicum bonum», in der Ausrichtung auf das öffentliche Wohl, wie wiederum Justus Lipsius betont. Wenn Claude Clément in der wohl ausführlichsten Systematik zur Bibliothek, den in Lyon 1635 veröffentlichten *Musei, sive Bibliothecae tam privatae quam publicae Extructio, Instructio, Cura, Usus. Libri IV*, in einem ersten Teil die Beweggründe der Gründung und Errichtung einer Bibliothek darlegt, so ist es zuallererst die «utilitas publica».[23] Danach erst folgt die «eruditionis ostentatio», der Beleg, die Beweisführung und die Darstellung der Bildung, wozu Clément von Martial den obligatorischen Hinweis auf das *(mit)geteilte* Wissen beizubringen weiss: «Scire tuum nihil est, ni si te scire hoc sciat alter».[24] Bildung und Öffentlichkeit sind miteinander verknüpft. Und so bleibt die Bibliothek auch in ihrer nächsten, der dritten Zielsetzung, der «comparanda eruditio», in erster Linie eine verbindende Einrichtung. Sie dient beispielsweise dazu, uns an früheren Einsichten vorausgegangener Leser und Schreiber teilhaben zu lassen: «ut tarditatem ingenij lectionis diligentia compensarem», wie es Hieronymus für Clément formuliert, was man wörtlich als verspätete oder eben generell als ansonsten verpatzte Teilhabe am umfassenderen Wissen auffassen kann.[25] (Jeder ‹ehrliche› Intellektuelle weiss das auf seine Art zu bestätigen!) Schliesslich folgt bei Clément die «animi voluptas», der geistige Genuss, der nach Cato unvergleichlich grösser sei als der Genuss von Spiel und Bordellbesuch, noch bevor dann schliesslich die «morum instructio», die Unterrichtung im engeren Sinne erwähnt wird.[26]

Auf diese Weise also wird die Bibliothek als öffentlich bedeutsame kulturelle Institution begründet – bevor sie der Systematik im engeren Sinne zugeführt wird. Damit, mit der Herausstellung der Öffentlichkeit der Bibliothek und genauer mit dem Hinweis auf den legitimen Anspruch eines öffentlichen und öffentlich zugänglichen Wissens, wird allerdings bereits wieder die Notwendigkeit oder zumindest der Nutzen einer (verbindlichen) Ordnung und Systematik dieses Wissens mitgeführt. Nur ist jetzt – nochmals, und diesmal umfassend, gesellschaftlich – die Reihenfolge vom öffentlichen *Nutzen* zur Ordnung (und nicht umgekehrt) festgeschrieben. Selbstgenügsam sollen Systeme auf keinen Fall sein, aber gleichwohl so allgemein, dass sie jenes Bedürfnis nach Verallgemeinerung und Mitteilbarkeit, das im Begriff der Öffentlichkeit steckt,

---

[23] Vgl. Clément, Claude, Musei, sive Bibliothecae tam privatae quam publicae Extructio, Instructio, Cura Usus. Libri IV, Lugduni: Prost, 1635, S. 2 ff.: «Sectio I. Varij fines extruendorum Museorum, & Bibliothecarum proponuntur».

[24] a.a.O., p. 5.

[25] a.a.O., p. 7.

[26] Erst danach folgen einschlägigere Kapitel zum Nutzen «ex sacris voluminibus», zum Beitrag der «prophana philosophia» zur Bildung von Tugend, zum Nutzen der Poesie, zur «Magnificentiae ostentatio», aber auch zur «falsae eruditionis ostentatio» und letztlich zur «Nobilium ingeniorum consecratio».

auch hinlänglich abdecken. Wo wird man hier – nicht mehr bei der einzelnen Diagnose verharrend, sondern im Spital, im «psyches iatreion» – ansetzen wollen? Wie wird diese geistige Nahrung zubereitet, damit sie auch wirklich schmeckt – besser als jene sprichwörtliche Spitalkost?

«Mehr mit einem philosophischen Überblick umfasst, als in allen Theilen genau durchforscht», ist die Beurteilung, die Carl Ludwig Fernow für die italienische Sprachlehre von Karl Philip Moritz – mithin ein Muster des Umgangs mit der Sprache selbst – bereithält.[27] Die Angemessenheit eines verallgemeinernden Zugriff auf die konkrete Welt soll jetzt nochmals – diesmal im Wissen um den Vorrang von Öffentlichkeit und der davon abgeleiteten notwendigen öffentlichen Teilhabe an Bildung und Wissen – zur Diskussion gestellt werden. Die Bibliothekare sind herausgefordert. Eine abstrakte Ordnung ist schnell gebildet. Ein «sistema bibliografico» mag als erbracht und als brauchbar gelten, solange irgendeine Klassifikation eine Ordnung vorgibt, wenn – so beispielsweise Giuseppe Sanchez in seinem *Saggio di un Sistema di Bibliografia* von 1820 – zumindest zwei Kataloge, ein alphabetischer und ein Sachkatalog erstellt seien.[28] Sehr schnell ist man dann bei der Bibliographie, die den roten Faden zu bilden und – in Vertretung (!) – das Wissen sowie das Wissen über das Wissen darzustellen hat, angelangt. Die Ordnung selbst, die Wissenskonstituierung als öffentliches Dokument? Entlassen? Ersetzt? Kein Bedenken gegenüber jener verpatzten Teilhabe an den Gedanken anderer, der Vordenker? Der zitierte Giuseppe Sanchez, der sein Traktätchen dem Innenminister des Königreichs beider Sizilien «Signor Conte Zurlo» widmet, ergänzt sein «sistema di bibliografia» schon im Titel mit dem Zusatz «disegnato sull'ordine osservato da Giambattista la Porta, da Bacone, da d'Alembert e da Diderot nel quadro sommario delle conoscenze umane». Also doch: eine Bibliotheksordnung kann sinnvoll nur in Bezugsetzung, im Rahmen umfassender menschlicher Kenntnisse verhandelt werden, «secondo i rapporti delle cognizioni umane, formando un' enciclopedia perfetta».[29] Jenes enzyklopädische System sei das weiseste, einfachste und nicht zuletzt auch natürlichste («il più saggio, il più semplice ed il più naturale»), und dabei bezieht er sich auf Francis Bacon, auf della Porta, auf Leibniz und schliesslich auf Diderot und d'Alembert.

Das magische Wort ‹Enzyklopädie› ist gefallen. Nur dem oberflächlichsten Schreiberling kann allerdings ‹die› Enzyklopädie als blosser Versuch der Anhäufung allen Wissens – und dies auch noch in «meinungsmonopolitischer» Absicht – erscheinen. «Endgültig vorbei ist die Zeit von Diderot und d'Alembert», wird vor diesem Hintergrund behauptet.[30] «Die

---

[27] Vgl. Fernow, Carl Ludwig, Italienische Sprachlehre für Deutsche: zwey Theile, 2. Aufl., Tübingen: Cotta, 1815, p. ix.
[28] Vgl. Sanchez, Giuseppe, Saggio di un sistema di bibliografia disegnato sull'ordine osservato da Giambattista la Porta, da Bacone, da d'Alembert e da Diderot nel quadro sommario delle conoscenze umane: preceduto da un discorso preliminare, Napoli: Tipografia francese, 1820, p. x.
[29] a.a.O., p. xiv.
[30] Vgl. Alain Egli in einer Polemik («Wissen vom Web») gegen die Polemik von Ludwig Hasler («Dient das Internet der Aufklärung?»), in: Die Weltwoche, 47, 23. November 2000, p. 51.

Zeit» lässt im Jahre 2000 schreiben, «gedruckte Enzyklopädien haben ausgedient», um dann drei Spalten später zu ergänzen: «Die digitalen Enzyklopädien haben ihre Form noch nicht gefunden, vor allem in technischer Hinsicht bereiten sie auch versierten Computernutzern erhebliche Probleme. Aber auch bei den gedruckten Enzyklopädien hat es Jahrhunderte gedauert…».[31] Also warten wir ab … und hoffen, dass wenigstens einige technische Probleme baldmöglichst gelöst werden. Diderot und d'Alembert waren allerdings – ganz im Gegensatz zu Bill Gates – mit anderen Problemen als dem auf Wissensanhäufung zu errichtenden (und wirtschaftlich verwertbaren) Meinungsmonopol befasst. In dem berühmten «Discours préliminaire» formuliert d'Alembert gemäss dem doppelten Titel der *Encyclopédie, ou Dictionnaire raisonné*, dass im Sinne der Enzyklopädie – und in Anlehnung an die alte «aurea catena» – möglichst ausführlich «l'ordre & l'enchaînement des connoissances humaines», also der Zusammenhang dargestellt werden soll, dass andererseits gemäss dem «Dictionnaire» zu jedem und allem «les détails les plus essentiels» zusammengetragen werden sollen.[32] Der zuerst postulierte innere Zusammenhang wird auf die einfache Tatsache zurückgeführt, dass sich die verschiedenen Wissenschaften und Künste stets auf andere stützen würden und deshalb eine «chaîne qui les unit» unmittelbar erkennbar sei. Da es nun aber gleichwohl sehr schwierig sei, ein solches Ganzes als System zu begreifen, hätte man sich auf die Frage der «généalogie» und der «filiation» und auf die Gründe des Entstehens der verschiedenen Wissenszweige verlegt, was gleichbedeutend mit der Frage nach dem Ursprung und der Enstehung «de nos idées» sei. Das muss man auch so lesen – und dies macht den hohen geistesgeschichtlichen Wert der *Encyclopédie* ganz unabhängig von der (verlorenen) Aktualität der einzelnen Information aus –, dass nämlich der mögliche Engpass systematischen Vorgehens im *Rückgriff auf die Geschichte* aufgehoben wird, und zudem: dass auf diese Weise die beiden vorerst divergierenden Zugänge, der systematische und der auf die einzelne Information ausgerichtete wieder näher aneinander gerückt werden. Darin spiegelt sich der wirkliche Reichtum der Welt. Und ein solches Modell lässt sich – entgegen jeder starren Ordnung – entwickeln. Jene doppelte Ausrichtung ist nunmehr dem System selbst einverleibt. Die *innere* Verknüpfung ist bedacht und selbst zur Bedingung des Wissensaufbaus geworden. Wenn Diderot und d'Alembert zwischen «connoissances directes» und «connoissances réfléchies» unterscheiden,[33] so wird es später Hegelscher Geschichts-

---

[31] Vgl. Zimmer, Dieter E., «Die Welt ist eine Scheibe. Gedruckte Enzyklopädien haben ausgedient. Das Nachschlagewerk der Zukunft ist digital», in: Die Zeit, 7, 10. Februar 2000, p. 45.

[32] Vgl. Diderot und D'Alembert, Encyclopédie, ou Dictionnaire Raisonné des Sciences, des Arts et des Métiers, par une Société de Gens de Lettre, I, Paris: Briasson [u. a.], 1751, p. i. – Zur durchaus komplexen Frage des enzyklopädischen Vorgehens vergleiche beispielsweise: Davidson, Hugh M., «The Problem of Scientific Order Versus Alphabetical Order in the Encyclopédie», in: Irrationalism in the eighteenth century, hrsg. von Harold E. Pagliaro, Cleveland: Press of Case Western Reserve Univ., 1972, p. 33 ff.

[33] a.a.O., p. ii: «…Les connoissances réfléchies sont celles que l'esprit acquiert en opérant sur les directes, en les unissant & en les combinants».

Werner Oechslin

philosophie zufolge – gemäss der «Trichotomie» von Seele, Bewusstsein und Geist – noch deutlicher und in ausgeprägterer Form darum gehen, nicht nur im Bewusstsein über der Natur, sondern noch mehr im Geistsein «über sich als Bewusstsein hinaus» alles zusammenzuführen und zusammenzusehen.[34]

Das übersteigt zugegebenermassen die Möglichkeiten des Computers und der Wissenschaftspolitik. Aber es ist deswegen nicht weniger erstrebenswert. Von diesem Blickwinkel aus gesehen ist zumindest der ‹Sinn› einer blossen, auf sich selbst beschränkten Ordnung entlarvt und auf deren kleinstmögliche – deswegen noch lange nicht zu verschmähende – Hilfestellung zurückgeführt. Alles, was mit dem Menschen und seinen geistigen Befähigungen zusammengebracht wird und was daraus – in der Vorstellung und Anschauung und in der Sprache – als Kultur entsteht, verlangt nach mehr. Die Bücher, die Bibliothek haben dem allerdings weit häufiger, als manches Vorurteil behauptet, Rechnung getragen.

Es mag durchaus sein, dass sich heute mit dem Begriff ‹Enzyklopädie› zuweilen in erster Linie der Umfang, der quantitative Aspekt des Wissens – das, was man eben heute am meisten bewundert – und weniger der gesuchte innere Zusammenhang verbindet.[35] Die Wissenschaften haben oft genug selbst dafür gesorgt, dass Zusammenhängendes zugunsten von Einzelwissenschaften diskreditiert wurde. Moderne Schlagworte wie Vernetzung und Transdisziplinarität haben das noch nicht rückgängig machen können. Selbst jemand wie Wilhelm Dilthey, eine Instanz für die Grundlegung der Geisteswissenschaften auch dort, wo es um deren innere Verbindung geht, hat wesentlich zu entsprechenden Irritationen beigetragen, wenn er beispielsweise der «Philosophie der Geschichte», aber auch der «Soziologie» den Status von «wirklichen Wissenschaften» absprach, um dann andererseits gleichwohl nach einer verallgemeinernden «erkenntnistheoretischen Grundlegung der Geisteswissenschaften» zwecks Ausweis des inneren Zusammenhangs der Einzelwissenschaften zu suchen.[36]

Der Zugriff zum Ganzen wählt unterschiedliche Wege. Umsomehr lohnt es sich, das frühere Verständnis des Enzyklopädischen zu erinnern. 1795 hat der kaum bekannte Kantianer Wilhelm Traugott Krug eine *Abhandlung über den Begriff einer Enzyklopädie* vorgelegt.[37] Für

---

[34] Die Formulierungen gemäss der Darstellung bei Karl Rosenkranz, Kritische Erläuterungen des Hegel'schen Systems, Königsberg: Borntrager, 1840, p. 145.

[35] Der Duden gab für ‹Enzyklopädie› bis vor kurzem immerhin noch die Bedeutungen ‹Gesamtwissen› und ‹allgemeinwissenschaftlich, umfassend›.

[36] Vgl. Dilthey, Wilhelm, Einleitung in die Geisteswissenschaften. Versuch einer Grundlegung für das Studium der Gesellschaft und der Geschichte (1883), I, (Gesammelte Schriften I), Leipzig: B. G. Teubner, 1922, insbesondere: p. 86 ff. und p. 116 ff. – Vgl. auch: Dilthey, Wilhelm, Der Aufbau der geschichtlichen Welt in den Geisteswissenschaften, Erste Hälfte, (Aus den Abhandlungen der königl. preuss. Akademie der Wisssenschaften), Berlin: Verl. d. Koenigl. Akademie d. Wiss./ Reimer, 1910, passim und p. 67 f.

[37] Vgl. Krug, Wilhelm Traugott, Über den Zusammenhang der Wissenschaften unter sich und mit den höchsten Zwecken der Vernunft: Eine Vorlesung …, Jena: Akad. Lese-Institut; Leipzig: Barth, 1795.

ihn ergibt sich aus der Begriffsableitung eindeutig, dass sich mit Enzyklopädie vorab «ein Inbegriff *heterogener* Theile» verbindet.[38] Er befasst sich deshalb zuerst gerade mit diesem scheinbaren Paradox des Zusammengehens von Unterschiedlichem und Gleichartigen: von einer Enzyklopädie im Vergleich mit den Einzelwissenschaften gilt, dass «ihr allgemeiner Charakter in nichts anderem, als darin besteh(t), dass das *Ungleichartige* den Gegenstand derselben ausmacht.»[39] Da dieses aber «gleichwohl unter einem gemeinschaftlichen Rahmen begriffen wird, so muss dieses soviel andeuten, dass es selbst wiederum auf eine gewisse Weise zu einem Ganzen vereinigt werden solle.» Das könnte als blosses Aggregat gebildet werden, oder aber – vorzugsweise – als Zusammensicht des «Gemeinschaftlichen am Ungleichartigen», woraus dann eben doch die «Idee einer systematischen Einheit» – und letztlich «eine abgesonderte Wissenschaft» – begründet werden könnte.[40] Die bemühten Begriffe dehnen sich gegen ihr enges, logisch enges Korsett. Das Problem ist also noch nicht gelöst, der Weg jedoch frei zu weiteren Fragen, was eine solche enzyklopädische Wissenschaft, welches ihr Inhalt, ihr objektiver und relativer Wert sei. Es ist vorauszusehen, dass Krug, so umfassend fragend, zu keiner einfachen Formel gelangt. «Denn so viel ist, dünkt mich, ausgemacht, ohne ein unter gewissen Formen und nach bestimmten Gesetzen wahrnehmendes, ordnendes, verbindendes Gemüth würde bey allem äussern Zusammenhange in der Körperwelt dennoch kein innerer Zusammenhang in unserer Erkenntnis seyn, wenn überall ohne ein solches Gemüth eine Erkenntnis möglich wäre.»[41] Nur so gelangt er zur Forderung nach einer «bestimmten Form der Gesetzmässigkeit», ohne die die Natur ein verschlossenes Buch sei, wobei es andererseits «ohne von aussen gegebenen Stoff» auch keine äussere Erkenntnisquelle gäbe: «Es würde so gut seyn, als wenn sie gar nicht vorhanden wäre.» Also ist es die «innige Verbindung von beyden», auf die es ankommt. Und Krug bemüht dafür nunmehr grosszügig das umfassende Bild eines «aus den Gewässern beyder Quellen zusammengeflossenen Ozeans».[42] Es ist schliesslich auch klar, dass er – über die blosse Bestimmung einer Wissenschaft hinaus – weiterfragen muss nach dem «Interesse der Menschheit, oder der Welt», nach der Zielsetzung von Glückseligkeit, nach menschlicher Freiheit und – in seinem Sinne – nach Philosophie.

---

[38] a.a.O., p. 6: Die Alten hätten mit ‹Encyclopädie› nicht eine «einzelne Wissenschaft», jedoch ein «Etwas, das aber als ein Inbegriff heterogener Theile von jeder einzelnen Wissenschaft verschieden war», begriffen.

[39] a.a.O., p. 9.

[40] Was an dieser Stelle unmittelbar folgt, ähnelt den Überlegungen zur systematischen Aufstellung von Büchern. Krug sieht hier (Anm. c, p. 13/4) die alphabetische, die reine Sachordnung sowie eine «gemischte Methode» als möglich an.

[41] a.a.O., p. 46. Diese Überlegungen folgen in dem gemäss Paginierung nachgeordneten Teil mit dem Titel «Vorlesung über den Zusammenhang der Wissenschaften unter sich und mit den höchsten Zwecken der Vernunft».

[42] a.a.O., p. 50.

Werner Oechslin

All dies zeigt nur, dass es mit blossen erkenntnistheoretischen Abklärungen, mit blosser Logik, mit Taxonomie, mit entsprechenden Aufstellungsordnungen von Büchern nicht getan ist. Man erinnert sich jetzt, dass Diderot und d'Alembert, die sich ihrerseits in erster Linie auf Francis Bacon berufen, gegen jede voreilige Berufung auf irgendeine reduktive Taxonomie vom «système des connoissances *humaines*» sprechen. Der erste Satz der «explication détaillée du système» lautet dort denn auch pünktlich und zeitgemäss: «Les êtres physiques agissent sur les sens».[43] Kurz zuvor, 1746, schrieb Condillac gleich zu Beginn seines *Essai sur l'Origine des Connoissances Humaines*: «Soit que nous nous élevions, pour parler métaphoriquement, jusques dans les cieux, soit que nous descendions dans les abîmes, nous ne sortons point de nous mêmes; & ce n'est jamais que notre propre pensée que nous appercevons.»[44] Diderot und d'Alembert werden jetzt, 1751, in ihrem Stammbaum die menschlichen Wissensbereiche, die *«connoissances humaines»* – denn um solche *menschliche* Erfahrungen und Kenntnisse handelt es sich – gemäss «Mémoire», «Raison» und «Imagination» aufführen; ihnen sind Geschichte, Philosophie und Poesie zugeordnet.[45]

Dieses System will an den Bedingungen menschlicher Erfahrungen, mittelbar geschichtlicher Wirklichkeit nachgebildet sein. Den Blick von einer absoluten, ‹objektiven› Warte aus kennt die *Encyclopédie* – allen anderslautenden Ansichten zum Trotz – nicht. Der Gewährsmann von Diderot und d'Alembert, Francis Bacon, fasst es 1620 in seiner *Instauratio Magna* in einen Aphorismus, der jene Bedingungen deutlich genug erkennen lässt: «Nec manus nuda, nec Intellectus sibi permissus, multum valet; Instrumentis & auxilijs res perficitur; quibus opus est, non minus ad intellectum, quam ad manum.»[46] Was würde besser auf das Instrument der Bücher und ihre Zusammenführung in der Bibliothek passen! Ihre ‹bloss› systematische Ordnung würde nicht ohne wesentliche Verluste von «connoissances humaines» vor sich gehen können. Auch dazu, zu dieser abgrenzenden Folgerung, gibt es den passenden Beleg. Condillac liess seinem *Essai sur l'Origine des Connoissances Humaines* 1749 den *Traité des Sistêmes, où l'on démêle les inconvéniens & les avantages* folgen. Dort wird schon im zweiten Kapitel ausdrücklich von der Nutzlosigkeit abstrakter, abgehobener Systeme gehandelt. Denen, die auf – deduktive – Weise Systeme herleiten wollen, sagt er klipp und klar: «ils renversent l'ordre de la génération de nos idées».[47] Er zeigt auch auf, dass der Zusammenhang unterschiedlicher auf diese Weise de-

[43] Vgl. Diderot und D'Alembert 1751, p. xlvii.

[44] Vgl. Condillac, Etienne Bonnot de, Essai sur l'Origine des Connoissances Humaines, Amsterdam 1746, I, p. 1. – Die zeitliche Koinzidenz Encyclopédie/Condillac hat schon Sanchez (op.cit., Anm. 1., p. xviii) zum Ausganspunkt von Überlegungen zur Vertiefung des inneren Zusammenhangs «dell'impero dell'intelletto umano» gemacht.

[45] In der berühmten, dem «Discours préliminaire» angefügten Tafel: «Système Figuré des Connoissances Humaines».

[46] Vgl. Bacon, Francis, «Instauratio Magna», (1620), in: Operum Moralium et Civium Tomus…, Londinum: Whitaker, 1638, p. 47.

[47] Vgl. Condillac, Étienne Bonnot de, Traité des Sistêmes, Où l'on en démêle les inconvéniens & les avantages, La Haye 1749, I, p. 11 («Chapitre II. De l'inutilité des Sistêmes abstraits»).

duzierter Teile vage bleibt und so der Satz bestätigt wird, wonach die Summe der Teile kein Ganzes ausmacht.[48]

Zumindest daran hat man sich heute im Wissensbetrieb gewöhnt. Dass sich der hochspezialisierte Wissenschaftler ansonsten – wenigstens in seiner Freizeit, ausserhalb seines wissenschaftlichen Tuns – meist als ganzheitlicher Mensch begreift, stimmt weiterhin optimistisch. Aber auch dies, die mögliche Kluft zwischen Wissenschaft und Leben, hat Condillac längst bedacht. Es gehöre zu den Missbräuchlichkeiten solcher Systembilderei, dass man diese fälschlicherweise für «véritables connoissances» nehme. Instrumente sind es, haben wir eben gelesen. Und so ist alles – wie das Bild der Nahrung, der Arznei, des Spitals – willkommen, was uns an den Menschen selbst und seine sinnesabhängige Erfahrungswelt näher heranbringt. Die Poesie findet darin ihren unangefochtenen Platz – auch bei Diderot und d'Alembert. Und so hilft eben die unverzichtbare «imagination» über manches hinweg.

Der zitierte Jesuit Clément hatte zwecks Erklärung seiner «comparanda eruditio» das damals wohl allgemein verfügbare Bild des trojanischen Pferdes bemüht, um auf diese Weise die Vorstellung zu beflügeln, wie in einer Bibliothek an Stelle der Bücher die Autoren selbst, die alten Geistesheroen von Pythagoras zu Plato und Aristoteles, aus den Regalen wie aus dem Bauch des hölzernen Pferdes heraustreten und lebendig werden würden.[49] Wie einleuchtend erscheint jetzt auch das Bild, das Jonathan Swift in seinem *Battle of the Books* entwirft, den er vorsorglich schon im Titel gegen jedes Missverständnis und gegen jede irrige Mutmassung, es handle sich um blosse Phantasterei, konkret und präzis als «Full and True Account» festlegt und präzis auf «Fought last Friday» datiert.[50] Die Bücher sind es, die stellvertretend für die Ideen, die sie in ihrem Leib aufnehmen und die sie darstellen, aufeinander losgehen. Auf diese Weise wird eine lebendige Kultur mitsamt ihren Widersprüchen ohne Rücksicht auf Opfer abgebildet. Der Bibliothekar gerät darüber in Verzweiflung und schürt das Feuer nur noch mehr: «And therefore, in replacing his Books, he was apt to mistake, and clap Des-Cartes next to Aristotle; Poor Plato had got between Hobbes and the Seven Wise Masters, and Virgil was hemm'd in with Dryden on one side, and Withers on the other.»[51] Diese Konflikte, man kann es bei Swift nachlesen, werden ausgetragen. Sie spielen sich in der wirklichen Welt – der Bibliothek – ab. Homer hebt Perrault aus dem Sattel, «then Hurl'd him at Fontenelle, with the same Blow dashing out both their Brains.»[52] Die Bücher werden in den Kampf geschickt. Und natürlich benützt auch Swift die Fiktion eines aufgefundenen unvollständigen Manuskripts, um der obsoleten Frage

---

[48] p. 17.
[49] Vgl. Clément 1635, p. 9.
[50] Vgl. Swift, Jonathan, A Tale of a Tub: Written for the Universal Improvement of Mankind: To which is added, An Account of a Battel between the Antient and Modern Books in St. James's Library, London: Printed for John Nutt …, 1704, zitiert nach dem separaten Titel des «Battel».
[51] a.a.O., p. 260.
[52] a.a.O., p. 283.

Werner Oechslin

nach dem Ausgang des Kampfes zu entgehen. (Auch die Ordnung der Bücher in der Bibliothek, wie wir längst begriffen haben, wird nie an ihr Ende gelangen!) Mittlerweile hat er, und dies ist ihm gelungen, die Lächerlichkeit abstrakter Systeme und losgelöster, autistischer Gelehrsamkeit blossgestellt. Einmal mehr: dies, das Wichtigste, der Blick auf die Wirklichkeit, bleibt der Poesie vorbehalten.

> III.
> «Die Werke der menschlichen Kultur sind die
> einzigen, die in sich die beiden Bedingungen
> vereinen, auf denen die vollkommene Erkenntnis
> beruht; sie haben nicht nur ein begrifflich-
> erdachtes, sondern ein durchaus bestimmtes, ein
> individuelles und historisches Sein.»
> Ernst Cassirer, *Zur Logik der Kulturwissenschaften* (1942), Darmstadt 1961,
> p. 10.

> «Der Mensch ist zu feinern Sinnen, zur Kunst und zur
> Sprache organisiret.»
> Johann Gottfried Herder, *Ideen zur Philosophie der Geschichte der Menschheit, I*,
> Riga und Leipzig 1784, p. 216.

> «Enimvero omne, quod homini scire datur, ut & in ipse
> homo, finitum, & imperfectum.»
> G. B. Vico, *De Nostri Temporis Studiorum Ratione*, Napoli 1709, p. 10.

Die Bibliothek ist unzweideutig selbst ein kulturelles Produkt. Das müsste längst klar geworden sein. Dass dabei die Sinne gefordert sind, dass es um Menschen, um historische Wirklichkeit geht, wie es Johann Gottfried Herder in seinen *Ideen zur Philosophie der Geschichte der Menschheit* 1784 grundsätzlich dargestellt hat, ist unverkennbar. Wer sich dem verweigert, der sei mit Jonathan Swift drastischen Vorstellungen von den in ihr Menschsein zurückgeholten Büchern konfrontiert. Und natürlich ist auch ohne Swift die räumliche Vergegenwärtigung von Büchern und ihre Vermittlung über die Sinne – «et visui et usui», wie es dem von Böner gestochenen Frontispiz zu den *Inclutae Bibliothecae Norimbergensis Memorabilia* des Johann Jacob Leibnitz (1674) eingeschrieben ist – eine kaum zu übersehende Tatsache.[53] Die Bibliothek mit ihrer versuchten Ordnung unter Wahrung der Individualität des einzelnen Buches steht der kulturgeschichtlichen Problematik in auffälliger Weise mehr als nur nahe. Das oben Dargelegte – vom Buch und der Vereinigung von Büchern zur (öffentlichen) Bibliothek

– lässt sich bruchlos in die kulturgeschichtliche Fragestellung überführen: mit allen Gegensätzen und Problemen.

Karl Vossler, um nun eines von vielen – ein zugegebenermassen passendes – Modell zu wählen, hat die reife Ausprägung der Kulturgeschichte – nach der vorausgegangenen (aufklärerischen) Phase der Bildung «eines festen Gewebes kausaler Beziehungen physischer und psychischer Natur» – dort festgemacht, wo weder in geschichtsphilosophischer Verallgemeinerung die Konkretheit überwunden, noch in «stumpfsinnig philologischer Tatsachenkrämerei» verabsolutiert wird.[54] Wesentlich sei dabei, dass die Beschäftigung mit Geschichte «keine andern Träger des Geschehens gelten lasse als die menschlichen».[55] So gelangt Vossler zur Gleichsetzung: «Alle richtig verstandene Geschichte ist Kulturgeschichte, alle Kulturgeschichte ist reine Geschichte».[56] Das sind Formulierungen aus der *Hoch*zeit der kulturgeschichtlichen Diskussion. Gültig daran ist die Einsicht, dass reduktive oder rein-rationale Vorstellungen von Wissen und Wissenssystematik im Vergleich zu Geschichte und Kulturgeschichte nichts Adäquates anbieten – und schon gar nicht das Problem geschichtlicher ‹Wahrheit› lösen können. Vosslers Modell mit den «drei Instanzen» – der dokumentarischen, ästhetischen und philosophischen – bietet zumindest eine Handhabe oder eben einen Ausweg, wie der Veränderung – aus der Geschichte und Kultur wesentlich besteht – Rechnung getragen werden kann, und zwar so, dass die Welt nicht jeden Tag revidiert und neu erfunden werden muss. Die Kultur umschliesst die Zeitdimension, ist geschichtlich; sie ist auch und gerade deshalb dem Menschen angemessen. Die Bibliothek kann sich dieser Kriterien bedienen, oder aber sie verabschiedet sich aus diesem Zusammenhang als reine Datenbank, auf die man dann von aussen gemäss anderweitigen Kriterien einwirkt. Dass es aber sinnvoll sei, aus dem Ganzen und den Teilen der Bibliothek, aus dem stets irgendwie gegebenen oder vorgeformten Zusammenhang heraus zu argumentieren, um darauf aufbauend Verständnis und Nutzanwendung zu bilden, müsste nach all den angeführten Belegen und Zeugnissen nicht nur als vorteilhaft, sondern als der einzig gangbare und angemessene Weg erscheinen.

Kultur ist kein streng logisches System, das verbindlich über alles ausgebreitet wird; aber sie erschöpft sich natürlich auch nicht in der blossen Faktizität der von ihr ausgesuchten Objekte, weshalb Ernst Cassirer – mit Bezug auf Vicos *Scienza Nuova* – gleichwohl ausdrücklich von «Logik» spricht und dies kommentiert.[57] Zum erstenmal wage es die Logik, den Kreis der ob-

---

[53] Vgl. Leibnitz, Joh. Jacobus, Inclutae bibliothecae Norimbergensis memorabilia, hoc est naturae admiranda, ingenii humani artificia, et antiquitatis monumenta: Accedit Christophori Arnoldi … De hydriotaphia, hoc est, urnis sepulchralibus, in agro Anglorum Nortfolciensi repertis, epistola gratulatoria, Norimbergae: Endter, 1674.

[54] Vgl. Vossler, Karl, «Kulturgeschichte und Geschichte», in: Logos III, Heft 2, 1912, p. 192 ff.

[55] a.a.O., p. 200.

[56] Ibidem.

[57] Vgl. Cassirer, Ernst, Zur Logik der Kulturwissenschaften: fünf Studien, 3., unveränd. Aufl., Darmstadt: Wiss. Buchgesellschaft, 1971, p. 1 ff.: «Der Gegenstand der Kulturwissenschaft».

jektiven Erkenntnis, den Kreis der Mathematik und Naturwissenschaft zu durchbrechen, «um sich statt dessen als Logik der Kulturwissenschaft, als Logik der Sprache, der Poesie, der Geschichte zu konstituieren».[58] So präzis fällt die Unterscheidung meist nicht aus. Urteile sind hart, wenn etwa Vossler zu Saussure meint, dieser hätte ‹langue› von ‹langage› abgelöst und «das blutleere Zeichensystem der Sprechenden zum ausschliesslichen Gegenstand der Sprachwissenschaft gemacht».[59] Folgt man andererseits Vosslers Argumenten, mit denen er Jacob Burckhardts *Kultur der Renaissance* trotz offensichtlicher wissenschaftlicher Mängel für die Kulturgeschichte rettet, so wird man glücklicherweise auch Saussure mit denselben Überlegungen mühelos gerecht werden können. Auch hier gilt: es geht nicht ohne Geschichte, ohne das zeitlich Bedingte, ohne die Berücksichtigung des ständigen Wandels, *weil* Kultur Menschenwerk ist.

«Der Kreis unseres Wissens reicht nicht weiter als der Kreis unseres Schaffens», fasst Cassirer Vicos Ansicht zusammen.[60] «Der Mensch versteht nur insoweit, als er schöpferisch ist – und diese Bedingung ist in wirklicher Strenge nur in der Welt des Geistigen, nicht in der Natur erfüllbar». Fritz Mauthner hat ‹Kultur› als «Korrelatbegriff zu Natur» – im Gegensatz etwa zur Dichotomie Kultur-Philosophie – hervorgestrichen, der Natur direkt gegenübergestellt, um auf diese grundsätzliche Weise aller Begriffskonfusion zuvorzukommen.[61]

All dies ist bei Vico schon 1709 in seinem *De Nostri Temporis Studiorum Ratione* vorgezeichnet. Auch Vico setzt dort bei Francis Bacon und den «vasta desideria» einer allesumfassenden Wissenschaft an. «Qui summa tenent, ingentia, atque infinita desiderent».[62] Jenes Absolute ist nicht erreichbar. Was sodann wie ein Argument der ‹querelle›, ob denn die Alten oder die Neuen mehr gewusst hätten, ausschaut, wird stattdessen – weit wichtiger – auf die *Geschichtlichkeit* der Menschen als ‹conditio humana› zurückbedungen: «Enimvero omne, quod homini scire datur, ut & in ipse homo, finitum, & imperfectum».[63]

Die Moderne hat uns so sehr mit der Vorstellung von Zeitlosigkeit und «perfection» eingedeckt, dass das Verständnis jener Prämisse Vicos – und damit die Basis eines geschichtlichen Verständnisses überhaupt – allzuhäufig abhanden gekommen sind. Nicht überraschend hat Heinrich Rickert seine kritischen Fragen zu den «Grenzen der naturwissenschaftlichen Begriffsbildung», die er ja auch als «logische Einleitung in die historischen Wissenschaften» untertitelte, mit der Überzeugung verknüpft, «dass der Mangel an philosophischem Verständnis für das We-

---

58 a.a.O., p. 10.
59 Vgl. Vossler, Karl, «Sprachgemeinschaft als Gesinnungsgemeinschaft», in: Logos XIII, Heft 2, 1924, p. 141 ff.: Anm. 1, p. 153.
60 Vgl. Cassirer 1971, p. 9.
61 Vgl. Mauthner, Fritz, Wörterbuch der Philosophie: neue Beiträge zu einer Kritik der Sprache, 2., verm. Aufl., Leipzig: Meiner, 1924, p. 258. – Den Gegensatz «Natur und Kultur» – statt Natur und Geist – stellt Rickert 1913, in Anm. 64, p. viii, Vorwort zur zweiten Auflage, heraus.
62 Vgl. Vico, Giambattista, De nostri temporis studiorum ratione, Napoli, 1709, p. 9.
63 a.a.O., p. 10.

sen der Geschichte zu den folgenschwersten Übelständen in der Philosophie unserer Zeit ge-hört».[64] Bei der Geschichte, auch wenn sie vorerst ‹nur› «Erfahrungswissenschaft» ist, ist anzu-setzen. Dass sich hier ein innerer Gegensatz auftut, weil sich der «Tiefenvorgang», so Georg Simmel 1918 in *Der Konflikt der modernen Kultur*, darin äussert, «dass das Leben vermöge seines Wesens als Unruhe, Entwicklung, Weiterströmen, gegen seine eigenen festgewordenen Erzeug-nisse, die mit ihm nicht mitkommen, dauernd ankämpft», verweist letztlich nur wieder auf die Geschichtlichkeit selbst.[65]

Vico hatte im Jahr danach, 1710, sein *De antiquissima Italorum Sapientia* publiziert. (Beide Schriften erschienen in Neapel im Kleinstformat noch lange vor der ersten Fassung der Inku-nabel der Geschichtsphilosophie, der *Scienza nuova*.) Dort steht als erster Satz des ersten Kapi-tels: «Latinis verum, & factum reciprocantur, seu, ut Scholarum vulgus loquitur convertuntur», was schon damals wegen der saloppen sprachlichen Form kritisiert, in der Sache aber von grösster Wirkung war.[66] Jene berühmte Verbindung von «verum» und «factum», die mit «reciprocan-tur» und «convertuntur» umschrieben werden, was die beiden Begriffe – unsauber – als Syno-nyme erscheinen lässt, weist ihrerseits wieder auf die Unvermeidbarkeit der Geschichte hin. Wer weiterliest, stösst denn auch – schon in der Zuordnung des Erkennens auf ‹blosses› Nach-denken und Zusammentragen – auf die Grenzen menschlichen Wissens, das vorgängig weiterer Postulate zur Beschränkung mathematischer ratio als «cogitare» und (in der volgare-Überset-zung enthüllend:) als «quod nos vernacula lingua dicimus *pensare, & andar raccogliendo*», gege-ben wird.[67]

Wenn Ernst Cassirer 1942 in seinem Aufsatz zum «Gegenstand der Kulturwissenschaft», den er später mit anderen einschlägigen Aufsätzen unter dem Titel «Zur Logik der Kulturwissen-schaften» zusammengefasst hat, von den «Werken der menschlichen Kultur» spricht, die eben beides: ein «begrifflich-erdachtes» wie ein «individuelles und historisches» Sein besitzen, so bezieht er auch dies ganz präzis auf Vico und dessen ‹Logik›, die sich im ersten, «metaphy-sicus» überschriebenen Buch von *De Antiquissima Italorum Sapientia* gemäss obigem Zitat erst-mals angekündigt findet.[68] In Cassirers Diktion ist es für eine Logik der Kulturwissenschaften unabdingbare Voraussetzung, dass die innere Struktur jenes Seins «dem menschlichen Geist zu-gänglich und aufgeschlossen» ist, «weil er selbst ihr Schöpfer ist».

---

64 Vgl. Rickert, Heinrich, Die Grenzen der naturwissenschaftlichen Begriffsbildung. Eine logische Einleitung in die historischen Wissenschaften (1902), Tübingen: Mohr, 1913, p. 6.
65 Vgl. Simmel, Georg, Der Konflikt der modernen Kultur: ein Vortrag, München: Duncker & Humblot, 1918, p. 7.
66 Vgl. Vico, Giambattista, De antiquissima Italorum sapientia / ex linguae Latinae originibus eruenda libri tres Joh. Baptistae a Vico, Neapoli: Mosca, 1710, Cap.I. De Vero, & Facto. p. 14.
67 Ibidem.
68 Vgl. Cassirer 1971, p. 10.

Ein Zufall ist es nicht, dass jene Autoren, die der Bibliothek den Stellenwert eines mnemo-technischen, den menschlichen Sinnen zugänglichen Systems zuweisen möchten, so ganz nahe an dieser doppelten Wurzel kulturgeschichtlicher Grundlegung argumentieren: «begrifflich-er-dacht» und «individuell-historisch». Jedes Buch ein präzises historisches Zeugnis und ein Ele-ment jenes stets im Fluss befindlichen Hanges zum Allgemeinen! Beides ist oft genug – in einer langen Tradition – in der Metapher architektonischer Gebilde zusammengefasst worden. Cas-sirer spricht natürlich von Vicos «Aufbau». Am Ende formt für ihn Kultur einen «Körper», der – durch sein Körpersein – erfahrbar ist und deshalb auch unmittelbar einer weiteren Umbildung zugeführt werden kann.[69] Vossler hatte seine drei Instanzen und das zusätzlich bemühte Neben-einander von Haupt- und Nebenstrom ebenfalls in ein architektonisches Bild gesetzt: «Denn auf diesen beiden Pfeilern, auf Kunst und Philosophie, ruht in gleichem Masse der Gewölbebau der Geschichte. Im Schlussstein des Gewölbebogens, in der dokumentarischen Instanz, finden von beiden Seiten her die Tragkräfte sich zusammen; wie seinerseits auch er, der Schlussstein, wieder nach beiden Seiten auseinanderlastet.»[70] Auf diese Weise fügt «die innere Logik» die bei-den Zugänge zur «historischen Wahrheit» zusammen. «Mentalmente architettato» hatte natür-lich auch Paciaudi sein Modell der Bücherordnung charakterisiert. Die architektonischen Bil-der kommen der physischen Wirklichkeit der Bücher entgegen, die jene geistige Ordnung bilden. Davon sind wir ausgegangen. Die Bibliothek – somit letztlich jedes einzelne Buch – ist ein Garant jener Geschichtlichkeit, die der Kultur erst ihre Bewegung und Veränderung und die «Ursachen jenes Wandels» zuerkennt. Das ist Leben, das ist Nahrung.[*]

[69] a.a.O., («Die ‹Tragödie der Kultur›»), p. 126.
[70] Vgl. Vossler 1912, p. 205.
[*] Dieser Text erscheint auch in der Nullnummer von «Scholion», dem Mitteilungsblatt der Stiftung Bibliothek Werner Oechslin.

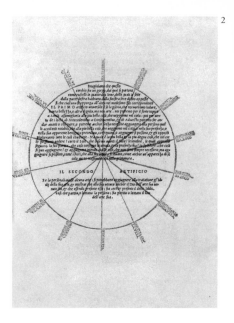

1   Johann Gottlieb Krause, Neuer Bücher-Saal. Der gelehrten Welt oder Ausführliche Nachrichten von allerhand Neuen Büchern…, I, Leipzig, 1710, Frontispiz. • *Johann Gottlieb Krause, Neuer Bücher-Saal. Der gelehrten Welt oder Ausführliche Nachrichten von allerhand Neuen Büchern…, I, Leipzig, 1710, frontispiece.*
2   Giulio Camillo, Due Trattati dell'eccellentissimo…, 1544, Graphische und textliche Darstellung eines «artificio universale» zwecks Herausarbeitung des Verhältnisses des Ganzen und der Teile sowie deren unauflöslicher Verquickung. • *Giulio Camillo, Due Trattati dell'eccellentissimo…, 1544, Illustrations and texts presenting an "artificio universale" for establishing the relationship between the whole and the parts as well as their indissoluble combination.*
3   Jonathan Swift, The Battle of the Books, 1710.

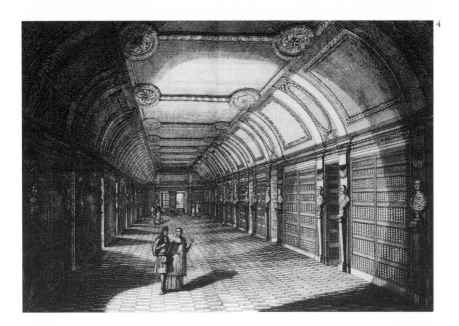

4   Le Cabinet de la Bibliothèque de Sainte-Geneviève, Gesamtansicht, um 1692. • *Le Cabinet de la Bibliothèque de Sainte-Geneviève, overall view, circa 1692.*
5   Le Cabinet de la Bibliothèque de Sainte-Geneviève, Wandaufriss, um 1692. • *Le Cabinet de la Bibliothèque de Sainte-Geneviève, elevation, circa 1692.*

Die Bibliothek und ihre Bücher – des Menschen Nahrung   189

WERNER OECHSLIN

The Library and its Books – Human Nourishment

In the modern world, easy access to books via the computer, the selection of isolated pieces of information, as well as the seemingly unrestricted access to each and every thing, sometimes makes us oblivious to both a book's *physical reality* and its distinctive advantages. The metaphor of the book as nourishment suggests its very necessity. And this must be the point of departure if one expects books and libraries to do more than simply provide a service and information. This "more than" is crucial: a glance at the history of the book and the library quickly reveals that this additional value is continuously being generated through systematic organisation, through an attempt to achieve comprehensiveness and thus, of course, in the reproduction of human culture and, finally (without any change in goal) in thousands of nuances and variations. Books and libraries are an essential chapter in the constitution of human knowledge in relation to change and constant transformation. And *great cultural-historical* significance must be attached to them for this very reason. Rarely contested, this aspect is nonetheless seldom acknowledged, described or documented from this angle. Indeed, any endeavour to do so would necessarily lead to the realisation that there is an astonishingly intimate connection between the book, the library and the concept of culture itself, and that this touches on something very essential, i. e. the necessary alliance between systematic extension to create a comprehensive collection and constant restriction, as well as the related union of the conceptually devised with the individually defined, historical being and, not least (originating in this very historical process) the concreteness of the temporal, of perpetual change. A glance at old book collections frequently reveals the contrast between this approach and shallow prejudice. Nevertheless, nothing is more vivid than this unending process of repeatedly grasping anew the constitution of the whole from its parts, a process which is itself perpetually changing. He who takes this nourishment inevitably has this experience.

Books are "l'aliment et la nourriture", food and nourishment, writes Claude du Molinet, the librarian at the Bibliothèque Sainte-Geneviève in Paris, at the beginning of his famous and lavishly printed catalogue.[1] We sometimes use the expression: "food for thought". However, the notion of books and libraries is generally not so closely associated with the most elementary needs of human beings in any case. Quite the opposite! Books – especially old books – are frequently associated with the past, with dust and decay. It is a widely held prejudice that anything kept in a library is discarded, backward-looking, faded, and has forfeited its right to exist. Consequently, in a world in which external events are dominated by "the noise of the new" – all protestations of a preference for the present notwithstanding – this attitude seems widely accepted.

Prejudices! The euphoria surrounding a virtual world which is on the verge of superseding all that is real has long since subsided. The advantages of a physically *real* world are unmistakable and cannot simply be replaced by a virtual substitute overnight. And this realisation has not stopped at the book or the library either. Older libraries in particular, like those open to an astonished public at Baroque monasteries from Mafra to Strahov, evidently exert a very rare fascination. Suddenly, people can see for themselves how collected knowledge has materialised corporeally and spatially, how books form a structured order in one way or another, and that this order – in its first architectural incarnation – offers them direct access to visual and haptic experience. Few of the library visitors realise that they, with their seemingly naïve impressions, come very close to sharing the ideas that library founders and librarians have been developing since the very advent of libraries, and have set out in writing in an endeavour to lend order to collected knowledge. The history of the library provides a wealth of information on this. But faced with the virtual world of up-to-date facts and data, we were, for a time at least, in danger of forgetting this. Our sensitivity now heightened by surplus information, by the inflation of knowledge, as well as by an overwhelming flood of disparate information and the resulting disadvantages, our eyes are opening once more to the sensually perceptible reality of books and knowledge: knowledge that can be literally grasped.

But how are books to be understood as "aliment" and "nourriture", and not merely as a curiosity? In 1999, the American artist Joseph Kosuth exhibited an installation entitled "Die verstummte Bibliothek" in the rooms of the former Ittingen monastery in the Swiss canton of Thurgau. The installation involved his engraving a monumental illustration of the old library catalogue of 1717 on the floor slabs. A critic stated that his work would gradually assume the appearance of memorial slabs. She spoke of "memorial slab aesthetics", rightly noting that this monumental realisation of the catalogue did not render the library any more tangible than it had been before. However, she was far too quick in drawing her conclusions: "But would the library communicate anything to us if it still existed in its entirety? This is hardly likely for the simple reason that the order of knowledge has changed…" She objected to the way in which Joseph Kosuth's artwork had translated the library idea into a museum. However, her assessment of the library's possible effect ignores the fact that if it had remained in use, instead of being dis-

---

[1] See du Molinet, Claude, Le Cabinet de la Bibliothèque de Sainte-Geneviève: Divisé en 2 parties; Contenant les Antiquitez de la Réligion des Chrétiens, des Egyptiens, et des Romains …, Paris: Chez Antoine Dezallier, ruë Saint Jacques, à la Couronne, 1692, Préface.

solved in 1848, the library order would have obviously and necessarily changed as a result. The "real cathedral" was probably to blame for her seeing a touch of "cheap showmanship" here, she wrote, confirming the impression that the point really at issue is the *aura* and not so much the actual monument itself. Is the library as a real conception so divorced from reality as it is being suggested here? "Memorial slab aesthetics" – cathedral? This is intended neither as nourishment nor as something to be tangibly grasped. Rather, both art and art criticism would seem to be occupied primarily with themselves or, to borrow a term from art jargon, engaged in "self-reflection". The "aesthetic view" ultimately establishes distance and is by no means desirable here, since we are trying to gain real access to the book.[2]

When the new royal library designed by the Danish architects Schmidt, Hammer & Lassen was opened in Copenhagen at the end of 1999, a prominent daily newspaper commented beneath the relevant picture: "half Ka'bah and half Villa Malaparte". The newspaper could have simply pointed out that this building united Deconstructivist deformation and a new corporeality (as, for example, in some of the buildings designed by Herzog & de Meuron) in a manner that was both painstakingly conscientious and contemporaneous. So why the allusion to Arabia and Capri? Evidently, the building's function as a library encourages and awakens associations with such esoteric and hermetic images.[3] In this way, at least, the library's exterior has conspicuously re-entered consciousness, or, to be more precise, been made accessible to sensual perception again.

Is this simply chance? These days, it often seems that the arts have rediscovered their task rendering emotional and intelligible values (which have disappeared or become invisible elsewhere) accessible to experience. At times, one even has the impression that people need to attend art exhibitions or visit the cinema to be made aware of the potential contained in their sensual perception. The arts have long since discovered their task of re-awakening *homo sapiens'* sensitivity at times in which reality appears to be totally rationalised. The fact that an architect and artist like Ben Nicolson spends months examining Michelango's *Medicean-Laurentian Library* to study the order there (irrespective its relevance) and systems of order *per se*, as well as their meaning, this seems to indicate shortcomings somewhere along the line.

Nevertheless, the age of information – or simply the naïve belief that everything can not only be presented as information but also managed with the aid of information – dominates all discussion. If the "future of the library" is approached with the question "are books finished as data carriers?", then we must definitely respond with vigour to the one-sidedness of such a question. For a book is obviously far more than just a compilation of information, it is a system in every respect: from the

---

2   For a more detailed analysis see: Otto Neumaier, "Flanerie zum Ende der Philosophie. Das 'Passagen-Werk' des Joseph Kosuth," in: Vom Ende der Kunst: ästhetische Versuche, 1st edition, Salzburg: Noëma Press, 1997, pp. 73 ff.

3   This characterisation is at least somewhat more inspiring than that conceived for the Peckham Library designed by Alsop & Störmer in London: "a media box on stilts". There are no limits to architectural and journalistic fantasy!

page breaks and prelims to the forewords and indexes. And it is usually an intelligent system, with haptic and aesthetic properties, too. Anyone who overlooks this has missed out on at least one half of the truth: the entire context in which a book "lives". It is similarly one-sided to consider the library "since antiquity" purely in terms of conserving knowledge. In so doing, one can probably place the "competing modern technologies" – considered quantitatively – on the winning side. However, the situation would look very different if one were to ask what tasks can be managed – by the mind, not the computer; and in an overall context, not as single pieces of information – and thus returned to the cycle of culture. There is nothing to be said against the ease and other advantages of accessing information with modern technology. Unfortunately, however, it is all-too-often apparent that the good-old library in its cultural and systematising sense (certainly in terms of a modern-day requirements profile) is completely underestimated and often simply not acknowledged. For quite some time now, there has been a desire to make up for this deficiency and show, for example, that the metaphor "l'aliment et la nourriture" is not only rooted in the very midst of life, but also makes a lot of sense.

I.

"Il y a trente ans que je travaille à un livre
de douze pages, qui doit contenir tout ce que
nous sçavons sur la métaphysique, la politique
& la morale, & tout ce que de grands auteurs
ont oublié dans les volumes qu'ils ont donnés
sur ces sciences-là."
Charles de Secondat de Montesquieu, *Le Temple de Gnide*, revu corrigé et augmenté, Londres (Paris), 1742, Préface, p. vii.

"Il s'agit d'un procédé très spécial. Et, ce
procédé, il me semble qu'il est de mon devoir
de le révéler, car j'ai l'impression que des
écrivains de l'avenir pourraient peut-être
l'exploiter avec fruit."
Raymond Roussel, *Comment j'ai écrit certains de mes livres,* Paris, 1935, p. 3.

"…& unirlo talmente con quelle, & quelle con
lui ; che dell'universale artificio, & della
particolar materia havesse a riuscire un corpo
solo, pieno di corrispondenze."
Giulio Camillo, *Due Trattati…,* Venezia, 1544, fol. 11ᵛ.

If, therefore, a library offers food for thought, it would be interesting to know more about the precise nature of this sustenance, how well it goes down, how easy it is to digest, and how the menu has been arranged. This was quite a hotly disputed issue for a while. Jean Henri Samuel Formey, a secretary at the Royal Prussian Academy (and sufficiently well read to accuse Voltaire of plagiarism), published a frequently reprinted book entitled *Conseils pour former une Bibliothèque peu nombreuse, mais choisie*. As the postscript to the third edition – "corrigée et augmentée" – of 1756 shows, Formey had difficulties limiting his selection. And this problem was to remain persistently relevant. Formey highlighted the question of selection by starting his work with a letter by Francois La Mothe le Vayer which argued that a library of approximately one hundred books was adequate "pour faire toute sorte de lecture",[4] and then went on to say that there were, after all, other libraries open to the public everywhere. La Mothe le Vayer evidently restricted himself to basic daily requirements. He talks of books: "qu'il faut posséder en pleine propriété, parce qu'ils sont d'un journalier & perpétuel usage".[5] And his list begins with reference books such as the Latin-French Dictionary by Estienne and the dictionary of the Accademia della Crusca, before quickly moving on to the more demanding encyclopaedias, such as Possevinus' "Bibliotheca selecta". La Mothe then turns his attention to the individual disciplines or, to be more precise, their distinguished representatives, such as Vitruvius in the field of architecture. In this way, he quickly arrives at his one hundred books. La Mothe le Vayer's rigid selection procedure was guided by moralising advice on conciseness, of the kind one finds in Seneca: "multo satius est paucis de authoribus tradere, quam errare per multos".[6] There is no mention of how each work is to be selected. The most important thing here is the principle of limitation. Ultimately, the prime goal is to maintain a healthy scepticism towards collected knowledge (intended for presentation to the outside world only). This is the central theme running right through la Mothe le Vayer's letter. The entire argument culminates in Seneca's warnings against "la vaine parade" and "l'ignorante ostentation d'une Librairie". Library owners often knew even less about their own libraries than about those countries they had never visited. To them, books served less as instruments of study than as decoration for their dining rooms ("non studiorum instrumenta, sed coenationum ornamenta sunt").[7] From here it is but a

---

[4] See Formey, Jean-Henri-Samuel, Conseils pour former une bibliothèque peu nombreuse, mais choisie: Suivie de l'Introd. générale à l'étude des sciences par Ant. Aug. Bruz de La Martinière, Berlin: Haude et Spener, 1756, p. vi ff.: "…une Lettre du célèbre La Mothe le Vayer, qui justifie tout-à-fait mon idée…, j'ai cru qu'elle feroit un ornement considérable de cette nouvelle Edition".

[5] Loc. cit., p. x.; he previously makes a distinction between books "d'une estude suivie & continuée" and reference works "d'un usage & service passager, & à tems", to which the passage cited refers. On p. xv he adds a further formulation distinguishing between books "pour estre d'un usage & service quotidien" and those "in quibus immorari oportet & senescere".

[6] Loc. cit., p. xvi.

[7] Loc. cit., p. viii.

short step to the modernist ridicule of bourgeois interior decoration: with the piano, the sofa and other "library furniture", or libraries with glass cases and "trophies of all kinds".[8]

Hence, according to Seneca, it is not dining-room ornamentation that gives books the character of being "aliment" and "nourriture". Ultimately, it becomes clear how difficult it is to establish a library systematically according to definite ideas. Formey begins his *Conseils* with a few platitudes about the value of reading. Second to conversation, he argues, there is no better way of cultivating one's mind than by reading: probably because a good conversation is not to every man's taste, and because the ignorant are too superficial, whilst the educated are too pedantic. Conversations can provoke protest and ill feeling, leaving behind – at best – mixed feelings. Books, in contrast, not only provide stimulation, education and pleasure, they are also always accessible, in the broadest sense of the word, and do not entail such risks or commotion. Formey concludes with a generalisation: "Voilà, ce me semble, bien des endroits par lesquels le commerce des Livres l'emporte sur celui des hommes."[9]

Relating to books has certain advantages over relating to people. With this in mind, Formey now starts to offer advice, knowing full well that this is no simple task, and that every citizen of the "République des Lettres" imagines that he himself knows every path and every corner in the republic best. Formey also tacitly assumes that somebody could acquire and accumulate books quite by chance. But then he says, repeating what has by now become a commonplace, anyone wanting to compile a library solely for the purpose of decoration, "par ostentation, & pour meubler un de ses appartemens" will not need such advice.[10] What follows is not so much the promised advice on how to establish a library in line with "l'esprit et le coeur", but rather a mundane proposal that readers should acquire old and new books on well-trodden tracks through existing fields of knowledge such as theology and philosophy, jurisprudence and medicine. At best, the minor deviations from the norm are conspicuous here, when, for example, "Morale et Goût" are treated together. In this way, one learns that the works of St. Evremond are to be classed under morals rather than taste, and is rather surprised to discover that the *Temple de Gnide* is contemplated alongside the *Dialogues des Morts* by Fénelon and a whole series of other dialogues. Formey's *Conseils* are, however, "only" advice for those who seek assistance in finding the most important and up-to-date titles. Otherwise one finds oneself groping in the dark, just like Montesquieu, the author of the *Temple de Gnide*, who, in his "préface du traducteur" succeeds in creating the fiction that his text was written by others: "Un ambassadeur de France à la Porte Ottomane, connu par son goût pour les lettres, ayant acheté plusieurs manu-

---

8   See Oechslin, Werner, "'Et Visui Et Usui'/'comparanda eruditione' – auf der Suche nach der verlorenen Ordnung der Bücher und ihrem Sinn," in: Ulrico Hoepli, 1847–1935: ...am literarischen Webstuhl...: Buchhändler, Verleger, Antiquar, Mäzen, ed. by Joseph Jung; with a preface by Flavio Cotti, Zurich: Verlag Neue Zürcher Zeitung, 1997, p. 327 ff., p. 331.
9   Loc. cit., p. 3.
10 Loc. cit., p. 5.

scrits Grecs, il les porta en France."[11] Reference is made to those who were – truly or fictitiously – both in the know and made a wise selection. At the same time, the inadequacy of all rules (in this case, on the production of a literary text) – is confirmed and a generously devised, binding framework proposed: "Mais si l'ouvrage a plu, vous verrez que le cœur ne leur a pas dit toutes les règles."[12] Montesquieu follows his attack (which can certainly be generalised) on premature systematisation with a manifesto pleading for the difficult yet highly desirable task of summarising the knowledge compiled in his work: "Il y a trente ans que je travaille à un livre de douze pages, qui doit contenir tout ce que nous sçavons sur la métaphysique, la politique & la morale, & tout ce que de grands auteurs ont oublié dans les volumes qu'ils ont donnés sur ces sciences-là."[13]

This is a nightmare for any librarian who wants to constantly expand his library to keep abreast of newly written and printed works as they appear. Indeed, restricting one's selection (without any loss of nutritional value, to use the same metaphor) is probably the most difficult task for a librarian. And nobody would really want to judge Montesquieu, who even wanted to condense the suppressed writings of the most famous authors into twelve pages. An unequalled feat! But most have been fairly quick to agree about the opposite – about loquaciousness, chance, book collections expanding beyond all bounds, although they have not found it so easy to avoid this danger either. And Formey's *Conseils* are often more like the standard bibliography which prides itself on providing information on new publications. There is hardly any indication of his wanting to go further and develop a more comprehensive approach. He is satisfied with mere classification and sub-classification, in accordance with the standard scientific and academic disciplines. The same procedure as always!

Nevertheless, Formey's work does reveal an extensive knowledge of books. Muralt, he tells us, was a misanthrope, who always proclaimed the truth sullenly, but whose arguments never failed to please: "parce qu'il est rare qu'ils ne soient pas soutenus d'un fonds exquis de bon sens".[14] Abbé Le Blanc – we are pleased to hear – was one of his emulators. Formey gives instructions on how to read and understand texts. That much at least! Only such references to the subtleties between the lines justify the necessity of the book. Then comes the rapidly drawn conclusion that every book is different, no matter how similar the stated contents. Only if one is aware of this small difference can one also understand and come to appreciate this.

This somewhat complicated conception also provides the basis for that famous (yet rarely understood) "system of knowledge" proposed by Giulio Camillo in the best tradition of mnemonics. Proceeding from Galen and the need to optimally adapt medicines to treat a specific

---

[11] See Charles Louis de Secondat de Montesquieu, Le Temple de Gnide revu corrigé et augmenté, London/Paris 1742, p. i.
[12] Formey, loc. cit., p. 10 subsequently characterises this topos of "l'esprit et le cœur" as "...cette division rebattue, mais pourtant juste & significative".
[13] See Montesquieu 1742, p. vii.
[14] See Formey 1756, p. 80.

illness, Camillo implores his readers: "…così non dobbiamo applicar un'artificio fatto universale ad alcuna particolar materia, se prima non veggiamo, se con le circostanze di quello esso confar si possa."[15] There is nothing more simple than creating some kind of system and then imposing it on things. Our world – and that includes the world of knowledge and libraries – has had more than enough of this kind of "order". But those other types of "systems" which are precisely tailored to reality in order to make them effective and curative (medically speaking) are complex and rather rare. It is worth considering Giulio Camillo's words again. His point of departure and goal was to examine whether there was anything at all "ne gli ordini miei" that could be generalised and thus applied to the matter at hand. If this is so, and if there are a number of such "artifici" – methods, systems, etc. – then they ought to be combined with concrete facts to create a rich complex comprising both universal modes of examining things and particular, concrete objects: "…& unirlo talmente con quelle, & quelle con lui; che dell'universale artificio, & della particolar materia havesse a riuscire un corpo solo, pieno di corrispondenze."[16]

The conception of a body composed of the universal and the particular serves Giulio Camillo in considering knowledge in relation to its application. It probably remains the valid model (and, incidentally, one that is constantly being recreated) for that living process which engendered libraries. Hence, libraries are not only medicine but purely and simply a source of human nourishment. Furthermore, entry into the capillary structures of cultural reality comes far more natural to those who write (after all, it is their activity that gives rise to books and libraries) than to the administrator of knowledge who is obsessed with systems. Hence, what were needed were the provocations of a Montesquieu and his impossible project: "de douze pages".

Yet another magician in structuring knowledge deserves to be commemorated here. "Il s'agit d'un procédé très spécial," wrote Raymond Roussel at the beginning of his *Comment j'ai écrit certains de mes livres*.[17] This very special approach consists in Roussel taking two almost (but *only* almost) identical words, inserting them into otherwise identical sentences and then squeezing an entire story between them. A whole world then unfolds from the smallest conceivable difference. The vital point is that a whole is created not from a great diversity of words – or even books – but from the smallest distinguishing element and, indeed, arises by virtue of this very distinction. Of course, Roussel sees his approach – and no other – as a "procédé de création". He argues that if one takes the example of the "maison à espagnolettes", one soon sees (according to Roussel) how this minute (linguistic) difference opens up entire worlds of diverse meanings (and conventions) for all to see. As an aid to comprehension: the "espagnolettes" refer, on the one

---

[15] See Camillo, Giulio, Due Trattati dell'eccellentissimo, l'uno delle materie, che possono venir sotto lo stile dell'eloquente: l'altro della imitatione, Venezia, 1544, fol. 11ᵛ.
[16] Loc. cit.
[17] See Roussel, Raymond, Comment j'ai écrit certains de mes livres, Paris: A. Lemerre, 1935, p. 3.

hand, to window catches and, on the other, to those "petites Espagnoles" from whom, Roussel tells us, the Talou-Yaour descend.[18]

Of course, Roussel is aware that there is absolutely no inner law stating that an identical word can produce completely different meanings. The rhyme ("due à des combinaisons phoniques") has developed into an independent form, resulting in a "création imprévue" instead of a derivative: "c'est un procédé poétique".[19] This is the lesson Roussel teaches us, and it can be transferred from the writing of books to the books themselves, from whence it can be effortlessly transferred to the library. However, anyone proceeding from rigid, prescribed laws, or – to apply Montesquieu's distinction – from the "règles" instead of from the "cœur", is likely to overlook precisely this: the infinite and frequently incalculable treasures (also) contained in books.

It used to be, and remains, a widely held view that the process of "constituting knowledge" is only possible in the reverse order, i. e. starting from a system. The problem here is that in the case of the library, there is a considerable risk that a system of order will not only be applied to a diversity of works but will actually obliterate this diversity. Preserving *diversity as order* is certainly a reasonable objective, even if the goal of publishing a twelve-page compilation à la Montesquieu remains an almost unattainable ideal.

Following these criteria, one could select and read the none-too-numerous models advanced by librarians over the course of time whenever they were debating a little more than a simple collection of books and information. Of course, the old formula of the "aurea catena", from which our modern "networked thought" is derived, stands before us as an ideal worth striving for. However, nobody will want to follow too literally ideas forged in this way. The image of the chain is too one-sided, for it suggests that each link is solidly and almost inseparably welded to the next. This, in turn, conflicts with the notion of change (the stuff of which culture and knowledge, as well as the library, are made) and, even more so, with Roussel's insight into both the unforeseen and poesy. "Nell'incominciamento di una Biblioteca spesso mancano gli anelli intermedj per conservare questo rigoroso concatenamento."[20] It was thus that Paolo Maria Paciaudi, the librarian of the Parmesan Library, formulated the question in his *Memoria ed Orazione intorno la Biblioteca Parmense*, posthumously published in 1815. If there must be a chain, then only under the condition that new links are added, so that it is forever being worked upon and altered. If there has to be a system, then an open one.

---

[18] Loc. cit., pp. 8–9.
[19] Loc. cit., p. 22.
[20] See Paciaudi, Paolo M., Memoria ed Orazione... intorno la Biblioteca Parmense, Parma, 1815, p. 61. Paciaudi recommended performing a balancing act between a fixed order and the desired dynamics: "In questo caso il Bibliotecario non deve collocare i libri immobilmente in un sito, donde non dipartansi più; ma deve disporli interinalmente come può...". See Oechslin, Werner, "Die Quadratur des Kreises. Zur Entstehung einer Bibliothek", in: DU 1, 1998, p. 32.

Werner Oechslin

II.

"Tandem subiit animum meum haec cogitatio,
magnum fore operae pretium si latifundium regni
philosophici uno syntagmate delinearem…"
J. H. Alsted, *Cursus Philosophici Encyclopaedia Libri XXVII complectens…,*
Herborn 1620, Praefatio.

"Nec manus nuda, nec intellectus sibi
permissus, multum valet; Instrumentis &
auxiliis res perficitur; quibus opus est, non
minus ad intellectum, quam ad manum."
Francis Bacon, Instauratio Magna, (1620), in : *Operum Moralium et Civium*
Tomus…, London 1638, p. 47.

"Soit que nous nous élevions, pour parler
métaphoriquement, jusques dans les cieux, soit
que nous descendions dans les abîmes, nous ne
sortons point de nous mêmes; & ce n'est jamais
que notre propre pensée que nous appercevons."
E. B. Abbé de Condillac, *Essai sur l'origine des Connoissances humaines. Ouvrage*
où l'on réduit à un seul principe tout ce qui concerne l'Entendement Humain, I,
Amsterdam 1746, p. 1.

The metaphor of the chain alludes to the system, whilst that of nutrition addresses the living human being. To sustain themselves, human beings need food. If there is a shortage of food, or if it is ill suited to their real needs, they will suffer malnutrition or even sickness. Following Galen, Giulio Camillo chose the "right dose of medicine" as his model for uniting the universal and the particular. Another metaphor, one going far back in the history of libraries, is also appropriate in this context: the metaphor of the hospital. In his description of the library of the Egyptian King Osymandias in Thebes, Diodor tells us that the famous words *"psyches iatreion"* (in Latin: *"animi medica officina"*) were inscribed above the library entrance.[21] Justus Lipsius, whose brief text "De Bibliothecis Syntagma" (1612) proceeds from this transmitted descrip-

---

[21] For a summary of the early history of the library see the article: "Bibliothek", in: Pauly's Realencyclopädie der classischen Altertumswissenschaft, revised edition by Georg Wissowa, continued by Wilhelm Kroll and Karl Mittelhaus. In collaboration with many others ed. by Konrat Ziegler, vol. 3, Stuttgart: Metzler, 1899, col. 405 ff. – La Mothe le Vayer translates the Greek "psyches iatreion" as "Animae medicatorium" (op. cit., p. viii); and Sanchez (op. cit., in note 28, p. viii) as "Tesoro de'rimedii dell'anima".

tion, explores the fate of libraries. He apparently wants to concentrate on everything that is obviously of concrete utility, in other words: all those things that constitute the life of a library. Alongside books, he writes, culture – or rather its human originators – should be present in statues; and in addition to bookcases, lecterns are to be provided to encourage reading ("quibus libri legendi imponerentur"); ultimately, the library is a place to gather as well as read ("ut certi libri ibi quotannis recitarentur").[22] He thus announces the transition from the "purely" private to the public library, furnishing evidence why this should be so. Ultimately, all these proposals are intended to ensure that the library serves one of the most fundamental of human needs. And this leads inexorably to the demand for public access: "Constituerant veteres loca publica, in quibus bibliothecas habebant reconditas, quas *legendi gratia* intrare *cuilibet* permittebant."

The history of the library follows this topos. And this, of course, is to be seen against the background of giving priority (undisputed until recently) to the public rather than the private interest. When scholars (for it is they and their role in society which is of prime consideration here) use libraries, they do so "in publicum bonum", with an eye to the public good, as Justus Lipsius points out. And when, in the first part of his *Musei, sive Bibliothecae tam privatae quam publicae Extructio, Instructio, Cura, Usus Libri IV.* (published in Lyons in 1635), Claude Clément presents his reasons (in what is probably the most systematic exposition on libraries) for founding a library, he is mainly thinking of a "utilitas publica".[23] Only then does the "eruditionis ostentatio" follow, i. e. the proof, evidence and presentation of education, which Clément supplies by citing Martial's obligatory reference to *shared and imparted* knowledge: "Scire tuum nihil est, ni si te scire hoc sciat alter".[24] Education and the public are linked here. Consequently, in its next (third) goal the library remains, above all, an establishment that brings people together: the "comparanda eruditio". It allows us, for example, to share the views of earlier readers and writers: "ut tarditatem ingenij lectionis diligentia compensarem" writes Hieronymus. Clément takes up his words, which one can literally grasp as a belated or simply as an otherwise corrupted share in a more extensive universe of knowledge.[25] (Every honest intellectual is able to confirm this after his own manner!) Finally, Clément mentions the "animi voluptas", the intellectual pleasure which, according to Cato, is incomparably greater than the pleasures derived from games

---

[22] See Operum Iusti Lipsi tomus II, I opera: quae velut in partes ante sparsa, nunc in certas classes digesta; atque in gratiam & vtilitatem legentium, in nouum corpus redacta, & II. tomis comprehensa: quorum operum seriem & ordinem, ad lectorem epistolam subsequens pagina exhibebit, Operum Iusti Lipsi Tomus II., Lugduni: Apud Horatium Cardon, MDCXIII, p. 892 ff. (De Bibliothecis Syntagma. Editio secunda, & ab ultima Auctoris manu): p. 896.

[23] See Clément, Claude, Musei, sive Bibliothecae tam privatae quam publicae Extructio, Instructio, Cura Usus. Libri IV., Lugduni: Prost, 1635, p. 2 ff.: "Sectio I. Varij fines extruendorum Museorum, & Bibliothecarum proponuntur".

[24] Loc. cit., p. 5.

[25] Loc. cit., p. 7.

and visiting a brothel, before he finally comes to "morum instructio", instruction in the narrower sense.[26]

The library is thus justified as a cultural institution of public importance before it is systematised in the narrower sense. By emphasising the public nature of the library and, more particularly, referring to the legitimate demand for public and publicly accessible knowledge, these writers also reaffirm the necessity or at least the utility of a (binding) order and the systematisation of this knowledge. This time, however – and at an all-encompassing, societal level – the prescribed sequence again runs from public *utility* to order (and not vice versa). Systems should never be autarkic, but so general as to adequately cover the need for generalisation and communicability contained in the very concept of the public. Where is one to start now? (No longer adhering to the single diagnosis, but in the hospital, in "psyches iatreion".) How is this spiritual nourishment to be prepared so that it really does taste good – better, in fact, than the proverbial hospital food?

"Grasped more with a philosophical overview than precisely analysed in every respect", writes Carl Ludwig Fernow in his assessment of Karl Philip Moritz's Italian grammar (which offers a model for dealing with language itself).[27] The adequacy of a generalising approach to the concrete world is now to be held up for discussion again, this time in full awareness of the primacy of the public and the necessity, derived therefrom, of public participation in education and knowledge. A challenge to librarians. An abstract order is soon established. A "sistema bibliografico" can be considered created and useful as long as some kind of classification provides order and if, for example (as with Giuseppe Sanchez in his *Saggio di un Sistema di Bibliografia* of 1820), at least two catalogues, one alphabetic and the other a subject catalogue, have been prepared.[28] In this way, one soon arrives at the bibliography, whose task is to provide a leitmotif and – vicariously (!) – to present not only knowledge, but knowledge about knowledge. And order itself? – The constitution of knowledge as a public document? Abandoned? Replaced? No misgivings about the problems created by sharing the thoughts of others, the pioneers? Giuseppe Sanchez, who dedicated both of his treatises to the Minister of the Interior of the Kingdom of the Two Sicilies, "Signor Conte Zurlo", went as far as to supplement the title of his "sistema di bibliografia" with the words: "disegnato sull'ordine osservato da Giambattista la Porta, da Bacone, da d'Alembert e da Diderot nel quadro sommario delle conoscenze umane".

---

[26] Then follow the chapters on utility "ex sacris voluminibus", on the contribution of "prophana philosophia" on education to virtue, on the value of poesy, on "Magnificentiae ostentatio", on "falsae eruditionis ostentatio" and, last but not least, on "Nobilium ingeniorum consecratio".

[27] See Fernow, Carl Ludwig, Italienische Sprachlehre für Deutsche: zwey Theile, 2nd edition, Tübingen: Cotta, 1815, p. ix.

[28] See Sanchez, Giuseppe, Saggio di un sistema di bibliografia disegnato sull'ordine osservato da Giambattista la Porta, da Bacone, da d'Alembert e da Diderot nel quadro sommario delle conoscenze umane: preceduto da un discorso preliminare, Napoli: Tipografia francese, 1820, p. x.

So there we have it: the order of a library only really makes sense within a certain context, in relation to all-embracing human knowledge: "secondo i rapporti delle cognizioni umane, formando un'enciclopedia perfetta".[29] He claimed that this encyclopaedic system was the wisest, simplest and, not least, the most natural ("il più saggio, il più semplice ed il più naturale"), referring in the process to Francis Bacon, della Porta, Leibniz and, finally, to Diderot and d'Alembert.

The magic word "encyclopaedia" has been mentioned. Only the most superficial hack-writer would see in "the" encyclopaedia nothing other than an attempt to accumulate all-existing knowledge in order to monopolise opinion. "The age of Diderot and d'Alembert has gone forever", it is claimed in this context.[30] In the year 2000, "Die Zeit" newspaper maintained that "printed encyclopaedias are a thing of the past", only to add three columns later: "Digital encyclopaedias have yet to find their form; above all, they are still causing even experienced computer-users considerable technical problems. But it also took printed encyclopaedias hundreds of years …".[31] So let's wait and see… and hope that at least some of the technical problems will be solved as soon as possible. That said, Diderot and d'Alembert were, in marked contrast to Bill Gates, occupied with problems other than that of monopolising (economically exploitable) opinion by amassing knowledge. In his famous "Discours préliminaire", d'Alembert (true to the dualistic title of the *Encyclopédie, ou Dictionnaire raisonné* and following the old "aurea catena") argued that "l'ordre & l'enchaînement des connoissances humaines" i. e., the interrelations, were to be presented in the greatest possible detail, as befits the encyclopaedia. He added that "les détails les plus essentiels" were to be compiled for each and every entry.[32] The inner relationship postulated first is derived from the simple fact that each of the manifold arts and sciences were always based on others, making a "chaîne qui les unit" immediately apparent. However, since it was very difficult to grasp such a totality as a system, attention shifted to the question of a "généalogie" and "filiation" and to the causes of the origin of the various branches of science. This was equivalent to asking after the origin and evolution "de nos idées". It must be understood in this way, too. And this is what constitutes the great value of the *Encyclopédie* for the history of ideas (even if single pieces of information have lost their relevance for us), i. e. that any impasses caused by systematisation can be overcome by *recourse to history*. Furthermore, in

---

[29] Loc. cit., p. xiv.

[30] See Alain Egli in a polemic ("Wissen vom Web") directed against that of Ludwig Hasler ("Dient das Internet der Aufklärung?"), in: Die Weltwoche, 47, 23 November 2000, p. 51.

[31] See Zimmer, Dieter E., "Die Welt ist eine Scheibe. Gedruckte Enzyklopädien haben ausgedient. Das Nachschlagewerk der Zukunft ist digital", in: Die Zeit, 7, 10 Februar 2000, p. 45.

[32] See Diderot and D'Alembert, Encyclopédie, ou Dictionnaire Raisonné des Sciences, des Arts et des Métiers, par une Société de Gens de Lettre, I, Paris: Briasson [et al.], 1751, p. i. – On the rather complex question of the encyclopaedic approach see, for example: Davidson, Hugh M., "The Problem of Scientific Order Versus Alphabetical Order in the Encyclopédie", in: Irrationalism in the eighteenth century, ed. Harold E. Pagliaro, Cleveland: Press of Case Western Reserve Univ., 1972, p. 33 ff.

this way, the two initially divergent approaches, the systematic and that directed at the single pieces of information, can be made to converge again. This reflects the real treasures contained in the world. And a model of this nature can be developed in opposition to any rigid order. The dual approach is now incorporated in the system itself. The *inner* relationship is reflected and even becomes a condition for the development of knowledge. Where Diderot and d'Alembert distinguish between "connoissances directes" and "connoissances réfléchies"[33], Hegel's history of philosophy is subsequently (in line with the "trichotomy" of the soul, consciousness and the spirit/mind) more conspicuously and specifically concerned with uniting and considering as a whole everything, and not only in the consciousness of nature, but rather in being-spirit as it goes "beyond itself as consciousness".[34]

Of course, this transcends the possibilities contained in the computer and science policy, but this does not make the goal any less desirable. Thus considered, the "meaning", at least, turns out to be nothing other than an autarkic order, a minimal aid, which is nevertheless no reason to reject it. Everything associated with man and the capacities of his mind, and arises – in his ideas, perception and language – therefrom in the form of culture, demands more. Books and the library have taken this into consideration far more than a great many prejudices suggest.

Today, it may well be true that the concept of the "encyclopaedia" is often used mainly to refer to a mass of knowledge, to its quantitative moment – to that very aspect which is most admired nowadays – rather than to the inner connections being sought.[35] The sciences themselves have too often discredited interrelations – which has been to the advantage of the individual sciences. And modern catchwords such as *networking* and *trans-disciplinary* have not been able to reverse this tendency either. Even a thinker like Wilhelm Dilthey, who played an important role in the founding of humanities where it was also a question of establishing inner connections, certainly added to the confusion by denying, for example, the "philosophy of history" and even "sociology" the status of "true sciences". Nevertheless, Dilthey still sought to give the humanities a generalising, "epistemological foundation" in order to demonstrate the inner connection between the individual sciences.[36]

---

[33] Loc. cit., p. ii: "…Les connoissances réfléchies sont celles que l'esprit acquiert en opérant sur les directes, en les unissant & en les combinants."

[34] This formulation is taken from Karl Rosenkranz, Kritische Erläuterungen des Hegel'schen Systems, Königsberg: Borntrager, 1840, p. 145.

[35] After all, in defining the encyclopaedia, the German Duden dictionary until recently included the meanings: knowledge as a totality, general science, and comprehensive.

[36] See Dilthey, Wilhelm, Einleitung in die Geisteswissenschaften. Versuch einer Grundlegung für das Studium der Gesellschaft und der Geschichte (1883), I (Gesammelte Schriften I), Leipzig: B. G. Teubner, 1922, especially: p. 86 ff. and p. 116 ff. – See also: Dilthey, Wilhelm, Der Aufbau der geschichtlichen Welt in den Geisteswissenschaften, Erste Hälfte, (aus den Abhandlungen der königl. preuss. Akademie der Wissenschaften), Berlin: Verl. d. Koenigl. Akademie d. Wiss./ Reimer, 1910, passim and p. 67 ff.

There are different ways of accessing the whole. Thus it is all the more worthwhile recalling the old conception of the encyclopaedia. In 1795, Wilhelm Traugott Krug, a little-known Kantian, published an *Abhandlung über den Begriff einer Enzyklopädie*.[37] To Krug, it followed quite unequivocally from the concept itself that the encyclopaedia was, above all, the "quintessence of… [its]… heterogeneous parts".[38] Hence, he began by focusing on the apparent paradox of the union of the identical and the different: the general character of an encyclopaedia, as opposed to the individual sciences, lies "solely in the fact that it is *dissimilarity* which defines its object".[39] However, being "nevertheless conceived within a common framework, this indicates that it itself is, in turn, to be united in a certain way to constitute a totality." This end could be achieved through simple aggregation or – preferably – by a viewpoint combining the "common features in difference", thus providing the grounds for the "idea of a systematic unity" and, ultimately, for "a distinct science".[40] The concepts with which Krug is wrestling expand, bursting through the logical straitjacket into which they have been forced. Although the problem remains unsolved, the path has now been cleared for further questions, e. g. what is meant by an encyclopaedic science? What are its contents? What are its objective and relative value? It is obvious that Krug, by posing such universal questions, will be unable to arrive at a simple formula. "This much has, I believe, been demonstrated: without a mind perceiving, ordering and establishing relationships in accordance with certain forms and specific laws, there would be no inner connections in our knowledge – all external connections in the corporeal world notwithstanding – if knowledge were possible everywhere without a mind of this nature."[41] Only in this fashion does he come to demand a "certain form of order governed by laws" without which nature would be a closed book. He adds that there could be no external source of knowledge "without material from outside": This source "might just as well not exist at all". Hence, what is at issue here is the "intimate connection between the two". And Krug now attempts to draw a generously conceived, all-encompassing picture of an "ocean of waters that have flown from both sources".[42] Ultimately, it becomes clear that he will have to continue asking questions

---

[37] See Krug, Wilhelm Traugott, Über den Zusammenhang der Wissenschaften unter sich und mit den höchsten Zwecken der Vernunft: Eine Vorlesung …, Jena: Akad. Lese-Institut; Leipzig: Barth, 1795.

[38] Loc. cit., p. 6: the ancients did not conceive of the "Encyclopaedia" as a single science but as: "Something, that was different from every single science by virtue of its being the quintessence of heterogeneous parts."

[39] Loc. cit., p. 9.

[40] What follows is similar to the considerations for a systematic arrangement of books. Here, (note c, pp. 13/4) Krug sees alphabetical order, an arrangement based purely on subjects and a "mixed method" as possibilities. Loc. cit. p. 46.

[41] Loc. cit. p. 46. These considerations appear in the subsequent section (the same pagination) under the heading "Vorlesung über den Zusammenhang der Wissenschaften unter sich und mit den höchsten Zwecken der Vernunft".

[42] Loc. cit., p. 50.

Werner Oechslin

(going beyond the pure definition of a science) about the "interest of humanity and the world" and the goal of happiness, about human freedom and – in line with his intentions – philosophy.

All this shows that the problem cannot be solved simply with epistemological explanations, pure logic, taxonomy, or with corresponding arrangements of books. It should be recalled that Diderot and d'Alembert, whose main point of reference was Francis Bacon, spoke out against all premature attempts at any kind of reductionist taxonomy of the "système des connoissances *humaines*". There, the first sentence of the "explication détaillée du système" states quite precisely, and in the spirit of the age, "Les êtres physiques agissent sur les sens."[43] Not long before, in 1746, Condillac began his *Essai sur l'Origine des Connoissances Humaines* with the words: "Soit que nous nous élevions, pour parler métaphoriquement, jusques dans les cieux, soit que nous descendions dans les abîmes, nous ne sortons point de nous mêmes; & ce n'est jamais que notre propre pensée que nous appercevons."[44] In 1751, Diderot and D'Alembert present the diverse areas of human knowledge, the "*connoissances humaines*", in their family tree; their subject is *human* experience and knowledge: "mémoire", "raison" and "imagination", which are, in turn, classified under history, philosophy and poesy.[45]

This system is intended to reproduce the conditions of human experience, that is: immediate historical reality. All contrary views notwithstanding, the *Encyclopédie* does not adopt an absolute, "objective" standpoint. Francis Bacon, the authority to whom Diderot and d'Alembert refer, composed an aphorism in his *Instauratio Magna* of 1620 which presents these conditions in all clarity: "Nec manus nuda, nec Intellectus sibi permissus, multum valet; Instrumentis & auxilijs res perficitur; quibus opus est, non minus ad intellectum, quam ad manum."[46] Is there anything more appropriate to books *qua* instruments and their collection in libraries? There is no way they could be arranged in a "purely" systematic manner without any fundamental loss to the "connoissance humaines". And there also exists a fitting record for the demand for differentiation. Condillac follows his *Essai sur l'Origine des Connoissances Humaines* with the *Traité des Sistêmes, où l'on démêle les inconvéniens & les avantages* of 1749, the second chapter of which deals with the futility of abstract systems divorced from reality. To those who wish to establish systems deductively, he says quite plainly: "ils renversent l'ordre de la génération de nos idées".[47] He also

---

[43] See Diderot and D'Alembert 1751, p. xlvii.

[44] See Condillac, Etienne Bonnot de, Essai sur l'Origine des Connoissances Humaines, Amsterdam, 1746, I, p. 1. Sanchez (op. cit., Anm. 1., p. xviii) made the simultaneous appearance of the Encyclopédie and of Condillac the point of departure for his analysis of the inner connections "dell'impero dell'intelletto umano".

[45] See the famous table "Système Figuré des Connoissances Humaines" appended to the "Discours préliminaire".

[46] See Bacon, Francis, "Instauratio Magna" (1620), in: Operum Moralium et Civium Tomus…, Londinium: Whitaker, 1638, p. 47.

[47] See Condillac, Étienne Bonnot de, Traité des Sistêmes, Où l'on en démêle les inconvéniens & les avantages, La Haye 1749, I, p. 11 ("Chapitre II. De l'inutilité des Sistêmes abstraits").

shows that the relationship between the different parts deduced in this way remains vague, thus confirming the assertion that the sum of the parts does not constitute a whole.[48]

Those working in the academic world have become accustomed to this, at least. The fact that highly specialised scientists and academics generally view themselves – in their free-time, outside their scientific and academic activities, that is – as total human beings continues to give grounds for optimism. However, in the 18th century, Condillac was already considering the problem of a potential gap between science and life. It was one of the dangers of this kind of system-making, he asserted, that such an approach could be wrongly taken for "véritables connoissances". Books are instruments, we have just been told. Hence everything is welcome (e. g. the metaphor of food, of medicaments, of the hospital) which brings us closer to man and his world of sensually related experience. Poesy is assigned an unchallenged position here, as was the case with Diderot and d'Alembert too. Thus the indispensable "imagination" makes up for a lot.

In order to illustrate his "comparanda eruditio", Clément, the Jesuit cited above, used the metaphor of the Trojan horse (probably familiar to most people at the time) to bring to life his vision of the authors (representing the books) – the old heroes from Pythagoras to Plato to Aristotle – climbing out of the shelves as if emerging from the bowels of the wooden horse – and coming to life.[49] And how plausible the vision conjured up by Jonathan Swift in his *Battle of the Books* now seems. There Swift had taken the precaution, in the title, of guarding against any misunderstandings and erroneous conjectures that it was a pure fantasy. Swift's publication was specifically presented as a "Full and True Account" precisely dated with "Fought last Friday".[50] Here it is the books, representing the ideas they have physically assimilated and now embody, which assail one another. In this way, a living culture is reproduced, complete with contradictions and paying no consideration to the victims. The librarian, seized by despair, fans the flames still more: "And therefore, in replacing his Books, he was apt to mistake, and clap Des-Cartes next to Aristotle; Poor Plato had got between Hobbes and the Seven Wise Masters, and Virgil was hemm'd in with Dryden on one side, and Withers on the other."[51] These conflicts, Swift tells us, are literally fought out. And they also take place in the real world – in the library. Pulling Perrault out of his saddle, Homer "then Hurl'd him at Fontenelle, with the same Blow dashing out both their Brains."[52] The books are sent into battle. Swift, of course, uses the fictitious device of an incomplete manuscript found somewhere, to avoid the superfluous question of how the battle ends. (Just as there will never be an end to the process of arranging

---

[48] p. 17.

[49] See Clément 1635, p. 9.

[50] See Swift, Jonathan, A Tale of a Tub: Written for the Universal Improvement of Mankind: To which is added, An Account of a Battel between the Antient and Modern Books in St. James's Library, London: Printed for John Nutt …, 1704, cited from the "Battel".

[51] Loc. cit., p. 260.

[52] Loc. cit., p. 283.

Werner Oechslin

the books in the library, as we have long since realised.) In the meantime, Swift has managed to expose the absurdity of abstract systems and autistic, ivory-tower erudition. To repeat: the most important thing, the view of reality, is reserved for poesy.

III.
"The works of human culture stand alone in
uniting the two conditions upon which
perfect understanding is based;
they do not only have a conceptually devised,
but also a quite specific,
individual and historical existence."
Ernst Cassirer, *Zur Logik der Kulturwissenschaften* (1942), Darmstadt 1961, p. 10.

"Man is constituted for the finer sensual faculties
for art and for language."
Johann Gottfried Herder, *Ideen zur Philosophie der Geschichte der Menschheit, I,* Riga und Leipzig 1784, p. 216.

"Enimvero omne, quod homini scire datur, ut & in ipse
homo, finitum, & imperfectum."
G. B. Vico, *De Nostri Temporis Studiorum Ratione,* Napoli 1709, p. 10.

The library is unquestionably a cultural product. This should be quite clear by now. And there is no doubt that we are talking about the sensual faculties, about human beings, about historical reality, which Johann Gottfried Herder considered so fundamental in his *Ideen zur Philosophie der Geschichte der Menschheit* in 1784. Anyone who refuses to accept this idea would soon be faced with Jonathan Swift's dramatic vision of books coming to life in the human form of their authors. And, of course, even without Swift the physical existence of books and their mediation via the senses – "et visui et usui", to cite the inscription engraved by Böner, on the frontispiece of Johann Jacob Leibnitz's *Inclutae Bibliothecae Norimbergensis Memorabilia* (1674) – is a fact one can hardly ignore.[53] It is quite evident that the library, as an attempt to assign order to books whilst preserving the singularity of the individual works, is intimately related to the question

---

[53] See Leibnitz, Joh. Jacobus, Inclutae bibliothecae Norimbergensis memorabilia, hoc est naturae admiranda, ingenii humani artificia, et antiquitatis monumenta: Accedit Christophori Arnoldi ... De hydriotaphia, hoc est, urnis sepulchralibus, in agro Anglorum Nortfolciensi repertis, epistola gratulatoria, Norimbergae: Endter, 1674.

of cultural history. The foregoing presentation of the book and the unity of books in the (public) library can be transferred directly onto the plane of cultural history – with all the disparities and problems thus entailed.

Karl Vossler, to choose but one of many (undoubtedly suitable) examples, identified the mature development of cultural history – following an (enlightening) phase in the constitution of "a strong fabric of causal relationships of a physical and psychological nature" – at a point where concreteness had neither been transcended in historico-philosophical generalisation nor absolutised in a "tedious, philological haggling over facts".[54] The critical point is that any approach to history "must not tolerate any other moving forces behind events than human [ones]".[55] Thus Vossler arrives at the equation: "All correctly understood history is cultural history, all cultural history is pure history."[56] These are formulations from the heyday of cultural-historical discussion. The insight remains valid that reductionist and purely rational conceptions of knowledge and its systematisation have nothing adequate to offer in comparison with history and cultural history. And they are certainly not in any position to solve the problem of historical "truth". Vossler's model, which is based on "three instances" – the documentary, the aesthetic and the philosophical – at least gives us something to hold onto, an escape route. It shows us how the process of transformation (of which history and culture basically consist) can be accounted for without any need to revise and reinvent the world every day. Culture embraces the dimension of time, it is historical; it is also, and for this very reason, adequate to human beings.

The library can utilise these criteria; or it can turn its back on this heritage, functioning as a pure database under external influence, following different criteria to those mentioned above. That it makes sense to argue from the standpoint of the whole and the parts of the library, from interconnections that are always given and pre-formed in some way or other, in order to bring about understanding and create a practical application on this basis – to argue in this way should not only seem advantageous from all the evidence and testimonies presented above, but appear as the only reasonable path one can take.

Culture is not a strictly logical, all-pervading system which thus provides a binding framework for the whole; nor does it exhaust itself in the pure factuality of the objects it chooses. For this reason, Ernst Cassirer, referring to Vico's *Scienza Nuova*, expressly speaks of, and comments on, "logic".[57] Logic, for the first time, dared to break through the sphere of objective knowledge, the sphere of mathematics and natural science, "to constitute itself instead as a logic of culturology, as a logic of language, of poesy, of history."[58] The distinction has rarely been so

---

[54] See Vossler, Karl, "Kulturgeschichte und Geschichte", in: Logos III, Heft 2, 1912, p. 192 ff.

[55] Loc. cit., p. 200.

[56] Ibid.

[57] See Cassirer, Ernst, Zur Logik der Kulturwissenschaften: fünf Studien, 3rd, unchanged edition, Darmstadt: Wiss. Buchgesellschaft, 1971, p. 1 ff.: "Der Gegenstand der Kulturwissenschaft".

[58] Loc. cit., p. 10.

precise. Judgements are hard, when, for example, Vossler states that Saussure replaced "langue" by "langage", making the "anaemic symbol-system of the speaker into the exclusive object of linguistics".[59] Following and applying the arguments with which Vossler rescues Jacob Burckhardt's *Kultur der Renaissance* (despite the work's obvious scientific shortcomings) for cultural history, one can, fortunately, easily do justice to Saussure, in this way too. But even this is not possible without recourse to history, without time as a determination, without taking into consideration the process of constant change, *because* culture is the product of human activity.

Cassirer, in summarising Vico's views, writes: "The sphere of our knowledge extends no further than the sphere of our creative activity".[60] "Man is only capable of understanding inasmuch as he is creatively active – and this condition can only be fulfilled – in the strict sense – in the world of the mind, not in nature." Fritz Mauthner presented "culture" as a "correlate concept to nature" (in contrast, for example, to the dichotomy culture/philosophy), taking a firm stand and directly opposing it to nature in order to preclude any confusion at the conceptual level.[61]

All this had already been set out by Vico in 1709 in his *De Nostri Temporis Studiorum Ratione*. Vico also takes Francis Bacon and the "vasta desideria" of an all-embracing science as his point of departure. "Qui summa tenent, ingentia, atque infinita desiderent".[62] Yet this absolute is unattainable. What now appears as an argument from the "querelle" over whether the ancients or the moderns knew more, is now – and this is of far greater importance – derived from man's *historicity* as his "conditio humana": "Enimvero omne, quod homini scire datur, ut & in ipse homo, finitum, & imperfectum".[63]

The representatives of the modern age are so preoccupied with the conception of timelessness and "perfection" that many have lost the ability to understand Vico's premises – and thus the basis for understanding history *per se*. It comes as no surprise that Heinrich Rickert links his critical questions on the "Grenzen der naturwissenschaftlichen Begriffsbildung" (limits to creating natural-scientific concepts), which he subheads a "logical introduction to the historical sciences", with his conviction "that the lack of any philosophical understanding of the essence of history is among the most fateful evils in the philosophy of our time".[64] He argues that we must start with history, even if it is initially "only" an "empirical science". That inner opposition can

---

[59] See Vossler, Karl, "Sprachgemeinschaft als Gesinnungsgemeinschaft", in: Logos XIII, Heft 2, 1924, p. 141 ff.: note 1, p. 153.

[60] See Cassirer 1971, p. 9.

[61] See Mauthner, Fritz, Wörterbuch der Philosophie: neue Beiträge zu einer Kritik der Sprache, 2nd enlarged edition, Leipzig: Meiner, 1924, p. 258. – In 1913, Rickert gave emphasis to the opposition of "nature and culture" as against "nature and the mind" in note 64, p. viii, preface to the second edition.

[62] See Vico, Giambattista, De nostri temporis studiorum ratione, Napoli, 1709, p. 9.

[63] Loc. cit., p. 10.

[64] See Rickert, Heinrich, Die Grenzen der naturwissenschaftlichen Begriffsbildung. Eine logische Einleitung in die historischen Wissenschaften (1902), Tübingen: Mohr, 1913, p. 6.

arise here, because it is here that the "Tiefenvorgang" (deep process) – as Georg Simmel formulated it in *Der Konflikt der modernen Kultur* in 1918 – expresses itself, because "by virtue of its essence, life as restlessness, as development and as a continued flow is engaged in a perpetual struggle against its own ossified products, which cannot keep up with it", is ultimately only a further reference to historicity itself.[65]

One year later (in 1710), Vico published his *De antiquissima Italorum Sapientia*. (Both works appeared in small format in Naples long before the first edition of the *incunabulum* of the philosophy of history, the *Scienza nuova*.) In the first sentence of the first chapter, we find: "Latinis verum, & factum reciprocantur, seu, ut Scholarum vulgus loquitur convertuntur"; criticised even at the time for its informal language, the arguments presented there nonetheless had an enormous impact.[66] That famous combination of "verum" and "factum", which is described with "reciprocantur" and "convertuntur" so that both terms are – rather carelessly – made to appear synonymous, points, in turn, to the inevitability of history. Reading further, one then also comes up against the boundaries of human knowledge (even in the classification of knowledge as "pure" thought and compilation), which is given, prior to any further postulates on restricting mathematical rationality, as "cogitare" and (as shown in the Volgare translation) as "quod nos vernacula lingua dicimus *pensare, & andar raccogliendo*".[67]

When Ernst Cassirer speaks of the "works of human culture" (in his essay on "Gegenstand der Kulturwissenschaft", 1942, which he later presents with other related essays under the heading "Zur Logik der Kulturwissenschaften") as possessing both a "conceptually devised" and an "individual and historical" being, he also specifically relates these concepts to Vico and his "Logic", initially mentioned in the first book (entitled "metaphysicus") of his *De Antiquissima Italorum Sapientia*.[68] In Cassirer's diction, it is an indispensable condition for a logic of culturology that the inner structure of being is "accessible and open to the human mind… because it… [the mind]… is itself its creator".

It is no accident that those authors who wish to assign the library the status of a mnemonic system accessible to the human senses adhere so closely to this double-rooted culturo-historical foundation in their arguments: "conceptually devised" and "individually historical". Each book represents a precise historical testimony and an element of that tendency towards the general, which is in a continuous state of flux! Often enough they are both frequently encapsulated – following a long tradition – in an architectural metaphor. Cassirer speaks of course of Vico's "superstructure". For Cassirer, culture ultimately forms a "body" which – in its corporeal

---

[65] See Simmel, Georg, Der Konflikt der modernen Kultur: ein Vortrag, Munich: Duncker & Humblot, 1918, p. 7.

[66] See Vico, Giambattista, De antiquissima Italorum sapientia / ex linguae Latinae originibus eruenda libri tres Joh. Baptistae a Vico, Neapoli: Mosca, 1710, Cap. I. De Vero, & Facto. p. 14.

[67] Ibid.

[68] See Cassirer 1971, p. 10.

being – can be experienced and thus immediately subjected to further restructuring.[69] Vossler also lent architectural form to his three instances and his further attempt to juxtapose main and subsidiary currents: "For on these two pillars, on art and on philosophy, rests the vaulted arch of history, its load equally distributed on both. The inertia force from both sides meets in the arch keystone of the arch, in the documentary instance; the keystone, in turn, exerts forces downwards on each side."[70] In this way, "the inner logic" joints both of these approaches to "the historical truth". Of course, Paciaudi also characterised his exemplary order of books as a "mentalmente archittetato". The architectural metaphor accommodates the physical reality of the books which constitute that mental order. And that was our point of departure. The library, and hence every single book, is a guarantee of that historicity which accords culture its movement and change and the "causes of that transformation". That is life. That is nourishment.[*]

Translation: Robin Benson

---

[69] Loc. cit., ("Die 'Tragödie der Kultur'"), p. 126.
[70] See Vossler 1912, p. 205.
[*] This text is also appearing in the free first issue of "Scholion", the circular of the Stiftung Bibliothek Werner Oechslin.

WERNER OECHSLIN

La bibliothèque et ses livres – nourriture de l'humanité

Aujourd'hui, la consultation des collections de livres par ordinateur, la parcellisation de l'information, sa disponibilité apparemment illimitée, font parfois oublier *la réalité physique du livre* et ses indéniables avantages.

La métaphore du livre comme nourriture, – Claude de Molinet, bibliothécaire de Sainte-Geneviève à Paris, l'utilise déjà en 1692 – en suggère le caractère indispensable. C'est cette dimension « vitale » du livre et des bibliothèques que l'on doit étudier si l'on en attend autre chose qu'une simple source d'information et de service, et, c'est précisément là que réside l'essentiel. Ce « plus » nourrit l'homme.

Le regard que nous posons ici sur l'histoire du livre et des bibliothèques nous montre que c'est cette plus-value que poursuivent continuellement les écrivains, les savants ou les bibliothécaires tâchant d'élaborer des systèmes, à la recherche de vérités totalisantes. À l'image du développement culturel de l'humanité, cette quête est faite d'une multitude de ruptures et de variations sur le thème. Livres et bibliothèques forment un chapitre essentiel de la constitution du savoir humain, – témoins des changements et transformations perpétuels. Leur *importance dans l'histoire de la culture* est donc significative. Ce fait n'est évidemment pas contesté, mais il n'est pas davantage admis, ni suffisamment décrit et étudié en tant que tel. Notre essai débouche évidemment sur le constat d'une grande *proximité entre le livre, les bibliothèques et le concept même de culture*. Les mises en système des érudits oscillent toujours et presque obligatoirement entre le désir d'une approche systématique et globalisante et les contingences individuelles, entre une formulation intellectuelle et idéale et une réalité temporelle, contingente, soumise à l'histoire et aux changements perpétuels. Rien n'est plus stimulant que cette réactualisation de l'étude – sans cesse en changement et toujours réinterprétée – de l'ensemble à partir de ses éléments. Oublions le malentendu qui fait des collections anciennes des bibliothèques un lieu d'immobilisme et retournons les interroger. Quiconque absorbe cette nourriture ne peut que se sentir vivifié.

Werner Oechslin

Born 1944. Studies in Zurich and Rome, doctorate in art history in Zurich 1970. Assistant lecturer at the University of Zurich, teaching post in the USA (MIT). 1980 postdoctoral lecturing qualification at the FU Berlin. 1980 professorship in Bonn. Since 1985 Professor of Art History and Architectural History at the ETH Zurich and chairman of the Institute for History and Theory of Architecture. Co-editor of Daidalos 1981–1997. Founder of the "Stiftung Bibliothek Werner Oechslin" in Einsiedeln. Major research areas: architectural theory since the 15th century, cultural history, the baroque, "around 1800", architecture of modernity.

ADOLF MAX VOGT

Boullée sucht «kosmische Grösse» für seine Bibliothek

**Für die Typenlehre der französischen Revolutionsarchitekten
ist die öffentliche Bibliothek eine von zwei massgebenden Bauaufgaben.**
Die Epoche des Barock hat die grosse Dimension, «la grandeur sublime», weder gefürchtet noch
gemieden. Ganz im Gegenteil: sie hat sie gesucht und entfaltet, vor allem im Kirchenbau und
im Schlossbau, als Prachtentfaltung der geistlichen wie der weltlichen Autorität. Überall da, wo
sich nach 1750 mitten unter den letzten grossen Manifestationen des Barock und Rokoko die
nüchterne, stolze, aber zurückhaltende und betont unpathetische Gegenkraft des Klassizismus
zu behaupten beginnt, scheint der Anspruch auf «grandeur sublime» endgültig abzuklingen.

Das mag zwar für den Frühklassizismus im Norden und im Süden Europas, und erst recht in
Nordamerika, durchaus zutreffen. Doch in Frankreich entwickelt sich in den Unruhejahren
kurz vor dem Ausbruch der Französischen Revolution eine zunächst höchst irritierende
Ausnahmeerscheinung, die zwar alle Profile und Ornamente eines historisch legitimierten Klassizismus pflichtschuldig anzuwenden scheint, ihren Sinn aber beharrlich auf eine geradezu
wahnhafte Grössensteigerung wirft. Eine Grössensteigerung, die später mit dem Verdikt der
«Megalomanie» belegt wurde (was nicht viel anderes heisst als «Grössen-Wahn» im buchstäblichen Sinne). Boullée und Ledoux und Lequeu heissen die Prominentesten der kleinen
Gruppe, die heute als «französische Revolutionsarchitekten» bezeichnet werden. Ihr Abenteuer
der Mega-Dimension – das zugleich eng verbunden war mit einer Passion für Primärformen der
Geometrie – kam sie teuer zu stehen.

Denn jene späteren Generationen, vor allem des Biedermeier, die für die Folgen der Revolution und der Napoleonskriege fürchterlichen Blutzoll hatten entrichten müssen, konnten und
wollten von derartigen Visionen nichts mehr hören noch sehen. So sind die französischen Revolutionsarchitekten aus dem Bewusstsein des 19. Jahrhunderts abgeglitten und in Vergessen-
heit geraten. Emil Kaufmann musste sie, rund 140 Jahre nach ihrer Blütezeit knapp vor 1800,

von 1930 an mühsam aus den Archiven zu neuer Kenntnisnahme erwecken.[1] Und das Hauptwerk des Architekten Etienne-Louis Boullée, dessen Bibliotheksentwurf uns hier beschäftigt, nämlich eine Folge von durch und durch visionär konzipierten Architekturentwürfen, grossartig gezeichnet, klug und beschwörend kommentiert in einem Text, der lakonisch betitelt ist mit «Architecture, essai sur l'art» (was sich frei übersetzen lässt mit: «Versuch über Architektur als Kunst») – dieses Doppelzeugnis aus Bild und Wort, das viele heute als den Grundimpuls zu dem einstufen, was die sogenannte Moderne über zwei Jahrhunderte hin ausmachen wird – es blieb als handgeschriebenes Manuskript in den Archiven von Paris liegen, ungedruckt, unpubliziert in den Revolutionswirren, auch von Emil Kaufmann viele Dezennien später nur teilweise ans Licht zurückgeholt, bis schliesslich Helen Rosenau das Manuskript in der Bibliothèque Nationale fand, es entzifferte und 1953 in London publizierte.[2]

Wenn das barocke Sakral-Pathos von Kirche und Adelsherrschaft abklingt, welche Art von Pathos konnte dann ein Boullée reklamieren?

Wo liegt die Legitimation dazu, kaum ein Jahrhundert nach der «grandeur sublime» des Barock, erneut und beharrlich eine pathetische Grössendimension zu fordern, diesmal allerdings als kahle Grösse verstanden, nämlich als asketisch reine Elementarform stereometrischer Körper? Vor den genannten drei Revolutionsarchitekten ist Boullée der einzige, der in seinem Werkkommentar volle Rechenschaft darüber ablegt, welche Legitimation ihn motiviert.

Er tut dies, vereinfacht gesagt, in drei Schritten. Der erste besteht darin, dass er in seinen «Programmen» zu den 14 verschiedenen Bau-Typen, die er unterscheidet, der Kirche zwar durchaus den alten Vorrang als Typ I belässt, seinen Entwurf einer Bischofskirche («Métropole») jedoch verwunderlicherweise als «Monument zur Feier des Fronleichnamsfestes» bezeichnet.[3] Fronleichnam ist in Boullées Augen das Fest der höchsten Prachtentfaltung der Natur. Seine «Métropole» wird so zu einer Art von «Natur-Kathedrale», die nicht mehr den Kreislauf des Kirchenjahrs (mit Weihnachten und Ostern) ins Zentrum setzt, sondern den Kreislauf der Jahreszeiten.

Der zweite Schritt besteht darin, dass er der Fronleichnams- oder Natur-Kathedrale (Typ I) das Grabmonument (Typ X) als gleichwertig gegenüberstellt. Boullées Werkbeispiele zum Typ Grabmonument machen heute seinen Ruhm aus. Sie sind die geistreichsten Variationen zum Thema Pyramide, die die Neuzeit vorzuzeigen hat, wobei auch gekappte Formen und Konus-Formen auftreten, die meistens – im Gegensatz zur ägyptischen Tradition – nicht als schwere Masse aufgetürmt sind, sondern als Hohlkörper gestaltet, die kugelförmige Innenräume enthalten können, über denen sich Leerräume gegen die Pyramidenspitze hin im Halb-

[1] Vgl. Kaufmann, Emil, 1933.
[2] Vgl. Rosenau, Helen, 1953.
[3] Vgl. Vogt, Adolf Max, 1987, pp. 61 ff.

Adolf Max Vogt

dunkel verlieren. Und: diese Grabmonumente wachsen nun heran zu Grossdimensionen, welche entweder die Dimension von Kathedralen übertreffen, oder aber die Grössenordnung selber und ihre Wahrnehmbarkeit ad absurdum führen.

Wie dieser Grenzbereich der Grösse (einerseits als Übertreffen, andererseits als Absurdisierung) ins Werk gesetzt wird, zeigt Boullée im dritten Schritt. Dieser besteht darin, dass er aus den Grabmonumenten einen bestimmten Grabentwurf, nämlich den Kenotaph für Isaac Newton, herauslöst und (gegen alle kategorielle Logik) zum eigenen Typ erklärt: Typus XII. Begründet wird dieser Verstoss damit, dass dies sein Meisterwerk sei, das eine gesonderte Einstufung erheische. Tatsächlich ist der Newton-Kenotaph nicht nur Boullées originellstes und bedeutungsreichstes Konzept. Er gibt vielmehr seiner Architekturtheorie mit ihren verblüffenden und irritierenden Werkbeispielen überhaupt erst Bedeutungszusammenhang. Mit anderen Worten: erst aus der Verehrung Boullées für Isaac Newtons Welterklärung erhält Boullées Grössenkult seinen Sinn. Denn dieser provoziert nicht mehr ein *Sakralpathos* wie im Barock, sondern ein *kosmisches Pathos*, das von der Weltmechanik und deren mathematischer Erklärung durch Newton getragen wird.

Newton als Weltbaumeister – konnte das Architekten ernstlich betreffen?

Dass Pyramiden, Tempel, Kathedralen mit den kosmischen Vorstellungen oder Kenntnissen der jeweiligen Epoche verknüpft waren, gehört zwar zu den Grund- und Schulweisheiten der Baugeschichte. Doch die Meinung herrscht vor, mit dem Ende des Mittelalters oder spätestens mit dem Ausklang des Barocks seien derartige Ansprüche hinfällig oder rundweg suspekt geworden.

Wer den Kommentar von Boullée zu seinem Newton-Kenotaph sorgfältig liest, kommt zum Schluss, dass gerade dieser Extremist unter den französischen Revolutionsarchitekten mindestens im hier diskutierten Bereich hartnäckig konservativ blieb; Boullée glaubte felsenfest daran, genau so, wie es auch *Palladio* zwei Jahrhunderte vor ihm getan hatte, dass die vornehmste Aufgabe der Architektur darin bestehe, den Bau des Kosmos in der eigenen Bau-Konzeption zu spiegeln. Dieses Gebot der Analogie oder Entsprechung wird von Palladio im Vierten Buch folgendermassen umschrieben: «Und wenn wir diesen schönen Weltenbau ernstlich beurteilen wollen, dann gibt es keine Zweifel, dass unsere kleinen Tempel *ähnlich sein* sollten jenem ganz grossen [Tempel], welcher vollendet worden ist durch ein einziges Wort seiner unendlichen Güte».[4]

Im Jahre 1784, als Boullée sein Newton-Denkmal entwirft, ist Isaac Newton beinahe 60 Jahre tot. Doch wie sehr die beiden folgenden Generationen einen Newton-Kult entfalten, der von England aus den ganzen europäischen Kontinent erfasst, das lässt sich am direktesten an den beiden Gedenkzeilen ablesen, die Alexander Pope nur fünf Jahre nach Newtons Todesjahr 1727 verfasst hat:

[4] Vgl. Vogt, Adolf Max, 1969, p. 296.

"Nature and Nature's laws lay hid in night:
God said, Let Newton be! and all was light!"[5]

Aus der Distanz gesehen ereignet sich im Newton-Kult schon bei Alexander Pope die drastische Suggestion eines Rollentausches: Gott selber, als Weltenbaumeister, holt jenen Sterblichen, der sein Werk zu erklären vermag, in seine Nähe. Boullée seinerseits sieht sich als Architekt dazu erwählt, nicht nur die Grössenordnung, um die es hier geht, anschaulich zu machen, sondern auch die «Lichtwerdung» im Sinne Popes in einem Raumgebilde darzustellen.

Wohin gehört der Bautyp Bibliothek innerhalb von Boullées Kategorien?

Bis hierher habe ich versucht, ein Gesamtprofil von Boullées Botschaft zu skizzieren, wobei Referenzen wie die zu Palladio oder zu Alexander Pope dem Leser helfen sollen, die ungewohnten, scheinbar abseits liegenden Motivierungen des Architekten genauer prüfen zu können. Nur vor diesem Hintergrund kann nun seine Arbeit an einer neuen Version von Bibliothek verlässlich eingeschätzt werden.

Könnte man heute Boullée fragen, welche Bautypen für ihn persönlich von höchster Bedeutung gewesen seien, so würde er vermutlich auf die drei Typen X, XI und XII hinweisen, nämlich: Öffentliche Bibliothek, Grabmonumente und Kenotaph für Newton. Denn in einer Epoche, in der das Sakralpathos abklingt und dafür das kosmische Pathos ungeahnte Höhen erreicht, ist nicht mehr die in die Zukunft gerichtete Heilsfrage allein entscheidend, sondern das Andenken und historische Verknüpfen gewinnt nun an Gewicht: verstanden als Ruhmesgeschichte bedeutender Köpfe, aber selbstverständlich auch als Ruhmesgeschichte des Wissens und der Kunst.

Im Kommentar zum Typus «Öffentliche Bibliothek» schreibt Boullée: «Wenn überhaupt ein Projekt existiert, das einem Architekten gefallen und gleichzeitig seiner Begabung die grössten Anregungen geben müsste, dann ist es das einer Öffentlichen Bibliothek».[6] Das Memorandum zum Projekt für eine Öffentliche Bibliothek, das ihm der Superintendant «des bâtiments» im Jahre 1784 zunächst für das Gelände des Kapuzinerklosters in der Rue Saint-Honoré in Auftrag gab (später wird das zweite Projekt von Boullée für das Gelände der Bibliothèque royale an der Rue de Richelieu umgearbeitet), beginnt mit einem ganz ähnlichen Begeisterungston: «Das kostbarste Monument einer Nation ist ohne Zweifel dasjenige, in dessen Mauern alles erworbene Wissen aufbewahrt wird».[7]

Man übertreibt kaum, wenn man sich vorstellt, dass der «befreite Boullée» der Jahre nach dem *20. Januar 1779* (das Datum wird nachfolgend erläutert) als Lieblingsvorstellung eine ganze Werkgruppe höchsten Anspruchs beisammen gesehen hätte – nicht unähnlich jener Lieb-

---

[5] Vgl. Vogt, Adolf Max, 1969, p. 304.
[6] Vgl. Vogt, Adolf Max, 1987, pp. 117 ff.
[7] Vgl. Vogt, Adolf Max, 1987, p. 118.

Adolf Max Vogt

lingsvorstellung Le Corbusiers, der seine Villa Savoye einmal gleich in mehrfacher Wiederholung als Bauten-Gruppe auf gleichem Gelände gezeichnet hat.

Indessen wäre die exklusive Werkgruppe Boullées nicht als Wiederholung komponiert gewesen, sondern hierarchisch gestaffelt, mit dem Typus XII (Kenotaph für Newton) als *Hauptpol*, dem Typus X (Öffentliche Bibliothek) als *Gegenpol*, umringt von einem Kranz von *Grabmonumenten* des Typus XI. Für heutige Erwartungen fehlen in dieser exklusiven Werkgruppe allerdings zwei Typen. Nämlich das Naturhistorische und das Kunsthistorische Museum, welche beide in heutiger Sicht ebenso unerlässlich sind wie die Bibliothek, wenn es darum geht, «alles erworbene Wissen» aufzubewahren.

Man wird mir nun entgegenhalten, Boullée habe doch, nach der (Fronleichnams-) Kathedrale als Typus I den Typus II als «Museum» in Bild und Text vorgeführt, wobei die Aussenansicht als flacher Würfel mit kleeblattförmigen Säulenkränzen auftritt, gekrönt von einer Halbkugel-Kuppel, die wieder von einem Säulenkranz umgeben ist. Wer aber den Schnitt (Fig. 4) beobachtet, wird allerdings weder Naturobjekte noch Kunstobjekte in diesem «Monument der öffentlichen Dankbarkeit» vorfinden, wie die zweite Bezeichnung heisst.

Der Ort für das Museum soll so gewählt werden, dass «schöne Seen... dichte und dunkle Wälder... das bedrohliche Rauschen eines Wildbaches» in der Nähe sind und den Besucher beeindrucken. In der (leeren) Museumshalle soll er meditieren über das, was er draussen in der Umgebung gesehen hat an Schönheit und an «lebenserhaltenden Zeugnissen». Es entsteht der Eindruck, dass Boullée eine Art Naturmeditation im «Museum» vollziehen will, die wie eine nicht-kirchliche Parallele zur «Fronleichnams-Kathedrale» wirkt, aber andererseits auch unberührt ist von der *Antiquitäten-Begeisterung* seiner *italienischen Zeitgenossen*, die dem, was wir heute als Museum verstehen, schon sehr viel näher stehen als Boullée.

Die italienische Antiquitäten-Begeisterung, wie sie Boullées bedeutendster Mitspieler und Gegenspieler *Giambattista Piranesi* (geb. 1720, acht Jahre vor Boullée) mit unermüdlicher Beschwörungskraft zelebriert, feiert eine andere Grösse. Piranesi feiert die *Grösse der Antike*, was mit Boullées Grössenbegriff, der ein für allemal durch Newton definiert bleibt, scheinbar nichts zu tun hat. Und doch stützen sich die beiden Grössen-Faszinationen, durchmischen sich, steigern und radikalisieren sich gegenseitig im 18. Jahrhundert. Boullée war 51-jährig und hatte eine erfolgreiche Bautätigkeit hinter sich, als er sich an dem schon erwähnten 20. Januar 1779 offenbar endgültig freistellte von jener Bauherren-Abhängigkeit, die bis heute von der einen Hälfte der Architekten als Chance, von der anderen als Qual und Bedrohung erlebt wird. Ein neureicher Finanzmann aus Bordeaux, Nicolas Beaujon, weigerte sich, seinem Architekten Boullée das Honorar zu bezahlen. Boullée wehrt sich, beginnt zu kämpfen, erhält zwei Drittel seiner Forderung ausbezahlt, verzichtet auf weitere Schritte und wirft danach den Bettel hin.[8]

---

[8] Vgl. Vogt, Adolf Max, 1987, p. 18.

Das heisst: er zieht sich von weiteren Bauherren-Abhängigkeiten bis Ende 1782 schrittweise zurück. Und genau in diesen Jahren entstehen nun die ersten Projekte mit neuer Grössenordnung: die Opéra 1781, die Métrople (Bischofskirche) 1782, das Museum 1783. Worauf im Jahre 1784 jene beiden Entwürfe gelingen, auf die er sich am meisten zugute tat (und die wir hier als Hauptpol und Gegenpol bezeichnet haben), der Kenotaph für Isaac Newton und das erste Projekt für eine Öffentliche Bibliothek.

Die drei Vorbilder für Boullées Öffentliche Bibliothek

Verblüffend ist, dass ein künstlerisch anspruchsvoller Architekt wie Boullée sein wichtigstes Vorbild für die Öffentliche Bibliothek im Kommentar gleich mit Namen und Titel eingesteht: «Zutiefst beeindruckt von *Raffaels* herrlichem Entwurf der *Schule von Athen*, versuche ich sie nachzugestalten, und ich verdanke meinen Erfolg wenn ich einen solchen hatte ohne Zweifel diesem Einfall».[9] Raffaels berühmtes Fresko in den Vatikanischen Galerien ist 1511 geschaffen worden, es handelt sich um eine Anregung über immerhin mehr als 270 Jahre hin. Doch Boullée hatte gute Gründe, sich auf Raffaels Vorstellung eines antiken Akademie-Betriebs zu berufen. Erstens ist eine Schule von Rang etwas Öffentliches wie die Bibliothek. Zweitens wird in ihr tradiertes Wissen gelehrt, diskutiert und Tag für Tag zur weiteren Entfaltung gebracht, wie in der Bibliothek auch. Drittens aber ging den Architekten besonders an, in welche Art von Gehäuse ein Maler wie Raffael (der selber auch als Architekt gewirkt hat) die disputierenden Geistesgenossen und ihre Schüler versetzt. Die Antwort ist klar und für Boullée eine hinreissende Bestätigung: in einen so gross gesehenen und so weitläufigen architektonischen Raum, wie ihn Raffael sonst nirgends entwirft. Drei Längstonnen von mächtigem Ausmass, in derselben Achse gestaffelt, eröffnen einen enormen Hintergrund über den herannahenden Hauptfiguren Platon und Aristoteles.

Nicht nur diese beiden Hauptgestalten schreiten heran, auch die drei Gewölbetonnen über oder hinter ihnen lösen einen Schritt-Rhythmus aus, nämlich den Wechsel A-B-A-B-A, als Wechsel zwischen Tonne – Lichteinfall – Tonne – Lichteinfall – Tonne. Diese Entsprechung zwischen Bewegtheit der Architektur und peripatetischer Bewegung der beiden Denker ist es wohl, die Boullées besondere Bewunderung auslöst. Boullée spricht im Kommentar zu Raffael vom «herrlichen Elan des Geistes».

Boullée bezeichnet sich als Nachgestalter Raffaels, doch er wird zum Umgestalter. Denn er nimmt die dreifache Staffelung der Tonnen mit ihrem Rhythmus des Heranschreitens nicht auf, sondern entscheidet sich für eine einzige, durchgehende Gewölbetonne. Die längs-rechteckige Scheitelöffnung löst keinen skandierenden Rhythmus aus, wie es die gestaffelten Lichteinfälle bei Raffael tun. Im Gegenteil: dieser gedehnte Oculus macht Boullées Raum zu einem

---

[9] Vgl. Vogt, Adolf Max, 1987, p. 117.

Adolf Max Vogt

Einheitsraum, der eine kompakte Geschlossenheit erlangt. So setzt Boullée der dreifachen Staffelung bei Raffael ein grossgedehntes Ganzes gegenüber. Als ginge es darum, *gerade nicht* eine Sequenz des Heranschreitens im Sinne Raffaels zuzulassen, sondern ein zwar riesiges, aber in sich ausgewogenes statisches Ganzes im Sinne von Newton anschaubar zu machen.

Das zweite und dritte Vorbild, das Boullée beansprucht, um die nötige Abweichung von Raffaels Raumkonzept zu erlangen, wird vom Architekten im Kommentar nicht erwähnt. Denn beide sind für ihn – wenn auch nicht für uns – Selbstverständlichkeiten. Das zweite Vorbild findet sich im Schloss von Versailles. Dort sind die von Längsformen überdeckten Galerien bereits mit jener rechteckigen, schmalen Scheitelöffnung versehen, die nun in Boullées Bibliothek so dominierend hervortritt.

Das dritte Vorbild ist das altrömische Pantheon, wie es um 120 n. Chr. im Zentrum Roms erbaut wurde und bis heute erhalten geblieben ist. Ein Tempeleingang, hinter dem ein kreisrunder Innenraum liegt, der von einer Halbkugel überdeckt ist, die an ihrem Pol ein grosses rundes Auge (Oculus) für den Lichteinfall öffnet. Für den Boullée der reifen Jahre, der die Abhängigkeit von Bauherren hinter sich gelassen hat, wird das altrömische Pantheon nicht nur zum leitenden, sondern beinahe zum absoluten Vorbild. Das tönt wie eine aufgeblähte Behauptung, wird aber evident, wenn man die Grundrisse seiner Alterswerke, wie sie in «Architecture, essai sur l'art» als Typenlehre (oder «Programm») vorgestellt werden, nebeneinander anordnet. Dann wird klar, dass vom Typus I an (Métropole) bis zum Typus XII (Kenotaph für Newton) alle Grundrisse zur Zentralsymmetrie neigen, also das Kreisrunde und Kugelrunde suchen, wie es in der Antike das römische Pantheon geradezu modellhaft darstellt, denn ihm ist ja eine Kugel eingeschrieben, die im Schnitt, wenn durchgezeichnet, den Mittelpunkt des kreisförmigen Bodens berühren würde.

Die einzige Ausnahme in der Grundrissreihe ist der Typus X, die Öffentliche Bibliothek: ein Längsviereck, das Boullée im Kommentar als «ein grosses, nur aus Büchern bestehendes Amphitheater» bezeichnet.[10]

Unter «Amphitheater» stellen wir uns ein stufenreiches Halbrund vor. Bei Boullée ist es am fernen Ende unter dem Triumphbogen zweimal rechteckig geknickt. Es gibt aber eine Variante, wo unter dem Triumphbogen ein halbrundes Amphitheater tatsächlich gezeigt wird.

Insgesamt: Die Öffentliche Bibliothek als Gegenpol zu den übrigen Typen, die alle mehr oder weniger deutlich das Thema «Pantheon» variierend entfalten. Ein grossgearteter Gegenpol, und zwar in der doppelten Bedeutung des Wortes «gross». Im Detail allerdings kann es Boullée nun nicht lassen, selbst in der Längstonne seiner Bibliothek wiederum jene Art von Kassetten anzuwenden, die er am Römer Pantheon so sehr schätzt.

---

[10] Vgl. Vogt, Adolf Max, 1987, pp. 121–122.

1   Etienne-Louis Boullée, Bibliothèque Nationale. Innenansicht, 1785–1788. • *Etienne-Louis Boullée,*
Bibliothèque Nationale. Interior view, 1785–1788.

Adolf Max Vogt

2

2   «Zutiefst beeindruckt von Raffaels herrlichem Entwurf der Schule von Athen, suchte ich sie nachzugestalten (…)», Boullée: Architecture; essai sur l'art.   •   *"Deeply impressed with Raphael's magnificent design for the School of Athens, I am attempting to recreate it…", Boullée: Architecture; essai sur l'art.*

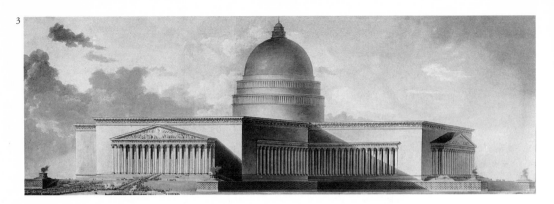

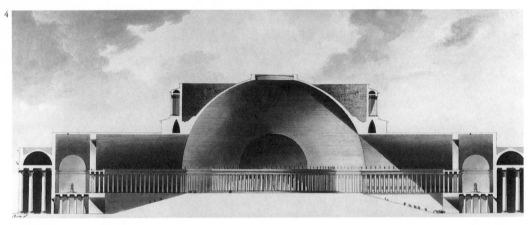

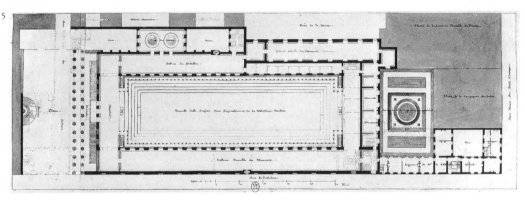

3   Etienne-Louis Boullée, Métropole (Bischofskirche), Schrägansicht, 1781–1782. • *Etienne-Louis Boullée, Métropole (bishop's church), view from the side, 1781–1782.*

4   Etienne-Louis Boullée, Museum, Schnitt, 1783. • *Etienne-Louis Boullée, museum, cross-sectional view, 1783.*

5   Etienne-Louis Boullée, Grundrisstyp X ziviler Bautypen, Bibliothèque nationale. Plan des ersten Geschosses, ca. 1785–1788. • *Etienne-Louis Boullée, Type X floor plan, civilian building type, Bibliothèque nationale. Plans for the first floor, 1785–1788.*

6

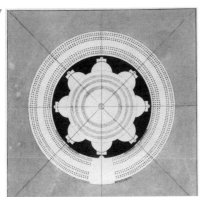

7

8

6   Etienne-Louis Boullée, Newton-Kenotaph, Perspektivische Darstellung , 1784. • *Etienne-Louis Boullée, Newton cenotaph, perspective depiction, 1784.*
7   Etienne-Louis Boullée, Konisches Leergrab, Grundriss, ca. 1781–1793. • *Etienne-Louis Boullée, cenotaph, floor plan, between 1781 and 1793.*
8   Etienne-Louis Boullée, Kenotaph, Konisches Leergrab, ca. 1781–1793. • *Etienne-Louis Boullée, conic cenotaph, between 1781–1793.*

9 Etienne-Louis Boullée, Bibliothèque Nationale. Eingang, rue Colbert, 1785–1788. • *Etienne-Louis Boullée, Bibliothèque Nationale. Facade, rue Colbert, 1785–1788.*
10 Etienne-Louis Boullée, Bibliothèque Nationale. Querschnitt, 1785–1788. • *Etienne-Louis Boullée, Bibliothèque Nationale. Cross-sectional view, 1785–1788.*

226

ADOLF MAX VOGT

Boullée Seeks "Cosmic Scale" for his Library

The Public Library is one of the two Key Buildings in the Typology of the Architects of the French Revolution.

The age of the Baroque neither feared nor shunned the large scale of "la grandeur sublime." On the contrary, it sought out and developed it, primarily in the construction of churches and palaces as magnificent displays of non-secular and worldly authority. After 1750, when the sober, proud but reserved and decidedly unemotional counterforce of Classicism began asserting itself amid the last great manifestations of the Baroque and Rococo, the appeal of a "grandeur sublime" finally appeared to be dying away.

This may be true of Early Classicism in northern and southern Europe – and certainly in North America – but in France, during the years of unrest shortly before the outbreak of the Revolution, there developed an initially confusing stylistic exception which appears to have dutifully incorporated all the forms and ornaments of a historically legitimised Classicism, but which drew meaning from an incessant, almost lunatic amplification of scale – an amplification of scale that was later labelled "megalomania." Boullée, Ledoux and Lequeu were the most prominent members of the small group that today is referred to as the "Architects of the French Revolution." Their adventure in mega-dimensions, which was closely linked to a passion for elementary geometric shapes, cost them dear.

The price was high because later generations, above all that of the Biedermeier, who were forced to pay such a horrendous toll in lives for the consequences of the French Revolution and the Napoleonic Wars, could not and would not have anything more to do with such visions. As a result, the Architects of the French Revolution slipped from public consciousness in the 19th century and were forgotten. From 1930 on, about 140 years after their heyday, they attracted renewed attention due to the painstaking archival work by Emil Kaufmann.[1] The principal work by the architect Etienne-Louis Boullée – whose library design is the subject of this

227

essay – consisted of a series of architectural designs that were conceptualised in thoroughly visionary fashion, splendidly drawn, intelligent and ardently commented on in a text with the laconic title "Architecture, essai sur l'art" (which can be loosely translated as: "Essay on Architecture as Art"). This dual record in image and word, ranked by many today as a primary impulse for what for over two hundred years constituted so-called modernity, remained in the archives of Paris as a hand-written manuscript, unprinted and unpublished in the turmoil of the Revolution and only partially recovered by Emil Kaufmann many decades later. The manuscript was finally rediscovered in the Bibliothèque Nationale by Helen Rosenau, who deciphered it and published it in London in 1953.[2]

Once the Sacred Baroque Emotionalism of the Church and the Reign of the Nobility had passed, what Kind of Emotionalism could Boullée claim as his Own?

Wherein lies the legitimacy of making renewed, insistent demands for a large-scale, emotive architecture hardly a century after the "grandeur sublime" of the Baroque had passed, even if this time around it was understood as a bleak grandeur, as ascetically pure, elementary shapes consisting of stereometrical bodies? Of the three Architects of the French Revolution mentioned, Boullée is the only one who in a commentary on his work provides us with a full account of the legitimation that motivated him.

Simply put, he does so in three steps. In the first, he grants the church its old pre-eminence as Type I in his "programs" for the 14 different building types that he distinguishes. Surprisingly enough, though, he describes his bishop's church ("Métropole") as a "monument to the celebration of the Feast of Corpus Christi."[3] Corpus Christi is, in Boullée's view, a celebration of nature's greatest splendour. Hence his "Métropole" becomes a kind of "nature cathedral" that no longer centres on the cycle of the Church year (with Christmas and Easter), but the cycle of the seasons.

In the second step, Boullée places the Corpus Christi monument or nature cathedral (Type I) on equal footing with the grave monument (Type X). The designs that Boullée provides as examples of the grave monuments in Type X are the basis of his fame today. They are the most ingenious variations on the "pyramid" theme that the modern age has to offer. He also makes use of truncated and conic shapes which – contrary to Egyptian tradition – generally do not tower up as a heavy mass, but are designed as hollow bodies that can contain spherical inner spaces over which the empty spaces lose themselves in half darkness toward the pyramid tip.

---

[1]   See Kaufmann, Emil, 1933.
[2]   See Rosenau, Helen, 1953.
[3]   See Vogt, Adolf Max, 1987, pp. 61 ff.

Adolf Max Vogt

In addition, these grave monuments grow to grand dimensions that either surpass the dimensions of the cathedral or continue the play with size and its perceivability ad absurdum.

Boullée shows, in the third step, just how these large dimensions (with their need to surpass on the one hand, and their tendency to render absurd on the other) are implemented. He distinguishes one grave design, the cenotaph for Isaac Newton, from the other grave monuments and (contrary to all logic of classification) declares it to be a separate type: Type XII. His justification for this rule-breaking is that the cenotaph is his masterpiece and must be accorded a separate category. In fact, the Newton cenotaph is not only Boullée's most original and significant concept. It also provides a context of meaning for his architectural theory with all its stunning and baffling designs. In other words, it is only Boullée's admiration for the Newtonian explanation of the world that gives meaning to his cult of largeness, for this cult no longer provokes *a sacred emotionalism* as in the Baroque, but a *cosmic emotionalism* that is borne by the mechanics of the world and Newton's mathematical explanation of them.

Newton as Master Builder of the World – is this really of any Concern to Architects?

It may be part of the conventional wisdom of architectural history that pyramids, temples and cathedrals are related to the cosmic ideas or knowledge of their respective ages, but there is also agreement that with the end of the Middle Ages or the conclusion of the Baroque era at the very latest such claims become increasingly untenable, if not entirely suspect.

Anyone who carefully reads Boullée's commentary on his cenotaph for Newton must conclude that this extremist among the Architects of the French Revolution remained adamantly conservative, at least in the field discussed here; Boullée firmly believed – as did Palladio two hundred years earlier – that the most noble task of architecture was to reflect in its concepts the structure of the cosmos. In his *Fourth Book*, Palladio describes this requirement for analogy or correspondence as follows: "And if we earnestly wish to judge the magnificent structure of the world, then there is no doubt that our small temples should *be similar* to that very large [temple] that is completed with a single word of its infinite goodness."[4]

In 1784, when Boullée designed his Newton monument, Isaac Newton had been dead for almost 60 years. But the extent to which two subsequent generations developed a cult around Newton that, starting in England, eventually encompassed the entire European continent can be seen most clearly in the commemorative lines written by Alexander Pope just five years after Newton's death in 1727:

[4]   See Vogt, Adolf Max, 1969, p. 296.

"Nature and Nature's laws lay hid in night:
God said, Let Newton be! and all was light!"[5]

Viewed from a distance, the cult around Newton contained the drastic suggestion of an exchange of roles already evident in Pope's lines: God himself, as the master builder of the world, calls to his side the mortal who is able to explain God's work. For his part, Boullée saw himself as an architect chosen not only to illustrate the grand scale that is of concern to us here, but also to use spatial structures to portray the process of "becoming light" in Pope's sense.

Where does the "Library" Building Type belong within Boullée's Categories?

So far I have tried to sketch an overall outline of Boullée's approach, whereby references such as those to Palladio and Alexander Pope are intended to help the reader understand more thoroughly the architect's unusual, apparently remote motivation. It is only against this backdrop that one can reliably evaluate his work on a new version of the library.

If one could ask Boullée today which building type he personally considered to be the most important, he would presumably refer to three: Types X, XI and XII, or the public library, the grave monument and the cenotaph for Newton. In an era in which sacred emotionalism was dying out and, in its place, a cosmic emotionalism was reaching undreamed-of heights, the question of future salvation was no longer the solely decisive one. Gaining in significance was the question of memory and the link to history – defined as the history of the glory of significant individuals and naturally of the glory of knowledge and art.

In his commentary on the "public library" building type, Boullée writes: "If there is a project at all that must please an architect and provide the greatest stimulus to his talents, it is that of a public library."[6] A similarly enthusiastic tone of voice starts off the memorandum for a public library project which in 1784 the superintendent of the *bâtiments* first commissioned Boullée to create for the site of the Capuchin Monastery in Rue Saint-Honoré (the second project by Boullée for the grounds of the Bibliothèque royale in Rue de Richelieu was later reworked): "A nation's most valuable monument is without doubt the one within whose walls all acquired knowledge is stored."[7] One is hardly going too far in imagining that the "liberated Boullée" in the years after *January 20, 1779* (a date that will be explained later), was fond of envisioning an entire group of exclusive buildings together – not unlike the favourite scheme of Le Corbusier, who once drew several duplicate versions of his Villa Savoye as a group of buildings on the same site.

5   See Vogt, Adolf Max, 1969, p. 304.
6   See Vogt, Adolf Max, 1987, pp. 117 ff.
7   See Vogt, Adolf Max, 1987, p. 118.

Adolf Max Vogt

However, Boullée's group of exclusive buildings would not have been composed as repetitions, but ordered hierarchically, with Type XII (the cenotaph for Newton) as the *main pole*, Type X (public library) as the *opposite pole*, and a wreath of Type XI *grave monuments* surrounding them. With our expectations today, we would probably regard two building types as missing – the museum of natural history and the museum of art history, both of which, from a contemporary point of view, are as indispensable as the library to achieving the goal of storing "all acquired knowledge." At this point the objection might be raised that Boullée introduced, both in image and text, the "museum" as Type II after the (Corpus Christi) cathedral as Type I, whereby the exterior view reveals a flat cube with clover-shaped peristyles, crowned by a hemispherical dome that is ringed by another peristyle. However, those who observe the cut away view (Figure 4) will find neither objects of nature nor objects of art in this "monument of public gratitude," as the second description is worded.

The museum is to be situated so that "lovely lakes…dense and dark forests and the menacing roar of a torrential brook" are in close proximity and impress the visitor. In the (empty) halls of the museum, the visitor is supposed to meditate on the beauty and "life-sustaining evidence" that he has seen outside in the natural surroundings. One is left with the impression that with the museum Boullée wishes to promote a kind of meditation on nature that acts as a non-religious parallel to the "Corpus Christi cathedral," but which is unaffected by the *enthusiasm for antiquity* of his *Italian contemporaries*. The Italians approximated what we today understand as a museum much more closely than did Boullée.

The Italian enthusiasm for antiquity, which Boullée's most important contemporary and rival *Giambattista Piranesi* (born in 1720, eight years before Boullée) celebrated with tireless, ardent force, extolled another grand scale, *the grand scale of antiquity*, which seemed to have nothing to do with Boullée's understanding of the term, defined conclusively by Newton. But in the 18th century, both fascinations with large dimensions supported, merged with, intensified and radicalised each other.

Boullée was 51 and had a successful career as an architect behind him when, on the above-mentioned date of January 20, 1779, he appears to have liberated himself for good from any dependency on clients (a dependency which to the present day is seen by half of those in the trade as a source of opportunity and the other half as a torment and a threat). A nouveau riche financier from Bordeaux, Nicolas Beaujon, refused to pay Boullée his fee. Boullée began legal action. After receiving two thirds of his claims, he decided against further action and swore off this indignity.[8]

This meant that by the end of 1782 he had gradually freed himself of any dependency on clients. During these years the first projects based on the new scale came into being: the Opéra

[8] See Vogt, Adolf Max, 1987, p. 18.

in 1781, the Métropole (the bishop's church) in 1782, and his museum in 1783. Then, in 1784, he realised the two designs upon which he prided himself most (and which we have described here as main pole and opposite pole): the cenotaph for Isaac Newton and the first project for a public library.

The three Influences on Boullée's Public Library

It is astonishing that in his commentary, Boullée, as an artistically sophisticated architect, would mention by name and title the most important influence on his public library: "Deeply impressed with *Raphael's* magnificent design for *The School of Athens,* I am attempting to recreate it, and without a doubt I owe my success, if I indeed I have had any, to this inspiration."[9] Raphael's famous fresco, located in the Vatican Galleries, was created in 1511; thus a gap of over 270 years separates the source of Boullée's inspiration from his work itself. And yet Boullée had good reason to draw upon Raphael's idea of an antique academy. In the first place, in terms of position in society, a school is a public institution like a library. In the second, it is a place where, on a daily basis, traditional knowledge is taught, discussed and further developed. Finally, the architect was especially interested in the type of building in which a painter like Raphael (who himself worked as an architect) would place the debating philosophers of antiquity and their students. Raphael's presentation of an architectural space that is larger and more spacious than anything else he ever designed must have confirmed Boullée in his own approach. Three immense cylindrical vaults, staggered along the same longitudinal axis, provide an enormous backdrop for the principal figures of Platon and Aristotle as they step forward.

It is not only these principal figures that are striding forward. The three cylindrical vaults above and behind them create a stepping rhythm too, an A-B-A-B-A rhythm alternating between vault – falling light – vault – falling light – vault. This correspondence between the motion in the architecture and the peripatetic movement of both thinkers is what instilled such great admiration in Boullée. In his commentary on Raphael, Boullée speaks of the "glorious élan of the intellect."

Boullée describes himself as copying Raphael, and yet redesigning is the better word, for he does not incorporate the three staggered cylindrical vaults with their stepping rhythm, but opts for one continuous vault. The rectangular opening at the apex of the ceiling does not create an alternating rhythm as do the staggered areas of falling light in Raphael's painting. On the contrary, the elongated oculus transforms Boullée's library into a unified room that acquires a compact, self-contained quality. Thus Boullée contrasts Raphael's design and its three staggered cylindrical vaults and areas of light with an extended whole, as if the point were *not* to permit a

---

[9] See Vogt, Adolf Max, 1987, p. 117.

sequence of approach in Raphael's sense, but to illustrate a huge, albeit balanced, static whole in a Newtonian sense.

In his commentary, Boullée does not mention the second and third influences that allowed him the necessary divergence from Raphael's concept of space. Both are givens for him, if not for us. The second can be found in the Palace of Versailles. There the galleries, which are covered by longitudinal forms, have the narrow, rectangular opening at the ceiling apex that is such a salient feature of Boullée's library.

The third influence is the ancient Roman Pantheon, which was built around 120 BC in the centre of Rome and has survived intact to the present day. Behind the temple entrance lies a circular inner room that is covered by a hemispherical dome. Light falls in through a round eye (oculus) at the apex. For the mature Boullée, who had liberated himself from his clients, the ancient Roman Pantheon became not only a guiding, but a well-nigh absolute influence. Though this assertion may at first sound pompous, its truth should become evident when the plans for his mature designs – introduced as a typology or "program" in his essay "Architecture, essai sur l'art" – are viewed side by side. From Type I (Métropole) through Type XII (cenotaph for Newton) all the designs gravitate toward a central symmetry, seeking the roundness of circles and spheres. This quality was demonstrated in exemplary fashion by the ancient Roman Pantheon. The inner chamber implies a cube, the profile of which, if drawn in, would touch the mid-point of the circular floor.

The only exception in the series of designs is Type X, the public library. It is a rectangle that Boullée describes in his commentary as "a large amphitheatre consisting only of books".[10]

We understand "amphitheatre" to be a half circle with many steps. In Boullée's design, the steps form right angles at the far end of the library, under the triumphal arch; however, there is one version in which a half-circular amphitheatre is indeed shown.

All things considered, the public library can be seen as the opposite pole of the other building types, all of which, with differing degrees of clarity, are variations on the "Pantheon" theme. It is a pole that is "grand" in both senses of the word. Although even when designing the details of the cylindrical vault, Boullée was not able to resist using the coffers he admired so much in the Roman Pantheon.

Translation: Adam Blauhut

[10] See Vogt, Adolf Max, 1987, pp. 121–122.

ADOLF MAX VOGT

Boullée à la recherche d'une dimension cosmique pour sa bibliothèque

La Révolution française a favorisé de façon inattendue le renouveau en architecture, discipline qui devint en quelque sorte une caisse de résonance des événements politiques ou le commentaire doctrinal de ceux-ci. (On se contentera de signaler ici que le même phénomène se reproduira quelque cent vingt ans plus tard lors de la révolution russe de 1917, qui s'accompagne elle aussi d'une architecture fortement géométrique, visionnaire, totalement non conventionnelle et à l'écart de tous les styles existants.)

Les membres les plus éminents du petit groupe appelé aujourd'hui « architectes de la Révolution française » ont pour nom Boullée, Ledoux, Lequeu. Tous trois éprouvent un penchant marqué pour le gigantisme. Boullée notamment, le plus âgé, voue un culte à la grandeur ; il sera bientôt désapprouvé et perçu comme un mégalomane.

Cette « mégalomanie » fut intolérable pour les générations suivantes, exposées aux graves conséquences des guerres napoléoniennes. Le nom et la renommée de Boullée tombèrent ainsi temporairement dans l'oubli. Il ne fut redécouvert qu'en 1930.

La thématique mégalomaniaque de l'œuvre tardif de Boullée ne peut se comprendre que si l'on sait qu'il vouait une admiration sans bornes au mathématicien et astronome Isaac Newton. En un mot : seule la cosmogonie de Newton donne son sens au culte boulléen de la grandeur. Ses projets ne visent plus à l'émotion sacrée (à l'instar du baroque) mais à une émotion cosmique.

De prime abord, on peut s'étonner de ce qu'aux yeux de Boullée une bibliothèque, une *bibliothèque publique* surtout, participe de cette émotion. Or cette institution, avec son infinité de livres, abrite précisément tous les échelons du savoir qui ont fini par rendre possible l'explication du monde par Isaac Newton.

Le souffle grandiose qui anime l'espace intérieur de sa bibliothèque, explique l'architecte, lui a été inspiré par la contemplation de la fresque de Raphael « l'École d'Athènes ».

Bibliography

Kaufmann, Emil, Von Ledoux bis Le Corbusier: Ursprung und Entwicklung der Autonomen Architektur, Vienna: Passer, 1933.

Rosenau, Helen, ed., Boullée's Treatise on Architecture: A Complete Presentation of the "Architecture, essai sur l'art," which Forms Part of the Boullée Papers (Ms. 9153) in the Bibliothèque Nationale, Paris, London: Tiranti, 1953.

Vogt, Adolf Max, Boullées Newton-Denkmal: Sakralbau und Kugelidee, Basel, Stuttgart: Birkhäuser, 1969.

Vogt, Adolf Max, Kommentar zu E. L. Boulées Traktat: Die Architektur – Abhandlung über die Kunst. Translation Hanna Böck, ed. Beat Wyss, Zurich: Artemis, 1987.

Adolf Max Vogt

Born in 1920 in Zurich. Studies in art history, classical archeology and European literature at the Universities of Zurich, Lausanne and Glasgow. Assistant with the Graphic Arts Collection of the Swiss Federal Institute of Technology in Zurich. 1950 dissertation "Grünewald, master of anti-classical painting." 1951–1961 art critic for the "Neue Zürcher Zeitung". Professor of Art History in the architectural department of the ETH, Zurich. 1967 founder of the Institute for History and Theory of Architecture (GTA-ETHZ). Study visits to Istanbul, Rome, London, Moscow, Berlin. 1996 Heinrich Wölfflin Prize awarded by the City of Zurich for works of criticism. 1985 visiting professor at the Massachusetts Institute of Technology (MIT), Cambridge, Massachusetts, USA. Since retirement: Diverse activities as lecturer in art criticism and architecture criticism.

DOROTHÉE BAUERLE-WILLERT

Aby Warburgs Daimonium:
Die Kulturwissenschaftliche Bibliothek

«Jede Leidenschaft grenzt ja ans Chaos,
die sammlerische aber an das der Erinnerungen.»
Walter Benjamin

Das Chaos der Erinnerungen,[1] das nach Walter Benjamin jedes Objekt der Sammlung gleich einer magischen Enzyklopädie heraufbeschwört, ist in der Büchersammlung Aby Warburgs zum Konzept geworden: Gespeichert und erinnert werden hier die Zeugnisse der «Selbsterziehungsversuche des europäischen Menschengeschlechts»,[2] die Versuche, das Chaos, in dem sich der Mensch findet, zu lichten und Orientierung zu finden. Die Struktur der Bibliothek nimmt diese Versuche in mehrfacher Hinsicht in sich hinein: In Büchern (und Bildern) leben und überleben ‹abgelegte› Vorstellungen, verworfene Programme, vergangene Weltsichten. Sie eröffnen solcherart die Möglichkeit der Begegnung und Auseinandersetzung mit Ideen, Gefühlen, Situationen, die sich von unseren eigenen Ansichten unterscheiden. Die in Büchern und Bibliotheken konservierte Vergangenheit ist weder uniform noch einheitlich, sie gibt ein weites Spektrum historischer Lebensformen. Viele der abgestorbenen oder besiegten Formen führen ihre Existenz im Untergrund; sie besitzen nach Benjamin eine schwache messianische Kraft,[3] sind wie ein Echo von verstummten Stimmen, Anruf und Aufforderung. Bibliotheken sind der Ort, wo abgeschnittene Linien der Entwicklung wiederentdeckt und eine reichhaltigere Erin-

---

[1] Walter Benjamin, Ich packe meine Bibliothek aus. In: Gesammelte Schriften, Bd. IV,1, hrsg. von Rolf
     Tiedemann und Hermann Schweppenhäuser, Frankfurt am Main 1972, S. 388.
[2] Aby Warburg, Typoskript zum Seminar Kulturwissenschaftliche Methode 1927/28.
[3] Walter Benjamin, Über den Begriff von Geschichte. In: Gesammelte Schriften, Bd. I,2, hrsg. von Rolf
     Tiedemann und Hermann Schweppenhäuser, Frankfurt am Main 1972, S. 694.

nerung hergestellt werden kann: indem wir mit der Fülle der Erinnerungen leben und unser Handeln mit der wiedergefundenen Vergangenheit motivieren,[4] verwandelt sich Wissen in Kultur: Programm der Kulturwissenschaftlichen Bibliothek Warburg. Kulturen und die diversen Strukturen kollektiver Identität bilden ein faszinierendes, endloses Schema von Zusammenhängen und Unabhängigkeiten. Sie sind symbolisch oder narrativ konstruiert, und so begleitet von einem Überfluss an Mythen und Geschichten, die chaotisch und latent anarchistisch den Prozess der Selbstfindung zugleich untermauern und untergraben. Ein ähnlich paradoxes Gefüge ist auch die Bibliothek: Unüberschaubarer Plural von Büchern, die Wiederholung von Gleichem im Gewand des Verschiedenen, Unvorhersehbarkeit der Lektüren, geordnet, begrenzt im Ort und in der konkreten Gestalt der Bibliothek, die die Vielfalt vereinigt und bändigt. Und wie es gilt, in dem selbstgesponnenen, ambivalenten Bedeutungsgewebe, in das der Mensch verstrickt ist und das wir Kultur nennen,[5] die mitunter rätselhaften Ausdrucksformen zu deuten und zu interpretieren, um Orientierung zu finden, so sucht man sich seinen Weg durch die Bücherwelt, ein Weg, der oft verwirrend ist und doch wie vorgegeben scheint.

‹Kultur› ist (wie die Bibliothek) öffentlich, ein Dokument und ein Netzwerk symbolischen Handelns, das Bedeutungen trägt, ebenso wie Gesten, Bilder, Schriften, Verhaltensformen Bedeutungen tragen, die nur in einem ständigen Kommunikationsprozess sich öffnen und verständlich werden. Gleichzeitig meint Kultur (seit Nietzsche und Burckhardt) eine fragile, stets prekäre, unter Schwierigkeiten erkämpfte Errungenschaft, die sich tragischer Auseinandersetzung und verstörender Konflikte verdankt. Warburgs Bibliothek folgt diesem Prinzip: Er sammelt Bücher als Wissensspeicher und als Zeugnisse für diesen Kampf um den Denkraum, der als Ergebnis der bewussten Symbolsetzung in der Spanne und Spannung zwischen Verleibung und Abstraktion erscheint. Und in diesem Prozess der Denkraumgestaltung müssen immer auch die vergangenen Symbolschöpfungen bedacht und einbezogen werden, auch gerade dann, wenn sie die Labilität und Gefährdung der Denkraumsetzung offenbaren, indem sie sich dem Pol der magischen Verknüpfung zuneigen. Wie in der griechischen Tragödie, in der der Held Telephus nur durch den Rost des Speeres Achills, der die Wunde schlug, geheilt werden kann,[6] entfaltet ja gerade das Verstehen des unmittelbaren Verleibungszwanges und seiner erste Aufhebung[7] eine therapeutische Wirkung: Die homöopathische ‹remède dans le mal› ermöglicht einen gefährlichen und gefährdeten Fortschritt. Der Antagonismus der Kräfte, die im Menschen selbst angelegt sind, «ist das grosse Instrument der Kultur, aber auch nur ein Instrument, denn solange derselbe dauert, ist man erst auf dem Wege zu dieser».[8] Die Sammlung und Versammlung dieser

---

[4]   Siehe dazu: Geoffrey Hartman, Das beredte Schweigen der Literatur, Frankfurt am Main 2000, S. 201.
[5]   Vgl. dazu Clifford Geertz, Dichte Beschreibung, Frankfurt am Main 1995, S. 9.
[6]   Siehe dazu: Jean Starobinski, Das Rettende in der Gefahr, Frankfurt am Main 1992, Kapitel 5.
[7]   Dies hat Warburg in seinen Interpretationen und natürlich – auf anderer Ebene in der Bibliothek getan. Zu Warburgs Symbolbegriff vgl. Friedrich Theodor Vischer, Das Symbol. In: Philosophische Aufsätze für Zeller, Leipzig 1887, S. 154 ff.

Antagonismen, die wie Schiller in seinen ästhetischen Briefen schreibt, sich im Entwicklungs-prozess des Menschen notwendigerweise gegeneinandersetzen, in Buch- und Bildgestalt, ist Warburgs Sammlungsprogramm, nicht das Anhäufen von seltenen oder kostbaren Exempla-ren. Es ist eine Arbeitsbibliothek im weitesten Sinn, die nicht nur die Arbeitsmaterialien des Forschers zusammenführt, sondern der (ästhetischen) Erziehung des Menschen zuarbeiten will.

Wie die Bücher in Warburgs ‹vergleichender historischer Symbolbibliothek› als Energiespei-cher auftreten, ist auch in seinem Bilderatlas ‹Mnemosyne› die «Transformatio energetica For-schungsobjekt und Eigenfunktion: das Symbol als katalytische Quintessenz».[9] «Das dunkle Zi-tat» (der eigentliche esoterische Titel für den Bilderatlas) koppelt Erinnerung, Bibliothek und Symbol zusammen. Die Bibliothek und der Atlas als Konzentrat der Bücher-Bilderflut sollten dazu beitragen, die Funktion des persönlichen und kollektiven Gedächtnisses zu ergründen, wobei das Symbol Reagenzglas und Reaktion ist: «Darf man nicht», fragt Warburg in einem Brief an Wilamowitz-Moellendorff, «was wir Symbol nennen, als Funktion des Gedächtnis be-greifen, weil hier das hemmende oder treibende umschaltende Organ entsteht, das zwischen triebhaftleidenschaftlicher Kinesis oder ordnender kosmologischer Theorie das Bewusstsein und den Willen zu ausgleichender Besonnenheit als höchster Kulturmacht schafft.»[10] Transfor-mation von Welterfahrung und Transfer von weltkonstruierender Energie geschieht im Sym-bol, die Bibliothek ist das Laboratorium, in dem, ausgelöst durch die Bücherbatterien, das Den-ken immer wieder Impulse erfährt, in Fluss gerät, dynamisch (wie im assoziativen Fluss der Erinnerungsströme) die Ablagerungen ergreift. Der Forscher lässt gleichsam die latente Elektri-zität der Bände aufblitzen und lernt dabei, mit ihrer ambivalenten Macht umzugehen: Eine Analogie zum kulturellen Prozess, um dessen Verständnis es geht.[11] Es ist oft darauf hingewiesen worden,[12] dass sich diese Programmatik in den Plänen für Warburgs Institut räumlich nieder-schlugen. Für Warburg war beispielsweise Kepler, der an die Stelle des Kreises, der bisher dem Planetenlauf als Bewegungseinheit zugrundegelegt wurde, die Ellipse gesetzt hatte, eine symbo-lische Gestalt der Kräfte, die den Denkraum schaffen. Er überwand die Sperre der Projektion von menschlichem Harmonieempfinden auf kosmisches Geschehen und ermöglichte so die Er-forschung der Unendlichkeit des Weltraums. Im ovalen Studiensaal der Bibliothek nahm dieser Denkraum Gestalt an – und doppelt vielleicht auch die Unendlichkeit der Schriften wie die Be-

---

8   Friedrich Schiller, Über die ästhetische Erziehung des Menschen, 6. Brief, Stuttgart 1973, S. 24.
9   Aby Warburg, Typoskript zum Vortrag ‹Mnemosyne›, gehalten am 19. Januar 1929 in der Bibliotheca Hertziana in Rom.
10 Abgedruckt in: Martin Jesinghausen-Lauster, Die Suche nach der symbolischen Form. Der Kreis um die kulturwissenschaftliche Bibliothek Warburg, Baden-Baden 1985, S. 313.
11 Vgl. Kurt W. Forster, Die Hamburg-Amerika Linie oder: Warburgs Kulturwissenschaft zwischen den Kontinenten. In: Aby Warburg, Akten des internationalen Symposiums, hrsg. von Horst Bredekamp, Michael Diers und Charlotte Schoell-Glass, Weinheim 1991, S. 34 f.
12 ebenda.

freiung aus einer bornierten Zentrierung auf nur subjektive Empfindungen. Zugleich ist in der elliptischen Anlage des Hauptsaals eine pädagogische Haltung realisiert: Ihre klare äussere Form schliesst den Kreis der Forschenden, den Vortragenden und die Hörer in einer Stätte konzentrierten Arbeitens[13] zusammen: Eine Arena, in der «die Dokumente, sowohl aus sprachlichem Gebiet wie aus dem Bereich der bildenden Künste, wie aus dem der religiösen und weltlichen Dramatik»[14] zusammengeholt werden und sich gegenseitig zur Psychologie der Ausdruckschöpfung ergänzen. Die Ellipse ist, mit Warburgs Worten, eine «Insel für Besinnliche», in der das Ringen um Besinnung und Besonnenheit, von dem die Dokumente zeugen, noch einmal möglich und zugleich anschaulich wird. Das Symbol der Ellipse, das Warburg zum Zentrum seiner Bibliothek gemacht hat, umspannt solcherart das Fernste und das Nächste, das Grösste im Bild des kosmischen Geschehens und die alltägliche Praxis von Forschung und Lehre – bei der auch so nüchterne Dinge wie bequeme Stühle und ausreichende Garderobe ihre Rolle spielen. Dieses ‹Springen› vom kleinsten, oft banalen Detail zu universalen Fragestellungen, vom Niedrigsten zum Höchsten ist ebenso Kennzeichen der wissenschaftlichen Methode Warburgs, die bei der Untersuchung ihrer Gegenstände nie nur sich dem hohen Ton der Hochkultur nachhörte, sondern das Vernachlässigte und Unscheinbare mitbedachte.

Warburg hat sich in seinen kunstwissenschaftlichen Analysen und im Aufbau seiner Bibliothek weder vom Grenzwächtertum der Disziplinen noch von Tabus der Wissenschaft, vom trägen Geist als ‹böse Häuser› vermiedene oder verminte Gebiete des Denkens[15] abschrecken lassen.

Er hat sich nicht gescheut, in den «nächtlichen Schacht, in welchem eine Welt unendlich vieler Bilder und Vorstellungen aufbewahrt ist»,[16] hinabzutauchen, diese schlummernden Bilder der Vergangenheit zu erfassen und in wagemutigen Vergleichen zur Anschauung zu bringen: Nur so wird «der Leidschatz der Menschheit zu humanem Besitz.»[17] Die Geschichte der Denkraumgewinnung, die sich in und durch die Bücher nachzeichnen lässt, bliebe nämlich «unzulänglich deskriptive Evolutionslehre, wenn nicht gleichzeitig der Versuch gewagt wird, in die Tiefe triebhafter Verflochtenheit des menschlichen Geistes mit der achronologisch geschichteten Materie hinabzusteigen. Dort erst gewahrt man das Prägewerk, das die Ausdruckswerte münzt.»[18]

---

13 Beschreibung des Neubauprojekts. In: Tilmann von Stockhausen, Die Kulturwissenschaftliche Bibliothek Warburg, Architektur, Einrichtung und Organisation, Hamburg 1992, S. 138.

14 Brief von Aby Warburg an seine vier Brüder vom 1.4. 1925, abgedruckt in Tilmann von Stockhausen, a.a.O. S. 154.

15 Die ‹bösen Häuser› stammen von Hegel: «Man meint, wenn das Denken über den gewöhnlichen Kreis der Vorstellungen hinausgehe, so gehe es zu bösen Häusern…» Georg Wilhelm Friedrich Hegel, Werke, Bd. 8, Enzyklopädie der Wissenschaften I, Frankfurt am Main 1977, S. 69.

16 Georg Wilhelm Friedrich Hegel, Werke, Bd. 10, Enzyklopädie der Wissenschaften III, Frankfurt am Main 1976, S. 260.

17 Aby Warburg, Notizen zum Vortrag Mediceisches Festwesen, gehalten am 14. April 1928 vor der Handelskammer Hamburg.

Dorothée Bauerle-Willert

Warburg hatte so in seiner Bibliothek als einem Bild seiner Forschungswege «Bücher der Philosophie neben Bücher der Astrologie, Magie und der Volkskunde gestellt, die Kunstabteilungen mit denen der Literatur, der Religion und der Philosophie verknüpft. Für Warburg war das Philosophiestudium untrennbar von dem Studium des sogenannten primitiven Geistes: weder das eine noch das andere konnte abgesondert werden von der Bildsprache in der Kunst und in der Literatur.»[19] Es handelt sich nicht um eine Büchersammlung, die herkömmlichen bibliothekarischen Ordnungsprinzipien folgt, sondern mit einem Bild von Gilles Deleuze und Félix Guattari eher um eine Art Rhizom, in dem jeder beliebige Punkt mit jedem anderen verbunden werden kann und muss.[20] Die Metapher steht für Verästelung, für das Mäanderhafte, für die Berührung der Peripherien, für ein Denken, das dem Besonderen sein Recht einräumt. Ein weites Gedankengebiet wird nicht linear strukturiert, sondern kreuz und quer, nach allen Richtungen durchstreift. Aus diesem Rhizom, das ursprünglich der unterirdische Wurzelstock ist, erwächst dann erst (um im Bild zu bleiben) der ‹Baum der Erkenntnis›[21] in den und durch die Benutzer der Bücher: Orientierung durch Selbstarbeit. Wohl wegen dieser Vielfältigkeit und Dezentrierung der Bände (die sich allerdings um das Zentrum des elliptischen Saals gruppieren) hat Ernst Cassirer bei seinem ersten Besuch die Warburg-Bibliothek als Labyrinth bezeichnet[22] und damit zugleich das Wesentliche der Bibliothek überhaupt benannt. Jedes Buch ist ja eine ungewisse, immer durch andere Gedanken bestreitbare, aber nicht besiegbare Denkmöglichkeit. Alle Bücher, alle Gedanken müssen sich mit der Relativität des Vielleicht, mit der Existenz von anderen Büchern und Meinungen abfinden: «Zwar haben auch sie ihre Geschichte, doch da sie weder endgültig bewiesen noch endgültig widerlegt sind, gruppieren sie sich dem ideengeschichtlichen Blick immer wieder zu einem Tableau idealer Gleichzeitigkeit… Es hat, um es mit einem von Borges bevorzugten Bild zu sagen, die Anlage eines Labyrinths, dessen Wege sich für den, der es durchirrt, ununterscheidbar verzweigen, und dessen Ausweg nur ein göttlicher Einblick von oben zu entdecken vermöchte. Bereits der verschachtelte Grundriss eines Labyrinths opponiert der Pfeilrichtung, der die lineare Zeit folgt.»[23] In Warburgs Labyrinth «war die Geschichte der Ausdrucksformen menschlichen Bewusstseins mittels Bildern und Worten in einem Rahmen erfasst, welcher mit der Orientierungssuche des Menschen (verkörpert durch die Abfolge Religion-Magie/Naturwissenschaft-Philosophie) begann und bis hin zu dem mit griechischem Wort bezeichneten Dromenon führte.»[24] Ein Wegesystem, das den Be-

[18] Aby Warburg, Typoskript, Einleitung zur Mnemosyne, 1929, S. 8.
[19] Fritz Saxl, Ernst Cassirer. In: The Philosophy of Ernst Cassirer, Evanston 1947, S. 47 f.
[20] Siehe dazu: Gilles Deleuze, Félix Guattari, Rhizom, Berlin 1977.
[21] Die Metapher ‹Baum der Erkenntnis› wählt Salvatore Settis in seinem Aufsatz «Empfehlungen für eine Heimkehr». In: Akten des internationalen Warburg Symposiums, a.a.O. S. 117.
[22] Toni Cassirer, Mein Leben mit Ernst Cassirer, Hildesheim 1981, S. 125 f.
[23] Heinz Schlaffer, Borges, Frankfurt 1993, S. 35 f.
[24] Salvatore Settis, Empfehlungen für eine Heimkehr, a.a.O. S. 117.

sucher nach seinen inhärenten Regeln leitet, oft überraschende Verknüpfungen ermöglicht oder erzwingt und so, wie das Labyrinth in alten Kulturen, sich als Vereinigung der berechenbaren und der unberechenbaren Elemente der Welt darstellt. Die ‹Abenteuer eines Denklustigen›[25], seine Gedankengänge gewinnen im Durchwandern der Büchergänge Form und sind bis heute zugleich Anstiftung zum Weiterdenken und Forschen. Der Labyrinth-Metapher spielt übrigens die Ellipse zu: Ihre Setzung (gegen den selbstzufriedenen Kreis) bestätigt ja auch das nicht Abschliessbare, Abgrenzbare der Phänomene; die daraus resultierende Relativität des Standorts findet dann in Keplers zweitem Gesetz neue Legitimität.

Das Unabschliessbare, Offene schlägt sich ebenfalls in dem Ordungssystem der Bibliothek Warburg nieder. Es reflektiert eine andauernde Auseinandersetzung mit dem Material, mit den dort niedergelegten Ideen und der Unruhe, die diese verursachen. Nie erstarrt diese Ordnung in einem mechanisierten Schema, sie muss permanent neu bedacht und verändert werden: Eine Bewegung, die aus den ungeklärten Grenzen zwischen den Disziplinen resultiert und die so die Interdisziplinität auch des Forschens garantiert. Jedes Buch kann gleich einem Steinwurf immer neue Denkwellen hervorrufen. Die nie enden wollende Sortierarbeit mit dem Bücherfundus, die schon von daher keinen Staub ansetzen können, korrespondiert der Arbeitsweise Warburgs insgesamt. Das Prinzip der Variation durchzieht die Kompilation des Bilderatlas, wo jede Tafel in mehreren, oft geringfügig von einander abweichenden Versionen angefertigt wurde wie auch die Aufzeichnungen zu Warburgs Thema. Die Gedanken tauchen in Abwandlungen in vielen Notizen auf. Vom einzelnen Notat bis zur Büchersammlung wird so die Anstrengung deutlich, der Vielfalt der möglichen Bedeutungen, die sie bergen, gerecht zu werden. Bei Warburg ist nichts in der einmal gefassten Formulierung oder Platzierung erledigt.

Dennoch muss natürlich die Fülle der Themen und Bereiche, die die Bibliothek speichert, eine flexible Gliederung finden, die neue Schwerpunkte und veränderte Sichtweisen integrieren kann. Sie geht von vier Hauptbereichen aus, die dem viergeschossigen Büchermagazin entsprechen, wobei wahrscheinlich die Architektur den Ausgangspunkt für die Ordnung abgibt.[26] In Saxls Geschichte der Bibliothek heisst es: «Die Bücher waren auf vier Stockwerken untergebracht. Im ersten standen Werke über allgemeine Ausdrucksprobleme und das Wesen von Symbolen. Dann folgten Anthropologie und Religion, Philosophie und Geschichte der Naturwissenschaften. Der zweite Stock beherbergte Bücher über künstlerische Ausdrucksformen, ihre Theorie und Geschichte. Der dritte war Sprache und Literatur und der vierte den sozialen Erscheinungsformen des menschlichen Lebens – Geschichte, Recht, Volkskunde usw. – gewidmet.»[27] In dieser Reihung bilden die Orientierungsversuche die Basis, von der aus sich dann die konkreten Ausdruckformen des Orientierungsverlangens – Bild, Wort und soziales Han-

[25] Forschung als «Suchen und Finden oder die Abenteuer eines Denklustigen». Aby Warburg, Allgemeine Ideen, 1927 Notizbuch.
[26] Vgl. Tilmann von Stockhausen, Die Kulturwissenschaftliche Bibliothek Warburg, a.a.O. S. 82.

Dorothée Bauerle-Willert

deln – auffächern. In den früheren Skizzen Warburgs und im Bericht über die Übersiedlung der Bibliothek lässt sich aber eine Reihe erkennen, die vom Bild zur Orientierung, zum Wort und zum Handeln (Dromenon) vertikal aufsteigt – eine Anordnung, die bis heute im Warburg Institute in London beibehalten ist. Diese Ordnung wird in Saxls «Die Ausdrucksgebärden in der bildenden Kunst» von 1932 bestätigt. Hier schreibt Saxl: «Das 1. Geschoss enthält die Materialien zu einer Psychologie des Bildes, das 2. Geschoss beginnt mit einer kleinen Sammlung psychologischer Werke, jenem Ausschnitt aus der Psychologie, der das Problem des Symbols im allgemeinen, des Ausdrucks, der Schriftkunde und Mimik sowie die Gedächtnisfunktion betrifft. Dann folgen die Materialien zu Religionspsychologie und ihrer einzelnen Probleme, Ekstase, Mystik usw. und historische Materialien zur Geschichte der Religion, Kosmologie, Naturwissenschaft und Philosophie. Das 3. Geschoss enthält das Wort (Sprache, Literaturen, Geschichte der Überlieferung der klassischen Bildstoffe). Das 4. Geschoss endlich die ‹Handlung›, d.h. politische Geschichte, Geschichte der sozialen Formen z. B. besonders auch des Festwesens.»[28] Wie die Ordnung der Bücher sind ja auch Erinnerungen elastisch, und Saxls retrospektiver Blick auf die Geschichte der Bibliothek (vgl. Anm. 27) ist vielleicht etwas ungenau oder missverständlich. Aus der Methode Warburgs heraus scheint es jedoch sinnvoll, von der Psychologie des Bildes als einem je individuellen konkreten Zeugnis der Orientierungssuche auszugehen, in dem Sinne, dass jede Bildfindung auch Bilder des Wunsches dafür sind, des Unbegreiflichen und Ungreifbaren habhaft zu werden. Die ‹Macht des Unbesetzten› wird gerade dadurch gebrochen, dass die Übermacht ins Bild gesetzt, das Namenlose benannt, Angst distanziert wird. Der jeweilige Stand der Denkraumgewinnung als Voraussetzung für die Orientierung des Menschen in der Welt ist ablesbar genau an dem Instrumentarium, das dafür eingesetzt wird. Erst dadurch, dass der Mensch die Phänomene der Welt als etwas ihm Fremdes benennt und in diesem erkennenden Benennen die Welt durch Zeichensetzung konstituiert, schafft er Distanz zwischen Ich und Nicht-Ich. Vice versa ist die Frage nach dem Namen der Dinge das erste Hinausgreifen, Überschreiten des Horizonts der leibhaftigen Existenz, eröffnet einen Spielraum für die Neugier. Die Trennung von Ich und Welt ist Grundlage des Denkens und Voraussetzung für die Orientierung in dieser Welt: «Bewusstes Distanzschaffen zwischen sich und der Aussenwelt darf man wohl als Grundakt menschlicher Zivilisation bezeichnen; wird dieser Zwischenraum das Substrat künstlerischer Gestaltung, so sind die Vorbedingungen erfüllt, dass dieses Distanzbewusstsein zu einer sozialen Dauerfunktion werden

---

[27] Fritz Saxl, Die Geschichte der Bibliothek Warburg. In: Ernst H. Gombrich, Aby Warburg. Eine intellektuelle Biographie, Frankfurt am Main 1984, S. 443 und 445.

[28] Die Ausdrucksgebärden der bildenden Kunst. In: Bericht über den XII. Kongreß der Deutschen Gesellschaft für Psychologie in Hamburg vom 12. – 16. April 1931, Jena 1932, wiederabgedruckt in Aby M. Warburg, Ausgewählte Schriften und Würdigungen, hrsg. von Dieter Wuttke in Verbindung mit Carl Georg Heise, Baden-Baden 1980, S. 421. Vgl. zu dem Problem der Ordnung auch Tilmann von Stockhausen, Die Kulturwissenschaftliche Bibliothek Warburg, a.a.O. S. 86 ff.

kann.»[29] Warburg setzt also auch im Aufbau seiner Bibliothek bei der künstlerischen Ausdrucksleistung an, die die unmittelbare Erfahrung der Welt verarbeitet und gestaltet. Als geformtes Distanzbewusstsein speichert sie Bedingung und Möglichkeit des orientierenden Denkens. Diese Distanzierungsversuche sind für Warburg das eigentliche Thema der Kulturgeschichte, und dieses grosse Thema umkreisen dann die Bände der Bibliothek. Aber es geht dabei nicht nur um die neutrale Speicherung oder Anhäufung der Dokumente, sondern die Zeugnisse müssen immer wieder aktiviert werden, um als Werkzeuge für das was wir Bildung nennen, produktiv in Besitz genommen zu werden. «Der Erwerb des Distanzgefühls zwischen Subjekt und Objekt ist die Aufgabe der sogenannten Bildung und das Kriterium für den Fortschritt des Menschengeschlechts. Es wäre das eigentliche Objekt der Kulturgeschichte, den jeweiligen Stand der Besonnenheit zu beschreiben.»[30] ‹Denkraum› nennt Warburg diese Spanne der Distanz zwischen Subjekt und Objekt und umfasst damit ein Doppeltes: einmal ist die Setzung des Raums Bedingung für das Denken überhaupt, dann aber muss dieser Raum immer wieder neu gefüllt werden. Erst die sinnhafte Ausgestaltung der leeren Distanz – die denkende Vermittlung zwischen Subjekt und Objekt, in der das als fremd Erkannte und Benannte im Akt des Verstehens zu einem Eigenen wird, ohne die Unruhe, die von diesem Anderen ausgeht, zu liquidieren, prägt und kennzeichnet den Denkraum. Dem Verstehen dessen, was ein Bild ist, was im Bild geschieht, sind die Bücher des zweiten Stockwerks gewidmet, dieser Prozess des Verstehens wird dann wiederum in seiner historischen Dimension im dritten Stockwerk, in der Abteilung Wort entfaltet. Der Bereich des Handelns des Menschen, der sozialen Gestaltung seiner Welt, den Warburg mit dem griechischen Wort ‹Dromenon› bezeichnet, konkretisiert und verlebendigt dann gleichsam immer wieder die historischen Quellen. So kann man vielleicht sagen, dass die Struktur der Bibliothek der Denkraumsetzung und der Orientierung korrespondiert – die Bibliothek als Modell und Symbol für einen unabschliessbaren Prozess. Und wie die Leistungen (der Kunst) für Warburg nie zu einem geschichtslos verbürgten Besitz werden können, so muss auch die Überlieferung – das was die Bibliothek aufbewahrt – in der ständigen Reflektion und Verarbeitungen jeweils neu errungen werden. Wenn Barnett Newman in seinem Text «Der erste Mensch war ein Künstler» von 1947 schreibt, «das göttliche Bild, nicht die Töpferei, war die erste manuelle Handlung» und «des Menschen erster Ausdruck war ein ästhetischer Ausdruck wie auch sein erster Traum»,[31] entstanden aus Ehrfurcht und Wut über seinen tragischen Zustand angesichts der Leere, dann bildet Warburgs Bild-Denken eine seltsame Allianz mit einem Künstler des 20. Jahrhunderts: Auch für Newman ist der Fort-

[29] Aby Warburg, Einleitung zur Mnemosyne, a.a.O. S. 1.
[30] Aby Warburg, Typoskript Grundlegende Bruchstücke zu einer monistischen Kunstpsychologie, 1888–1903, Eintrag vom 28. 8. 1896.
[31] Barnett Newman, Der erste Mensch war ein Künstler. In: Barnett Newman, Schriften und Interviews, Bern und Berlin 1996, S. 168.

Dorothée Bauerle-Willert

gang der Kunst der Versuch, den kreativen Status des Menschen reflektierend immer wieder neu zu erreichen und zu erfüllen. Natürlich korrespondiert die spiralig aufsteigende Reihe vom Bild zu Handlung auch der ikonologischen Methode, die das konkrete Einzelbild in immer weiteren Kreisen sozusagen umrahmt, um die Sinnschichten freizulegen, die auf seine Entstehung eingewirkt haben, um die Herstellung von Sinn, die im Bild geschieht, vitalisierend zu verstehen. Die verlorenen Wahrnehmungsweisen der Vergangenheit müssen auf den gewundenen Wegen der historischen Forschung entdeckt werden, um ihren auch ästhetischen Glanz zurückzugewinnen: «Ihre Welt – der Schauplatz, auf dem sie ihre Rollen spielen und in deren Begriffen sie denken – ist in wenigen Menschenaltern fremd und ungewohnt geworden, sie muss entziffert werden, bevor sie gelesen werden kann. Denn das Unsterbliche legt ein sterbliches Gewand an, wenn grosse Gedanken in das einzige, überhaupt mögliche Kleid gehüllt werden, in Ausdrücke, deren Sinn und Nebensinn durch den formalen Druck einer unerbittlich entgleitenden Zeit geprägt sind.»[32]

Wie die Bibliothek ist auch die Ikonologie eine Weise des Ausgrabens und Erinnerns der verschütteten, vielgestaltigen Hinterlassenschaft der Vergangenheit, die Aufgabe ist ihre Bewahrung, Erforschung und Vermittlung. Nur so kann die Wahrnehmung für die Gegenstände geschärft und lebendig werden und bleiben. Bilder und Texte sind unausschöpfliche Reservoirs von Sinn – Sinn, der sich als Ineinander von Gegenwart und Vergangenheit herstellt. Sie weisen immer auch auf die Geschichte ihrer Überlieferung zurück, machen den zeitlichen Abstand zwischen jetzigem Finden und einstigem Verschwinden bewusst und spüren zugleich dem nach, was ihr Auftauchen bisher verhindert hat und was den wiedergefundenen Bildern als Verdrängung und Ausschliessung unauslöschlich eingraviert bleibt.[33] Nur durch methodisches, sorgfältiges Arbeiten können die Erinnerungsbilder aus den abgelagerten Sachverhalten ans Licht kommen, als Bildverdichtungen vergangener, unabgegoltener Erfahrung. «Die Frage ist, wie entstehen die sprachlichen oder bildförmigen Ausdrücke, nach welchem Gefühl oder Gesichtspunkt, bewusst oder unbewusst, werden sie im Archiv des Gedächtnisses aufbewahrt, und gibt es Gesetze, nach denen sie sich niederschlagen und wieder herausdringen?»[34] Das Gedächtnis ist das Medium und die Arena dieser Bilderkämpfe und solcherart eine zu erforschende Region. Dieser Untersuchung der Funktionsweise der Überlieferung von denkwürdigen Bildinhalten im Gedächtnis hat Aby Warburg seine Bibliothek und den Bilderatlas ‹Mnemosyne› gewidmet. «Die Funktion des persönlichen und sozialen Gedächtnisses zu ergründen» sei die

---

[32] Ein melancholisches Notat von John Livingstone Lowes, zitiert nach Edgar Wind, Kunst und Anarchie, Frankfurt 1994, S. 67 f.

[33] Vgl. Josef Fürnkäs, Surrealismus als Erkenntnis. Walter Benjamin – Weimarer Einbahnstrasse und Pariser Passagen, Stuttgart 1988, S. 146 f.

[34] Aby Warburg, Reiseerinnerungen aus dem Gebiet der Pueblo-Indianer. Materialien zur Psychologie primitiver Religiosität als Quelle logischer Verknüpfung, Notizen und Typoskript zum Vortrag, gehalten am 21. April 1924, Kreuzlingen.

Aufgabe seines Instituts, führte Warburg 1929 vor dem Kuratorium der Kulturwissenschaftlichen Bibliothek aus – und die Methode, die dafür in engstem Konnex mit der die vielfältigsten Wissensgebiete erschliessenden expansiven Büchersammlung entwickelt wurde, ist die Ikonologie. Am Nachleben der Antike in der Renaissance, dem Zeitalter internationaler Bilderwanderung, wird der Niederschlag und das Wiederauftauchen von Bildideen im Überlieferungsgeschehen aufgespürt, werden die Anlagerungen der Schichten an die Bilder abgetragen: Eine archäologische Arbeit – und wie die Archäologie durchstösst die Ikonologie «die Geschichte des Bewusstseins, des Sinnes und der Reflexion, an die Geschichtsschreibung und Historismus sich in ihrer Zentrierung auf das Subjekt klammerten, um in der Verwendung und Wiederverwendung von Bildern eine gleichsam unterirdische Geschichte des sozialen Gedächtnisses freizulegen, die ihr ungleich reicher scheint als die oberflächliche des Bewusstseins. Sie fragt nach den Intentionen der Individuen nur insoweit, als in ihnen ein Allgemeines zum Ausdruck kommt; sie fragt nach der sozialen und überlieferungsmässigen Bedeutung der bewussten und unbewussten Tradierung, die ihr immer schon als kollektives Phänomen Aufmerksamkeit abverlangt.»[35] Archäologie und Ikonologie treffen darin zusammen, dass Fremdheit und Ferne ihrer Fundobjekte den Ausgangspunkt für ihre Arbeit abgibt, aber auch darin, «dass ihnen das fremde ‹objet trouvé› durch dieses unbewusste Überlieferungsgeschehen hindurch als Träger einer sozialen, damit überindividuell kulturellen Bedeutung bis ins kleinste Detail zur Enträtselung aufgegeben ist.»[36] Die Fundstücke, auf die der Archäologe und der Ikonologe trifft, bewahren die ‹raumgewordene Vergangenheit›, die ihrerseits im Raum der Bibliothek aufgehoben ist. Zugleich entfalten die Bücher, gruppiert nach dem Modus der Beziehung und der Korrespondenz – dem Prinzip der guten Nachbarschaft –, ihre offenen Horizonte.

Die abgelegten, fremdgewordenen Bilder und Weltsichten, aufbewahrt in den grossen Archiven, faszinieren den Kulturhistoriker, ohne dass er jedoch unmittelbar von ihnen betroffen ist. Warburgs Motto für seine Fragmente zur Kunstpsychologie, «Du lebst und tust mir nichts – Ahnung von der Entfernung – Distanzierung als Grundprinzip»[37] begreift nicht nur die Rettung des bewegten Anderen durch die besonnene Gestaltung und das Spannungsverhältnis zwischen lebendiger Erfahrung und rationaler Distanzierung im Kunstwerk, sondern auch die Entstehung von Strukturen von Sinn in einer aufgeklärten, entzauberten Welt. Vergangener Sinn wird in der kulturellen Erinnerung gegenwärtig gehalten: imaginärer Besitz von Sinn und Freisein von Sinn zugleich. Im Verstehen der Zeugnisse zur Weltdeutung als einem Weg, der Zustimmung und Kritik verbindet, gewinnt der Analytiker ‹fiktive› Bedeutungen zurück, die doch die Spur ihrer Abkunft tragen. «Nie verlieren die zitierten Bedeutungen für die Späteren ganz

---

[35] Josef Fürnkäs; Surrealismus als Erkenntnis, a.a.O. S. 147.
[36] ebenda, S. 147 f.
[37] Aby Warburg, Motto zu «Grundlegende Bruchstücke zu einer monistischen Kunstpsychologie 1988–1903», Deckblatt des Typoskripts.

Dorothée Bauerle-Willert

das Entzücken und den Schrecken ihres Ursprungs. Sie leben immer noch aus der Erinnerung an ihre ehemalige, also prinzipiell mögliche Überzeugungskraft: aus der Erinnerung an Götter, die die Erde verlassen haben, und der Erleichterung darüber, dass sie die Erde verlassen und nur ihre Abbilder zurückgelassen haben.»[38] Museen und Bibliotheken sind die Orte, an denen wir solchen faszinierenden Weltbildern, mit denen die Gegenwart gebrochen hat, begegnen; begegnen kann man ihnen aber natürlich auch in fremden, archaischen Kulturen, an den Rändern der Zivilisation. Bei Warburg, als einem Forschenden und Forschungsreisenden, verknüpft sich beides. Mit seiner Reise nach Arizona im Herbst 1895 überschritt er – im Wortsinne – Grenzen. Die für jedes Verstehen notwendige Distanzierung wird mit dieser Reise gleichsam leibhaftig vollzogen. Die Begegnung mit einer anderen Kultur provoziert ja immer auch eine Distanz zu der eigenen Kultur, eine Irritation und Relativierung der vertrauten, selbstverständlichen und selbstgefälligen Weltsicht. Voraussetzung für den Einstieg ins Ganze ist ein Ausstieg, so wie für Warburg das Ererbte erst verloren werden muss, um es zu besitzen. Warburgs Reise führte allerdings zunächst in eine Bibliothek, das Smithsonian Institute in Washington; dann aber bricht er wie der Bibliothekar in Borges Erzählung ‹Der Süden›, der eine andere Erfahrung als die durch Bücherberge vermittelte sucht, auf, «um mich etwas mannhafter zu betätigen als es mir bisher vergönnt war… Ausserdem hatte ich vor der ästhetisierenden Kunstgeschichte einen aufrichtigen Ekel bekommen. Die formale Betrachtung des Bildes – unbegriffen als biologisch notwendiges Produkt – zwischen Religion und Kunstausübung – … schien mir ein steriles Wortgeschäft hervorzurufen.»[39] Der berühmte Indianervortrag, gehalten in der psychiatrischen Klinik Dr. Binswangers in Kreuzlingen 1923, in grossem zeitlichen Abstand also, fasst dann die Beobachtungen Warburgs in Walpi und Oraibi zusammen, Beobachtungen, die, obgleich scheinbar peripher, sein Verständnis für die klassische Antike, aber auch für die Renaissance selbst basierten und vertieften. Interessant für Warburg als ‹Kulturtechniker› waren die Pueblo-Indianer in ihrem eigentümlichen Misch- oder Übergangszustand: keine wirklich primitiven Greifmenschen mehr, aber auch keine technologisch beruhigten Europäer. «Sie stehen in der Mitte zwischen Magie und Logos und ihr Instrument, mit dem sie sich zurechtfinden, ist das Symbol.»[40] Durch diese Reise eröffnet sich für Warburg der Weg zu einem ‹lateralen Universalen›, erworben durch eine ethnologische Erfahrung, wie sie Merleau-Ponty fordert, eine Erfahrung, «die unaufhörlich das Selbst durch den Andern und den Andern durch sich selbst erprobt. Es geht darum, ein generelles Bezugssystem zu errichten, in dem der Gesichtspunkt des Eingeborenen, der Gesichtspunkt des Zivilisierten und ihre wechselseitige Verkennung Platz finden und eine erweiterte Erfahrung ausbilden, die prinzipiell empfänglich ist für Men-

---

[38] Heinz Schlaffer, Poesie und Wissen, Frankfurt am Main 1990, S. 140.
[39] Aby Warburg, Reiseerinnerungen aus dem Gebiet der Puebloindianer, a.a.O. Jetzt auch in: Aby Warburg, Schlangenritual. Ein Reisebericht, Berlin 1995, S. 64.
[40] Aby Warburg, Schlangenritual, a.a.O. S. 24.

schen eines anderen Landes und einer anderen Zeit.»[41] Warburg studiert nicht als ‹unbeteiligter Überschauer der Welt›, der eigentlich gar keine Erfahrung mehr hat oder machen kann, eine primitive Kultur, ohne seiner eigenen Weltsicht Wandlungen abzuverlangen. Sein Vortrag soll deshalb nicht aufgefasst werden «als Ergebnisse eines vermeintlich überlegenen Wissens, sondern als verzweifelte Bekenntnisse eines Erlösungssucher im Verknüpfungszwang durch Verleibung. Die Katharsis dieses ontogenetisch lastenden Zwanges zu sinnlicher Ursachensetzung als innerstes Problem. Ich will, dass auch nicht der leiseste Zug blasphemischer Wissenschaftelei in diese vergleichende Suche nach dem ewig gleichen Indianertum in der hilflosen menschlichen Seele gefunden wird. Die Konfession eines (unheilbar) Schizoiden, den Seelenärzten ins Archiv gegeben.»[42] Warburgs Ausführungen vor den Mitpatienten der Klinik vermitteln bis heute sein geduldiges, denkendes Eindringen in seinen Gegenstand, ein sorgfältiges Lesen und Entziffern der Phänomene wie auch die Aufrichtigkeit der eigenen Motive für die Feldforschung, eine Kombination, auf die Merleau-Ponty in seinen Überlegungen zur Ethnologie beharrt: «Es geht darum zu lernen, wie man das, was unser ist als fremd, und das was uns fremd war, als unsriges zu betrachten. Und wir können nicht einmal darauf bauen, dass wir die Dinge mit den Augen Heimatflüchtiger sehen: der Entschluss wegzugehen hat selbst persönliche Motive, die auf das Zeugnis abfärben können… Tiefer betrachtet, geht es für den Anthropologen weder darum, gegenüber dem Primitiven recht zu behalten, noch darum, ihm uns gegenüber recht zu geben, sondern es geht darum, sich auf einem Terrain einzurichten, wo wir, der eine so gut wie der andere, verständlich sind ohne Reduktion und ohne waghalsige Transposition. Dazu gelangt man, wenn man die symbolische Funktion als Quelle jeglicher Vernunft und Unvernunft betrachtet, denn Menge und Reichtum an Bedeutungen, die dem Menschen zur Verfügung stehen, überschreiten stets den Kreis der definitiven Gegenstände, die den Namen Signifikat verdienen, die symbolische Funktion ist ihrem Gegenstand notwendigerweise stets voraus, und sie findet das Reale nur, indem sie ihm ins Imaginäre vorauseilt. Es stellt sich also die Aufgabe, unsere Vernunft zu erweitern, um sie in den Stand zu setzen, all das zu umgreifen, was in uns und in den Anderen der Vernunft vorausgeht und über sie hinausgeht.»[43] Das Studium des indianischen Schlangenrituals liess Warburg zum einen die Entstehung von Symbolen und die symbolische Funktion ‹in statu nascendi› als psychische Notwendigkeit verstehen, zum anderen aber wird durch diese frühe Erfahrung einer anderen Kultur der Gedanke einer Kulturgeschichte als progressiver Entwicklungsgeschichte im Kern betroffen. Der Denkraum als Aufgabe und Ziel des Kulturprozesses ist nichts Stabiles, sondern muss als Terrain zwischen den Polen Verleibung und Abstraktion, Religion und Logik unter verän-

---

[41]   Maurice Merleau-Ponty, Von Mauss zu Claude Lévi-Strauss. In: Leibhaftige Vernunft. Spuren von Merleau-Pontys Denken, hrsg. von Alexandre Métraux und Bernhard Waldenfels, München 1986, S. 20.
[42]   Aby Warburg, Schlangenritual, a.a.O. S. 83 f.
[43]   Maurice Merleau-Ponty, Von Mauss zu Claude Levi-Strauss, a.a.O. S. 23.

derten Bedingungen immer wieder abgeschritten werden: «Der tragische Kampf zwischen Phantasie und Logik um das Recht auf die Beantwortung der grossen quälenden Frage nach dem Warum der Dinge schliesst kein Entweder-Oder in sich, dieser Kampf muss jeden Tag aufs neue durchgefochten werden. Der Urgreifmensch ist in jedem zu jeder Stunde noch lebendig und es hängt nur vom Schicksal ab, ob er zum Begriff fortschreitet. Religion und Logik sind auf einen Ast geimpfet.»[44] Diese Erkenntnis modelliert und inspiriert das Problem des Nachlebens von früheren Kulturen in späteren, ein Problem, dem sich Warburgs Forschungen wie auch seine Bibliothek gewidmet haben. Warburg begreift die ‹Überlebsel› und ihr – immer mögliches – Wiederauftauchen aus den tiefsten Schichten des kollektiv-individuellen Gedächtnisses als Facette einer wilden Region, die jedem Menschen eingezeichnet ist, einer Region, «die nicht in seiner eigenen Kultur eingeschlossen ist und über die er mit den anderen Kulturen in Verbindung steht».[45] Ein Paradox: Gerade aufgrund der eingeprägten Überreste vergangener, magischer Welterfahrung und Weltbewältigungsmodelle können wir diese überhaupt verstehen; um zu verstehen, müssen aber diese ‹leidschaftlichen Engramme› geformt, bearbeitet, gestaltet werden. Nur so kann die Tragik der Gespanntheit zwischen triebhafter Magie und auseinandersetzender Logik gebannt und ‹Substrat vergeistigter Verknüpfung› werden.

Vergeistigte Verknüpfung der Dokumente dieser permanenten Auseinandersetzung geschieht im Raum der Bibliothek, in dem wir dadurch auch mit anderen Kulturen kommunizieren. Daß die Bibliothek für Warburg auch der rituellen Bannung der eingelagerten Kräfte diente, darauf hat Kurt W. Forster hingewiesen: «Die Bibliothek, die folgerichtig nach ihrem eigenen Bau rief, und der Schreibtisch des Gelehrten, der als Mensa der Denkarbeit den rituellen Ort des geistigen Opfers bezeichnet, bieten sich förmlich zum Vergleich mit primitiver kultischer Praxis an. Wir wissen heute genau, ... dass die sogenannten Hopi Altaraufbauten einen kohärenten Charakter besitzen. Die Kräfte des Kosmos, die Leben und Schicksal der Hopi bestimmen, finden darin ihre Darstellung: so entfaltet sich der Himmel in sechs Segmenten, getrennt von Maiskolben; so umfasst ein Rahmen mit den Schlangenblitzen den Altar; so ordnen sich in stets peinlich beachteter Abfolge die Gegenstände, zwischen denen Kräfte in Bewegung kommen müssen, damit das Überleben des Stammes gesichert bleibt. Genauso erwartet Warburg, dass aus seiner präzisen Anordnung der verdinglichten Gedanken, dass aus seiner Versuchsanordnung gleichsam der galvanische Strom des Denkens zu fliessen beginne. Dabei wird die Bibliothek sozusagen zur Batterie, deren akkumuliertes Denken durch Parallelschaltung der Bücher, gemäss dem Warburgschen Aufstellungsprinzip, zum Gedankenstrom induziert werden soll. Der Schreibtisch des Gelehrten dient zur rituellen Beschwörung der Kräfte, die den Menschen in der Kultur bewegen und bedrängen.»[46] Die Bibliothek als Gedankenge-

---

[44] Aby Warburg, Reiseerinnerungen aus dem Gebiet der Puebloindianer, a.a.O.
[45] Maurice Merleau-Ponty, Le philosophe et la sociologie. In: Signes, Paris 1960, S. 138.
[46] Kurt W. Forster, Die Hamburg-Amerika-Linie, a. a. O. S. 19 f.

bäude zeichnet noch einmal den Pendelschlag des Denkens nach. Das Nebeneinander von fantastischer Magie, von Technik und nüchternem Zwecktun, das Warburg bei den Indianern beobachtete, ist dort allerdings nicht Ausdruck einer schizoiden Gespaltenheit, sondern bedeutet im Gegenteil Reichtum, das befreiende Erlebnis der schrankenlosen Beziehungsmöglichkeit zwischen Mensch und Umwelt.[47] Ein Netz von Beziehungen zwischen den Polen stiften die gesammelten Bücher; deren Organisation bedarf dann auch wieder die Mittel der modernen Technik – Fotografie, Telefon, Lichtbild, Rohrpostanlage – Stockhausen zeichnet die Technisierung und Rationalisierung des Betriebs detailliert nach.[48] Die kulturwissenschaftliche Bibliothek als symbolische Form inszeniert so vielleicht ganz im Sinne der indianischen Praktik die Doppelheit zwischen rationaler Beherrschung und der Magie des assoziativen, analogischen Denkens. Die Verwandtschaft oder die ‹gute Nachbarschaft der Bücher› lässt dann auch fast die unmittelbar gefühlte ‹Totemzusammengehörigkeit oder Totemfreundschaft› anklingen, die als wirksames System von Verknüpfungen und Äquivalenzen, von Symbolen und symbolischen Werten die Institutionen archaischer Gesellschaften regeln. Und wie in einer Bibliothek strukturieren die Vorstellungen, die einer solchen Weltsicht zugrunde liegen, einen räumlichen Zusammenhang der Dinge, durch den sie wiederum gegliedert werden.[49] Gleich einem Bild gesteht und formt sie den Zwischenraum zwischen den Gegensätzen, ist Ausdruck einer gespannten Einheit der Extreme, die sich doch nie ins Identische auflöst. Die Erfahrungen, die Warburg bei den Pueblos machen konnte, «setzen ihn in den Stand, die Existenz einer solchen doppelten Wahrheit zu erkennen und zu verstehen, dass für den Menschen der Renaissance nicht weniger als für den Indianer zwei gewissermassen unabhängige Reiche von Fakten bestehen: die Welt der rationalen Erfahrung und der Magie.»[50] Das Kunstwerk als Symbol, wie Warburg es fasst, zehrt von derselben Doppelheit, und zugleich mag in ihm der Balanceakt einer labilen Versöhnung gelingen. Seine Produktion wie seine Interpretation verlangen dann notwendigerweise das ‹Ping-Pong› zweier völlig unterschiedlicher seelischer Haltungsformen: «Leidenschaftliches sich selbst Verlieren bis zur völligen Verwandlung an den Eindruck – und kühl distanzierende Besonnenheit in der ordnenden Betrachtung der Dinge. In der Mitte zwischen dem Chaos der leidhaften Erregung und vergleichend ästhetischer Tektonik ereignet sich das Künstlerschicksal».[51] Das Kunstwerk lässt sich nur durch leidenschaftliche Kritik in seiner lebendigen Qualität begreifen – und eine solche Haltung der leidenschaftlichen Teilnahme

[47] Aby Warburg, Schlangenritual, a.a.O. S. 10.
[48] Tilmann von Stockhausen, Die Kulturwissenschaftliche Bibliothek Warburg, a.a.O. S. 90 ff.
[49] Vgl. dazu Ernst Cassirer, Die Begriffsform im mythischen Denken. In: Wesen und Wirkung des Symbolbegriffs, Darmstadt 1994, S. 25 f.
[50] Fritz Saxl, Warburgs Besuch in Neu-Mexico, wiederabgedruckt in: Aby M. Warburg. Ausgewählte Schriften und Würdigungen, a. a. O. S. 317.
[51] Aby Warburg, Mediceisches Festwesen, Typoskript zum Vortrag, gehalten am 14. April 1928 vor der Handelskammer Hamburg, S. 8.

Dorothée Bauerle-Willert

und der kritischen Untersuchung des Materials komplementieren sich sicherlich auch in der Konstruktion und Sammlung der Bibliothek. Die Dualität des Symbols erzeugt seine ständige Oszillation, die auf der Ebene des Inhalts und seiner Deutung in geradezu gegensätzliche Sinngebungen auseinander fallen kann. Mit der Beschreibung des Schlangen-Rituals und der vergleichenden Deutung entwirft Warburg anhand der Wandlungen des Schlangen-Bildes eine Art Mikro-Psychologie der symbolischen Funktion und erweitert zugleich die psychologische Perspektive in eine anthropologische (eine Perspektive, die sein Arzt in Kreuzlingen, Ludwig Binswanger, in seinem Essay ‹Der Mensch in der Psychiatrie› teilt). Die Komplexität des Symbols zeigt sich ja gerade an seiner polaren Struktur: «Was Polarität des Symbols bedeutet, zeigt sich nirgends deutlicher als im Fall der Schlange: ein vollkommen zweiwertig besetztes Symbol, dessen Terme oder ‹Pole› unvermittelt ineinander umschlagen können. Die Schlange ist Ausdruck tödlicher Gefahr – und sie ist ‹natürlichstes Symbol der Unsterblichkeit und der Wiedergeburt aus Krankheit und Todesnot›. Sie enthält in sich beide Möglichkeiten, und die Macht des Magiers entscheidet darüber, welche zum Zuge kommt (so wie die Macht des Interpreten über die Wirkung der Symbole entscheidet).»[52] Die Kraft zur Heilung und Vernichtung ist in der Spannung des Symbols deshalb angelegt, weil seine Transzendenz immer zur Ambivalenz auseinanderfallen kann: Katharsis oder Kollaps. Gerade die therapeutische Wirkung (der Kunst) wurzelt aber in der Überwindung des namenlosen Schreckens als dem Urgrund unserer Bilderwirtschaft. In den magisch-kultischen Praktiken des indianischen Schlangenrituals sah Warburg ein Instrument, das die irrationale, elementare Furcht sowohl vor dem Gift der Schlange als auch vor weniger greifbaren Eigenschaften wie ihrer schlängelnden unheimlichen Reptilbewegung bannt. Zugleich dringt das Ritual zu den Wurzeln der Symbolfindung selbst vor: «Warburg sucht den Ursprung des symbolischen Denkens und Handelns genau dort, wo nach Mundkur (dem Verfasser einer neueren Studie zum Schlangenkult) die Spezifik des ‹zoon symbolikon› am stärksten gefährdet ist: da wo animalische Urangst ein geschlossenes Reiz-Reaktionsschema unterhält. Da, wo die Symbolbildung am schwierigsten, ja geradezu unmöglich scheint, erscheint sie auch am nötigsten. Wer zugunsten ihrer symbolischen die phobische Qualität der Schlange reduziert, hat der Angst ‹Denkraum› abgerungen. Der Indianer von Oraibi, wie befangen in magischem Denken, in Totemismus und Dämonenfurcht er immer auch sein mag, ist für Warburg, daran lässt sein Vortrag keinen Zweifel, ein Held der frühen Aufklärung.»[53] Die Austreibung des Erschreckenden erfolgt hier gerade durch das Ergreifen des Schreckenerregenden, nicht durch die Kontrastierung mit seinem Gegenteil, und rührt so vielleicht an den mimetischen Impuls des Bildes selbst, an seine emphatische Rolle: Die Antithese zwischen Integration und Desintegration, die das katastrophische Phänomen als Ausgangspunkt der Symbolsetzung birgt, wird vertieft und ausbalanciert und zu einer neuen Konfigura-

---

[52] Ulrich Raulff, Nachwort zu Aby Warburg, Schlangenritual, a.a.O. S. 82.
[53] ebenda, S. 78 f.

tion. Der Begriff ‹Gestaltung› zielt zugleich auf das Prozesshafte des Bildes, das sozusagen beweglich und offen bleibt. Die Formgebung einer Form als Handlung, als Aktion kann Therapie und Kunst zusammenschmieden – ein Gedanke, der für die Kunst der Avantgarde, die sich dann ausbildete, als Warburg mit dem Atlas und der Bibliothek die Summa seines Lebens vorlegte, grundlegend wurde. Die Formen der avantgardistischen Kunst funktionieren als kompensatorische Strukturen und als ein potentiell wirksames Energiekontinuum. Sie ziehen ihre Stärke und ihre Kraft aus der intuitiven Entdeckung einer neuen psychologischen Wahrheit, und gerade dadurch entsteht ein neuer Stil. Die Fragmente, die diese Kunst benutzt, «fügen sich in einer neuen, fremdartigen Weise zusammen und suggerieren psychologisch Wiedergeburt. Der Abgrund ist ein unerwartetes Anfangsstadium: Das ist die therapeutische Botschaft der Avantgarde. Die schmelzenden Formen stellen eine ungelöste Dialektik dar, was ihnen besondere Intensität und Aussergewöhnlichkeit, Willkür und Instabilität verleiht: sie sind Vereinigung auf Probe und apokalyptischer Zerfall in einem.»[54] Die Arbeit Warburgs war präzise in diesem Sinne eine therapeutische: Gerade das Leben der Formen, dem die Bilduntersuchungen und die Bibliothek nachgingen, eröffnen das Heilungs- und Zerstörungspotential der Symbolisierungen. Diese Analogie mit der Kunst seiner Zeit geht tiefer als die oft festgestellte Nähe zu den künstlerischen Praktiken der Montage und der Collage. Aus dem Schlangensymbol destilliert sich ein Grundsätzliches: der Ausdruck als Pharmakon, als Heilmittel oder Gift. Im symbolischen Ausdruck wird die Welt gemeistert, aber die Meisterungen tragen die unheimliche oder zerstörerische Macht ihres Ursprungs fort. Zugleich wird das lebendige, chaotische Fliessen, die unermessliche Vielfältigkeit von Welt stillgestellt und reduziert. In der «Pharmacie de Platon» zeigt Derrida, dass in Platons *Phaidros* eine ähnliche Ambivalenz der Schrift zukommt.[55] Einerseits kann sie als Gedächtnisstütze wirken, andererseits aber einer Atropie des Gedächtnisses und dem Vergessen zuspielen und zugleich die Unmittelbarkeit des Jetzt porös machen. Wie als Antwort auf dieses Paradox versuchte Aby Warburg aus der alexandrinischen Situation der unabsehbaren Reihe von Büchern, die seine Bibliothek speicherte und die das Wesen der Bibliothek ausmacht, die konzentrierten Ideen, die wesentlichen Themen, die in Athen formuliert wurden, herauszuarbeiten: «Athen will immer wieder neu aus Alexandrien zurückerobert werden.»[56] Die Bibliothek unterstützt unsere Gedächtnisarbeit, doch der Aufenthalt in Büchern, als Schrift und in Schriften lässt die Gedanken nicht unberührt: ‹Athen› selbst verändert sich bei jeder Zurückeroberung, so wie jede Lektüre immer ihren Text modifiziert.

---

[54] Donald Kuspit, Der Kult vom Avantgarde-Künstler, Klagenfurt 1995, S. 69.
[55] Jacques Derrida, La Dissémination, Paris 1972, S. 113.
[56] Aby Warburg, Heidnisch-antike Weissagung in Wort und Bild zu Luthers Zeiten. In: Aby Warburg, Gesammelte Schriften, hrsg. von der Bibliothek Warburg, Reprint, Nendeln/Liechtenstein 1969, S. 534.

DOROTHÉE BAUERLE-WILLERT

On the Warburg Humanities Library

"Every passion borders on chaos,
and the collector's on that of memories."
Walter Benjamin

The chaos of memories,[1] which according to Walter Benjamin is conjured up by every object of a collection like a magical encyclopaedia, has been turned into a concept in Aby Warburg's collection of books: It is here that the evidence of "European humanity's attempts to educate itself",[2] the attempts to throw light on the chaos in which humanity finds itself and to find orientation, is stored and remembered. The structure of the library incorporates these attempts in many respects: "Discarded" ideas, rejected programmes, bygone world views live and survive in books (and pictures). They thus present an opportunity for encountering and examining ideas, feelings, situations which differ from our own views. The past which is preserved in books and libraries is neither uniform nor consistent; it provides a wide spectrum of historical life forms. Many extinct or conquered forms lead an underground existence; according to Benjamin they possess a weak messianic force,[3] are like an echo of silenced voices, call and exhortation. Libraries are the place where severed lines of development can be rediscovered and a more extensive memory be created: living with the richness of memories and motivating our actions with the rediscovered past,[4] knowledge is transformed into culture. This is the programme of the Warburg Humanities Library. Cultures and the diverse structures of collective identity form a fascinating, endless scheme of associations and independencies. They are symbolically or nar-

---

[1] Walter Benjamin, Ich packe meine Bibliothek aus. In Gesammelte Schriften, Vol. IV,1, ed. Rolf Tiedemann and Hermann Schweppenhäuser, Frankfurt am Main 1972, p. 388.
[2] Aby Warburg, Typescript for the seminar Kulturwissenschaftliche Methode 1927/28. "Selbsterziehungsversuche des europäischen Menschengeschlechts".
[3] Walter Benjamin, Über den Begriff von Geschichte. In Gesammelte Schriften, Vol. I,2, ed. Rolf Tiedemann and Hermann Schweppenhäuser, Frankfurt am Main 1972, p. 694.
[4] See Geoffrey Hartman, Das beredte Schweigen der Literatur, Frankfurt am Main 2000, p. 201.

ratively constructed, and thus accompanied by an abundance of myths and stories which chaotically and with latent anarchism simultaneously underpin and undermine the process of self-discovery. The library is a similarly paradoxical structure: An immense plurality of books, the repetition of the same in the guise of the different, unpredictability of reading matter, ordered, bounded in the location and in the concrete form of the library, which unifies and tames the diversity. And just as, in the self-spun, ambivalent fabric of significance in which mankind is enmeshed and which we call culture,[5] we need to divine and interpret the sometimes enigmatic forms of expression to find our bearings, so we seek out our way through the world of books, a way which is often confusing and yet seems predestined.

"Culture" (like the library) is a public institution, a document and a network of symbolic activity which carries meanings, just as gestures, pictures, writings, forms of behaviour carry meanings which only reveal themselves and become comprehensible as part of a continuous communication process. At the same time culture (since Nietzsche and Burckhardt) means a fragile, ever precarious, hard-won achievement which owes its existence to tragic confrontation and distressing conflicts. Warburg's library follows this principle: It collects books as stores of knowledge and as witnesses to this battle for the thinking space which appears as the result of the conscious setting of symbols in the span and tension between embodiment and abstraction. And in this process of structuring of thinking space the past creations of symbols must also always be considered and included, even and precisely when they reveal the frailness and jeopardising of the setting of thinking space by leaning towards the pole of magical association. As in the Greek tragedy in which the hero Telephus can only be healed by the rust of the spear of Achilles who inflicted the wound,[6] it is precisely the understanding of the immediate embodying compulsion and its first revocation[7] which produces a therapeutic effect: The homeopathic "remède dans le mal" allows a dangerous and endangered progress. The antagonism of forces within humans themselves "is the great instrument of culture, but only an instrument, for as long as they endure they are only on the way to it."[8] The collection and assembly of these antagonisms, which, as Schiller writes in his aesthetic letters, necessarily oppose each other in humanity's development process, in the form of books and pictures, is Warburg's collecting programme, not the amassing of rare or precious exemplars. It is a working library in the broadest sense, which not only brings together the researcher's working materials, but aims to further the (aesthetic) education of humanity.

---

[5] Cf. Clifford Geertz, Dichte Beschreibung, Frankfurt am Main 1995, p. 9.

[6] See Jean Starobinski, Das Rettende in der Gefahr, Frankfurt am Main 1992, Chapter 5.

[7] This is what Warburg did in his interpretations and of course – on another level – in the library. On Warburg's concept of the symbol cf. Friedrich Theodor Vischer, Das Symbol. In: Philosophische Aufsätze für Zeller, Leipzig 1887, p. 154 ff.

[8] Friedrich Schiller, Über die ästhetische Erziehung des Menschen, 6th Letter, Stuttgart 1973, p. 24.

Dorothée Bauerle-Willert

As the books in Warburg's "comparative historical symbols library" act as an energy store, so also in his picture atlas 'Mnemosyne' the "Transformatio energetica [is] Research Object and Characteristic Function: the symbol as catalytic quintessence".[9] "The dark reference" (the actual esoteric title of the picture atlas) couples memory, library and symbol together. The library and the atlas as a distillation of the flood of books and pictures are intended to ascertain the function of the personal and collective memory, where the symbol is both test-tube and reaction: "May one not", asks Warburg in a letter to Wilamowitz-Moellendorff, "understand what we call a symbol as a function of the memory, since it is here that the switching organ which either in-hibits or drives is born which between impulsively passionate kinesis and ordering cosmological theory moulds consciousness and will into equilibrating circumspection as the highest cultural force."[10] The transformation of worldly experience and the transfer of world-constituting en-ergy take place in the symbol, the library is the laboratory in which thought, triggered by the book batteries, over and over experiences impulses, is set flowing, dynamically (as in the asso-ciative flow of memory streams) seizes the deposits. The researcher makes the latent electricity in the books flash out, as it were, and thus learns to handle their ambivalent power: An analogy of the cultural process which it is our purpose to understand.[11] It has often been pointed out[12] that these objectives were reflected spatially in the plans for Warburg's institute. In Warburg's eyes, Kepler, who substituted the ellipse for the circle which had previously been used as the basis for the movement of the planets, was an example of a symbolic figure for the forces which create thinking space. He overcame the barrier created by projecting the human sense of harmony onto cosmic events and thus permitted the exploration of the endlessness of space. In the oval reading room of the library this thinking space took form – and also perhaps doubles the endlessness of the writings as well as the emancipation from a narrow concentration on solely subjective perception. At the same time the elliptical layout of the main room realises an educational attitude: Its clear external form bands together the circle of researchers, lecturers and listeners:[13] An arena in which "the documents not only from the linguistic field but the field of the plastic arts and that of religious and worldly drama"[14] are brought together and comple-

---

[9]   Aby Warburg, Typescript for the Mnemosyne lecture, held on 19 January 1929 in the Bibliotheca Hertziana in Rome.

[10] Printed in Martin Jesinghausen-Lauster, Die Suche nach der symbolischen Form. Der Kreis um die kulturwissenschaftliche Bibliothek Warburg, Baden-Baden 1985, p. 313.

[11] Cf. Kurt W. Forster, Die Hamburg-Amerika Linie oder: Warburgs Kulturwissenschaft zwischen den Kontinenten. In: Aby Warburg, Akten des internationalen Symposiums, ed. Horst Bredekamp, Michael Diers and Charlotte Schoell-Glass, Weinheim 1991, p. 34 f.

[12] Ibid.

[13] Beschreibung des Neubauprojekts. In: Tilmann von Stockhausen, Die Kulturwissenschaftliche Bibliothek Warburg, Architektur, Einrichtung und Organisation, Hamburg 1992, p. 138.

[14] Letter of 1.4.1925 from Aby Warburg to his four brothers, printed in Tilmann von Stockhausen, loc. cit. p. 154.

ment each other towards a psychology of the creation of expression. The ellipse, in Warburg's words, is an "island for contemplatives" in which the wrestling for reflection and circumspection to which the documents bear witness becomes both possible and vivid once again. The symbol of the ellipse which Warburg made the centre of his library thus encompasses the furthest and nearest, the largest in the picture of cosmic events and the everyday practice of research and teaching – in which such pedestrian things as comfortable chairs and a large enough cloakroom also play their part. This "jumping" from the smallest, often banal detail to universal questions, from the lowest to the highest is equally a trademark of Warburg's scientific method, which in investigating its objects never concentrated solely on the elevated tone of high culture, but took the neglected and nondescript into account as well.

In his aesthetic analyses and in assembling his library Warburg let himself be deterred neither by interdisciplinary frontier patrols nor by scientific taboos, areas of thinking avoided or mined as "evil houses"[15] by more sluggish spirits.

He did not shrink from diving into the "nocturnal shaft which holds a world of countless images and ideas"[16], to record these slumbering images of the past and bring them to light in daring comparisons: Only in this way can "humanity's treasury of passion [become] a human possession."[17] The history of the attainment of thinking space, which can be traced in and through the books, would remain "insufficiently descriptive evolutionary theory if one does not simultaneously dare the attempt to descend with the achronologically layered material into the depths of impulsive interweavings of the human spirit. Only there do we become aware of the die which mints expressive values."[18]

In his library Warburg had thus, as an image of his methods of research, "placed books of philosophy next to books of astrology, magic and folklore, linked the art sections with those of literature, religion and philosophy. For Warburg the study of philosophy was inseparable from that of the so-called primitive spirit: neither the one nor the other could be isolated from the language of imagery in art and in literature."[19] This is not a book collection which follows conventional organisational principles of librarianship, but rather, to borrow an image from Gilles Deleuze and Félix Guattari, a sort of rhizome in which any given point can and must be connected with any other.[20] The metaphor stands for ramification, for a meandering,

[15] The "evil houses" come from Hegel: "One believes that if thinking goes beyond the ordinary circle of ideas it will go to evil houses…", Georg Wilhelm Friedrich Hegel, Werke, Vol. 8, Enzyklopädie der Wissenschaften I, Frankfurt am Main 1977, p. 69.

[16] Georg Wilhelm Friedrich Hegel, Werke, Vol. 10, Enzyklopädie der Wissenschaften III, Frankfurt am Main 1976, p. 260.

[17] Aby Warburg, Notes for the lecture Mediceisches Festwesen, held on 14 April 1928 before the Hamburg Chamber of Commerce.

[18] Aby Warburg, Typescript, Introduction to Mnemosyne, 1929, p. 8.

[19] Fritz Saxl, Ernst Cassirer. In: The Philosophy of Ernst Cassirer, Evanston 1947, p. 47 f.

[20] See Gilles Deleuze, Félix Guattari, Rhizom, Berlin 1977.

for a touching of peripheries, for a way of thinking which allows the remarkable its due. A broad area of thought is structured not linearly, but back and forth, travelled in all directions. Out of this rhizome, which is originally the subterranean root-stock, then grows (to continue the image) the "tree of knowledge"[21] in and through the users of the books: Orientation through one's own efforts. It was no doubt this diversity and decentralisation of the volumes (although they are grouped around the centre of the elliptical room), that led Ernst Cassirer, on his first visit, to describe the Warburg library as a labyrinth,[22] thereby at once expressing the very essence of the library. For each book is an uncertain opportunity for thought, always disputable but not defeatable by other thoughts. All books, all thoughts must come to terms with the relativity of perhaps, with the existence of other books and opinions: "They may also have their history, but as they are neither conclusively proven nor conclusively refuted, from the viewpoint of the history of ideas they will always group themselves into a tableau of ideal simultaneity… To express it in an image favoured by Borges, it has the layout of a labyrinth, whose paths branch indistinguishably to anyone wandering through it and whose exit only a divine insight from above would be able to discover. The very ground-plan of a labyrinth, boxed in as it is, opposes the direction of the arrow which linear time follows."[23] In Warburg's labyrinth "the history of the forms of expression of the human consciousness was recorded through images and words in a framework which began with humanity's search for orientation (embodied in the sequence religion-magic/natural science-philosophy) and led as far as what he described with the Greek word *dromenon*."[24] A system of paths that directs the visitor according to its inherent rules, often permits or imposes surprising associations and thus, like the labyrinth in ancient cultures, can be seen as a unification of the calculable and incalculable elements in the world. The "adventures of a thinking enthusiast",[25] whose trains of thought take on form by wandering through the aisles of books are still today at once an incitement to further thought and research. The labyrinth metaphor incidentally brings us back to the ellipse: for its configuration (as opposed to the self-contented circle) also confirms what is not conclusible or differentiable about phenomena; the resulting relativity of a position then finds new legitimacy in Kepler's second law.

That which is inconclusible and open is likewise reflected in the organisational system of the Warburg library. It reflects a continuous debate with the material, with the ideas set down there and the restlessness they cause. This order never ossifies into a mechanised pattern; it must be permanently rethought and altered: A movement which results from the undefined borders be-

---

[21] The "Tree of Knowledge" metaphor is chosen by Salvatore Settis in his essay "Empfehlungen für eine Heimkehr". In: Akten des internationalen Warburg Symposiums, loc. cit. p. 117.
[22] Toni Cassirer, Mein Leben mit Ernst Cassirer, Hildesheim 1981, p. 125 f.
[23] Heinz Schlaffer, Borges, Frankfurt 1993, p. 35 f.
[24] Salvatore Settis, Empfehlungen für eine Heimkehr, loc. cit. p. 117.
[25] Research as "Suchen und Finden oder die Abenteuer eines Denklustigen". Aby Warburg, Allgemeine Ideen, 1927 Notebook.

tween the disciplines and which thus guarantees the interdisciplinarity of research as well. Like a dropped stone, each book is always capable of producing new ripples of thought. The never-ending work of sorting the store of books, which if only for that reason can never gather dust, corresponds to Warburg's approach as a whole. The principle of variation runs through the compilation of the picture atlas, where each plate was prepared in several often only slightly varying versions, as were the notes on Warburg's theme. Thoughts appear in various forms in many of the notes. From individual notes to the book collection itself the effort of doing justice to the multitude of possible meanings they harbour thus becomes evident. With Warburg nothing is ever resolved in a singly defined formulation or allocation.

Nevertheless, the abundance of subjects and areas which the library stores must of course find a flexible structure which can integrate new foci and altered viewpoints. Its point of departure is the four main areas which correspond to the four-storey book stack, although the architecture probably provides the starting point for the organisation.[26] Saxl's history of the library says: "The books were arranged on four storeys. In the first were works on general problems of expression and the nature of symbols. Then came anthropology and religion, philosophy and the history of the natural sciences. The second storey contained books on artistic forms of expression, their theory and history. The third was language and literature and the fourth was dedicated to the social manifestations of human life – history, law, folklore, etc."[27] In this configuration the attempts at orientation form the basis from which the concrete forms of expressing the desire for orientation – image, word and social activity – fan out. In Warburg's earlier sketches and in the report on the relocation of the library one can however discern a series which rises vertically from image to orientation, to the word and to action (dromenon) – an arrangement which is still retained at the Warburg Institute in London today. This organisation is confirmed in Saxl's "Die Ausdrucksgebärden in der bildenden Kunst" from 1932. Saxl writes there: "The first storey contains the material for a psychology of the image; the second storey begins with a small collection of psychological works, that section of psychology relating to the problem of the symbol in general, of expression, of scriptology and mimesis and of the function of memory. Then come the materials for religious psychology and its individual problems ecstasy, mysticism, etc., and material on the history of religion, cosmology, natural science and philosophy. The third storey contains the word (language, literatures, the history of the transmission of classical imagery). Finally on the fourth storey the 'action', i. e. political history, the history of social forms and especially, for example, that of festivals."[28] As with the organisation of the books, memories are also elastic, and Saxl's retrospective view of the history of the library (see note 27) is perhaps somewhat inaccurate or misleading. From Warburg's method it nevertheless

---

[26] Cf. Tilmann von Stockhausen, Die Kulturwissenschaftliche Bibliothek Warburg, loc. cit. p. 82.
[27] Fritz Saxl, Die Geschichte der Bibliothek Warburg. In: Ernst H. Gombrich, Aby Warburg: Eine intellektuelle Biographie, Frankfurt am Main 1984, pp. 443 and 445.

Dorothée Bauerle-Willert

seems appropriate to regard the psychology of the image as in each case being individual concrete evidence of the search for orientation, in the sense that every finding of a picture is also images of the wish to possess the incomprehensible and intangible. The "power of the unpossessed" is broken precisely by transposing a superior power into an image, naming the nameless, distancing fear. The particular status of any process of achieving thinking space as a precondition for the orientation of humanity in the world can be assessed precisely from the instruments employed for the purpose. Only by naming the phenomena of the world as something alien to it and, in this recognitive naming, constituting the world through setting of signs, does humanity create distance between I and not-I. Conversely, the enquiry after the name of things is the first act of outreaching and overstepping the horizon of physical existence, and opens up a latitude for curiosity. The separation of "I" and "world" is the foundation of thought and the precondition for orientation in this world: "The conscious creation of distance between oneself and the outside world may well be described as the fundamental act of human civilisation; if this intermediate space becomes the substratum for artistic creation, the preconditions are fulfilled for this consciousness of distance to become a permanent social function."[29] Thus in the arrangement of his library too, Warburg begins with the effort of artistic expression which assimilates and formulates direct experience of the world. As a formalised consciousness of distance, it stores the conditions and possibilities for orientational thinking. These attempts at distancing are for Warburg the actual theme of cultural history and the theme around which the volumes in the library then revolve. But this is not simply a question of neutrally storing or accumulating documents; the evidence must be continuously reactivated in order to be productively possessed as tools for what we call education. "The acquisition of the feeling for distance between subject and object is the task of so-called education and the criterion for the progress of the human race. One could say that the actual object of cultural history is to describe the state of circumspection at any one time."[30] "Thinking space" is what Warburg calls this span of distance between subject and object and thereby embraces a double meaning: first the setting of the space is a condition for thinking at all, but the space must also always be filled anew. Only the meaningful formulation of the empty distance – the cogitative mediation between subject and object, in which that which is recognised and named as alien becomes one's own through the act of understanding, without liquidating the restlessness emanating from this other – characterises and distinguishes

---

28 Die Ausdrucksgebärden der bildenden Kunst. In: Bericht über den XII. Kongreß der Deutschen Gesellschaft für Psychologie in Hamburg vom 12. – 16. April 1931, Jena 1932, reprinted in Aby M. Warburg, Ausgewählte Schriften und Würdigungen, ed. Dieter Wuttke in conjunction with Carl Georg Heise, Baden-Baden 1980, p. 421. Cf. on the problem of order also Tilmann von Stockhausen, Die Kulturwissenschaftliche Bibliothek Warburg, loc. cit. pp. 86 ff.
29 Aby Warburg, Introduction to Mnemosyne, loc. cit. p. 1.
30 Aby Warburg, Typescript Grundlegende Bruchstücke zu einer monistischen Kunstpsychologie, 1888–1903, entry of 28. 8. 1896.

the thinking space. The understanding of what an image is, what is happening in the picture, is the subject of the books on the second storey, and the historical dimension of this process of understanding unfolds, in turn, in the word department on the third storey. The area of human activity, of the social formation of the human world, which Warburg describes with the Greek word *dromenon*, then continually concretises and brings to life, as it were, the historical sources. One can thus say perhaps that the structure of the library corresponds to setting the thinking space and to orientation – the library as model and symbol for an inconclusible process. And just as the efforts (of art) can for Warburg never become an established possession without a history, so the tradition – that which the library stores – must always be newly won through constant reflection and assimilation. When Barnett Newman, in 1947, said that the first human being was an artist and that the divine image, not pottery, was the first manual act and that man's first impression was, like his first dream, aesthetic in nature [31] arising from awe and rage over his tragic condition in the face of the void, then Warburg's image-thinking forms a peculiar alliance with a 20th century artist: For Newman too the progress of art is the attempt, by reflection, ever anew to attain and fulfil the creative status of humanity. Of course the spirally ascending series from image to action also corresponds to the iconological method which so to speak frames the single concrete image in ever widening circles in order to lay bare the layers of meaning which have influenced its creation, in order to understand and thus vitalise the production of meaning taking place in the image. The past's lost ways of perceiving must be discovered on the tortuous paths of historical research in order to recover their (also) aesthetic splendour: "Their world – the setting in which they play their roles and in terms of which they think – has become alien and unaccustomed in a few generations; it must be deciphered before it can be read. For the immortal dons mortal garb when great thoughts are clad in the only possible dress, in expressions whose sense and secondary sense are characterised by the formal pressure of a time which is relentlessly slipping away."[32]

Like the library, iconology is also a mode of disinterring and remembering the buried, multiform legacy of the past; the task is to conserve, research and convey it. It is the only way our perception of the objects can be sharpened and vitalised, and remain so. Images and texts are inexhaustible reservoirs of meaning – meaning which is produced as an interweaving of present and past. And they always point back to the history of their provenance, making us aware of the gap in time between present finding and former disappearance and at the same time revealing whatever has prevented their previous reappearance and the suppression and exclusion which will remain ineradicably engraved on the rediscovered images.[33] Only by methodical, painstak-

---

[31] Barnett Newman, Der erste Mensch war ein Künstler. In: Barnett Newman, Schriften und Interviews, Bern and Berlin 1996, p. 168.

[32] A melancholy note by John Livingstone Lowes, quoted after Edgar Wind, Kunst und Anarchie, Frankfurt 1994, p. 67 f.

Dorothée Bauerle-Willert

ing work can the mnemonic images be brought to light out of the deposits of facts, as concentrations in image form of past, unresolved experience. "The question is, how do the expressions in word or image form come to be, according to which feeling or viewpoint, conscious or unconscious, are they stored in the archive of memory, and are there laws according to which they are suppressed and force their way out again?"[34] The memory is the medium and the arena for these image battles and as such a region worthy of investigation. Aby Warburg dedicated his library and the pictorial atlas "Mnemosyne" to this investigation of the way the transmission of memorable image contents functions in the memory. "To discover the function of the personal and social memory" was the task of his institute, explained Warburg to the board of trustees of the Humanities Library in 1929 – and the method developed for this, in the closest contact with the expanding book collection, which opens up a wealth of different areas of knowledge, is iconology. If we look at the revival of antiquity in the Renaissance, that age of international image migration, we can track down the suppression and re-emergence of iconic ideas in the process of transmission, strip off the layers that have accumulated on the images: an archaeological task. And like archaeology, iconology breaks through "the history of consciousness, of sense and reflection, to which historiography and historicism clung in their focus on the subject, to lay bare, through the use and re-use of images, an as it were subterranean history of social memory which it finds incomparably richer than the superficial, conscious one. It investigates the intentions of individuals only in so far as a general principle is expressed through them; it investigates the social and handed-down significance of conscious and unconscious tradition, which always demands its attention be it only as a collective phenomenon."[35] Archaeology and iconology meet in the fact that the alienness and distance of their finds form the point of departure for their work, but also in the fact "that they have been assigned the task of deciphering the mysteries, down to the smallest detail, of the alien *objet trouvé* which has become the bearer of a social and thus supra-individually cultural meaning through this unconscious transmission process."[36] The finds which the archaeologist and the iconologist come across preserve the "past which has become space", and are in turn stored in the space of the library. At the same time the books, grouped according to relationship and correspondence – the principle of good neighbourliness – display their open horizons.

The filed-away, estranged images and world-views, stored in the great archives, fascinate art historians although the latter are not directly affected by them. Warburg's motto for his frag-

---

[33] Cf. Josef Fürnkäs, Surrealismus als Erkenntnis. Walter Benjamin – Weimarer Einbahnstrasse und Pariser Passagen, Stuttgart 1988, p. 146 f.

[34] Aby Warburg, Reiseerinnerungen aus dem Gebiet der Pueblo-Indianer. Materialien zur Psychologie primitiver Religiosität als Quelle logischer Verknüpfung, notes and typescript for lecture, held on 21 April 1924, Kreuzlingen.

[35] Josef Fürnkäs, Surrealismus als Erkenntnis, loc. cit. p. 147.

[36] Ibid, p. 147 f.

ments on art psychology, "you live and do not affect me – knowledge of distance – distancing as a fundamental principle"[37], comprehends not only the saving of the turbulent other through the circumspect design and the relationship of tension between living experience and rational distancing in a work of art, but also the creation of structures of sense in an enlightened, demystified world. Past sense is held presently in the cultural memory: imaginary possession of sense and freedom from sense at once. In understanding the evidence for an interpretation of the world as a way that connects agreement and criticism, the analyst reattains "fictional" meanings which nevertheless carry the mark of their origins. "The cited meanings never entirely lose the attraction and the terror of their origin for those who come later. They continue to live from the memory of their former and thus, in principle, possible power of conviction: from the memory of gods who have left the earth and the relief at the fact that on leaving the earth they have left only their likenesses behind."[38] Museums and libraries are the places we encounter such fascinating world views with which the present has broken. One can of course also encounter them in alien, archaic cultures on the fringes of civilisation. In Warburg, as a researcher and research traveller, the two come together. With his journey to Arizona in the autumn of 1895 he – literally – crossed borders. The distancing necessary for every understanding was, as it were, accomplished in person. An encounter with another culture of course always provokes a distance to one's own culture as well, an irritation and relativisation of the familiar, accepted and self-satisfied world view. The precondition for entry into the whole is an exit as when for Warburg one's legacy must first be lost in order to be possessed. Although Warburg's journey took him first to a library, the Smithsonian Institute in Washington, he then sets forth, like the librarian in Borges' story "The South", who is looking for an experience different to that provided by piles of books, "to occupy myself somewhat more manfully than had been granted me hitherto… Apart from which I had developed a veritable disgust for aestheticising art history. The formal contemplation of a picture – uncomprehended as a biologically necessary product – between religion and the exercise of art – … seemed to me to elicit a sterile trafficking in words."[39] The famous Indian lecture, held in Dr. Binswanger's psychiatric clinic in Kreuzlingen in 1923, i. e. after a long passage of time, then summarises Warburg's observations in Walpi and Oraibi, observations which, although seemingly peripheral, provided a foundation for and depth to his understanding of classical antiquity but also for the Renaissance itself. What interested Warburg as a "cultural technologist" was the Pueblo Indians in their peculiar mixed or transitional state: no longer really primitive graspers, but not technologically pacified Europeans either. "They

---

[37] Aby Warburg, Motto to "Grundlegende Bruchstücke zu einer monistischen Kunstpsychologie 1888–1903", title page of the typescript. "Du lebst und tust mir nichts – Ahnung von der Entfernung – Distanzierung als Grundprinzip".

[38] Heinz Schlaffer, Poesie und Wissen, Frankfurt am Main 1990, p. 140.

[39] Aby Warburg, Reiseerinnerungen aus dem Gebiet der Puebloindianer, loc. cit. Now also in Aby Warburg, Schlangenritual. Ein Reisebericht, Berlin 1995, p. 64.

stand in the middle between magic and logos, and the instrument with which they cope is the symbol."[40] For Warburg this journey opened the way to a "lateral universal", acquired through ethnological experience as demanded by Merleau-Ponty, "an experience which unceasingly tests the self through the other and the other through himself. It is a question of establishing general terms of reference in which the viewpoint of the native, the viewpoint of the civilised person and their reciprocal misrecognition find a place and form an expanded experience which is fundamentally receptive to people of another country and another time."[41] Warburg does not, as an "uninvolved surveyor of the world" who actually has no more experience and nothing left to experience, study a primitive culture without demanding changes from his own world-view. His lecture should therefore not be regarded "as the results of a supposedly superior knowledge, but as the desperate confessions of a seeker of salvation in the compulsion for association through embodiment. The catharsis of this ontogenetically burdening compulsion for sensory cause assignation as the innermost problem. I do not wish even the faintest hint of blasphemous scientific meddling to be found in this comparative search for the eternally constant Indianness in the helpless human soul. The confession of an (incurable) schizoid consigned to the archives of the psychiatrists."[42] Warburg's remarks before the inmates of the clinic still convey today his patient, thoughtful penetration into his subject, a careful reading and deciphering of the phenomena as well as the uprightness of his own motives for field research, a combination on which Merleau-Ponty, in his reflections on ethnology, insists: "It is a question of learning how to see that which is our own as foreign, and that which was foreign to us as our own. We cannot even rely on our seeing things through the eyes of fugitives from home: the decision to leave has, itself, personal motives which can rub off on the evidence… To look at it in greater depth, it is not for the anthropologist either to be in the right with regard to the primitive, nor to concede that he is in the right with regard to us; it is a question of establishing oneself on a terrain where we, the one as much as the other, are comprehensible without reduction and without reckless transposition. One achieves this if one regards the symbolic function as the source of all reason and unreason, for the number and wealth of meanings available to humanity will always exceed the circle of definitive objects which merit the name of signified, the symbolic function is necessarily always in advance of its object, and it will only find the real by hurrying on ahead of it into the imaginary. We are thus faced with the task of expanding our reason so that it can comprehend everything in ourselves and in others that runs ahead of reason and goes beyond it."[43] The study of the Indian serpent ritual allowed Warburg on the one hand to understand the emer-

[40] Aby Warburg, Schlangenritual, loc. cit. p. 24.
[41] Maurice Merleau-Ponty, Von Mauss zu Claude Lévi-Strauss. In: Leibhaftige Vernunft. Spuren von Merleau-Pontys Denken, ed. Alexandre Métraux and Bernhard Waldenfels, München 1986, p. 20.
[42] Aby Warburg, Schlangenritual, loc. cit. p. 83 f.
[43] Maurice Merleau-Ponty, Von Mauss zu Claude Levi-Strauss, loc. cit. p. 23.

gence of symbols and the symbolic function *in statu nascendi* as a psychic necessity, but on the other this early experience of a different culture strikes at the heart of the idea of a cultural history as a history of progressive development. The thinking space as task and objective of the cultural process is nothing stable; it must be repeatedly paced out under changed conditions as the terrain between the poles of embodiment and abstraction, religion and logic: "The tragic battle between imagination and logic for the right to answer the great tormenting question as to the why of things contains no either-or; the battle must be fought anew every day. The primeval grasper is still alive in everybody at all times and it is simply a question of fate whether he progresses to conceptualisation. Religion and logic are part of the same branch."[44] This insight moulds and inspires the problem of afterlife from early cultures to later ones, a problem to which both Warburg's researches and his library have dedicated themselves. Warburg regards the "survivals" and their – ever possible – re-emergence from the deepest levels of the collective-individual memory as a facet of a wild region which is imprinted in every human being, a region "which is not confined to his own culture and through which he is in contact with the other cultures".[45] This is a paradox: It is precisely because of the imprinted remains of past, magical world experience and models for coping with the world that we can understand these at all; but to understand them, these "impassioned engrams" must be moulded, worked, fashioned. Only thus can the tragedy of the tension between compulsive magic and discursive logic be harnessed, or conjured, and become a "substratum of spiritualised association".

The spiritualised association of the documents of this permanent debate takes place in the space of the library, in which we thereby also communicate with other cultures. That Warburg also saw the library as ritually conjuring the stored forces has been pointed out by Kurt W. Forster: "The library, which logically called for its own building, and the scholar's desk, which as the mensa of cogitative labour denotes the ritual place of intellectual sacrifice, certainly present themselves for comparison with primitive cult practice. Today we know… that the so-called Hopi altar structures possess a coherent character. The forces of the cosmos which determine the life and fate of the Hopi find their expression there: thus the heavens unfold in six segments, separated by corncobs; thus a frame with serpent lightning encloses the altar; thus are ordered in always painstakingly observed sequence the objects between which forces must come into motion so that the survival of the tribe remains assured. In the very same way, Warburg expects the galvanic stream of thinking, as it were, to begin flowing from his precise arrangement of reified thoughts, from his experimental arrangement. The library thus becomes a battery, so to speak, whose accumulated thought is to be induced into a current of thoughts by the parallel coupling of the books according to the Warburgian configuration principle. The scholar's desk serves the ritual conjuring of the forces which move and beset people in culture."[46] The library as a building of thought again por-

[44] Aby Warburg, Reiseerinnerungen aus dem Gebiet der Puebloindianer, loc. cit.
[45] Maurice Merleau-Ponty, Le philosophe et la sociologie. In: Signes, Paris 1960, p. 138.

Dorothée Bauerle-Willert

trays the pendulum swing of thought. But the contiguity of fantastic magic, of technology and sober functionality which Warburg observed in the Indians is not the expression of a schizoid dissociation there; on the contrary it signifies richness, the liberating experience of the unbounded possibilities of relationship between humans and the environment.[47] The collected books create a network of relationships between the poles; their organisation then again requires the media of modern technology – photography, telephone, slides, pneumatic post system – Stockhausen describes the mechanisation and rationalisation of the operation in detail.[48] Thus the Humanities Library as a symbolic form, perhaps wholly in the sense of the Indian practice, shows the duality between rational control and the magic of associative, analogical thinking. The relationship or the "good neighbourliness of the books" then also almost touches on the directly felt "totemic unity or totemic friendship" which regulates the institutions of archaic societies as an effective system of associations and equivalencies, of symbols and symbolic values. And as in a library, the ideas on which such a world view is based structure a spatial relationship of things through which they in their turn are structured.[49] Like a picture they allow and form the gap between the opposites, are the expression of a unity under tension of the extremes which nevertheless never dissolves into the identical. Warburg's experiences with the Pueblo Indians "put him in a position to recognise and understand the existence of such a double truth; that for the people of the Renaissance no less than for the Indians, there exist two to a certain extent independent realms of fact: the world of rational experience and that of magic."[50] The work of art as symbol, as Warburg takes it, is sustained by the same duality, and at the same time it may succeed in the balancing act of a fragile reconciliation. Its production as well as its interpretation will then necessarily demand a "ping-pong" of two completely different mental attitudes: "Passionate self-abandon to the extent of complete conversion to the impression – and coolly distancing circumspection in the ordered observation of things. The artist meets his fate in the centre between the chaos of impassioned excitement and comparative aesthetic structure ."[51] The work of art can only be grasped in its living quality through passionate criticism – and such an attitude of passionate participation and of critical investigation of the material doubtless also complement each other in the library's construction and collection. The duality of the symbol produces its constant oscillation, which on the level of content and its interpretation may collapse into downright contradictory meanings. With his description of the serpent ritual and comparative interpretation Warburg, by using the metamorphoses of

46 Kurt W. Forster, Die Hamburg-Amerika-Linie, loc. cit. p. 19 f.
47 Aby Warburg, Schlangenritual, loc. cit. p. 10.
48 Tilmann von Stockhausen, Die Kulturwissenschaftliche Bibliothek Warburg, loc. cit. pp. 90 ff.
49 Cf. Ernst Cassirer, Die Begriffsform im mythischen Denken. In: Wesen und Wirkung des Symbolbegriffs, Darmstadt 1994, p. 25 f.
50 Fritz Saxl, Warburgs Besuch in Neu-Mexico, reprinted in: Aby M. Warburg. Ausgewählte Schriften und Würdigungen, loc. cit. p. 317.
51 Aby Warburg, Mediceisches Festwesen, typescript to lecture held on 14 April 1928 before the Hamburg Chamber of Commerce, p. 8.

the serpent image, creates a kind of micropsychology of symbolic function and at the same time expands the psychological perspective into an anthropological one (a perspective which Ludwig Binswanger, his doctor in Kreuzlingen, shares in his essay "Der Mensch in der Psychiatrie"). The complexity of the symbol shows itself precisely in its polar structure: "What the polarity of the symbol signifies is nowhere more apparent than in the case of the serpent: a symbol completely ambivalently imbued, whose terms or 'poles' can change into one another without warning. The serpent is an expression of deadly peril – and it is 'the most natural symbol of immortality and rebirth out of illness and mortal danger'. It contains both possibilities within itself, and the power of the magus decides which will come into play (just as the power of the interpreter decides on the effect of symbols)."[52] The power of healing and annihilation is vested in the tension of the symbol for the reason that its transcendence can always fall apart into ambivalence: catharsis or collapse. Precisely the therapeutic effect (of art) is however rooted in the overcoming of nameless terror as the source of our traffic in images. In the magical-cult practices of the Indian serpent ritual Warburg saw an instrument which banishes irrational, elementary fear both of the serpent's poison and of other less palpable characteristics such as its sinuous, uncanny reptilian movement. At the same time the ritual penetrates to the roots of the finding of symbols itself: "Warburg seeks the source of symbolic thought and action precisely where according to Mundkur (the author of a new study on the serpent cult) the specific of the 'zoon symbolikon' is most at risk: where animal primeval fear maintains a closed stimulus-reaction pattern. It is precisely where the development of symbols would appear most difficult if not downright impossible that it also appears most necessary. To play down the phobic quality of the serpent in favour of the symbolic is to wrest 'thinking space' from fear. The Oraibi Indian, no matter how embroiled in magical thinking, totemism and fear of demons he may be, is for Warburg, as his lecture leaves no room for doubt, a hero of early enlightenment."[53] The exorcism of the terrifying is achieved here precisely by seizing the cause of terror, not by contrasting it with its opposite, and thus perhaps touches on the mimetic impulse of the image itself, on its emphatic role: The antithesis between integration and disintegration, which harbours the catastrophic phenomenon as the starting point for the setting of symbols, is deepened and balanced and creates a new configuration. The term "formation" at once points to the process aspect of an image, which remains as it were mobile and open. The giving-of-form to a form as an activity, as action, can alloy therapy with art – an idea which became fundamental for avant-garde art, which was developing at the time Warburg was presenting his life's work in the atlas and the library. The forms of avant-garde art function as compensatory structures and as a potentially effective energy continuum. They draw their strength and power from the intuitive discovery of a new psychological truth, and precisely through this a new style arises. The fragments this art employs "fit together in a new, strange way and suggest rebirth, psy-

---

[52] Ulrich Raulff, postscript to Aby Warburg, Schlangenritual, loc. cit. p. 82.
[53] Ibid, p. 78 f.

Dorothée Bauerle-Willert

chologically speaking. The abyss is an unexpected initial stage: This is the therapeutic message of the avant-garde. The melting forms represent an unresolved dialectic which lends them particular intensity and peculiarity, arbitrariness and instability: they are unification on probation and apocalyptic disintegration in one."[54] Warburg's work was therapeutic in just this sense: Precisely the life of the forms which his picture research and the library were pursuing open up the healing and destructive potential of the symbolisations. This analogy with the art of his time goes deeper than the oft-perceived proximity to the artistic practices of montage and collage. Out of the serpent symbol is distilled something fundamental: expression as pharmacon, as remedy or poison. In symbolic expression the world is mastered, but the acts of mastering perpetuate the uncanny or destructive power of their origin. At the same time the living, chaotic flow, the immeasurable diversity of the world is arrested and reduced. In the "Pharmacie de Platon" Derrida shows that a similar ambivalence is attached to writing in Plato's *Phaedrus*.[55] On the one hand it can act as an aid to memory, but on the other conduce to atrophying of memory and to forgetting while making the immediacy of the present porous. As if in answer to this paradox Aby Warburg attempted out of the Alexandrine situation of the incalculable series of books stored by his library and which constitute the being of the library, to bring out the concentrated ideas, the fundamental themes which were formulated in Athens: "Athens will always be reconquered anew from Alexandria."[56] The library supports our mnemonic work, but the time spent in books, as writing and in writings will not leave our thoughts untouched: "Athens" itself changes with every reconquest, just as every reading always modifies the text.

Translation: Mark Walz

---

[54] Donald Kuspit, Der Kult vom Avantgarde-Künstler, Klagenfurt 1995, p. 69.
[55] Jacques Derrida, La Dissémination, Paris 1972, p. 113.
[56] Aby Warburg, Heidnisch-antike Weissagung in Wort und Bild zu Luthers Zeiten. In: Aby Warburg, Gesammelte Schriften, ed. Warburg Library, Reprint, Nendeln/Liechtenstein 1969, p. 534.

DOROTHÉE BAUERLE-WILLERT

La bibliothèque Warburg des lettres et des sciences humaines

La bibliothèque Warburg des lettres et des sciences humaines (la Kulturwissenschaftliche Bibliothek, devenue Warburg institute), constituée par la collection particulière de son fondateur, fut inaugurée en 1926. On y trouve des ouvrages constituant la mémoire de notre savoir et témoignant de l'« essai d'auto-éducation de l'homme européen » ; Warburg concevait cette expérience éducative comme une conquête d'un « espace de pensée », conquête qui serait caractéristique du processus de développement de la culture. La bibliothèque Warburg est en outre une bibliothèque de travail dans le sens le plus large du terme, puisqu'elle ne se borne pas à réunir les archives du chercheur, mais qu'elle vise aussi à contribuer à l'éducation (esthétique) de l'homme. En sa qualité de bibliothèque historique et comparative spécialisée dans le domaine des symboles, elle était conçue pour contribuer à l'enrichissement de la mémoire, collective et personnelle, puisque le symbole représente dans l'évolution des cultures tout à la fois la « réaction chimique » et l'éprouvette où celle-ci se déroule. Si l'on considère que la transformation de l'expérience du monde et le transfert des énergies qui forment le monde se réalisent dans les activités symboliques, la bibliothèque représenterait alors un laboratoire dans lequel la pensée est sans cesse stimulée par de nouvelles impulsions au contact des ouvrages qu'elle découvre, se gorgeant au passage des différents types de savoir qui y sont déposés. Des ouvrages d'astrologie, de magie ou d'ethnologie côtoient ceux de philosophie ; l'art s'étudie en parallèle à la littérature et à la religion. La bibliothèque Warburg n'est pas, on le voit, une simple collection de livres qui suivrait des principes d'organisation traditionnels, mais une sorte de rhizome (pour reprendre une image de Deleuze et Guattari), où chaque partie peut être reliée à une autre. C'est un très vaste domaine de la pensée qui n'est pas structuré de façon linéaire, mais parcouru tous azimuts. Le travail du chercheur parcourant en tous sens ce rhizome, racine souterraine, voit naître alors l'« arbre de connaissance ». Les quatre étages qui accueillent la collection constituent un chemi-

268

nement au propre et au figuré, qui s'élève verticalement de l'image à l'idée, au mot et à l'action, progression à laquelle Warburg donne le nom grec de *Dromenon*. Dans la structure de sa bibliothèque, il prend comme point de départ le travail d'expression artistique, qui transforme et façonne l'expérience immédiate du monde. Comme conscience de la distance parcourue, ces activités artistiques recèlent la condition et la possibilité de la pensée grâce à laquelle nous nous orientons dans le monde. Les livres du 2ème étage doivent permettre de comprendre ce qu'est une image et ce qui se passe en elle ; ce processus de compréhension est déployé dans sa dimension historique au 3ème étage. Le domaine de l'action humaine (4ème étage) et de l'organisation sociale ne cesse donc de lier les sources historiques au concret et à la vie. La structure de la bibliothèque correspond spatialement au processus de la pensée elle-même : elle est le modèle et le symbole d'un cheminement sans fin. De même que, selon Warburg, nous n'avons jamais de l'art une possession assurée et détachée de l'histoire, de même ce qui est transmis – ce que la bibliothèque conserve – doit être à chaque fois reconquis par une réflexion et une transformation constantes. Cette ascension en spirale de l'image à l'action correspond aussi à la méthode de l'iconologie, qui a été développée en lien étroit avec la croissance des collections de livres, qui permettent d'accéder aux domaines les plus variés du savoir. Dans l'interprétation iconologique, on circonscrit, pour ainsi dire, l'image individuelle dans des cercles toujours plus larges, afin de dégager les couches de sens qui ont influé sur sa conception et de saisir de façon vivante la production de sens qui a lieu dans l'image. Pour Aby Warburg, il s'agissait de faire ressortir clairement la concentration des idées et les thèmes essentiels que l'Antiquité avait formulés de manière exemplaire, et ce, en partant de la succession infinie de livres qui constitue l'essence de sa bibliothèque – semblable en cela à celle d'Alexandrie ; le travail qui est proposé au lecteur fait partie du processus de création de l'« espace de pensée » lui-même : « Il faut toujours reconquérir Athènes, en partant d'Alexandrie ».

Dorothée Bauerle-Willert

Born in 1951 in Göppingen. Studies in art history, philosophy and German studies in Tübingen and Marburg. Study visit to the Warburg Institute in London. 1980 dissertation "Ghost stories for the Fully Adult. Commentary on Aby Warburg's Bilderatlas Mnemosyne*." Assistant at the Staatliche Kunsthalle Baden-Baden. 1983 director of the Gesellschaft für Aktuelle Kunst (Society for Contemporary Art) in Bremen. 1983 to 1990 deputy director of the department of 20th Century Art at the Ulm Museum. 1990 lecturer in art history at the Académia de Bellas Artes in Asunción de Paraguay and in German literature at the Universidad Nacional. 1993 to 1996 teaching and curatorial work in Montevideo, Uruguay. 1996 to 2000 guest professor at the Academy of Art in Tallinn, Estonia. Since 2000 resident in Skopje, Macedonia.*

JEAN ROUDAUT

Les bibliothèques et leurs hommes

pour Jean-Pierre Leroy,
en souvenir de nos factions,
en mémoire de nos espoirs

Habiter une bibliothèque : les gestes et les meubles

Le corps a une façon de vivre, de se déplacer et de se délasser différente suivant les meubles qu'il côtoie, ou dont il s'approche, une bibliothèque tournante, un divan profond. On n'a pas les mêmes coudées franches entre table et piano (dans la peinture de Vuillard), qu'entre tapisseries et coffres (selon ce que nous montrent les *Livres d'heures*). Nos livres d'abord lourds, avec leurs cuirs épais et leurs fermoirs d'acier, et difficilement déplaçables d'un lutrin à l'autre, sont devenus des objets mobiles, interchangeables, progressivement futiles, enfin négligeables depuis qu'ils ont été imprimés. En changeant de poids, ils ont aussi changé de lieux ; ils ont pu être rangés dans des endroits divers, au réfectoire des monastères pour les lectures rituelles, dans le chœur de l'église pour les matines et les laudes, dans l'armarium scellé au mur du cloître. On mange le livre, ou on fait pénitence en le copiant. On le classe. On l'empile. On l'empoche.

Originellement lieu de vie, la bibliothèque peu à peu s'est faite lieu de réclusion, se rétractant dans l'espace, protégeant ses trésors du passage des hommes par des portes et des contraintes. Montaigne s'enferme dans sa « librairie » ; on ne réfléchit plus qu'assis, comme le *Penseur* de Rodin. Le lieu impose au corps un langage qui n'est pas le sien propre : de la première école à la bibliothèque la position ne change pas. Et comme on a appris à n'utiliser que les mots admis, et à substituer des formes historiques aux formes analogiques, à chanter « j'ai couru », mais à censurer « il a mouru », on a plié le corps à user d'une chaise et d'une table qui auraient paru bien inconfortables au scribe accroupi. Les postures, les attitudes gestuelles, et par là les mimiques mêmes, sont impliquées par la structure des lieux : on peut écrire aussi bien debout (Victor

Hugo) qu'assis, avoir besoin pour penser de déambuler (les péripatéticiens), ou de s'allonger pour se parler avec plus de justesse.

Quand les meubles-bibliothèques se mettent à orner les salons de la noblesse au XVIIème siècle, puis ceux de la bourgeoisie sous le second Empire, on peut encore circuler d'un groupe papotant à l'autre, d'une table basse à un fauteuil, mais c'est avec indifférence pour les livres à l'entour. Les livres tournent le dos à ceux qui les tiennent pour une forme mobile de la tapisserie, pour un élément du décor entre le piano et les plantes vertes. On se saisit de l'un d'entre eux, ayant été tenté par la reliure ; on le retourne avec douceur, comme on le ferait d'un corps féminin et consentant ; on considère le frontispice à la façon dont on cherche un secret dans des yeux ; et on le repose sur un guéridon proche.

Il y a deux façons de vivre en bibliothèque : l'une permet d'y associer l'espace à celui du forum (ou du champ de foire), l'autre fait de la salle de lecture une cellule de monastère. Les deux conceptions aujourd'hui sont disjointes : dans la bibliothèque nouvelle on circule, comme en ville, dans un brouhaha ; on s'assied sur le sol et on se croit dans un magasin au rayon des bandes dessinées. Au « rez-de-jardin », comme on dit à la BnF de Paris, au contraire, on marche discrètement ; on contemple les arbres (des cèdres littéraires) par les fenêtres ; on est dans un cloître agréable, une abbaye qui n'est cependant pas encore celle de Thélème. L'écran impose la solitude, et la fixité ; le livre de poche permet la déambulation, comme le missel de jadis ouvert en tous lieux. (Sur son modèle, et dans son format, furent publiés au XVIIIème siècle les livres érotiques. On pouvait les tenir dans le gousset, comme une réserve de l'imaginaire, disponible à tout instant.)

La forme du livre actuel, qui apparaît inopinément dans l'histoire, a imposé un nouveau mode de rangement ; les livres se trouvent placés côte à côte, ou superposés sur des planches. La juxtaposition des livres entraîne l'usage du serre-livres, en pierre d'onyx ou en pot à tabac. Malcommodes, les amas s'effondrent. On devra utiliser des armoires ; on les juxtaposera dans une pièce ; on leur consacrera toutes les pièces d'un édifice : c'est le début de la bibliothèque de Babel. Dressés contre la muraille, les livres font murs ; ils ne constituent cependant qu'une protection fallacieuse contre la mort. Il suffit d'en extraire un d'un rayon pour qu'une fenêtre s'ouvre sur le néant. Alors autant les disposer en piles sur le sol pour circuler entre eux, respirer, éviter de se laisser enfermer.

Au premier auteur succéda aussitôt, dit-on, le premier critique. Il s'en suivit la nécessité, pour un troisième larron, de se faire bibliothécaire. Ces trois personnes habitent en chacun. Mais le conservateur est en conflit avec le lecteur, qui met le désordre, et fait voler la poussière. Il rêve d'enfouir tous les livres dans un château-fort que n'atteindraient ni l'eau ni le soleil. Le clerc en chacun de nous veille : il rêve d'une totalité du savoir, ou d'un hasard qui révèlerait un secret, une phrase qui ne serait dite que pour soi, moins un talisman qu'un élixir. Il fouille, dérange, annote, glose. Il lui donne sa voix. Une bibliothèque ce n'est pas un simple rassemblement de livres, mais un lieu de vie, où chacun cherche à recomposer le puzzle qu'il constitue. « Nous étions dans ma bibliothèque qui était fort éclairée »[1] rappelle l'abbé de Choisy dans ses *Mémoires* en évoquant sa maison du faubourg Saint-Marceau, « un lustre de cristal, bien des miroirs, des tables de marbre, des tableaux, des porcelaines : le lieu était magnifique ». En elle, la vie s'accroît. Les miroirs et les livres multiplient le lecteur en ses « hétéronymes » (selon le terme dont se sert F. Pessoa). Mais que peut-on appeler un livre ?

Le livre suppose l'usage d'une écriture, et nécessite un support. Celui-ci est plus divers que le papyrus et le papier. Le corps tatoué ou fardé est-il un livre ? Et la chaise transatlantique de Frédéric Appy ornée de quatrains butoriens ? Le livre doit être reproductible, et transportable (ce qui exclut le mur porteur d'inscription). De nombreux écrits cependant sont dédaignés : les procès-verbaux (issus des commissariats), les contrats (établis par les notaires), les cahiers de charge (imposés aux universitaires), les notes de service. Nous les estimons en tant que documents ; car le livre, à nos yeux, n'exprime que secondairement un constat, et principalement un désir. Le statut de livre, ou de non-livre, est fixé par la lecture qu'on en fait, à la façon du « porte-bouteille » de Duchamp utilitaire dans une cave, objet d'art au musée. Pour les conservateurs, le livre est un document : sont primordiaux le poids du papier et son filigrane, les fers de la reliure, les indications de l'ex-libris. En ce sens, le chercheur agit comme le conservateur : il lit le livre en quête d'un renseignement, ou le prend pour matériel d'une démonstration. L'amateur, au contraire, est requis par le seul contenu ; il apprécie le paysage imaginaire indépendamment de son support. Pour le lecteur que l'on dirait sauvage, passant fébrilement d'un tome à son suivant, le livre est un objet précieux dégagé de toute histoire, ne donnant lieu à aucun bénéfice social, alors que pour l'homme aux manches de lustrine, il est un objet de profit, servant à sa superbe, ou à sa carrière. En dépit de son caractère sélectif, la bibliothèque est un lieu encombré ; elle abrite des objets différents, comme un garde-meuble. Elle doit prévoir d'étranges grottes : des niches semblables à l'« enfeu », où on glissait le mort, pour les « volumen » qu'on enroulait sur leur hampe. On peut concevoir des livres qui se déroulent comme des peintures chinoises ; il faudra installer dans nos bibliothèques des dispositifs qui permettront de se promener de haut en bas dans un paysage de collines et de ruisseaux. Cette excursion dans des vergers imaginaires, entre berceaux et boulingrins, le *codex* le permet aisément. Ce profit est corrigé par un inconvénient : le lecteur ne peut prendre une vue générale de l'œuvre. Pour déployer le *Coup de dés*, dans la bibliothèque à venir, il faudra prévoir une rotonde particulière, semblable à celle qui accueille les *Nymphéas*.

Un des plaisirs des collectionneurs de livres, médecins et notaires, est de les posséder dans le même format ; la beauté de leur exposition tient à l'uniformité de leurs reliures. Le contenu des ouvrages détermine cependant un pliage particulier des feuilles, l'in-folio fut réservé aux dic-

[1] Abbé de Choisy, *Mémoires*, Paris, Mercure de France, 2000, p. 435.

tionnaires, l'in-quarto aux œuvres classiques, Virgile et l'abbé Delille, l'in-octavo aux ouvrages romanesques. Quentin de La Tour appuie Mme de Pompadour sur quatre grands folios, représentant les composantes de l'esprit humain, *Le Pastor fido* de Guarini, *L'Esprit des Lois* de Montesquieu, *L'Encyclopédie* de Diderot, *La Henriade* de Voltaire. Il fallut réserver une place spéciale pour les ouvrages qu'on nommait des « bilboquets » au XVIIIème siècle, et pour ceux que René Char tenait pour des « minuscules ». Les bibliothèques ne sont uniformes qu'en apparence : dans les armoires se trouvent des rayonnages destinés aux trésors, plus secrets encore quand il s'agit de cacher au premier regard les textes qui ont trait à « l'origine du monde ». Le luxe consiste à fabriquer des livres d'un format tel qu'ils soient inclassables dans les emplacements prévus à cet effet. Ils sont la preuve qu'on peut disposer d'espace, ce qui est aujourd'hui le signe de la magnificence.

La bibliothèque comporte ainsi une série de bibliothèques. Mais un étrange renversement s'est opéré au siècle dernier : Sade est devenu anodin, et l'enfer s'est dissous. La « réserve », qui devait interdire de lecture les livres pernicieux, comme ceux de Catulle et d'Ovide pour Julien Sorel au séminaire de Besançon, s'est trouvée être sans objet ; elle a été consacrée aux livres précieux c'est-à-dire onéreux ; mais comme les ouvrages modestes fabriqués à la fin du XIXème siècle avec un papier acide, devenu cassant comme du verre, sont maintenant fragiles, ce qu'il y avait naguère de plus ordinaire est devenu aujourd'hui digne de protection. La bibliothèque moderne se voudrait exhaustive ; elle demeure sélective. Elle se veut cohérente, et est dispersée. Il faut un guide pour s'orienter en elle ; on se perd, où on devrait se trouver. Philippe Labbé, jésuite, publiait en 1664 une *Bibliotheca bibliothecarum*. Ce n'était pas le premier catalogue, et il y en eut d'autres. Mais son titre était beau, et inquiétant comme l'annonce d'une suite sans fin.

Pour compenser la prolifération des livres on rêva de livres qui fussent à eux seuls des bibliothèques ; ce furent les « Miroirs du monde », ou *L'Encyclopédie* qui, selon le *Discours préliminaire* devait « tenir lieu de bibliothèque » (p. XXXIX). On aimerait posséder un livre unique qui serait à lui seul tous les livres (une bible, même, peut-être). Mais on est contraint de courir de salle en salle, montant et descendant les étages, fébrilement car le temps nous manque pour nous rassurer. Le héros de *L'Apocryphe* de Robert Pinget voulait tout savoir de la vie. « Consultait des dictionnaires médicaux pour sa maladie, des ouvrages de botanique pour celle de ses ormes abattus, des traités de sciences occultes pour celle de sa destinée. »[2] Il marque ainsi les domaines majeurs de nos appréhensions : la souffrance du corps, la beauté du monde, notre raison d'être, et notre mort, prédite mais non attendue. Les livres de théologie, placés au plus haut des meubles, nécessitent l'usage de l'échelle pour être atteints. Les livres de divertissement sont à portée de main. Pesant lourd, les encyclopédies servent à stabiliser les armoires. A cette répartition par formats peut s'adjoindre un classement historique ou alphabétique. Mais pour peu qu'on ait cédé

---

[2]   Robert Pinget, *L'Apocryphe*, Paris, éd. de Minuit, 1980, ch. LIII, p. 70.

au plaisir esthétique de ranger les livres selon leurs couleurs, on est condamné à s'égarer dans la recherche d'un d'entre eux, alors qu'on désire s'orienter aisément dans un théâtre de mémoire. La bibliothèque doit être semblable aux constructions de Giulo Camillo : on doit circuler dans le savoir comme dans le souvenir.

Suivant les saisons, les jours et les heures, le lecteur n'a ni la même démarche ni les mêmes gestes. On peut lui prêter une conduite climatique, dont son vêtement est le signal ; suivant le ciel, il a besoin de plus ou moins d'agitation, ou de repos. Mais ses passions secrètes, c'est par la littérature qu'on peut les imaginer.

Bibliothèque romanesque, conduites discrètes

Ce qui se passe dans les bibliothèques imaginaires nous révèle ce que, obscurément, nous attendons des véritables, ce que nous désirons plus ou moins confusément en circulant en elles, en nous laissant capter par elles. Comme le lavoir et le café, la bibliothèque est un espace de rencontre et d'échange verbal. Pour le romancier, la bibliothèque est un lieu où un écrit se branche sur tous les écrits, se nourrit de la littérature par évocation, allusion, citation. La bibliothèque est un lieu d'information, comme le forum antique ; elle sert ainsi à rendre crédible la suite du récit, mais elle est aussi un lieu d'actions surprenantes, qui révèlent ce qu'il y a de trouble, et d'inaperçu, dans le décor retenu.

La bibliothèque privée, installée dans un salon, entre les fenêtres hautes d'un hôtel particulier, est d'abord un lieu de plaisir. La Princesse Bassiano s'alanguit dans le fauteuil où l'a peinte Vuillard en 1911. Ses invités sont les fantômes des livres représentés dans cette *Bibliothèque*. La tapisserie semble les absorber ; ils vont glisser de l'autre côté du décor, avec élégance et aisance. Ils savent qu'ils reviendront. Ils n'existent que par la conversation. Tout est « luxe, calme et volupté » dans cet univers de la bibliothèque riche, silencieuse et sensuelle. Depuis le sofa où il se prélasse, Aronnax lit les titres des ouvrages emportés par Nemo dans le *Nautilus* pour son voyage de *Vingt mille lieues sous les mers*. Il le fait plus attentivement que la Princesse, mais avec un plaisir semblable bien qu'il soit emprisonné : il est immobile dans un lieu mobile, le corps las et l'esprit actif. Dans les romans d'Henri de Régnier la bibliothèque sert de fumerie d'opium : les personnages évoqués par les livres prennent forme dans la fumée des pipes, et poursuivent leur vie indépendamment de l'auteur et du lecteur. Il importe alors, avant de tirer sur le bambou, de bien choisir ses lectures.

Car on ne peut changer une bibliothèque en lieu d'insouciance sans courir un danger. Si seule, habituellement, la poussière d'un livre, retiré du rayon où il a sommeillé, se met à voler sous le doigt qui le feuillette, le livre lui-même en d'autres occasions se change en projectile : arme morale, quand on se jette à la tête des témoignages, ou des arguments, ou boulet physique ; Boileau, dans *Le Lutrin* (chant V), raconte la façon dont les fidèles du chantre bombardent leurs ennemis avec les livres empruntés au libraire Barbin :

« O que d'Écrits obscurs, de livres ignorez
Furent en ce grand jour de la poudre tirez ! »

Quand la poussière se dissipe restent les blessés. Les gros volumes lourdement reliés ont été jetés à la tête de l'un par l'autre,

« D'un Le Vayer épais Giraut est renversé ».

Une bibliothèque n'est pas un café de la paix. Elle nourrit la jalousie et l'animosité. Ce combat est à l'image de la lutte qui oppose le lecteur à l'auteur, le lecteur prédateur à l'auteur qu'il assassine. Et tous deux unis, au conservateur qui les juge de haut.

Il y a tout aussi dangereux, encore que plus délicat ; les tuméfactions du corps se guérissent plus facilement que les douleurs du cœur. Le livre, on le répète après Dante, est un entremetteur aussi efficace dans la vie que les duègnes le furent au théâtre ; Paolo et Francesca interrompent leur lecture de *Lancelot* pour faire l'application du désir qu'ils viennent d'apprendre à nommer :

« Un séducteur, un suborneur,
Un Galehaut, ce livre et son auteur. »[3]

N'importe quel livre peut tenir ce rôle équivoque, dès lors que la lecture ne s'accomplit pas en une méditation, mais se réduit à un profit. Bouvard espère que la fréquentation des romans de Pigault-Lebrun émoustillera Mme Bordin et l'entraînera à lui céder. Mais il ne réussit pas mieux dans le domaine des sentiments que dans celui des sciences naturelles. La réalité résiste au désir. La bibliothèque est insidieusement un lieu de mauvaise fréquentation, sans les commodités des maisons de rendez-vous. Le narrateur de « Je brûle Moscou », dans *L'Europe galante* de Paul Morand, attend impatiemment de se trouver seul avec Vasilissa Abramovna ; complices, ils se demandent où ils pourraient trouver un lieu pour faire l'amour. Il lui propose de se rendre dans un des cabinets particuliers complaisants ; elle, qui est mieux au courant de la vie moscovite, lui fait remarquer : « Ils ne sont plus. On peut aller dans quelque bibliothèque, mais c'est très recherché. L'été, il y a les bois... mais vous arrivez à la mauvaise saison. »[4] D'être désertées par les lecteurs, les bibliothèques ont été recherchées par les amoureux. C'est qu'elles ont des recoins obscurs. Il faudra en prévoir de nouveaux, ténébreux et douillets, où il soit possible de poursuivre, à deux, une lecture qui ne risque pas d'être interrompue brusquement. Comme cela arrive à l'Autodi-

---

[3] Dante Alighieri, *L'Enfer* in *La Divine Comédie,* traduction Marc Scialom, Paris, éd. La Pochothèque, 1996, chant V, vers 137.
[4] Paul Morand, *L'Europe galante : chronique du XXème siècle*, Paris, Grasset, 1925, « Je brûle Moscou », p. 114.

Jean Roudaut

dacte frappé par le Corse dans la bibliothèque de Bouville parce qu'il est soupçonné de corrompre la jeunesse : « Je n'aurais pas cru que dans une bibliothèque, un endroit sérieux où les gens viennent pour s'instruire, il se passerait des choses à faire rougir »[5], explique sa voisine à Roquentin. L'Autodidacte a certes tort de se laisser séduire par des collégiens, tout autant que Nicolas de Galandot par Julie de Mausseuil dans *La Double Maîtresse* d'Henri de Régnier. La scène se déroule dans une bibliothèque, « fraîche et sombre à cause des volets clos. » Au milieu de la pièce, sur une grande table de marbre florentin sont « représentés en mosaïque, des fleurs et des fruits. » Julie s'allonge sur la table et dégrafe son corsage, fait « toucher au marbre les pointes de sa gorge », se proposant aux caresses trop timides de Nicolas. Quand, soudain, à l'entrée de la salle se dresse la mère du dadais : « Dans le cadre de la porte grande ouverte, Madame de Galandot se tenait debout. » S'en suivra chez Nicolas une hostilité pour les livres et une impuissance durable : « Dans la bibliothèque où il passait ordinairement les journées, il s'assit sur le fauteuil et resta près d'une heure immobile ; puis il se leva, ferma un livre ouvert qu'il remit à son rang. »[6] Dans une bibliothèque il y a toujours des figures de la Loi : gardien, conservateur et commandeur.

En dépit de quoi la bibliothèque reste un lieu de séduction (on enjôle par livre interposé, dans un usage simoniaque de la parole), ou de sacrilège (« Cynique prévoyant, Julien serre dans une grosse Bible protestante (grosse déjà de ses œuvres) une pièce à conviction : la première lettre d'amour de Mathilde »[7] rappelle Roger Kempf dans *Mœurs*). Le livre n'est plus tenu pour receler une parole qu'on doit rendre vivante ; il devient un instrument, on en attend un profit de fatuité ; on place en lui un capital (la collection) ; on en fait une cassette (l'espace entre la reliure et les cahiers est souvent utilisé comme un bas de laine.) Les conduites érotiques, dans la bibliothèque, sont généralement sans succès. Ce qui porte l'interdit semble émaner des rayons même de la pièce, être produit par les livres. Aimer ou lire, être libertin ou méditatif, il faut choisir. La mère surgissant devant Nicolas de Galandot en castratrice, paraît issue des livres ; Henri de Régnier, s'il n'avait souhaité nous le faire entendre, eût placé la scène d'amour dans une chambre ou une grange, entre des draps de soie ou dans le foin.

L'exercice de la littérature, qu'on l'écrive ou qu'on la lise, passe pour opposé à celui de la virilité. Selon les dames du monde, les intellectuels ne sont pas des affaires. Ce disant, elles ne font que reprendre ce que Robert Burton dans son *Anatomie de la mélancolie* constatait déjà chez les hommes de lettres : « l'étude affaiblit leur corps, émousse leur esprit, diminue leur force et leur courage ; d'ailleurs les brillants érudits ne font jamais de bons soldats […] »[8], ce qui est moins

---

5   Jean-Paul Sartre, *La Nausée*, Paris, Gallimard, Folio, 1999, p. 234.
6   Henri de Régnier, *La Double Maîtresse*, Paris, Mercure de France, (1900), Club français du livre, 1960, L. I, ch. 12, p. 128, 129 et 137.
7   Roger Kempf, *Mœurs : ethnologie et fiction*, Paris, éd. du Seuil, 1976, p. 61.
8   Robert Burton, *Anatomie de la mélancolie* (1651), traduction de Bernard Hoepfner et Catherine Goffaux, Paris, José Corti, 2000, t. I, p. 510.

grave que de faire des amants décevants. Un siècle plus tard (la dernière édition du livre de Burton est de 1651), le docteur Samuel Auguste Tissot, dans son étude *De la santé des gens de lettres* (1775), explique comment la réclusion intellectuelle conduit au vice, ce qui rend sourd. D'ailleurs, rapporte encore Burton, la meilleure façon de soumettre un peuple est de lui laisser la libre disposition de ses bibliothèques ; un chef goth, ayant conquis la Grèce, interdit de brûler les livres : « laissez-leur ce fléau, car avec le temps, il consumera toute leur vigueur et toute leur force martiale ».[9]

Curieusement, au centre du panneau peint pour la *Bibliothèque* de la Princesse de Bassiano, Vuillard a fait figurer, au-dessus de la princesse nonchalante, un tableau représentant Adam et Ève. Est-ce l'annonce que la parole qui nous proscrit est disséminée dans les livres, que les livres nous exilent des choses essentielles pour nous précipiter dans le monde mort des signes, que les amoureux des bibliothèques perdent le paradis ? C'est à peu près ce que nous enseigne Sartre en opposant, dans *La Nausée*, l'univers du jardin, et de la racine de marronnier, au monde des livres, et à l'Autodidacte. Cependant, l'institution de la bibliothèque est moins raillée que l'emploi qui en est fait. L'Autodidacte n'use pas des livres pour rejoindre les choses, pour mieux les connaître, et, par effet de miroir, se libérer de l'incertitude où il est de lui-même. Il prête aux livres une valeur absolue, quand ils n'ont de valeur que par la parole qu'ils suscitent en chacun. « J'étais là », dit le narrateur sans nostalgie mais avec stupéfaction devant le caractère poussiéreux du lieu : « Je vivais au milieu de ces livres tout pleins de connaissances, dont les uns décrivaient les formes immuables des espèces animales, dont les autres expliquaient que la quantité d'énergie se conserve intégralement dans l'univers. »[10] Soudain tout lui paraît mort parce qu'il n'a pas su donner sens à ce qu'il lisait, c'est-à-dire lier les connaissances qu'il acquerrait à un projet de vie. Son savoir est aussi vain que celui, encyclopédique, de Bouvard et Pécuchet. Stéphane Mallarmé entend un pareil bruissement de mort dans la parole vaine des phraseurs : « […] eux causent, pour la beauté hors le rire lancé par une dame, de sujets dont l'écho ne se propage pas »[11] (« Sauvegarde » dans « Les Grands faits divers » des *Divagations*). Les deux textes expriment de façon semblable le sentiment qu'on risque d'être pris dans une poussière de mots, qu'il s'agisse du bavardage dans un salon, ou de la lecture sans âme de livres dans une bibliothèque, quand on se fourvoie dans la disparate et la stérilité. Dans la préface qu'il a rédigée pour *My Secret Life*, Michel Foucault s'est donné le plaisir d'imaginer que l'auteur du récit érotique était un bibliophile, et qu'Henry Spencer Ashbee se confondrait avec Pisano Fraxi ; les livres prennent possession de la totalité de son logement : « il est satisfaisant d'imaginer en effet les livres envahir, peu à peu, la maison, les murs, les rayons, les escaliers, les consoles, les divans, la chambre et le lit enfin

---

9   Ibid, t. I, p. 510. La même anecdote se trouve dans les *Essais* de Montaigne (Bibliothèque de la Pléiade, Paris, 1950, Livre I, ch. 25, p. 176).
10   Jean-Paul Sartre, op. cit., p. 115.
11   Stéphane Mallarmé, *Œuvres complètes*, Paris, Bibliothèque de la Pléiade, 1945, p. 418.

dépeuplé de cet incorrigible, dont le cadavre aurait été découvert, longtemps après, par quelque revendeur de bouquins, rongé de mots, ouvert sur un grouillement de lettres ».[12] Et les livres, autour de soi, brillent comme des dents sur une tête de mort. Absorbé par ses livres, l'être se change en fantôme.

Il n'y a pas à se le cacher : la bibliothèque est un lieu dangereux. Les livres autour de soi sont autant d'armes dans le perpétuel combat des êtres, autant d'ennemis de soi. Ils nourrissent la jalousie ; Thérèse Tarde, *La Sauvage* (1934), détruit la bibliothèque de Florent France. Car, selon ce que lui fait dire Anouilh, l'homme qu'elle aime rencontre dans les livres des complices ; elle hait les livres qui conversent avec son amant mieux qu'elle ne le fait. Elle a pourtant cherché à les approcher : « seulement ils ne me parlent pas à moi comme à lui… ». Il n'y a que voix blanches et âmes mortes dans les livres, poussière pour elle sur les rayons. Mais qui sait si le musicien Florent ne les verra pas un jour se décomposer, après l'éloignement de La Sauvage ? Monsieur Songe, devenu vieux et parlant par la voix de Robert Pinget, se plaît à paraître aussi désenchanté :

> « *Le goût des livres lui a tellement passé*
> *qu'il rêve d'une bibliothèque remplie de papier-cul.*
> *Sans détruire la sienne bien sûr.* »[13]

La bibliothèque, dans son invention romanesque, a une double valeur : elle est un lieu de plaisir (et de jouissance désirée), mais aussi une sorte de nécropole. « Une bibliothèque est aussi vaste qu'un royaume, avec ses labyrinthes et ses forêts, ses monuments et ses lois, sa salle des trésors où le temps s'accumule. Mais c'est un royaume de morts, où des âmes errantes continuent à nous hanter comme si elles étaient encore à la recherche d'une sépulture. »[14] C'est ainsi que la voit Gérard Macé dans *Le Singe et le miroir*. C'est autrement qu'elle est à construire, en lieu de résurrection, en territoire où règnerait un Roi Pêcheur guéri de sa mélancolie.

La bibliothèque est à venir

La bibliothèque future aura à tenir compte, architecturalement, de la façon dont, imaginairement, elle est habitée par le lecteur. Ce n'est pas un pur esprit ; il n'est ni candide, ni sans malice.

Longtemps on eut le même modèle pour le lycée, la caserne, la prison, et la bibliothèque, lieu clos, muré, avec les gardiens du seuil (« Avez-vous votre carte ? »), les inscriptions (« seul est autorisé l'usage du crayon »), les surveillants traquant les conduites déviantes et les encriers interdits. Certaines personnes circulent librement avec toute l'autorité due à leur rang, utilisant un badge comme l'homme à l'Hispano sa carte de crédit ; et d'autres se heurtent de porte en porte.

---

[12] Anonyme, *My Secret Life*, préface de Michel Foucault, Paris, Ed. Les Formes du secret, 1977, p. 6.
[13] Robert Pinget, *Du Nerf*, Paris, éd. de Minuit, 1990, p. 25.
[14] Gérard Macé, *Le Singe et le miroir*, Cognac, Le Temps qu'il fait, 1998, p. 31.

Et puis il y a encore des facteurs de désordre, des factieux qui contestent. Jadis la bibliothèque était une sorte de presbytère ; on y faisait silence comme dans les églises ; on n'y croisait que d'anciens pontifes ou leurs vicaires. Les objets même étaient de culte : « Le pliage est vis-à-vis de la feuille imprimée grande, un indice, quasi religieux : qui ne frappe pas autant que son tassement, en épaisseur, offrant le minuscule tombeau, certes, de l'âme »[15] dit Mallarmé considérant le *Livre, instrument spirituel,* comme le reliquaire d'un souffle. L'emportent encore aujourd'hui le sacrilège sans plaisir, et l'esprit de clan sans esprit.

Pour le siècle à venir, il ne faudrait s'en tenir ni à des modifications fonctionnelles (obligation de recevoir les CD Rom et de transmettre des images), ni à la nécessité de soumettre l'architecture aux contraintes d'un produit, mais envisager un projet moral autre : celui où l'emporteraient le désir et le ravissement sur la dévotion et la servitude. Pour parvenir à changer la vie, il faut commencer par changer l'espace habité, la ville, et la mémoire. Cela touche à l'architecture et à l'enseignement qui doivent être bouleversés. Leur point commun est, tout autant que le lycée, la bibliothèque. Le principe actuel de la ville, et à son instar des lieux de pouvoir, est la densification. La bibliothèque devrait tendre à la vaporisation : opposer à l'espace ancien monofonctionnel une polyvalence des lieux, qui éviterait les appropriations sauvages de l'espace, et les articulations trop raides.

On peut imaginer une bibliothèque qui serait partagée en différents pavillons joints ; chacun, comme dans les foires expositions, aurait sa forme et son style. Le décor semblerait une excroissance du contenu ; on pourrait donner à chaque salle la couleur convenue d'un siècle, la campagne mythologique pour l'époque baroque, des façades symétriques pour le théâtre classique, des lampes de Gallé pour éclairer *Les plaisirs et les jours.* Avant que l'on en vienne à ce que la bibliothèque soit si finement disséminée que chacun reste travailler chez soi, et consulte les livres à distance, suivant l'humeur, la qualité de la lumière et même le besoin.

Mais l'époque est hélas ! à l'uniformité et à la concentration. Les musées et les bibliothèques sont devenus semblables à de grands magasins. On y trouve de tout, Théocrite et la bande dessinée, *La Porteuse de pain* et La Mettrie que lisent des hommes-machines. Le bâtiment est austère comme une citadelle. La bibliothèque de la fin du siècle dernier est, en réduction, une ville du XIXème siècle. On pourrait en comparer les aspects cachés aux égouts de Paris à l'époque de Jean Valjean. Les portes coupe-feu, grises et blindées, tiennent lieu d'échangeurs. Les magasiniers en éboueurs parcourent des kilomètres sans falots. Les lecteurs doivent aussi effectuer de longs déplacements. Or il n'y a rien de plus heureux dans les villes que « les passages » ; la lumière des verrières et celle des lampadaires se combinent pour donner aux vitrines une impression d'irréalité glauque, et marine. Dans les bibliothèques les espaces de transition devront être meublés, ornés de médailliers et de statues ; mais le mieux sera de rendre la lumière ostensiblement arti-

[15] Stéphane Mallarmé, op. cit., p. 379.

Jean Roudaut

ficielle. On aura ainsi l'impression de nager et de rêver d'un lieu de vérité à l'autre, de parcourir le dessous des mers.

Puisqu'on ne peut rien faire contre la tendance contemporaine à la concentration (la ville tend à spécialiser ses quartiers, comme cela se faisait à l'époque médiévale, avec les unités du savoir, celles de l'administration, celles de l'alimentation, celles des hôpitaux colossaux), autant souhaiter que les nouvelles constructions ne soient pas d'équerre, mais humaines et de guingois. On peut les imaginer volantes par souci de gagner de l'espace ; toutes les informations y seront stockées, mais diffusées au plus loin dans une ronde des ondes. Terrestre, la bibliothèque pourrait avoir une forme vivante, avec différents foyers, des espaces de rencontre, séparés les uns des autres par des plans d'eau au lieu de cloisons : « Aquarium (éclairé simplement du dehors par la lumière diurne ou *a giorno*, le soir, par le gaz) voilà ce *panneau :* magique, vivant, mouvant, extraordinaire […] »[16] Ce que Mallarmé, dans la septième livraison de *La dernière mode* (6 décembre 1874), évoque pour décorer une demeure particulière serait plus à sa place dans un lieu public ; l'austérité en serait ainsi compensée : glissant entre les livres et le monde, les lecteurs pourront se penser comme des poissons dans l'eau. Les espaces de rencontre seraient des lieux pour les échanges d'information, d'esprit, et plus si affinité. Ou proposeraient aux méditations solitaires un décor mobile. On réaliserait le rêve du lecteur, qui est d'avoir tous les livres à disposition autour de soi dans un mouvement lent et céleste, comme l'envisageait déjà Ramelli, en 1588, quand il inventait *Diverse e artificiose macchine…*, ce qui ferait de la bibliothèque un livre unique.

Mais le mouvement est nécessaire au lecteur, celui des yeux, celui de l'esprit, celui de son corps qui attend de se déployer. On se cherche d'un lieu à l'autre, jusqu'à ce que, s'enfonçant dans la lecture, on se défasse de son propre visage ; on ne se soucie plus alors de plaire à autrui ; on a trouvé un lieu où il y a une place pour soi. Lire c'est se déplacer dans un espace singulier, qu'on découvre propre à soi parce qu'un inconnu l'a jadis estimé sien. Dès lors, un seul livre tient lieu de vaste monde et de bibliothèque. Dans un volume singulier, on circule dans un nombre considérable d'ouvrages : l'auteur du *Don Quichotte* suppose que son lecteur connaît l'*Amadis de Gaule* et les *Travaux d'Esplandian ;* le licencié et la gouvernante voudraient les détruire par le feu, tout en épargnant la *Galathée* de Cervantès. Bouvard et Pécuchet ont emporté à la campagne leurs livres anciens et les ont rangés dans une armoire. « Les vantaux en étaient retirés. Ils l'appelaient la bibliothèque ».[17] Ils attendent beaucoup de plaisir de Pigault-Lebrun. Joyce ne se contente pas de nous faire parcourir le monde d'Homère à la suite d'*Ulysse ;* il reprend l'histoire des modes d'écriture en une série de pastiches des styles littéraires, nous permettant de revivre l'histoire de la littérature, et, par elle, celle de nos façons de penser. Partant pour l'Europe à la

---

[16] Stéphane Mallarmé, op. cit., p. 821.
[17] Gustave Flaubert, *Bouvard et Pécuchet*, in *Œuvres complètes*, Paris, Éditions du Seuil, T. II, 1964, ch. IV, p. 233. Le chapitre V dresse l'inventaire commenté des livres apportés de Paris.

recherche de Richard Greenleaf, Tom Ripley reçoit le conseil de lire *The Ambassadors*. Patricia Highsmith souhaite que son lecteur connaisse le roman d'Henry James pour mieux percevoir, dans le sien, le jeu d'allusion et de variations. Si l'existence du bibliothécaire a été impliquée par celle du critique, qui lui-même faisait jouer la parole d'un auteur (ou plus simplement d'un « scribe », car on n'est jamais que copiste, tout au mieux déforme-t-on), c'est parce que tout livre est multiple : qui le lit ne fait qu'accomplir une de ses voix. Le lecteur se fait « auteur », en re-créant mentalement le livre, critique, en imaginant le rapport à soi de la phrase d'un autre, conservateur quand il feuillette, ferme, dépose.

Le livre est à lui seul une bibliothèque ; l'espace entier peut être tenu pour un livre. La ville est à l'image de la bibliothèque, avec les tracts distribués, les réclames colorées, les couvertures des hebdomadaires dans les périptères, et le déploiement des paravents en palissades.

> « *Tu lis les prospectus les catalogues les affiches qui chantent tout haut*
> *Voilà la poésie ce matin et pour la prose il y a les journaux* »
> s'exclamait Apollinaire dans « *Zone* », en marchant au matin.

La bibliothèque se compose ainsi du plus vaste (la ville entendue comme une multitude de discours superposés), et du plus précaire, non seulement le livre lui-même, mais l'éventail. On peut considérer comme tels non seulement les véritables éventails que Mallarmé illustrait de quatrains, mais tous les ouvrages dont la caractéristique est la fragilité : la production restreinte des livres « manuscrits » leur fait courir le risque d'une rapide disparition sans trace. Les livres à venir seront pourtant, pour l'essentiel, de cet ordre. A l'opposé de ces publications faites pour la joie des mains, des yeux et aussi pour l'ostentation ou la spéculation, l'édition se consacrera au livre sans valeur qu'on fourre dans la poche. Il y aura ainsi, pour le plaisir, des livres rares, pour la manipulation, des livres ordinaires (afin d'obéir à l'injonction de Mallarmé dans *La dernière mode* d'avril 1874 : « Plus que jamais, c'est le moment de lire : en wagon, dans le hamac du jardin, sur les chaises des plages. »[18]) Entre les deux, pour les recherches, l'écran de l'ordinateur proposant tous les textes imprimés.

La bibliothèque, qui réaliserait celle, virtuelle, que l'on trouve dans les évocations romanesques, que les rêveries des lecteurs anticipent, existe déjà d'une façon discrète. Stéphane Mallarmé le remarquait dans un de ses « Grands faits divers », « Sauvegarde » : « Cette Salle, or elle existe, mentalement, en la mémoire de tous comme une richesse dont on se doute – ».[19] Cette bibliothèque est fragmentée en tout, et partout inachevable. Sa valeur tient aux relations qu'elle pourrait entretenir avec les autres lieux semblables : « Adjointe à l'ensemble des intelligences et chue en le réel, encore ordonnerait-elle, envers les siens, par l'étrangeté et leur recul, quelque reli-

[18] Stéphane Mallarmé, op. cit., p. 721.
[19] Stéphane Mallarmé, op. cit., p. 418.

Jean Roudaut

gion. »[20] Le sentiment que la bibliothèque et le temple ne sont pas distincts (même si leur hostilité est fréquente) conditionne un ensemble de gestes ; faire silence, au risque, si on s'exclame, de profaner ; marcher lentement ; s'asseoir en relevant les bords de sa riquinpette pour ne pas la froisser ; se refuser le plaisir de boire et le besoin de manger ; éviter de bailler. Mais se recueillant, lever la main, comme pour un serment ou un acte d'allégeance, plus haut que soi, pour, délicatement, se saisir du lourd objet d'un désir.

La bibliothèque que conçoit J. L. Borges sur le modèle de la Tour de Babel, n'est pas essentiellement distincte de celle qu'évoque Mallarmé ; composée à la façon d'un immense filet, elle est constituée d'une multitude de centres et de passages ouvrant sur de nouvelles alvéoles. Sa forme évoquerait la folle ou le tramail plus que le tunnel imaginé par Boullée. La bibliothèque couvre l'univers. Faute de pouvoir se penser extérieur à elle, on ne peut la représenter. On ne peut que l'habiter. Borges construit sa bibliothèque en imbriquant des hexagones ; sur chaque mur, cinq étagères supportent trente-deux livres de quatre cents dix pages chacun ; chaque page a quarante lignes, et chaque ligne environ quatre-vingts caractères noirs. Bien que « mathématique et sévère », la bibliothèque est aussi irrationnelle que le sont les dieux ; un nom secret est réparti dans les pages, inconnaissable, pour un être humain, parce qu'infini. On devient aveugle avant d'en avoir énoncé une syllabe. Ce n'est pas grave, le découvrirait-on par hasard qu'on en serait tout autant aveuglé. Le livre absent de toute bibliothèque est moins caché et primitif que présent et ininterprétable.

La bibliothèque future, selon le romanesque, ce devrait être : une série de lieux conviviaux, avec les agréments des salons du Second Empire, plantes vertes, sofas profonds, recoins obscurs. Chacun d'entre eux serait à l'image de la bibliothèque entière, avec les imbrications qui rendent délectables chaque installation et l'instant présent : « Une fois décodées et percées à jour les bibliothèques sont comme les violons : qu'ils aient cent ou trois cents ans, plus on les joue, plus ils se prêtent. »[21] explique sensuellement Nicolas Bouvier dans les « Bibliothèques » ; il les fréquentait lorsqu'il vivait *La guerre à huit ans*. Il voit en elles une sorte de royaume de Golconde où on trouverait un « sérail secret ». Il y a connu « des heures de félicité absolue » ; la sensualité du lieu et le bonheur de la trouvaille l'ont fait fondre de plaisir. La bibliothèque future devra mêler plusieurs espaces, être un ermitage et un promenoir, associer à l'usage des machines célibataires et télévisuelles le fumoir, où il est bon de poursuivre la lecture en respirant un café, en prenant la pose pour séduire une lectrice. On disposera de lieux personnels que l'on quittera à son gré pour musarder entre les objets de curiosité et les pupitres. Il importe que réapparaisse sur des tables aux pieds chantournés, la verdure, avec des livres et des images au cœur du désordre végétal. Le livre conjuguera ainsi immobilité et mouvement, ressouvenir et pressentiment, et, pour cela on

[20] Stéphane Mallarmé, op. cit., p. 417.
[21] Nicolas Bouvier, *La Guerre à huit ans*, Genève, Mini Zoé, 1999, p. 43–44.

aime le feuilleter, mort et vie. On déplace l'ordre des bibliothèques, on bouleverse les rangements, dans l'espoir de rendre le lieu surprenant et vivant.

La lecture désordonnée – celle qui entraîne à prendre un livre au hasard – provoque des découvertes heureuses ; c'est celle que pratique l'Autodidacte ; il choisit ses auteurs dans l'ordre alphabétique de leurs noms ; chacun sait que, passée la déconvenue d'avoir cru perdre une part de son temps à parcourir des pages aussi futiles que celles d'un académicien, on s'émerveille à tenir dans les mains un livre qu'on ne savait pas exister, et qu'on ne se savait pas destiné. Préfaçant *Les Mots et les choses,* Michel Foucault évoque l'organisation d'une encyclopédie chinoise citée par Borges dans *Enquêtes ;* l'incongruité en fait tout le charme : « les animaux se divisent en : a) appartenant à l'Empereur, b) embaumés, c) apprivoisés, d) cochons de lait, e) sirènes, f) fabuleux […] ».[22] Le désordre est le plus enchanteur des classements. C'est la loi des greniers ;

la bibliothèque future, ce devrait être un espace de circulation, permettant de repasser régulièrement dans les mêmes lieux de l'esprit (comme, dans les cheminements, on en revient sans cesse aux mêmes endroits) ; un espace commun et particulier, centralisé et varié (« De la vaporisation et de la centralisation du Moi. Tout est là » ; on songe à adapter à tout son environnement cette remarque de Baudelaire dans *Mon cœur mis à nu*), incomplet et diversifié ;

en elle seraient disposés des livres placés à portée de main, reliés en couleurs assorties au décor, mais aussi au sujet ou au temps, dorés sur tranche, avec des signets de soie et des gravures sur bois, sans poussière et sans usure, régulièrement cirés avec dévotion. Chacun établirait sa propre collection, retrouvant les seuls livres qui comptent, ceux que l'on a lus dans ses jeunes années. Enfermé dans la bibliothèque de l'hôtel de Guermantes, le pseudo-Marcel rêve de se constituer une bibliothèque avec ses livres d'enfance ; les « livres que je lus jadis à Combray, à Venise, enrichis maintenant par ma mémoire de vastes enluminures […] »[23] dit-il. Le livre aimé, repris régulièrement, devient une sorte de palimpseste : entre ses lignes, dans ses paysages, s'inscrivent les âges des différentes lectures et le passé. Tout livre est semblable, pour soi, à ce que furent les parapets de l'Ile Saint-Louis pour Restif de la Bretonne ; il gravait sur le travertin les dates de ses plaisirs, et le jour de l'évocation de ces bonheurs, et celui de la remémoration de ces rappels.

Les bibliothèques que j'ai connues jadis imposaient des formes différentes de faction : il fallait attendre patiemment à la porte bien avant l'heure, si on voulait pouvoir pénétrer dans la salle de

---

[22] Michel Foucault dans *Les Mots et les choses*, Paris, Gallimard, 1966, p. 7 cite Borges « La Langue analytique de John Wilkins » in *Enquêtes*, Paris, Gallimard, 1957, p. 144. Umberto Eco a consacré un ouvrage aux bibliothèques, *De Bibliotheca* (Caen, L'Echoppe, 1986). Il en a placé une au centre de son roman *Le nom de la rose*, prenant pour modèle celle de Babel, selon Borges. D'ailleurs, il confie à Jorge de Burgos le soin d'en être le bibliothécaire. Pour sortir mentalement du labyrinthe qu'elle constitue, il faut combiner les livres comme des lettres, écrire un livre au-delà des livres.

[23] Marcel Proust, *A La Recherche du temps perdu*, « Le Temps retrouvé », Paris, Bibliothèque de la Pléiade, t. III, 1954, p. 887 ou t. IV, 1989, p. 466.

Jean Roudaut

lecture ; il fallait choisir son clan, car des factions étaient aux prises, et le combat était vif entre lecteurs et conservateurs, administrateurs et magasiniers. Il n'y a toujours qu'une seule bibliothèque en France ; qu'elle soit qualifiée de Grande (mais pas d'agréable) n'y change rien. C'est tout le contraire de ce qui a été fait qu'il faut espérer : que les bibliothèques soient multiples et accueillantes ; que les lecteurs soient disponibles et non plus traqués ; que les livres soient présents au lieu d'être cachés ; que le plaisir soit actif dans tout le corps au lieu d'occuper seulement l'esprit. Que la bibliothèque ait la forme d'une ville, que le fleuve du temps la traverse, et qu'elle ouvre ses fenêtres à facettes sur le monde.

1   Vittore Carpaccio, *La Vision de Saint-Augustin* (parfois identifié comme *Saint-Jérôme dans son studiolo*), 1501–1507, huile sur toile, 1,41 × 2,10 m, Venise, Scuola di San Giorgio degli Schiavoni. • *Vittore Carpaccio,* The Vision of St. Augustine *(sometimes referred to as* St. Jerome in his studiolo*), 1501–1507, oil on canvas, 1.41 m × 2.10 m, Venice, Scuola di San Giorgio degli Schiavoni.*

JEAN ROUDAUT

Libraries and Their People

for Jean-Pierre Leroy,
in memory of our long waits,
in memory of our hopes

Inhabiting a Library: Furniture and Bodily Gestures

The body has different ways of gesturing, moving and relaxing depending on the pieces of furniture it comes into contact with, whether these be revolving bookshelves or a sunken couch. We do not have the same elbowroom when perched at a table or a piano (notably in Vuillard's paintings) as when we are sitting in front of tapestries or chests (aptly illustrated in the *books of hours*). Our books were formerly heavy, weighed down by thick leather binding and steel clasps, and difficult to move from one book-rest to another. Then printing was invented and they were metamorphized into mobile objects, becoming interchangeable and subsequently trivial. In changing weight, they also changed place; they began to be shelved in diverse spots – in monastery refectories for ritual readings, in the church choir for matins and lauds or in the armarium sealed into the cloister wall. Books started being penitently copied. They were devoured. They started being categorized, stacked up and even pocketed.

Originally places humming with life, libraries gradually became places of reclusion, retracting spatially, with doors and restrictions protecting their treasures. Montaigne locked himself into his *librairie* and people began to think only when sitting down, as in Rodin's *Thinker*. Our bodies have had to take on a language that is not its own, huddled over desks right from the moment we join primary school. Just as we have learnt how to restrict ourselves to using acceptable words and how to substitute historic forms for analagous forms such as "I wish it was" instead of "I wish it were", so we have learnt how to fold our body into a chair, leaning over a table in a position that would have seemed highly uncomfortable to the crouching scribe. Postures, gestures and even grimaces are dictated by the structure of each place: we have learnt how to write not only sitting down but also standing up (Victor Hugo), how to walk about in order to think (peripatetics) and how to adopt a reclining position so that we may weigh our words more carefully.

In the 17th century, aristocrats began decorating their salons with bookcases, as did the bourgeoisie during the Second Empire. At that time, people would move around in a group, chatting to one another, sauntering from an occasional table to an armchair, but with a lack of regard for the books around them. Books turn their backs on those who perceive them as mobile tapestries, as decorative features slotted between the piano and the house-plants. We pick one out, tempted by its cover; we turn the pages gently, as if it were a woman's yielding body; we study the frontispiece just as we search for the secrets in another person's eyes; then we lay it down on a nearby pedestal table.

There are two ways of inhabiting a library. First, as if it were a forum or fairground; second, as if the reading room were a monastic cell. Today, these two types of design are separate: in new libraries there is constant hubbub and we move around as we do in town, or sit on the ground like in a comic strip store. Yet when we are on the *rez-de-jardin* (such as in the Bibliothèque Nationale in Paris), we tread carefully, looking out at the trees (literary cedars) through the windows. We feel as if we are in a pleasant cloister, in an abbey, but not yet in Rabelais' Abbey of Thélème. There are screens, generating a sensation of solitude and fixedness; we can wander around with our paperbacks like in days of yore when missals could be opened in any place (18th-century erotic books were in fact based on the format of missals. They could be kept in one's fob, like an imaginative universe that could be dipped into at any time).

Books rise up like walls. Yet they are deceptive, for they provide scant protection against death – as soon as one is removed from a shelf it leaves a gaping window that opens onto nothingness. They might as well be laid out in heaps on the ground then, so we can walk between them, breathing freely without being closed in. The current form of books, which came about quite unexpectedly, has led to new types of arrangement – they are now placed side by side or are stacked on shelves. Juxtaposing books has fostered the use of bookends, ranging from onyx stones to tobacco jars, but the huge piles collapse under the awkward weight. We should use cupboards; we could place them side by side in one room; we could even devote all the rooms in the entire building to them. It would be the beginning of the library of Babel.

After the very first author came the very first critic, or so the story goes. Then came the librarian. All these three individuals reside in one another. But the librarian clashes with the reader, for the latter makes havoc and stirs up the dust. Librarians dream of locking up all the books in a stronghold, burying them away from sun and water. The clerk in every one of us keeps watch; his dream is to know everything, to happen upon a secret, or discover a sentence that was clearly written for himself and which is not so much a talisman as an elixir. He digs deep, causes disruption, annotates and glosses. He speaks out loud. A library is not merely a collection of books; it is a place for living in, a puzzle that everyone seeks to piece together. "We were in my library which was clearly lit",[1] recalls the abbot of Choisy in his *Mémoires* in an account of his house in Faubourg Saint-Marceau; "there was a crystal chandelier and a host of mirrors, marble tables, paintings and porcelain – the setting was magnificent". Life blossoms in libraries, with mirrors and books submerging the reader in their "heteronyms" (as referred to by F. Pessoa). But what *is* a book exactly?

Books presuppose writing, and thus require a medium, which does not have to be solely papyrus or paper. Can we call a tattooed or painted body a book? And what about Frédéric Appy's deckchair decorated with quatrains by Butor? Books must be easy to reproduce and carry around (thus ruling out heavy inscription). And yet many forms of writing are scorned: police statements for instance, contracts drawn up by solicitors, departmental memos or job specifications, such as those imposed on university professors. We call these writings documents, for to our minds relating facts is a secondary role of books, their primary role being to communicate a desired aim. The nature of a book, or of a non-book, is determined by our reading of it, in the same way as Duchamp's utilitarian wine-rack can either be used in a cellar or displayed as an *objet d'art* in a museum. For librarians, books are documents; the weight of their paper and the watermark are essential, as are the binding clasps and the ex-libris. Researchers are exactly like librarians in this respect; they read a book because they are on the hunt for information, or want to use it as material for a demonstration of some kind. Amateurs, on the other hand, are drawn solely by the content; they value the imaginary landscape independently to the physical medium. As for so-called recluse readers who feverishly consume volume after volume, books are precious objects freed of all past and thus without any social trade-off. Members of the *beau monde*, however, see books as a tool for shaping their careers and stoking their haughtiness.

Libraries are cluttered places, despite the notion of selection that is attached to them; they are home to a variety of objects, just like a storehouse. They require strange cave-like crannies – niches resembling funereal recesses into which corpses used to be slid so they could be bound in *volumen*. We should install devices in our libraries that would enable us to stroll along trickling streams and up and down hills, reading books that unfold like Chinese paintings – an excursion into imaginary orchards, wandering through bowers and over lawns. And what better setting than fields of *codex*? The benefits would, nonetheless, be counteracted by a drawback: readers would not have an overall view of the typographical work with the books unfurling along a wall, as in Stéphane Mallarmé's *Throw of the Dice*. So perhaps our libraries of the future should boast specific rotundas like the one that houses Monet's *Water Lilies*.

One of the pleasures experienced by book collectors is having books of the same format; in other words, they look beautiful on display because they all have the same binding. However,

---

[1] Abbé de Choisy, Mémoires, Paris, Mercure de France, 2000, p. 435.

Jean Roudaut

the sheets of paper are folded differently depending on their content: dictionaries are folio, classical works (Virgil and Jacques Delille) are quarto, and novels are octavo. Quentin de La Tour's portrait of Mme. de Pompadour shows her surrounded by four large folios, representing the parts of the human mind: Guarini's *Il Pastor Fido*, Montesquieu's *L'Esprit des Lois*, Diderot's *Encyclopédie* and Voltaire's *La Henriade*. In the 18th century, a special place was reserved both for books known as "bilboquets" (works considered of little importance) and for those that the 20th-century poet René Char called "minuscules".

Libraries are only outwardly uniform, for in their cupboards can be found shelves of hidden treasures, which become even more hidden when the closeted texts are related to the "origins of the world". And if books are so big that they cannot be stored in purpose-designed spaces then it proves one has space, which is a contemporary sign of luxury. Hence libraries contain a gamut of smaller libraries. Yet last century a strange reversal occurred: Sade became harmless and hell was dissolved. Thus it was that "reserves", designed to prevent the reading of injurious authors (such as Catullus and Ovid, according to Julien Sorel at the Besançon seminary) no longer had any use; they therefore became the storing place for rare, i. e. expensive, books. Today, modest works dating from the late 19th century have, in turn, become worthy of protection due to their being produced on brittle acid paper that can crumble at a touch. And so although it may be claimed that modern libraries are exhaustive, in truth they are just as selective as before. It is also claimed that they are coherent but in fact they are terribly scattered. We need a guide to show us around; we lose ourselves whereas we should be able to find ourselves there. In 1664, the Jesuit Philippe Labbé published a *Bibliotheca bibliothecarum*. It was not the first library catalogue, and there have been many others since. But its title is beautiful, and disturbing too, for it seems to be heralding an endless list.

To compensate for such a proliferation of works, we dreamt of books that could be whole libraries in themselves; these were "Mirrors of the World" or encyclopaedias, which as d'Alembert says in his Preface to Diderot's *Encycopédie* should "serve as a library" (p. XXXIX). We would still like to own one single book which would be all books in one (a bible even, perhaps). But instead we have to scurry from room to room, running up and down stairs, and always nineteen to the dozen for we never have enough time. The hero in Robert Pinget's *Apocryphe* wants to know everything about life: "He used to consult medical dictionaries for his illnesses, botanic works for his felled elms and treaties on occult sciences for his fate".[2] In so doing he underlines our main fears: bodily suffering, natural beauty, our *raison d'être* and death, which is foretold yet creeps up unexpectedly. Theological books are always placed up high on the bookcase and we need a ladder to get them down. Light reading is generally easy to reach though. As for encyclopaedias, these are heavy and so help to balance the weight of the bookcase. Nor do we sim-

---

[2]   Robert Pinget, L'Apocryphe, Paris, éd. de Minuit, 1980, ch. LIII, p. 70.

ply arrange books by size – we also shelve them in historical or alphabetical order. And some-times we are tempted to group them by colour, which means we spend forever searching for a particular one, whereas what we really want is to find our bearings easily, as in Giulo Camillo's theatre of memory. In fact, libraries should be akin to Camillo's designs: we should be able to navigate through knowledge as if navigating through memories.

Readers do not have the same gait or bodily gestures depending on the season, day and time. We might even say their behaviour is climatic, for depending on the tones of the sky, they may be either agitated or relaxed. Even their clothing serves as a climatic marker. Regarding their inner-most passions, though, these can only be glimpsed via their choice of reading matter.

Fictional Libraries and Reserved Behaviour

The events that occur in imaginary libraries reveal somewhat obscurely what we expect from real ones; that is, what we confusedly seek while wandering around and allowing ourselves to be en-ticed and lured. Like cafés and washhouses, libraries are venues for meeting and conversing. For novelists, libraries are places where one piece of writing connects with all other pieces of writing, feeding on literature through evocation, allusion and quotation. Libraries are information sites, serving the same purpose as ancient forums; they also render narrative accounts credible, but at the same time any manner of surprising occurrences can happen there, which would indicate that their restrained decor camouflages an imperceptible shadiness.

Private libraries were set up in the salons of mansions in the initial aim of providing a relaxa-tion area. For instance, in Vuillard's portrait of Princesse Bassiano (*Bibliothèque*, dated 1911), we see the Princess reclining languidly in an armchair surrounded by her guests – the spectre-like characters of the books on the walls. They seem to be engulfed by the wallpaper, as if they are about to slip elegantly and effortlessly through to the other side of the decor. They know they will return though. It is just that they come to life when talked about. Everything is "sensual, calm and voluptuous" in this silent, luxurious universe of the library. In Jules Verne's *Vingt mille lieues sous les mers*, Aronnax reads the titles of the works Nemo brought along for his underwater journey in *Nautilus*. He reads them more carefully than the Princess, but he is so gripped by pleasure that he seems to be imprisoned, remaining immobile in a mobile place, his body weary but his mind alert. In Henri de Régnier's novels, the library serves as an opium den – the char-acters of the books take shape in the smoke of the pipes and get on with their lives independently of author or reader. Consequently, reading matter has to be well chosen before drawing a puff on the bamboo pipe.

We can thus observe that a library cannot be turned into a carefree place without this entail-ing a certain element of danger. When we pull a dozing book from a shelf and leaf through its pages, the dust floats gently through our fingers. However, books can suddenly turn into mis-siles, such as when they are thrown in the heat of an argument. In Canto V of *Le Lutrin*, Boileau

Jean Roudaut

recounts how followers of the bard cannonade their enemies with books borrowed from the bookseller Barbin:

> *"Numberless books appear'd this mighty Hour,*
> *Which scarce were seen, or ever known before.*
> *Here Parthenissa and Cassandra flew;*
> *Romatic Weight did real Strength subdue".*

Large, heavily bound volumes fly through the air, then the dust settles, revealing the wounded:

> *"A Keeble's Statutes, with unfriendly Weight*
> *Of crabbed Law, bruised Girot's empty Pate".[3]*

A library is no peaceful retreat then. It breeds jealousy and animosity. The fight described by Boileau mirrors the fight waged between the reader and the author, with the former stalking the latter, intent on killing him. And the two of them are inextricably linked to the librarian, who looks down from up on high.

There is another dangerous factor, though infinitely more complex: wounds to the body heal more easily than wounds to the heart. To cite Dante, a book is a go-between that is just as effective in real life as duennas are in drama, as when Paolo and Francesca interrupt their reading of *Lancelot* to apply the terms of desire they have just learnt:

> *"This one, who ne'er from me shall be divided,*
> *kissed me upon the mouth all palpitating.*
> *Galeotto was the book and he who wrote it.*
> *That day no farther did we read therein".[4]*

Any book can play this type of equivocal role provided it is intended as a resourceful means and not as a source of meditation. For instance, Bouvard hopes that Mme. Bordin will be so tantalized by reading Pigault-Lebrun's novels that she will yield to him. However, he fails just as much on the emotional front as he does in the area of natural sciences. Reality keeps desire at bay.[5] Libraries are insidious places of ill repute yet without the facilities of a bordello. The narrator of "Je brûle Moscou", in *L'Europe galante* by Paul Morand, is impatient to be alone with Vasilissa

---

[3] Translator's note: translation published by E. Curll and Burleigh, London, 1714.
[4] Dante Alighieri, Hell in Divine Comedy, translated by Henry Wadsworth Longfellow, Vol. 1, Canto V, Boston, Ticknor and Fields, 1867.
[5] Translator's note: Gustave Flaubert, Bouvard et Pécuchet.

Abramovna; they wonder where they can find a place to make love. He suggests they go to a private dining room, but she is more *au fait* with Muscovite lifestyle and points out: "They don't exist any more. We could go to a library, but they're highly sought after. In summer there are the woods, but you've arrived in the wrong season".[6] Deserted by readers, libraries became the trysting place of lovers who would disappear into the snug recesses. We should reintroduce these nooks and crannies, making them shadowy and cosy so couples can get on with their reading without being brusquely interrupted. But then take the Autodidact's experience in Bouville library when he is landed a crashing blow by a Corsican who suspects him of corrupting the young: "I would never have thought that in a library, a serious place where people come to study, things would happen fit to make you blush",[7] Roquentin's neighbour exclaims. Admittedly the Autodidact should not have let himself be seduced by schoolboys, just as Nicolas de Galandot should not have been led astray by Julie de Mausseuil in *La Double Maîtresse* by Henri de Régnier. The scene takes place in a library that is "cool and dark due to the closed shutters". "A mosaic of fruit and flowers sits on a large Florentine table in the middle of the room". Julie is lying on the table and unfastens her bodice, brushing "the tips of her breasts against the marble", offering herself up to Nicolas' overly timid caresses. Suddenly, he sees his mother towering in the doorway: "The door was flung wide, and there stood Madame de Galandot". The episode not only renders Nicolas lastingly impotent, but also sparks a deep animosity in him against books: "He usually spent his days in the library, sitting motionless in an armchair for nearly an hour; then he would get up, close his open book and put it back in its place".[8] Libraries contain wardens, libraries and attendants – all stern characters representing the Law. Nonetheless, they still remain places of seduction (we coax and bewitch through the intermediary of books, drawing on words in simoniacal fashion); they are also sacrilegious places: "Julien – a provident cynic – pressed his first love letter from Mathilde (an exhibit for the jury) into a large protestant Bible already padded with his *œuvres*"[9] states Roger Kempf in *Mœurs*. Books are thus more than objects for harbouring words that we have to bring alive; they are instruments which we complacently expect to benefit from; we invest capital in them (our collections) and we make caskets out of them, often wedging money into the space between the cover and the paper. Erotic goings-on in libraries are usually failed enterprises. Instead, it is the shelves that seem to be heavy with taboos, created by the books themselves. Love or read, be a libertine or a thinker – the choice is ours. The castrating mother looming in front of Nicolas de Galandot seems to have

---

6   Paul Morand, L'Europe galante: chronique du XXème siècle, Paris, Grasset, 1925, "Je brûle Moscou", p. 114.

7   Jean-Paul Sartre, La Nausée; translated from the French as Nausea by Robert Baldwick, Penguin, 1965, p. 236.

8   Henri de Régnier, La Double Maîtresse, Paris, Mercure de France (1900), Club français du livre, 1960, L. I, ch. 12, pp. 128, 129 and 137.

9   Roger Kempf, Mœurs: ethnologie et fiction, Paris, éd. du Seuil, 1976, pp. 61.

been spawned by books, for if Henri de Régnier had wished us to understand otherwise he would have set the love scene in a bedroom or a barn, between silk sheets or in the hay.

The exercise of reading or writing literature is viewed as one stripped of all manliness. According to the ladies of the world, intellectuals are not a good catch. That being said, they are merely repeating Robert Burton's opinion of men of letters as set out in *The Anatomy of Melancholy*: "Study weakens their bodies, dulls the spirits, abates their strength and courage; and good schollers are never good souldiers [...]".[10] Though being a lousy lover is surely a far worse offence. A century later, in 1775, Doctor Samuel Auguste Tissot wrote a study entitled *De la santé des gens de lettres* [On the Health of People of Letters], in which he explained how intellectual retreat leads to vice, which in turn brings on deafness. To quote Burton again, the best way to subjugate a nation is apparently to let people keep their libraries; he takes the example of a Goth chief who, having invaded Greece, banned his men from burning the books: "leave them that plague, which in time will consume all their vigor and martiall spirits".[11]

Returning to Vuillard's painting of Princess de Bassiano's library (*Bibliothèque*), we can note that the artist has oddly included a picture of Adam and Eve, placed right above the nonchalant Princess. Does this mean that books contain words that are forbidden to us? That they exile us from essential things and hurl us into a dead world of signs? That library lovers will never get to heaven? It is more or less this that Sartre teaches us in *Nausea* when he contrasts the Autodidact and the world of books with the universe of the garden and the root of the chestnut tree. And yet the library itself is less scoffed at than the use to which it is put. The Autodidact does not use books to put two and two together to expand his knowledge and thus rid himself of uncertainty. Instead, he places absolute value in them, even though their only value lies in the words they incite in each of us. "I was there", the narrator says, not nostalgically but in amazement at having lived in such a dusty world: "I was living in the midst of these books crammed full of knowledge, some of them describing the immutable forms of animal species, and others explaining that the quantity of energy in the world remained unchanged".[12] Suddenly, everything seems dead to him because he was unable to inject any meaning into what he had read; in other words he was incapable of linking the lessons he had learnt with a life plan. His knowledge is just as hollow as Bouvard and Pécuchet's encyclopaedic knowledge. Mallarmé likewise detects a murmur of death in the empty sentences uttered by men of fine words: "[...] they chat, for the beauty of a lady's laugh, of subjects whose sound does not echo"[13] ("Sauvegarde" in "Les Grands faits divers", *Divagations*). Both Flaubert's and Mallarmé's texts paint a similar portrait of the barren

[10] Robert Burton, The Anatomy of Melancholy, vol. 1, p. 302, Clarendon Press, Oxford, 1989.
[11] Ibid. The same anecdote can be found in Essais by Montaigne, Bibliothèque de la Pléiade, Paris, 1950, Livre I, ch. 25, p. 176.
[12] Jean-Paul Sartre, op. cit., pp. 113–114.
[13] Stéphane Mallarmé, Œuvres complètes, Paris, Bibliothèque de la Pléiade, 1945, p. 418.

land that awaits us when we cloak ourselves in a dusty shroud of words, such as in socialite small talk or in soulless reading of books in a library. In the preface to *My Secret Life*, Michel Foucault imagines that the author of this erotic tale is a bibliophile (just as Henry Spencer Ashbee and Pisanus Fraxi are one and the same man) with books taking over the entire house: "one can readily envisage books gradually entrenching upon the house, invading the walls, the shelves, the staircases, the tables, the couches, the bedroom and the bed which has at long last been emptied of its incorrigible occupier. The corpse was reportedly discovered a long time afterwards by a second-hand bookseller, gnawed away by words and crawling with letters".[14] The books around us gleam brightly like teeth in a skull. Consumed by books, the living being turns into a ghost.

There is no getting away from it then: libraries are dangerous places. The books that surround us are just as much weapons that we can use in our perpetual fight against other beings as they are our enemies. They stir up jealousy. Take Thérèse Tarde in *La Sauvage* (1934), who destroys the library of her lover, Florent France. For as she says (or rather as the author Jean Anouilh says), the man she loves finds soul mates in the books he reads; she therefore hates books because her lover can converse with them better than he can with her. And yet it is not as if she hasn't attempted to get close to them: "It's just that they don't speak to me the way they do to him". For her, books hold nothing but empty voices and dead souls; they are like dusty shelves. But who knows whether the musician Florent won't see them rot and disintegrate one day, once the Sauvage becomes estranged from him? Robert Pinget's Monsieur Songe certainly fell out of love with *his* books, for in his old age it is said that:

> *"His love of books had worn off so much*
> *that he dreamt of filling libraries with toilet paper.*
> *Without demolishing his own library of course".[15]*

Viewed from a novelistic perspective, libraries play a twofold role: not only are they pleasure-giving places (begetting sensual delight) they are also a sort of necropolis. As recounted by Gérard Macé in *Le Singe et le miroir*: "A library is as vast as a kingdom, with labyrinths and forests, monuments and laws, and rooms full of treasures that are an accumulation of the past. But it is a kingdom of the dead, where wandering souls continue to haunt us as though searching for a grave."[16] This is not how libraries should be. They should be built as resurrections, in a land that would be ruled by a Fisher King cured of his melancholy.

---

[14] Anonymous, My Secret Life; preface by Michel Foucault, Paris, Ed. Les Formes du secret, 1977, p. 6.
[15] Robert Pinget, Du Nerf, Paris, éd. de Minuit, 1990, p. 25.
[16] Gérard Macé, Le Singe et le miroir, Cognac, Le Temps qu'il fait, 1998, p. 31.

Jean Roudaut

Libraries Are of the Future

Architecturally, our libraries of tomorrow will have to embody the thinking of the readers who occupy them. In sum then, they will have to match the way our minds work, and our minds are neither naïve nor devoid of iniquity.

For a long while we drew on the same model for schools, barracks, prisons and libraries, constructing buildings set in an enclosed, walled space with wardens guarding the threshold ("Have you got your card"?) We had to register (anything other than pencils being strictly forbidden), and beady-eyed attendants would be on the lookout for deviant behaviour and forbidden inks. Even today, some people can still access anything they want on account of their rank, using their badge like the Hispano man uses his credit card. Others have to bang on door after door. But people have nonetheless begun to challenge the system, sowing the seeds of disorder. In times past, libraries were like presbyteries, where a church-like silence reigned. The only people who frequented them were old pontiffs and their vicars. Even the very wares they housed were objects of worship: "Folding large sheets of printed paper is a near religious act, though not as forceful as when we pack these sheets down in their thickness, offering up a minuscule tomb of the soul",[17] says Mallarmé, deeming the *Livre, instrument spirituel* to be a reliquary containing the breath of life. Even today, libraries still exude an air of pleasureless sacrilege and the spirit of a spiritless clan.

When building libraries for the coming century, we must not just think of functional changes (use of CD-ROMs and image-transmitting devices), nor must we try to make the building fit with a particular product type. Rather, we should envisage the design from a perceptual angle, namely how to infuse it with sensations of delight and rapture, replacing those of devotion and servitude. However, changing patterns of lifestyle first requires changing the space we live in. It means recasting our cities and traditions. This touches on architecture and teaching, for both domains (which have to be drastically reshaped) share a twofold point in common – schools and libraries. The current principle adopted by towns and cities is to densify, whereas libraries should be tending towards vaporization; we should not be making mono-functional spaces as in the past, but multi-functional ones, for in so doing we will prevent these places from becoming too rigid or brutally selective.

We could design libraries as separate but connected pavilions, each endowed with its own form and style just like in world fairs. The decor could be an extension of the content, with the rooms sporting a different colour for each century. There could be a mythological landscape for the baroque period, symmetrical facades for classical drama, Gallé lamps to light Proust's *Les plaisirs et les jours* and so forth. And this needs to be done before libraries become so widely scat-

---

[17] Stéphane Mallarmé, op. cit., p. 379.

tered that people will prefer to work from home, depending on their mood, quality of light and needs.

However today is, alas, the age of uniformity and concentration. Museums and libraries have grown into large department stores. We can find anything there, ranging from Theocritus to comic strip books, from serialized novels (*La Porteuse de pain*) to La Mettrie, read by man-machines. But all these works are housed in buildings as austere as citadels. The libraries created towards the close of the last century are, in fact, mini 19th-century towns. They are full of hidden holes, resembling the Parisian sewers at the time of Jean Valjean. They have grey, reinforced fire doors, like interchanges. Reserves workers dressed like dustmen but bearing no lanterns scuttle up and down miles of arcade-like corridors. Readers too have to walk forever to get where they want. And yet there is nothing nicer about towns than their arcades. The light from the buildings and the street lamps merge into a pool of illumination, clothing the shop windows in a murky, sea-like cloak of shadowiness. Transition spaces in libraries should be furnished, embellished with cabinets and statues. Or even better, they could be bathed in patently artificial light. That way, we would feel as though we were swimming in a dream from one place to another as if on a deep-sea voyage.

Although we may be powerless to halt the contemporary leaning towards concentration (whereby towns and cities are becoming broken up into specific quarters as in medieval times, with units dedicated to expertise, administration, food and colossal hospitals), we might at least try to make these new buildings humanely lopsided rather than coldly right-angled. They could float in the air, thus gaining space, but stocked with all the requisite information that would be broadcast along the waves of the sky. As for land libraries, these could take on a living form, with various foyers and meeting spaces, separated from one another by stretches of water instead of partitioning: "An aquarium (lit simply by diurnal light *a giorno*, and by gaslight in the evenings): magical, alive, changing and extraordinary […]".[18] These features that Mallarmé describes in the seventh issue of *La dernière mode* (6 December 1874) for decorating a private abode would be more suited to a public place; they would offset the austerity of public spaces, making readers feel as if they were fish in water, slipping between books and the outside world. Each meeting area would be a place for exchanging information, opinions and "possibly more". The decor could be mobile, cradling people lost in solitary thought. We could even strive to fulfil every reader's dream of having all the books to hand so they would just have to reach out for them in one slow, celestial movement; it was exactly this that Ramelli envisioned as early as 1588 when he invented *Diverse e artificiose macchine…*, turning the library into one single book.

Nevertheless, movement is central to readers, whether this be movement of the eyes, of the mind or of the body. We search for our own identity in others up until the moment we plunge

---

[18] Stéphane Mallarmé, op. cit., p. 821.

Jean Roudaut

into our reading; then we no longer worry about pleasing others, for we have found a place where there is room for oneself. Reading is all about moving within a singular space that we can make our own, just as strangers will have made it theirs before us. One book thus becomes a huge world. It also becomes a huge library, for in one volume we cruise alongside large numbers of other works. The author of *Don Quixote*, for instance, presupposes that his readers know *Amadis de Gaule* and *The Deeds of Esplandian*, which the university graduate and the governess want to burn, all the while sparing *La Galatea* by Cervantes. As for Bouvard and Pécuchet, they take their old books to the country and store them in a cupboard. "The doors had been removed. They called it the library".[19] They look forward to delighting in Pigault-Lebrun. As regards Joyce, he does not stop at taking us on a journey through Homer's world in *Ulysses;* he parallels former styles of writing through different pastiches and literary styles, enabling us to relive the history of literature and, by way of extension, old ways of thinking. And Tom Ripley, setting off for Europe in search of Richard Greenleaf, is advised to read *The Ambassadors*. Patricia Highsmith wants her readers to be acquainted with Henry James's novel so as to better grasp the play on allusion and variations in her own book.

If librarians entered the arena after critics, who play with the words of authors (or rather with those of "scribes" for one is never anything other than a copyist however well one might deform words), it is because every book is multiple. Whoever reads it interprets it in a different way. Readers are "authors"; they critically recreate the book in their minds, focusing on connections between their own selves and the phrases uttered by others. They are librarians too, in that they leaf through books, close them and put them down.

A book is a library. In turn, a library is a town, full of handouts, colour adverts, covers of weekly magazines and fence-like screens. As Apollinaire declares in *Zone*, on a morning walk:

> *"You read the handbills the catalogues the singing posters*
> *So much for poetry this morning and the prose is in the papers."*[20]

Not only are libraries vast spaces (towns of myriad utterances stacked one above the other), they are also extremely fragile, whether their books are individual or fanned out, Mallarmé's fan being the most fragile book of all. Mallarmé illustrated his fans with quatrains, but there are other works that are inherently fragile too. Examples include the limited production of "manuscript" books, which risk being swallowed up in the jaws of oblivion without a trace being left behind. The majority of future books will be of this type, for unlike those publications that are

---

[19] Gustave Flaubert, op. cit., ch. IV, p. 233. Chapter V is dedicated to an annotated inventory of the books brought from Paris.

[20] Translator's note: Zone, by Guillaume Apollinaire with an English translation by Samuel Beckett, The Dolmen Press, Dublin.

produced specifically to be lovingly handled and gazed upon (as well as those designed for show or for collectors) the publications of the future will be devoted to valueless books that we can stuff in our pockets. In short then, there will be rare books to look at in wonder and ordinary books that we can actually touch (in response to Mallarmé's injunction in *La dernière mode* of April 1874: "Now, more than ever, it is the time to read: in the train, in the garden hammock, in chairs on the beach".[21]) And then, in between these two books is the computer screen, with its instant access to printed texts.

The library that stems from readers' dreams and which can be found in novelistic descriptions will thus find its place in a virtual world. Yet this virtual library has always existed to a certain degree, as was noted by Stéphane Mallarmé in one of his "Grands faits divers" ("Sauvegarde"): "This Room, it exists in our minds, in our memories, as an imaginary treasure".[22] It is a library which is never complete, for it is fragmented in every respect, its value residing in the relations that it can weave with other similar places: "Imbued with all forms of understanding […] it prescribes a religion of sorts among its own, rooted in strangeness and retreat". [23] Indeed, an analogous place might be a temple, not least owing to the parallel gestures that are performed in temples and libraries: walking slowly, sitting down reverently, abstaining from food and drink, refraining from yawning, and keeping silent for shouting out would be a profane act. Instead, we gather our thoughts and raise our hands high, reaching for the heavy object of our desires, as if taking an oath or swearing allegiance.

J. L. Borges' library is based on the Tower of Babel, and is not dissimilar to Mallarmé's. In form it is closer to a dragnet or trammel than to the tunnel devised by the visionary architect Boullée. It is a huge meshwork, made up of myriad centres and passages opening onto other cavities. It represents the entire universe, which implies that we cannot exist outside it. We can but inhabit it. Borges built his library by slotting hexagons together; on every wall there are five shelves that bear the weight of thirty-two books with four hundred and ten pages each. Every page has forty lines and every line has around eighty black characters. Yet despite their "mathematical severity", libraries are as irrational as gods, with secret names scattered throughout their pages; they are secret because they are infinite, and therefore unknown to human beings. We turn blind the minute we try to utter a single syllable of them. It doesn't matter though; we will find out sooner or later that we will be blinded anyway, even by books that cannot be found in libraries, for these nonetheless exist in our imagination and are just as impossible to interpret.

In the eyes of novelists, the library of the future should be a continuum of warm and welcoming places, with all the trappings of late nineteenth-century salons, such as house-plants, comfy

---

[21] Stéphane Mallarmé, op. cit., p. 721.
[22] Stéphane Mallarmé, op. cit., p. 418.
[23] Stéphane Mallarmé, op. cit., p. 417.

sofas and private nooks and crannies. Each of these salons would be a library in itself, arousing delectable sensations every time we visit them. Nicolas Bouvier sensually sums it up in "Bibliothèques" (the libraries he frequents in *La guerre à huit ans*): "Once libraries have been deciphered and uncovered, they are like violins: whether they be one hundred or three hundred years old, the more we play them, the better they are".[24] He sees them as a sort of Golconda where we might find a "secret seraglio". He has experienced "hours of absolute bliss" there, melting with pleasure at their luxuriousness and the joys of inspiration they proffer. Future libraries should be a fusion of several spaces. They should be a hermitage and a promenade; they should combine objects related to single life, such as television, with coffee areas, where one can strike seductive poses whilst reading. There should be private spots, which we could leave whenever we wished to wander among the desks and curios. There should be greenery interlaced among the jigsaw of tables – a jumble of foliage and at its heart a realm of books and pictures. For by their very definition, books are a blend of immobility and movement, of recollection and premonition, of life and death. That is why we like to leaf through them. We shuffle books around in libraries, tampering with their tidy order, in the hope of making them surprising and lively places.

Chaotic reading – the type of reading that makes us pick a book out of the blue – can generate some happy findings; this is what happens with the Autodidact who chooses authors in alphabetical order. We all know how cheering it is to come across an undiscovered gem having wasted one's time looking through pages as futile as those written by academics. In his preface to Francis Ponge's *Les Mots et les choses,* Michel Foucault quotes Borges from *Enquêtes* on how Chinese encyclopaedias are structured. He notes how their whole charm lies in their incongruity: "animals are divided into a) those belonging to the Emperor, b) stuffed animals, c) tame animals, d) piglets, e) mermaids f) mythical animals […]".[25] Disorder is the most enchanting type of classification. It is the law of the loft.

Our future libraries should be places where we can circulate, allowing us to regularly revisit the same parts of our intellect just as we constantly revisit the same places on walks; they should be common yet individual spaces; centralized yet varied: "The vaporization and centralization of Self. Everything is there"; we dream of adapting this open-ended remark voiced by Baudelaire in *Mon cœur mis à nu* to the whole of our surroundings.

[24] Nicolas Bouvier, La Guerre à huit ans, Genève, Mini Zoé, 1999, pp. 43–44.
[25] In his preface to Les Mots et les choses, Paris, Gallimard, 1966, p. 7, Michel Foucault quotes Borges: "La Langue analytique de John Wilkins" in Enquêtes, Paris, Gallimard, 1957, p. 144. Umberto Eco has devoted a work to the subject of libraries, entitled De Bibliotheca, Caen, L'Echoppe, 1986. He also centred The Name of The Rose around a library, using Borges' Library of Babel as a model. He even cast Jorge de Burgos in the role of librarian. To mentally exit the labyrinth-like library, one has to create combinations from books, in the same way as letters; in other words, one has to write a book that transcends all other books.

In the libraries of the future there could be books placed within arm's reach, bound in colours matching the decor, or corresponding to a subject or period. They could be gilt-edged with silk bookmarks and wood carvings, regularly and lovingly waxed so they never grow dusty or worn. Everyone would put together their own collections, finding the books that count for them – those we read in our youth. We would be like the pseudo-Marcel locked in his library in the Hôtel de Guermantes, dreaming of a library full of his childhood books: the "books I once read in Combray and in Venice, now enriched by illuminated memories [...]"[26] he says. Our most-loved books, which we return to again and again, are like a sort of palimpsest with all the different readings of the past inscribed between its lines and landscapes. Every book is to us what the parapets of Ile Saint-Louis were to Restif de la Bretonne, who carefully engraved his happiest days in the white stone, together with the date he recalled those events and the day on which he recalled the recollection.

The libraries I remember from times gone by incited factions and diverse types of behaviour. One had to wait patiently at the main door well before opening time to get a seat in the reading room; in addition, you had to choose your clan, for these different factions were pitted against one another and fighting was bitter among readers, librarians, directors and reserves workers. Today, there is still only one national library in France – the so-called Grand Library. This "grand" place runs totally counter to all our hopes of seeing welcoming libraries of multiple parts where readers are allowed to do as they please instead of being tracked down, where books are on display rather than buried away, and where it is not just the mind but the whole body that can experience the delight of reading: libraries fashioned in the form of towns, crossed by the river of time, with multi-faceted windows open on to the world.

Translation: Sarah Parsons

---

[26] Marcel Proust, A La Recherche du temps perdu, "Le Temps retrouvé", Paris, Bibliothèque de la Pléiade, v. III, 1954, p. 887 or v. IV, 1989, p. 466. Translated from the French by Stephen Hudson as Remembrance of Things Past, "Time Regained", London, Chatto and Windus.

Jean Roudaut

2 Édouard Vuillard, *La Bibliothèque*, 1911, huile sur toile, 4 × 3 m, Paris, Musée d'Orsay. • *Édouard Vuillard,* La Bibliothèque, *1911, oil on canvas, 4 × 3 m, Paris, Musée d'Orsay.*

JEAN ROUDAUT

Bibliotheken und ihre Menschen

Diskurs

Bibliotheken: Das sind zunächst Bücherschränke, dann mit Büchern tapezierte Räume, zuletzt Gebäude. Die Bücher kehren den Menschen den Rücken zu und scheinen sie einzuschliessen. Aber es genügt, nach ihnen zu greifen, in ihnen zu blättern und, hat man sie weggelegt, sich vorzustellen, in der Welt zu leben, zu der sie den Zugang öffnen, damit aus den gewendeten Blättern Bäume wachsen. Bibliotheken vibrieren vom Atem der Lesenden, sind schwer vom Gewicht ihrer Körper, leicht von ihren Träumen; von ihren Wünschen, den klarsten wie den dunkelsten, muss man ausgehen, um Bibliotheken neu zu bauen.

In den Romanen werden Bibliotheken oft als Orte des Vergnügens oder des Todes, der Freiheit oder der Entfremdung dargestellt. Der Leser in der Bibliothek liebt es, wenn ihm dieser Ort gedeutet wird. Aufrecht an den Wänden verkünden die Bücher das Gesetz wie Richter; Paolo und Francesca ziehen daraus Lektionen der Liebe und beweisen so, wie unvoreingenommen sie sind.

Was uns einzukerkern droht, müssen wir zur Behausung verwandeln; die Bücher sollten – aber nicht etwa gleichgültig oder nachlässig – unter die Dinge des täglichen Lebens gemischt werden, auf den Tischen und Pulten sich berühren lassen, bei Pflanzen und vogelbunten Zierfischen liegen, sich kunstlos türmen wie Steinhaufen. Denn die Welt gibt sich als Schauspiel vor ihr selbst in all ihren Bereichen – bis hinein in die Bücher.

3   Félix Vallotton, *La Raison probante*, 1897–1898, gravure sur bois, planche tirée de la série *Intimités*, Paris, Éd. de la Revue Blanche. Berne, Bibliothèque nationale suisse. • *Félix Vallotton,* La Raison probante, *1897–1898, wood engraving; plate published in the series* Intimités, *Paris, Éd. de la Revue Blanche. Berne, Swiss National Library.*

Bibliography

The history of books and libraries has formed the object of many eminent works; these include:

Volume I of l'*Histoire générale de Paris*, devoted to "Anciennes bibliothèques de Paris" by Alfred Franklin, Paris: Imprimerie impériale, 1867.

Histoire des Bibliothèques françaises, Paris: Promodis – Ed. du Cercle de la librairie, 1988, published under the supervision of André Vernet.

Les catalogues de bibliothèques, Turnhout, 1979, compiled by A. Derolez.

Histoire de l'édition française by R. Chartier et H. J. Martin, Paris: Fayard, 1982 (reprinted in 1989).

In addition, the works listed below provide detailed information on how libraries have reflected the image of society in given periods and places:

H. J. Martin et L. Febvre, *L'Apparition du livre*, Paris: Albin Michel, 1958; reprinted in 1971.

R. Chartier, *L'ordre des livres*, Aix-en-Provence, 1992.

Jacqueline Cerquiglini-Toulet, *La couleur de la mélancolie. La fréquentation des livres au XIVème siècle 1300–1415*, Paris: Hatier, 1993.

François Geal, *Figures de la Bibliothèque dans l'imaginaire espagnol du siècle d'or*, Paris: Champion, 1999.

Alexandre Laumonier, "De l'Histoire, des livres et des Mondes. A partir de la bibliothèque du *Nom de la Rose*", in: *Au nom du Sens*, Paris: Grasset, 2000, pp. 454–481.

Jean Roudaut

*Jean Roudaut was born in 1929 and has taught in Greece, Italy and Switzerland. He now divides his time between Paris and Brittany. He has published some twenty books devoted to the interpretation of painting (*Le Bien des aveugles, *Gallimard) and to the study of works by Louis-René des Forêts (*Encore un peu de neige, *Mercure de France). His most recent publications –* Sans lieu d'être *(Fribourg, Le Feu de Nuict),* La Nuit des jours *(Genève, Lézardes) and* Dans le temps *(Orléans, Théodore Balmoral) – are semi-autobiographical.*

WALTHER FUCHS

Die Modernität der Schweizerischen Landesbibliothek, 1798–2001

Die Utopie einer Schweizerischen Nationalbibliothek

Die Geschichte der Schweizerischen Landesbibliothek reicht bis in die Anfänge der Moderne zurück; sie ist als Bildungsinstitution eine Idee der Aufklärung und ihre Gründung eine unmittelbare Folge der Französischen Revolution. Im Jahr 1798 wird nach französischem Vorbild die Helvetische Republik proklamiert, und auf Initiative von Philipp Albert Stapfer,[1] Minister für Künste und Wissenschaften, wird die Gründung einer «National- und einer Gesetzgebungsbibliothek» beschlossen – deren Errichtung bleibt aber zunächst Utopie. Erst knapp hundert Jahre später wird aus der Eidgenössischen Zentralbibliothek die Schweizerische Landesbibliothek hervorgehen.[2] Beide Bibliotheken sollten mit Büchern aus den Bibliotheken säkularisierter Klöster, mit Pflichtexemplaren, Ankäufen privater Büchersammlungen und mit Büchern aus Schenkungen ausgestattet werden.[3] Auch die Stadtbibliotheken waren zur Abgabe verpflichtet. Die Gesetzgebungsbibliothek war in einem «Zimmer» am jeweiligen Regierungsstandort in

---

[1] Zur Person von Philipp Albert Stapfer (1766–1840) vgl. Luginbühl 1887 und Rohr 1998.

[2] Zur Vorgeschichte der Schweizerischen Landesbibliothek vgl. Escher 1935, Escher 1936, Luginbühl 1887, pp. 277–303.

[3] Vgl. 8.5.1798: Beschluss Sequestrierung von Klöstern mit Begründungen: Sicherung Staatsvermögen (Plünderungen) vgl. Strickler 1889, pp. 1026–1032, Nr. 114. 5.6.1798: Aufhebung Klöster vgl. Strickler 1887, p. 218. 17.7.1798: Oberster Gerichtshof Mangel an «literarischen Hülfsmitteln» vgl. Strickler 1887, pp. 567–568, Nr. 122, 2), 3). 15.8.1798: Auftrag «Kloster-Bibliotheksbericht» an Stapfer zur Rettung der Bücher für die Nation, vgl. Strickler 1887, pp. 848–852, Nr. 192. 20.8.1798: Klosterstatistik vgl. Strickler 1887, p. 576, Nr. 125, pp. 578–580, Nr. 128. 17.9.1798: Sequestrierung Klostereigentum als Nationalvermögen vgl. Strickler 1887, pp. 1142–1146, Nr. 3000, insbes. Ziffer 3. 18.12.1798: Errichtung des Bundesarchivs, und der Eidgenössischen Parlaments- u. Zentralbibliothek vgl. Strickler, 1889, pp. 800–804. 19.1.1799: Beschluss Enteignung «Nationalbibliotheken» sprich Stadtbibliotheken vgl. Strickler 1889, p. 1425, Nr. 405 und 406.

Aarau, Luzern und Bern provisorisch untergebracht.[4] Die sequestrierten Bestände aus Kloster-bibliotheken wurden teilweise zum Schutz vor Plünderungen der französischen und österreichi-schen Besatzungstruppen in Depots eingelagert (Abb. 1).

Schweizerisches Archiv- und Landesbibliothek-Gebäude

Nach dem Ende der Helvetischen Republik werden die «National- und die Gesetzgebungsbi-bliothek» 1803 liquidiert und später als «Tagsatzungsbibliothek» fortgeführt, die bis 1848 an den Regierungssitzen in Bern, Zürich und Luzern ihre temporären Standorte hat. Mit der Gründung des Bundesstaates im Jahr 1848 wird die «Tagsatzungsbibliothek» als «Eidgenössi-sche Centralbibliothek» dem Departement des Innern zugeteilt und zunächst in Provisorien, ab 1892 im vormaligen Nationalratsaal des Bundeshaus-West, dem «Bundes-Rathaus» in Bern, untergebracht.

Die Stapfer'sche Vision einer eidgenössischen Nationalbibliothek wird endlich im Jahre 1893 Wirklichkeit: mit der Gründung einer schweizerischen Nationalbibliothek zunächst als «II. Abteilung der eidgenössischen Centralbibliothek», unter der dreisprachigen Bezeichnung «Landesbibliothek», «Bibliothèque nationale» und «Biblioteca nazionale». Der Bürgerbiblio-thek in Luzern wird die Aufgabe übertragen, Alt-Helvetica aus der Zeit vor 1848 zu sammeln. Die von Patriotismus getragene Initiative geht 1891 von Fritz Staub, Redaktor des Schweizer-deutschen Mundartlexikons, aus und findet bei den grossen literarischen und wissenschaftli-chen Gesellschaften der Schweiz breite Unterstützung.[5]

Am 2. Mai 1895 eröffnet die Schweizerische Landesbibliothek ihre Tätigkeit in einer Miet-wohnung in Bern (Abb. 2).[6] Vier Jahre später bezieht sie den Nordosttrakt des neu erbauten «Schweizerischen Archiv- und Landesbibliothek-Gebäudes», den sie mit dem Schweizerischen Bundesarchiv teilt (Abb. 3).[7]

Der Neorenaissance-Bau wurde von Theodor Gohl, Semper-Schüler, Chefentwerfer und Adjunkt der «Direction eidgenössischer Bauten», von 1896 bis 1899 realisiert.[8] Trotz seiner Lage ausserhalb des engen Perimeters der Bundeshäuser ist das Gebäude durch seinen Baustil als Bundesbau zu erkennen. Bautypologisch zählt der symmetrisch angelegte Stahlskelettbau zu den modernen Magazinbibliotheken.

[4]   Vgl. Wiedmer 1986, p. 110, «dass ihnen die Canton Bern(i)sche Verwaltungskammer ein Zimmer im Gebäude des G. Raths verweigere...» vgl. Strickler 1892, p. 935, Nr. 316.
[5]   Zur Gründung der Schweizerischen Landesbibliothek von 1891 vgl. Kommission 1900, pp. 5–14. Graf 1995.
[6]   Vgl. Kommission 1896, p 2. Zunächst in einer 5-Zimmer-Wohnung im ersten Stock und in einem Teil des Entresols untergebracht, breitet sich die Bibliothek aufgrund der sehr raschen Entwicklung ihrer Bestände auf alle vier Geschosse der Liegenschaft aus. Vgl. Kommission 1897, p. 3.
[7]   Vgl. Kommission 1900, p. 3. Zur Architektur und Geschichte des Schweizerischen Archiv- und Landesbibliothek-Gebäudes vgl. Fröhlich 1998, Graf 1995.
[8]   Vgl. Hauser, Röllin et al. 1986, pp. 454–455 und Fröhlich 1998, p. 56.

Neubau Hallwylstrasse

Bereits 1919, knapp zwanzig Jahre nach dem Bezug des neuen Gebäudes, steht wieder ein Neubau zur Diskussion: Der Bestand der Schweizerischen Landesbibliothek hatte sich innerhalb dieser zwanzig Jahre mehr als verdreifacht. Der Raum war knapp geworden und bauliche Defizite zeichneten sich ab; Direktor Marcel Godet prognostizierte die Raumreserven auf höchstens noch «fünf bis sechs Jahre».[9] Godet hatte schon 1910, ein Jahr nach seiner Wahl,[10] auf die «Raumfrage» hingewiesen:[11] Das «Schweizerische Archiv- und Landesbibliotheks-Gebäude» war ursprünglich primär als Archiv geplant gewesen, und nicht als stark frequentierte öffentliche Bibliothek.[12] Die zuständige Kommission,[13] bestehend aus Vertretern der Bibliothek, des Bundesarchivs und der Eidgenössischen Baudirektion, beschliesst, für die Landesbibliothek ein neues Gebäude zu erstellen und das Bundesarchiv im bestehenden Bau zu belassen. Die Hauptkritikpunkte am damaligen Standort sind die fehlende Trennung zwischen Katalog- und Zeitschriftensaal (Lärmimmission), die unvorteilhafte Organisation der Ausleihe, das Fehlen eines Ausstellungssaales sowie der Mangel an Büroräumlichkeiten.[14]

Im Verlaufe der mehrjährigen Projektierung stehen verschiedene Bauplätze in der Stadt Bern zur Diskussion. Als Baugrundstück wird nach langwieriger Vorprojektierung 1926 ein Areal unweit des alten Standortes erworben. Ursprünglich war beabsichtigt gewesen, auch die beiden anliegenden Grundstücke zu kaufen, um zu verhindern, dass darauf Bauten entstehen, die dem Bibliotheksgebäude nachteilig wären. Wegen des zu hohen Kaufpreises und weil die Stadt beide Grundstücke für sich beanspruchte, wurde dann doch auf den Kauf verzichtet. Das Terrain gegen die Kirchenfeldstrasse war für das neu geplante Gymnasium vorgesehen, dasjenige gegen das Historische Museum behält die Stadt Bern als Baulandreserve zurück. Das Grundstück ist im Besitz des Kunstmuseums Bern und wurde von diesem zusammen mit den beiden angrenzenden Parzellen, auf denen heute das Kirchenfeldgymnasium und das Museum für Kommunikation stehen, verkauft, um den Erweiterungsbau des Kunstmuseums Bern von 1932–1933 durch Karl Indermühle und Otto R. Salvisberg zu finanzieren. In der Schlussbewertung, nachdem zuvor bereits die Bauparzellen an der «Monbijoustrasse-Friedeckweg», an der «Monbijou-Schwarztorstrasse», am «Bierhübeli» und am «Gryphenhübeli» ausgeschieden waren, entschied man sich erneut, wie bereits 1895 beim Bau des Schweizerischen Archiv- und Landes-

---

[9] Vgl. Kommission 1919, p. 9. Hinweis auf die Raumfrage vgl. Kommission 1911, pp. 10–11.
[10] Wahl M. Godet zum Direktor der SLB vgl. Kommission 1910, p. 4.
[11] Zur Raumfrage: Reserven für maximal zehn Jahre vgl. Kommission 1911, pp. 10–11. Konkrete planerische Massnahmen zur Erweiterung der Magazine erfolgten jedoch erst 1918.
[12] Die Zahl der jährlichen Lesesaalbesuche, die 1900, knapp ein Jahre nach Bezug des Neubaus, 4 500 betrug, hat sich bis 1919 auf 15 218 Besuche verdreifacht. Vgl. Kommission 1902, Beilage I., Kommission 1919, Beilage III.
[13] Vgl. Kommission 1919, p. 1.
[14] Zur Kritik des Schweiz. Archiv- und Landesbibliothek-Gebäudes vgl. Kommission 1919, pp. 10–12. Vgl. dazu auch Godet 1919, pp. 12–13.

bibliothek-Gebäudes, zu Ungunsten eines Bauterrains beim «Viktoriaplatz», das im Besitz der Stadt Bern ist.[15] Diesmal war nicht primär der Kaufpreis ausschlaggebend, sondern die vorteilhaftere Lage (Nähe Bundesarchiv und weitere Bundesbauten) und die bessere Ausdehnungsmöglichkeit.[16] Auf die Wahl des Bauterrains versuchten Stadt und Kanton Bern vergeblich Einfluss zu nehmen. Zunächst machten sie sich stark für den Standort «Bierhübeli» wegen seiner Nähe zur Universität.[17]

Nachdem von der Bibliothekskommission der Standort «Kirchenfeld» favorisiert wurde, verlangte sie einen städtebaulichen Wettbewerb «zur Erlangung von Plänen für das Gymnasium und für die Bebauung des ganzen benachbarten Geländes bis zur Kirchenfeldbrücke, mit Einschluss des für die Bibliothek in Aussicht genommenen Platzes».[18] Zwischenzeitlich wird aus finanziellen Gründen erwogen, auf den bevorzugten Standort «Kirchenfeld» zu Gunsten des preisgünstigeren Standortes «Viktoriaplatz-Optingenstrasse» zu verzichten. Schliesslich ermöglichten aber finanzielle Zugeständnisse der Stadtverwaltung und des Kunstmuseums Bern sowie der ausdrückliche Wunsch nach einer guten städtebaulichen Lösung der Gesamtparzelle vom Gymnasium bis zur Kirchenfeldbrücke den Kauf der schon immer bevorzugten Bauparzelle «Kirchenfeld».[19]

Im Sommer 1927 wird in der «Schweizerischen Bauzeitung» ein gesamtschweizerischer Wettbewerb ausgeschrieben.[20] Schon fünf Jahre zuvor waren einmal in Zusammenhang mit der Plankonkurrenz für das Städtische Gymnasium Kirchenfeld, die Neugestaltung des Helvetiaplatzes und des südlich anschliessenden Baugevierts bis zur Kirchenfeldstrasse Vorschläge für eine neue Nationalbibliothek ausgearbeitet worden.[21] Einen baulichen Niederschlag finden die zumeist neoklassizistischen Entwürfe jedoch lediglich in der Architektur des Städtischen Gymnasiums und im Gebäude der Schweizerischen Landesbibliothek, soweit deren Baukörper spie-

[15] Vgl. Kommission 1922, p. 1, bzw. Kommission 1924, pp. 1–2.

[16] Vgl. Kommission 1922, p. 1. Vorprojekt.

[17] Vgl. Eingabe der Unterrichtsdirektion des Kantons Bern an das Eidgenössische Departement des Innern, Kommission 1920, pp. 2–3.

[18] Vgl. Kommission 1923, p. 1.

[19] Vgl. Kommission 1924, p. 1 und pp. 2–3. Eine Zeit lang geisterte auch die Idee in der Berner Presse herum, die SLB im Gebäude des Burgerspitals unterzubringen und mit der Stadtbibliothek zu vereinigen. Vgl. Kommission 1926, p. 2.

[20] Der Wettbewerb wurde in der Mai-Ausgabe der Schweizerischen Bauzeitung angekündigt. Vgl. SBZ 1927, pp. 258–259. Die Entwürfe waren bis am 1. Oktober 1927 einzureichen. Vgl. Chuard 1927, p. 2. Teilnahmeberechtigt waren schweizerische oder seit mindestens fünf Jahren in der Schweiz niedergelassene Architekten. Vgl. Chuard 1927, p. 1.

[21] Vgl. SBZ 1923, p. 93. Im Preisgericht des Wettbewerbs für ein neues städtisches Gymnasium war kein Mitglied der Eidgenössischen Bibliothekskommission vertreten. Einige Architekten nahmen an beiden Wettbewerben teil: Emil Hostettler (Rang 17 Gymnasium, Rang 3 Schweizerische Landesbibliothek SLB), Fritz Widmer von vom Architekturbüro Daxelhofer & Widmer (Rang 2 Gymnasium, Rang 5 SLB), Otto Brechbühl von Salvisberg & Brechbühl (Rang 3 Gymnasium, Ankauf SLB); vgl. SBZ 1923, p. 136.

gelsymmetrisch zu denen des Gymnasiums angeordnet sind (Abb. 4).[22] Die Projektentwürfe der Eidgenössischen Baudirektion hingegen, welche im Auftrag der Landesbibliothek ausgeführt wurden und auf das Jahr 1919 zurückreichen, haben direkten Einfluss auf den Wettbewerb von 1927. Die Grundlage der Projektierung hatte Direktor Marcel Godet in einer kritischen Analyse des Bauzustandes der Bibliothek im «Archivgebäude» geliefert.[23] Als Vorbild für die Anordnung der Funktionen «Lesen», «Aufbewahren» und «Verarbeiten» diente die neue Zentralbibliothek von Zürich, unabhängig von der Grundrissform und der Beschaffenheit des jeweiligen Bauterrains:[24] Ein «Vorsaal» mit einer Bücherausgabestelle wird flankiert vom Lese- und vom Katalogsaal; das Magazin schliesst sich an diese Raumfolge an. Die Funktionen sind räumlich klar getrennt.[25] Die ersten Entwurfsskizzen von 1919 – die Verfasser sind Mitarbeiter der Bibliothek – verfügen indes noch nicht über die charakteristische Raumanordnung der Zentralbibliothek Zürich. Ein logisches System in der Anordnung der Funktionsbereiche ist in den Skizzen nicht zwingend erkennbar.[26]

Nachdem sich die Schweizerische Bibliothekskommission unter dem Vorsitz von Hermann Escher, dem Direktor der Zentralbibliothek Zürich, der Planung annimmt,[27] wird klar sichtbar, dass die Projektpläne der Raumdisposition der Zentralbibliothek Zürich folgen. Sie werden der zukünftigen Bibliothek als Grundlage für das Bauprogramm dienen[28] und orientieren sich weit stärker, als dies später bei den Wettbewerbsentwürfen der Fall ist, an den architektonischen Symmetrien des Gymnasiums: Auf Grund einer raumplanerischen Vorgabe sollte die zukünftige Landesbibliothek mit dem Gymnasium einen engen baulichen Zusammenhang bilden (Abb. 5).[29]

Im Wettbewerb verlangt die Jury einen funktionellen, zweckmässigen und nüchternen Verwaltungsbau.[30] Zusätzlich sind Vorschläge zu machen für eine spätere Überbauung der Baulücke zwischen dem Historischen Museum und der Landesbibliothek.[31]

---

[22] Vgl. Hauser, Röllin et al. 1986, p. 437. Vgl. dazu auch Schweizer 1980, pp. 437.

[23] Zur Kritik des Schweiz. Archiv- und Landesbibliothek-Gebäudes vgl. Kommission 1919, pp. 10–12. Vgl. dazu auch Godet 1919.

[24] Die Pläne der Projektierungsphase befinden sich in der SLB unter: «SLB Pläne und Akten ‹Archivstrasse›, Konzepte 1895–1900 + SLB Neubau».

[25] Vgl. Escher und Fietz 1919, p. 9.

[26] Im Konvolut enthalten sind Skizzen des Assistenten Albert Sichler und der Gehilfen Dr. Gustav Wisler und Carl Lüthi. Die Belegschaft der Schweizerischen Landesbibliothek umfasste damals fünfzehn Personen.

[27] Die erste Sitzung fand am 3. Juni 1919 statt, vgl. Kommission 1920, p. 1.

[28] Vgl. Jungo 1925. Die Stempelbezeichnung «Direction der Eidg. Bauten» auf der letzten Planserie vor dem Wettbewerb lässt auf die Autorschaft von Leo Jungo schliessen, der ab 1925 eidgenössischer Baudirektor ist, Vgl. Tribolet 1927, p. 424.

[29] Vgl. Stadtschreiber 1926 und das Wettbewerbsprogramm: «(…) mit dem Gebäude des städtischen Gymnasiums und der dazwischenliegend Platzanlage ein architektonisches Ganzes bilden.» Vgl. Chuard 1927, p. 3.

[30] Vgl. Chuard 1927, p. 3, «4. Bauart».

[31] Vgl. Chuard 1927, p. 3, «1. Bauplatz».

Die Ausschreibung gewinnen überraschend der junge, noch unbekannte Zürcher Architekt Alfred Oeschger und dessen Vater Eduard vor Josef Kaufmann aus Zürich und Emil Hostettler aus Bern (Abb. 6).[32]

Oeschgers Entwurf zeigt einen symmetrischen, langgestreckten, an die Trottoirs der beidseitigen Strassen reichenden Bau mit zwei Höfen und einem dazwischen liegenden Mittelbau, der sich treppenartig zum Gymnasium hin öffnet.[33] Das Büchermagazin erhebt sich als hochragender Zweckbau über die Seitentrakte und die ihm vorgelagerten Lese- und Katalogsäle mit dem Haupteingang.[34]

Dem Preisgericht gefällt die funktionelle Bauweise, die gute Raumordnung und die «verkehrstechnisch» günstige Anordnung der verschiedenen Eingänge.[35] Hingegen kritisiert es die fehlenden Verbindungen zwischen den beiden Flügeln in den oberen Geschossen und die zu grosse Distanz zwischen den Publikumsräumen und den Büros im Erdgeschoss. Des weiteren bemängelt die Jury die Lichtführung mit Sheddächern und den Überbauungsvorschlag für das an das Historische Museum anstossende Geviert.[36]

Unter den Teilnehmern des Wettbewerbs sind auch namhafte Architekten vertreten wie Hans Schmidt (Abb. 20)[37], Emil Roth (Abb. 7), Otto Rudolf Salvisberg & Otto Brechbühl (Abb. 8), aber auch Hannibal Naef (Abb. 9), der junge Max Bill[38] (Abb. 10) und sogar ein zwölfjähriger Schüler[39] (Abb. 11).

Keinem gelingt jedoch eine Spitzenplatzierung. Schmidt und Roth scheiden bereits im ersten Durchgang aus. Für Salvisberg & Brechbühl reicht es gerade noch zu einem Ankauf ihres Projektes.[40] Da keiner der Entwürfe voll befriedigt, verzichtet die Jury in der Folge auf die Ver-

---

[32] Vgl. Jungo, Bovy et al. 1927, p. 10.
[33] Vgl. SBZ 1927, p. 297. Die Originalpläne von Oeschgers Wettbewerbsbeitrag sind bis heute unauffindbar geblieben. Weder in seinem Nachlass am Institut für Geschichte und Theorie der Architektur (gta) der ETH Zürich noch im Bundesarchiv, in der Schweizerischen Landesbibliothek und im Bauarchiv des Bundesamts für Bauten und Logistik (BBL) sind die Wettbewerbspläne, die in der SBZ abgebildet sind, vorhanden. Von Oeschgers Entwurf ist einzig eine undatierte Modellaufnahme bekannt, die allerdings vermutlich nicht von ihm stammt, sondern zu didaktischen Zwecken für die Endauswahl angefertigt wurde. Vgl. «Wettbewerbsprojekt O». Das im Jahresbericht von 1928 abgebildete, heute nicht mehr erhaltene Gipsmodell zeigt bereits eine überarbeitete Fassung des Projekts Oeschger, Hostettler und Kaufmann. Vgl. Kommission 1928, gegenüber p. 1. Der Mittelbau birgt die Landesbibliothek, der Westflügel das Amt für Geistiges Eigentum und der Ostflügel den Grossteil des Eidg. Statistischen Büros. Vgl. Bezeichnungen im Grundriss des Wettbewerbsbeitrages von Oeschger, in: SBZ 1927, p. 296.
[34] Im Gegensatz zum Projektierungsentwurf von Baudirektor Leo Jungo ist das Magazin von Oeschger als deutlich erkennbarer Baukörper ausgebildet, wie auch die übrigen Funktionsbereiche des Gebäudes.
[35] Vgl. SBZ 1927, p. 298.
[36] Vgl. Jungo, Bovy et al. 1927, pp. 8–9.
[37] Vgl. Schmidt und Stam 1927/28, p. 10.
[38] Vgl. den Abschnitt über den Entwurf für die Schweizerische Landesbibliothek von Max Bill in diesem Beitrag.
[39] Vgl. D. S. 1928, pp. 106–107, Anonymus 1928, p. 2, Kommission 1928, p. 2.

Walther Fuchs

gabe eines ersten Preises,[41] und die Baudirektion erteilt den drei Erstprämierten den Auftrag, gemeinsam ein endgültiges Bauprojekt auszuarbeiten.[42]

Im März 1928 beginnen die Projektierungsarbeiten, und in der Dezembersession 1928 werden das Ausführungsprojekt und der Baukredit in der Höhe von Fr. 4 620 000.– vom Parlament genehmigt. Dieses Projekt entspricht im Wesentlichen einer überarbeiteten Fassung desjenigen von Oeschger.[43]

Da Alfred Oeschger den Wettbewerb gewonnen hat, übernimmt er gemeinsam mit seinem Bruder Heinrich die Bauausführung. Ende April 1929 wird mit den Erdarbeiten begonnen, im November des gleichen Jahres sind die Eisenbetonarbeiten des Rohbaus beendet.[44] Der eigentliche Ausbau beginnt im Frühjahr 1930 und dauert teilweise bis Herbst 1931. Gewisse Bauteile, so das 8. Geschoss des Büchermagazins für das Volkszählungspersonal und die Abwartwohnung, können bereits Ende 1930 bezogen werden. Im Laufe des Sommers 1931 ziehen schliesslich die vier eidgenössischen Ämter, das Amt für geistiges Eigentum, das Statistische Bureau, die Getreideverwaltung und die Inspektion für Forstwesen, Jagd und Fischerei in ihre neuen Räume ein. Die Landesbibliothek wird am 31. Oktober 1931 eingeweiht, und seit der Eröffnung werden keine grösseren baulichen Eingriffe mehr vorgenommen (Abb. 12).[45]

Die Architekten Alfred und Heinrich Oeschger

Alfred Oeschger, im Jahr 1900 als Sohn eines Architekten in Basel geboren, liess sich von 1915 bis 1918 am Technikum Burgdorf zum Architekten ausbilden. Gemeinsam mit seinem Bruder Heinrich setzte er von 1922 bis 1925 sein Studium an der Technischen Hochschule München fort, wo die Brüder vermutlich die Fachklasse von Theodor Fischer besuchten, der von 1909 bis 1928 Professor für Baukunst war.[46] Mehr als durch seine Bauten wurde Theodor Fischer als «Erzieher einer ganzen Architektengeneration»[47] bekannt, darunter Erich Mendelsohn, Hugo Häring, Bruno Taut, Ernst May und der Schweizer Peter Meyer.

40 Vgl. Jungo, Bovy et al. 1927, p. 10. Der Bruder von Alfred Oeschger war zum Zeitpunkt des Wettbewerbes Angestellter im Büro Salvisberg in Berlin und arbeitete am Entwurf für die Landesbibliothek mit. Aus Enttäuschung über das schlechte Abschneiden entstand zwischen Heinrich Oeschger und Salvisberg ein Konflikt – Salvisberg bezichtigte Oeschger der Werkspionage –, der sich jedoch bald wieder legte. (Aussage von Heinz Oeschger, dem Sohn von Heinrich Oeschger.)

41 Vgl. Jungo, Bovy et al. 1927, p. 9.

42 Vgl. Kommission 1928, p. 2.

43 Vgl. Kommission 1929, p. 1.

44 Vgl. Kommission 1930, p. 2.

45 Zum genauen Datum der Eröffnung der Schweizerischen Landesbibliothek vgl. Godet 1931. 1944 stellte das Gymnasium zwei Baracken in den Schmuckhof, 1967/68 erweiterte man den Katalogsaal um einen der beiden angrenzenden Ausstellungsräume. In den 70er Jahren wurde die Fassade erneuert. Vom Originalmobiliar sind heute nur noch wenige Stücke erhalten.

46 Zur Tätigkeit von Theodor Fischer an der Münchner Hochschule vgl. Nerdinger 1988.

47 Vgl. Schumacher 1935, p. 502.

Nach der Ausbildung in München trennten sich die beiden Brüder. Während Heinrich nach Berlin zu Otto Rudolf Salvisberg reiste, kehrte Alfred in die Schweiz zurück, wo er zuerst als Bürochef bei Müller & Freytag angestellt war – dort arbeitete auch Emil Roth[48] – und anschliessend bei Albert Fröhlich verpflichtet wurde. In beiden Büros wurde eine gemässigte moderne Architektur gepflegt. Nebenbei experimentierte Alfred Oeschger in Wettbewerben mit progressiven Architekturformen, hatte aber damit noch keinen Erfolg.[49] Erst mit dem Gewinn des Wettbewerbs der Schweizerischen Landesbibliothek gelang ihm der Durchbruch.

Als erstes selbständig geplantes und ausgeführtes Werk bringt die Landesbibliothek sowohl seine Herkunft aus den erwähnten modernen Architekturkreisen als auch seine eigenen radikaleren und in Wettbewerben erprobten Architekturvorstellungen zum Ausdruck. Die völlige Loslösung von der traditionellen Architektur gelang ihm allerdings erst mit dem Schulhaus Kappeli von 1932 bis 1938. In seinen späteren Bauten bis zu seinem frühen Tod im Jahr 1953 – Festhalle und Weinpavillon an der Schweizerischen Landesausstellung 1939, Bauten für die ETH Zürich, Abfertigungshalle Flughafen Zürich – teilte Alfred Oeschger mehr die moderate moderne Architekturauffassung seines Freundes Peter Meyer als diejenige von Sigfried Giedion und den Vertretern einer avantgardistischen modernen Schweizer Architektur um die Zeitschrift «ABC. Beiträge zum Bauen».[50]

Neues Bauen

Die Schweizerische Landesbibliothek ist eine Pionierleistung der modernen Bibliotheksarchitektur. Sie ist eine der wenigen und ersten Bibliotheken, die nach Grundsätzen des «Neuen Bauens» realisiert worden ist:[51] Die Entwürfe für die Leninbibliothek der Gebrüder Wesnin, der Gebrüder Fridman und Markov und das Projekt von Stschussew, alle von 1928, blieben unverwirklicht. Alvar Aaltos Bibliothek in Viipuri, deren Planung auf das Jahr 1927 zurückreicht, wurde erst 1935 eröffnet.[52]

Vorbildlich ist sie, da nicht mehr nur das Magazin, sondern auch die übrigen zwei bibliotheksspezifischen Funktionsbereiche, das «Lesen» und das «Verwalten», baulich getrennt und zu klar unterscheidbaren Baukörpern ausgebildet sind. Vom Stadtzentrum her kommend, sehen die Besucher bereits von weitem das hoch aufragende Büchermagazin der Schweizerischen Landesbibliothek (Abb. 13). Früher, als die Sicht noch nicht durch andere Bauten versperrt war und so der Kontrast zwischen den romantisch-historisierenden Bauformen des Historischen

---

48 Vgl. Lichtenstein 1993, p. 22.
49 Vgl. Wettbewerb «Gewerbeschule und Kunstgewerbemuseum», Zürich, 1926, Wettbewerb «Bezirksschulhaus Burhalde», Baden, 1927.
50 Zur Biographie der Gebrüder Oeschger vgl. auch Menghini 1998. Ihr Nachlass befindet sich im Institut für Geschichte und Theorie der Architektur an der Eidgenössischen Technischen Hochschule Zürich, gta.
51 Vgl. Graf 1987, p. 157.
52 Vgl. Spens 1994.

Museums und dem wuchtigen, vertikal gerasterten Büchermagazin aus Beton und Glas stärker zur Geltung kam, muss der Anblick noch beeindruckender gewesen sein.

Die grösste Überraschung erlebt der Besucher jedoch beim Betreten des Schmuckhofes.[53] Nicht die Gartenanlage verblüfft, sondern der stilistische Unterschied der kurz nacheinander entstandenen Bauten, die den Hof bilden. Dem Gymnasium, einem düsteren, schwerfälligen und massiven Bau im neoklassizistischen Stil, steht die Bibliothek gegenüber: ein heller, moderner Zweckbau, ein Konglomerat von kubischen, in ihrer Funktion deutlich unterscheidbaren Baukörpern – das Büchermagazin im Hintergrund und die ihm vorgelagerten Verwaltungs- und Benutzerräume –, die zusammen eine strukturierte Einheit bilden.

Bibliothekstypologisch zählt die Schweizerische Landesbibliothek zur Gruppe der Magazinbibliotheken, die zu Beginn des 19. Jahrhunderts aus der barocken Saalbibliothek hervorgegangen sind.[54] Die theoretische Grundlage zur Magazinbibliothek lieferte 1816 Leopoldo della Santa mit seinem Traktat «DELLA CONSTRUZIONE E DEL REGOLAMENTO DI UNA PUBBLICA UNIVERSALE BIBLIOTECA CON LA PIANTA DIMONSTRATIVA», worin er die Trennung der Bereiche «Aufbewahren», «Lesen» und «Bearbeiten» sowie deren optimale Anordnung in einem Bibliotheksgebäude propagierte und damit das moderne Prinzip der funktionellen Trennung auf die Bibliotheksarchitektur übertrug (Abb. 14).[55] In der Folgezeit verselbstständigen sich die bibliotheksspezifischen Funktionsbereiche zu deutlich unterscheidbaren Baukörpern. Um Platz zu sparen, wurde das Magazin in die Höhe gebaut. Als alles überragender, weit sichtbarer Baukörper versinnbildlicht das Hochmagazin die moderne Bibliothek.

Die Schweizerische Landesbibliothek ist eine der frühen Bibliotheken mit einem Hochmagazin. Weitere Beispiele wurden entweder erst später gebaut oder nach der Planung gar nicht ausgeführt. Die Cambridge University Library[56] von Sir Giles Gilbert Scott, Henry van de Velde's Genter Bibliothek[57] und die Hoover Library der Stanford University[58] von Arthur Brown Jr. entstanden nach 1931, und der Bibliotheksentwurf der Brüder Wesnin für die Moskauer Leninbibliothek von 1928 konnte, wie schon erwähnt, nicht realisiert werden.[59]

---

53 Zum Begriff «Schmuckhof» vgl. Kaufvertrag mit der Stadt Bern, 1926.

54 Zur Typologie von Bibliotheken vgl. Pevsner 1976, Vorstius 1948 und Crass 1976.

55 Vgl. della Santa 1816.

56 Die moderne Cambridge University Library vom Architekten Sir Giles Gilbert Scott wurde 1934 eröffnet. Vgl. http://www.lib.cam.ac.uk/History/ und Antwortschreiben von Colin T. Clarkson, Head of the Refernce Department der Cambridge University Library vom 27.11.2000.

57 Die Bauzeit der Universiteitsbibliotheek Gent von Henry van de Velde (1863–1957) dauerte von 1935 bis 1940. Vgl. http://www.lib.rug.ac.be/vdvelde/welcome-nl.html.

58 Laut Auskunft von Elena S. Danielson, Archivmitarbeiterin der Hoover Institution der Stanford University, war Arthur Brown, Jr. der Architekt der Hoover Library mit dem «Magazin Tower», welcher auch den Coit Tower in San Francisco und die San Francisco City Hall entworfen hat. Der Bau der Bibliothek begann 1939 und wurde 1941 vollendet.

59 Zu den Entwürfen für die Leninbibliothek der Gebrüder Wesnin vgl. Chan-Magomedow 1987, p. 153, p. 156.

Nach dem Zweiten Weltkrieg wird bei Bibliotheksbauten die strenge funktionale Trennung zwischen «Lesen» und «Aufbewahren» wieder aufgehoben, damit die Lesenden zu möglichst vielen Büchern freien Zugang haben. Es entsteht ein neuer Bibliothekstypus, eine Mischform zwischen Saal- und Magazinbibliothek, der sich von der modernen Volksbücherei ableiten lässt und als dessen Prototyp die Bibliothek von Alvar Aalto in Viipuri (erbaut 1927–1935) bezeichnet werden kann (Abb. 15).

Modul Bücherregal

Ganz im Sinn des «Neuen Bauens» bestimmen beim Gebäude der Schweizerischen Landesbibliothek Funktion und Wirtschaftlichkeit die Konstruktion und die Materialwahl. Die Baukörper sind reine Zweckbauten, die in Mischkonstruktion (Skelett mit Mauerwerk kombiniert) erbaut werden.

Die Architekten geben dem Bibliotheksgebäude eine doppelte Struktur. Einerseits ordnen sie die Baukörper symmetrisch an, andererseits bedienen sie sich eines Moduls, das der spiegelbildlichen Struktur eine zweite innere Ordnung gibt. Als Modul definieren sie die Distanz zwischen zwei Bücherregalen, die 1,52 Meter beträgt. Das Regal, ein späteres Serienprodukt, wird von der Firma BIGLA eigens für die Bedürfnisse der Schweizerischen Landesbibliothek angefertigt. Bei diesem Gestell können alle Bücher von Hand erreicht werden, ohne dass dabei die Leiter benützt werden muss. Alle Abmessungen enthalten als gemeinsames Mass die Axendistanz der Bücherregale.[60] Im Büchermagazin entspricht die Distanz zwischen zwei Fensterpfeilern, das heisst die Breite eines Fensters, der Breite des Grundmoduls. In den Bürotrakten betragen sie das Doppelte, und die Achsendistanz der Stützen im Lesesaal beträgt das Dreifache. Die Höhe der Büchermagazingeschosse beträgt von Oberkante zu Oberkante: im ersten Geschoss 2,66 Meter, im zweiten bis siebten Geschoss 2,27 Meter und im achten Geschoss 60 Zentimeter mehr, damit es vom Statistischen Amt als Grossraumbüro für die Volkszählung benutzt werden kann.

Über einen analogen modularen Aufbau verfügt die 1917 erbaute Zentralbibliothek Zürich. Die Geschosshöhen richten sich auch hier nach der Höhe des Bücherregals, bei der ebenfalls jedes Buch ohne Leiter erreichbar ist.[61]

Das ikonographische Programm

Der Verzicht auf Ornamente sowie der Einsatz modernster Werkstoffe erzeugen eine für die damalige Zeit neuartige Ästhetik. Die künstlerische Ausschmückung, bei repräsentativen Bauten sonst so bedeutend, ist auf ein absolutes Minimum reduziert. «Je mehr die Architektur des Ma-

---

[60] Vgl. Meyer 1931, pp. 8–9.
[61] Vgl. SBZ 1917, p. 2.

Walther Fuchs

gazins zum vorherrschenden Element wird, um so mehr kann das ikonographische Programm zurücktreten.»[62]

Wie zur Zeit der Reformation[63] verbannten die Architekten der Moderne sämtliches Dekor und Kunsthandwerk aus ihren Bauten – «… soyons des iconoclastes» (Le Corbusier).[64]

Nach Gottfried Sempers «Bekleidungstheorie» symbolisiert die Bauplastik des 19. Jahrhunderts entweder eine tektonische Funktion oder die Funktion des Gesamtbaus. Die buchlesende und urkundenhaltende Frauengestalt auf den Baueingabeplänen des Schweizerischen Archiv- und Landesbibliothek-Gebäudes von Theodor Gohl, einem Schüler von Semper, symbolisiert als Bauplastik die beiden Institutionen Landesbibliothek und Bundesarchiv, die im Gebäude untergebracht sind, und die beiden «Eulen der Minerva» an den seitlichen Ecken des Giebeldreiecks versinnbildlichen die Weisheit (Abb. 16).[65] Durch die Trennung von «Konstruktionskern» und «Bekleidung»[66] wurde die Bauplastik in der funktionalistischen Architektur der 20er Jahre überflüssig, denn der «Konstruktionskern», die einzelnen tektonischen Funktionen und damit die Funktion des Gesamtbaus sind am Bau direkt ablesbar.[67] «There are those who feel that a dining room should be described by a basket of fruit, painted or sculptured on the wall. It is my opinion that a good roast on the table takes care of that better.» (Le Corbusier).[68] Die Entwicklung in der modernen Architektur trug dazu bei, dass die moderne Plastik, das moderne Bild «als individuelle Schöpfung (…) austauschbar und ortlos» wurden.[69] Die «Bindungslosigkeit»[70], die «in sich begründete Sinngebung»[71] entsprach

---

[62] Vgl. Crass 1976, p. 127.

[63] Charles Jencks verwendete die Metapher von Reformation und Gegenreformation zur Erläuterung der Definition von moderner und postmoderner Architektur. Vgl. Jencks 1990, pp. 28–68. Vgl. auch Heinrich Klotz «Moderne und Postmoderne», 1985, p. 18. Le Corbusier brauchte die Metapher in seinem Artikel Le Corbusier 1923, keine Paginierung.

[64] Vgl. Le Corbusier 1923, keine Paginierung. Zum Thema Kunst am Bau im Werk von Le Corbusier vgl. Fuchs 1994.

[65] Das ikonografische Schmuckprogramm der Fassade des heutigen Bundesarchivgebäudes wurde nur teilweise realisiert. Vgl. Fröhlich 1998, pp. 57–59.

[66] Zur «Bekleidungstheorie» und zum Begriff «Konstruktionskern» und «Bekleidung» Vgl. Oechslin 1994.

[67] «Das Neue Bauen selbst bedurfte in seinem kühnen Kampfalter der figürlichen Plastik nicht. Im Gegenteil, es musste einer architekturgebundenen Plastik jede Daseinsberechtigung abgesprochen werden. Unter dem Gesichtspunkt reiner Funktion und Zweckmässigkeit wurde die Bauplastik als verlogen auf die Seite gestellt.» Vgl. Rotzler 1949, p. 62.

[68] Vgl. Le Corbusier 1936.

[69] Pehnt 1986, p. 74. Zum Thema der Ortsungebundenheit vgl. Krauss 1986, pp. 228–232. Pehnt 1989, pp. 137–142. Hitchcock, Henry-Russell 1985, p. 65. Schreier 1987, pp. 318–328. O'Doherty 1996. Dass auch in einem «schallfreien kontextlosen Raum» ein Kontext zwischen Architektur und ausgestelltem Werk immer vorhanden ist, zeigte Brian O'Doherty in der Artikelserie: «Inside the White Cube: Notes in the Gallery Space. Part I», in: Artforum, März 1976, pp. 24–30, Fortsetzungen: «The Eye and the Spectator», in: Artforum, April 1976, pp. 26–34, «Context as Content» , in: Artforum, November 1976, pp. 38–44.

[70] Krauss 1986, p. 229.

[71] Krauss 1986, p. 229.

der Auffassung der modernen Architekten, die sich dadurch in ihrer Tätigkeit nicht eingeschränkt fühlten.

Die einzigen bibliotheksspezifischen Motive in der Schweizerischen Landesbibliothek sind ausser dem Magazin die Beschriftung und ein Fresko.[72] Die Beschriftung dient nicht der plakativen Kennzeichnung der Funktion des Baus, wie wir sie in der Postmoderne kennen,[73] sondern sie wird vorwiegend als Orientierungshilfe im Innern des Gebäudes benutzt. Wie historische Aufnahmen zeigen, gehört die heutige Aussenbeschriftung «Schweizerische Landesbibliothek» in den vier Landessprachen an der gläsernen Eingangstüre nicht zur ursprünglichen Konzeption.

Die Funktion des Gebäudes wird einzig durch das Hochmagazin von weitem erkenntlich gemacht. Von den Kunstwerken des Bibliotheksgebäudes ist nur die Wandmalerei der Leseterrasse von Ernst Morgenthaler eigens für den Ort geschaffen worden (Abb. 17).[74] Die beiden Plastiken, zwei Aktfiguren aus Bronze von Hans von Matt im westlichen Garten und von Carl Albert Angst im östlichen Garten, lassen keinen direkten Bezug zum Thema Bibliothek zu. Dies kann auch von der originalen Farbgebung im Inneren des Gebäudes gesagt werden, welche vom Kunst- und Glasmaler Leo Steck stammte und nach heutigen Erkenntnissen sehr bunt, jedoch nonfigurativ gewesen sein muss. Man habe mit Absicht davon abgesehen, die obere Wandzone des Lesesaals mit bildlichen Darstellungen auszuschmücken, um nicht die Aufmerksamkeit der Lesenden von der Lektüre abzulenken.[75]

Die Dinge durchdringen sich

Der transparente Innenraum im Publikumsteil mit Öffnung gegen den Garten sowie der flexibel gestaltbare Ausstellungsraum sind genauso modern wie das Manifest «Befreites Wohnen» von Sigfried Giedion aus dem Jahr 1929: Vom Korridor gelangt der Besucher durch eine Glastüre direkt zur Bücherausgabe. Von hier kann er, analog zur Zentralbibliothek Zürich, in den Katalogsaal oder in den Lesesaal eintreten. An diesem Ort herrscht vollkommene Transparenz: Durch grosse, mattsilbern metalleingefasste Scheiben kann man rechts in den Katalogsaal, links in die grosse, weite Lesehalle mit dem dunkelblauen Gummiboden und den Tischplatten aus blauem Kunststoff blicken. Davor steht wirkungsvoll eine grüne Blattpflanze; entlang den Wänden sind braune nussbaumhölzerne Büchernischen eingelassen und darüber gelbliche, Lärm schluckende Cellotexplatten. Nachts flutet von der Decke[76] durch das Milchglas, das beinahe die Breite der ganzen Decke einnimmt, eine stark diffuse Lichtmenge in den Saal, die

---

[72] Die von der Schweizerischen Werkbundgrafikerin Frida Meier entworfene serifenlose moderne Schrift wirkt nicht reklameartig, sondern ist dezent direkt auf die Glastüren der verschiedenen Säle geklebt.

[73] Vgl. das Konzept «DECORATED SHED» und «DUCK» von Robert Venturi, Denis Scott Brown und Steven Izenour (Venturi 1979). Der Begriff «DECORATED SHED» steht für die Trennung von Bausubstanz und der an ihr äusserlich angefügten Zeichensprache.

[74] Vgl. Meyer 1931, p. 7.

[75] Vgl. Meyer 1931, p. 7.

Tischlampen überflüssig macht. Auch am Tag dringt helles Licht durch dieses Oberlicht ein, ergänzt durch Licht, das seitwärts durch grosse Scheiben von der Terrasse her einfällt.[77]

Auch auf der Terrasse, die mit dem Wandbild von Ernst Morgenthaler geschmückt ist, kann gelesen werden; sie grenzt an einen kleinen Garten mit einem Teich, in dem die bronzene Mädchenfigur von Hans von Matt steht. Vom Katalograum durch den Vorraum, die Lese- und die Zeitschriftenhalle – durch mehr als die halbe Länge des ganzen Gebäudes also – hat man freie Sicht ins Grüne, was den Bau in diesem Punkt in höchstem Grad modern erscheinen lässt (Abb. 18, Abb. 19): Sigfried Giedion, wichtiger Theoretiker der klassischen modernen Architektur, schreibt in seinem Büchlein «Befreites Wohnen»: «Wir brauchen heute ein Haus, das sich in seiner ganzen Struktur im Gleichklang mit dem durch Sport, Gymnastik, sinngemässe Lebensweise befreiten Körpergefühl befindet: leicht, lichtdurchlassend, beweglich. Es ist nur eine selbstverständliche Folge, dass dieses geöffnete Haus auch eine Widerspiegelung des heutigen seelischen Zustandes bedeutet: Es gibt keine isolierte Angelegenheiten mehr. Die Dinge durchdringen sich.»[78]

Axialität und Symmetrie

Trotz der Entwicklung innovativer Ideen greifen die Architekten an einigen Stellen auf traditionelle Lösungen zurück.

Der Versuch, die verschiedenen Baukörper in eine streng axialsymmetrische Gesamtanlage zu integrieren, widerspricht der Raum-Zeit-Konzeption des Neuen Bauens. Am Beispiel des Entwurfs von Le Corbusier & Pierre Jeanneret für den Völkerbundspalast von 1927 umschreibt Sigfried Giedion diese so: «Das flexibel angeordnete Versammlungsgebäude, das langgestreckte Sekretariat, die Bibliothek im Hintergrund und die erhöhten Gänge, die die drei Bauten verbinden sollten, bildeten in ihrer Auflockerung eine vollkommene Anpassung an das Gelände (…). Das Resultat war eine Art von Informalität und Flexibilität, wie sie vorher im Grundriss des Hauses erreicht wurde. Ein Baukomplex ist hier entworfen worden, der über die Raumkonzeption der Renaissance hinausgeht, und der nicht nur von einem Blickpunkt aus als Ganzes erfasst werden kann. In seiner Gesamtheit verwirklichte der Entwurf die neue Raum-Zeit-Konzeption, ebenso wie das Bauhaus ein Jahr zuvor.»[79]

---

[76] In der Decke, im Hohlraum zwischen der Staubdecke und dem Glasdach, war eine Pulsionslüftung installiert. Die Abluft der Säle diente im Winter zur Erwärmung des Hohlraumes, im Sommer zu deren Kühlung. Zusätzlich waren Reflektoren montiert, die den Lichteinfall gleichmässig verteilten. Ein ähnliches, jedoch einfacheres System besass der Lesesaal der Zentralbibliothek Zürich.

[77] Diese Lichtführung entsprach derjenigen der Zentralbibliothek Zürich vor dem Abbruch des alten Lesesaals im Jahr 1990. Stehlampen ergänzten dort das Oberlicht.

[78] Vgl. Giedion 1929, p. 8. Zum umfassenden Thema «Transparenz» in der Architektur der Moderne vgl. Rowe und Slutzky 1989.

[79] Vgl. Giedion 1989, p. 337.

Die Ursache für die Axialität und Symmetrie der Schweizerischen Landesbibliothek zum Gymnasium liegt vermutlich in einer Wettbewerbsbestimmung, die verlangte, «soweit dies möglich ist (…) mit dem Gebäude des Städtischen Gymnasiums und der dazwischenliegenden Platzanlage ein architektonisches Ganzes [zu] bilden».[80] Aus der Baugeschichte wissen wir, dass diese Bestimmung sehr wichtig war, trotz der offenen Formulierung im Programm. Der eidgenössische Baudirektor Leo Jungo hebt diesen Punkt zur Einweihung der Bibliothek hervor: «Zusammenfassend glaube ich, dass die Eidgenossenschaft, deren erste Pflicht auf dem Gebiet des Bauwesens es ist, sich dem örtlichen Charakter anzupassen und in völliger Übereinstimmung mit den lokalen Behörden zu handeln, hier ihren Zweck völlig erreicht hat.»[81]

Dies könnte der Hauptgrund dafür gewesen sein, dass der radikalste Wettbewerbsbeitrag, Projekt Nr. 52, schon im ersten Durchgang ausschied.[82] Dank der Abbildung in der Zeitschrift «ABC. Beiträge zum Bauen» ist der Entwurf überliefert geblieben, und wir kennen auch den Urheber.[83] (Abb. 20). Es ist der Basler Architekt Hans Schmidt, der zusammen mit den Architekten Mart Stam aus Rotterdam, Emil Roth aus Zürich und dem in der Schweiz weilenden El Lissitzky[84] diese bedeutende schweizerische Avantgardezeitschrift des Neuen Bauens begründete.[85]

Offenbar hatte Gustav Gull als Vertreter der traditionellen Position[86] mehr Gewicht in der Jury als Karl Moser, der sich für die Projekte des Neuen Bauens stark machte.[87] Besonders interessierte Moser der Entwurf seines Schülers Hans Schmidt, den er in seinem Tagebuch skizzierte (Abb. 21).[88] Die Doppelseiten 80 und 81 des Büchleins sind dem Wettbewerb der Schweizerischen Landesbibliothek gewidmet. Dies ist ein verschwindend kleiner Anteil, gemessen am

80   Vgl. Chuard 1927, p. 3.
81   Vgl. Jungo 1931.
82   Vgl. Jungo, Bovy et al. 1927, p. 5.
83   Vgl. Schmidt und Stam 1927/28, pp. 10–11. Der Entwurf ist 1991 erstmals von mir publiziert worden, vgl. Fuchs 1991, p. 5, und fand 1993 Eingang ins Werkverzeichnis von Hans Schmidt. Vgl. Schmidt 1993, pp. 168–169. Die Pläne fehlen im architektonischen Nachlass von Hans Schmidt, der sich im Archiv des Instituts für Geschichte und Theorie der Architektur der ETH Zürich befindet.
84   El Lissitzky weilte vom Jahresanfang 1924 bis Mai 1925 zu einem Kuraufenthalt in der Schweiz. Vgl. Lissitzky 1976, pp. 34–57.
85   Nach Claude Lichtenstein ist die Zeitschrift «ABC. Beiträge zum Bauen» der Avantgarde zuzurechnen, vgl. Lichtenstein 1993, p. 16. Über den architekturhistorischen Stellenwert der Zeitschrift vgl. auch Gubler 1975, pp. 133–141.
86   Gustav Gull (1858–1942) gehört mit seinen Bauten zu den bedeutendsten Vertretern des späten Historismus in der Schweiz. Vgl. Bauer 1998. Teile des Nachlasses Gull sind im gta/ETH und bei Charlotte Constam in Zürich. Leider finden sich in den Skizzenbücher von Gustav Gull keine Hinweise zum Wettbewerb für den Neubau einer Schweizerischen Landesbibliothek von 1927. Die 59 Skizzenbücher umfassen die Zeitspanne von 1876 bis 1933. Sie werden zur Zeit von Benoit de Montmollin aus Evillard katalogisiert.
87   Zu Karl Moser als Förderer der jungen Generation von Architekten des Neuen Bauens vgl. Lichtenstein 1993, p. 20, und Strebel 1998.
88   Vgl. Moser 1927, pp. 80–81.

Umfang der Notizen, die Moser zum internationalen Wettbewerb für den Völkerbundspalast in Genf vom selben Jahr, in deren Jury er ebenfalls sass, verfasste.

Von den drei dargestellten Grundrissskizzen ist nur eine eindeutig bestimmbar: Die linke untere Skizze auf dem Doppelblatt ist von Moser mit dem Vermerk «Arbeit v Hs. Schmidt f. Bibliothek» versehen und stimmt mit Schmidts Entwurf in der Zeitschrift «ABC. Beiträge zum Bauen» überein. Hans Schmidt propagierte die Bibliothek als reinen Zweck- und nicht als Repräsentations- und Monumentalbau. In der Zeitschrift «ABC. Beiträge zum Bauen» meint er zu seinem Projekt: «Die unwirtschaftliche Sucht, unsere Städte mit Monumentalbauten an allen Ecken zu schmücken, hat dazu geführt, aus jedem Geschäftsbetrieb, jedem Verwaltungszweig und jedem Schulbau eine repräsentative Angelegenheit zu machen. So werden diese Arbeitseinheiten in starren Baukörpern festgelegt. Aber die Arbeitseinheiten wandeln sich und lösen sich auf – nur die Monumentalkompositionen der kostbaren Gebäude bleiben stehen, werden zu klein, zu gross, nicht mehr erweiterungsfähig, nicht mehr umbaumöglich.»[89]

Wie schon 1923 bei seinem Wettbewerbsentwurf für das Bürogebäude des Internationalen Arbeitsamtes in Genf schlägt er auch für die Bibliothek den reinen funktionalen Bau und die Systematisierung des Raumprogramms vor.[90] Das Innovative an Schmidts Entwurf, den er bezeichnenderweise mit «Umwandlung und Erweiterung» betitelt, ist dessen Flexibilität und die Möglichkeit zur Erweiterung. Der Lesesaal und die drei Magazine sind als Baukörper der Länge nach an einen Quertrakt mit zentralem Erschliessungsgang angekoppelt. Der Hauptzutritt zum Gebäude erfolgt nicht von der Seite des Gymnasiums, sondern von der Bernastrasse her. Geradezu provokativ ignoriert Schmidt in seinem Entwurf den Gymnasiumsbau, in dem er nicht auf dessen Symmetrie eingeht. Die Flexibilität wird nach Schmidt durch die Normierung «gleichartiger und gleichzeitiger Aufgaben» erreicht. Er spricht sich gegen das «Zusammenschachteln» von verschiedenen kleinen Räumen zu einem grossen Monumentalgebäude aus. Gleiche Gruppen von Räumen, gleiche Funktionen, gleiche Bestimmungen ergeben nach ihm ein gleiches äusseres Erscheinungsbild.[91]

In seinem Entwurf werden die standardisierten Räume von den verschiedenen Nutzern, der Schweizerischen Landesbibliothek, dem Amt für Geistiges Eigentum und dem Eidgenössischen Statistischen Amt, anteilmässig in Anspruch genommen. Letzteres kann im fünften Geschoss des Bürotraktes in einem Grossraumbüro das Personal, das es für die Volkszählung benötigt, temporär unterbringen. Die Skelettarchitektur erlaubt eine spätere Unterteilung des riesigen Raumes in Kleinbüros. Im gebauten Projekt von Oeschger, Kaufmann und Hostettler hingegen belegt der

---

[89] Vgl. Schmidt und Stam 1927/28, p. 10.
[90] Vgl. Schmidt und Stam 1926, Abbildung p. 5 oben. Diesen Verweis verdanke ich Ursula Suter, der Verfasserin des kritischen Werkataloges von Hans Schmidt. Vgl. Schmidt 1993, p. 169.
[91] Vgl. Schmidt und Stam 1926, pp. 2–4. In diesem Beitrag ist der Wettbewerbsentwurf von Schmidt für das Internationale Arbeitsamt in Genf abgebildet.

Saal der Volkszählungsbeamten das oberste Magazingeschoss, das sie deswegen höher bauen als die übrigen Stockwerke und zusätzlich klimatisieren müssen. Ihre massgeschneiderten Lösungen bedingen bei späterer Umnutzung grössere bauliche Anpassungen.

Eine weitere Stärke von Schmidts Entwurf ist wie erwähnt dessen Erweiterungsmöglichkeit, die er im Situationsplan mit gestrichelter Linie eingezeichnet hat. Vorgesehen war, dass der Zeitschriften- und Lesesaal gegen Nordosten vergrössert werden konnte. Zwei neue fünfgeschossige Magazine waren als Quertrakte zu den bisherigen geplant, die sich problemlos in die Höhe oder in die Tiefe erweitern liessen.

In welcher Runde der Beitrag seines Freundes Emil Roth ausgeschieden ist, lässt sich auf Grund fehlender Angaben nur vermuten[92] (Abb. 7). Roth und Schmidt kannten sich vom Studium an der ETH Zürich. In Gegensatz zu Schmidt hatte Roth die Ausbildung am Polytechnikum vorzeitig abgebrochen, da er mit der akademischen Haltung seines Professors Gustav Gull nicht zurecht kam.[93] Roth bildete sich selber zum Architekten weiter. Zur Zeit des Wettbewerbs arbeitet er zusammen mit Werner M. Moser, dem Sohn von Professor Karl Moser, in dessen Büro.[94]

Die in Volumen und Raum sorgfältig erarbeitete Komposition in Roths Beitrag besteht aus mehreren Gebäudeteilen, und die architektonische Lösung entspricht den vorgegeben Funktionen des Wettbewerbprogramms. Der Längsschnitt zeigt anschaulich Roths Methode, die Organisation der Innenräume nach Funktionen in einer Volumenkomposition offen herauszustellen. Im Gegensatz zu Schmidts Entwurf sind die Baukörper axialsymmetrisch angeordnet, wodurch er Bezug nimmt auf die städtebauliche Vorgabe, mit dem Gymnasium ein architektonisches Ganzes zu bilden. Dennoch war Roths Vorschlag der Jury zu radikal. Erneut war ein Mitglied der «Seilschaft» Karl Moser ausgeschieden.[95]

In der deutschen Zeitschrift «Stein Holz Eisen» wurde der Entwurf für die Schweizerische Landesbibliothek von Hannibal Naef als Schulbeispiel eines Versuches bezeichnet, «typisch moderne Gedanken und Anordnungen an einem öffentlichen Gebäude der Neuzeit in Anwendung zu bringen».[96]

[92] Leider fehlt auf den Plänen im Nachlass von Emil Roth, der sich heute im Institut für Geschichte und Theorie der Architektur der ETH Zürich befindet, die Projektbezeichnung, so dass im Jurybericht nicht nachgeschaut werden kann, wann und weshalb Emil Roth ausgeschieden ist. Den Hinweis auf den Wettbewerbsbeitrag zur Schweizerischen Landesbibliothek von Emil Roth verdanke ich Daniel Weiss vom Institut für Geschichte und Theorie der Architektur der ETH Zürich.

[93] Vgl. Lichtenstein 1993, pp. 20–22.

[94] Vgl. Roth 1975, p. 47 und p. 139. Gemäss dem Architektenlexikon der Schweiz bildeten Emil Roth und Werner M. Moser erst ab 1928 eine Arbeitsgemeinschaft, vgl. Bürkle 1998.

[95] Zum Thema Interessengemeinschaften und Architekturwettbewerb vgl. Fröhlich 1999.

[96] Vgl. «Entwurf für die Schweizerische Landesbibliothek und zwei verwandte Ämter in Bern. Architekt Hannibal Naef, Zürich», in: Stein Holz Eisen, Halbmonatsschrift für neue Bauwirtschaft und Baugestaltung, Frankfurt am Main, 1928, pp. 467–469, p. 467. Bis jetzt wurde dieser Zeitschriftenartikel in der Forschung noch nicht behandelt.

Untypisch für Hannibal Naef war, dass er den Gebäudekomplex, die Bibliothek und die beiden Ämter symmetrisch anordnete (Abb. 9). Dies ist um so erstaunlicher, da die Suche nach Abbau der Symmetrie einer seiner Leitgedanken war.[97] Sein Wettbewerbsbeitrag für den Völkerbundpalast in Genf aus demselben Jahr zeigt beispielhaft, wie Naef normalerweise auf jede symmetrische Anordnung der Baukörper verzichtete und stattdessen die Raum-Zeit-Konzeption des Neuen Bauens, wie sie Sigfried Giedion exemplarisch am Beispiel von Le Corbusiers Völkerbundprojekt beschrieb, vertrat.[98] Um so deutlicher grenzte er in seinem Entwurf das Bibliotheks- und Verwaltungsgebäude stilistisch und konstruktionstechnisch vom Gymnasium ab, indem er die Ideen des Neuen Bauens konsequent umsetzte. Das grösstmögliche Fernhalten des Lärmes von Schule und Strasse vom Bibliotheksgebäude bezeichnete er als ein Ziel seines Entwurfs.[99]

Den Strassenlärm gedachte er durch die seitlichen höheren Bürotrakte zu dämmen. Mit einem Gebäudeabstand von 65 Metern und einer Baumreihe und einem Wasserbecken glaubte er den Lärm des Gymnasiums abhalten zu können. Die befahrbare Eingangsrampe ermöglichte ihm das Weglassen einer monumentalen Haupttreppenanlage, was für Naef ein zentrales Anliegen war.[100] Die bestehende Niveaudifferenz hatte er für die Rampe beibehalten und ausgenützt. Das obere Rampenniveau entsprach dem ersten Geschoss, das Naef in drei aufeinanderfolgenden Längsachsen unterteilte: «Verwaltungsachse» (Büro), «Saalachse» (Lesesäle) und «Sammlungsraumachse» (Bücherausgabe, Magazine). Eine grosse Freiluftleseterrasse erstreckte sich über die ganze Länge der Verwaltungsachse. Die Magazine nahmen das komplette Erdgeschoss ein und Teile des ersten Obergeschosses. Eine Erweiterung der Magazine war möglich durch deren Aufstockung auf die maximal elf Meter Gebäudehöhe. Der Betonständerbau liess eine freie Grundrissgestaltung zu und gewährte somit grösstmögliche Flexibilität für spätere Veränderungen.

Der Entwurf Nr. 86 mit der Bezeichnung «Rampe» von Hannibal Naef schied im dritten Durchgang wegen «Nichterfüllung von wichtigen bibliothekstechnischen Erfordernissen» aus. Besonders wegen der Anordnung der Büchermagazine unter dem Hauptgeschoss wurde der Entwurf als nicht annehmbar bezeichnet. Die Rampe und das Wasserbecken auf der Südseite beanspruchten aus der Sicht der Jury zu viel Platz. Hingegen fand sie die Gestaltung der Fassade «originell» aber «eher einer ‹Public Library› nach englischem oder amerikanischem Muster, als einer wissenschaftlichen Bibliothek angemessen».[101] Mit Hannibal Naef ist ein wei-

---

[97] Vgl. Menghini 1998, p. 398.
[98] Zum Projekt Völkerbundpalast in Genf von Hannibal Naef vgl. Weiss 1995, pp. 59–60.
[99] Vgl. Stein Holz Eisen 1928, p. 467.
[100] Eine Rampe anstelle einer monumentalen Eingangstreppe bildete auch den Hauptzutritt in seinem Wettbewerbsentwurf für den Völkerbundpalast in Genf.
[101] Vgl. SBZ 1927, p. 298.

terer Vertreter des Neuen Bauens ausgeschieden, der ebenfalls bei Karl Moser am Polytechnikum studiert hatte.[102]

Bis vor kurzem ging man davon aus, dass das Projekt für einen Kindergarten mit Hans Fischli von 1928 der erste architektonische Entwurf von Max Bill gewesen sei.[103] Inzwischen ist jedoch ein Architekturentwurf von Max Bill aufgetaucht, vom Künstler voll signiert und datiert mit «Max Bill 27» und mit dem eigenhändigen Titel «Schweizerische Landesbibliothek, IV. Fassung» versehen (Abb. 10).[104]

Zu den wesentlichen Charakteristika dieses Projekts zählen die funktionale Gliederung der Baumassen und deren industrielles Aussehen.[105] Am Sheddach ist der Lese- und Zeitschriftensaal zu erkennen, der laut Bauprogramm mit dem Magazin verbunden sein muss. Folglich kann der gerade hochaufragende Hohlzylinder nur das Büchermagazin sein und der U-förmige Baukörper, der dem Lese- und Zeitschriftensaal vorgelagert ist, der Eingangs- und Verwaltungsbereich der Bibliothek. Dem Magazin ist seitlich ein Bürotrakt angegliedert, der über einen Innenhof verfügt und in dem Max Bill die übrigen Bundesämter unterzubringen gedenkt. Dem Vokabular des Neuen Bauens zuzurechnen ist auch das Flachdach, das Le Corbusier als zweiten Punkt in seinen berühmten «Fünf Punkten zu einer neuen Architektur» proklamierte. Alfred Roth hatte sie im Namen von Le Corbusier im Jahr des Entwurfs für eine Schweizerische Landesbibliothek von Max Bill publiziert.[106] Unter dem Eindruck eines Vortrages von Le Corbusier soll Max Bill 1926 beschlossen haben, Architektur zu studieren.[107] Der Entwurf für die Schweizerische Landesbibliothek entstand vermutlich kurz bevor er ans Bauhaus nach Dessau ging, um diesen Entschluss dort umzusetzen.[108]

Der anonyme Wettbewerb ermöglichte auch die Teilnahme eines zwölfjährigen Schülers. Der Knabe wurde in der Presse als Genie gefeiert.[109] Laut dem Verfasser des Jahresberichts der Schweizerischen Landesbibliothek gelang dem Knaben eine erstaunliche Leistung. Sein

---

[102] Vgl. Menghini 1998, p. 398.

[103] Vgl. Frei 1991, p. 212 und Email von Hans Frei am Walther Fuchs, vom 26.06.2000.

[104] Vgl. Galerie Kornfeld Bern, Katalog moderne Kunst, II. Teil, Bern: Galerie Kornfeld, 2000, p. 13. Der Entwurf befindet sich heute in der Max, Binia und Jakob Bill Stiftung, Zürich. Auf Grund des fehlenden Projektnamens kann nicht eindeutig bestimmt werden, ob Bill am Wettbewerb tatsächlich teilnahm.

[105] Vgl. Frei 1991, p. 212.

[106] Vgl. Roth 1927, p. 7.

[107] Vgl. Gomringer 1958, p. 63, Bill 1976, p. 12. Le Corbusier hielt 1926 in Zürich zwei Vorträge. Vor den Mitgliedern des Schweizerischen Ingenieur- und Architektenvereins sprach er am 24.11.1926 zum Thema «Urbanismus», und der Titel seines zweiten Vortrages, den er auf Einladung des Schweizerischen Werkbundes einen Tag später hielt, hiess «Architecture, mobilier, œuvre d'art». Vgl. Roth 1988, p. 20.

[108] Laut Hans Frei soll Max Bill nie an der Bauabteilung von Hannes Meyer am Bauhaus tätig gewesen sein, sondern stattdessen die freien Malklassen von Paul Klee, Wassily Kandinsky und Lazlo Moholy-Nagy besucht haben, sowie Kurse in technischen Fächern, insbesondere in Statik bei Friedrich Köhn. Vgl. Frei 1991, p. 212, Bill 1976, p. 12. Wohingegen Max Bill in einem Interview rückblickend festhielt: «das muss ich korrigieren. ich habe am bauhaus bei gropius und hannes meyer studiert», vgl. Bill 1987, p. 111.

Entwurf «11 3/4» habe sehr wohl bestehen können neben denjenigen der diplomierten Architekten. Dies sei auf den «beharrlichen Fleiss und frühreifen Verstand» des Jungen zurück zu führen. Niemand habe den leisesten Verdacht gehegt, dass der Entwurf von einem Zwölfjährigen stammen könnte.[110] Die Zeitschrift «Der Schweizer Kamerad» stilisierte den Knaben zum Vorbild für die Jugend empor. Die Jugendzeitschrift hatte das Thema in ihrer Februarnummer von 1928 aufgegriffen (Abb. 11).[111] Sie bringt ein Foto des Knaben mit dem Kürzel P. T. und reproduziert seinen Entwurf für das Landesbibliotheksgebäude. Die Leistung des jungen Paul Tittel ist möglicherweise zu relativieren, weil sein Vater Architekt war.[112] In der perspektivischen Ansicht sind kubische Bauformen in symmetrischer Anordnung zu sehen. Die Lage des Lesesaals im Mittelbau kann nur erahnt werden, wogegen das Magazin und die Bürotrakte auf Grund der einförmigen Fassadengestaltung nicht unterscheidbar sind. Der Skelettbau lieferte den Rahmen, in deren Binnenöffnungen überall gleich grosse Glasfenster eingelassen und durch Sprossen feinmaschig unterteilt sind.

Pseudo-Flachdach

Dem zentralen Programmpunkt «Flachdach» im Neuen Bauen können die Architekten der Schweizerischen Landesbibliothek nicht ganz beipflichten, denn die Kupferdächer der Bürotrakte sind nicht vollkommen flach, sondern leicht geneigt (Abb. 22). Wohingegen das Hochmagazin mit einem eindeutigen Flachdach «System Gartenmann» bedeckt ist, das auch betreten werden kann, jedoch über keine spezifische Benutzerfunktion verfügt. Im Vergleich dazu gehen die Vertreter des Neuen Bauens, Hans Schmidt und Emil Roth, keine Kompromisse ein und versehen ihre Entwürfe konsequent mit Flachdächern. Der Entscheid von Oeschger, Hostettler und Kaufmann gegen den reinen Flachdachbau muss im Kontext der ablehnenden Haltung konservativer Bevölkerungsschichten und der Behörden um 1931 besonders in Bern gegenüber den artfremden Bauformen des Neuen Bauens verstanden werden: Für die Gegner war das Flachdach Symbol heimatbedrohlicher politischer Gesinnung. Als Beleg zu dieser Einschätzung ist folgendes Zitat von «M.I.» im Berner Tagblatt vom 24. Oktober 1927 gedacht: «Wenn man weiss, wie schwer es in Bern fällt, über die Tradition wegzukommen, kann man nur froh sein, dass das Preisgericht den Mut gefunden hat, gerade für die Bundesstadt Entwürfe zu empfehlen, die im modernen Sinne sachlich-funktionell gestaltet sind.»[113]

[109] Der Landesanzeiger für Stadt und Kanton Zürich berichtete darüber. Vgl. Anonymus 1928, p. 2 (Blatt 2).
[110] Vgl. Kommission 1927, p. 2.
[111] Vgl. D. S. 1928, pp. 10–107.
[112] Die Initialen P.T. stehen für Paul Tittel. Er wird später Architekt in Zürich werden und seinen Nachlass dem Archiv des Instituts für Geschichte und Theorie der Architektur (gta) der ETH Zürich vermachen.
[113] Vgl. M.I. 1927, p. 3. Zur Auseinandersetzung um das Flachdach in Bern der 1930er Jahre vgl. Graf 1987, pp. 57–61.

Das Haus ohne Sockel, Fenster und Fensterwand

Das Haus ohne Sockel, die Auflösung des Erdgeschosses mit Hilfe der Skelettbauweise und die dadurch ermöglichte freie Grundrissgestaltung und Durchdringungsmöglichkeit von Innen- und Aussenraum, ein weiteres paradigmatisches Kennzeichen der Architektur der Moderne, erfüllt der Bau von Oeschger, Hostettler und Kaufmann nur bedingt.

Obwohl die Architekten sich für die neue Konstruktionsmöglichkeit der Skelettarchitektur entschieden haben, nutzen sie deren Vorteile nicht völlig aus. Das Nicht-Zurücksetzen der Pfeiler hinter die Aussenwand verunmöglicht eine Auflösung der Wand in durchgehende Fensterbänder. Sigfried Giedion kritisiert ein solches Verhalten in seinem Manifest «Befreites Wohnen».[114] Unnötig aus seiner Sicht ist auch das Verkleben – so nennt er es – des Sockels mit Platten aus Tessinergranit und der Fensterumrahmungen mit Grès de Bulle und zum Teil mit Kunststein. «Wir verkleben unsere Häuser mit ‹monumentalen› Mauern, trotzdem neue Konstruktionsmöglichkeiten uns alle Mittel in die Hand geben, um in unsere Wohn- und Arbeitsräume Licht und Luft einströmen zu lassen.»[115]

«...in einer bei staatlichen Gebäuden seltenen Kompromisslosigkeit...»

Weshalb wurde der überarbeitete gemässigtere Entwurf von Oeschger, Hostettler und Kaufmann von der Jury bevorzugt?

Die Gründe liegen in der Zusammensetzung des Preisgerichts: Nach Leo Jungo, dem eidgenössischen Baudirektor, «darf sich die Verwaltung nicht als Gebieter aufspielen, darf den Architekten nicht eine strenge Form vorschreiben, eine Art offizieller und eintöniger bildender Kunst, die für alle Verwaltungsgebäude anzuwenden wären. Die Klugheit erfordert im Gegenteil, dass sie an die besten Kräfte des Landes appelliert, und sich mit der Zusammenfassung dieser Bestrebungen begnügt. Für die Landesbibliothek haben daher die eidgenössischen Behörden einen öffentlichen Wettbewerb ausgeschrieben, dessen Resultate von Spezialisten aller Architektur- und Kunstrichtungen beurteilt wurden.»[116]

Josef Gantner, der Redaktor der damals wichtigsten schweizerischen Architekturzeitschrift «Das Werk»,[117] bezeichnete die Zusammensetzung der Jury als «Kabinettstück eidgenössischer Vorsicht und amtlicher Ahnungslosigkeit: dass zwei in ihrer künstlerischen Anschauung so diametral entgegengesetzte Meister, wie die von Professor Gull und Moser, nebeneinander jurieren sollen, das verrät eine Unkenntnis der heutigen Situation in baukünstlerischen Fragen, wie sie nur noch das Departement in Bern und keine Schulpflege auf dem Lande mehr leisten darf.»[118] (Abb. 23)

[114] Vgl. Giedion 1929, p. 12.
[115] Vgl. Giedion 1929, p. 1.
[116] Vgl. Jungo 1931, p. 5.
[117] Zur Person von Joseph Gantner vgl. Sitt 1990, pp. 132–166.

Walther Fuchs

Zur Fraktion der Progressiven gehörten Karl Moser, Professor für Architektur an der ETH und Mentor der jungen Architekten des Neuen Bauens, der «Jeune Turc»[119] Maurice Braillard aus Genf und Fritz Hiller, der aufgeschlossene Architekt und Stadtbaumeister von Bern. Ihnen standen die Exponenten einer als historisch zu bezeichnenden Position um den Erbauer des Schweizerischen Landesmuseums Gustav Gull gegenüber. Zu ihnen sind auch der Zürcher Kantonsbaumeister, Heimatschutzpionier und Architekt der Zentralbibliothek von Zürich, Hermann Fietz[120] zu zählen, der Tessiner Architekt des Istituto Svizzero in Rom, Otto Maraini[121], sowie Leo Jungo[122], eidgenössischer Baudirektor, Daniel Baud-Bovy[123], Präsident der Eidgenössischen Kunstkommission, Schriftsteller und Kunstkritiker aus Genf, und Hermann Escher[124], Präsident der Kommission der Schweizerischen Landesbibliothek.[125]

Entgegen den Befürchtungen von Josef Gantner hat sich die Jury zu einer für die Schweiz charakteristischen Kompromisslösung durchgerungen, die jedoch laut Peter Meier, dem Nachfolger von Gantner als Redaktor der Zeitschrift «Das Werk», in einer für staatliche Gebäude seltenen Kompromisslosigkeit durchgeführt worden ist.[126] Diese Feststellung wird international bestätigt: In den Vereinigten Staaten gebe es zurzeit höchstens zwei oder drei vergleichbare moderne Bibliotheksbauten, sagte ohne Umschweife der Direktor der bekannten Graduate School of Library and Information Sciences von Chicago, Phineas Lawrence Windsor, anlässlich seines Besuchs der Schweizerischen Landesbibliothek im Jahr 1932 gegenüber Direktor Marcel Godet.[127]

Die Schweizerische Landesbibliothek heute

Von 1995 bis 2001 wird das Bauwerk aus den 30er Jahren vollständig saniert und zu einem zeitgemässen Kommunikations- und Dienstleistungszentrum umgebaut: Akuter Platzmangel, der

[118] Gantner 1927, p. 34.
[119] Vgl. Gubler 1975, p. 63. Laut Robert, Dictionnairre historique de la langue française, «Anspielung auf die türkischen Revolutionäre, die 1908 die Macht ergriffen». Das Wort sollte seit 1909 gebraucht worden sein. Dieser Hinweis verdanke ich Jacques Gubler.
[120] Zu Hermann Fietz (1869–1931) vgl. Müller 1998.
[121] Zu Otto Maraini (1863–1944) vgl. Torricelli 1998.
[122] Zu Leo Jungo (1885–1954) vgl. Tribolet 1927, p. 424.
[123] Zu Daniel Baud-Bovy (1870–1958) vgl. Ziehr und Ziehr 1993, p. 423.
[124] Zu Hermann Escher (1857–1938) vgl. Ziehr und Ziehr 1993, p. 481.
[125] Zur Zusammensetzung der Jury vgl. Chuard 1927, p. 1, bzw. SBZ 1927, p. 327.
[126] Vgl. Meyer 1931, p. 18. Der Wunsch des Journalisten des Berner Tagblatts «M.I.» bewahrheitete sich somit: «Es ist dringend zu wünschen, dass das Gemurmel, das schon heute von einem Kompromiss zwischen alt und neu redet, grundlos sei.» Vgl. M.I. 1927, p. 3.
[127] Das Zitat von Phineas Lawrence Windsor ist wiedergegeben in: Godet 1932, p. 32. Allerdings ist im Artikel Phineas Lawrence Windsor nicht namentlich erwähnt, sondern als «Le directeur d'une école bibliothécaire de Chicago». Es kann sich dabei nur um die Graduated School of Library Science in Chicago handeln, die wegen ihrer wissenschaftlichen Einstellung hervorragt. Vgl. Vorstius 1948, p. 96. Phineas Lawrence Windsor war von 1909 bis 1940 Direktor der Graduate School of Library and Information Science University of Illinois at Urbana-Champaign, wie sie sich heute nennt. Zur Person von Phineas Lawrence Windsor vgl. Wynar 1978, und Moloney 1970.

erweiterte gesetzliche Sammlungsauftrag auf digitale Publikationen und Defizite im Publikumsbereich wie z. B. Cafeteria, Ausstellungsraum, Mehrzwecksaal waren die Gründe für die Reorganisation und Erweiterung der Schweizerischen Landesbibliothek.[128]

Auf der Grundlage einer Machbarkeitsstudie von 1991 und des vorgegebenen Kostenrahmens der Eidgenössischen Finanzverwaltung von 62,6 Millionen Franken entschied die Bauherrschaft, das Eidgenössische Departement des Innern, das Bundesamt für Kultur und die Schweizerische Landesbibliothek, am bisherigen Standort Kirchenfeld festzuhalten, den Altbau vollständig zu sanieren, die neuen Magazine in den Untergrund zu verlegen und das alte Hochmagazin als multifunktionalen Publikumsbereich zu nutzen.[129] Mit der Bauaufgabe der ersten Etappe wurden die Berner Architekten A. Furrer, K. M. Gossenreiter, C. Stuber und C. Strub beauftragt, die sich zur «Architektengemeinschaft Landesbibliothek» zusammenschlossen.[130]

---

[128] Zum erweiterten Sammlungsbereich der SLB, der Raumproblematik und verbesserten Kundennähe vgl.: «1.3.3 Die Schweizerische Landesbibliothek (SLB)», in: Bundesamt für Kultur, Grundlagen und Anforderungen für die Projektierung der Etappen 1 und 2 am Standort Bern, Projektpflichtenheft Phase 1.2, Stand Juli 1994, Bern: BAK, 1994, pp. 8–11, p. 8, mit dem Verweis auf die verschiedenen Botschaften des Parlaments. Der auf digitale Medien erweiterte Sammlungsauftrag ist festgehalten in: Bundesgesetz über die Schweizerische Landesbibliothek vom 18. Dezember 1992, Art. 3 «Sammelauftrag».

[129] Vgl. «Bauvorhaben für das Bundesamt für Kultur (BAK). Errichtung eines Tiefmagazins für die Schweizerische Landesbibliothek (SLB), Hallwylstrasse 15 in Bern», in: Botschaft über Bauvorhaben, Grundstücks- und Liegenschaftserwerb (Zivile Baubotschaft), vom 26. Mai 1993 (93 052), pp. 8–19. Zum detaillierten Raumprogramm der SLB vgl. Grundriss und «4.2. Raumprogramm, Anforderungen» in: Bundesamt für Kultur, Grundlagen und Anforderungen für die Projektierung der Etappen 1 und 2 am Standort Bern, Projektpflichtenheft Phase 1.2, Stand Juli 1994, Bern: BAK, 1994, pp. 8–11, pp. 30–38. Die Finanzierung des Bauvorhabens erfolgte in zwei Tranchen: Die erste vom Mai 1993 belief sich auf Fr. 27 600 000.–, die zweite von Juni 1996 auf Fr. 35 000 000.–. Vgl. «Bauvorhaben für das Bundesamt für Kultur (BAK). Errichtung eines Tiefmagazins für die Schweizerische Landesbibliothek (SLB), Hallwylstrasse 15 in Bern», in: Botschaft über Bauvorhaben, Grundstücks- und Liegenschaftserwerb (Zivile Baubotschaft), vom 26. Mai 1993 (93 052), pp. 8–19, Tabelle p. 17 bzw. «Verwaltungs- und Betriebsgebäude Hallwylstrasse 15 in Bern. Sanierung und bauliche Anpassungen», in: Botschaft über Bauvorhaben, Grundstücks- und Liegenschaftserwerb (Zivile Baubotschaft), vom 10. Juni 1996 (96 047), pp. 15–25, Tabelle 23.

[130] Zum Auswahlverfahren der Architekten: «Als erste Massnahme erhielt das AFB (Amt für Bundesbauten) den Auftrag, ein für dieses komplexe Planungs- und Bauvorhaben geeignetes Architekturbüro zu bestimmen. Wiederum im selektiven Verfahren fiel die Wahl auf das Büro Andreas Furrer in Bern, das bereits für die Machbarkeitsstudie überzeugende Vorarbeiten geleistet hatte. Vor allem aus Kapazitätsgründen schlossen sich zunächst vier weitere Büros der ‹Architektengemeinschaft Landesbibliothek› (ALB) an, die z. T. schon seit Jahren mit Anpassungs- und Unterhaltsarbeiten im SLB-Gebäude tätig gewesen waren. Ein Wettbewerb, wie von verschiedenen Seiten gefordert, wurde vom AFB mit der Begründung abgelehnt, der Bau sei bereits 1927 Objekt eines Architekturwettbewerbs gewesen und könne daher nicht nochmals ‹belobigt› werden.» Treichler, Willi, in einem internen Papier vom 21. Februar 2000. Die WTO-Richtlinien, wonach öffentliche Bauvorhaben mit einer Bausumme von über 10 Millionen Franken als Architekturwettbewerb europaweit ausgeschrieben werden müssen, waren damals in der Schweiz noch nicht in Kraft.

Walther Fuchs

Der Entscheid, das Hochmagazin umzunutzen und die damit verbundenen Eingriffe in die historische Bausubstanz zu ermöglichen, ist das Resultat einer Interessenabwägung der Denkmalpflege, der Bibliothek und der Eidgenössischen Finanzverwaltung: Die Sanierung des Hochmagazins – und damit die Beibehaltung seiner Funktion – zu einem vollklimatisierten geschlossenen Magazin betrachtete man als zu kostspielig. Mit der Innenisolation wären 30% an Magazinfläche verloren gegangen. Die Umnutzung des Hochmagazins ermöglichte den dringend notwendigen Raumgewinn für den Publikumsbereich. Die Städtische Denkmalpflege untersagte jede Veränderung an der äusseren Form des Hochmagazins, wogegen sie sich im Innern des Baukörpers kompromissbereiter zeigte.

Diese kompromissbereite Haltung steht in offensichtlichem Widerspruch zu den Ausführungen im Projektpflichtenheft des Bundesamts für Kultur von 1994 bzw. den Nutzungsauflagen und Objektschutzzielen der Städtischen Denkmalpflege. Sie untersagen Anbauten an die Landesbibliothek. Erweiterungen können nur unterirdisch erfolgen und im Hof zum Gymnasium in begrenztem Mass oberirdisch toleriert werden. Die Landesbibliothek soll auch im Inneren in ihrer Gesamtheit als wichtiges Kulturdenkmal erhalten bleiben und den täglichen Betrieb diesem Grundsatz unterordnen. Die bestehende Funktionsstruktur mit Publikumsräumen im Zentrum des Gebäudes, Büros in den Seitenflügeln, Archiven im bestehenden Büchermagazin und in neuen unterirdischen, gut erschlossenen Magazinen sollen weitgehend beibehalten werden. Die Bedeutung und der Zustand des Gebäudes verlangen, formuliert als Objektschutzziele, Sorgfalt und vollständige Respektierung der wesentlichen baulichen Elemente. Die Einfachheit, die Leichtigkeit und die Eleganz des bestehenden Gebäudes darf nicht beeinträchtigt werden. Dies betrifft sowohl die räumliche Struktur, die Lichtführung und die Erschliessung wie die Detailgestaltung durch die Materialien, Einzelelemente und die Ausstattung. Bestehende Bauteile sollen original erhalten, gegebenenfalls wieder hergestellt werden.[131]

Diese absolute funktionale Trennung von «Lesen», «Aufbewahren» und «Bearbeiten», charakteristisches Merkmal der modernen Bibliothek, betrachteten die Bibliotheksleitung und die Architekten als überholt, wodurch sie einer Tendenz folgten, die seit den 60er Jahren auch in Schweizer Bibliotheken feststellbar ist. Die Öffentliche Bibliothek der Universität Basel und die Zentralbibliothek Zürich seien als Beispiele erwähnt. Im Hinblick auf die angestrebte «zeitgemässen, bürgernahen Dienstleistungsorganisation»[132] sollen sich die Nutzer in der Bibliothek freier bewegen können und unmittelbaren Zugriff haben auf umfangreiche Sammelbestände und Dienstleistungsbereiche, auch sollen neue Erlebniszonen wie Cafeteria, Ruhe-Ausstellungs- und Mehrzweckräume dazu beitragen, dass sich der Aufenthalt in der Bibliothek angenehmer gestaltet. Diese Gründe führten zur Umnutzung des Hochmagazins (Abb. 24). Nicht zuletzt der ehemalige Direktor der Universitätsbibliothek Graz und einer der führenden

---

[131] Vgl. Bundesamt für Kultur 1994, pp. 41–42.
[132] Vgl. Bundesamt für Kultur 1994, p. 8.

Experten für Bibliotheksbau, Dr. Franz Kroll, hat seinerzeit den Anstoss für die teilweise Verwendung des alten Magazins als Publikumsbereich gegeben: «Ein so schönes Magazin sollte man dem Publikum zugänglich machen.»[133] Die vormalige Bücherausgabe, die als durchgehende Schranke das Magazin vom Publikum trennte, wurde aufgebrochen und bei der zentralen Erschliessungstreppe neu angesiedelt. Dadurch hat man eine Raumkonzeption wieder eingeführt, die im Archivgebäude 1919 noch auf Kritik stiess: «Soll die Ausleihe normal, regelmässig, rasch, ohne Stockung und Unordnung funktionieren, so muss sie hierfür über ein besonderes, ausreichend geräumiges, übersichtliches und praktisch ausgelegtes Lokal verfügen, worin das Publikum von den diensttuenden Beamten deutlich getrennt und eine nicht weniger scharfe Scheidung zwischen den ausgehenden und den einlaufenden Büchern möglich ist.»[134]

Der Lese- und der Zeitschriftensaal bleiben in ihrer Einheit bestehen; sie durften auf Grund ihrer architekturhistorischen Bedeutung (Transparenz) nicht verändert werden, ebenso wurden auch Teile der ehemaligen Bücherausgabe und Aufsichtsstelle belassen. Der Freihandbestand im Lesesaal ist um ein Vielfaches erweitert worden und erstreckt sich bis in das vierte Geschoss des Hochmagazins, in dem das Schweizerische Literaturarchiv und die Graphische Sammlung neu untergebracht sind.[135] Dies setzte den Bau einer zentralen Erschliessungstreppe voraus und das Entfernen von Teilen einer Geschossebene, um im ursprünglich niedrigen Magazingeschoss Raumhöhe zu gewinnen.

Dem denkmalpflegerischen Prinzip der Ablesbarkeit verpflichtet, sind neue Interventionen im Magazin erkennbar, wo Analogien zwischen Alt und Neu gebildet worden sind: Während die früheren Magazinpfeiler rechteckig waren, sind die neu hinzugefügten Stützen rund. Die zentrale Erschliessungstreppe ist nicht filigran, sondern steht prominent im Raum. Andererseits wurde als Baustoff der Treppe bewusst Beton gewählt, ein Material, das in diesem Gebäudeteil vorherrscht, und die Farbgebung richtet sich stark nach dem Originalanstrich des Kunstmalers Leo Steck und erfährt durch den Sieger des «Kunst am Bau»-Wettbewerbs, Olivier Mosset, eine Neuinterpretation.

Nach einer siebenjährigen Neubau-, Umbau- und Renovationsphase wird die Schweizerische Landesbibliothek im März 2001 wieder eröffnet.[136]

Der Bau von weiteren Tiefmagazinen und Servicebereichen ist auf der noch verbleibenden Landreserve vorgesehen. Man geht davon aus, dass die Raumreserve noch bis in das Jahr 2020

[133] Aussage von Willi Treichler, dem Baubeauftragten der Schweizerischen Landesbibliothek.
[134] Zur Kritik am Archivgebäude vgl. Kommission 1919, pp. 2–3, pp. 9–12, Godet 1919, pp. 12–13.
[135] Der rund 7 000 Exemplare umfassende Referenzbestand im Lesesaal beinhaltet auch Publikationen, die keine Helvetica sind, wohingegen es sich beim übrigen Freihandbestand grösstenteils um Zweitexemplare von Helvetica handelt im Umfang von mittelfristig 10 000 Exemplaren.
[136] Zur Etappierung der Renovation des SLB-Gebäudes vgl. «Die Geschichte der SLB» unter: http://www.snl.ch bzw. «Avanti… Umzug und Neustart der SLB» ebd.

Walther Fuchs

reichen könnte, bei der Annahme, dass der Bestand der Schweizerischen Landesbibliothek wie bis jetzt jährlich um 2,54% wächst, ohne Berücksichtigung der digitalen Publikationen.[137]

Die Bestände der SLB belaufen sich auf 3 407 410 Einheiten (1998), erstrecken sich über 46,6 Kilometer Regalfläche und wachsen jeden Tag um mehr als 212,5 Einheiten (3,53 Laufmeter).[138] Die Buchproduktion in der Schweiz steigt weiterhin. 1998 wurden 16 258 Titel veröffentlicht, einschliesslich der «grauen Literatur» d.h. einschliesslich Publikationen ausserhalb des Buchhandels» wie Vereinspublikationen, Ausstellungskataloge etc.[139] Zum Vergleich: Die grösste Bibliothek der Welt, die Library of Congress verwaltet mehr als 116 Millionen Titel, die sich über 900 Kilometer Regalfläche hinziehen und jeden Tag um mehr als 10 000 Einheiten wachsen.[140]

Je stärker in Zukunft der Informationsfluss zur Informationsflut anschwillt, umso wichtiger werden die Selektion, die Archivierung und die Vernetzung: Aufgaben, die Bibliotheken als interaktive Vermittlungsinstanzen erfüllen sollten. Durch den Nachweis von Dokumenten und Informationen zur Schweiz stellt sich die Landesbibliothek auf ihre Weise aktiv in den Kommunikationszusammenhang. Damit bestimmt sie ihren zukünftigen Standort. Gemeinsam mit den schweizerischen Bibliotheken und Archiven wird sie einen nationalen virtuellen Bibliotheksverbund, eine Metabibliothek Schweiz, bilden.[141] Vergleichbar mit dem Karlsruher Virtuellen Katalog (KVK)[142] könnte diese Metabibliothek Schweiz eine zentrale Schnittstelle für Schweizer Internet-Bibliothekskataloge darstellen. Eingegebene Suchanfragen können von mehreren elektronisch zugänglichen Bibliothekskatalogen gleichzeitig bearbeitet werden. Dabei verfügte die Metabibliothek Schweiz selbst über keine eigene Datenbank, sondern

---

[137] Vgl. Grafik in: Bundesamt für Kultur 1994, p. 13. Zur Wachstumsrate des Buchbestandes der SLB vgl. E-mail von Sylvain Rossel, Leiter Magazin der SLB an Susanne Bieri, Leiterin der Graphischen Sammlung, vom 10.2.2000. Solange das Problem der relativen Kurzlebigkeit digitaler Speichermedien nicht befriedigend gelöst ist, hält man an der Wachstumsrate von 2,7% fest. Zur Lebensdauer digitaler Speichermedien und zur Problematik von deren Aufbewahrung vgl. http://www.ddb.de unter «Fachforum»; Frey, Franziska S., Digitale Bildarchive in Museen und Archiven – Aktuelle Trends aus den USA, Image Permanence Institute Rochester Institute of Technology, unter: http://www.foto.unibas.ch/tagung-vms/ipi/sld001.htm; Puglia, Steven, The Costs of Digital Imaging Projects unter: http://www.rlg.org/preserv/diginews/diginews3–5.html#feature; Moving Theory into Practice: Digital Imaging for Libraries and Archives, Anne R. Kenney and Oya Y. Rieger, editors and principal authors (Mountain View, CA: Research Libraries Group, 2000), http://www.rlg.org/preserv/mtip2000.html#why.

[138] Vgl. «Stand der Sammlung 1998», in: Der Jahresbericht der Schweizerische Landesbibliothek, 85. Jahresbericht, Hg. SLB, Bern, 1999, S. 61–63. Die Angabe zur Wachstumsrate pro Tag in Laufmeter ausgedrückt stammt von Sylvain Rossel, Leiter Magazin der SLB.

[139] Vgl. «Statistik der Schweizerischen Buchproduktion 1997/1998», in: Der Jahresbericht der Schweizerische Landesbibliothek, 85. Jahresbericht, Hg. SLB, Bern, 1999, pp. 64–69.

[140] Vgl. Wüst 1999, p. 79. Weitere Vergleichsmöglichkeiten von Nationalbibliotheken sind zu finden unter: http://www.ifla.org/II/natlibs.htm.

[141] Ansätze zu einem schweizerischen Verbundsystem sind vorhanden: Vgl. Wandeler 1993, S.B. 1999, p. 79, Netzwerk von Bibliotheken und Informationsstellen in der Schweiz (NEBIS): http://www.nebis.ch/, Réseau des bibliothèques occidentale: http://www.rero.ch.

[142] Vgl. http://www.ubka.uni-karlsruhe.de/kvk.html.

wäre von der Verfügbarkeit der Ressourcen im Internet abhängig. Sie könnte deshalb auch nicht mehr Funktionalität bei der Recherche bieten als die einzelnen Bibliothekskataloge selbst. Standardmässig würde das System in allen angewählten Katalogen suchen. Von den Kurztitellisten führten die Links zu den Volltitelanzeigen der einzelnen Bibliothekskataloge. Mit diesem Konzept einer virtuellen Metabibliothek Schweiz könnte die Vision einer Schweizerischen Nationalbibliothek von Philipp Albert Stapfer und seinen aufklärerischen Mitstreitern in letzter Konsequenz realisiert werden.*

* Dank geht an: Archiv Max Bill c/o Max, Binia und Jakob Bill Stiftung, Monica Caviezel, Charlotte Constam, François de Capitani, Bernhard Dufour, Benoit de Montmollin, Martin Fröhlich, Jacques Gubler, Thomas Grebe, Wolfgang Kersten, Peter Kraut, Rätus Luck, Osamu Okuda, Heinz Oeschger, Adolf Rohr, Sylvia Schneider, Pierre Surchat, Willi Treichler, Daniel Weiss, Dominique Uldry.

Walther Fuchs

1   Die antirevolutionäre Allegorie zeigt die Bedrohung der Schweiz in den ersten Monaten des Jahres 1798. Auf einem Felsen sind die Personifikationen der Schweizer Tugenden und als Symbole der Kantone die heraldischen Tiere versammelt. Der Genfer Adler hat den Schlüssel fallen lassen und der Basler Greif wird vom Fuchs, dem französischen Agenten in der Schweiz Joseph Mengaud, entführt. Ein kleiner Knabe, nach de Capitani die Verkörperung der Unschuld, sucht Zuflucht bei Bern und Zürich, dem Bären und Löwen. Herkules steht mit der Keule zum Kampf bereit, der geflügelte Jüngling mit Lanze und Lorbeerkranz versinnbildlicht den Sieg. Der die Hand zum Schwur hebende Winkelried, Wilhelm Tell mit der geschulterten Armbrust und der heilige Niklaus von Flüh erkennbar an der mahnenden Geste zur Einigkeit. Im Himmel wacht die Religion mit dem Auge Gottes über der alten Eidgenossenschaft. Zur Linken erscheint Frankreich – eine Frau in den Farben der Revolution – begleitet von den Allegorien des Krieges und des Elends. Sie schickt den Fanatismus mit der Fackel in der Hand und die verblendete Dummheit, erkennbar an den Eselsohren und verbundenen Augen, gegen die Schweiz. Zur Rechten sitzt die Helvetia mit den Urkunden der alten Bünde und dem Freiheitshut. Symbole des Wohlstandes, der Wissenschaften und der Künste, wozu auch Bücher gehören, liegen neben ihr. Der Greis Chronos betrachtet den Lauf der Zeit. • *This anti-revolutionary allegory portrays the threat to Switzerland in the first months of 1798. Gathered on a rock are the personifications of the Swiss virtues and – as symbols of the cantons – the heraldic animals. The eagle of Geneva has dropped the key, and the fox – the French agent in Switzerland, Joseph Mengaud – is kidnapping the griffin of Basel. A small boy, who according to de Capitani embodies innocence, is seeking shelter near Bern and Zurich, represented by the bear and the lion. Hercules is standing with his club, ready for battle; the winged youth with a lance and a laurel wreath symbolises victory. Winkelried, his hand raised in an oath, William Tell with a shouldered crossbow, and Saint Niklaus of Flüh, recognisable by a halo and rosary, call for unity. In heaven, religion is watching over the old confederation with the eye of God. To the left, France is represented as a woman in the colours of the Revolution. She is accompanied by the allegories of war and misery. She sends fanaticism with a torch in hand and blind stupidity, recognisable by donkey's ears and bound eyes, to attack Switzerland. To the right, Helvetia is sitting with the documents of the old alliances and the hat of liberty. Near her lie symbols of wealth, the sciences, and the arts, to which books belong. Old man Chronos is observing the passage of time.*

2   Provisorischer Standort der Schweizerischen Landesbibliothek an der Christoffelgasse Nr. 7 in Bern. • *Provisional location of the Swiss National Library at Christoffelgasse No. 7, in Bern.*
3   Schweizerisches Archiv- und Landesbibliothek-Gebäude erbaut 1896–1899 von Theodor Gohl, Bern/Basel. Ansicht von Nord-Osten mit der Schweizerischen Landesbibliothek im Nordosttrakt. • *The building of the Swiss Archives and National Library, 1896–1899 by Theodor Gohl, Bern/Basel. View from the northeast with the Swiss National Library in the northeast wing.*

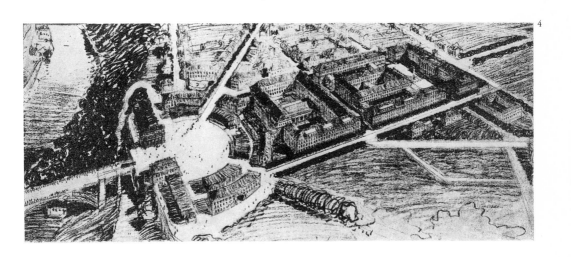

4

4   Wettbewerbsprojekt von Widmer und Daxelhofer von Bern für das Gymnasium Bern und Neubau der
Schweizerischen Landesbibliothek und weiterer öffentlicher und privater Bauten zwischen Historischem Museum und
Gymnasium von 1923. ‹Fliegerbild› von Nordwesten mit der Schweizerischen Landesbibliothek. • *1923 competition
project by Widmer and Daxelhofer of Bern for the Bern grammar school and the new building for the Swiss National Library,
plus additional public and private buildings between the Historical Museum and the grammar school. "Aerial view" from the
northwest with the Swiss National Library.*

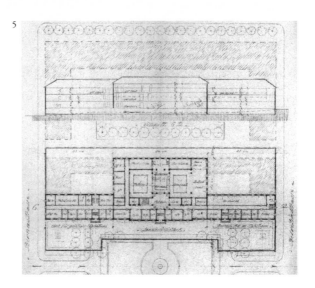

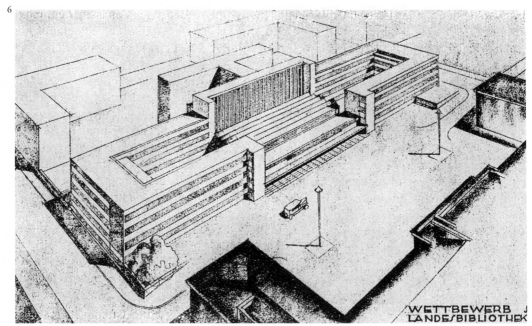

5   Projektplan Neubau Schweizerische Landesbibliothek von Leo Jungo, Bern, 1925 (Planausschnitt). • *Project plan showing the new building for the Swiss National Library by Leo Jungo, Bern, 1925 (section of plan).*
6   Wettbewerbsprojekt Schweizerische Landesbibliothek von Alfred und Eduard Oeschger, Zürich, 1927, Fliegerbild von Südwesten. • *Competition project for the Swiss National Library by Alfred and Eduard Oeschger, Zurich, 1927, aerial view from the southwest.*

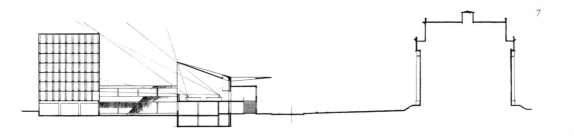

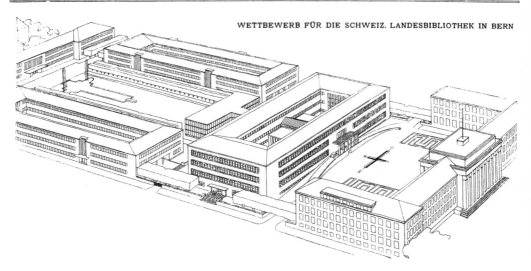

WETTBEWERB FÜR DIE SCHWEIZ. LANDESBIBLIOTHEK IN BERN

7   Wettbewerbsprojekt Schweizerische Landesbibliothek von Emil Roth, Zürich, 1927, Längsschnitt. • *Competition project for the Swiss National Library by Emil Roth, Zurich, 1927, longitudinal section.*
8   Wettbewerbsprojekt Schweizerische Landesbibliothek von Salvisberg und Brechbühl, Bern, 1927. • *Competition project for the Swiss National Library by Salvisberg and Brechbühl, Bern, 1927.*

9

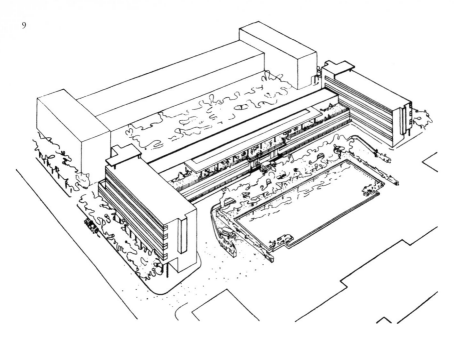

STEIN HOLZ EISEN 1928 Woche 24

10

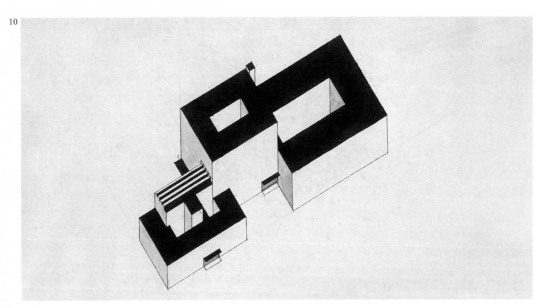

9 Wettbewerbsprojekt Schweizerische Landesbibliothek von Hannibal Naef, Zürich, 1927. • *Competition project for the Swiss National Library by Hannibal Naef, Zurich, 1927.*
10 Wettbewerbsprojekt Schweizerische Landesbibliothek von Max Bill, Zürich/Dessau, 1927. • *Competition project for the Swiss National Library by Max Bill, Zurich/Dessau, 1927.*

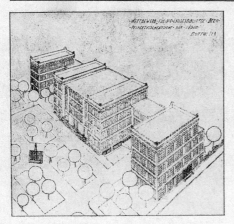

Neben den 98 Entwürfen für das Landesbibliothekgebäude durfte sich des 12 jährigen P. T. Arbeit wohl sehen lassen.

veranstaltet werde. Diese Ausstellung wurde im Oktober während 14 Tagen in unserer Kameradenstube untergebracht und von einigen hundert Personen besucht.

Die von einer Arbeitsgruppe in unserer Stadt durchgeführte *Sammlung für die Stiftung „Für das Alter"* ergab den schönen Betrag von Fr. 3000.—.

Einige Gruppen haben im Laufe des Dezembers beim *Pro Juventute Karten- und Markenverkauf* mitgeholfen. 1. Plakate verteilt in Geschäfte, 2. Den Gemeindesekretariaten Verkaufsmaterial zugetragen, 3. Verkauf in der Stadt Baden durchgeführt. Diese letzte Gruppe vereinigte 32 Kameradinnen und Kameraden, die für Fr. 6000.— Karten und Marken verkauften.

Der 17. Dezember brachte den *Altleutchenabend,* der diesmal in der prächtigen Turnhalle in Ennetbaden durchgeführt wurde. Wieder Theater, Vorträge des Kameradenorchesters, Kasperli. Speziell sei die Aufführung der Kindersymphonie von Haydn erwähnt. Besonders festtäglich waren diesmal die Tische mit Tannzweigen, Primeln und 150 brennenden Kerzen (Kerzenhalter aus Fadenspüli mit Ripolin bemalt) geschmückt. Es war eine feierliche Stimmung!

Wieder wurde ein Gratiszobig serviert und die alten Gäste mit Arbeiten reich beschenkt, die die Kameradinnen und einige Kameraden verfertigt hatten. Es wurden Ansprachen gehalten von Frau Seminardirektor Herzog für die Alten, Herrn Gemeindeammann Schneider und dem Bezirkssekretär Pro Juventute. Die Stiftung «Für das Alter» hat an die Kosten einen Beitrag von Fr. 50.— geschenkt.

Die Kasperligruppe spielte an der *Weihnachtsfeier* der *Schwerhörigen* und in der *Anstalt Freihof.*

CHRONIK

Aarberg.

Am 10. Dezember 1927 fand hier der *3. Kameradentag* statt, der in einigen Berner Zeitungen recht günstig besprochen wurde. Neben einem Bazar mit Kasperlivorführungen am Nachmittag, konnte am Abend eine Aufführung der Kasperli-, Theater-, Musik- und Schattenbildergruppen veranstaltet werden. Die Ansprache hielt Herr Sekundarlehrer Fankhauser. Alles ging wie am Schnürchen! Das Schattentheater war eigene Eingebung eines Aarberger Kameraden. Es wurde das Leben von sieben Zwergen dargestellt. Der Saal ist ganz dunkel, dumpf schlägt die Uhr 12. Langsam wird es heller. — Schlafende Zwerge, den Kopf zwischen den Beinen. — Jetzt regen sie sich und stehen langsam auf. Ein fröhliches Turnen beginnt, worauf sie über den letzten hinweg aus dem Lichtfeld springen. Plötzlich eine rassige Tanzmusik, und in lustigem Reigen tanzen die Zwerglein wieder herein. Mit Schaufeln und Bickeln graben sie nach Gold, finden solches und ziehen mit gefüllten Säcken ab. Dann bringen sie Zimis, ein lustiges Zechen beginnt und langsam verfällt einer nach dem andern dem Schlafe. Es wird finster . . . . Vorhang!

Am *Jahrmarkt* wurde eine grössere Anzahl vom Kameradenbüchlein «Die Roten Katzen» verkauft, um feilgebotenen Schund zu verdrängen.

Baden.

Im Heft 2 wurde bereits über den Kameradentag berichtet und auch mitgeteilt, dass eine *Ausstellung* über «Wesen und Ziel der Schweizer Kameraden»

Brütten.

Die Arbeitsgruppe «Schnörregigeli» hat am *Winterthurer 3. Kameradentag* zwei Programmnummern bestritten und erntete einen wahren Beifallssturm.

Hallau.

Der Hallauer 2. Kameradentag zeichnete sich vor allem dadurch aus, dass die Hallauer Kameraden es verstanden hatten in einigen heimeligen Stuben, in kleinem Kreise, ein flottes Festchen einzurichten. Bei Kaffee und Küchli wurde eine Rede von Herrn Dr. Weibel angehört, theäterlet, konzertiert, gesungen und Mundharmonika gespielt. Daneben wurden einige sehr schöne Handarbeiten verlost. Ein Kamerad hatte sogar ein Kaninchen grossgezogen und samt selbst gezimmertem Stall an die Verlosung geschenkt.

Lobsigen.

Die Arbeitsgruppe «Lobsigensee» sorgte am Aarberger Kameradentag für eine mustergültige *Fischete.* Ihr seht die drei Kameraden im Bilde, wie sie mit den Fischruten und der Schilfwand «kampfbereit» da sitzen. Von dieser Gruppe wurden über 200 «Fische fabriziert».

11 Wettbewerbsprojekt Schweizerische Landesbibliothek von Paul Tittel, Zürich, 1927. • *Competition project for the Swiss National Library by Paul Tittel, Zurich, 1927.*

12 Postkarte mit der Neuen Schweiz. Landesbibliothek, Bern, um 1931. • *Postcard with the New Swiss National Library, Bern, 1931.*

13 Schweizerische Landesbibliothek, Büchermagazin von Nordwesten gesehen. • *Swiss National Library, the closed stacks, seen from the northwest.*

Walther Fuchs

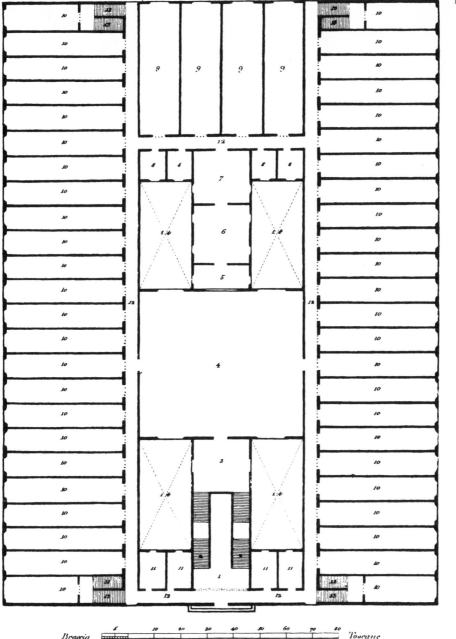

14 Idealplan einer modernen Magazinbibliothek von Leopoldo della Santa, Florenz, 1816. • *Ideal plan of a modern closed-stack library by Leopoldo della Santa, Florence, 1816.*

Die Modernität der Schweizerischen Landesbibliothek, 1798–2001

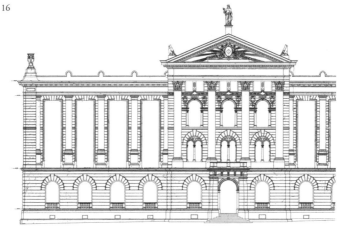

15   Bibliothek in Viipuri (Vyborg) erbaut 1927–1934/35 von Alvar Aalto, Finnland. • *Library in Viipuri (Vyborg), built 1927–1934/35 by Alvar Aalto, Finland.*
16   Baueingabepläne des Schweizerischen Archiv- und Landesbibliothek-Gebäudes von Theodor Gohl. Die buchlesende und urkundenhaltende Frauengestalt symbolisiert die Landesbibliothek und das Bundesarchiv. Die beiden «Eulen der Minerva» an den seitlichen Ecken des Giebeldreiecks versinnbildlichen Weisheit. • *Plans for the Swiss Archives and National Library by Theodor Gohl. The book-reading figure of a woman with a document in her hand symbolises the National Library and the Federal Archives. The two "Owls of Minerva" on the corners of the gable stand for wisdom.*

17 Bern, Schweizerische Landesbibliothek, Blick vom Warteraum in den Lese- und Zeitschriftensaal, 1931. •
Bern, Swiss National Library, view from the waiting room looking into the reading and magazine room, 1931.
18 Leseterrasse der Schweizerischen Landesbibliothek um 1932 mit dem Fresko von Ernst Morgenthaler. •
Reading terrace of the Swiss National Library around 1932, with the fresco by Ernst Morgenthaler.
19 «Befreites Wohnen» von Sigfried Giedion, 1929. • *"Befreites Wohnen" by Sigfried Giedion, 1929.*

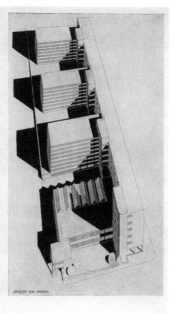
21

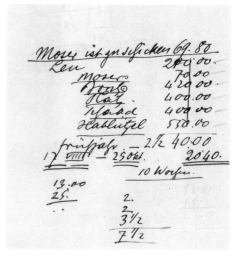

20   Wettbewerbsprojekt Schweizerische Landesbibliothek von Hans Schmidt, Basel, 1927, abgedruckt in der Zeitschrift «ABC: Beiträge zum Bauen». • *Competition project for the Swiss National Library by Hans Schmidt, Basel, 1927, printed in the journal "ABC: Beiträge zum Bauen."*

21   «Arbeit v. Hs. Schmidt f. Bibliothek». Skizze aus Karl Mosers Tagebuch von 1927. • *"Work by Mr. Schmidt for library." Sketch from Karl Moser's diary, 1927.*

22   Pseudo-Flachdächer der Schweizerischen Landesbibliothek, Bern, 1932. • *Pseudo flat roofs of the Swiss National Library, Bern, 1932.*
23   Die Architekten Gustav Gull (1858–1942), links und Karl Moser (1860–1936), rechts, Photo um 1920. • *The architects Gustav Gull (1858–1942) to the left and Karl Moser (1860–1936) to the right, photographed around 1920.*

24 Schweizerische Landesbibliothek, Büchermagazin, Zustand während des Umbaus 1999. • *Swiss National Library, closed stacks, during reconstruction work, 1999.*

WALTHER FUCHS

The Modernity of the Swiss National Library, 1798–2001

The Utopia of a Swiss National Library

The history of the Swiss National Library extends back to the beginnings of modernity. As an institution of education, it is an idea of the Enlightenment, its creation a direct consequence of the French Revolution. In 1798, following the French example, the Swiss proclaimed the Helvetian Republic, and at the instigation of Philipp Albert Stapfer, the minister of arts and sciences,[1] it was decided to establish a "national and a law library"; however, the construction of the libraries remained at first a utopian vision. It was only one hundred years later that the Swiss National Library emerged from the Swiss Central Library.[2] Both libraries were to be stocked with books from the libraries of secularised monasteries, deposit copies, purchased private collections and books given as gifts.[3] The city libraries were also required to make books available. The law library was provisionally quartered in a "room" at the locations of the government in Aarau, Lucerne and Bern.[4] The sequestered holdings of the monastery libraries

---

[1] For more on Philipp Albert Stapfer (1766–1840), see Luginbühl 1887, and Rohr 1998.

[2] For the early history of the Swiss National Library, see Escher 1935; Escher 1936; and Luginbühl 1887, pp. 277–303.

[3] See May 8, 1798: "Beschluss Sequestrierung von Klöstern mit Begründungen: Sicherung Staatsvermögen (Plünderungen)," see Strickler 1889, pp. 1026–1032, No. 114. June 5, 1798: "Aufhebung Klöster," see Strickler 1887, p. 218. July 17, 1798: "Oberster Gerichtshof Mangel an 'literarischen Hülfsmitteln'," see Strickler 1887, pp. 567–568, No. 122, 2), 3). August 15, 1798: "Auftrag 'Kloster-Bibliotheksbericht' an Stapfer zur Rettung der Bücher für die Nation," see Strickler 1887, pp. 848–852, No. 192. August 20, 1798: "Klosterstatistik", see Strickler 1887, p. 576, No. 125, pp. 578–580, No. 128. September 17, 1798: "Sequestrierung Klostereigentum als Nationalvermögen", see Strickler 1887, pp. 1142–1146, No. 3000, especially Clause 3. December 18, 1798: "Errichtung des Bundesarchivs, und der Eidgenössischen Parlaments- u. Zentralbibliothek" see Strickler, 1889, pp. 800–804. January 19, 1799: "Beschluss Enteignung Nationalbibliotheken sprich Stadtbibliotheken," see Strickler 1889, p. 1425, No. 405 and 406.

were in part placed in storerooms to keep them from being looted by French and Austrian occupational troops (Ill. 1).

A Building for the Swiss Archives and National Library

In 1803, with the end of the Helvetian Republic, both the national and law libraries were liquidated. Later they were continued as a "diet library" which up to 1848 had provisional quarters at the seats of government in Bern, Zurich and Lucerne. With the founding of the federal state in 1848, the diet library was assigned to the Department of the Interior and given the designation "Swiss Central Library." At first it only had makeshift quarters, but as of 1892 it was housed in the former national council hall in Federal Building West – the "Federal Town Hall" in Bern.

Stapfer's vision finally became reality in 1893 with the creation of the Swiss National Library as the 2nd department of the Swiss Central Library. It had the trilingual name Landesbibliothek, Bibliothèque nationale and Biblioteca nazionale. The library in Lucerne catering to the bourgeoisie was assigned the task of collecting old Helvetica from the period before 1848. The source of this campaign, stirred by patriotism, was Fritz Staub, editor of the dialect dictionary for Swiss-German, and it had the widespread support of the major literary and scientific societies of Switzerland.[5]

On May 2, 1895, the Swiss National Library commenced its activities in a rented apartment in Bern (Ill. 2).[6] Four years later it relocated to the northeastern wing of the newly built building for the Swiss Archives and National Library, sharing the space with the Swiss Federal Archives (Ill. 3).[7]

The Neo-Renaissance structure was built between 1896 and 1899 by Theodor Gohl, one of Semper's students and chief designer and junior civil servant at the Swiss Building Administration.[8] In spite of its location outside the narrow perimeters of the other federal buildings, its architectural style clearly identifies it as belonging to them. In terms of library typology, the symmetrically designed steel-framed structure is a modern closed-stack library.

---

[4]   See Wiedmer 1986, p. 110, "dass ihnen die Canton Bern(i)sche Verwaltungskammer ein Zimmer im Gebäude des G. Raths verweigere…" ("that the administrative chamber of the canton of Bern refuses them a room in the district council building…"). See Strickler 1892, p. 935, No. 316.

[5]   For details of the establishment of the Swiss National Library of 1891, see Kommission 1900, pp. 5–14, and Graf 1995.

[6]   See Kommission 1896, p. 2. The library was first housed in a five-room apartment on the first floor and in part of the mezzanine. It eventually occupied all four floors of the building due to the rapid growth of its holdings. See Kommission 1897, p. 3.

[7]   See Kommission 1900, p. 3. For a discussion of the architecture and history of the Swiss Archives and National Library building, see Fröhlich 1998, and Graf 1995.

[8]   See Hauser, Röllin et al. 1986, pp. 454–455, and Fröhlich 1998, p. 56.

The New Building on Hallwylstrasse

In 1919, almost twenty years after the National Library had moved, a new building was once again under discussion. The library's holdings had more than tripled in this period of time. Space was becoming scarce and the inadequacies of the building evident. Director Marcel Godet predicted that reserve space would only last "five to six" years at the most.[9] In 1910, one year after being elected,[10] Godet had already addressed the "space question":[11] the building had originally been planned for the archives alone and not as a much-frequented public library.[12] The commission in charge,[13] composed of representatives from the National Library, the Federal Archives and the Swiss Building Administration, decided to erect a new building for the National Library and to leave the archives in the existing one. The main points of criticism levelled against the existing location were the lack of a division between the catalogue and magazine rooms (the problem of noise), the poor organisation of the circulation desk, the lack of an exhibition room, and the shortage of office space.[14]

During the planning work that spanned several years, a number of building sites in the city of Bern were considered. After a lengthy preplanning stage, a building site was acquired in 1926 not far from the old location. Originally, the adjacent lots were to be purchased in order to prevent buildings from being constructed that might detract from the design of the library building. However, the price was too high, and the city had its own plans for the lots. The grounds along Kirchenfeldstrasse were slated for a planned grammar school; the grounds bordering the Historical Museum were kept by the city of Bern as reserve construction land. The Bern Art Museum was in possession of the property and sold it with both bordering lots (on which the Kirchenfeld grammar school and the Museum of Communication stand today) in order to finance an extension to the Art Museum built in 1932/1933 by Karl Indermühle and Otto R. Salvisberg. After rejecting the building sites "Monbijoustrasse/Friedeckweg," "Monbijou/Schwarztorstrasse," "Bierhübeli" and "Gryphenhübeli", the commission decided in their final evaluation against constructing the building on the city-owned site near Viktoriaplatz – a repetition of their 1895 decision regarding the construction of the Swiss Archives and National Library building.[15] This time it was not the purchase price that was the decisive factor,

---

[9] See Kommission 1919, p. 9. Concerning the question of space, see Kommission 1911, pp. 10–11.

[10] For details of the election of M. Godet as director of the Swiss National Library see Kommission 1910, p. 4.

[11] On the question of space: reserves for a maximum of ten years, see Kommission 1911, pp. 10–11. However, concrete planning measures to enlarge the closed stacks were taken in 1918.

[12] The number of visits to the reading room totalled 4,500 in 1900, just one year after the move to the new building. They tripled to 15,218 by 1919. See Kommission 1902, "Beilage I," and Kommission 1919, "Beilage III".

[13] See Kommission 1919, p. 1.

[14] For more on the critique of the Swiss Archives and National Library building, see Kommission 1919, pp. 10–12. See also Godet 1919, pp. 12–13.

[15] See Kommission 1922, p. 1, or Kommission 1924, pp. 1–2.

but the more advantageous location (near the Federal Archives and other federal buildings) and the better expansion possibilities.[16] The city and canton of Bern attempted without success to influence the selection of the site, fighting for the "Bierhübeli" location because of its proximity to the university.[17]

Once the library commission had selected the Kirchenfeld site, they called for an urban development competition "for the acquisition of plans for the grammar school and for the development of the adjacent grounds in their entirety, up to Kirchenfeld Bridge, including the land reserved for the library."[18] For financial reasons, the commission for a time considered giving up the favoured Kirchenfeld site for the less expensive Viktoriaplatz/Optingenstrasse lot, but in the end, financial concessions by the city administration and the Bern Art Museum as well as the express desire of all involved for a good urban development solution for the entire property, ranging from the grammar school to Kirchenfeld Bridge, made it possible for the commission to purchase the site of their choosing.[19]

In the summer of 1927, a national competition was announced in the *Schweizerische Bauzeitung*.[20] Five years earlier, proposals for a new National Library had been submitted in connection with the planning competition for the Kirchenfeld grammar school and the redesign of Helvetiaplatz and the adjacent building site to the south, extending to Kirchenfeldstrasse.[21] However, the mostly neo-classical designs only influenced the architecture of the city grammar school and the Swiss National Library building insofar as sections of the library building are arranged symmetrically to those of the grammar school (Ill. 4).[22] On the other hand, the designs by the Swiss Building Administration, which were commissioned by the National Library and date back to 1919, had a direct impact on the competition of 1927. Director Marcel Godet provided the basis for the planning work with his critical analysis[23] of the layout of the library in its location in the archives building. The Zurich

---

[16] See Kommission 1922, p. 1, "Vorprojekt".

[17] See "Eingabe der Unterrichtsdirektion des Kt. Bern an das Eidg. Departement des Innern," Kommission 1920, pp. 2–3.

[18] See Kommission 1923, p. 1.

[19] See Kommission 1924, p. 1 and pp. 2–3. For a time, the Bern press discussed the possibility of accommodating the SNL in the civilian hospital building and combining it with the city library. See Kommission 1926, p. 2.

[20] The competition was announced in the May edition of the Schweizerische Bauzeitung. See SBZ 1927, pp. 258–259. The designs had to be submitted by October 1, 1927. See Chuard 1927, p. 2. Swiss architects were entitled to participate, as well as architects who had been working in Switzerland for at least five years. See Chuard 1927, p. 1.

[21] See SBZ 1923, p. 93. No member of the Swiss National Library commission was on the jury of the competition for a new city grammar school. A number of architects took part in both competitions: Emil Hostettler (17th place grammar school, 3rd place SNL), Fritz Widmer of the architectural firm Daxelhofer & Widmer (2nd place grammar school, 5th place SNL), Otto Brechbühl of Salvisberg & Brechbühl (3rd place grammar school, SNL project purchased); see SBZ 1923, p. 136.

[22] See Hauser, Röllin et al. 1986, p. 437. See also Schweizer 1980, p. 437.

Central Library served as a model for the organisation of the functional areas of "reading," "storing" and "processing," independent of the different ground plans and nature of the two properties:[24] A lobby with a book issue desk is flanked by a reading and catalogue room. It is to this series of rooms that the closed stacks are connected. There is clear spatial separation of the functions of the library.[25]

In the first architectural sketches of 1919, drawn by employees of the library, one does not yet see an organisation of space analogous to that in the Zurich Central Library or a logical system governing the layout of the functional areas.[26]

Once the Swiss National Library commission – chaired by Hermann Escher, the director of the Zurich Central Library – began planning,[27] the spatial organisation of the Zurich Central Library was incorporated into the project plans.

The designs of the planning phase served as the basis for the construction schedule of the future library[28] and are oriented to the architectural symmetries of the grammar school much more than the subsequent competition designs: one planning specification stipulated that there was to be a close architectural connection between the future library and the grammar school (Ill. 5).[29]

In the competition, the jury requested a functional, practical and sober administrative building.[30] In addition, proposals were to be submitted for the subsequent development of the building gap between the Historical Museum and the National Library.[31]

The young, as yet unknown Zurich architect Alfred Oeschger and his father Eduard won the competition in a surprise victory over Josef Kaufmann of Zurich and Emil Hostettler of Bern (Ill. 6).[32]

Oeschger's design shows a long, symmetrical building that extends to the sidewalks on both sides of the site. It has two courtyards and a middle building with a step-like roof facing the

---

[23] For more on the critique of the Swiss Archives and National Library building, see Kommission 1919, pp. 10–12. See also Godet 1919.

[24] The plans from the design phase can be found in the SNL under: "SLB Pläne und Akten 'Archivstrasse,' Konzepte 1895–1900 + SLB Neubau".

[25] See Escher and Fietz 1919, p. 9.

[26] The papers contain sketches by the assistants Albert Sichler, Dr. Gustav Wisler and Carl Lüthi. There were fifteen people on the staff of the Swiss National Library at the time.

[27] The first meeting took place on June 3, 1919. See Kommission 1920, p. 1.

[28] See Jungo 1925. The stamp "Direction der Eidg. Bauten" (Swiss Building Administration) on the last series of plans before the competition suggests that the author was Leo Jungo, who became building director in 1925. See Tribolet 1927, p. 424.

[29] See Stadtschreiber 1926, and the program of the competition: "...to form an architectural whole with the building of the city grammar school and the plaza lying between." See Chuard 1927, p. 3.

[30] See Chuard 1927, p. 3, "4. Bauart".

[31] See Chuard 1927, p. 3, "1. Bauplatz".

[32] See Jungo, Bovy et al. 1927, p. 10.

grammar school.[33] The closed stacks, housed in a purely functional book tower, rise above the side wings and the reading and catalogue rooms, which have been positioned in front with the main entrance.[34]

The jury approved of the functional architecture, the effective organisation of space and the favourable placement of the various entrances in terms of accessibility.[35] However, it criticised the lack of any connection between the upper floors of both wings and the great distance between the public rooms and the offices on the ground floor. The jury was also dissatisfied with the integration of light from saw-tooth roofs and the development proposal for the lot bordering the Historical Museum.[36]

The participants in the competition included renowned architects such as Hans Schmidt[37] (Ill. 20), Emil Roth (Ill. 17), Otto Rudolf Salvisberg & Otto Brechbühl (Ill. 8) as well as Hannibal Naef (Ill. 9), the young Max Bill[38] (Ill. 10) and even a twelve-year-old pupil[39] (Ill. 11).

However, there were no finalists. Schmidt and Roth were eliminated in the first round. For Salvisberg & Brechbühl the competition went only as far as their project being purchased.[40] Since none of the designs fully satisfied the jury, a first prize was not awarded,[41] and the Building

---

[33] See SBZ 1927, p. 297. The original plans of Oeschger's competition submission have not been found, though depictions of them can be seen at the SNL. These plans are not included in his architectural estate at the Institut für Geschichte und Theorie der Architektur (IGTA) at the Swiss Federal Institute of Technology (ETH) in Zurich (Institute for History and Theory of Architecture). Nor are they at the Federal Archives, the Swiss National Library or the Building Archives of the Federal Office of Buildings and Logistics. An undated photograph of an architectural model is all that exists of Oeschger's design. This was probably not his own work but made for didactic purposes for the final selection procedure. See "Wettbewerbsprojekt O." The plaster model in the annual report of 1928, which no longer exists today, shows a reworked version of the project by Oeschger, Hostettler and Kaufmann. See Kommission 1928, opposite p. 1. The middle building houses the National Library, the west wing the Office of Intellectual Property and the east wing the Swiss Statistics Office. See "Bezeichnungen im Grundriss des Wettbewerbsbeitrages von Oeschger," in: SBZ 1927, p. 296.

[34] In contrast to the planning-stage design by Director Leo Jungo, the book tower, as envisioned by Oeschger, is a clearly recognisable part of the building, similar to the other functional areas of the library.

[35] See SBZ 1927, p. 298.

[36] See Jungo, Bovy et al. 1927, pp. 8–9.

[37] See Schmidt and Stam 1927/28, p. 10.

[38] See the section about the Swiss National Library design by Max Bill in this paper.

[39] See D. S. 1928, pp. 106–107; Anonymous 1928, p. 2; Kommission 1928, p. 2.

[40] See Jungo, Bovy et al. 1927, p. 10. At the time the competition took place, Alfred Oeschger's brother was an employee at Salvisberg's office in Berlin. He helped with their design for the National Library. Disappointed by his poor showing, Salvisberg accused Oeschger of spying on him, giving rise to a conflict between the two. This was soon resolved (according to a statement by Heinz Oeschger, Heinrich Oeschger's son).

[41] See Jungo, Bovy et al. 1927, p. 9.

Walther Fuchs

Administration commissioned the top three participants to design the final building project together.[42]

The planning work began in March, 1928, and in the December session of 1928, the parliament approved the final project and a building loan of 4,620,000 Swiss francs. This project was for the most part a reworked version of Oeschger's design.[43]

After Alfred Oeschger had won the competition, he took charge of construction with his brother Heinrich. Excavation work began at the end of April, 1929, and in November of the same year, the pouring of the reinforced concrete for the shell was completed.[44] The interior work began in the spring of 1930 and continued in part until the autumn of 1931. Certain sections of the building were occupied by the end of 1930, including the national census office on the 8th floor of the book tower and the janitor's flat. In the summer of 1931, four government offices were finally able to move into their new space: the Swiss Office of Intellectual Property, the Swiss Statistics Bureau, the Swiss Grain Administration and the Swiss Inspectorate of Forestry, Hunting and Fishing. The National Library was inaugurated on October 31, 1931. Since the opening, no major construction work has been undertaken (Ill. 12).[45]

The Architects Alfred and Heinrich Oeschger

Alfred Oeschger, born in Basel in 1900 as the son of an architect, received architectural training at the Technikum Burgdorf from 1915 to 1918. With his brother Heinrich, he continued his studies from 1922 to 1925 at the Technische Hochschule in Munich, where the brothers probably attended the class given by Theodor Fischer, professor of architecture there from 1909 to 1928.[46] Theodor Fischer was better known for his work as the "educator of an entire generation of architects"[47] than for his buildings. His students included Erich Mendelsohn, Hugo Häring, Bruno Taut, Ernst May and the Swiss architect Peter Meyer.

After studying in Munich, the brothers went their separate ways. Heinrich travelled to Berlin to work for Otto Rudolf Salvisberg, while Alfred returned to Switzerland, where he was initially employed as office director for Müller & Freytag – where Emil Roth was also working[48] – and later hired by Albert Fröhlich. In both offices, a moderate, modern architecture was the order of the day. Alfred Oeschger experimented on the side with progressive architectural forms in com-

---

[42] See Kommission 1928, p. 2.
[43] See Kommission 1929, p. 1.
[44] See Kommission 1930, p. 2.
[45] For the exact date of the opening of the SNL, see Godet 1931. In 1944, the grammar school placed two huts in the decorative courtyard, and in 1967/68 the catalogue room was expanded to include one of the two adjacent exhibition rooms. In the 1970s, the facade was renewed. Only a few pieces of the original furniture still exist today.
[46] For more on the activities of Theodor Fischer at the Munich Hochschule, see Nerdinger 1988.
[47] See Schumacher 1935, p. 502.
[48] See Lichtenstein 1993, p. 22.

petitions,[49] but he did not have any success and only achieved his breakthrough in the competition for the Swiss National Library.

As the first design that he planned and executed on his own, the National Library is an expression of his background in moderate, modern architectural circles and the more radical architectural ideas with which he experimented in competitions. However, he was only able to break with traditional architecture completely with the Kappeli school building, constructed 1935–1937. In the later buildings that he designed right up to his early death in 1953 – including the festival hall and wine pavilion at the Swiss National Exhibition in 1939, the buildings for the Eidgenössische Technische Hochschule (Swiss Federal Institute of Technology) in Zurich, and the check-in hall at the Zurich airport – Alfred Oeschger had more in common with the moderate, modern architectural concepts of his friend Peter Meyer than with those of Sigfried Giedion and the representatives of a modern, avant-garde Swiss architecture grouped around the journal *ABC: Beiträge zum Bauen*.[50]

The New Architecture

The Swiss National Library is a pioneering achievement in modern library architecture. It is the first, and one of the few, libraries that was realised according to the principles of the "New Architecture":[51] the designs for the Lenin Library by the Wesnin brothers, the Fridman brothers and Markov as well as the project by Stschussew – all from 1928 – were never realised. Alvar Aalto's library in Viipuri, the planning for which was started in 1927, was first opened in 1935.[52]

The library is a model design since not only the closed stacks, but the other two library-specific functional areas as well – the "reading" and "administrating" areas – are separated architecturally and form clearly distinguishable building units. Coming from the city centre, visitors see the book tower of the Swiss National Library from a distance (Ill. 13). The sight must have been all the more impressive when other buildings did not obstruct the view and the contrast was all the greater between the Romantic, historicising style of the Historical Museum and the massive, elevated, vertically lined book tower of concrete and glass.

But the biggest surprise comes when visitors enter the decorative courtyard (*Schmuckhof*).[53] It is not the space itself that is astonishing, but the stylistic difference between the buildings forming the courtyard, built shortly after each other. The grammar school, a bleak, solid, ponderous structure in a neo-classical style, stands opposite the library, a light, modern building that is a

---

49 See the competition "Gewerbeschule und Kunstgewerbemuseum," Zurich, 1926, and the competition "Bezirksschulhaus Burhalde," Baden, 1927.
50 On the lives of the Oeschger brothers, see Menghini 1998. Their architectural estates are at the IGTA/ETA in Zurich.
51 See Graf 1987, p. 157.
52 See Spens 1994.
53 Concerning the "decorative courtyard" see "Kaufvertrag" 1926.

conglomerate of cubic building elements. The functions of these elements are clearly distinguishable (the book tower in the background and the administrative and user rooms set in front of it) and together form a structured unit.

In terms of library typology, the Swiss National Library belongs to the category of the "closed-stack library" that evolved from the Baroque "hall library" at the beginning of the 19th century.[54] Leopoldo della Santa provided the theoretical foundation for the closed-stack library in 1816 with his treatise "Della Construzione e del Regolamento di una Pubblica Universale Biblioteca con la Pianta Dimonstrativa," in which he called for the separation of the areas "storing," "reading," and "administering" as well as their optimal arrangement in a library building, thereby transferring the modern principle of functional division to the architecture of libraries (Ill. 14).[55] In the following period, it became usual for library-specific functional areas to take the form of clearly distinguishable building units. To save space, the closed stacks were extended upward. As a structure rising high above the surrounding area – visible from a great distance – these "book towers" came to symbolise the modern library.

The Swiss National Library was one of the first libraries with a closed-stack tower. Other examples were either constructed later or never made it past the planning stage. The Cambridge University Library[56] by Sir Giles Gilbert Scott, Henry van de Velde's library in Gent[57] and the Hoover Library of Stanford University,[58] designed by Arthur Brown Jr., were built after 1931; and the 1928 design by the Wesnin brothers for the Lenin Library in Moscow was never realised, as already mentioned.[59]

After the Second World War, the strict functional division between "reading" and "storing" in libraries was once again lifted and readers were given free access to as many books as possible. A new type of library emerged, a combination of the hall and the closed-stack library; it is derived from the modern public library, and its prototype is the library by Alvar Aalto in Viipuri, constructed from 1927–1935 (Ill. 15).

---

[54] For a discussion of the typology of libraries, see Pevsner 1976; Vorstius 1948; and Crass 1976.

[55] See della Santa 1816.

[56] The modern Cambridge University Library by the architect Sir Giles Gilbert Scott was opened in 1934. See http://www.lib.cam.ac.uk/History/ and the letter dated November 27, 2000, from Colin T. Clarkson, head of the reference department of the Cambridge University Library.

[57] The construction of the Gent University Library by Henry van de Velde (1863–1957) took place from 1935 to 1940. See http://www.lib.rug.ac.be/vdvelde/welcome-nl.html.

[58] According to Elena S. Danielson, member of the archives staff at the Hoover Institution of Stanford University, Arthur Brown Jr. designed the Hoover Library with its "Magazin Tower," the Coit Tower in San Francisco and the San Francisco City Hall. The construction of the library began in 1939 and was completed in 1941.

[59] For more information on the Wesnin brothers' designs for the Lenin Library see Chan-Magomedow 1987, p. 153, p. 156.

Book Shelf Modules

Entirely in keeping with the principles of the New Architecture, function and economy determined the structure and choice of materials for the Swiss National Library building. The building sections are purely functional structures that were built using a mixed means of construction (skeleton technology with masonry).

The architects designed the library building with a dual structure. On the one hand, they arranged the sections of the building symmetrically; on the other, they made use of a module that gave a second, inner order to the mirror-image arrangement. They defined "module" as the distance between two book shelves, set at 1.52 metres. The shelf, which was later mass-produced, was designed by the company BIGLA especially for the requirements of the Swiss National Library. It allows users to reach all books by hand without the use of a ladder. The distance between the axes of the shelves was used as a common unit for all measurements.[60] In the closed stacks, the distance between two window piers – i. e., the width of a window – corresponds to the width of the basic module. In the office wings, the width is twice the basic module, and in the reading room, the distance between the pillars is three times this module. The height of the stories in the closed stacks, from floor to floor, is 2.66 metres on the first floor, 2.27 on second to seventh floors, and 60 centimetres more on the eighth floor, since it had to be used by the Office of Statistics as an open-plan office for the national census.

The Zurich Central Library, erected in 1917, has an analogous modular structure. The height of the floors is a function of the height of the book shelves, which are also designed so that storemen can reach every book without a ladder.[61]

The Iconographic Aspect

The lack of ornament and the use of the most modern building materials produced an aesthetic that was entirely new for the time. Artistic ornamentation, otherwise so important on prestigious buildings, was kept at a minimum. "As the architecture of the closed-stack area becomes a more dominant feature, the iconographic aspect can recede."[62]

As in the Reformation,[63] the architects of modernity banished all decoration and artwork from their buildings – "… soyons des iconoclastes" (Le Corbusier).[64]

---

[60] See Meyer 1931, pp. 8–9.
[61] See SBZ 1917.
[62] See Crass 1976, p. 127.
[63] Charles Jencks used the metaphors of Reformation and Counterreformation to define modern and postmodern architecture. See Jencks 1990, pp. 28–68. Heinrich Klotz also implies them in his book Moderne und Postmoderne, see Klotz 1985, p. 18. Le Corbusier uses the metaphor in his article: see Le Corbusier 1923, no pagination.
[64] See Le Corbusier 1923, no pagination. For a discussion of the art on buildings designed by Le Corbusier, see Fuchs 1994.

According to Gottfried Semper's *Bekleidungstheorie* (cladding theory), building sculpture in the 19th century symbolised either a tectonic function or the function of the entire building. When Semper's student Theodor Gohl included a sculpture of a book-reading woman with a document in her hand in his architectural plans for the Swiss Archives and National Library building, the sculpture was intended to symbolise both institutions inside: the National Library and the Federal Archives. And the two "Owls of Minerva" on the side corners of the gable stand for wisdom (Ill. 16).[65] As a result of the separation of "structural core" from "cladding,"[66] building sculpture became superfluous in the functionalist architecture of the 1920s, because the "structural core" as well as the individual tectonic functions and thus the function of the whole building could be ascertained from the building itself.[67] "There are those who feel that a dining room should be described by a basket of fruit, painted or sculptured on the wall. It is my opinion that a good roast on the table takes care of that better" (Le Corbusier).[68]

Developments in modern architecture contributed to making modern sculpture and modern pictures "interchangeable and locationless... as individual creations."[69] The "lack of connection,"[70] the "meaning, grounded in itself,"[71] corresponded to the views of modern architects, who as a result did not feel constrained in their work.

Besides the book tower, the only library-specific motifs in the Swiss National Library are the lettering in the building and a fresco.[72] Lettering does not serve to identify function in a pithy manner that we are familiar with from postmodernism,[73] but is an orientation aid in the interior

---

[65] The iconographic ornamentation planned for the facade of the current Federal Archives building was only partially realised. See Fröhlich 1998, pp. 57–59.

[66] For a discussion of Bekleidungstheorie (cladding theory) and the terms Konstruktionskern (structural core) and Bekleidung (cladding) see Oechslin 1994.

[67] "The New Architecture did not require sculptures of figures during its bold, rebellious youth. On the contrary, architecture-related sculpture was denied any right to existence. From the point of view of pure functionalism and usefulness, building sculpture was dismissed as false." See Rotzler 1949, p. 62.

[68] See Le Corbusier 1936.

[69] Pehnt 1986, p. 74. Concerning the "locationless" phenomenon, see: Krauss 1986, pp. 228–232; Pehnt 1989, pp. 137–142; Hitchcock, Henry-Russell 1985, p. 65; Schreier 1987, pp. 318–328; O'Doherty 1996. In his series of articles, Brian O'Doherty shows that in a soundless, contextless space, a context between architecture and the exhibited works of art always exists. See: "Inside the White Cube: Notes in the Gallery Space, Part I," in: Artforum, März 1976, pp. 24–30. The follow-up articles are: "The Eye and the Spectator," in: Artforum, April 1976, pp. 26–34; and "Context as Content," in: Artforum, November 1976, pp. 38–44.

[70] Krauss 1986, p. 229.

[71] Krauss 1986, p. 229.

[72] The serifless, modern font, designed by the Swiss graphic artist Frida Meier, has been stuck directly to the glass doors of the various halls in a discreet fashion and thus avoids the effect of advertising.

[73] Cf. the concept "Decorated Shed" and "Duck" by Robert Venturi, Denis Scott Brown and Steven Izenour in: Venturi 1979. The term "Decorated Shed" describes the separation of building material and the sign language affixed to its exterior.

of the building. As historical pictures reveal, the current sign "Swiss National Library" in four official languages on the glass entrance door was not part of the original concept.

From a distance, only the book tower signals the function of the building. Of the works of art in the building, only the wall painting by Ernst Morgenthaler in the reading terrace was created especially for the structure (Ill. 17).[74] The two Bronze nudes, one by Hans von Matt in the western garden and the other by Carl Albert Angst in the eastern garden, are not linked to the "library" theme. This can also be said of the original colours of the interior of the building, chosen by Leo Steck, a painter of glass and art. From what we know today, the scheme must have been very colourful, but not at all figurative. The designers intentionally refrained from decorating the upper area of the walls in the reading room with figurative images so as not to distract readers from their reading material.[75]

Things Permeate Each Other

The transparent interior room in the public section of the library, opening to the garden, and the exhibition room, which can be flexibly arranged, are just as modern as the views expressed in Sigfried Giedion's 1929 manifesto *Befreites Wohnen* (Liberated Living). From the corridor, visitors proceed directly to the issue desk through a glass door. From here they can enter either the catalogue room or the reading room, as in the Zurich Central Library. Complete transparency is the dominant feature here: through large panes of glass edged in dull silver one can look to the right into the catalogue room or to the left into the large, wide reading room with its dark-blue rubber floor and table tops of blue plastic. In front of them stands a foliate plant, effectively located; brown walnut book niches are set into the walls, and above these there are yellowish, noise-absorbing cellotex panels. At night, a highly diffuse light floods down into the room through the opaque glass that takes up almost the entire width of the ceiling.[76] It makes table lamps superfluous. During the day, bright light also illuminates the room from the skylight and is supplemented by light falling through the large window panes from the terrace on the side.[77]

Visitors can also read on the terrace, which is decorated with Ernst Morgenthaler's wall painting and borders on a small garden with a pond. Here stands the bronze figure of a girl by Hans von Matt. From the catalogue room there is an unobstructed view through more than half the

[74] See Meyer 1931, p. 7.
[75] See Meyer 1931, p. 7.
[76] A pulsion ventilation system was installed in the hollow space between the dust ceiling and the glass roof. The ventilation system helped heat the rooms in winter and cool them in summer. In addition, reflectors were installed to distribute the light more evenly. The reading room of the Zurich Central Library possessed a similar but simpler system.
[77] The use of light was similar to that in the Zurich Central Library before the demolition of the old reading room in 1990. Floor lamps complemented the skylight there.

length of the entire building – through the lobby and the reading and magazine room – to the green outdoors. This is an especially modern feature of the building (Ill. 18, Ill. 19): Sigfried Giedion, an important theoretician of classical modern architecture, writes in his manifesto *Befreites Wohnen*: "Today we need a building that in its entire structure harmonises with the sense of our bodies that has been liberated by sports, gymnastics and a corresponding way of life: weightless, permeable to light, in motion. It is only a natural consequence that this open building reflects today's mental state: there are no isolated matters any more. Things permeate each other."[78]

Axiality and Symmetry

In spite of the development of innovative ideas, the architects, in many places, reverted to traditional solutions.

The attempt to integrate the various parts of the building into a strictly symmetrical whole contradicts the space-time concept of the New Architecture. Using the 1927 design by Le Corbusier & Pierre Jeanneret for the Palace of the League of Nations as an example, Sigfried Giedion describes this concept as such: "The flexibly arranged assembly building, the drawn-out office, the library in the background and the raised hallways that were to connect the three buildings – they all represented a perfect adaptation to the grounds with their relaxed, open quality... The result was a kind of informality and flexibility that was achieved in the floor plan of the building as well. A building complex was designed that went beyond the Renaissance concept of space and can be grasped as a whole from more than one point of view. In its entirety, the design realised the new space-time concept, just as the Bauhaus movement had one year earlier"[79].

The origin of the axiality and symmetry of the Swiss National Library vis-à-vis the grammar school presumably lies in a competition regulation which required "...to the extent that it is possible... to create an architectural whole with the building of the city grammar school and the plaza in between."[80] From the history of the building, we know that this regulation was very important in spite of the loose formulation in the program. Leo Jungo, director of the Swiss Building Administration, emphasised this point at the inauguration of the Library: "In summary I believe that the Swiss Confederacy, whose primary duty in the field of building and construction is to adapt to the local character and to act in full agreement with the local authorities, has fully achieved its purpose."[81]

---

[78] See Giedion 1929, p. 8. For a study of the broad subject of "transparency" in the architecture of modernity, see Rowe and Slutzky 1989.

[79] See Giedion 1989, p. 337.

[80] See Chuard 1927, p. 3.

[81] See Jungo 1931.

This might have been the main reason that the most radical contribution to the competition, Project No. 52, was eliminated in the first round.[82] Thanks to an illustration in the journal *ABC: Beiträge zum Bauen*, the design was saved for posterity[83] (Ill. 20). The designer was the Basel architect Hans Schmidt, who together with the architects Mart Stam of Rotterdam, Emil Roth of Zurich and Swiss resident El Lissitzky[84] founded this important Swiss avant-garde journal of the New Architecture.[85]

Apparently Gustav Gull, as a representative of the traditional position,[86] carried more weight in the jury than did Karl Moser, who supported the New Architecture project.[87] Moser was especially interested in the design of his pupil Hans Schmidt, which he sketched in his diary (Ill. 21).[88] The two pages (80 and 81) of the booklet deal with the Swiss National Library competition. This is a rather insignificant entry, compared with the amount of space that Moser filled up with notes on the international competition for the Palace of the League of Nations in Geneva the same year, on whose jury he also sat.

Of the three floor-plan sketches depicted, only one is identifiable: the lower left-hand sketch on the double sheet is marked by Moser as "work by Mr. Schmidt for library" and matches Schmidt's design in *ABC: Beiträge zum Bauen*. Hans Schmidt envisioned the library as a purely functional building, not as a prestigious and monumental structure. In *ABC: Beiträge zum Bauen*, he says of the project: "The wasteful addiction to decorating every corner of our city with monumental buildings has resulted in every business, every administrative branch and every school building being made into a prestigious matter. Thus these units of work are constrained in rigid building structures. However, the units of work change and disappear – it is only the monumental compositions of the expensive buildings that remain standing, becoming too small, too large, no longer expandable, no longer capable of being redesigned."[89]

---

[82] See Jungo, Bovy et al. 1927, p. 5.

[83] See Schmidt and Stam 1927/28, pp. 10–11. The design was first published by me in 1991. See Fuchs 1991, p. 5. In 1993, it was included in the list of Hans Schmidt's works. See Schmidt 1993, pp. 168–169. The plans are not in his architectural estate at the archives of the IGTA/ETH in Zurich.

[84] El Lissitzky stayed at a spa in Switzerland from the beginning of 1924 until May 1925. See Lissitzky 1976, pp. 34–57.

[85] Claude Lichtenstein considers the journal ABC: Beiträge zum Bauen to be avant-garde; see Lichtenstein 1993, p. 16. For a portrayal of the significance of the journal in architectural history, see Gubler 1975, pp. 133–141.

[86] With his buildings, Gustav Gull (1858–1942) was one of the most important representatives of Late Historism in Switzerland: see Bauer, 1998. His architectural estate is at the IGTA/ETH and with Charlotte Constam in Zurich. Unfortunately, his sketch books do not contain any references to the competition for the new Swiss National Library building of 1927. The 59 sketch books cover the period from 1876 to 1933. They are currently being catalogued by Benoit de Montmollin of Evillard.

[87] For more on Karl Moser as a promoter of the young generation of the New Architecture, see Lichtenstein 1993, p. 20; and Strebel 1998.

[88] See Moser 1927, pp. 80–81.

[89] See Schmidt and Stam 1927/28, p. 10.

As in 1923 in his competition design for an office building for the International Labour Office in Geneva, he proposed a purely functional building and the systematisation of the spatial program.[90] The innovative aspects of Schmidt's design, which he aptly entitles "Transformation and Expansion," are its flexibility and expansion capabilities. The reading room and the three closed-stack areas, as distinct building units, are connected to a cross-wing that has a central access hallway. The main entrance to the building does not face the grammar school, but Bernastrasse. In an almost provocative move, Schmidt ignores the grammar school building in his design, not taking its symmetry into account. Flexibility is achieved, according to Schmidt, through the standardisation of "similar and simultaneous" tasks. He pronounces his opposition to the "boxing together" of various small rooms to form a grand monumental building. According to him, similar groups of rooms, similar functions and similar rules lead to the same outer appearance.[91]

In his design, each of the various occupants (the Swiss National Library, the Office of Intellectual Property and the Office of Statistics) have their own standardised rooms based on space needs. The Swiss Office of Statistics, located on the fifth floor of the office wing, can temporarily house its census staff in an open-plan office. The skeletal architecture makes it possible to subsequently subdivide the large space into smaller offices. By contrast, in the project realised by Oeschger, Kaufmann and Hostettler, the office of the census officials is located on the top floor of the book tower, which thus had to be built higher than the other floors and equipped with airconditioning. This tailor-made solution resulted in significant alteration work when the space was later used for a different purpose.

As mentioned, another strength of Schmidt's design is its expansion possibilities, which he indicated on the site plan with a broken line. The magazine and reading room facing the northeast were expandable. Two new five-story closed-stack buildings were planned as cross-wings to the previous ones. They could easily be extended upward or downward.

There is not enough information to say exactly in what round the submission by his friend Emil Roth was eliminated[92] (Ill. 7). Roth and Schmidt knew each other from their studies at the Eidgenössische Technische Hochschule in Zurich. In contrast to Schmidt, Roth prematurely broke off his training at the polytechnic, continuing on his own, since he did not cope well

90 See Schmidt and Stam 1926, illustration p. 5 above. I am grateful to Ursula Suter, the author of the critical catalogue of Hans Schmidt's work, for this reference. See Schmidt 1993, p. 169.
91 See Schmidt and Stam 1926, pp. 2–4. In this essay, there is an illustration of Schmidt's competition design for the International Labour Office in Geneva.
92 Unfortunately the plans, which are included in Emil Roth's architectural estate at the IGTA/ETH in Zurich, do not have any project description. This makes it impossible to see in the jury report when and why Emil Roth was eliminated. I am grateful to Daniel Weiss of the IHTA for drawing my attention to Emil Roth's competition submission for the Swiss National Library.

with the academic stance of his professor Gustav Gull.[93] At the time of the competition, he was working with Werner M. Moser, the son of Professor Karl Moser, in his office.[94]

The composition that Roth submitted, carefully worked out in terms of volume and spatial considerations, consists of several building parts, with the architectural solution reflecting the functions described in the competition program. The longitudinal section vividly illustrates Roth's method of openly stressing, in a volume composition, the organisation of the interior rooms based on function. In contrast to Schmidt's design, Roth arranges the parts of the building symmetrically, in response to the urban development specification that an architectural whole be formed with the grammar school. Even so, Roth's proposal was too radical for the jury. Once again, a member of Karl Moser's team was given the thumbs down.[95]

The German magazine *Stein Holz Eisen* described Hannibal Naef's design for the Swiss National Library as a classic example of the attempt "to apply typically modern thoughts and arrangements to a public building of modernity."[96]

It was untypical of Hannibal Naef to arrange the building complex, the library and both offices in a symmetrical fashion (Ill. 9), since one of his guiding principles all along was an attempt to abolish symmetry.[97] Naef's competition submission for the Palace of the League of Nations in Geneva of the same year clearly illustrates his opposition to any symmetrical design of building parts and his adherence to the space-time concept of the New Architecture, as described in exemplary fashion by Sigfried Giedion using Le Corbusier's League of Nations project as an example.[98] Naef makes an even greater effort to distinguish the library and administration building from the grammar school in stylistic and structural terms by consistently implementing the ideas of the New Architecture. He described the objective of his design as finding the best way possible to keep the noise from the street and school away from the library.[99] He intended to dampen the street noise with higher side office wings. He also believed the large distance to the school (65 metres), a row of trees and a pool of water would minimise noise. By using an entrance ramp that cars could drive up, Naef was able to do without a monumental main stairway, which was a central concern for him.[100] He not only kept, but took ad-

---

[93] See Lichtenstein 1993, pp. 20–22.
[94] See Roth 1975, p. 47 and p. 139. According to the Architektenlexikon der Schweiz, Emil Roth and Werner M. Moser teamed up in 1928. See Bürkle 1998.
[95] Regarding the subject of interest groups and architecture competitions, see Fröhlich 1999.
[96] See "Entwurf für die Schweizerische Landesbibliothek und zwei verwandte Ämter in Bern," architect: Hannibal Naef, Zurich, in: Stein Holz Eisen, Halbmonatsschrift für neue Bauwirtschaft und Baugestaltung, Frankfurt am Main, 1928, pp. 467–469, p. 467. Scholars have not yet concerned themselves with this journal article.
[97] See Menghini 1998, p. 398.
[98] Regarding Hannibal Naef's project for the Palace of the League of Nations, see Weiss 1995, pp. 59–60.
[99] See Stein Holz Eisen 1928, p. 467.
[100] His competition design for the Palace of the League of Nations also incorporates a ramp instead of a monumental entrance stairway.

vantage of the existing height difference for the ramp. Its upper level corresponded to the first floor of the building, which Naef subdivided into three longitudinal axes, one behind the next: "administrative axis" (office), "hall axis" (reading rooms) and "collection room axis" (book issue desk, closed stacks). A large outdoor reading terrace extended over the entire length of the administrative axis. The closed stacks took up all of the ground floor and parts of the first floor. It was possible to expand the closed stacks by elevating them to the maximum building height of 11 metres. The concrete post-and-beam structure allowed for a free arrangement of the floor plan and ensured the greatest flexibility for later alterations.

Design No. 86 by Hannibal Naef with the description "Ramp" was rejected in the third round because of "non-fulfilment of important library-specific requirements." A main reason the jury did not accept the design was the arrangement of the closed stacks under the main floor. In addition, the ramp and the pool on the southern side of the site took up too much space. On the other hand, the jury found the facade design "original." However, it was more "suitable for a 'public library' in the English or American style than for a scholarly library."[101] With Hannibal Naef, another representative of the New Architecture fell by wayside. He had also studied with Karl Moser at the polytechnic.[102]

Until recently, Max Bill's 1928 project for a kindergarten with Hans Fischli was assumed to have been his first architectural design,[103] but now another one has been found, signed in full by the artist and dated "Max Bill 27." It bears the hand-written title "Swiss National Library, version IV"[104] (Ill. 10).

Among the important features of this project are the functional division of the different parts of the building and their industrial appearance.[105] We can identify the reading and magazine room by its saw-tooth roof. According to the construction schedule, this room was to be connected to the closed stacks. Thus they must have been contained in the hollow cylindrical tower, and the U-shaped section of the building in front of the reading and magazine room must have been the administrative area of the library. An office wing with an inner courtyard was to be attached to the side of the closed stacks. Max Bill intended to house the remaining federal offices here. The flat roof was also part of the vocabulary of the New Architecture, being the second point proclaimed by Le Corbusier in his famous "Five Points for a New Architecture," which Alfred Roth published under Le Corbusier's name the same year that Max Bill created his design

---

[101] See SBZ 1927, p. 298.
[102] See Menghini 1998, p. 398.
[103] See Frei 1991, p. 212 and e-mail from Hans Frei to Walther Fuchs dated June 26, 2000.
[104] See Galerie Kornfeld Bern, Katalog moderne Kunst, II. Teil, Bern: Galerie Kornfeld, 2000, p. 13. The Max, Binia and Jakob Bill Foundation in Zurich is today in possession of the design. Because the project name is missing, it is impossible to determine whether Bill took part in the competition.
[105] See Frei 1991, p. 212.

for the Swiss National Library.[106] Inspired by a lecture by Le Corbusier, Max Bill is said to have made the decision in 1926 to study architecture.[107] He probably created the design for the Swiss National Library before he went to the Bauhaus school in Dessau to begin his studies.[108]

The anonymity of the competition also made it possible for a twelve-year-old pupil to participate. The boy was celebrated in the press as a genius.[109] According to the author of the National Library's annual report, the boy pulled off an astonishing achievement: his design "11 ¾" was able to hold its own among those submitted by trained architects. The author of the annual report puts this ingenuity down to the "perseverance and precocious intellect" of the boy and reports that there was not the least suspicion that the design came from a twelve-year-old.[110] The youth magazine *Der Schweizer Kamerad*, taking up the topic in their February, 1928 edition, stylised the boy into a role model for youth (Ill. 11).[111] It published a photograph of the young architect, whose initials were P.T., along with a reproduction of his library design. It is perhaps necessary to qualify the achievement of Paul Tittel today, since we know his father was an architect.[112] His perspective view shows a symmetrical arrangement of cubic shapes. We can only guess that the reading room is in the middle building; in addition, the uniform design of the facade makes the closed-stacks and the office wing indistinguishable. The skeleton structure creates a framework in whose inner openings glass windows of the same size have been set. The windows are subdivided by sash bars forming a finely meshed pattern.

Pseudo Flat Roof

The architects of the Swiss National Library did not completely comply with the "flat roof" that was part of the agenda of the New Architecture, since the copper roofs of the office wings are not entirely flat but slightly sloped (Ill. 22). On the other hand, the tower containing the closed stacks is covered with an unambiguously flat roof of the "System Gartenmann" type. It is possible to walk on the roof, but it fulfils no specific user function. By contrast, Hans Schmidt and

---

[106] See Roth 1927, p. 7.

[107] See Gomringer 1958, p. 63, and Bill 1976, p. 12. In 1926, Le Corbusier held two lectures in Zurich. On November 24, 1926, he spoke on the subject of urbanism to members of the Swiss Association of Engineers and Architects. The title of his second lecture, which he held for the Swiss Craft Association, was "Architecture, mobilier, œuvre d'art." See Roth 1988, p. 20.

[108] According to Hans Frei, Max Bill never studied under Hannes Meyer in the architecture department of the Bauhaus school, but attended the class in free painting given by Paul Klee, Wassily Kandinsky and Lazlo Moholy-Nagy. He also took courses in technical subjects like structural engineering under Friedrich Köhn. See Frei 1991, p. 212, and Bill 1976, p. 12. However, Max Bill once reminisced in an interview: "I must correct that. I studied under Gropius and Hannes Meyer at Bauhaus." See Bill 1987, p. 111.

[109] The Landesanzeiger für Stadt und Kanton Zürich reported on this. See Anonymous 1928, p. 2.

[110] See Kommission 1927, p. 2.

[111] See D. S. 1928, pp. 106–107.

[112] The initials P.T. stand for Paul Tittel. He later became an architect in Zurich and bequeathed his works to the archives of the IGTA/ETH, Zurich.

Emil Roth, proponents of the New Architecture, made no compromises in their designs and incorporated flat roofs. The decision by Oeschger, Hostettler and Kaufmann against the construction of an entirely flat roof must be understood against the backdrop of public sentiment at the time. In 1931 – especially in Bern – conservative groups in the populace as well as the authorities had adopted a negative stance toward the foreign architectural forms of the New Architecture. For its opponents, the flat roof was a symbol of a political attitude threatening to their traditions. The following quote from "M.I." in the Bern *Tagblatt* daily of October 24, 1927, is put forth as evidence of this interpretation: "If one knows how difficult it is in Bern to overcome tradition, one can be happy that the jury found the courage to recommend, particularly for the capital, designs that are functional creations in a modern sense."[113]

The Building without a Plinth, Windows and a Wall of Windows

The building by Oeschger, Hostettler and Kaufmann only partially reflects the paradigmatic features of the architecture of modernity, which include construction without a plinth, the opening up of the ground floor with the aid of skeleton technology, the resulting flexible floor arrangement and the permeability of interior and exterior space.

Although the architects decided to make use of the construction possibilities offered by skeleton architecture, they did not fully exploit its advantages. Since they did not place the pillars behind the outer wall, they were unable to make it recede into an uninterrupted strip of windows. Sigfried Giedion criticises such design in his manifesto *Befreites Wohnen*.[114] From his point of view, it was also unnecessary to "paste" (*verkleben*) panels of Tessin granite to the plinth, or *grès de bulle* or artificial stone to the window frames. "We paste 'monumental' walls to our buildings, although new construction methods give us all the means necessary to allow light and air to stream into our living and working space."[115]

"...in an uncompromising manner rare for state buildings..."

Why did the jury favour the reworked, more moderate design by Oeschger, Hostettler and Kaufmann?

The reasons are to be found in the jury's make-up: according to Leo Jungo, the Swiss Building Director, "the administration must not be allowed to set itself up as an imperious authority, prescribing a strict form for the architects, a type of official and monotonous art that is to be applied to all administrative buildings. Intelligence demands the opposite, that the administration appeal to the best forces of the country and content itself with their combined

[113] See M.I. 1927, p. 3. For more on the 1930s discussion in Bern regarding the flat roof, see: Graf 1987, pp. 57–61.
[114] See Giedion 1929, p. 12.
[115] See Giedion 1929, p. 1.

efforts. For this reason, the Swiss authorities announced a public competition for the National Library whose results were judged by specialists representing all schools of architecture and art."[116]

Josef Gantner, the editor of the most important Swiss architectural journal of the time, *Das Werk*,[117] described the make-up of the jury as the "pinnacle of Swiss caution and official cluelessness. The fact that two masters such as Gull and Moser, who were diametrically opposed to each other in their artistic views, are to judge on the same jury reveals an ignorance of current architectural questions that only the administration in Bern could afford..."[118] (Ill. 23).

The group of progressives included Karl Moser, professor of architecture at the Eidgenössische Technische Hochschule and mentor of the young architects of the New Architecture; the *Jeune Turc*[119] Maurice Braillard of Geneva; and the open-minded master builder of the city of Bern, Fritz Hiller. Opposed to them were the advocates of a position that could be described as "historical" grouped around Gustav Gull, the designer of the Swiss National Museum. Their ranks included Hermann Fietz,[120] the master builder of the canton of Zurich, pioneer in the preservation of Swiss traditions and designer of the Zurich Central Library; the Tessin architect Otto Maraini[121] of the Istituto Svizzero in Rome; Leo Jungo,[122] director of the Swiss Building Administration; Daniel Baud-Bovy[123] from Geneva, president of the Swiss Art Commission and a writer and art critic as well; and Hermann Escher,[124] president of the Swiss National Library commission.[125]

Contrary to Josef Gantner's fears, the jury finally voted for a compromise solution after much debate. This was certainly characteristic of the Swiss, but according to Peter Meier, the successor to Gantner as the editor of the journal *Das Werk*, the solution was implemented in an uncompromising manner rare for state buildings.[126] This view has been confirmed by international experts: On the occasion of a visit to the Swiss National Library in 1932, Phineas

---

[116] See Jungo 1931, p. 5.

[117] For more on Joseph Gantner, see Sitt 1990, pp. 132–166.

[118] Gantner 1927, p. 34.

[119] See Gubler 1975, p. 63. According to Robert, Dictionnaire historique de la langue française, this was an allusion to the Turkish revolutionaries who seized power in 1908. The term is thought to have been in use since 1909. I owe this reference to Jacques Gubler.

[120] For more on Hermann Fietz (1869–1931) see Müller 1998.

[121] For more on Otto Maraini (1863–1944) see Torricelli 1998.

[122] For more on Leo Jungo (1885–1954) see Tribolet 1927, p. 424.

[123] For more on Daniel Baud-Bovy (1870–1958) see Ziehr and Ziehr 1993, p. 423.

[124] For more on Hermann Escher (1857–1938) see Ziehr and Ziehr 1993, p. 481.

[125] For the make-up of the jury, see Chuard 1927, p. 1, or SBZ 1927, p. 327.

[126] See Meyer 1931, p. 18. Thus a wish came true for the journalist "M.I." of the Bern Tagblatt daily: "We urgently hope that the mumbling that is going on today about a compromise between old and new is without foundation." See M.I. 1927, p. 3.

Lawrence Windsor, director of the esteemed Graduate School of Library and Information Sciences of Chicago came right to the point in a talk with Director Marcel Godet, saying that in the United States there were only two or three comparable modern library buildings at the time.[127]

The Swiss National Library Today

From 1995 to 2001, the 1930s building will be completely modernised and transformed into an up-to-date communications and service centre. The reasons for the reorganisation and expansion measures at the Swiss National Library were the acute lack of space, the library's expanded legal task of collecting digital publications, and the inadequacies of public areas like the cafeteria, the exhibition room and the so-called multipurpose room.[128]

Based on a 1991 feasibility study and the planned budget of the Swiss Finance Administration totalling 62.6 million Swiss francs, the Swiss Department of the Interior, the Federal Office of Culture and the Swiss National Library as builders decided to keep the Kirchenfeld site, fully modernise the old building, move the closed stacks underground and use the old book tower as a multifunctional public area.[129] The Bern architects A. Furrer, K. M. Gossenreiter, C. Stuber and

[127] The quote by Phineas Lawrence Windsor appears in: Godet 1932, p. 32. Phineas Lawrence Windsor is not mentioned by name in the article, but alluded to as "le directeur d'une école bibliothécaire de Chicago." This can only be a reference to the Graduate School of Library Science in Chicago, esteemed for its scholarly attitude. See Vorstius 1948, p. 96. From 1909 to 1940, Phineas Lawrence Windsor was director of the Graduate School of Library and Information Science, University of Illinois at Urbana-Champaign, as it is known today. For more on Phineas Lawrence Windsor, see Wynar 1978, and Moloney 1970.

[128] Regarding the SNL's expanded collection space, the space problem and improved customer service, see: "1.3.3 Die Schweizerische Landesbibliothek (SLB)," in: Bundesamt für Kultur, Grundlagen und Anforderungen für die Projektierung der Etappen 1 und 2 am Standort Bern, Projektpflichtenheft Phase 1.2, Stand Juli 1994, Bern: BAK, 1994, pp. 8–11, p. 8, with reference to the various communications of Parliament. The expanded task of collecting digital media is contained in: "Bundesgesetz über die Schweizerische Landesbibliothek vom 18. Dezember 1992, Art. 3 'Sammelauftrag'".

[129] See "Bauvorhaben für das Bundesamt für Kultur (BAK): Errichtung eines Tiefmagazins für die Schweizerische Landesbibliothek (SLB), Hallwylstrasse 15 in Bern," in: Botschaft über Bauvorhaben, Grundstücks- und Liegenschaftserwerb (Zivile Baubotschaft), dated May 26, 1993 (93 052), pp. 8–19. For a detailed spatial plan of the SNL, see floor plan and "4.2. Raumprogramm, Anforderungen" in: Bundesamt für Kultur, Grundlagen und Anforderungen für die Projektierung der Etappen 1 und 2 am Standort Bern, Projektpflichtenheft Phase 1.2, Stand Juli 1994, Bern: BAK, 1994, pp. 8–11, pp. 30–38. The financing of the construction work was effeced in two instalments: the first in May 1993 totalled 27,600,000 Swiss francs; the second in June 1996 35,000,000 francs. See "Bauvorhaben für das Bundesamt für Kultur (BAK): Errichtung eines Tiefmagazin für die Schweizerische Landesbibliothek (SLB), Hallwylstrasse 15 in Bern," in: Botschaft über Bauvorhaben, Grundstücks- und Liegenschaftserwerb (Zivile Baubotschaft), dated May 26, 1993 (93,052), pp. 8–19, table on p. 17, or "Verwaltungs- und Betriebsgebäude Hallwylstrasse 15 in Bern: Sanierung und bauliche Anpassungen," in: Botschaft über Bauvorhaben, Grundstücks- und Liegenschaftserwerb (Zivile Baubotschaft), dated June 10, 1996 (96,047), pp. 15–25, table 23.

C. Strub were commissioned to carry out first-stage building tasks and together formed the "National Library Architects' Group."[130]

The decision to put the book tower to a new use and make the related alterations to the structure of the historical building meant coordinating the varied interests of the Architectural Preservation Office, the National Library and the Swiss Finance Administration. It was considered too costly to modernise the book tower, equip it with air-conditioning and thus maintain its present function. The interior insulation alone would have robbed the area of 30 per cent of its shelf space. Urgently needed space for the general public was freed up by removing the closed stacks from the tower. Although the Architectural Preservation Office forbade any alterations to the outer shape of the tower, it was willing to compromise in matters concerning the interior of this part of the building.

Its willingness to compromise is in apparent violation of the comments in the 1994 project specifications published by the Federal Office of Culture as well as the utilisation regulations and building protection objectives of Bern's Architectural Preservation Office. These ban extensions to the National Library. The building may be expanded underground, and aboveground expansion is tolerated, to a limited extent, in the courtyard facing the grammar school. However, the interior of the National Library must remain intact in its entirety as an important cultural monument, and daily operations are to be subject to this principle. The existing functional structure of the library, with public rooms in the centre of the building, offices in the side wings, archives in the existing closed-stack area as well as in the new, underground, easily accessible space, is to be widely maintained. The significance and the condition of the building call for care and full respect for its major structural elements (as the building protection objectives are formulated). It is prohibited to impair the simplicity, lightness and elegance of the existing building. This pertains to the spatial structure, integration of light, the entrances and the design of details using materials, individual building elements and furnishings. Existing parts of the building are to be maintained in the original and restored if necessary.[131]

---

[130] Regarding the selection procedure of the architects: "As a first measure, the Office of Federal Buildings received instructions to determine a suitable architectural firm for this complex planning and construction project. They chose Andreas Furrer's architectural office in Bern, since Furrer had already done impressive preliminary work for the feasibility study. Because of the size of the project, four additional offices joined the 'National Library Architects' Group.' These offices had in part been doing alteration and maintenance work for the SNL for years. The group rejected the idea of a competition that many were calling for. They argued that the building had been the subject of an architectural competition in 1927 and could not be used for that purpose a second time." (Treichler, Willi, in an internal paper dated February 21, 2000). The WTO guidelines, which stipulate that a cross-European architectural competition has to be held for public construction projects with budgets exceeding 10 million Swiss francs, was not yet in effect in Switzerland at the time.

[131] See Bundesamt für Kultur 1994, pp. 41–42.

Walther Fuchs

The directorship of the library and the architects were of the opinion that the absolute functional separation of "reading," "storing," and "processing" – a characteristic feature of the modern library – was outdated. In this point, they followed a trend that has been ascertainable since the 1960s in Swiss library buildings and is exemplified by the public library at Basel University and the Zurich Central Library. With regard to the goal of providing an "up-to-date service organisation close to the people," users will be able to move about more freely in the library and have direct access to extensive collection holdings and service areas.[132] New areas such as the cafeteria, relaxation rooms, and exhibition and multipurpose rooms will contribute to making a stay in the library more pleasant. These are the reasons behind the transformation of the book tower (Ill. 24). And not least, it was the former director of the Graz University Library, Dr. Franz Kroll, one of the leading experts in the construction of libraries, who provided the impetus for the partial use of the old closed stacks as a public area: "A storeroom that is as attractive as this should be made accessible to the public."[133] The previous issue desk, which as a continuous barrier separated the closed stacks from the general public, was broken up and put near the central entrance stairway. As a result, the designers reintroduced a concept of space that years before, in 1919, had met with criticism in the archives building: "If the circulation of books is to operate normally, regularly and quickly – without bottlenecks and disorder – then it must have a special room which is sufficiently large and clearly and practically laid out, a room in which the public is separated from the staff going about their tasks and where a clear division is possible between incoming and outgoing books."[134]

The reading and magazine room will remain a unit; due to its architectural importance (transparency), this room could not be changed. By the same token, parts of the former issue desk and supervisory office were left. The open stacks in the reading room have grown considerably and now extend to the fourth floor of the book tower, in which the Swiss Literary Archives and the Graphic Arts Collection have new quarters.[135] This alteration required the construction of a central access stairway and the removal of parts of one floor level in order to gain more height in the originally low closed-stack area.

The architects were bound by the architectural preservation principle of making any changes recognisable as such, and they applied this principle in the closed-stack area when there were correspondences between the new and the old. Whereas the old columns in the closed stacks were rectangular, the newly added supports are round. The central access stairway is not inte-

[132] See Bundesamt für Kultur 1994, p. 8.
[133] Statement by Willi Treichler, the construction official at the Swiss National Library.
[134] Concerning the criticism of the archives building, see Kommission 1919, pp. 2–3, pp. 9–12, Godet 1919, pp. 12–13.
[135] The collection of reference works in the reading room, encompassing about 7,000 titles, contains works that are not Helvetica. On the other hand, the open stacks include second copies of Helvetica that should reach a total 10,000 in the medium term.

grated, but stands prominently in the room. On the other hand, concrete was consciously chosen as a building material for the stairs since it dominates this part of the building, and the colour scheme is based on the original coat of paint selected by the artist Leo Steck. It has been newly interpreted by the winner of the "Art on Buildings" competition, Olivier Mosset.

After a seven-year phase of building anew, rebuilding and refurbishing, the Swiss National Library will reopen in March, 2001.[136]

The additional underground closed-stack and service area is scheduled to be built on the remaining reserves of land. The space reserves are expected to suffice till the year 2020, provided that the holdings of the Swiss National Library grow annually by 2.54 per cent (without taking digital publications into account) as in the past.[137]

The holdings of the Swiss National Library total 3,407,410 units (1998). They cover about 46.6 kilometres of shelf space and are growing by more than 212.5 units (3.53 metres) every day.[138] Book production in Switzerland is continuing to increase. In 1998, 16,258 titles were published, including "gray literature" – publications not sold in bookshops such as association publications, exhibition catalogues, etc.[139] By way of comparison: the largest library in the world, the Library of Congress, administers over 116 million titles that cover 900 kilometres of shelf space and grow by more than 10,000 units every day.[140]

As the flow of information swells to a flood in the future, selecting, archiving and networking will become all the more important – tasks that libraries will have to fulfil as interactive mediating authorities. By providing documents and information about Switzerland, the National Library is actively placing itself in the communication context and determining its future location.

---

[136] For a presentation of the different stages of the renovation work at the SNL building, see "Die Geschichte der SLB," at: http://www.snl.ch, or "Avanti…Umzug und Neustart der SLB," ibid.

[137] See illustration in: Bundesamt für Kultur 1994, p. 13. The growth of book holdings at the SNL is addressed in the e-mail dated February 10, 2000, by Sylvain Rossel, head of the closed stacks at the SNL, to Susanne Bieri, head of the Graphic Arts Collection. Growth rates of 2.7 per cent are expected as long as no adequate solution is found for the problem of the relatively short life of digital storage media. Regarding the life of digital storage media and the problem of their storage, see http://www.ddb.de under "Fachforum"; Frey, Franziska S. "Digitale Bildarchive in Museen und Archiven – Aktuelle Trends aus den USA, Image Permanence Institute Rochester Institute of Technology," at: http://www.foto.unibas.ch/tagung-vms/ipi/sld001.htm; Puglia, Steven, "The Costs of Digital Imaging Projects," at: http://www.rlg.org/preserv/diginews/diginews3–5.html#feature; Moving Theory into Practice: Digital Imaging for Libraries and Archives, Anne R. Kenney and Oya Y. Rieger, editors and principal authors (Mountain View, CA: Research Libraries Group, 2000), reviewed at: http://www.rlg.org/preserv/mtip2000.html#why.

[138] See "Stand der Sammlung 1998," in: Der Jahresbericht der Schweizerischen Landesbibliothek, 85. Jahresbericht, ed. SNL Bern, 1999, pp. 61–63. The information on growth rates per day, expressed in shelf space, comes from Sylvain Rossel, head of the archives at the SNL.

[139] See "Statistik der Schweizerischen Buchproduktion 1997/1998," in: Der Jahresbericht der Schweizerischen Landesbibliothek, 85. Jahresbericht, ed. SNL, Bern, 1999, pp. 64–69.

[140] See Wüst 1999, p. 79. Additional national library comparisons can be found at: http://www.ifla.org/II/natlibs.htm.

Together with other Swiss libraries and archives, it will form a national virtual library alliance, a Swiss meta-library.[141] Comparable to the Karlsruher Virtual Catalogue,[142] this meta-library stands a good chance of becoming a central interface for Swiss Internet library catalogues. The idea is that search requests will be processed simultaneously by several electronically accessible library catalogues. The Swiss meta-library will not only have its own small database at its disposal, but will be dependent on the availability of resources on the Internet. For this reason functionality for research will be limited to that of the individual library catalogues. As a standard feature, the system will search in all selected catalogues. From the lists of short titles, links will lead to the displays of complete titles of the individual catalogues. With this concept of a virtual Swiss meta-library, the vision of the Swiss National Library from Philipp Albert Stapfer and his Enlightenment contemporaries will be realised in their entirety.[*]

Translation: Adam Blauhut

[141] Approaches to a Swiss alliance system exist. See Wandeler 1993; S.B. 1999, p. 79; the website "Netzwerk von Bibliotheken und Informationsstellen in der Schweiz (NEBIS)" at: http://www.nebis.ch/; and the website "Réseau des bibliothèques occidentale," at: http://www.rero.ch.

[142] See http://www.ubka.uni-karlsruhe.de/kvk.html.

[*] My thanks go to: Archive Max Bill c/o Max, Binia and Jakob Bill Foundation, Adam Blauhut, Monica Caviezel, Charlotte Constam, François de Capitani, Bernhard Dufour, Benoit de Montmollin, Martin Fröhlich, Jacques Gubler, Thomas Grebe, Wolfgang Kersten, Peter Kraut, Rätus Luck, Osamu Okuda, Heinz Oeschger, Adolf Rohr, Sylvia Schneider, Lorenza Schmid, Pierre Surchat, Willi Treichler, Daniel Weiss, Dominique Uldry.

WALTHER FUCHS

La modernité de la Bibliothèque nationale suisse, 1798–2001

La Bibliothèque nationale suisse, en tant qu'institution de formation, est une idée issue du siècle des Lumières, et sa fondation une conséquence immédiate de la Révolution française. En 1798, sur le modèle français, la République helvétique est proclamée et la décision est prise, à l'instigation de Philippe Albert Stapfer, ministre des arts et des sciences, de fonder une « bibliothèque nationale et une bibliothèque législative », qui plus tard donneront naissance à la Bibliothèque nationale suisse. Les fonds des deux bibliothèques seront constitués par les bibliothèques conventuelles et municipales nationalisées, les exemplaires du dépôt légal, l'achat de collections particulières et par des dons. La bibliothèque législative a été logée tour à tour dans une des trois « chambres » aménagées sur les lieux où s'assemblait le gouvernement, à Aarau, à Lucerne et à Berne. Une partie des fonds, séquestrés dans les bibliothèques conventuelles, fut stockée dans des dépôts pour éviter le pillage des troupes d'occupation françaises ou autrichiennes.

Après la dissolution de la République helvétique, les bibliothèques nationale et législative furent liquidées en 1803, avant d'être à nouveau réunies sous la forme d'une bibliothèque de la Diète, dont le domicile temporaire accompagnait les sessions du gouvernement qui, jusqu'en 1848, siégeait tour à tour à Berne, Zurich et Lucerne.

Avec la fondation de l'État fédéral en 1848, cette bibliothèque fut rattachée au Département de l'Intérieur, comme « bibliothèque centrale fédérale », et ses activités se poursuivirent d'abord dans des locaux provisoires, puis à partir 1892 dans l'ancienne salle du Conseil national, située dans l'aile ouest du Palais fédéral, l'« hôtel de ville fédéral » à Berne.

La vision stapférienne d'une bibliothèque fédérale aura mis presque cent ans à se concrétiser, puisque c'est en 1893 qu'est fondée une bibliothèque nationale suisse, formant une deuxième section de la bibliothèque centrale fédérale, sous la triple appellation de « Landesbibliothek », « Bibliothèque nationale » et « Biblioteca nazionale », alors que la *Bürgerbibliothek* de Lucerne est chargée de la collection d'*Helvetica* antérieurs à 1848. C'est Friedrich Staub, rédacteur du lexique dialectal *Schweizerisches Idiotikon*, qui est à l'origine de cette initiative d'inspiration patriotique qui bénéficie d'un large soutien de la part des sociétés littéraires et scientifiques suisses.

Le 2 mai 1895, la Bibliothèque nationale suisse entre en activité dans un appartement locatif bernois, avant d'emménager en 1899 dans l'aile droite d'un bâtiment nouvellement construit à son usage et qu'elle partage avec les Archives fédérales suisses.

Ce bâtiment néo-Renaissance, réalisé entre 1896 et 1899 par un élève de Gottfried Semper, Théodore Gohl, chef de projet et adjoint à la « Direction des constructions fédérales », est situé en dehors du périmètre proprement dit des bâtiments fédéraux. Le recours au même style architectural lui confère néanmoins le cachet bien reconnaissable d'un bâtiment fédéral. Le mode de construction par armature d'acier à disposition symétrique classe l'édifice parmi le type moderne des bibliothèques structurées autour de l'emmagasinage.

En 1919 déjà, à peine vingt ans après l'emménagement, la question d'une construction nouvelle revient à l'ordre du jour, en raison d'un manque chronique d'espace et de carences architecturales.

Après une longue phase préparatoire, on procède en 1926 à l'acquisition d'une parcelle, non loin de l'ancien siège, et en 1927 un concours est lancé à l'échelon national.

Le jury, qui d'après Joseph Gantner, rédacteur de la revue d'art « Das Werk », serait un « chef d'œuvre de prudence administrative et d'ignorance fédérales », confie, contre toute attente, le mandat de construction à deux jeunes architectes zurichois encore inconnus, mais qui ont su le convaincre, Alfred et Henri Œschger.

Malgré le recours à quelques éléments architecturaux traditionnels, le bâtiment réalisé entre 1927 et 1931 peut être considéré comme une œuvre pionnière de l'architecture moderne (Neues Bauen) de bibliothèques. De 1995 à 2001, l'édifice des années '30 est entièrement rénové et transformé en un centre contemporain de communication et de services.

Il est prévu de construire d'autres entrepôts souterrains et de nouvelles zones de service sur le terrain encore à disposition, en partant de l'idée que la réserve actuelle devrait pouvoir suffire jusqu'en 2020.

Plus le flot d'informations s'enflera en un déluge d'informations, plus la sélection, l'archivage et la mise en réseau seront importants : ces tâches devraient incomber aux bibliothèques, qui deviendraient ainsi des instances de diffusion interactive. La Bibliothèque nationale suisse, pourvoyeuse de documents et d'informations relatives à la Suisse, se positionne à sa manière dans la sphère de la communication. Elle détermine par là son futur lieu d'implantation. D'entente avec les bibliothèques et les archives suisses, elle formera une communauté nationale virtuelle de bibliothèques, une « Métabibliothèque suisse » qui réalisera dans ses ultimes conséquences la vision d'une bibliothèque nationale suisse chère à Philippe Albert Stapfer.

Bibliography

Anonymous, "Ein jugendliches Genie," in: *Landesanzeiger für Stadt und Kanton Zürich*, Zurich: 1928, p. 2.

Bauer, Cornelia, "Gull, Gustav," in: *Architektenlexikon der Schweiz 19./20. Jahrhundert*, ed. Isabelle Rucki and Dorothee Huber, Basel: Birkhäuser, 1998, pp. 237–239.

Bill, Max, "Vom Bauhaus bis Ulm," in: *du. Europäische Kunstzeitschrift*, Juni 1976, pp. 12–21.

Bill, Max, *Max Bill: Retrospektive aus Anlass seines 80. Geburtstages, vom 21. Februar bis zum 19. April 1987 in der Kunsthalle am Weimarer Theaterplatz, Zentrum für Kunstausstellungen d. DDR*, Berlin: Zentrum für Kunstausstellungen der DDR, 1987.

Bundesamt für Kultur, *Grundlagen und Anforderungen für die Projektierung der Etappen 1 und 2 am Standort Bern*, Bern: Bundesamt für Kultur, 1994.

Bürkle, Christoph, "Roth, Emil," in: *Architektenlexikon der Schweiz 19./20. Jahrhundert*, ed. Isabelle Rucki and Dorothee Huber, Basel: Birkhäuser, 1998, pp. 457–485.

Chan-Magomedow, Selim, *Alexander Wesnin und der Konstruktivismus*, Stuttgart: Hatje, 1987.

Chuard, Ernest, *Programm betreffend den Wettbewerb zu Erlangung von Entwürfen für einen Neubau der Landesbibliothek sowie zur Unterbringung des eidgenössischen Amtes für geistiges Eigentum und des eidgenössischen Statistischen Bureaus in Bern*, Bern: Eidgenössisches Departement des Innern, 1927.

Crass, Hanns Michael, *Bibliotheksbauten des 19. Jahrhunderts in Deutschland, Kunsthistorische und architektonische Gesichtspunkte und Materialien*. With an English summary: *Library Buildings in Germany during the 19th Century*, Munich: Verlag Dokumentation, 1976.

D. S., "Ein erfreuliches Beispiel," in: *Der Schweizer Kamerad*, Zurich: Pro Juventute, 1928, pp. 106–107.

de Capitani, François, "Objekt des Monats: Anonymus 'Die bedrohte Schweiz 1798'," in: *Bulletin d'information: Musée national suisse Château de Prangins, I*, 2000, no pagination.

Della Santa, L., *DELLA CONSTRUZIONE E DEL REGOLAMENTO DI UNA PUBBLICA UNIVERSALE BIBLIOTECA CON LA PIANTA DIMOSTRATIVA TRATATTO DI LEOPOLDO DELLA SANTA*, Firenze: Presso Gaspero, 1816.

Escher, Hermann and Hermann Fietz, *Entstehungsgeschichte und Baubeschreibung der Zentralbibliothek Zürich*, Sonderausgabe des 3. Neujahrsblattes der Zentralbibliothek Zürich auf 1919, Zurich: Druck Orell Füssli, 1919.

Escher, Hermann, "Ein amtlicher Bericht über die schweizerischen Bibliotheken aus der Zeit der Helvetik," in: *Festschrift Gustav Binz*, Oberbibliothekar der Öffentlichen Bibliothek der Universität Basel, zum 70. Geburtstag am 16. Januar 1935/ von Freunden und Fachgenossen dargebracht, Basel: Schwabe, 1935, pp. 84–111.

Escher, Hermann, "Die schweizerischen Bibliotheken in der Zeit der Helvetik, 1798–1803," in: *Zeitschrift für Schweizer Geschichte* 3,16, 1936, pp. 294–324.

Frei, Hans, *Konkrete Architektur? Über Max Bill als Architekt*, Institut für Kunstgeschichte, Diss. phil. I, Zurich: Universität Zürich, 1991.

Fröhlich, Martin, "Palast oder Panzerschranke? Staatsaffäre für Staatsgedächtnis – Die Architektur des Bundesarchivs," in: *Festschrift: 200 Jahre Schweizerisches Bundesarchiv* / Publication commémorative: 200 ans Archives fédérales suisses / Scritto commemorativo: 200 anni Archivio federale svizzero, Bern: EDMZ, 1998, pp. 52–60.

Fuchs, Walther, "*OZON 1940": Die Polychrome Holzskulptur im Bureau Le Corbusier als Plastique Acoustique*, Institut für Kunstgeschichte der Universität Bern, Bern: Universität Bern, 1994.

Fuchs, Walther, "Bauhistorische Untersuchung der Schweizerischen Landesbibliothek," in: *Die Schweizerische Landesbibliothek, Machbarkeitsstudie 1991*, A. A. Furrer, Bern: Architekturbüro Andreas Furrer, 1991, pp. 3–22.

Gantner, Joseph, *Das Werk*, März 1927, p. XXXIV.

Giedion, Sigfried, *Befreites Wohnen*, Schaubücher 14, Zurich/ Leipzig: Orell Füssli, 1929.

Giedion, Sigfried, *Raum, Zeit, Architektur: Die Entstehung einer neuen Tradition*, Zurich/Munich: Artemis, 1989; title of the original American edition: *Space, Time and Architecture: The Growth of a New Tradition*, Cambridge: Harvard University Press, 1941.

Godet, Marcel, "Beilage II. Bericht des Direktors über eine allfällige Nutzbarmachung des jetzigen Gebäudes für die Bibliothek, (December 1918)," in: *Achtzehnter Jahresbericht, erstattet von der Schweizerischen Bibliothekskommission*, Bern: Buchdruckerei Büchler & Co, 1919.

Godet, Marcel, *Paroles du Directeur de la Bibliothèque National (Marcel Godet) aux autorités fédérales, à la Cérémonie d'inauguration du nouveau bâtiment, le 31 octobre 1931*, Bern: Schweizerische Landesbibliothek, 1931.

Godet, Marcel, "La Bibliothèque nationale," in: *L'Illustré. Revue hebdomadaire suisse*, 1932, pp. 32–34.

Gomringer, Eugen, Ed., *Max Bill. Festschrift zum 50. Geburtstag von Max Bill*, Teufen: Niggli, 1958.

Graf, Christoph, "Bundesbibliothek und Landesbibliothek – Ein ungleiches Geschwisterpaar," in: *1895–1995: Das Buch zum Jubiläum: Schweizerische Landesbibliothek / le livre du centenaire: Bibliothèque nationale suisse / il libro del centenario: Biblioteca nazionale svizzera / il cudesch dal tschientari: Biblioteca naziunala svizra: miscellanea*, concept and editing Olivier Bauermeister and Pierre Louis Surchat, Bern: Schweizerische Landesbibliothek, 1995, pp. 59–75.

Graf, Urs, *Spuren der Moderne im Kanton Bern: Anthologie der zeitgenössischen Architektur im Kanton Bern, Epoche 1920–1940*, Kommission für Kunst und Architektur des Kantons Bern, Blauen/Gümligen: Schweizerische Baudokumentation/Zytglogge-Verlag, 1987.

Gubler, Jacques, *Nationalisme et internationalisme dans l'architecture moderne de la Suisse*, Lausanne: Editions L'Age d'Homme, 1975.

Hauser, Andreas, Peter Röllin, et al., *Bern, INSA: Inventar der neueren Schweizer Architektur, 1850–1920*, Bern: Gesellschaft für schweizerische Kunstgeschichte, Bd. 2, 1986, pp. 348–544.

Hitchcock, Henry-Russell, *Der internationale Stil 1932*, Braunschweig u. a.: Vieweg, 1985.

Jencks, Charles, *Was ist Postmoderne? Die Postmoderne: der neue Klassizismus in Kunst und Architektur*, Stuttgart: Klett-Cotta, 1987. Title of the original English edition: *What is Post-Modernism?*, London: Academy Editions, 1986.

Jungo, Leo, "Zur Einweihung von Leo Jungo, eidgenössischer Baudirektor," in: *Der Bund*, Bern, 1931, p. 5.

Jungo, Leo, Daniel Baud-Bovy et al., *Bericht des Preisgerichts über den Wettbewerb zur Erlangung von Entwürfen für einen Neubau der Landesbibliothek und zur Unterbringung des eidgenössischen Statistischen Bureaus in Bern*, Bern: Eidgenössisches Departement des Innern, 11, 1927.

Jungo, Leo, *Nouveau bâtiment de la Bibliothèque Nationale*. Brief von Leo Jungo, Direktor der eidgenössischen Bauten an Marcel Godet, Direktor der Schweizerischen Landesbibliothek, Bern: Eidgenössische Bauten, 1925.

Kaufvertrag zwischen der Stadt Bern, dem Berner Kunstmuseum und der Direktion der Eidgenössischen Bauten, Bern: Schweizerisches Bundesarchiv, 1926.

Klotz, Heinrich, *Moderne und Postmoderne Architektur der Gegenwart 1960–1980*, Braunschweig: Vieweg, 1985.

Kommission, see: Schweizerische Bibliothekskommission.

Krauss, Rosalind, "Massstab und Monumentalität als Problem der Modernen Plastik: Brancusis Scheitern am Denkmal," in: *Skulptur im 20. Jahrhundert: Figur, Raumkonstruktion, Prozess*. Catalogue of the exhibition "Qu'est-ce que la sculpture moderne" in the Centre Georges Pompidou, Paris, Munich: Prestel, 1986, pp. 228–232.

Le Corbusier, "Arts décoratifs: Icones, Iconolatres, Iconoclastes," in: *L'Esprit Nouveau: Revue Internationale illustrée de l'activité contemporaine, Arts, Lettres, Sciences*, ed. Ozenfant and Charles Edouard Jeanneret, Paris: Editions de L'Esprit Nouveau, 1923, no pagination.

Le Corbusier, "Painting and Reality: A discussion," in: *Transition, a Quarterly Review*, reprint, New York: Kraus, 1967, 25, pp. 109–118.

Lichtenstein, Claude, *ABC und die Schweiz: Industrialismus als sozial-ästhetische Utopie*, reprint, commentary, ABC-Beiträge zum Bauen = ABC Contributions on Building, repr. [in facs.], Baden: Lars Müller, 1993, pp. 16–29.

Lissitzky, El, *El Lissitzky: Maler – Architekt – Typograf – Fotograf: Erinnerungen – Briefe – Schriften*, Dresden: Verlag der Kunst, 1976.

Luginbühl, Rudolf, *Philip Albert Stapfer: Helvetischer Minister der Künste und Wissenschaften (1766–1840): Ein Lebens- und Kulturbild*, Basel: C. Detloff's Buchhandlung, 1887.

M.I., "Der Neubau der Landesbibliothek," in: *Berner Tagblatt*, Bern, 1927, p. 3.

Menghini, Giovanni, "Oeschger, Gebrüder" and "Naef, (Hans Hugo) Hannibal," in: *Architektenlexikon der Schweiz 19./20. Jahrhundert*, ed. Isabelle Rucki and Dorothee Huber, Basel: Birkhäuser, 1998, pp. 404–405, p. 398.

Meyer, Peter, *Einweihungsschrift SLB. Die Schweizerische Landesbibliothek: Aus Anlass der Einweihung*, Bern: Schweizerische Landesbibliothek, 1931.

Moloney, Louis C., *A History of the University Library at the University of Texas, 1883–1934*, York: Columbia Univ., 1970.

Moser, Karl, *Tagebuch Nr. 9*, Manuscript in: Archiv für Moderne Schweizer Architektur, Zurich, KM-1927-TGB-9.

Nerdinger, Winfried, Ed., *Theodor Fischer: Architekt und Städtebauer [1862–1938]*, Berlin: Ernst, 1988.

O'Doherty, Brian, *In der weissen Zelle*, ed. Wolfgang Kemp, Internationaler Merve Diskurs 190, Berlin: Merve, 1996.

O'Doherty, Brian, "The Eye and the Spectator," in: *Artforum*, April 1976, pp. 26–34, "Context as Content," in: *Artforum*, November 1976, pp. 38–44, "Inside the White Cube: Notes in the Gallery Space, Part I," in: *Artforum*, March 1976, pp. 24–30.

Oechslin, Werner, *Stilhülse und Kern. Otto Wagner, Adolf Loos und der evolutionäre Weg zur modernen Architektur*, Zurich/Berlin: gta/Ernst & Sohn, 1994.

Pehnt, Wolfgang, *Die Erfindung der Geschichte: Aufsätze und Gespräche zur Architektur unseres Jahrhunderts*, Munich: Prestel, 1989, pp. 137–142.

Pehnt, Wolfgang, *Hans Hollein, Museum in Mönchengladbach: Architektur als Collage*, Frankfurt am Main: Fischer, 1986, p. 74.

Pevsner, Nikolaus, *A history of Building Types*, London: Thames and Hudson, 1976.

Regierungsrat des Kantons Bern, *Schweizerische Landesbibliothek. Der Regierungsrat des Kantons Bern an das eidgenössische Departement des Innern*, Inv. Nr. 4642, Bern, 1920.

Rohr, Adolf, *Philipp Albert Stapfer: Eine Biographie. Im alten Bern vom Ancien Régime zur Revolution (1766–1798)*, Bern: Peter Lang, 1998.

Roth, Emil, ed., *Die Neue Architektur 1930–1940. Dargestellt an 20 Beispielen. La Nouvelle Architecture 1930–1940. Présentée en 20 exemples. The New Architecture 1930–1940. Presented in 20 Examples*. Les Editions d'Architecture, Zurich/Munich: Griesberger, 1975.

Roth, Alfred, *Zwei Wohnhäuser von Le Corbusier und Pierre Jeanneret: Fünf Punkte zu einer neuen Architektur von Le Corbusier und Pierre Jeanneret*. Preface by Hans Hildebrandt, Stuttgart: Wedekind & Co, 1927.

Roth, Alfred, *Amüsante Erinnerungen eines Architekten*, Zurich: gta, 1988.

Rotzler, Willy, "Plastik am Bau: Notizen zum Problem der Einheit des künstlerischen Schaffens," in: *Das Werk*, 1949, pp. 59–66.

Rowe, Colin and Robert Slutzky, *Transparenz: Kommentare von Bernhard Hoesli. Mit einem Nachtrag aus dem Nachlass von Bernhard Hoesli*, Basel, Boston, Berlin: Birkhäuser, 1989.

S.B., "Der gläserne Elfenbeinturm: 2000 Deutschschweizer Bibliotheken in einem Browser-Fenster," in: *Neue Zürcher Zeitung*, 5.11.1999, p. 79.

SBZ, "Wettbewerb für die Schweizerische Landesbibliothek in Bern", in: *Schweizerische Bauzeitung: Wochenschrift für Architektur, Ingenieurwesen und Maschinentechnik/Revue polytechnique suisse*, 81, 1923; 90, 1927.

Schmidt, Hans and Mart Stam, "Das Bauen und die Norm," in: *ABC: Beiträge zum Bauen*, Serie 2,3, 1927/28, pp. 2–4.

Schmidt, Hans and Mart Stam, "Bern (Schweiz). Konkurrenzprojekt für den Neubau für die schweizerische Landesbibliothek, das Amt für geistiges Eigentum u. das eidgenössische statistische Bureau," in: *ABC: Beiträge zum Bauen*, Serie 2,4, 1927/28, pp. 10–11.

Schmidt, Hans, *Hans Schmidt: 1893–1972: Architekt in Basel, Moskau, Berlin-Ost*, catalogue of his works, ed. Ursula Suter with contributions by Bruno Flierl et al., Zurich: gta, 1993.

Schreier, Christoph, "Plastik und Raumkunst: Zum Verhältnis von Architektur und Plastik als raumgestaltende Künste," in: *Skulptur-Projekte in Münster 1987:* Katalog zur Ausstellung des Westfälischen Landesmuseums für Kunst und Kulturgeschichte in der Stadt Münster, 14. Juni bis 4. Oktober 1987, ed. Klaus Bussmann, Cologne: DuMont, 1987, pp. 318–328.

Schumacher, Fritz, *Stufen des Lebens: Erinnerungen eines Baumeisters*, Stuttgart: Deutsche Verlagsanstalt, 1935.

Schweizer, Jürg, *Das Kirchenfeld in Bern*, Basel: Gesellschaft für schweizerische Kunstgeschichte, 1980.

Schweizerische Bibliothekskommission, ed., *Schweizerische Landesbibliothek. Jahresberichte der Schweizerischen Landesbibliothek*, Bern.

Sitt, Martina, "Joseph Gantner. Erinnerungen," in: *Kunsthistoriker in eigener Sache: 10 autobiographische Skizzen*, introduction by Heinrich Dilly, ed. Martina Sitt, Berlin: Reimer, 1990, pp. 132–166.

Spens, Michael, *Viipuri library: 1927–1935: Alvar Aalto*, London: Academy Editions, 1994.

Strebel, Ernst, "Moser, Karl (Coelestin)", in: *Architektenlexikon der Schweiz 19./20. Jahrhundert*, ed. Isabelle Rucki and Dorothee Huber, Basel: Birkhäuser, 1998, pp. 384–386.

Tribolet, Hans, ed., *Historisch-biographisches Lexikon der Schweiz*, hrsg. mit der Empfehlung der Allgemeinen Geschichtsforschenden Gesellschaft der Schweiz unter der Leitung von Heinrich Türler, Marcel Godet, Victor Attinger in Verbindung mit zahlreichen Mitarb. aus allen Kantonen mit vielen Karten, Bildnissen und Wiedergaben alter Dokumente in und ausser dem Text, Neuenburg: Administration des Historisch-biographischen Lexikons der Schweiz, 1921–1934, 1927.

Venturi, Robert, *Lernen von Las Vegas: zur Ikonographie und Architektursymbolik der Geschäfsstadt*, Braunschweig/Wiesbaden: Vieweg, 1979. Title of the original American edition: *Learning from Las Vegas*, MIT, 1978.

Vorstius, Joris, *Grundzüge der Bibliotheksgeschichte*, Leipzig: O. Harrassowitz, 1948.

Wandeler, Josef, "Schritte auf dem Weg zur 'Bibliothek Schweiz'. Zwischen SIBIL, ETHICS und VTLS", in: *Neue Zürcher Zeitung,* 1993.

Weiss, Daniel, "Hans Hugo Hannibal Naef 1902–1978", in: *Genève 1927: concours pour le Palais des Nations: projets d'architecture pour la cité universelle*, exhibition catalogue, Musée et Hall de la Bibliothèque du Palais des Nations, Genève, 15 octobre – 15 décembre 1995, Genève: Institut d'architecture de l'Université de Genève, 1995, pp. 59–60.

Wiedmer, Roland R., "Koordinationsaufgaben einer Parlaments- und zugleich führenden Verwaltungsbibliothek, Parlament und Bibliothek," in: *Internationale Festschrift für Wolfgang Dietz zum 65. Geburtstag*, ed. Hahn, Gerhard and H. Kirchner, Munich: Saur, 1986, pp. 109–122.

Wüst, Ruth, "Von der Bibliothek zum Data Warehouse: Das Allerheiligste der Bibliothek ist ein Unix-Server," in: *Neue Zürcher Zeitung*, 5. 11. 1999, p. 79.

Wynar, Bohdan S., ed., *Dictionary of American Library Biography*, Littleton, Colorado: Libraries Unlimited, 1978.

Ziehr, Wilhelm and Antje Ziehr, eds., *Schweizer Lexikon in sechs Bänden*, Luzern: Verlag Schweizer Lexikon, Mengis + Ziehr, 1993.

ANNA KLINGMANN

Datascapes: Bibliotheken als Informationslandschaften

«Die Vorstellung, alles zu akkumulieren, eine Art universelles Archiv zu schaffen, der Wunsch, alle Zeiten, alle Epochen, Formen und Stile an einem einzigen Ort zu versammeln, das Konzept, alle Zeiten an einem einzigen Ort zu ermöglichen, der aber doch ausserhalb der Zeit liegt, unzugänglich für die Abnutzung und den Verschleiss des Alltags, nach einem Plan fast ewiger und unbegrenzter Akkumulation an einem unbeweglichen Ort.»
Michel Foucault[1]

Im Laufe der Geschichte hat die Bibliothek als Gebäudetyp ihre räumliche Konfiguration unzählige Male verändert und damit den Aufstieg kultureller und politischer Hierarchien reflektiert, ihr eigentlicher modus operandi jedoch blieb gewahrt. Bibliotheken lagern, ordnen, bewahren und übermitteln Wissen. Das Verhältnis zwischen diesen unterschiedlichen Funktionen konstituiert jedoch eine dynamische Einheit, die dem jeweiligen Verständnis der herrschenden Wissens- und Machtstrukturen unterworfen ist. Wie Michel Foucault in seinen Untersuchungen über *Heterotopien* dargelegt hat, besteht eine enge Beziehung zwischen dem *System des Wissens* als einem Code zur Ausübung sozialer Kontrolle und der *Herrschaft* innerhalb bestimmter lokalisierter Kontexte.[2] Somit liesse sich argumentieren, dass es sich bei der Bibliothek immer um ein umstrittenes Territorium zwischen vorherrschenden Machtstrukturen handelt, beeinflusst gleichermassen von *ökonomischen Bedingungen und technologischen Neuerungen* und vor allem der *sozialen Produktion des Wissens*.

---

[1] Foucault, Michel, «Of Other Spaces: Utopias and Heterotopias», in: Architecture Culture 1943–1968, Joan Ockman (Hrsg.), New York: Rizzoli International Press, p. 424.
[2] Harvey, David, The Condition of Postmodernity, Oxford UK: Blackwell Publishers Ltd. 1990, p. 48.

In seinem Werk «Die postmoderne Welt» hat Jean-François Lyotard vorgetragen, dass das Wissen in neuerer Zeit radikalen Veränderungen unterworfen wurde, insbesondere seit die westlichen Gesellschaften ins postindustrielle Zeitalter eingetreten seien. Entsprechend hat sich der Status des Wissens beträchtlich verändert – unter dem Einfluss neuer Informationstechnologien, die ihrerseits neuen wirtschaftlichen Möglichkeiten den Weg bahnten. Aufgrund der Auswirkungen technologischer Umbrüche auf die Bedingungen der Wissensproduktion wird die Information zunehmend von eben jenem ökonomischen Prinzip kontrolliert, das auch «die Beziehungen der Warenproduzenten und Konsumenten zu den Waren beherrscht, die sie produzieren und konsumieren – nämlich dem *Wert*. Das Wissen wird heute und zukünftig produziert, um verkauft zu werden, es wird heute und zukünftig konsumiert, um in einer neuen Produktion verwertet zu werden. In beiden Fällen liegt das Ziel im Austausch.» Der zunehmende Warencharakter des Wissens wirkt sich in der Folge ebenso auf das Verständnis des öffentlichen Raums aus, wodurch die Kulturinstitutionen gezwungen sind, ihre Beziehungen zu privaten Unternehmen und «der bürgerlichen Gesellschaft insgesamt» zu überdenken.[3] Folgt man Lyotards Argument, so muss die Merkantilisierung des Wissens letzten Endes auch die Bibliothek infragestellen, als eine grundlegend öffentliche Institution, die bis vor kurzem mit den Prinzipien eines demokratischen Nationalstaats verbunden war. Wenn Wissen als Informationsware auch zukünftig in der weltweiten Konkurrenz um ökonomische Macht eine bedeutende Rolle spielt, wie es Lyotard voraussagt, dann stellt sich die Frage, ob und in welchem Ausmass die Bibliothek als öffentliche Institution in der Lage sein wird, dem zunehmenden Wert des Wissens als Ware eine gewisse Form politischen Widerstandes entgegenzusetzen. Man beginnt sich zu fragen, ob und bis zu welchem Mass zukünftige Bibliotheken als unabhängige Plattformen eines kritischen Diskurses dienen können. Der vorliegende Artikel untersucht diese Fragen, indem er sich mit der kritischen Leistungsfähigkeit der Bibliothek des 21. Jahrhunderts als einer öffentlichen Institution auseinandersetzt, welche sich im Spannungsfeld zwischen kultureller und kommerzieller Wissensproduktion befindet.

Der dritte Zustand

Als symbolischer Repräsentant vorherrschender Machtstrukturen war die Typologie der Bibliothek immer geprägt von der widersprüchlichen Spannung zwischen ihrem archivarischen Zweck der Aufbewahrung von Wissen und ihrem öffentlichen Zweck, Zugang zu diesem Wissen zu gewähren. Als Manifestation dieses dualistischen Programms, zusammengesetzt aus Archiv und Lesesaal, erforderte die Bibliothek in ihrer Geschichte eine feine Ausbalancierung konkurrierender Schwellenbedingungen. In der kirchlich bestimmten Welt des Mittelalters hatte

---

[3] Lyotard, Jean-François, The Postmodern Condition: A Report on Knowledge, translation from the French by Bennington, Geoff and Massumi, Brian, Minneapolis: University of Minnesota Press 1984, pp. 3–6.

Anna Klingmann

das Programm des Archivs als Mittel zur Bewahrung des Wissens Vorrang. Das Buch war das Symbol geheiligten Wissens, und der Zugang war streng auf einige Privilegierte beschränkt. Räumlich wurde die Zulassung zum Wissen als heiliges Ritual gefeiert, strukturiert durch eine Folge von Schwellenbedingungen, die in Michelangelos labyrinthischer Vorstellung der «Geheimen Bibliothek» kulminierte.

Während der Renaissance errang die Aneignung des Wissens allmählich eine öffentlichere Dimension. Aufgrund der Möglichkeiten der mechanischen Reproduktion, wodurch Information an ein grösseres Publikum verteilt werden konnte, wurde das Wissen in der Form des gedruckten Wortes allmählich zu einer Ware, die für die bürgerliche Verwendung verfügbar wurde. Diese Verlagerung des Wissens von einer kirchlichen zu einer humanistischen Dimension hatte ein diskursiveres Verständnis vom Wissen als «Informationsaustausch» zur Folge. Dieser Übergang beeinflusste dann auch die räumliche Organisation der Bibliothek und förderte ihre wachsende Bedeutung als öffentliche Institution. Der Lesesaal, von nun an begriffen als Ort für den humanistischen Diskurs und die wissenschaftliche Forschung, erhielt eine repräsentative Komponente, und der Eingang gewann als Symbol für öffentliche Zugänglichkeit an Bedeutung.

Später, mit dem «Projekt der Moderne», das durch einen optimistischen Glauben an den Fortschritt der Menschheit gekennzeichnet war, wurde die Expansion des Wissens zu einem Symbol für den allgemeinen Fortschritt. Dieser vollständige Glaube an die menschliche Vernunft und die unveränderlichen Eigenschaften der Menschheit entspricht der Vorstellung von der Bibliothek als einer – architektonisch wie begrifflich – unabhängigen Einheit. Während der Aufklärung kulminiert diese städtische Funktion der Bibliothek in Boullées berühmtem Projekt für den Lesesaal der Bibliothèque du Roi, der sich als Bühne bürgerlicher Kultur in Gestaltung und intellektuellem Gehalt ausdrücklich auf Raffaels Athener Akademie bezieht.

Zwar trat das Projekt der Moderne schon im 18. Jahrhundert zutage, erlangte jedoch erst im folgenden Jahrhundert soziale und ästhetische Substanz und verband die Vorstellung vom Fortschritt mit der Effizienz des Wissensaustausches. Labroustes Bibliothèque Geneviève manifestiert diese Idee der Effizienz in ihrem formalen und funktionalen Ausdruck und spielt auf kommerzielle Architekturtypen wie Bahnhöfe oder Markthallen an. Der Lesesaal, mit einem zentralen Pult für den Austausch von Büchern, verweist auf einen Zustand von Funktionalität, in dem der Informationsaustausch allmählich zu einer öffentlichen Dienstleistung wird. Information wurde nicht länger gefunden, sondern konnte wie jede andere Ware einfach bestellt werden. Der Unterschied gegenüber früheren Beispielen der Bibliotheksarchitektur liegt auch in der entstehenden Kommunikation des Gebäudes mit seiner städtischen Umgebung. Zum ersten Mal in der Geschichte wird die äussere Fassade zu einem symbolischen Ausdruck des Wissens und konturiert die Bibliothek als «Werbetafel der Kultur».

In all ihren typologischen Manifestationen wurde die Bibliothek gestützt durch die Koexistenz zweier diachronischer Programme *auf einem einzigen Territorium*. Von daher ist die Situation der gegenwärtigen Bibliothek von kritischer Bedeutung, weil die Voraussetzung des Zusammenspiels der beiden Programme *Informationslagerung* und *Informationsvermittlung* nicht mehr gegeben ist. Da das Gebäude der Bibliothek sich mehr und mehr in ein deterritorialisiertes Informationsnetz auflöst, verschwinden die festen Grenzen, so dass zugleich ein potentiell unendlicher Raum geschaffen wird, der sich in jeder Richtung offen und unbegrenzt darbietet. Da die neue Bibliothek beide Aspekte – konkrete Begrenzung wie auch das Potential unbegrenzten Raumes – aufweist, bildet sie eine *Typologie im Entstehen*. Weder auf territoriale Grenzen physischer Begrenzung beschränkt, noch auf einen völlig aterritorialisierten Raum, bildet sie einen dritten Zustand. Dieser dritte Raum muss somit einerseits festgelegte Parameter zulassen, zugleich aber flexibel genug sein, um den Variablen eines globalisierenden Informationsnetzes gerecht zu werden.

Information als Ware

Da zunehmend erschwingliche Computerleistung, kombiniert mit der Ausbreitung von Online-Diensten, den öffentlichen Zugang zu internationalen Datenbanken liefert, modifiziert der unvermittelte Zugang zur Information nicht nur – durch die Ausschaltung der Realität der Entfernungen – unsere Beziehung zum Territorium, sondern darüber hinaus auch unsere Definition von privat und öffentlich, die durch den Computerbildschirm umgekehrt wird. In diesem Sinne hat das Internet sowohl unsere Wahrnehmung des Wissens als auch unsere Beziehung zum physikalischen Territorium verändert. Der Informationsaustausch findet in zunehmenden Masse durch ein nichthierarchisches interaktives Netz statt, in dem die Unterscheidung zwischen Autor und Leser schwindet (weil Informationskonsumenten auch Autoren sein können) und in dem die Grenzen zwischen Information, Öffentlichkeit, Kommunikation und kommerziellen Dienstleistungen aufgelöst worden sind. Kulturelle Themen werden von kommerziellen Dienstleistungen durchdrungen, die das Wissen zunehmend relativieren und zur Ware machen.

Indem das Internet den Zugang zu einer Vielzahl von Informationsquellen auf der ganzen Welt ermöglicht, hat es zugleich in drastischer Weise die Art verändert, in der wir das gedruckte Werk wahrnehmen – es wird ergänzt durch andere Informationsquellen, vor allem in Form von visuellen Daten. Das World Wide Web, das zunehmend durch kommerzielle Unternehmen kontrolliert wird, liefert dem Nutzer eine holistische Umgebung, in der die Information mit Unterhaltung verbunden wird und die Überlagerung von Bild, Ton und Text die Daten zu einem umfassenden Erlebnis assimiliert. Der Nutzer taucht ein in eine virtuelle Welt vorverdauter Daten, dargestellt als fertiges Produkt der Verführung, die jede Möglichkeit zu kritischer Reflexion oder subjektiver Interpretation verwehrt. Das Wissen ist in dieser Hinsicht zur wichtigsten Ware einer neuen Erlebnisökonomie geworden, welche die überlappenden Kräfte von Kultur und Kommerz kapitalisiert.

Anna Klingmann

Da die Produktion der Information zunehmend von multinationalem Kapital abhängt, werden Bibliotheken zunehmend von den Auswirkungen internationalisierter Investitionen, Produktion und Konsumtion beeinflusst. In der Vermittlung kultureller wie wirtschaftlicher Interessen ist die Bibliothek als öffentliche Einrichtung nicht länger immun gegen die räumlichen und zeitlichen Zwänge dieser Marktkultur. In diesem Sinne muss die Bibliothek neu begriffen werden als integrales Konstituens der Weltkultur, das heisst als eine komplexe Einheit ökonomischer und kultureller Überlappung, in der sich die Konvergenz zwischen ökonomischer Struktur und kulturellem Projekt manifestiert.

Somit besteht kein Zweifel, dass die soziale Identität der Bibliothek als öffentliche Einrichtung neu geschaffen werden muss, weil sie gleichermassen beeinflusst wird von den Veränderungen in den Medientechnologien wie den kulturellen Auswirkungen einer neuen Informationswirtschaft. Angesichts ihrer Rolle als einer physischen Schnittstelle des Wissensaustauschs stellt sich letztlich die Frage, wie die Bibliothek aufs Neue eine ortsgebundene kulturelle Präsenz erschaffen und auf globaler Ebene eine gewisse Form der Identität ermöglichen kann und darüber hinaus, inwieweit Architektur zur Materialisierung dieser Veränderungen beitragen kann.

Unter den interessanteren Bibliotheken, die eine neue Perspektive auf die derzeitige Rolle der Bibliothek als öffentliche Institution darbieten, gehören Rem Koolhaas/OMAs *Central Library for Seattle* und Jacques Herzog und Pierre de Meurons *Bibliothek für Eberswalde*. Beide Projekte setzen sich – trotz ihrer unterschiedlichen kulturellen Kontexte und verschiedenen Entwurfsstrategien – mit dem Potential der Bibliothek als identitätsschaffender Kraft in einer globalen Kultur auseinander. Während das Projekt in Seattle die sozialen, wirtschaftlichen und organisatorischen Implikationen neuer Informationstechnologien als programmatischen Zwitter choreographiert und sich nur beiläufig mit ihrer architektonischen Formalisierung beschäftigt, erforscht die Bibliothek in Eberswalde offenkundig die Materialisierung virtueller Daten als kommunikatorische Oberfläche.

Interessant ist auch festzustellen, dass sich beide Projekte aus bedeutsamen Vorgängern entwickelten, die im Jahre 1993 als Wettbewerbsbeiträge für die *Bibliothèques Jussieu* in Paris eingereicht worden waren. Während Koolhaas' Entwurf für Jussieu bereits als wichtiger Beitrag zu einem neuen Verständnis der Bibliothek innerhalb des sich verändernden Kontexts des Urbanismus gewürdigt wurde, ist der Vorschlag von Herzog und de Meuron vielleicht weniger bekannt, aber ebenso wichtig für ein kritisches Verständnis ihrer Bibliothek in Eberswalde.

Information als Erlebnis

In einem kürzlich erschienenen Artikel über die neue Zentralbibliothek für Seattle argumentiert Sheri Olson, Koolhaas' Entwurf verknüpfe die Herausforderungen der Stadt Seattle effektiv mit jenen, mit denen sich Städte heutzutage überhaupt konfrontiert sehen. Die Bibliothek, die durch die graduelle Erosion des öffentlichen Raums – aufgrund der wachsenden Vorherrschaft privater Unternehmen – in Mitleidenschaft gezogen wird, muss Koolhaas zufolge ihre Position als «letzte öffentliche Institution» in einer weitgehend vermarkteten, von grossen Konzernen beherrschten Stadtlandschaft sorgfältig neu evaluieren.

Die Wahrnehmung der Bibliothek als eine zutiefst öffentliche Institution lässt sich auf Koolhaas' Wettbewerbsbeitrag für die Universitätsbibliotheken in Jussieu zurückführen. Koolhaas beschreibt den Entwurf als eine «städtische Konsolidierung», bei der die Aktivitäten des umgebenden Universitätsgeländes zu einem interiorisierten Erlebnisraum verdichtet werden. Mittels der Neuinterpretation infrastruktureller Elemente, die normalerweise die Struktur einer Stadt bilden, wie Strassen, Plätze und Gebäude, als räumliche Komponenten der Bibliothek, definiert Koolhaas das Gebäude als formale Analogie des angrenzenden Kontexts. Zusätzlich wird diese Formalisierung einer «Stadt als Gebäude» ergänzt durch die Einbeziehung städtischer Programme wie Parks, Cafés und Läden, um eine Atmosphäre «metropolitaner Verdichtung» zu simulieren. Indem alle Programme mit einem inneren Boulevard verbunden werden, bildet sich eine spiralförmige «promenade architecturale», die einen glatten Übergang vom äusseren Strassenleben in das Innere der Bibliothek gestattet. Der Boulevard dient als ein Stück Infrastruktur im wörtlichsten Sinne und verbindet alle programmatischen Elemente nahtlos zu einer inneren Stadtlandschaft. Entsprechend wird der Leser zum Flaneur, der sich durch das reiche Angebot an Büchern wie auch durch die Möglichkeiten sozialen Verkehrs und visueller Anregung verführen lässt. Das Programm der Bibliothek wird somit zu einem künstlich konstruierten «städtischen Ereignisraum» erweitert, der ähnlich wie die heutigen Einkaufszentren eine choreographierte Erlebnissequenz durch verschiedene Abteilungen liefert und zugleich dem «Einkaufsbummler» vielfältige Bezüge einräumt.

In einem programmatisch sehr ähnlichen Ansatz wird das Koolhaas'sche Projekt für die Zentralbibliothek von Seattle als holistisches Environment begriffen, in dem das konventionelle Programm einer Bibliothek zu einer Folge choreographierter Erlebnissequenzen ausgearbeitet wird. Die resultierende Architektur weist jedoch Unterschiede auf. Während die Bibliotheken von Jussieu eine Erweiterung des lokalen Stadtgewebes im wörtlichen Sinne vorsehen, bildet die Bibliothek von Seattle eine sich selbst genügende Einheit in Form eines «deterritorialisierten Objekts». In dieser Hinsicht könnte man annehmen, dass sich Koolhaas auf die fortschreitende Desintegration des lokalen städtischen Geländes bezieht, das immer mehr zum Bestandteil eines – nicht länger lokalisierbaren – Konzernnetzes zu werden scheint. Durch die konzeptuelle Ansiedlung der Bibliothek zwischen dem kommerziellen Netz internationaler Konzerne und den öffentlichen Anforderungen der Stadt wird die Bibliothek von Seattle zu einem städtischen Hybrid, der den Versuch unternimmt, beide Realitäten zu vermitteln: den lokalen Kontext der Stadt und das dislozierte Netz der internationalen Konzerne. Indem die Bibliothek sowohl als öffentliches wie auch als privates Unternehmen operiert, wird sie gleichermassen geformt durch die Bedürfnisse der lokalen Gemeinschaft und gefördert durch internationale Internet-Unternehmen wie Microsoft, Amazon.com und Teledesic.

Anna Klingmann

Ein Gebäudetyp, der wirksam öffentliche Interessen in private und das Urbane in den Massstab der Architektur einbrachte, ist die Shoppingmall. In jüngster Zeit hat sie sich durch die Diversifizierung ihrer kommerziellen Programme, die nun auch kulturelle Ereignisse miteinbeziehen, in ein städtisches Unterhaltungszentrum verwandelt. Durch die Orchestrierung vielfältiger Erlebnisse mittels Schichtung diversifizierter Ereignisräume sind Unterhaltungszentren zu Prototypen eines neuen Urbanismus geworden. Zusammen mit der Inszenierung von Erlebnissen und der Verräumlichung von Marken werden monofunktionale Programme durch eine Übereinanderschichtung strategischer Nutzungen ersetzt, die an verschiedene Mechanismen des Konsums gebunden werden. Städtische Unterhaltungszentren schaffen auf zweierlei Art Identität: indem visuelle Symbole wirksam zu Markenartikeln und konventionelle Programme zu atmosphärisch angereicherten Erlebnisgehalten neu konfiguriert werden. Man könnte sagen, daß Koolhaas sich auf diese immer engere Verknüpfung kultureller und kommerzieller Aktivitäten, auf die heutige Form des Urbanismus, bezieht. Indem er die Shoppingmall als paradigmatischen Gebäudetyp der privatisierten Stadt begreift, passt er deren strategische Organisation und einzigartige atmosphärischen Eigenarten der Bibliothek an.

Daher spielt die programmatische Choreographie eine entscheidende Rolle im Gesamtkonzept der Bibliothek. Während sich Koolhaas bemüht, so viel Flexibilität wie möglich zuzulassen, hebt er gleichzeitig die verschiedenen Funktionen der Bibliothek durch räumliche Abgrenzung hervor, um einerseits einzigartige Erlebnisräume zu formulieren und andererseits dem Nutzer eine klare Orientierung zu bieten. Das Gebäude teilt sich bezüglich seiner Funktion in deutlich unterscheidbare Abteilungen. Durch die Verbindung von ähnlichen Schwerpunkten zu «Themen» wurden fünf Ebenen mit spezifischem, programmatischem Kern und besonderem Ambiente geschaffen, die sich nicht nur im Massstab, sondern auch bezüglich der in ihnen verwendeten Materialien und ihrer Lichtverhältnisse voneinander unterscheiden; sie verwandeln die übliche Schichtung des modernistischen Raumes in ein Ensemble von verlagerten Ebenen, die in ihrer Gesamtheit eine skulpturale Einheit bilden. Zwischen diesen fünf schwebenden Ebenen, die sich in die elf Stockwerke der Bibliothek einzeichnen, befinden sich öffentliche «Attraktoren», die programmatische Bezüge zu Arbeit, Kommunikation und Spiel herstellen. Während die Ebenen einer logischen Ordnung folgen – Parkgarage im Untergeschoss, Buchladen zu ebener Erde, Begegnungsräume auf der dritten Ebene, darüber zwei Ebenen für Bücher und Verwaltung –, sind die sogenannten «Attraktoren» als besondere, die funktionalen Erfordernisse der Bibliothek ergänzende und erweiternde Einheiten eingefügt, um so zu einem umfassenden «Ereignisraum Bibliothek» zu wachsen. Indem er die unterschiedlichen Abteilungen klar positioniert, stellt Koolhaas in dieser Hinsicht eine deutliche Hierarchie her, die er aber auch gleichzeitig wieder durch die bewusste Ansiedlung wohl kalkulierter öffentlicher «Attraktoren» unterwandert. Der erste «Attraktor», zwischen Parkgarage und erster Verwaltungsebene gelegen, umfasst eine Kinderbibliothek, ein grosses Auditorium für öffentliche Ereignisse, eine Multilinguistikbücher-Sammlung sowie eine informelle Begegnungs-zone. Darüber liegt die Eingangshalle, die als öffentliches Wohnzimmer konzipiert, Gefühle von Privatheit verbunden mit sozialer Aktivität vermittelt. Der elektronisch animierte Glasbo-den könnte als Erweiterung des angrenzenden Strassenraums begriffen werden, kollidiert zu-gleich aber auch mit den auf persischen Teppichen schweben Sitzgruppen, die wiederum ein Gefühl von Intimität verströmen. Von unten beleuchtet ähnelt der Fussboden einer sich ständig ändernden Werbetafel, welche die wechselnden Ereignisse der Bibliothek anzeigt. Der nächste «Attraktor», geplant als heterogene Begegnungsebene, kombiniert technische Ausbildungs-räume mit privaten Besprechungsräumen. Auf einer Zwischenebene im fünften Stock folgt der «Mischungsraum» als Stätte des Informationsaustauschs, als Schnittstelle aller möglichen Bereiche, in der sämtliche Nachschlagewerke sowie die Bibliotheksdienstleistungen vereint sind. Im Gesamtentwurf dieser Bibliothek wird dem Bereich der bibliothekarischen Dienstleis-tungen besonderer Stellenwert beigemessen und als personalisierte Kommunikation im Gegen-satz zu den unpersönlichen Diensten der inzwischen üblichen Suchmaschinen beispielhaft in Szene gesetzt. Unmittelbar über dem Mischungsraum folgt ein sich kontinuierlich emporwin-dender Boulevard, der nahtlos die verschiedenen Büchersammlungen verbindend das Motiv des städtischen Flaneurs wiederbelebt, das schon in Koolhaas' früherem Entwurf für Jussieu zu finden war. Abgehoben vom System des elektronischen Katalogs gestattet diese Abteilung dem Besucher, ein spielerisches in den Büchern Stöbern und gewährt zugleich beiläufig Aus-blicke auf die Stadtlandschaft. Die oberste Ebene im neunten Stock öffnet sich schliesslich zu einem grossen, unter einem gewaltigen Glasdach gelegenen Lesesaal im traditionelleren Sinne; es folgen zwei weitere Ebenen mit Büroräumen, die sich um ein rechteckiges Atrium le-gen, ein Atrium, das den Aussenraum in den Kern des elf Stockwerke hohen Gebäudes hinein transferiert.

Neben der Inszenierung der soeben erwähnten unterschiedlichen programmatischen The-men spielt die Möglichkeit der visuellen Identifikation zur Schaffung der verschiedenen Atmo-sphären eine entscheidende Rolle. Die Konstruktion von Identität mittels Bildern, Oberflä-cheneffekten und Materialien erweitert die verschiedenen Ereignisräume. Durch die enge Zusammenarbeit mit dem kanadischen Graphikstudio Bruce Mau wird die spezifische Gestal-tung der Oberflächen zu einem integralen Bestandteil der Gesamtarchitektur. Die inneren und äusseren Verkleidungen des Gebäudes mit Materialien von unterschiedlicher Qualität und Tex-tur, die subtile Präsentationsstrategie der Auslagen für die im gesamten Gebäude verteilten ver-schiedenen Medien schaffen jene Art von Gesamteindruck, der dennoch in der Diversifizierung gründet.

Als öffentliche Bauten konzipiert, müssen die Bibliotheken von Jussieu und Seattle in ihrem jeweiligen Kontext gelesen werden. Da offensichtlich ist, dass beiden Gebäude eine ähnliche Ambition zugrunde liegt – die Neugestaltung der Bibliothek als städtisches Konstrukt –

Anna Klingmann

muss ihre respektive Positionierung im Rahmen des jeweiligen politischen und ökonomischen Kontexts gelesen werden. Während die Bibliotheken von Jussieu noch durch die Moderne geprägt gewissermassen in den demokratischen Realitäten verhaftet bleibt, ist die Bibliothek von Seattle bereits im globalen Netz der aufstrebenden Ökonomien zu betrachten. So setzte sich das Projekt von Jussieu auf eine sehr konkrete Weise mit der Frage des Kontexts auseinander, indem zur unmittelbaren Umgebung ein Kontinuum der Flächen hergestellt wurde, das Seattle-Projekt dagegen verzichtet auf kontextuelle Anpassungen im klassischen Sinne. Ähnlich der Typologie eines Einkaufszentrums bildet es eine selbstgenügsame Einheit, die von ihrer unmittelbaren Umgebung losgelöst scheint. So gesehen entwirft das Projekt von Seattle – im Gegensatz zu Jussieu, das den Kontext der Stadt buchstäblich nachahmt – eine eigene, von geographischen Überlegungen losgelöste, ortsunabhängige städtische Entität. Diese divergierende Position hinsichtlich ihrer Konzeption einer städtischen Identität spiegelt sich auch in dem programmatischen Ausdruck beider Projekte. Während die Programme in Jussieu als hochflexible Einheiten flüchtiger Ereignisse behandelt werden, erhält das Projekt in Seattle eine stärker symbolische Dimension, weil es den Kontext neu begreift als ein zur Ware gewordenes Erlebnis, das den Bedürfnissen von Verbrauchergruppen angepasst wird.

Ein weiteres wichtiges Thema der Zentralbibliothek bilden die Auswirkungen der neuen Informationstechnologien auf die räumliche Neugestaltung der Bibliothek. Da neben dem Buch als vormals einzigem Informationsträger inzwischen vielfältige Medien in Erscheinung treten, muss sich die Bibliothek des 21. Jahrhunderts laut Koolhaas in einen Informationsspeicher verwandeln, der «aggressiv die Koexistenz aller verfügbaren Technologien orchestriert». Entsprechend hegt Koolhaas den Ehrgeiz, «die Bibliothek aus einer ausschliesslich dem Buch gewidmeten Institution radikal in einen Raum der Konkurrenz unterschiedlicher Medien zu verwandeln». Koolhaas ist sich der Tatsache bewusst geworden, dass die zunehmende Nutzung neuer Informationstechnologien ein wachsendes Bedürfnis nach sozialen Begegnungen hervorruft; entsprechend setzt er eine zwingende Korrelation zwischen der Vervielfältigung der Informationsmedien einerseits und der zunehmenden Nachfrage nach Erlebnisräumen andererseits. Dieses Argument wird auch durch eher pragmatische Überlegungen bestärkt. Da die Informationsspeicherung aufgrund der stärkeren Nutzung digitaler Medien zunehmend weniger Raum einnimmt, wird zusätzlicher Platz für soziale Programme frei. In diesem Sinne wird die Bibliothek immer stärker als eine integrierte Umgebung begriffen, die geschmeidige Übergänge von virtuellen Formen des Informationsaustauschs zu konkret physischen Kommunikationsräumen ermöglicht. Eingedenk der Tatsache, dass das primäre Konzept von Seattle in der Umwandlung der Bibliothek in ein soziales Zentrum mit vielfältigen Aufgaben besteht, verknüpft Koolhaas die Auswirkungen der neuen Informationstechnologien effizient mit der Vervielfältigung kultureller Erlebnisräume.

Eberswalde: Information als Zeichen

Geht man davon aus, dass die Bibliothek als Signifikant öffentlicher Identität wirkt, angesiedelt zwischen den Auswirkungen neuer Informationstechnologien und dem Hervortreten einer neuen Ökonomie, dann gehen Jacques Herzog und Pierre de Meuron mit einer ganz anderen Haltung an das Problem heran. Während Koolhaas die Identität der Bibliothek neu erschafft, indem er sie programmatisch erweitert und in eine symbolische Form giesst, oszillieren Herzog und de Meuron zwischen der Konstruktion einer konkret physischen Realität und einer eher schwer bestimmbaren Materialisierung von Zeichen. Im Unterschied zu Rem Koolhaas, der die Auswirkungen neuer Informationstechnologien in programmatische Strategien übersetzt, nähern sich Herzog und de Meuron dem Thema der Information unter besonderer Berücksichtigung des Materials oder konkret: durch die physische Formalisierung der Information als einer materialisierten Medienfassade.

In dieser Hinsicht zeichnen sich die Projekte von Herzog und de Meuron durch das Bestreben aus, die Oberflächen als dominierende Elemente ihrer Bibliotheken zu gestalten. Die Hülle als Bereich der Artikulation zwischen innen und aussen, dem Öffentlichen und dem Privaten, wird zu einer dreidimensionalen öffentlichen Schnittstelle visueller Signifikanten. Im Gegensatz zu vielen modernen Architekten, die diese Grenze verschwinden lassen wollen, konzentrieren sich Herzog und de Meuron darauf, sie schärfer herauszuarbeiten, indem sie die Hülle als materielle Schnittstelle des virtuellen Informationsaustauschs setzen. Die Darstellung der Bibliothek als dreidimensionale Schnittstelle, die vielfältige Realitäten vermittelt, zeigt sich als Strategie ganz offensichtlich sowohl im Entwurf von Herzog und de Meuron für die Bibliotheken in Jussieu als auch später in ihrer realisierten Version der Bibliothek von Eberswalde. Während jedoch die grundlegende Strategie beider Projekte hinsichtlich ihrer formalen und materiellen Behandlung Ähnlichkeiten aufweist, zeigen sich zugleich auch radikale Unterschiede – vor allem in der Behandlung der Medienfassade als Mittel der Signifikation und ihrer Beziehung zum Kontext.

Im Gegensatz zu ihrem realisierten Projekt in Eberswalde präsentiert der Entwurf von Herzog und de Meuron für die Bibliothek in Jussieu ähnlich dem Entwurf von Koolhaas eine sehr unmittelbare Einbeziehung des lokalen Kontextes. Gemeinsam ist ihnen auch die Bemühung, die Bibliothek als eine Erweiterung des städtischen Territoriums neu zu erschaffen. Während Koolhaas' Entwurf für Jussieu das städtische Gewebe unmittelbar in das Gebäude einbezieht, verfolgen Herzog und de Meuron die umgekehrte Strategie und erweitern ihr Gebäude in den Kontext. Während die Bibliothek aus der Entfernung wie ein geschlossenes Objekt wirkt, zerfällt sie, aus kürzerer Distanz betrachtet, in ein dynamisches Ensemble unterschiedlicher städtischer Räume. Als verbundene Konfiguration differenzierter Baukörper wird das Gebäude für die beiden Bibliotheken durch innere Höfe punktiert, die deutlich öffentliche und private Zonen der Bibliothek bilden. Um den öffentlichen Bereich stärker zu betonen, erheben sich die

Anna Klingmann

Bibliotheken auf Pfeilern und machen so die Bodenfläche als öffentliche Zirkulationsebene für unterschiedliche soziale Aktivitäten frei. Die öffentliche Fläche erstreckt sich einerseits horizontal in das umgebende städtische Gewebe, um auf diese Weise Verbindungen zu den angrenzenden Universitätsgebäuden herzustellen, andererseits auch vertikal, um eine Reihe von Foyers für die beiden Bibliotheken zu schaffen.

Diese räumliche Schichtung öffentlich/privater Räume wird darüber hinaus durch eine doppelschalige Fassade inszeniert, die als raumdefinierendes Element fungiert. So weist die Gebäudehaut unterschiedliche Zustände auf, entsprechend ihrer vorherrschenden Beziehung zu den Baukörpern der beiden Bibliotheken. Die Hülle, die aus zwei geschichteten Glasoberflächen besteht, umgibt die beiden gedrehten Baukörper der Bibliotheken an beiden Enden des Gebäudes; im mittleren Teil trennt sie sich wieder und bildet zwei umgekehrt gespiegelte Zwischenräume. Auf diese Art rahmt die Fassade die modulare Struktur der beiden Bibliotheken zu einer Einheit und integriert zugleich den öffentlichen Raum zu einem teilweise interiorisierten Element. Abgesehen von ihrer räumlichen Wirkung fungiert die Fassade zugleich als visueller Anziehungspunkt und belebt die städtischen Räume um die Bibliothek. Die äussere Fassadenschicht aus durchsichtigen Glasflächen ist mit fotografischen Portraits von Schriftstellern und Wissenschaftern bedruckt; diese Glasflächen werden ausserdem durch innere und äussere Lichtbedingungen aktiviert. Abgesehen von ihrem filmischen Bezug weist die Fassade zugleich eine unmittelbare symbolische Bedeutung auf. Die ikonographische Behandlung der Fassade, die von Gerhard Richters «48 Portraits» inspiriert wurde, verweist auf die klassische Aufgabe der Bibliothek: die Vermittlung von Informationen zwischen einer Quelle und einem Menschen. Auf diese Weise fungiert die Fassade als ein Zeichen, dessen Bezugspunkt die Aktivität beschreibt, die in dem Gebäude selbst stattfindet. Mit einem Verweis auf Labroustes Bibliothèque Geneviève mit ihrem sorgfältig auf der Fassade eingravierten Text wiederholt das Projekt von Jussieu das gleiche Konzept auf heutige Art – unter Betonung des paradigmatischen Wandels von einer Textkultur zu einer Kultur, die vom Bild beherrscht wird. Dieser Verweis wird noch offensichtlicher durch die Einbeziehung horizontaler Textbänder, die zwischen den fotografischen Bildern verlaufen. Der Inhalt des Textes sollte elektronisch animiert und auf periodischen Wechsel programmiert werden, um auf diese Weise die vorherrschenden Diskurse hervorzuheben, die von den in der Bibliothek aufbewahrten Werken inspiriert werden. Derart wird die Fassade als materielle Textur begriffen, die einen Transfer zwischen den Milieus ermöglicht. Als buchstäbliches Symbol des Informationsaustauschs trägt die Fassade die diskursive Aktivität der Bibliothek in den öffentlichen Raum hinein – in Form einer überdimensionalen elektronischen Schnittstelle. Wie bei jedem Zeichen spielt bei der Betrachtung der Fassade die Distanz eine entscheidende Rolle; betrachtet man die Fassade aus grösserer Entfernung, mindert sich die Signifikanz der Schrift zu einer abstrahierten Textur. Somit funktioniert der Text – abgesehen von seiner symbolischen Konnotation – zugleich als soziale Textur, die den gezielten Informationsaustausch mit der subjektiven Wahrnehmung des Betrachters vermittelt. Auf allgemeinerer Ebene verwandelt sich die Information in eine phänomenologische Erfahrung, bei der die Animation des Texts zusammen mit den Bildern die Information zu einem öffentlichen Schauspiel macht.

Ähnlich Koolhaas' Bibliothek für Seattle erscheint Herzog und de Meurons Universitätsbibliothek in Eberswalde auf den ersten Blick keine kontextuale Ambition zu hegen. Auf der Nordseite des Campus der Technischen Universität gelegen, besteht das Gebäude aus einem einfachen rechteckigen Baukörper mit nur einer Verbindung zum alten Bibliotheksgebäude auf der Südseite. Aufgrund seines beziehungslosen Massstabs wirkt es jedoch viel eher als solitäres Objekt, das fast zufällig in dem kleinen Stadtzentrum Eberswaldes gelandet zu sein scheint.

Im Gegensatz zu Koolhaas' Projekt in Seattle zeigt die Bibliothek in Eberswalde Widerstand gegen programmatische Innovation. Da die Büchermagazine ebenso wie die Verwaltungsfunktionen im benachbarten Gebäude der alten Bibliothek untergebracht sind, beschränkt sich das Programm des neuen Gebäudes im Wesentlichen auf die Anforderungen einer konventionellen Freihandbibliothek. Aufgeteilt in drei identische, übereinander geschichtete Lesesäle, erinnert das Gebäude an ein Lagerregal mit gestapelten Containern. Diese klassische Aufteilung des Gebäudes in identische Module festgelegter Flächen setzt sich in kleinerem Massstab im Inneren der Bibliothek fort, wo Stühle, Tische und Bücherregale einem ähnlich wiederkehrenden Muster folgen. Es gibt keinen Hinweis auf eine breitere programmatische Interpretation der Bibliothek, etwa auf die Infiltration durch andere elektronische Informationsmedien, wodurch eine andere räumliche Anordnung erforderlich würde. Stattdessen erhebt eine eher konservative Haltung den Akt des Lesens und Schreibens zur primären Aktivität der Informationsvermittlung. In klassischer Organisation stehen Lesetische zwischen Bücherregalen und heben so die materielle Präsenz des geschriebenen Texts im Raum hervor. Zwischen den Bücherregalen befinden sich kleine Fensteröffnungen, die jedem der in regelmässigen Abständen aufgestellten Lesetische Tageslicht zuführen. Die neuen Medien hingegen werden nur minimal berücksichtigt – durch zwei Computerstationen an jedem Ende eines jeden Leseraums.

Das Thema der neuen Informationstechnologien bleibt in der programmatischen Artikulation der Bibliothek zwar unberücksichtigt, findet sich jedoch im breiteren Spektrum in der Formalisierung einer Medienfassade wieder. Der einfachen Formulierung des Raumprogramms und der Form steht eine hochdifferenzierte Gebäudehülle entgegen, die in Zusammenarbeit mit dem Künstler Thomas Ruff entworfen wurde. Die gesamte Fassade ist mit einer Ansammlung fotografischer Bilder bedruckt und wird zum Hintergrund eines komplexen ikonographischen Programms. Die Bilder, die in einem Siebdruckverfahren hergestellt sind, bedecken sowohl die Betonplatten als auch die Glasoberflächen. So erzielt die Fassade trotz ihrer unterschiedlichen Behandlung im Material ein homogenes Erscheinungsbild, welches jedoch sofort wieder durch die Mehrdeutigkeit in der Perzeption zerfällt, die durch den Druckprozess

Anna Klingmann

selbst erreicht wird. Wirkt die Bibliothek von weitem wie ein «dekorierter Schuppen», so lassen sich bei näherer Betrachtung einzelne Bilder unterscheiden, die sich aus nächster Nähe wiederum in ein Pixelmuster auflösen.[4]

Entgegen der starken Präsenz der cartesianischen Form, die Permanenz und Stabilität ausstrahlt, liefert die Fassade mit ihrer zeitlich bedingten Wirkung ein dynamisches Element, das der subjektiven Interpretation des Betrachters unterworfen ist. Während das Gebäude selbst eine starke physische Materialität ausstrahlt, die fest im Boden verwurzelt ist, fungiert die Fassade als destabilisierendes Element der Wahrnehmung, oszillierend zwischen virtueller als auch materieller Information.

Abhängig von den Veränderungen des Tageslichts lässt die Fassade verschiedene räumliche Interpretationen zu, die von einer zweidimensionalen Oberfläche bis zu einer dreidimensionalen Schnittstelle reichen. Durch die Projektion ihrer vertikal gedruckten Muster als horizontale Schatten erhält die Oberfläche eine räumliche Konnotation. Gleichzeitig erlaubt die Transluzenz der Fassade aufgrund des Musters, das die visuellen Beziehungen zwischen Aussen und Innen verschleiert, zugleich die Integration von Elementen aus beiden Realitäten. Durch die Nutzer der Bibliothek als auch durch die Besucher des Universitätsgeländes gleichermassen aktiviert, verwandelt die Fassade ihre Silhouetten in bewegliche Bilder, die vom anderen jeweils reziprok wahrgenommen werden. Nachts wird dieses Lichterspiel zu einem öffentlichen Ereignis. Mittels dieses Spiels mit Licht und Schatten erhält der Raum eine theatralische Atmosphäre, die ein immerfort sich änderndes Erleben ermöglicht. Während Koolhaas seine Bibliothek in Seattle animiert, indem er kulturelle Ereignisse zu einem permanent sich verändernden Schauspiel werden lässt, aktivieren Herzog und de Meuron ihr Gebäude als dreidimensionale öffentliche Schnittstelle visueller Daten, unter Verwendung unterschiedlicher Lichtbedingungen, Bilder und Nutzungsmuster.

Indem die Gebäudehülle das Äussere des Universitätsgeländes und das Innere der Bibliothek durch eine informatorische Bildebene miteinander verknüpft, schirmt sie zugleich die öffentliche Realität des Universitätsgeländes von der abgeschlosseneren Realität der Bibliothek ab. Die Einwirkung des umgebenden Kontexts ist im Innern der Bibliothek gefiltert und ermöglicht ungestörtes Lesen. Der Nutzer der Bibliothek ist der Umgebung nicht unmittelbar ausgesetzt, wie etwa in der Moderne üblich, ist sich ihrer jedoch bewusst und wird ermutigt, seine eigenen subjektiven Lesarten zu projizieren. Auf diese Weise wird die Hülle zu einer Schnittstelle virtueller Daten, die den lokalen Kontext mit dem fiktiven Kontext des Nutzers verbindet, wobei keinem von beiden Priorität eingeräumt wird. Die Fassade interpoliert gleichermassen materielle und virtuelle Informationen und fungiert als Filter koexistierender Realitäten.

---

4   Adam, Hubertus, «Ordnung, Schmuck, Welt», in: Architese 1/00, Zürich 2000, p. 66.

Abgesehen von ihren räumlichen Konnotationen bietet die Hülle als eine Ansammlung gedruckter Ikonen eine symbolische Oberfläche, indem sie virtuelle Informationen unablässig als fassbare Materie lokalisiert. Die Illustrationen stammen aus Ruffs Sammlung «Zeitungsbilder», die er seit 1981 aus Presseausschnitten zusammengestellt hat. Wie scheinbar unzusammenhängende Zeitschriftenfotos strahlen die für die Fassade ausgewählten Themen auf den ersten Blick eine gewisse Willkürlichkeit aus. Komposition und Abfolge der ausgewählten Bilder zeigen in ihrem semantischen Ausdruck eine Mehrdeutigkeit, die auf ihren höchst widersprüchlichen Inhalt zurückgeht. Die dichte Syntax der regelmässigen Struktur der Fassade zwingt den Betrachter jedoch, nach einer semantischen Dimension zu suchen, die erst bei genauerem Hinsehen zu erkennen ist. In dieser Hinsicht lassen sich die horizontalen Bänder der Bilder als drei Blöcke interpretieren, die unterschiedlichen Bedeutungsebenen zugeordnet sind. Das erste, aus drei Betonplatten bestehende Band, evoziert Themen, die sich mit Musse und Unterhaltung assoziieren lassen; in der mittleren Zone bildet Politik den Gegenstand, und die oberste Bilderfolge vertritt die Wissenschaften. Nur die Glasflächen sind dem Thema der Kunst gewidmet. Die nachts beleuchteten Flächen zeigen Ikonographisches wie die «Venus» von Lorenzo Lotto, die «Vanitas» von Peter Potters und ein Porträt Alexander von Humboldts von Eduard Enders und strahlen als des menschlichen Lebens Schlüsselmomente – Liebe, Tod und Wissenschaft – eine hochsymbolische Bedeutung aus. Die «Vanitas» spielt in diesem Sinne auch auf die Eitelkeit der materiellen Existenz an, die das Wissen als ewigen Wert hervorhebt. Während diese thematischen Bänder eine Art narrativer Qualität aufweisen, stellt ihre vertikale Disposition diese repräsentative Konnotation aufgrund ihrer willkürlichen Anordnung unmittelbar in Frage. Die Bilder deuten einen «Bruch der Ikonographie» an, wie fliessende Informationsfragmente auf einem Monitor, die zwischen semantischer Kontinuität und Widerspruch oszillieren.[5] Dieser Bruch zwischen Signifikant und Signifiziertem wird darüber hinaus durch die fotografische Auflösung der Bilder in Pixel unterstrichen, die an digitales Material erinnern, das dem Gebäude ironisch als permanente Information einbeschrieben ist.

Zusammenfassend liesse sich argumentieren, dass die Fassade von Jussieu noch immer der Moderne verhaftet bleibt und eine fundamentale und identifizierbare Beziehung zwischen dem Signifizierten/der Botschaft und dem Signifikanten/dem Medium zum Ausdruck bringt, während die Fassade der Bibliothek in Eberswalde dieses Verhältnis einem «permanenten Zerfall und ständig neuen Kombinationsmöglichkeiten» aussetzt.[6] Hier ist der Signifikant dauerhaft vom Signifizierten befreit und weicht einem postmodernen Spiel der Signifikanten. So wird die Bibliothek in Eberswalde, indem sie die Zapperkultur einer postmodernen Mediengesellschaft aufgreift, tatsächlich zu einer Medienfassade – nicht nur im virtuellen, sondern auch ganz konkret im materiellen Sinne.

[5] Adam, Hubertus, a.a.O., pp. 69–71.
[6] Harvey, David, a.a.O., p. 49.

Anna Klingmann

Die Bibliothek im Kontext der Postmoderne

Um einen gemeinsamen Nenner für beide Projekte herzustellen, müssen sie im Kontext der Postmoderne gelesen werden, als dem vorherrschenden Gedankenmodell des heutigen Diskurses. Da die Postmoderne zu einem der meistzitierten Begriffe der neueren Diskussion geworden ist, mag es notwendig sein, einige ihrer offenkundigeren Auswirkungen kurz zu umreissen. Im Allgemeinen lässt sich die Postmoderne verstehen als kritische Reaktion auf das Erbe der Moderne. Während die Moderne generell als rationalistisch gilt, mit einem Glauben an linearen Fortschritt, absolute Wahrheit und die Standardisierung der Wissensproduktion, stellt die Postmoderne dazu im Gegensatz Heterogenität, Fragmentierung und Differenz als «befreiende Kräfte in der Neudefinition des kulturellen Diskurses» in den Vordergrund.[7] Zusätzlich mag es nützlich sein, die Verbindung zwischen dem Spätkapitalismus und der postmodernen Kultur im Auge zu behalten. Durch die fortschreitende Integration der Marktwirtschaft in einen kulturellen Rahmen sind die Prärogative der Moderne einer postmodernen Ästhetik gewichen, die den immer deutlicheren Warencharakter kultureller Formen zelebriert. Indem er die Auswirkungen neuer Technologien mit einer zunehmenden Raum-Zeit-Kompression verbindet, führt Frederic Jameson die postmoderne Wende auf einen Verlust an Temporalität zurück, mit dem Ergebnis einer «konstruierten Tiefenlosigkeit» und Unmittelbarkeit der heutigen Kulturproduktion, wie sie sich in der Faszination von «Ereignissen, Schauspielen, Happenings und Medienbildern» zeigt.[8]

Die Bibliothek in Eberswalde offenbart die Vorliebe der Postmoderne für die Veränderlichkeit von Oberflächenwirkungen, die auf ein neues kulturelles Phänomen verweisen, mit einer «Fixierung auf Erscheinungen, Oberflächen und unmittelbare Effekte».[9] Oberfläche im Sinne von Oberflächlichkeit als neues soziales Phänomen wird häufig als Folge zunehmender Medienpräsenz zitiert. Da die Medien uns ständig mit Bildern überfluten, hat sich unsere Wahrnehmung der Information drastisch verändert. Aufgrund eines Wandels der Informationsvermittlung vom Empfundenen zum Visuellen hat der rationale Prozess der Interpretation intuitiveren Prinzipien der Wahrnehmung Platz gemacht. Die einstmals vertikale Informationsstruktur, die mit einer Vorstellung von verborgener Bedeutung einhergeht, wird zunehmend aufgebrochen durch eine laterale Organisation, in der Informationsfragmente als visuelle Signifikanten ohne Signifiziertes wahrgenommen werden. Information, die somit nur noch als Serie isolierter Bilder aufgenommen wird, hat ihre kodifizierte Bedeutungsstruktur verloren und ist zum Gegenstand einer selektiven Umwandlung durch den Betrachter geworden.

Die postmoderne Obsession mit der Oberfläche hat in der Folge auch in materieller Hinsicht eine entscheidende Wirkung auf die Architektur ausgeübt. Im Gegensatz zur Fassade wird die

---

7 Harvey, David, a.a.O., p. 9.
8 Harvey, David, a.a.O., pp. 58–59.
9 Harvey, David, a.a.O., p. 54.

Oberfläche zu einem operativen Instrument, das dem Betrachter nicht länger mit dem Versprechen einer verborgenen Bedeutung gegenübertritt, sondern ihn eher mit der sofortigen Wirkung verschiedenartiger Effekte überwältigt. In dieser Hinsicht kann die Bibliothek von Eberswalde als architektonische Manifestation eines Informationsprozesses gelesen werden, der visuelle, taktile und räumliche Effekte stärker hervorhebt. Identität wird geschaffen durch die Wahrnehmung des Materials selbst. Jacques Herzog beschreibt dieses Phänomen wie folgt: «Wir sind interessiert an der unmittelbaren physischen und emotionalen Wirkung des Bildes. (…) Wir achten in unseren Gebäuden nicht auf Bedeutung. (…) In diesem Sinne sind wir absolut antirepräsentativ. (…) Wir machen Gebäude, die Sensationen schaffen, nicht diese oder jene Idee vertreten. (…) Die Bilder, die wir benutzen, erzählen nichts, sie bedeuten nicht dieses oder jenes.»[10] Diese Haltung bringt deutlich den Zeitgeist einer postmodernen Mediengesellschaft zum Ausdruck, in der Methoden verfeinerter visueller Reproduktion zunehmend eine Kultur der Kopie manifestieren, die durch eine Zunahme des Informationsflusses mit immer weniger Bedeutung gefüllt wird. Information war ursprünglich mit Bedeutung assoziiert, auch wird Bedeutung durch ihren Überfluss negiert, so wie umgekehrt das Signifizierte negiert wird durch den stetig wachsenden Überschuss der Signifikanten. Geht die Bedeutung verloren, erhält die Materialität des Bildes eine immer offensichtlicher obsessive Konnotation, wobei der isolierte Signifikant in sinnlicher Hinsicht immer materieller wird.[11] Die Loslösung des Bildes von seinen Bezügen besagt, dass Bilder immer weniger in ihrer Beziehung zu ikonographischen Themen gesehen werden, sondern im Gegenteil je nach ihrer phantomhaften Erscheinungsform. Das Konzept, «dem Bild jede tiefere Bedeutung zu nehmen und es an eine phantomhafte Oberfläche freizugeben», verkörpert sich deutlich in Herzog und de Meurons ikonographischer Kodierung der Bibliothek von Eberswalde.[12] Wenn man zwischen symbolischen Ikonen und gedruckten Mustern oszilliert, je nach der Entfernung, aus der man sie betrachtet, führen die Bilder einen Prozess der Signifikation wieder ein, der in der Moderne verloren gegangen war. Diese Figuration wird jedoch sofort wieder abstrahiert, um zur Textur zu werden. Auf diese Art wird das Bild nur wieder eingeführt, um alsbald erneut sein repräsentatives Wesen aufzugeben.

Die Ambivalenz zwischen abstrakter und figurativer Sprache wird weiterhin gesteigert durch die horizontale Wiederholung der Bilder, die eine allmähliche Auflösung der Bedeutung zur Folge hat, wenn nicht gar ihre letztendliche Auslöschung. In dieser Hinsicht steht das redundante Wieder-auftreten des gleichen Inhalts für einen Prozess der Entleerung, der an Andy Warhols Serienbilder erinnert. Durch endlose Wiederholung erzeugt der Signifikant eine allmähliche Loslösung vom

[10] Kipnis, Jeffrey, «A Conversation with Jacques Herzog», in: Herzog & de Meuron, El Croquis 84, 1997, p. 18.
[11] Jameson, Frederic, «Postmodernism and Consumer Society», in: The Anti-Aesthetic, Hal Foster (Hrsg.), New York: Bay Press 1983, p. 120.
[12] Barthes, Roland, «That Old Thing Art», in: Post-Pop, Paul Taylor (Hrsg.), Cambridge: MIT Press 1989, pp. 25–26.

Anna Klingmann

Signifizierten. Wie Warhol einmal sagte: «Je länger man etwas anschaut, desto mehr schwindet die Bedeutung, und desto besser und leerer fühlt man sich».[13] Mit ihrer Verwendung des Vorgefertigten unterläuft die Wiederholung die Repräsentation und höhlt ihre logischen Bezüge aus. Wiederholung stärkt nicht die Bedeutung, sondern bewirkt eine Entleerung der Bedeutung bis hin zu ihrer endgültigen Auflösung.[14] Mit der Auflösung des Signifizierten wird der Betrachter tatsächlich an die Oberfläche zurückgeschickt, hin zur unmittelbaren Wirkung des Bildes. Zwar liesse sich argumentieren, dass so die Fassade zu einem operativen Instrument im Raum wird; andererseits kann man jedoch auch davon ausgehen, dass Architektur bis zu einem gewissen Ausmass zu einer selbstbezüglichen Oberfläche geworden ist.

Die Verwendung der Wiederholung ist jedoch nicht nur auf die serielle Struktur der Gebäudehülle begrenzt, sondern wird darüber hinaus auch auf die räumliche Gestaltung des Gebäudes ausgedehnt. Daher beschreibt sie einen tieferen Zustand der Selbstähnlichkeit, der sowohl in den «syntaktischen Strukturen des architektonischen Objekts wie auch in seiner Beziehung zum Kontext» manifest wird.[15] Während jede Seite der Fassade allen anderen ähnelt, so dass die vier planaren Oberflächen eine endlose Haut der Selbstähnlichkeit bilden, wiederholt sich das Konzept auch in der räumlichen Organisation der drei Lesesäle. Da jeder mit fast identischen Komponenten ausgestattet ist, im Rahmen identischer Module, liesse sich behaupten, dass ihre Ähnlichkeit auch den Begriff des Massstabs von seinem lokalen Bezugspunkt entfernt.

In dieser Hinsicht ist die Bibliothek in Eberswalde nicht immun gegenüber den Auswirkungen der neuen ökonomischen Realitäten. «Eine selbstähnliche Struktur ist besonders wirksam in einer unstabilen Umgebung, etwa der einer fortgeschrittenen kapitalistischen Wirtschaft: sie verleiht dem Objekt nicht nur eine ausserordentliche Solidität (…), sondern zugleich grössere Unabhängigkeit von seiner Beziehung zum Kontext, von dem Moment an, in dem sie den Massstab als das konstituierende Wesen des Projekts ausschaltet».[16] Das Gebäude bezieht sich daher weniger auf einen existierenden Kontext, sondern verkörpert als selbstgenügsame Ware die ästhetischen Präferenzen einer postmodernen Verbrauchergesellschaft. Wenn alle Betrachter sich eine eigene Lesart bilden, werden multiple koexistierende Realitäten hervorgebracht. Die Projektion vielfältiger Wahrnehmungen verleiht dem Gebäude eine sich ständig ändernde Identität, die in vielerlei Hinsicht die schnelllebige Kultur eines multinationalen Spätkapitalismus zitiert.

---

[13] Warhol, Andy and Hackett, Pat, POPism: The Warhol 60's, New York: Harcourt Brace Jovanovich 1980, p. 50.
[14] Foster, Hal, The Return of the Real: The Avant-garde at the End of the Century, Cambridge: MIT Press 1996, p. 131.
[15] Zaera Polo, Alejandro, «Between the Face and the Landscape», in: Herzog & de Meuron: Minimalismus und Ornament, Arch+ 129/130, 1995, p. 119.
[16] Zaera Polo, Alejandro, a.a.O.

Während Herzog und de Meuron das Konzept der Bibliothek zu einem dreidimensionalen Spiel von Signifikanten erweitern, die von der Zeitlichkeit der Wahrnehmung abhängen, erweitert Koolhaas die Bibliothek zu einer partizipatorischen Ereignisstruktur, welche die sich verengende Kluft zwischen populärer Kultur und kultureller Produktion von heute thematisiert. Das Programm der traditionellen Bibliothek wird somit erweitert und zugleich neu definiert durch die Einbeziehung atmosphärisch aufgeladener Treffpunkte sowie durch das Angebot neuer Medien. Die traditionelle Vorstellung von einer Bibliothek wird folglich nicht nur durch die Inszenierung verschiedener Medientechnologien in Frage gestellt, sondern darüber hinaus durch zeitgenössische Ereignisräume wie Shopping und kulturelle Events verändert. Die Bibliothek von Seattle weicht in diesem Sinne von der modernen Konzeption der Bibliothek als einer standardisierten Institution für den Wissenserwerb ab, hin zu einer liberaleren Interpretation, die sich in spezifischer Weise den sozialen Bedürfnissen bestimmter Zielgruppen anpasst. Während das Innere als fliessende Datenlandschaft konzipiert ist, verstärkt durch kontrastierende Stimmungen, wird das Gebäude selbst zu einem ikonischen Symbol gegenüber der Stadt. Im Gegensatz zu anderen ikonographischen Gebäuden jedoch ist die Form hier nicht als unabhängige Einheit entworfen, sondern leitet sich als logische Konsequenz aus der internen Organisation der Programme ab. In dieser Hinsicht bietet Koolhaas' Entwurf für Seattle ein räumliches Hybrid: während das Programm als fliessende Sequenz unterschiedlicher Atmosphären entwickelt wurde, die den Trend von «Information als Ware» zu einem Konsum von «Information als Erlebnis» signalisiert, verweist die Form des Gebäudes als Zeichen zugleich auf die Rolle der Architektur als eines Mittels zur Manifestation symbolischen Kapitals. Man könnte behaupten, dass Koolhaas die Bibliothek als einen hochperformativen städtischen Attraktor inszeniert, indem er den Informationsaustausch als eine konstruierte Erfahrung im Raum einerseits neu definiert und andererseits die symbolische Konnotation der Bibliothek in einer zur Ware gewordenen Umwelt berücksichtigt.

Fragen der Distanz: Kritik und Komplizität

Die Bibliotheken von Koolhaas und Herzog und de Meuron bringen auf jeweils eigene Art und Weise die sich verengende Kluft zwischen kommerzieller Kultur und kultureller Produktion zum Ausdruck – einen Prozess der Verengung, der durch die Informationsökonomie des Spätkapitalismus noch beschleunigt wird. Implizit scheinen sie auch die Frage aufzuwerfen, inwieweit die Bibliothek als kulturelle Institution vom zunehmenden Warencharakter der Wissensproduktion beeinflusst wird. Von daher möchte ich zum Abschluss die Frage stellen, ob und in welchem Ausmass die Bibliothek noch als kritische Plattform eines kulturellen Diskurses in einer weitgehend kommerzialisierten Umwelt fungieren kann. Wo befindet sich der Ort der Kritik in einer Informationsgesellschaft, die zunehmend von Medien und Unterhaltungskonzernen gelenkt wird? Und wo liegt der Ort der Kritik in einer politischen Kultur, die immer affirmativer wird? Natürlich macht eben gerade diese Situation die vorausgesetzte Wirksamkeit der Kritik immer dring-

Anna Klingmann

licher – die Performativität der Bibliothek in einem politisch-ökonomischen Status quo in Frage zu stellen, der auf seine eigene Reproduktion des Profits festgelegt ist. Schliesslich geht es bei der sozialen Rolle der Bibliothek um eine fundamentale Sache: die Bewahrung von Räumen für die kritische Debatte und alternative Visionen in einer verwalteten affirmativen Kultur.

Foucault zufolge wird es nur durch die Pflege eines lokalisierten Widerstands möglich, eine Gegenposition zu vorherrschenden Machtstrukturen aufzubauen. Von daher könnte es sich lohnen, zu Foucaults Konzept der Heterotopie zurückzukehren, um einen kritischen Rahmen dafür herzustellen, wie die Bibliothek als Punkt lokalisierter Interferenz operieren könnte. «Von Utopien unterschieden durch ihre disparate und konkrete Existenz in der Realität, stellen *Heterotopien* Gegenanordnungen dar, die ‹anders› sind im Bezug zur Gesellschaft und als solche potentiell befreiend in ihrer Infragestellung des Raums, in dem wir leben.»[17] *Innerhalb* der Institution der Gesellschaft manifestieren *Heterotopien* reale und effektive Räume, in denen «alle anderen realen Anordnungen, die sich in der Gesellschaft finden, zur gleichen Zeit dargestellt, in Frage gestellt und umgewälzt werden: eine Art Ort, der *ausserhalb* aller Orte liegt und dennoch jederzeit lokalisierbar ist.»[18]

Es bleibt die Frage, ob die zuvor erwähnten Entwürfe zu einer Bibliothek des 21. Jahrhunderts einen derartigen «Punkt lokalisierten Widerstandes» schaffen können, oder bis zu welchem Ausmass sie einfach nur den Status quo des zunehmenden Warencharakters des Wissens bekräftigen. In dieser Hinsicht manifestieren beide Projekte den derzeitigen Konflikt der Bibliothek als eines ambivalenten Konstrukts, das zwischen zwei Imperativen gefangen ist: einerseits die Autonomie der Bibliothek als einer unabhängigen Institution zu wahren, andererseits diesen autonomen Status in ein erweitertes Feld der Massenkultur aufzulösen. In jedem Falle ist diese Spannung zwischen der Autonomie der Bibliothek und ihrer Auflösung in neue Formen der Massenkultur von den Beziehungen zwischen kulturellen Formen der Signifikation und sozioökonomischen Produktionsweisen bestimmt.

Man könnte behaupten, dass Koolhaas eine implizite Kritik äussert, indem er die Bibliothek als umstrittenes Territorium zwischen dem zunehmenden Warencharakter des Wissens und seiner kulturellen Verdinglichung offenlegt. Indem er die kommerziellen Mechanismen umkehrt, um ein von Grund auf öffentliches Projekt zu realisieren, hat Koolhaas einen programmatischen Zwitter aktualisiert, der ausserhalb beider Territorien steht, jedoch von beiden abhängt. «Wenn wir Hybridität und Heterogenität feiern, müssen wir uns jedoch daran erinnern, dass es sich bei beiden zugleich um privilegierte Begriffe des fortgeschrittenen Kapitalismus handelt.» In dieser Hinsicht ist die Einführung der *Differenz* ebenfalls ein Objekt des Konsums.[19]

[17] Foucault, Michel, a.a.O., p. 419.
[18] Foucault, Michel, a.a.O., p. 424.
[19] Foster, Hal, a.a.O., p. 121.

Wenn Koolhaas den zunehmenden Warencharakter des Wissens hervorhebt, indem er die Bibliothek zu einer Ereignisstruktur erweitert, so beleuchten Herzog und de Meuron sie als freies Spiel der Signifikanten. So wie Koolhaas' Bibliothek die Produktion von Wissen und Warenkultur programmatisch zusammenfallen lässt, komprimiert Herzog und de Meurons Projekt für Eberswalde die Repräsentation und Abstraktion der Information zum «Markenartikel». Somit prägen vorherrschende Formen des Wissenskonsums unsere Interpretation von beiden Bibliotheken. Während die Bibliothek von Eberswalde unseren Fetischismus des Signifikanten in dieser neuen Ökonomie zum Symptom machen könnte, scheint Seattle diesen Fetischismus zu thematisieren. Zusammengenommen umfassen die beiden eine virtuelle Ästhetik dieser Ökonomie.[20]

Abschliessend liesse sich sagen, dass beide Projekte sich weniger auf die Bibliothek als Ware konzentrieren denn auf vorherrschende Methoden des Wissenskonsums, somit eher das konsumistische Subjekt kritisch spiegeln, als das konsumistische Objekt buchstäblich verdoppeln. Beide Projekte haben aus unterschiedlicher Perspektive den veränderten Status des Wissens dargelegt, indem sie vorherrschende Methoden des Wissenskonsums zu einem Objekt kritischen Spiels wenden. Auf diese Weise wird kritische Distanz zu eben der Ökonomie geschaffen, die sie zu verhindern schien.

Zusammengenommen umrahmen die beiden dargestellten Strategien die Herausforderung, der die Bibliothek des 21. Jahrhunderts gegenüberstehen könnte: die Wiedergewinnung kritischer Plattformen der Wissensproduktion in einem sozioökonomischen Klima, in dem das Wissen zunehmend zur Ware geworden ist. Es ist nicht einfach, solche Räume zurückzugewinnen. Einerseits bedingt es eine Arbeit der Disartikulation: kulturelle Begriffe neu zu definieren und politische Positionen zurückzugewinnen. Andererseits handelt es sich um eine Arbeit der Artikulation: Inhalt und Form zu vermitteln, spezifische Signifikanten und institutionelle Rahmen. Laut Walter Benjamin ist Kritik zu jeder Zeit eine Frage der korrekten Entfernung, um eine gestaltungsfähige Autonomie intellektueller Praxis zurückzugewinnen.[21] So steht die Bibliothek des 21. Jahrhunderts vor der Aufgabe, kritische Räume offen zu halten. Konfrontiert mit einer Phase intensiver Zeit-Raum-Verdichtung, die eine verwirrende Wirkung auf die politisch-ökonomische Praxis und das kulturelle und soziale Leben ausübt, muss die Bibliothek einen neuen Rahmen für die diskursive Praxis liefern.[*]

Übersetzung: Meino Brüning

[20] Vgl. Hal Fosters Argument simulierender Malerei und Warenskulptur in: «The Art of Cynical Reason», in: Foster, Hal, a.a.O., p. 108.
[21] Benjamin, Walter, Reflections, Peter Demetz (Hrsg.), translation by Jephcott Edmund, New York: Harcourt Brace Jovanovich 1978, p. 85.
[*] Die Autorin möchte Anne Voneche und Cary Siress für ihre wertvolle Kritik und grosszügige Unterstützung während der Arbeit an diesem Artikel danken.

Anna Klingmann

1   Öffentliche Bibliothek Seattle, OMA Rem Koolhaas: Die Eingangshalle. Konzipiert als öffentliches Wohnzimmer, das Gefühle von Privatheit, verbunden mit sozialer Aktivität vermittelt. Der elektronisch animierte Glasboden ähnelt einer sich ständig ändernden Werbetafel, welche die wechselnden Ereignisse der Bibliothek anzeigt. • *Seattle Public Library, OMA Rem Koolhaas: The lobby. Designed as a public living room, the lobby combines a sense of privacy with social activity. Lit from below the floor is conceived as a constantly changing billboard communicating the events of the library.*

Datascapes: Bibliotheken als Informationslandschaften   397

2   Öffentliche Bibliothek Seattle, OMA Rem Koolhaas: Aussenansicht. Während das Innere, verstärkt durch Schaffung von verschiedenen Atmosphären, zu einer Informationslandschaft verschmilzt, erhält das Äussere eine symbolträchtige Dimension, die den Kontext der Stadt neu begreift. • *Seattle Public Library, OMA Rem Koolhaas: Exterior view. While the interior becomes a fluid datascape enhanced by contrasting moods, the building of the library yields an iconic symbol to the city.*

                                                           Anna Klingmann

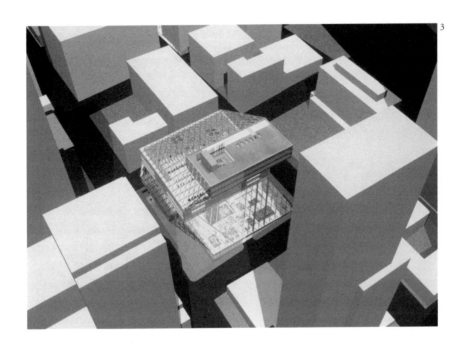

3   Öffentliche Bibliothek Seattle, OMA Rem Koolhaas: Aussenansicht. Das Gebäude teilt sich bezüglich
seiner Funktionen in deutlich unterscheidbare Abteilungen. Durch die Verbindung von ähnlichen Schwerpunkten wurden Ebenen mit spezifischem, programmatischem Kern und besonderem Ambiente geschaffen
– sie verwandeln die übliche Schichtung des modernistischen Raumes in ein Ensemble von verlagerten Ebenen, die in ihrer Gesamtheit eine skulpturale Einheit bilden. • *Seattle Public Library, OMA Rem Koolhaas:*
Exterior view. The building is divided into distinct functional compartments. Each compartment is designed to
yield a specific ambience, transforming the generic stacking of modernist space into a set of shifted planes which in
their entirety amount to a highly sculptural object.

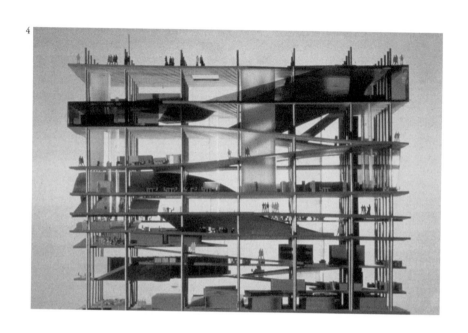

4   Bibliothèques Jussieu, OMA Rem Koolhaas: Die Bibliothek als urbane Eventstruktur: Indem alle
Programme wie Parks, Kaffees und Läden mit einem inneren Boulevard verbunden werden, bildet sich eine
spiralförmige «promenade architecturale», die einen glatten Übergang vom äusseren Strassenleben in das
Innere der Bibliothek gestattet. • *Bibliothèques Jussieu, OMA Rem Koolhaas: The library as an urban event
structure: A spiraling "promenade architecturale" is formed generating an interiorized urban landscape composed
of plazas, parks, staircases, cafès and shops.*

Anna Klingmann

5   Bibliothèques Jussieu, Herzog & de Meuron: Fassadendetail. Die ikonographische Behandlung der Fassade, die von Gerhard Richters «48 Portraits» inspiriert wurde, verweist auf die klassische Aufgabe der Bibliothek: die Vermittlung von Informationen zwischen einer Quelle und einem Menschen. Auf diese Weise fungiert die Fassade als ein Zeichen, dessen Bezugspunkt die Aktivität beschreibt, die in dem Gebäude selbst stattfindet. • *Bibliothèques Jussieu, Herzog & de Meuron: Detail of facade. The iconographic treatment of facade inspired by Gerhard Richter's "48 Portraits" points to the classical theme of the library as a medium for information transmission between a human and a source. The text bands are electronically animated to highlight prevalent themes related to the books of the library.*

6   Bibliothèques Jussieu, Herzog & de Meuron: Aussenansicht. Die Bibliothek als urbaner
Anziehungspunkt: Bedruckt mit Fotoportraits von Schriftstellern und Wissenschaftern, reagiert die Fassade
sowohl auf innere als auch auf äussere Lichtveränderungen. • *Bibliothèques Jussieu, Herzog & de Meuron:*
Exterior view. The library as an urban attractor. Imprinted with photographic portraits of writers and scientists
the facade is simultaneously activated by interior and exterior light conditions.

Anna Klingmann

7   Bibliothek Eberswalde, Herzog & de Meuron: Strassenansicht. Die mittels Siebdruck auf die Fassade
gebrachten Fotografien verweisen auf ein komplexes ikonographisches Programm. • *Eberswalde Library,*
Herzog & de Meuron: View from street. Covered with an assortment of photographic images the facade becomes
the backing of a complex iconographic program. Printed with a silk screen process the images cover the concrete
walls as well as the glass surfaces.

Datascapes: Bibliotheken als Informationslandschaften

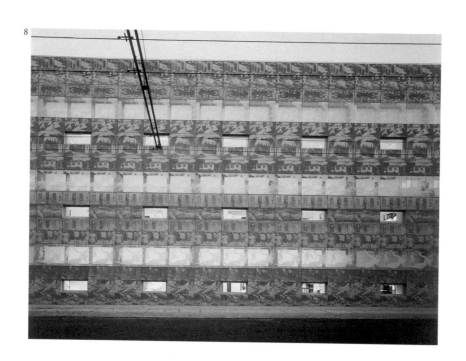

8   Bibliothek Eberswalde, Herzog & de Meuron: Nachtansicht. Durch die bedruckte doppelschalige
Fassade wirkt das Gebäude je nach Tageszeit höchst unterschiedlich. Während nachts durch die
Innenbeleuchtung sich horizontale Fassadenstreifen unterscheiden lassen, erscheint das Gebäude tags durch
die uniforme Gestaltung der Aussenhaut wie ein geschlossener Körper. • *Eberswalde Library, Herzog & de
Meuron: View at night. The alternating effects achieved by the printing are enhanced by the atmosphere of
changing light conditions. During the daytime the printed motives give the facade a unified appearance, in merging
the concrete slabs and the glass panels into a uniform skin while at night they separate into thematic bands.*

Anna Klingmann

9   Bibliothek Eberswalde, Herzog & de Meuron: Fassadendetail. Thomas Ruffs Bildwahl bricht
Ikonographisches auf, indem Bedeutungsgehalte zwischen Kontinuität und Widerspruch
oszillieren. • *Eberswalde Library, Herzog & de Meuron: Detail of facade. The images selected by the artist
Thomas Ruff signify a "breaking of the iconography" oscillating between semantic continuity and contradiction.*

Datascapes: Bibliotheken als Informationslandschaften

ANNA KLINGMANN

Datascapes: Libraries as Information Landscapes

"The idea of accumulating everything, of creating a sort of universal archive, the desire to enclose all times, all eras, forms, and styles within a single place, the concept of making all times into a single place, and yet a place that is outside time, inaccessible to the wear and tear of the years, according to a plan of almost perpetual and unlimited accumulation within an irremovable place."
Michel Foucault[1]

While the library as a building type changed its spatial configuration numerous times throughout history to reflect the rise of cultural and political hierarchies, its intrinsic modus operandi persisted. Libraries store, order, conserve and transmit knowledge. The relation between these differing functions however constitutes a dynamic affiliation subject to established understandings of knowledge and power structures. As Michel Foucault has demonstrated in his studies on *heterotopias* there is an intimate relation between the *system of knowledge* as a code for the exercise of social control and *domination* within particular localized contexts.[2] Thus, it could be argued that the library throughout history has always presented a contested territory of prevailing power structures affected simultaneously by *economic conditions, technological innovations* and most importantly the social *production of knowledge.*

Jean-François Lyotard has argued in his work "*The Postmodern Condition*" that knowledge has recently been subjected to radical changes as Western societies in particular have entered the postindustrial age. As a consequence, the status of knowledge has been significantly altered by new information technologies, which in turn proliferated new economic opportunities. Due

---

[1] Foucault, Michel, "Of Other Spaces: Utopias and Heterotopias", in: Architecture Culture 1943–1968, ed. Joan Ockman, New York: Rizzoli International Press 1993, p. 424.

[2] Harvey, David, The Condition of Postmodernity, Oxford UK: Blackwell Publishers Ltd. 1990, p. 48.

406

to the effects of recent technological transformations on the modes of knowledge production, information is increasingly controlled by the same economic principle governing "the relationship of commodity producers and consumers to the commodities they produce and consume – that is (...) *value*. Knowledge is and will be produced in order to be sold, it is and will be consumed in order to be valorized in a new production. In both cases the goal is exchange." The progressive commodification of knowledge in turn subsequently also alters our understanding of public space forcing cultural institutions to reconsider their relations with private enterprises and, "more generally, with civil society."[3] Following Lyotard's argument, the mercantilization of knowledge is ultimately bound to challenge the library as an inherently public institution tied to the principles of a democratic nation state. If knowledge as an informational commodity will continue to be a major stake in a worldwide competition for economic power as Lyotard predicts, the question arises if and to what extent the library as a public institution will be able to impart some form of political resistance to the increasing value of knowledge as a commodity. One begins to wonder if and to what extent future libraries will be able to perform as independent platforms for the proliferation of a critical discourse. This article examines these questions by investigating the critical performativity of the library in the 21st century as a public institution posited between the cultural and commercial production of knowledge.

The Third Condition

As a symbolic representation of prevailing power structures the typology of the library has always been affected by the oppositional tension of its archival purpose *of preserving knowledge* and its public purpose of *accessing knowledge*. As a manifestation of this dualistic program comprised of archive and reading room, the library throughout history necessitated a delicate balancing act of contesting threshold conditions. In the ecclesiastical world of the Middle Ages the program of the archive as a means to preserve knowledge prevailed. With the book as the symbol of sacred knowledge, access was severely restricted to a privileged few. Spatially, the admittance to knowledge was celebrated as a sacred ritual structured by a succession of threshold conditions culminating in Michelangelo's labyrinthine conception of the "secret library".

During the Renaissance the attainment of knowledge gradually acquired a more public dimension. Due to the possibilities of mechanical reproduction, allowing the distribution of information to a larger audience, knowledge in the form of printed matter gradually became a commodity available for civic use. This shift of knowledge from an ecclesiastical to a humanist dimension subsequently yielded to a more discursive understanding of knowledge as "information exchange". This transition subsequently affected also the spatial organization of the library

3   Lyotard, Jean-François, The Postmodern Condition: A Report on Knowledge, translation from the French by Bennington, Geoff and Massumi, Brian, Minneapolis: University of Minnesota Press 1984, pp. 3–6.

and its emerging presence as a public institution. The reading room, most notably conceived as a place for humanist discourse and scientific exploration, thereafter attained a more representative function as the entrance gained in importance as a sign for public access.

Later, with the "project of modernity", characterized by an optimistic faith in the advancement of humanity, the expansion of knowledge became a symbol for universal progress. This complete faith in human reason and immutable qualities of humanity corresponds to the conception of the library as an independent entity in its architectural as well as in its conceptual expression. During the Enlightenment this municipal function of the library culminates in Boullée's famous project for the reading room of the Bibliothèque du Roi, which as a stage for civic culture, refers explicitly in its presentation and in its intellectual content to Raphael's *School of Athens*. If the project of modernity emerged in the eighteenth century, it was only in the following century that it acquired a social and aesthetic substance, combining the notion of progress with efficiency of knowledge exchange. Labrouste's Bibliothèque Genevieve manifests the idea of efficacy, alluding in its formal and functional expression to commercial types of architecture like railway stations or covered markets. The reading room equipped with a central desk for the exchange of books signifies a condition of expediency as to where information exchange gradually became a service to the public. Information was no longer found but, just like any other commodity, could simply be ordered. The difference to earlier examples of library architecture is also the building's nascent communication exchange with the urban context. For the first time in history its exterior facade becomes a symbolic expression of knowledge, framing the library as an advertisement for culture.

In all its typological manifestations the library was sustained by a shared coexistence of two diachronic programs *within one territory*: Hence, the moment of the contemporary library is critical, because the conditional accord of both programs *information storage* and *information transfer* has ceased to exist. As the building of the library dissolves into a deterritorialized information network, it engenders a drastic disappearance of fixed boundaries and simultaneously outlines a potentially infinite space, open and unlimited in every direction. Encompassing both aspects – concrete delimitation, as well as the potential of unlimited space – the new library constitutes an *emergent* typology. Neither restricted to territorial boundaries of physical enclosure nor to a space entirely aterritorialized, it constitutes a third condition. This third space must thus allow for certain fixed parameters on one hand yet has to be flexible enough to accommodate the variables of a globalizing information network.

Information as Commodity

As increasingly affordable computing power combined with the spread of online services provides public access to international databases, the instant access to information not only modifies our relation to territory in eliminating the reality of the distances, but moreover our defini-

Anna Klingmann

tion of private and public, being reversed by the computer screen. In this sense the Internet has simultaneously shifted our perception of knowledge as well as our relationship to the physical territory. Information exchange is provided by a non-hierarchical interactive network where the distinction between author and reader has become obliterated (as information consumers can be publishers) and where the frontiers between information, publicity, communication and commercial services have been dissolved. Cultural subjects are increasingly permeated by commercial services causing a progressive relativization and commodification of knowledge.

Enabling direct access to a variety of information sources around the globe the Internet has also drastically changed the way we perceive the written work as it has been augmented by other sources of information most notably in the form of visual data. The World Wide Web increasingly controlled by commercial enterprises constitutes a holistic environment for the user where information is merged with entertainment and where the transposition of image, sound, and text assimilate data into a comprehensive experience. The user becomes immersed in a virtual world of predigested data, which, presented as a ready-made product of seduction, denies any possibility for critical reflection or subjective interpretation. Knowledge in this regard has become the prime commodity of a new experience economy, capitalizing on the overlapping forces of culture and commerce.

As the production of information is increasingly contingent on multinational capital, libraries are fundamentally linked to the effects of internationalized investment, production and consumption. Mediating both cultural and economic interests, the library as a public institution is no longer immune to the spatial and temporal constraints of market culture. In this sense the library has to be reconsidered as an integral constituent of global culture, that is, as a complex entity of economic and cultural overlap manifesting the convergence between economic structure and cultural project.

Thus, equally affected by the change in media technologies and the cultural ramifications of a new information economy there is no doubt that the library's social identity, as a public institution, has to be recreated. Given its role as a physical interface of knowledge exchange, the ultimate question becomes how the library can regenerate a localized cultural presence as well as enable some form of identity on a global scale. Moreover, the question presents itself in how far architecture can contribute to the materialization of these changes.

Among the more interesting libraries yielding a new perspective on the current role of the library as a public construction are Rem Koolhaas/OMA's *Central Library for Seattle* and Jacques Herzog and Pierre de Meuron's *Library for Eberswalde*. Both projects, despite their differing cultural contexts and diverging design strategies, explore the library's potential as an identity-generating force in a global culture.

While the Seattle project choreographs the social, economic, and organizational implications of new information technologies as a programmatic hybrid and only inadvertely deals with its architectural formalization, Eberswalde overtly explores the materialization of virtual data as a communicational surface.

It is also interesting to note that the conception of both projects evolved from significant precedents handed in as competition entries for the *Bibliothèques Jussieu* in Paris, 1993. While Koolhaas' entry for Jussieu has been widely recognized as a significant contribution to a new understanding of the library within the changing context of urbanism, Herzog & de Meuron's proposal is perhaps lesser known but equally pertinent to a critical understanding of their library in Eberswalde.

Information as Experience

In a recent article about the new central library for Seattle, Sheri Olson argues that Koolhaas' design effectively links the city's challenges to those faced by other cities today. Affected by the gradual erosion of the public domain through the increasing take-over by private enterprises, the library according to Koolhaas has to carefully reevaluate its position as the "last public institution" in a highly commodified urban context dominated by large corporations.

The perception of the library as an inherently public construct can be traced to Koolhaas' competition entry for the university libraries at Jussieu. Koolhaas describes the design as an "urban consolidation", where the activities of the surrounding campus are compacted into an interiorized environment. By reinterpreting infrastructural elements that typically form the structure of a city such as streets, squares and buildings as spatial components of the library, Koolhaas envisioned the building as a formal analogy of the adjacent context. In addition, this formalization of a "city as building" is supplemented by the incorporation of urban programs such as parks, cafes and shops in order to simulate an atmosphere of "metropolitan congestion". With all programs linked to an interior boulevard, a spiraling "promenade architecturale" is formed enabling a smooth transition from the exterior street life into the interior of the library. Serving as a piece of infrastructure in its most literal sense the boulevard seamlessly connects all programmatic elements into an interiorized urban landscape. The reader accordingly becomes a *flâneur* simultaneously seduced by the miscellaneous selection of books as well as by the possibility of social intercourse and visual stimulation. The program of the library is thus expanded to become an artificially constructed "urban event space" which not unlike the contemporary shopping mall provides a staged experiential sequence across different departments while also allowing a plurality of correspondences on behalf of the "shopper".

Following a very similar approach in terms of program Koolhaas' project for the Seattle Central Library is conceived as a holistic environment elaborating the conventional program of a library into a set of choreographed experiences. The resulting architecture however is quite different. Whereas the Bibliothèques Jussieu propose a literal extension of the local city fabric, the Seattle Library forms a self-sufficient entity in the form of a "deterritorialized object".

410

In this regard Koolhaas seems highly attentive to the progressive disintegration of urban territories to become part of a corporate network which can no longer be localized. Positioning the Seattle library conceptually between the commercial network of international corporations and the public demands of the city the building is conceived as an urban hybrid in an attempt to mediate both realities: the local context of the city and the dislocated network of international corporations. Operating both as a public as well as a private enterprise the library is simultaneously informed by the demands of the local community and sponsored by international Internet enterprises such as Microsoft, amazon.com and Teledesic.

One building type that effectively consolidated public into private interests as well as urban into architectural scale is the shopping mall more recently transformed into an urban entertainment center through the diversification of its commercial programs incorporating also cultural events. Orchestrating a manifold experience through the layering of diversified event spaces entertainment centers have become prototypes for a new urbanism. Along with the staging of experiences and the spatialization of brands, monofunctional programs make way for a superimposition of strategic uses tied to various mechanisms of consumption. Urban entertainment centers create identity in a twofold manner: by effectively merging visual signifiers as brands and by reconfiguring conventional programs as atmospherically enhanced experiences. It could be argued that Koolhaas is attuned to this advancing merge between cultural and commercial activities as today's condition of urbanism. Taking the shopping center as the paradigmatic building type of the privatized city he adapts its strategic organization as well as its distinguished atmospheric qualities to the library.

The programmatic rendition of the Seattle library plays a crucial role in the overall design concept. While attempting to facilitate as much flexibility as possible, Koolhaas asserts great emphasis on the clear spatial definition of the different functions of the library in order to formulate singular experiences as well as provide a clear sense of orientation to the user. The building is divided into distinct functional compartments. By combining similar agendas into "themes", five platforms were created whereby each is conceived as a programmatic cluster of similar thematic components. Since each platform is designed to yield a specific ambience, they vary not only in scale but also in material and opacity, transforming the generic stacking of modernist space into a set of shifted planes which in their entirety amount to a highly sculptural object. Alternating between these five floating planes distributed over the library's eleven floors public attractors are inserted incorporating special programs related to work, interaction, and play. While the platforms consist of a logical hierarchical ordering – parking on the bottom, store at ground level, assembly on the third level, followed by two levels of books and administration – the attractors are conceived as special features hybridizing the functional requirements of the library into more comprehensive event spaces. In this regard Koolhaas implements a clear hierarchy by delineating the differing departments but also subverts this order again by the deliberate positioning of well calculated public attractors. The first attractor, sandwiched between a parking garage below and the administrative platform above, is a children's library which combines with a large auditorium for public events, the multilingual collection, and an informal meeting place. Situated above is the main lobby, which is designed as a public living room, combining a sense of privacy with social activity. While the electronically animated glass floor could be read as an extension of the adjacent street space it simultaneously collides with seating areas floating on Persian rugs yielding a sense of intimacy. Lit from below the floor is conceived as a constantly changing billboard communicating the events of the library. The next attractor conceived as a heterogeneous assembly platform combines technology-training rooms with more secluded meeting spaces. Following these is the "mixing chamber," situated on a fifth-level mezzanine, which is conceived as a "trading floor" for information, consolidating all the reference resources as well as librarian services. Great emphasis is put on the service of the librarian as part of the overall design restaged as a personalized feature of communication to be distinguished from the perhaps more impersonalized service of the now common search engines. Directly above the mixing chamber follows a continuous spiraling boulevard of books seamlessly connecting differing collections while also bringing back the moment of the urban *flâneur* recalling Koolhaas' earlier design for Jussieu. Distinguished from the systemized system of the electronic catalogue this section allows the visitor to browse around for books in a less strategic manner while coincidently also offering glimpses to the exterior cityscape. The uppermost landing on the ninth level, functions as the last grand public space and opens up to a vast reading room in the more traditional sense spanned by a giant glass roof followed by two levels of administrative offices which are adjacent to a rectangular atrium that perforates the entire building with a 11-story volume of open space.

Besides the specific staging of variegated programmatic themes visual identity also plays a crucial role in the enhancement of the various atmospheres. The construction of identity through images, surface effects, and material articulation amplifies the expressiveness of the different event spaces. As the result of a close collaboration with the Canadian graphic design firm of Bruce Mau the particular treatment of surfaces becomes an integral part of the overall architecture. Enveloping the interior and exterior of the building are materials of differing quality and texture aided by sophisticated presentation strategies for the various media display units which are disseminated in the entire building to create a unified yet highly diversified experience.

Conceived as public constructs both libraries Jussieu and Seattle need to be viewed in their respective reading of context. As it is evident that both libraries share very similar ambitions in reframing the library as an inherently urban construct the critical positioning of each needs to be viewed in the changing political and economic contexts within which they are situated. While the Jussieu libraries still represent a localized construct of democratic realities tied to the legacy

Anna Klingmann

of modernism, the Seattle library must be contemplated in the global web of emerging econo-mies. Hence, while the Jussieu project dealt with the notion of place in a very localized manner namely by establishing a continuous surface to its immediate surrounding Seattle arguably does not pronounce overt contextual ambitions in the classical sense. Similar to the typology of a shopping mall it forms a self-sufficient entity disconnected from its immediate surrounding. In this sense it could be argued that contrary to Jussieu which in fact mimics the context of the city in a very literal sense the Seattle project devises an urban condition which disengages from geographical considerations to manifest its own construction of place. This differing posi-tion taken in the conception of an urban identity is also reflected in the programmatic expres-sion of both projects. While the programs in Jussieu are treated as highly flexible units of tran-sient events, the Seattle project acquires a more symbolic dimension in reframing context as a commodified experience designed according to the needs of consumer groups.

Another important issue of the Central Library is the impact of new information technolo-gies on the spatial transformation of the library. As the medium has changed from the book as the sole medium for information transmission to a variety of media the library of the 21st cen-tury according to Koolhaas must transform itself into an information storehouse "aggressively orchestrating the coexistence of all available technologies". In this way Koolhaas' ambition is to "radically transform the library from an institution exclusively dedicated to the book into a space of contestation of different media." Allerted by the fact that the increased use of informa-tion technology creates a progressive need for social encounters, Koolhaas establishes a potent correlation between the multiplication of information media on the one hand and the increas-ing demand for event spaces on the other. This argument is substantiated with more pragmatic considerations. As information storage is gradually reduced through the extended use of digital media, additional space is freed up for more social experiences to take place. In this sense the library is conceived as a seamless environment providing smooth transitions from virtual forms of information exchange to concrete physical communication spaces. Recalling that the pri-mary concept of the Seattle library is the transformation of the library into a multitasking social center Koolhaas effectively merges the impact of new information technologies with the prolif-eration of cultural event spaces.

Eberswalde: Information as a Sign

If one argues that the library acts as a signifier of public identity, situated between the impact of information technologies and the emergence of a new economy Jacques Herzog & Pierre de Meuron approach the problem from an entirely different stance. While Koolhaas recreates the identity of the library through its programmatic expansion merged within a symbolic form, Herzog & de Meuron oscillate between the construction of a concrete physical reality and a more elusive materialization of signs. In contrast to Rem Koolhaas who translates the impact of new information technologies into programmatic strategies, Herzog & de Meuron approach the theme of information with a concern for material, by the physical formalization of information as a materialized media facade.

In this regard, Herzog & de Meuron's projects evince an enormous effort in the construction of surfaces as preeminent elements of their libraries. The envelope as the area of articulation between interior and exterior, public and private becomes a three-dimensional public interface of visual signifiers. In contrast to a large part of modern architecture, determined to make this boundary disappear, Herzog & de Meuron concentrate on defining it by interpolating the envelope as a material interface of virtual information exchange. The rendition of the library as a three-dimensional interface interpolating multiple realities is evident as a strategy in both Herzog & de Meuron's proposal for the libraries in Jussieu and later in their built version of the Eberswalde library. However, while the basic strategies in both projects reveal similarities as to their formal and material treatment they also express radical differences most notably in the treatment of the media facade as means of signification and its relation to context.

Contrary to their built project in Eberswalde Herzog & de Meuron's proposal for the Jussieu libraries expresses like Koolhaas' design a very directed engagement of the local context. Similar is also their common concern to recreate the library as an extension of the urban territory. Whereas Koolhaas' design for Jussieu literally pulls the urban fabric into the building, Herzog & de Meuron pursue the reverse strategy in extending their building into the context. While the library at a distance appears like a unified object, it breaks up at a closer range into an undulated framework of distinct urban spaces. Conceived as a connected configuration of differentiated volumes, the building for the two libraries is punctuated by interior courtyards which form distinguished public and private zones of the library. To enhance the concept of the public realm the libraries are raised on a piloti structure to free the ground level as a public circulation plane for different social activities to take place. The public surface extends horizontally to the surrounding urban fabric connecting the adjacent buildings of the campus as well as vertically to create a series of foyers for the two libraries.

This spatial layering of public/private spaces is further enhanced by a double-layered facade which acts as a space-defining element. The building skin forms differential conditions depending on its prevailing relation to the built volumes of the two libraries. Consisting of two layered glass surfaces the skin envelops the two rotational volumes of the libraries located at either end of the building while splitting apart again in the center part to form two inversely mirrored interstitial spaces. In this way the facade simultaneously frames the modular structure of the two libraries as one entity while also integrating the public space as a partially interiorized element.

Apart from its spatial ramifications the facade also acts as a visual attractor animating the urban spaces around the library. Imprinted with photographic portraits of writers and scientists the outermost facade layer consists of transparent glass panels, simultaneously activated by in-

414   Anna Klingmann

terior and exterior light conditions. Beyond its cinematic supplication the facade also expresses a directed symbolic meaning. The iconographic treatment of the facade inspired by Gerhard Richter's *48 Portraits* points to the classical theme of the library as a medium for information transmission between a human and a source. In this way the facade acts as a sign whose referent is descriptive of the activity, taking place within the building itself. Hinting at Labrouste's Bibliothèque Genevieve with its carefully engraved facade of text the Jussieu project reiterates the same concept in a more contemporary fashion – emphasizing the paradigmatic shift from a text culture to a culture dominated by the image. The reference to Genevieve becomes even more evident in Herzog & de Meuron's incorporation of horizontal text bands sandwiched in-between the photographic images. The content of the text was to be electronically animated and programmed to change periodically in order to highlight prevailing discourses inspired by the works held within the library. In this way the facade is conceived as a material texture producing a transfer between milieus. As a literal symbol of information exchange the facade extends the discursive activity from the realm of the library into the public domain in form of an oversized electronic interface. As with every sign, distance plays a critical role in the reading of the facade, which when viewed from further away diminishes the significance of the writing into an abstracted texture. Thus, aside from its symbolic connotation the text also functions as a social texture mediating the directed exchange of information with the subjective perception of the viewer. On a more general level, information is transfigured into a phenomenological experience where the animation of the text along with the images transforms information into a public spectacle.

Similar to the Seattle Library by Koolhaas, the Herzog & de Meuron's University library in Eberswalde on first inspection appears to express no contextual ambitions. Positioned on the northside of the campus of the Technical University the building is constituted by a simple rectangular volume with only one connection to the old building of the library on the south side. Due to its non-referential building scale it appears however more like a solitary object, which almost by accident seems to have simply landed in the small town center of Eberswalde.

Contrary to Koolhaas' project in Seattle, the Eberswalde Library projects a resistance to programmatic invention. Since book storage as well as administrative functions are located in the adjacent building of the old library the program of the new building is essentially reduced to the requirements of a conventional free-access library. Divided into three identical reading rooms stacked on top of one another the building alludes to a shelving unit of stacked containers. This classical division of the building into identical modules of designated floor space continues at a smaller scale in the interior of the library where chairs, tables, and bookshelves follow a similarly repetitive module. There is no hint of an extended programmatic reading of the library pertaining to an infiltration by other electronic information media which might require alternate spatial articulations. Instead, a rather conservative stance is taken elevating the act of reading and writing as the primary activity of information transfer. Following a classical organization each reading table is sandwiched between two bookshelves cultivating the material presence of the written text in space. In between the bookshelves are small window openings illuminating each of the reading tables spaced at regular intervals. The incorporation of new media on the contrary is only addressed in a very minimal way by the placement of two computer stations at either end of each reading room.

While the theme of new information technologies is in fact suppressed in the programmatic articulation of the library it is reenacted in its wider spectrum in the formalization of a media facade. The straightforward articulation of spatial program and form is counteracted by a highly detailed building envelope, which was designed in collaboration with the artist Thomas Ruff. Covered with an assortment of photographic images the entire facade becomes the backing of a complex iconographic program. Printed with a silk screen process the images cover the concrete walls as well as the glass surfaces. The facade despite its differing material articulation achieves a homogeneous appearance only to be fragmented again by the perceptual ambiguity achieved through the printing process itself. If the library from afar looks like a decorated shed, from a closer distance it produces singular images which disintegrate again at close range into a pixilated pattern.[4] Counteracting the strong materiality of the Cartesian form exuding permanence and stability, the facade with its temporality of perception poses a dynamic element subject to the interpretation of the viewer. While the building itself radiates a strong physical presence firmly rooted in the ground the facade acts as a perceptual destabilizer of both virtual and material information.

Depending on the variations of the light, the facade acquires several spatial readings extending from a two-dimensional surface into a three-dimensional interface. By the projection of its vertically printed patterns as horizontal shadows the surface takes on a spatial connotation. At the same time, the translucence of the facade produced by the pattern, in veiling the visual relations between the exterior and the interior, simultaneously permits the integration of elements from both realities. Being animated by the users of the library as well as by the visitors of the campus the facade transforms their silhouettes into moving images reciprocally perceived by the other. At night, this play of light reverses turning the spectacle into a public event. By this play of light and shadow, the space attains a theatrical atmosphere revealing a constantly moving experience. Whereas Koolhaas animates his library in Seattle through the theming of cultural events to become a permanently changing spectacle, Herzog & de Meuron activate their building as a three-dimensional public interface of visual data negotiating different light conditions, images and use patterns.

---

[4] Adam Hubertus, "Ordnung, Schmuck, Welt", in: Archithese 1/00, Zurich 2000, p. 66.

Anna Klingmann

Mediating the exterior of the campus and the interior of the library by means of an informational plane of images, the building envelope simultaneously screens the public reality of the campus from the more secluded reality of the library. Allowing undisturbed reading in the interior of the library, it filters the impact of the surrounding context. While the user of the library is not directly exposed to the surrounding, as for example in modernism, the user is at the same time subconsciously aware of it, but yet encouraged to project his own subjective readings. In this way, the envelope becomes an interface of virtual data that mediates the local context with the fictitious context of the user where neither is given priority. Simultaneously negotiating material and virtual information into a three-dimensional public interface the facade functions as a filter of coexisting realties.

Aside from its spatial connotations the surface composed of an array of printed icons presents a symbolic screen by permanently localizing virtual information as tangible matter. The illustrations come from Ruff's collection "Zeitungsbilder" that he had been assembling since 1981 from press clippings. Like seemingly unrelated images found in magazines, the themes chosen for the facade at first impression exude certain arbitrariness. The composition and sequence of the images selected determine an ambiguity in their semantic expression due to their highly contradictory content. The tight syntax comprised of the regular structure of the facade however forces the viewer to search for a semantic dimension, which can only be discerned at a closer viewing. In this regard, the horizontal bands of the images can be interpreted as three semantic blocks related to differing themes. The first band made up by three concrete panels resembles themes associated with leisure and entertainment, the middle zone presents subjects affiliated with politics and the uppermost sequence of images represents the sciences. Only the glass panels are dedicated to the subject of art. Lit at night these panels by reproducing iconographic themes like the *Venus* by Lorenzo Lotto, the *Vanitas* by Peter Potters and an image of Alexander von Humboldt by Eduard Enders exude a highly symbolic meaning, as the key moments of human life: love, death and science. The *Vanitas* in this sense also alludes to the vanity of material existence promoting knowledge as an eternal value. While these thematic bands as semantic blocks exude a kind of narrative quality their vertical disposition immediately calls this representative connotation into question due to its volitional systemization. The images signify a "breaking of the iconography" like fleeting fragments of information on a monitor oscillating between semantic continuity and contradiction. This break of the signifier from the signified is furthermore enhanced by the photographic pixelation of the images reminiscent of digital material ironically inscribed in the building as permanent information.[5]

Thus, it could be argued that the facade in Jussieu is still within the framework of modernism expressing a fundamental and identifiable relation between the signified/message and the sig-

---

[5]   Adam, Hubertus, loc. cit., pp. 69–71.

nifier/medium, while the facade of the Eberswalde library sees these as "continuously breaking apart and reattaching in new combinations."[6] In this case the signifier has been permanently liberated from its signified passing into a postmodernist play of signifiers. Reiterating the zapping culture of a postmodern media society the library in Eberswalde truly becomes a media facade not only in the virtual sense but also in a material way.

The Library in the Context of Postmodernity

In order to establish a common denominator for both projects they must be viewed within the context of postmodernism as a prevailing thought model of contemporary discourse. Since postmodernism has become one of the most widely quoted concepts in current discussions, it may be necessary to briefly outline some of its more obvious ramifications. Generally, postmodernism can be understood as a critical reactionary movement to the legacy of modernism. While modernism is typically identified as rationalistic, with a belief in linear progress, absolute truth, and the standardization of knowledge production, postmodernism, by way of contrast, privileges heterogeneity, fragmentation, and difference as "liberative forces in the redefinition of cultural discourse."[7] In addition it may also be useful to observe the link between late capitalism and postmodern culture. Progressively integrating the demands of market economy into a cultural framework the prerogatives of modernism have given way to a postmodern aesthetic celebrating the commodification of cultural forms. Linking the ramifications of new technologies to an increasing space-time compression Frederic Jameson attributes the postmodern shift to a loss of temporality resulting in a "contrived depthlessness" and instantaneity of contemporary cultural production, illustrated by a fascination for "events, spectacles, happenings, and media images."[8]

The Eberswalde library is indicative of Postmodernism's preoccupation with the changeability of surface effects pointing to a new cultural phenomenon with a "fixation on appearances, surfaces and instant impacts."[9] Surface in the sense of superficiality as a new social phenomenon is frequently cited as a consequence of increasing media presence. As media continuously overwhelm us with images, our perception of information has been drastically modified. Due to a shift in information transfer from the visceral to the visual, the rational process of interpretation has given way to more intuitive principles of perception. The formerly vertical structure of information, alluding to a notion of hidden meaning, is progressively fragmented by a lateral organization in which fragments of information are perceived as visual signifiers without signi-

---

[6] Harvey, David, The Condition of Postmodernity, Oxford UK: Blackwell Publishers Ltd. 1990, p. 49.
[7] Ibid., p. 9.
[8] Ibid., pp. 58–59.
[9] Ibid., p. 54.

Anna Klingmann

fieds. Information, thus perceived as a series of isolated images, has lost its codified meaning structure and become subject to a selective transposition by the viewer.

The postmodern obsession with surfaces subsequently has also extended a crucial impact on architecture in material terms. Contrary to the facade, the surface becomes an operative instrument that communicates with the viewer no longer with the promise of a hidden meaning but rather through the instant impact of variegated effects. The Eberswalde library becomes an architectural manifestation of an information process that puts greater emphasis on visual tactile and spatial effects. Identity is created through the perception of the material itself. Jacques Herzog describes this phenomenon as follows: "We are interested in the direct physical and emotional impact of the image. (...) We are not looking for meaning in our buildings. (...) In that sense, we are absolutely anti-representational. (...) We make buildings that cause sensations, not represent this or that idea. (...) Images we use are not narrative, they don't represent this or that."[10] This attitude clearly expresses the current *Zeitgeist* of a postmodern media society where methods of sophisticated visual reproduction increasingly manifest a culture of the copy infiltrated by an increase of information flow with less and less significance. While information was originally associated with meaning, meaning becomes inversely negated through its excess as the signified becomes inversely negated through an increasing surplus of signifiers. As meaning is lost, the materiality of the image takes on an ever more obsessive connotation where the signifier in isolation becomes ever more material in sensory ways.[11] The dissolution of the image from its referent predicates that images are less and less viewed in their attachment to iconographic themes but on the contrary according to their simulacral appearance. The concept "to release the image from any deep meaning into a simulacral surface" is clearly embodied in Herzog & de Meuron's iconographic coding of the Eberswalde library.[12] Oscillating between symbolic icons and printed patterns depending on the distance one chooses to take the images reintroduce a process of signification that had been lost in modernism. This figuration however is immediately abstracted again to become texture. In this way the image is reintroduced just to abandon its representational nature.

The ambivalence between abstract and figurative languages is further enhanced by the horizontal repetition of the images, effecting a gradual dissolution of meaning, if not its ultimate eradication. In this regard the redundant reappearance of the same content signifies a process of emptying recalling Andy Warhol's serial images. Through its endless repetition the signifier preeminates a gradual dissolution of the signified. As Warhol once said: " The more you look at the

10 Kipnis, Jeffrey, "A Conversation with Jacques Herzog", in: Herzog & de Meuron, El Croquis 84, 1997, p. 18.
11 Jameson, Frederic, "Postmodernism and Consumer Society", in: The Anti-Aesthetic, ed. Hal Foster, New York: Bay Press 1983, p. 120.
12 Barthes, Roland, "That Old Thing Art", in: Post-Pop, ed. Paul Taylor, Cambridge: MIT Press 1989, pp. 25–26.

same exact thing, the more the meaning goes away, and the better and emptier you feel."[13] With its use of the readymade repetition subverts representation undercutting its referential logic. Repetition does not enhance the significance but affects a draining of significance until its final dissolution.[14] With the dissolution of the signified the viewer is in fact sent back to the surface, to the instant impact of the image. While it could be argued that the facade becomes an operative instrument in space, it can also be assumed that architecture has to some extent become a self-referential surface.

The use of repetition however is not limited to the serial structure of the building envelope but is furthermore extended to the spatial organization of the building. Hence it denotes a more profound condition of self-similarity which is manifest in both "the syntactic structures of the architectural object, and its relationship with context."[15] While each side of the facade resembles all the others turning the four planar surfaces into an endless skin of self-similarity the concept also repeats in the spatial organization of the three reading rooms. As each is covered with nearly identical components framed in identical modules one could argue that their similitude also dislocates the concept of scale from its local referent.

In this regard the library in Eberswalde is not immune to the ramifications of new economic realities. "A self-similar structure is particularly efficient when working in an unstable environment, such as that of an advanced capitalist economy: it not only gives the object an extraordinary solidity (…), but simultaneously makes it more independent of its relationship with context from the moment it eliminates scale as the constituent essence of the project."[16] The building therefore relates less to an existing context but as self-sufficient commodity embodies the aesthetic preferences of a postmodern consumer society. As each viewer forms his or her own reading multiple coexisting realities are produced. The projection of manifold perceptions gives the building an ever-changing identity reiterating in many ways the transient culture of a multinational late capitalism.

While Herzog and de Meuron expand the concept of the library to become a three-dimensional play of signifiers contingent on the temporality of perception Koolhaas extends the library to become a participatory event structure thematizing the narrowing gap between popular culture and cultural production in the contemporary period. The program of the traditional library is thus expanded and simultaneously redefined by the incorporation of atmospherically enhanced meeting places as well as by the exposition of new media. The traditional notion of the

[13] Warhol, Andy and Hackett, Pat, POPism: The Warhol 60's, New York: Harcourt Brace Jovanovich 1980, p. 50.
[14] Foster, Hal, The Return of the Real: The Avant-garde at the End of the Century, Cambridge: MIT Press 1996, p. 131.
[15] Zaera Polo, Alejandro, "Between the Face and the Landscape", in: Herzog & de Meuron: Minimalismus und Ornament, Arch+ 129/130, 1995, p. 119.
[16] Ibid.

Anna Klingmann

library is not only called into question by the staging of various media technologies but also furthermore hybridized by contemporary event spaces such as shopping and cultural events. The Seattle library in this sense departs from the modernist conception of the library as a standardized institution for the acquisition of knowledge, to a more liberal interpretation specifically catering to the social needs of specified target groups.

While the interior becomes a fluid datascape enhanced by contrasting moods, the building itself yields an iconic symbol to the city. In contrast to other iconographic buildings however form is not conceived as an independent entity but is derived as a logical consequence from the internal organization of the programs. In this regard Koolhaas' proposal for Seattle poses a spatial hybrid: whereas the program is conceived as a highly uncongealed sequence of differing atmospheres signaling the trend away from the consumption of "information as a commodity" to a consumption of "information as experience" the form of the building as a sign simultaneously points to the role of architecture as a means to manifest symbolic capital. It could be argued that Koolhaas has outlined the library as a highly performative urban attractor by redefining information exchange as a constructed experience in space on the one hand and by taking into account the library's symbolic connotation in a commodified environment on the other.

Questions of Distance: Criticism and Complicity

The libraries of Koolhaas and Herzog & de Meuron each in their own way express the narrowing gap between commercial culture and cultural production accelerated by the information economy of late capitalism. More implicitly they also seem to raise the question of the library as a cultural institution infiltrated by the progressive commodification of knowledge production.

Hence, to conclude the article I would like to pose the question, if and to what extent the library can still perform as a critical platform of cultural discourse in a highly commodified environment? What is the place of criticism in an information society that is increasingly administered by media and entertainment corporations? And what is the place of criticism in a political culture that is ever more affirmative? Of course this very situation makes the assumed efficacy of criticism evermore urgent – to question the performativity of the library in a political-economic status quo committed to its own reproduction of profit. Finally, there is a fundamental stake in the social role of the library: the preservation in an administered affirmative culture of spaces for critical debate and alternative vision.

According to Foucault it is only through the cultivation of a *localized resistance* that any contraposition to prevailing power structures might be pursued. Hence, in order to posit a critical framework for how the library might be able to operate it as a point of localized interference it might be worthwhile to return to Foucault's concept of *heterotopia*. "Distinguished from utopias by their disparate and concrete existence within reality, *heterotopias* represent counter-arrangements that are "other" with respect to society and as such are potentially liberative in their contestation of the space in which we live."[17] Outlined *within* the very institution of society, *Heterotopias* manifest real and effective spaces in which "all the other real arrangements that can be found in society are at one and the same time represented, challenged and overturned: a sort of place that lies *outside* all places and yet is actually localizable."[18]

The question remains as to whether the aforementioned proposals for a library of the 21st century are able to sustain such a "point of localized resistance" within the conditions in which they are situated or alternatively to what extent they simply reiterate the status quo of knowledge commodification. In this respect, both proposals expose the current conflict of the library as an ambivalent construct caught between two imperatives: on the one hand to achieve autonomy of the library as an independent institution, on the other to break this autonomous status into an expanded field of mass-culture. In each case this tension between the autonomy of the library and its dispersal across new forms of mass-culture governs the relation between cultural forms of signification to socio-economic modes of production.

In this regard, it could be argued on that Koolhaas asserts an implicit critique by exposing the library as a contested territory between the commodification of knowledge and its cultural reification. By inverting commercial mechanisms to realize an inherently public project, Koolhaas has actualized a programmatic hybrid that is outside both territories yet contingent on both. However if "we celebrate hybridity and heterogeneity we must remember that they are also privileged terms of advanced capitalism." In this regard the institution of *difference* is an object of consumption too.[19]

If Koolhaas underscores the commodification of knowledge by expanding the library into an event structure Herzog and de Meuron illuminate it as a free play of signifiers. Just as Koolhaas' library seems to collapse the production of knowledge and commodity culture programmatically, Herzog and de Meuron's project for Eberswalde seems to conflate representation and abstraction of information as "a commodity-sign." Thus, with both libraries prevailing modes of knowledge consumption inform our reading of each. While the Eberswalde library might *symptomatize* our fetishism of the signifier in this new economy Seattle seems to *thematize* this fetishism. Combined, the two comprise a virtual aesthetic of this economy.[20]

In conclusion it could be argued that both projects focus less on the library as commodity than on prevailing modes of knowledge consumption, thus rather than double the consumerist *object* literally, they mirror the consumerist *subject* critically.

---

[17] Foucault, Michel, loc. cit., p. 419.
[18] Ibid., p. 424.
[19] Foster, Hal, loc. cit., p. 121.
[20] Compare to Hal Foster's argument of simulation painting and commodity sculpture in: "The Art of Cynical Reason", in: Foster, Hal, loc. cit., p. 108.

Anna Klingmann

Both projects from different perspectives have demonstrated the changed status of knowledge by turning prevailing modes of knowledge consumption into an object of critical play. In this way critical distance is created from the very economy that seemed to foreclose it.

In combination, the two strategies presented frame the challenge that the library of the 21st century might be faced with: the recovery of critical platforms of knowledge production in an socio-economic climate where knowledge has been increasingly commodified. Again to reclaim such spaces is not easy. On the one hand it is a labor of disarticulation: to redefine cultural terms and recapture political positions. On the other hand it is a labor of articulation: to mediate content and form, specific signifiers and institutional frames. According to Walter Benjamin criticism in any era is a matter of correct distancing in order to regain a transformative autonomy of intellectual practice.[21] In this sense it could be argued that the library of the 21st century is faced with the challenge to keep critical spaces open. Confronted with a phase of intense time-space compression exerting a disorienting impact upon political-economic practices, as well as on cultural and social life the library must provide a new framework for discursive practice.[*]

[21] Benjamin, Walter, Reflections, ed. Peter Demetz, translation by Jephcott Edmund, New York: Harcourt Brace Jovanovich 1978, p. 85.

[*] The author wants to thank Anne Voneche and Cary Siress for their valuable critiques and generous support during the preparation of this article.

ANNA KLINGMANN

« Datascapes » : les bibliothèques et l'aménagement du paysage de l'information

Au cours de l'histoire, la configuration spatiale des bâtiments destinés à abriter des bibliothèques a été modifiée un nombre incalculable de fois, reflétant ainsi l'instauration de nouvelles hiérarchies culturelles et politiques. Le *modus operandi* de l'institution s'est par contre préservé : les bibliothèques emmagasinent, classent, préservent et transmettent le savoir. Les relations entre ces différentes fonctions constituent cependant une entité dynamique, dépendant de la compréhension des structures de savoir et de pouvoir dominantes en un temps donné. Ainsi que Michel Foucault l'a exposé dans ses recherches sur les *hétérotopies*, il existe une étroite corrélation entre le *système de savoir*, comme code servant à exercer un contrôle social, et le *pouvoir* exercé dans un contexte particulier. On pourrait ainsi avancer l'argument que la bibliothèque est toujours un terrain disputé par les structures de pouvoir dominantes, également influencé par *des contraintes économiques et des nouveautés technologiques* et avant tout par la *production sociale du savoir*.

Dans son ouvrage *La Condition postmoderne*, Jean-François Lyotard a soutenu que le savoir a passé récemment par des bouleversements radicaux, notamment depuis que les sociétés occidentales sont entrées dans l'ère post-industrielle. Par conséquent, le statut du savoir a changé de façon notoire – sous l'influence des nouvelles technologies de l'information, qui ont à leur tour frayé la voie à de nouvelles opportunités économiques. En raison des effets des révolutions technologiques sur les conditions de production du savoir, l'information est de plus en plus contrôlée par le principe économique même qui « domine également les rapports entre les producteurs et les consommateurs de biens et les biens qu'ils produisent et qu'ils consomment – à savoir la *valeur* ». La transformation croissante du savoir en bien de consommation se répercute sur la notion d'espace public, ce qui oblige les institutions culturelles à repenser leurs relations avec l'entreprise privée et avec « la société bourgeoise dans son ensemble ». Si l'on suit l'argument de Lyotard, la mercantilisation du savoir finira par remettre en question la bibliothèque conçue comme une institution essentiellement publique, associée jusqu'à récemment aux principes de l'État-nation démocratique. Si, à l'avenir, le savoir en tant que bien d'information en vient à jouer un rôle significatif dans la concurrence mondiale pour la puissance économique, on peut se demander si – et dans quelle mesure – les bibliothèques du futur pourront servir de tribune indépendante pour un discours critique. La contribution d'Anna Klingmann, « Datascapes », traite ces questions en interrogeant la capacité qu'a la bibliothèque du 21e siècle de fournir une prestation critique, en tant qu'institution publique tiraillée entre la production culturelle et la production commerciale du savoir.

A travers toutes leurs manifestations typologiques, deux programmes diachroniques coexistent dans la bibliothèque *sur un seul et même territoire*. Dans la mesure où les conditions pour l'interaction entre le programme du *stockage* et celui de la *transmission* de l'information ne sont plus acquises, et que le bâtiment de la bibliothèque se dissout de plus en plus en un réseau délocalisé d'information, les frontières déterminées s'estompent et un espace illimité se constitue. La nouvelle bibliothèque doit maintenant satisfaire à ces deux aspects – de la délimitation concrète et de l'espace potentiellement illimité – ce qui fait qu'il est logiquement possible d'y lire une *typologie en développement*. Elle n'est ni entièrement localisée, physiquement délimitée dans un espace défini, ni entièrement délocalisable, et l'on pourrait dire qu'elle se présente sous un *état tiers*. Ce tiers espace doit ainsi s'inscrire dans des paramètres prédéterminés, tout en étant suffisamment flexible pour s'adapter aux variables d'un réseau d'information de plus en plus globalisant.

Parmi les plus intéressantes des bibliothèques contemporaines qui offrent une perspective nouvelle et qui intègrent l'évolution du rôle de la bibliothèque comme institution publique, on peut compter la Central Library de Seattle, par Rem Koolhaas/OMA, et la bibliothèque d'Eberswalde, par Jacques Herzog et Pierre de Meuron. Les deux projets – malgré la différence de leurs contextes culturels et de leurs stratégies conceptuelles – affirment le potentiel de la bibliothèque comme force de création d'identité dans une culture globale. Alors que le projet de Seattle organise la chorégraphie des implications sociales, économiques et organisationnelles des nouvelles technologies de l'information sous la forme d'un hybride programmatique, et ne se préoccupe qu'incidemment de sa mise en forme architecturale, la bibliothèque d'Eberswalde explore ouvertement la matérialisation de données virtuelles sous la forme d'une surface devenue vecteur de communication.

Anna Klingmann

Born in 1965. Works as an architect in Zurich and Berlin, Assistant Professor of Architecture at the ETH in Zurich and visiting instructor at the Hochschule der Künste HDK Berlin. Degrees from Pratt Institute in New York and the Architectural Association in London. Worked for several offices in New York, Zaha Hadid in London and Rem Koolhaas / OMA in Rotterdam. Projects published in AD Magazine, Bauwelt, Wettbewerbe Aktuell, Architectural Record and Architecture d'Aujourd'hui. Group shows at the Van Allen Institute New York and the Commune di Roma in Rome. Theoretical and critical writings published in Daidalos, Arch+ and other architectural journals. Curation of a conference devoted to emerging strategies in contemporary urbanism in collaboration with Marc Angélil at the IFG in Ulm in 1999. Lectures on her own theoretical and practical work at Princeton University, Ohio State University, Bauhaus and other institutions.

THOMAS HUBER

Andere Bibliotheken • Different Libraries • Autres bibliothèques

Eine Bibliothek in Weiss

Bauanleitung: Ein paar Regale ganz einfacher Bauart, so wie hier im Bild gezeigt, sind meistens zur Hand. Ansonsten werden sie schnell zusammengebaut. Ein paar saubere Bretter genügen schon. Die Regale werden dann im rechten Winkel zueinander aufgestellt, gerade dort, wo man sich seine Bibliothek vorstellt. Jetzt ist es noch etwas zugig in der Bibliothek. Wenn man aber seine Bücher nach und nach in die Regale stellt, wird es immer gemütlicher. Und auch die Passanten, die aussen an der Bibliothek vorbeikommen, werden erstaunt sein, denn sie ist durch die Bücher ganz weiss geworden.

A Library in White

Building instructions: A few simple shelves, as shown here in the picture, are usually available. If not, they can be easily assembled. A few clean boards will do the trick. Place the shelves at right angles to each other in the place you want your library. There's still a draught in the library, but as you gradually put your books on the shelves, it will become cosier. And people who walk by the outside will be astonished that the books have made the library completely white.

Une bibliothèque en blanc

Instructions de montage : Qui n'a pas sous la main quelques étagères toutes simples, comme celles que l'on voit sur l'illustration ? Sinon, rien de plus facile que de les fabriquer. Quelques bonnes planches feront l'affaire. On place les étagères à angle droit, à l'endroit même où l'on imagine sa bibliothèque. A ce stade de la construction, la bibliothèque est certes encore un peu exposée aux courants d'air. Mais à mesure qu'on en garnit les rayons avec des livres, on gagne en confort. Celles et ceux qui passent devant la bibliothèque, à l'extérieur, sont alors étonnés, car elle est devenue toute blanche de livres.

Thomas Huber

Auf die Haut geschrieben

Wenn es eine bisher noch nicht entdeckte Flüssigkeit gäbe. Aber wir hätten sie jetzt gefunden. Damit kann man seine Haut bestreichen, und mit einem Male wird darauf sichtbar, was uns das Leben angetan hat an Freud und Leid. Wir können die Taten nachlesen; oder sind es sogar Befehle, die man uns auf den Leib geschrieben hat? Und wir entdecken uralte Wörter in unseren Armbeugen, dort hineingeritzt lange vor unserer Zeit.

Written on Skin

If only there were an undiscovered fluid. Let us assume we've found it. We can paint our skin with it, making visible the suffering and joy that life has brought us. We can read our deeds; or have commands been written on our bodies? And we discover ancient words on the inside of our elbows – scratched there long before our time.

Ecrit sur la peau

Supposons que nous découvrions un liquide dont on s'enduit la peau, et, d'un seul coup, ce que la vie nous a réservé de joies et de peines devient visible. Nous pouvons y déchiffrer nos faits et gestes – à moins que ce ne soient des commandements qu'on nous aura inscrits sur le corps. Et là, à la saignée du bras, nous découvrons des mots immémoriaux scarifiés bien avant notre temps.

Thomas Huber

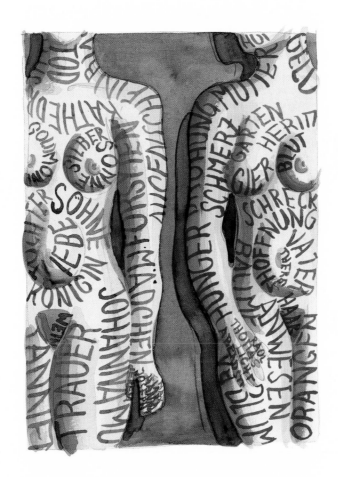

Die zwei Seiten

Alles hätte zwei Seiten, sagt man. Auf Bücher trifft dies in besonderer Weise zu. Zum einen hat eine Buchseite tatsächlich zwei Seiten, eine Vorder- und eine Rückseite. Interessanter aber noch ist der Umstand, dass sich in einem Buch nie eine Seite allein aufschlagen lässt, sondern immer zwei Seiten sichtbar sind. Man sieht darum, dass sich die Bücher besonders dafür eignen, über Gut und Böse, die zwei Seiten der Welt, zu berichten.

The Two Sides

There are two sides to every coin, or so the saying goes. This is especially true of books. In the first place, every page of a book does in fact have two sides, a front and a back. What's even more interesting is that a book can never be opened to one page only; two pages are always visible. Thus it becomes clear that books are especially well-suited for reporting on good and evil, the two sides of the world.

Les deux faces

Toute chose a son revers, dit-on. C'est particulièrement vrai en ce qui concerne les livres. Tout d'abord, les feuillets d'un livre ont effectivement deux côtés, un recto et un verso. Mais ce qui est plus intéressant, c'est que jamais un livre ne se laisse ouvrir sur une *seule* page.. Il en montre toujours deux ensemble. On voit par là que les livres se prêtent particulièrement bien à l'exposition du Bien et du Mal, ces deux faces du monde.

Thomas Huber

Bibliotheken in den Zeiten der Liebe

Zwei haben sich verliebt. Und jetzt entschliessen sie sich auch zu-sammenzuziehen. Neben vielen anderen Sachen bringen sie auch ihre Bücher in den gemeinsamen Haushalt. Entscheidend für eine Ehe kann das Verständnis für die jetzt gemeinsame Bi-bliothek sein. Stellt man die je eigenen Bücher getrennt in die Re-gale? Oder ordnet man sie ohne Rücksicht darauf, wem sie einst gehörten, einer Systematik unter? Aber welcher? Fängt hier der Streit an? Vielleicht konnte man sich einigen und lebte zusammen und bekam zusammen weitere Bücher geschenkt. Auch sie wur-den in die Bibliothek eingeordnet. Und dann wollte man sich wie-der trennen. Und die Bücher? Sie brachten es nicht übers Herz, die Bibliothek auseinander zu reissen. Darum blieben sie zusam-men in ihrer Bibliothek aus den Zeiten der Liebe.

Libraries in the Time of Love

Two people have fallen in love, and now they've decided to live to-gether. Along with many other things, they bring their books to the joint household. The concept of the shared library can be decisive for the marriage. Will they arrange their books separately on the shelves? Or will a system be employed that does not take into ac-count to whom the books once belonged? But what system? Will this be the cause of quarrels? Perhaps the two people are able to reach an agreement, live together and receive more books as pre-sents. These are also put in the library. And then the couple wants to break up. And the books? The couple can't bear to divide the li-brary. So they stay together in their library that originated in the time of love.

Les bibliothèques du temps de l'amour

Deux personnes sont tombées amoureuses et se décident à vivre ensemble. Parmi bien d'autres choses, leurs livres les accompa-gnement dans leur nouvelle demeure. La façon d'organiser la bi-bliothèque, dorénavant commune, peut se révéler cruciale pour le couple… Chacun va-t-il déposer ses propres livres séparément sur les rayons ? Ou les organisera-t-on, sans se soucier de savoir à qui ils appartiennent, selon un classement systématique ? Mais lequel ? Est-ce ici que les conflits commencent ? Peut-être a-t-on pu se mettre d'accord et vivre ensemble et recevoir d'autres livres – cadeaux communs – qui ont eux aussi trouvé place dans la bi-bliothèque… Et puis, plus tard, ce couple pense à se séparer. Et les livres ? Les anciens amants n'ont pas le courage de démem-brer leur bibliothèque. Ils restent donc ensemble, avec leur biblio-thèque du temps de l'amour.

Thomas Huber

Vasen

Frühe Schriftrollen wurden in tönernen Vasen versorgt gefunden. Wenn ich davon lese, wie die Computer der Zukunft aussehen sollen, denke ich für mich an die Vasen. Die Datenmengen wären in den Höhlungen von tönernen Gefässen aufgefangen. In grossen Gefässen und in kleinen Gefässen. Zum einen sieht eine Vase auf dem Tisch hübscher aus als eine Computerkiste. Ausserdem hätten unsere Dateien nicht nur mehr eine Oberfläche, wie wir sie heute auf dem Bildschirm sehen, sondern eine Tiefendimension, das Wissen hätte Volumen.

Vases

Ancient scrolls have been found in clay vases. When I read about how computers will look in the future, I think of these vases. Vast quantities of data could be stored inside clay vessels. In large vessels and small. After all, a vase sitting on a table is prettier than a computer. Also, our files would not only have a surface, as we view them today on the screen, but the dimension of depth. Knowledge would gain volume.

Vases

On a trouvé des rouleaux de parchemins anciens dans des vases d'argile. Lorsque je lis des propos sur l'esthétique des ordinateurs de l'avenir, je me mets à penser, au fond de moi, à ces vases. On pourrait recueillir les données dans les cavités des récipients d'argile. Dans de grands et de petits récipients. Un vase sur une table, c'est bien plus joli qu'une carcasse d'ordinateur. Nos données, au lieu de n'avoir qu'une surface plane, comme c'est le cas aujourd'hui quand nous les lisons sur l'écran, se verraient en plus dotées d'une profondeur ; le savoir aurait de l'épaisseur.

Thomas Huber

Vorbereitung für eine kleine Bibliothek
Ein Brett genügt. Sie befestigen es mit geeigneten Stützen an der Wand. Nicht zu Hause, nein, im Büro, in der Werkstatt, an Ihrem Arbeitsplatz also. Sie stellen zwei, drei Ihrer Lieblingsbücher auf das Regal und bitten Ihre Kollegen und Kolleginnen ebenfalls, ihre Lieblingsbücher dazu zu stellen. So haben Sie eine kleine Bibliothek Ihrer nächsten Umgebung. Man wird ihre Lieblingsbücher lesen, so wie Sie die Bücher Ihrer Bekannten lesen. Und plötzlich sind ganz andere Gespräche möglich.

Preparations for a Small Library
You only need a board. You affix it to the wall with the necessary supports. Not at home, no, but in the office or the workshop – at your place of work. You then put two or three of your favourite books on the shelf and ask your co-workers to place their favourite books there as well. You will thus create a small library in your immediate surroundings. Others will read your favourite books, just as you read theirs; and suddenly entirely different conversations will be possible.

Préparation d'une petite bibliothèque
Une planche suffit. Fixez-la au mur avec des crochets. Pas à la maison, non, plutôt au bureau, à l'atelier, bref, à votre place de travail. Disposez deux ou trois de vos livres préférés sur l'étagère et demandez à vos collègues d'en faire autant. Vous avez désormais à disposition une petite bibliothèque représentative de votre entourage immédiat. On lira vos livres préférés, comme vous, vous lirez ceux des autres. Et soudain, les conversations pourront prendre un tout autre tour.

438   Thomas Huber

Vorschlag für eine öffentliche Bibliothek
Im Rahmen eines Wettbewerbs zur Erstellung einer öffentlichen
Bibliothek reichte er den Vorschlag eines übergrossen und für
alle zugänglichen Regals aus Bronze gegossen ein. Der Vorschlag fand einhellige Zustimmung, weil er die Idee der Öffentlichkeit so direkt verdeutlichte. Das Projekt kam zur Ausführung. Leider hatte keiner bedacht, dass es so grosse Bücher, wie für dieses
Regal vorgesehen, nicht gibt und Bücher, der Witterung ausgesetzt, kaum lange überleben. Es ist ein Kreuz mit der Anschaulich-
keit: Sie sieht gut aus, funktioniert aber meistens schlecht.

Suggestion for a Public Library
Within the framework of a competition for the creation of a public
library, he submitted a design for a huge shelf of cast bronze that
would be accessible to all. There was unanimous approval for the
design, since he illustrated so well the concept of the "public." The
project was realised. Unfortunately, no one foresaw that the large
books necessary for this shelf didn't exist, nor would books be able
to survive exposure to the elements for any length of time. That's
the problem with such illustrations: they look good but hardly ever
work.

Proposition pour une bibliothèque publique
A l'occasion d'un concours pour la construction d'une bibliothèque
publique, il déposa le projet d'une étagère géante et accessible à
tous, coulée dans du bronze. La proposition fit l'unanimité, parce
qu'elle incarnait de façon immédiate l'idée de bibliothèque « publique ». Le projet fut exécuté. Malheureusement, personne
n'avait pensé qu'il n'existait pas de livres assez grands pour
convenir à cette bibliothèque et que les livres exposés aux intem-
péries ne survivent pas longtemps. C'est bien le drame des projets séduisants : ils ont fière allure, mais ne fonctionnent, le plus
souvent, que très mal.

Thomas Huber

Drei Spruchbänder

«Es kann geschehen», sagte er, «dass Sätze, in Räumen gesagt, nicht verklingen, sondern dort bleiben, verharren sozusagen.» Ein solcher Raum wäre auf immer besetzt, sagte er. Und jeder, der besagten Raum betreten würde, wäre von dem einmal Gesagten betroffen, angesprochen. Da helfe nichts, sagte er. «Das kann passieren, wirklich.» Sagte er.

Three Banners

"It can happen," he said, "that sentences, spoken in spaces, do not fade away, but linger on. They endure, so to speak." Such a space is always occupied, he said. And everyone who enters this space is affected, addressed, by what once was said. Nothing helps, he said. "It can happen, really." He said.

Trois phylactères

« Il peut arriver », disait-il, « que des phrases prononcées dans une pièce ne meurent pas, mais restent là, s'éternisent pour ainsi dire. » Une telle pièce serait occupée à jamais, disait-il. Et celui qui y pénétrerait se verrait interpellé et touché par ce qui jadis y a été dit. Impossible d'y échapper, disait-il. « C'est des choses qui arrivent, vraiment. » Qu'il disait.

Thomas Huber

Imaginäre Bibliotheken

Das Eine und das ganz Andere: Wo tut sich in der Welt der grösste Unterschied auf, möchte man fragen. Für ihn ist es der Unterschied zwischen Wort und Bild. Die Sprache ist die Grenze vor den Bildern, so wie die Bilder das Gesagte aus sich ausgrenzen. An dieser Grenze aber würden sich beide, Sprache und Bild erzeugen, sagte er, würden sich sozusagen herausfordern. Ohne Bild käme nichts zur Sprache. Andererseits hätte die Sprache diese imperative Möglichkeit, Bilder herbeizurufen. Doch immer bliebe die Differenz, die Uneinholbarkeit des einen durch das andere.

Imaginary Libraries

A thing and its opposite: Where does the biggest difference in the world exist, one would like to know. For him, it is the difference between word and image. Language is the border in front of images, just as images exclude what is spoken. At this border, both of these – language and image – conceive each other, he said, challenging each other, so to speak. Without image, nothing would be articulated in language. On the other hand, language contains the imperative possibility of conjuring up images. But the difference always remains, the inability of the one to catch up with the other.

Bibliothèques imaginaires

L'un et le tout autre : où se manifeste la plus étonnante rupture ? aurait-on envie de demander. Pour lui, c'est celle qui s'ouvre entre le mot et l'image. La langue est la frontière qui précède l'image, tout comme l'image se démarque de ce qui est dit. Mais sur cette frontière, disait-il, toutes les deux, la langue et l'image, se produiraient, elles se provoqueraient, pour ainsi dire. Sans image, rien ne serait dit. A l'inverse, la langue pourrait ordonner aux images de surgir. La différence demeurerait pourtant, l'une n'étant jamais rejointe par l'autre.

Thomas Huber

Gemalte Bibliothek

Das Gute an der Malerei ist, dass sie Platz schaffen kann. Sie eröffnet Raum. Hat man keinen Platz mehr für seine Bücher, malt
man sich welchen. Es kostet nicht viel, nur bedarf es einiges an
Geschick dafür. Und mancher braucht ein Leben, um sich dieses
Geschick anzueignen, ein Leben, um es sich zu erhalten.

Painted Library

The good thing about painting is that it creates space. It opens up
space. If you have no more space for your books, you paint yourself
some. It doesn't cost much. It only requires a little skill. Many people
require a lifetime to acquire this skill, a lifetime to preserve it.

Bibliothèque peinte

Ce qu'il y a de bien dans la peinture, c'est qu'elle peut faire de la
place. Elle ouvre de nouveaux espaces. Lorsqu'on n'a plus de
place pour ses livres, on n'a qu'à peindre de nouveaux espaces.
Cela ne coûte pas cher, il faut juste un peu de talent. Et nombreux
sont ceux qui ont besoin d'une vie pour s'approprier ce talent, et
d'une vie pour le conserver.

Thomas Huber

Systematik für eine Bibliothek

Du hast Deine Bücher nach Farben geordnet, das weiss ich noch, manchmal auch nach Grössen. Daran kann ich mich gut erinnern. So vertraut wurdest Du mir zum ersten Mal fremd, wie ich sah, wie Du Deine Bücher ordnest. Ich hatte immer gesagt: Bei mir liegt das auf der Hand, wie ich meine Bücher ordne, einfach darum, weil mein Interesse so eingeschränkt ist. Das lässt sich an fünf Fingern abzählen.

A System for a Library

You arranged your books by colour, I still recall that, and sometimes by size. I can remember that well. As well as I came to know you, you were foreign to me the first time I saw how you arranged your books. I always said: it's clear how I should arrange my books – for the simple reason that my interests are so limited. You can count them on five fingers.

Systématique pour une bibliothèque

Tu as classé tes livres par couleur, je le sais encore, parfois aussi selon leur taille. Je m'en souviens bien. Toi si familière, tu m'as semblé pour la première fois étrangère, lorsque j'ai vu comment tu classais tes livres. J'avais toujours dit que, chez moi, c'était évident, comment je classais mes livres, simplement parce que mes intérêts sont si limités. On peut les compter sur les doigts de la main, ce n'est donc pas bien compliqué !

Thomas Huber

Erinnerungen

Bücher sind immer kleiner als die Räume der Erinnerung, die sie in uns öffnen. Müsste er ein Bild von seinen Büchern malen, er würde Räume malen, sehr grosse Räume und auf den Wänden sähe man Gefässe unterschiedlicher Form. Aber auch die Gefässe wären sehr gross. So ginge er von einem Raum zum andern und freute sich am Anblick der Schalen, Schüsseln und Becher.

Memories

Books are always smaller than the spaces of memory that they open up within us. If he had to paint a picture of his books, he would paint rooms, very large rooms, and a person would see different-shaped vessels on the walls. Even the vessels would be very large. Then he would be able to walk from one room to the next and take pleasure in the view of the vessels, bowls and cups.

Souvenirs

Les livres sont toujours plus petits que les champs du souvenir qu'ils ouvrent en nous. S'il devait peindre un tableau de ses livres, il peindrait des pièces, de très grandes pièces, et sur les parois on verrait des récipients de différentes formes. Mais les récipients aussi seraient très grands. Il passerait ainsi d'une pièce à l'autre, heureux à la vue des bols, des coupes et des saladiers.

Thomas Huber

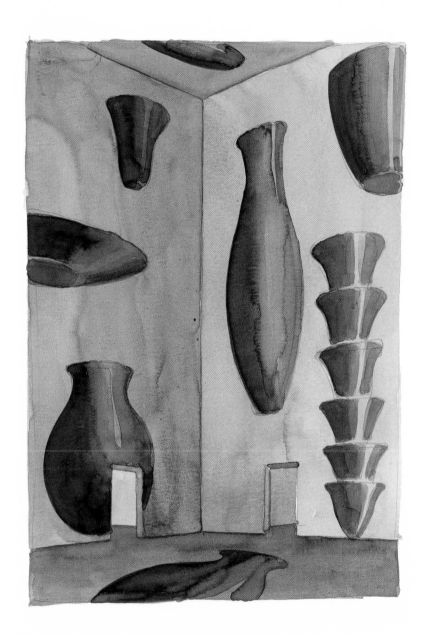

Thomas Huber

Born 1955 in Zurich. Educated at the Kunstgewerbeschule in Basel, the Royal College of Art in London and the Staatliche Kunstakademie in Düsseldorf (class of Fritz Schwegler). 1984 Kiefer-Hablitzel prize, Bern. 1989/1990 BDI cultural prize, 1990 NUR travel scholarship, 1992 temporary director of the Centraal Museum in Utrecht. Professor at the Hochschule für Bildende Künste in Braunschweig. 1993 city of Zurich art prize, Düsseldorf Stadtsparkasse art prize. 1996 Lower Saxony art prize, 1998 Art Multiple prize, Düsseldorf. Commissioned with the redesign of the Kunstmuseum in Düsseldorf, in cooperation with Bogomir Ecker.

Thomas Huber lives and works in Mettmann near Düsseldorf.

Vision • Visions • Visions

In subjektiver Auswahl wurden acht der jüngeren Generation angehörende Architekten-Teams aus allen Landesteilen – Mentalitätsräumen – der Schweiz eingeladen, ein Projekt für eine zukünftige «CH-Nationalbibliothek 2020» zu entwerfen.
Frei von üblichen Zwängen und Bedingungen bezüglich Standort, Finanzen und dergleichen mehr, sollte die Bibliothek als Denkmodell, architektonische Utopie, Vision, Reverie, im Rahmen der unabsehbaren Medienentwicklung zu Reflexionen und Analysen zur aktuellen und zukünftigen Situation der Universalbibliothek im Allgemeinen, der Schweizerischen Landesbibliothek im Speziellen führen.

Eight young teams of architects were selected from the different regions – both in the sense of geography and mentality – of Switzerland and invited to present a design for a future "Swiss national library 2020."
The teams were encouraged to ignore the usual restrictions placed on their work by location, finances and so on. Their design brief was for a library which, as a working hypothesis, an architectural utopia, vision, reverie, would facilitate reflection and analysis of the current and future situation of the universal library in general and the Swiss national library in particular within the framework of unforeseeable developments in the field of media.

Nous avons choisi huit équipes d'architectes appartenant à la jeune génération et provenant de toutes les régions de Suisse – de traditions culturelles différentes – et les avons invités à réfléchir autour du projet d'une « Bibliothèque nationale CH 2020 » du futur.
En l'absence de toutes les contraintes et contingences habituelles sur le lieu d'implantation, le financement et autres, cette bibliothèque, pensée comme modèle de réflexion, utopie architecturale, vision, rêverie, dans le cadre de l'évolution imprévisible des médias, devait conduire à des réflexions et à des analyses sur la situation présente et future de la bibliothèque, encyclopédique en général, de la Bibliothèque nationale suisse (patrimoniale) en particulier.

BONNARD & WOEFFRAY   VS

BN2020

BN20.ch est virtuellement partout : à la maison, en bibliothèque, à l'école, à l'université, dans la rue, – presque
toujours solitaire.

BN20.ch est située dans un lieu unique et précis, lieu de
stockage des collections mais aussi lieu de représentation, d'identification, de communion. Assimilation,
appropriation du lieu et de son contenu, émulation,
stimulation.

BN20.ch persiste sous une forme architecturale.

Nous l'avons imaginée tel un corps :

une tête,

lieu de rencontre, d'émulation, d'échange, d'interactivité, de
lien,

lien entre passé et présent, lien entre toutes les formes
d'écrit, lien entre toutes les cultures, tous les usagers,

lieu d'expositions, de conférences : un hall, des salles, un
bistrot, autant de boîtes flottant dans l'espace,

lieu ouvert, proche de la vie, dans la ville,

vivant, bruyant, coloré, stimulant, zappeur, convivial,
public, populaire,

un ventre,

lieu de sauvegarde du patrimoine, de préservation, de sanc-
tuaire,

concentration, sensualité,

lieu qui révèle la dimension des collections,

mise en scène d'un grand compactus, où la substance du
patrimoine devient substance de l'espace,

fermé, mystérieux, silencieux, tamisé, ombré, respectueux,

lieu qui se remplira, se déformera au fil du gonflement de la
production.ch,

une membrane,

derme d'une certaine épaisseur,

lieu de relation entre la tête et le ventre,

relation virtuelle : mur de prises, de bornes, d'écrans, pour
consultation, chargement, lecture électronique

relation réelle : percements, passages, se voir et se donner à
voir, toucher,

un site,

une ville, un concentré de ville, dans la ville, en son cœur, à
la rencontre des pôles qui font une ville, densité, mouvement, diversité, un lieu chargé d'une histoire, conversion, reconversion, superposition.

Le projet commence dans la ville : un espace public, une
place qui se prolonge dans l'espace de communion de la
BN, que la membrane sépare de l'espace sécurisé du
stockage ; machine se développant en strates, horizonta-
lement, structure qui pourra évoluer, se déformer pour
s'adapter aux besoins futurs de la BN.

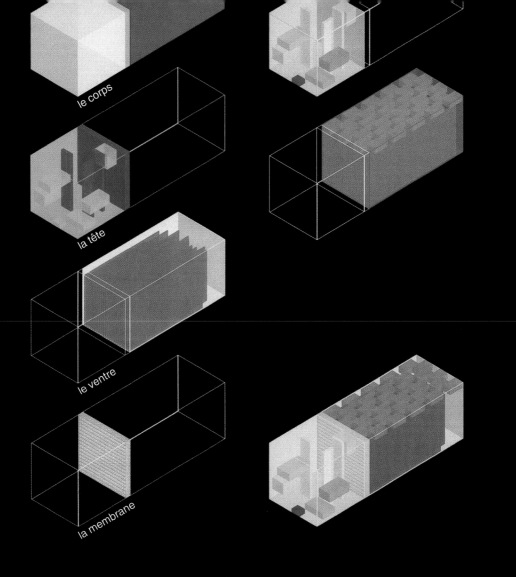

le corps

la tête

le ventre

la membrane

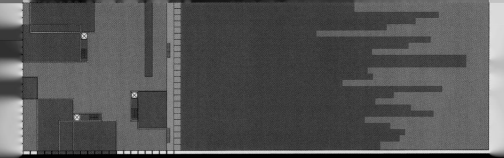

Plan

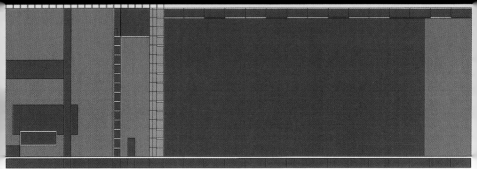

Plan

BN2020

BN20. ch is practically everywhere: in homes, libraries, schools, universities and in the streets; yet it is practically always solitary.

BN20.ch is set in a unique and precise place – a place for stocking collections, but also a place of representation, identification and of communion. It appropriates its territory and assimilates its content; it emulates; it simulates.

BN20.ch is firmly inscribed in architectural form;

it is like a body,

a head;

it is a place for meeting, for emulating, for sharing, for interacting, for bonding;

it is a link between past and present; between all forms of writing; between all forms of culture; between all forms of users;

it is a place for exhibitions, for conferences: a hall, rooms, a bistro, boxes floating in

space;

an open place, bustling with life, in the city;

humming with people, noise and colour; stimulating, zapping, warm and friendly; a public place, a place for the people;

a belly,

a place for safeguarding heritage, for conserving; a sanctuary,

seething with sensuality, with concentration;

a place dimensioned by collections,

compactly staged so their very substance becomes a spatial substance;

enclosed, mysterious, silent, subdued, shadowed, respectful;

a place whose shape is filled and distorted as ch. output grows;

a membrane,

a derm of certain thickness;

a connection between head and belly;

a virtual connection: a wall of sockets, markings and screens for viewing, charging and electronic reading;

a real connection: gaps and openings for seeing, for touching;

a site,

a city, a concentrated city within the city; in its heart, mirroring the different poles of a city – density, movement, a place steeped in history, in conversion, in re-conversion, in superimposition.

Each project starts in the city: a public space, a square continuing into the spiritual space of the BN, separated by a membrane from the safe haven of storage; a machine stretching horizontally out into strata; an evolving structure that twists and turns, adapting to the future needs of the BN.

BN2020

BN20.ch ist überall gleichzeitig : zu Hause, in der Bibliothek, in der Schule, an der Universität, auf der Strasse – fast immer allein.

BN20.ch befindet sich an einem bestimmten Ort, als Lager der Bestände, aber auch Ort der Repräsentation, der Identifizierung, der Gemeinschaft. Assimilation, Verinnerlichung des Ortes und seiner Botschaft, Wettstreit, Anregung.

BN20.ch existiert auch in architektonischer Form.

Wir sehen ihn als Körper :

ein Kopf,

Ort der Begegnung, des sich Messens, des Austausches, der Interaktivität, der Verbindung,

Bindeglied zwischen Gestern und Heute, zwischen allen Arten des schriftlichen Ausdrucks, zwischen allen Kulturen und allen Nutzern,

Ausstellungs- und Konferenzräume : Örtlichkeiten, Säle, Lokale, überall Kasten in der Schwebe,
offen, lebensnah, stadtverbunden,
lebendig, laut, farbig, stimulierend, fürs Zappen geschaffen, benutzerfreundlich, öffentlich, beliebt,
ein Bauch,
ein Ort für das Vermächtnis, seine Rettung und Bewahrung, ein Sanktuarium,
der Konzentration und der Sinnlichkeit gewidmet,
wo sich die Dimensionen der Bestände offenbaren,
wird ein umfangreicher Compactus in Szene gesetzt, der Kern des Vermächtnisses als Herz, das
den Raum ausmacht,
verschlossen, geheimnisvoll, still, gedämpft, schattig, ehrfurchtsvoll,
ein Ort, der mit der Produktion.ch wächst und anschwillt,
eine Membran,
eine Haut von bestimmter Durchlässigkeit,
Bindeglied zwischen Kopf und Bauch,
virtuelle Beziehung :
aneinandergereihte Steckdosen, Konsolen, Bildschirme, zum Abfragen, Speichern, elektronischen Lesen,
reelle Beziehung : Durchbrüche, Einblicke, erkennen und sich zu erkennen geben, berühren,
ein Standort,
eine Stadt, ein Stadtextrakt, innerhalb der Stadt, in ihrem Kern, im Schnittpunkt jener Extreme, die
eine Stadt ausmachen, dicht, in Bewegung, vielfältig, ein geschichtsträchtiger Ort, ein Ort des
Wandels, der Neugestaltung und der Überlagerungen.
Ausgangspunkt des Projektes ist die Stadt : ein öffentlicher Raum, ein Platz, der in die Gemeinschaft der BN20 hineinragt, aber durch eine Membran getrennt ist von den Räumlichkeiten, in denen die Bestände gesichert lagern ; ein Vehikel, das sich in Schichten entwickelt, horizontal, in aus-
baufähigen Strukturen, geeignet, auch künftige Bedürfnisse der BN20 aufzufangen.

Bonnard & Woeffray

Names:	Bonnard & Woeffray (architects)
Age:	80 (the two of us put together)
Nationality:	Swiss
Training:	École polytechnique fédérale de Lausanne (Geneviève Bonnard) and école technique supérieure de Bienne (Denis Woeffray)
Office:	Set up our architectural office in '90 in Lausanne, then in '92 in Monthey (Valais)
Career:	Numerous competition entries
Built works:	School and multi-functional hall in Raron; farm building and training centre in St. Maurice, primary school and library in Bouveret, primary school in Vers-l'Église Fully, housing in St. Maurice (under construction) and teacher-training school in Lausanne
Associations:	Members of FAS (fédération des architectes suisses) and of SPAS (société des peintres sculpteurs architectes suisses)

ROBERTO BRICCOLA   TI

La Biblioteca nazionale rappresenta l'identità della Svizzera e in particolare l'unità delle differenti culture che la costituiscono.

Nel 2020 essa non sarà un gigantesco deposito sotterraneo o un'enorme banca dati consultabile dalla propria solitudine, bensì un centro vivo d' incontro tra culture e persone provenienti dalle differenti regioni elvetiche.

Le opere qui riprodotte dell'artista bernese Peter Wüthrich, collaboratore a questo progetto, oltre a testimoniare concretamente l'incontro tra persone di culture diverse, rappresentano con estrema incisività la visione della Biblioteca nazionale quale luogo pubblico d'incontro. Ecco allora i libri trasformarsi in costruzioni primordiali raccolte attorno ad uno spazio comune e ancora divenire semplici e rudimentali sgabelli dove sedere e crescere raccontandoci le nostre diversità.

"Literarisches Modell", 26 x 180 x 180 cm
Kulturgeschichtliches Museum Osnabrück, 1998

La nuova biblioteca sarà un edificio
simbolo dell'unità nella diversità,
unico, centralizzato, fisicamente pre-
sente e sensibile alla specificità del
luogo dove sarà realizzato.
I libri costituiranno la massa chiusa e
monolitica dei depositi tra i quali si
svilupperanno organicamente gli
spazi aperti di circolazione, di incontro, di scambio, di lettura e di lavoro.
Ecco allora i libri trasformarsi in edificio di otto, nove, dieci piani, com-
parire sulle singole facciate i grandi
vuoti asimmetrici e diversificati degli
spazi comuni, la gente incontrarsi
sulla prospiciente piazzetta prima
dell'esposizione, sporgersi curiosa
dal parapetto sul tetto giardino, riu-
nirsi davanti all'ingresso principale
dopo la manifestazione e infine di-
scutere nel piccolo bar del piano ter-
reno del come tutto ciò, senza libri,
non sarebbe stato possibile.

Roberto Briccola
Giubiasco, 27 settembre 2000

"Literarisches Modell", 200 x 400 x 350 cm
Kunstverein Friedrichshafen, 1998

The National Library embodies the identity of Switzerland, in particular the unity of the various cultures that make up the country.

In the year 2020, the National Library will not be a huge, underground storeroom for books or a mammoth database that users call up in isolation, but a lively meeting place for the cultures and people from various regions of Switzerland.

The works of art depicted here by the Bern artist Peter Wüthrich – who is involved in the project – are not only concrete proof of the encounter between members of the various cultures, but also provide a view of the National Library as a public meeting place.

The books are transformed into ancient building blocks. Placed around a common room, they are transformed into simple and rudimentary stools on which we can sit and grow while talking to each other about our differentness.

The new National Library is a symbol of unity in diversity – unique, centralised, physically present and able to incorporate the qualities of the place where it is emerging.

Books are still seen as a self-contained, monolithic mass that fills the closed stacks. Between them, open areas will emerge organically for rearrangements, encounters, exchanges, reading and work. The books will be transformed into a building that is eight, nine, or ten stories tall. They will reveal, on the individual facades, the irregular and various empty spaces of the public rooms. And people will meet in the forecourt before exhibition openings, look out from the garden-like roof terrace, gather in front of the main entrance after the event and finally discover in the small ground-floor café that all of this would not have been possible without books.

Die Landesbibliothek verkörpert die Identität der Schweiz, insbesondere die Einheit der verschiedenen Kulturen, aus denen sie besteht.

Sie wird im Jahr 2020 nicht ein gewaltiges unterirdisches Büchermagazin oder eine riesige, aus der eigenen Einsamkeit abrufbare Datenbank sein, sondern vielmehr ein belebtes Begegnungszentrum für Kulturen und Menschen aus den verschiedenen Regionen der Schweiz.

Die abgebildeten Werke des Berner Künstlers Peter Wüthrich, der am Projekt beteiligt ist, sind das konkrete Zeugnis der Begegnung von Angehörigen verschiedener Kulturen und gleichzeitig das scharf umrissene Bild der Landesbibliothek als öffentlicher Ort der Begegnung.

Die Bücher verwandeln sich dabei in Urkonstrukte. Um einen gemeinsamen Raum versammelt, werden sie zu simplen und rudimentären Hockern, auf denen wir sitzen und wachsen können, während wir uns gegenseitig von der eigenen Andersartigkeit erzählen.

Die neue Landesbibliothek wird ein Symbol der Einigkeit in der Andersartigkeit sein – einmalig, zentralisiert, physisch präsent und fähig, auf die Beschaffenheit des Ortes einzugehen, an dem sie entsteht.

Noch immer werden Bücher als in sich geschlossene und monolithische Masse die Magazine füllen. Dazwischen werden organisch offene Flächen für Verschiebungen, Begegnungen, Austausch, Lektüre und Arbeit entstehen.

Sie werden sich in ein Gebäude verwandeln – acht, neun, zehn Stockwerke hoch –, und an den einzelnen Fassaden die ungleichmässigen und unterschiedlichen Leerflächen der Publikumsräume freilegen. Und die Menschen werden einander vor Ausstellungseröffnung auf dem Vorplatz begegnen, von der gartenartigen Dachterrasse neugierig hinausblicken, nach der Veranstaltung vor dem Haupteingang zusammenfinden und schliesslich im kleinen Parterrecafé feststellen, dass dies alles ohne Bücher gar nie möglich gewesen wäre.

Roberto Briccola

Born 1959

1984	Architectural diploma at the ETH Zurich; participation in the International Laboratory of Architecture and Urban Design in Siena; Fritz Schumacher foundation scholarship in Hanover
1986	Opened architectural office in Giubiasco
Since 1991	With Luigi Snozzi member of the Monte Carasso development planning commission
1993	Exhibition in the Museum of Contemporary Art in Madrid
1991 and 1996	Lectures at the Sud California Istituto d'Architettura in Vico Morcote
1996	Exhibition in the Chiostro dei Cappuccini in Trento
1999	Lecturer in the planning seminar of the Kölner Fachhochschule in Vico Morcote
2000	Lecture at the Architektur Forum in Zurich; special prize of the Reiner foundation in Hamburg for a timber-frame construction in Campo

Peter Wüthrich

Born 1962 in Bern

Lives and works in Bern

CONRADIN CLAVUOT   GR

Erscheinungsbild der zukünftigen
Schweizerischen Landesbibliothek (SLB)

Die Hauptanforderungen an die SLB der Zukunft sind ihre quasi unendliche Erweiterbarkeit und die unmittelbare Benutzbarkeit ihrer Daten.

Das Zentrum soll irgendwo in einer gut erschlossenen, riesigen Grünfläche mitten in der Schweiz zu liegen kommen. Hier werden weiterhin alle Bücher und Medien verwaltet, ausgeliehen und zu Forschungszwecken zur Verfügung gestellt.

Die Bücher werden in batterieartigen Primärspeicherzellen aufbewahrt. Diese sind in Form von Monoblocks ausgebildet und können modulartig den zukünftigen Anforderungen entsprechend in alle Richtungen ergänzt und erweitert werden. Das Innere dieser Monoblocks ist karg, der Raum wird bis auf den letzten Millimeter ausgenutzt und weist eine technische Ausrüstung auf, um den gesamten Buchbestand optimal zu konservieren und zu schützen.

Parallel zu den Monoblocks wird die SLB eine Dateiregistratur als Sekundärspeicher anlegen, welche alle Informationen aus allen in

der SLB eingelagerten Datenträgern und über die Medien selbst in Form von digitalen Daten genaustens speichert. Diese Daten können von Mediengeneratoren aus abgerufen werden, die sich als dezentrale Stationen – Bahnhöfen ähnlich – über die ganze Schweiz verteilt befinden.

Die Mediengeneratoren werden Informationen aus verschiedenen Büchern nach Wunsch zu bestimmten ausgewählten Themen zusammentragen oder spezifische Informationen filtern. In beliebiger Sprache werden diese Informationen virtuell zur Verfügung stehen oder können auch zu neuen gedruckten Versionen zusammengestellt werden.

Die Mediengeneratoren beherbergen einen Klonapparat, welcher fähig ist, das vom Leser gewünschte Buch – vom Taschenbuch über die Tageszeitung bis zum mittelalterlichen Codex – aus verschiedenen gut verbindenden und zerlegbaren Substanzen innert Minuten zu klonen, also absolut originalgetreu zu reproduzieren. Nach Gebrauch können diese geklonten Bücher problemlos und äusserst umweltverträglich im Mediengenerator rezykliert, d.h. in ihre Einzelkomponenten zerlegt werden.

The Swiss National Library (SNL) of the Future

Virtually infinite expandability and direct accessibility of data will be the main demands placed on the Swiss National Library (SNL) of the future.

The centre is to be located in an easily accessible, extensive green area in the middle of Switzerland. Here all books and media will be managed, lent out and made available for research purposes. The books will be stored in rows of primary storage cells. These will have the form of mono-blocks and, due to their modular character, can be supplemented and extended in all directions to accomodate future demands. The interior of these mono-blocks will be very plain, with every millimetre of space used for storage. The integrated technical installations will ensure optimal preservation and protection of the entire stock of books.

Parallel to the mono-blocks, the SNL will establish a secondary storage facility in the form of a database, which will digitally store all information contained on all forms of data-carriers held by the library. It will be possible to access these data via "media generators," which – like railway stations – will be distributed throughout Switzerland.

The media generators will be able to collect information on selected themes and filter specific information required by users. While this information will be available in the desired language in virtual form, it will also be possible for the user to produce a newly printed version of the information compiled.

The media generators will contain a cloning apparatus, which is capable of cloning the book selected by the reader within minutes – whether paperback, newspaper or medieval manuscript. It will thus be possible to create an exact reproduction of any publication. The materials used to create these cloned books will allow for easy and ecological recycling in the media generator once the user is finished with them.

A quoi ressemblera la Bibliothèque nationale suisse (BN) de demain ?

La BN de demain devra répondre à deux exigences principales : être extensible pratiquement à l'infini et offrir un accès immédiat aux données qu'elle conserve.

Son siège devra se situer quelque part au centre de la Suisse, à un endroit aisément accessible et dans un immense espace vert. C'est ici qu'on s'occupera de gérer, de prêter et de mettre à disposition des chercheurs l'ensemble des livres et des supports d'information.

On collectionnera les livres dans des cellules de conservation primaire, juxtaposées les unes aux autres. Ces séries de cellules seront quant à elles agencées en monoblocs, qui pourront se joindre et se développer dans toutes les directions, répondant ainsi de façon souple aux exigences de l'avenir. On aménagera avec un souci d'efficacité l'espace intérieur de ces monoblocs, qui seront dotés d'un dispositif technique conçu pour protéger et conserver de façon optimale les livres stockés. On utilisera leur volume jusqu'au dernier millimètre.

En plus de ces monoblocs, la BN stockera méticuleusement sous forme de données digitales toutes les informations contenues dans les différents supports de données entreposés à la BN, de même que toutes les informations disponibles sur les supports eux-mêmes. Ces enregistrements feront office de mémoire secondaire. Des générateurs de médias répartis sur toute la Suisse fonctionneront comme services décentralisés à partir desquels on pourra charger ces données digitales – en quelque sorte un réseau de gares desservant la BN.

Selon les désirs des utilisateurs, ces générateurs filtreront des informations spécifiques ou rassembleront des informations concernant certains thèmes glanés à différentes sources. Ces informations seront mises à la disposition du public sous forme virtuelle ou imprimées dans la langue de son choix.

Les générateurs de médias contiendront en outre un appareil de clonage qui sera capable de reproduire en quelques minutes le livre sélectionné par le lecteur – du livre de poche au codex du Moyen Âge, en passant par le simple quotidien –, c'est-à-dire de le dupliquer de façon absolument fidèle à l'original. On fabriquera ces copies au moyen de diverses substances qui s'aggloméreront facilement, mais qui seront aussi aisément décomposables.

Après utilisation, les livres clonés pourront sans difficultés être décomposés en leurs différents éléments et recyclés dans le générateur, sans risque de pollution.

Conradin Clavuot

1962	Born in Davos/GR
1982–87	Studies in architecture at the ETH in Zurich
1988	Diploma with Prof. Fabio Reinhart
1988	Opened own architectural office in Chur/GR

Selected examples of work

1989–98	Diverse conversion projects
1993/94	New building – Vorderprättigau underground station, Seewis/GR
	Prize for "Gute Bauten im Kanton Graubünden"
	International prize for "Neues Bauen in den Alpen", 1995, Sexten/I
1996	St. Moritz ice sports centre, in collaboration with Hönger & Giuliani, competition winner
	Realisation rejected by public 1998
1994–98	New building – school complex St. Peter/GR, competition winner
	Realisation 1997/98, in collaboration with Norbert Mathis
	International prize for "Neues Bauen in den Alpen", 1999, Sexten/I
	Awarded "prix lignum" Swiss timber-frame construction prize 1999
1999–2000	New building – "Rossboden Garage" in Chur/GR
2000	Development and design of Bahnhofplatz Chur
	Competition winner and project development
2001	New building – Raselli detached family house in Poschiavo/GR

Collaborator on all projects: Claudia Clavuot-Merz

Publications

| 1991 | Editor/publisher of the book "Die Kraftwerke im Kanton Graubünden", together with Jürg Ragettli |
| 2000 | "Die Unschuld des Wassers" in the book "Per un'Architettura dell'Acqua – Büvetta Tarasp" |

GALLETTI & MATTER   VD

La BN s'insère aujourd'hui dans un réseau dense de bibliothèques communales, cantonales ou universitaires. L'accès à l'information pour chaque citoyen a profondément changé et l'Internet va encore renforcer l'efficacité du réseau en faisant aboutir l'information directement au coeur de chaque habitation. Le rôle de diffusion doit par conséquent être délégué au réseau. Seuls les documents non accessibles par d'autres canaux pourront être consultables à la BN. Notre société actuelle est caractérisée par une évolution toujours plus rapide ; la dématérialisation des supports, la suprématie des transmissions électroniques nous font entrer inexorablement dans l'ère de l'instantané.

Depuis leurs origines, les bibliothèques se sont adaptées aux évolutions techniques (naissance de l'imprimerie) ou politiques (libre accès) en séparant de plus en plus les espaces de stockage et les lieux de lecture. Cette séparation va se renforcer avec l'évolution des technologies digitales, l'écran étant déjà l'interface de référence pour la consultation des catalogues ou la commande de documents.

FACE A CETTE CULTURE DE L'ÉPHÉMÈRE, LE RÔLE DE LA BN DOIT SE RECENTRER SUR SES TÂCHES SPÉCIFIQUES DE COLLECTE ET DE CONSERVATION A LONG TERME.

STRATÉGIES DE CONSERVATION

Comment aborder la problématique de la pérennité d'une trace dans le temps ? Du point de vue de l'architecte, l'histoire nous propose deux pistes différentes :

La sauvegarde dans la permanence :	La sauvegarde dans le renouvellement :

1 Temple d'Edfou, Egypte.	2 Temple d'Ise, Japon.
La simplicité des principes constructifs mis en œuvre combinée aux conditions climatiques garantissent la pérennité.	Depuis sa fondation, le temple est reconstruit à l'identique sur un cycle de 21 ans. Le bâtiment avant que des traces de dégradations n'apparaissent, sera détruit pour laisser place à un édifice identique. Le principe de reconstruction à l'identique remet en cause la notion traditionnelle d'original.

Ces deux méthodes pourraient fonder une stratégie de conservation répondant aux caractères fondamentalement différents des supports traditionnels et des supports digitaux. La première, fondée sur la permanence physique du support, implique la mise en place de conditions climatiques idéales à la pérennité du document original : hygrométrie et température constantes. La deuxième répond à l'évolution permanente des supports et des modes d'accès au document numérique par son renouvellement régulier.

L'architecture ne peut donner une réponse aux questions d'accès et de diffusion de l'information qui vont s'appuyer sur les technologies digitales, **elle doit par contre donner une réponse durable au problème de la conservation des documents et à la croissance illimitée du stock.**

CONCEPT

Confronté à la diffusion « instantanée » et à la conservation « éternelle » des documents, le projet propose une séparation radicale de ces espaces régis par des réalités temporelles complètement opposées :

Une infrastructure de stockage intemporelle traversant les générations et garantissant la permanence exigée par les buts constitutionnels de la BN. Elle doit s'implanter à proximité d'un nœud de communication physique et digital pour assurer des relations rapides et efficaces avec le bâtiment interface.

Cette infrastructure doit garantir la permanence des conditions climatiques idéales à la conservation des documents et répondre à la croissance continue de la masse de documents à conserver.

3 Principe du grenier.

4 Principe de la cave.

Le projet se fonde sur une relecture de techniques ancestrales visant à produire un climat adapté à la conservation des denrées périssables : le grenier et la cave.

Un bâtiment interface accueillant les derniers raffinements technologiques dont l'infrastructure en constante évolution s'adapte au gré des usages et des techniques de chaque génération. Le bâtiment actuel de la BN ne permettant pas d'absorber à long terme la masse de documents à venir, pourrait devenir cet interface aussi bien pour l'accueil du public que pour la collecte et le traitement des documents.

La combinaison de ces archétypes (cave et grenier) permet de construire un espace garantissant hygrométrie et température constantes sans l'apport d'énergie ni l'entretien permanent inhérent aux installations techniques de gestion du climat.

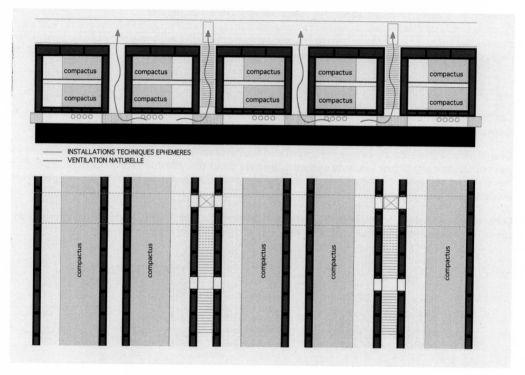

Coupe et plan de principe partiels.

Couplée à la ventilation naturelle, l'énorme masse d'un conglomérat de ciment de pierre et d'argile expansé garantit une température et hygrométrie constantes. Les installations techniques sont conçues comme des compléments éphémères non nécessaires liés aux exigences particulières de chaque génération.

482

La croissance continue des espaces de stockage est garantie par un principe de plan en spirale permettant des ajouts continuels.

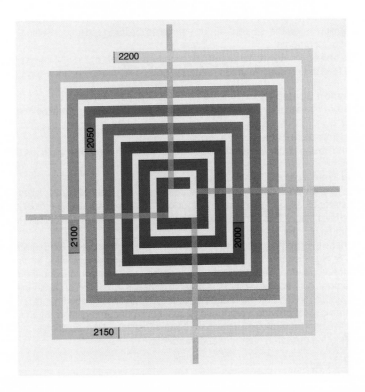

Plan de principe.

Les installations d'accès au stock sont conçues comme des éléments techniques de chaque époque. L'organisation du stockage est principalement chronologique, les catalogues informatiques permettant tous les regroupements thématiques imaginables.

Illustrations :
1 Temple d'Edfou. *Egypte.* Office du Livre, Fribourg 1964, p. 158.
2 Temple d'Ise. *Japon.* Office du Livre, Fribourg 1969, p. 20.
3 Grenier. *La casa rurale in Svizzera.* Tipografia G. Krebs SA, Bâle 1976, p. 51
4 Escaliers de la « Citerne Secrète » de Mycenae. *Between silence and light.* Shambhala, Boston 1979, p. 13.

Role of the Swiss National Library Today

The Swiss National Library (SNL) forms part of a dense network of local, regional and academic libraries. In recent years, information access has undergone profound change, not least due to Internet which will very soon become a source of "on-tap" information for every home. These changes are driving our society into the age of immediacy at a galloping rate, with paper becoming increasingly rarer as a medium of communication. Consequently, only those documents that cannot be accessed via Internet or other channels of information will be made available for consultation at the SNL.

Throughout time, libraries have adapted to technological progress (the birth of printing for instance) as well as to political developments (such as the free access policy) by storage space being gradually separated from reading places. This division will be widened even further with the growth of digital technologies; as it is, screens already serve as the interface for consulting catalogues or ordering specific documents.

Given the transient nature of this new form of culture, the role of the SNL must be reshaped, becoming more focused on specific areas related to book collections and long-term conservation.

Conservation Strategies

How can we leave an indelible stamp on history? From an architectural perspective, there are two options:

Ongoing Protection: Edfou Temple, Egypt.

Simple and strong construction principles combined with climatic conditions that guarantee longevity.

Renewed Protection: Ise Temple, Japan.

From the time it was built, the temple has been reconstructed every 21 years. That is, before the building starts to fall into disrepair, it is knocked down and a building of exactly the same design is erected in its place. This principle of reconstructing an identical edifice calls into question the traditional notion of what is "original".

Each of these two methods offers a conservation strategy that differs fundamentally from traditional methods or digital strategies. One presupposes that the communication aid is physically durable, and that there are ideal climatic conditions for preserving the original document, such as a steady level of temperature and humidity. The other is rooted in the notion of continually regenerating both the communication aid and the means of accessing digitalized documents.

Architecture cannot provide a response to questions concerning information access and its transmission via digital technologies. However, it can offer a long-term solution to the problem of conserving and storing unlimited numbers of documents.

Design Concept

The scheme is based on radically dividing spaces that are governed by opposing temporal realities in order to better respond to "instantaneous" communication and the desire to conserve documents "forever". The underlying design concept includes:

A substructure of timeless storage rooms that recount the ages and guarantee longevity, as stipulated in the constitutional aims of the SNL. This substructure must be located near a physical and digital communication hub to ensure fast and efficient links with the interface building. In addition, it must cater for the growing number of documents earmarked for conservation and must be strictly regulated in terms of humidity and temperature. The scheme is therefore a reworked version of time-honoured devices (the cellar and the attic) whose climatic conditions are favourable for conserving perishable commodities.

An interface building housing the latest technological developments that can be continually adapted to the uses and technologies of each generation. Since the current SNL building does not have the facilities to absorb the masses of future documents, it could serve the role of this interface. It could equally be used as a public foyer as well as a place for collecting and sorting documents.

484

Program: A Library of Unlimited Growth

These two archetypes – the cellar and the attic – will result in a space with a constant level of temperature and humidity without resorting to a source of energy or the maintenance that is usually required for temperature-controlling equipment.

Partial Section and Design Study

A constant level of temperature and humidity is ensured by a huge block of stone cement and expanded clay that is ventilated naturally. The technical installations are designed as impermanent features linked to the specific needs of each generation.
Storage spaces can be continually extended by means of a spiral plan.

Design Study

The storage access facilities are designed in the form of technical components that reflect each epoch. Storage is organized on a chronological basis, with computerized catalogues that enable all types of documents to be grouped into any number of themes.

Die Rolle der Schweizerischen Landesbibliothek heute

Die SLB ist heute Teil eines dichtgeknüpften Netzes von Gemeinde-, Kantons- und Universitätsbibliotheken. Der Zugang zur Information hat sich für die Mitglieder unserer Gesellschaft grundlegend verändert; das Internet wird die Leistung dieses Netzwerks noch steigern, indem es die Information unmittelbar ins Innere jeder Wohnung gelangen lässt. Die Verbreitung muss deshalb diesem Netz übertragen werden. In der SLB werden nur noch jene Dokumente zur Verfügung stehen, die über keine anderen Kanäle zugänglich sind. Unsere Gesellschaft ist heute charakterisiert durch eine Entwicklung, die sich dauernd beschleunigt; unerbittlich zwingen uns die Entmaterialisierung der Träger, die Überlegenheit der elektronischen Weitergabe ins Zeitalter der Augenblicklichkeit hinein.
Seit ihren Anfängen haben sich die Bibliotheken dem Wandel angepasst, dem technischen (Erfindung des Buchdrucks) wie dem politischen (freier Zugang) und so die Räume für die Archivierung immer deutlicher von den Orten des Lesen geschieden. Diese Trennung wird sich mit dem Ausbau der digitalen Technologien noch verstärken; schon heute ist der Bildschirm die zentrale Schnittstelle für die Katalogabfrage oder die Bestellung von Dokumenten.
Angesichts dieser Kultur der Flüchtigkeit muss die Rolle der SLB auf ihre spezifischen Aufgaben des Sammelns und der langfristigen Bewahrung zurückgeführt werden.

Strategien der Konservierung

Wie lässt sich die Aufgabe, eine Spur in der Zeit fortbestehen zu lassen, lösen? Vom Standpunkt des Architekten bietet uns die Vergangenheit zwei Möglichkeiten an:
Die Bewahrung durch Dauer: Tempel von Edfu, Ägypten.
Einfache Bauprinzipien, kombiniert mit idealen Klimabedingungen garantieren den Fortbestand.
Erhaltung durch Erneuerung: Tempel von Ise, Japan.
Seit seiner Gründung baut man den Tempel alle 21 Jahre unverändert neu auf. Bevor sich Spuren der Zerstörung zeigen, wird das Gebäude niedergelegt, macht einem identischen Bauwerk Platz. Das Prinzip der ununterscheidbaren Rekonstruktion stellt den herkömmlichen Begriff des Originals in Frage.
Diese beiden Methoden könnten als Grundlage einer Konservierungsstrategie dienen, die den wesentlich verschiedenen Wesensmerkmalen traditioneller und digitaler Träger entspricht. Die eine beruht auf der physischen Präsenz des Trägers und setzt für den Fortbestand des Originaldokumentes ideale Klimabedingungen wie konstante Feuchtigkeit und Temperatur voraus. Die andere reagiert mit fortlaufender Erneuerung auf den ständigen Wandel von Trägern und Verwendungsweise der digitalen Dokumente.

Die Architektur kann Fragen des Zugriffs verbunden mit der Verbreitung von Information, die digitale Technologien einsetzen, nicht beantworten – für das Problem der Konservierung von Dokumenten und für das unbegrenzte Anwachsen der Bestände hingegen muss sie eine langfristige Lösung finden.

Konzept

Konfrontiert mit der «unverzüglichen» Verbreitung und der «ewigen» Erhaltung von Dokumenten, trennt das Projekt diese von entgegengesetzten zeitlichen Vorgaben beherrschten Bereiche radikal:

Eine zeitlose Magazininfrastruktur, die über Generationen Bestand hat und die vom gesetzlichen Auftrag der SLB geforderte Dauer gewährleistet. Sie ist in der Nähe eines physischen und digitalen Kommunikationsknotenpunkts zu errichten, um die rasche und leistungsfähige Verbindung mit dem Schnittstellen-Gebäude sicherzustellen. Diese Infrastruktur muss die langfristig konstanten Klimaverhältnisse garantieren, die für die Erhaltung der Dokumente notwendig sind, und die stetig wachsende Zahl der zu konservierenden Dokumente aufnehmen können.

Das Projekt stützt sich auf eine Neuinterpretation von technischen Einrichtungen, die schon unsere Vorfahren nutzten, um ein für die Lagerung verderblicher Güter geeignetes Klima zu schaffen: den Speicher und den Keller.

Ein Schnittstellen-Gebäude, das mit den neusten technologischen Errungenschaften ausgestattet ist, mit einer Infrastruktur, die sich fortlaufend entwickelt und sich den Nutzungsbedürfnissen und den technischen Möglichkeiten jeder neuen Generation anpassen kann. Das heutige Gebäude der SLB, das die künftig zu erwartende Menge an Dokumenten nicht aufzunehmen vermag, könnte diese Schnittstelle sein, für den Empfang des Publikums einerseits, für die Aufnahme und Bearbeitung der Dokumente andererseits.

Projekt: Eine Bibliothek des unbegrenzten Wachstums

Die Verbindung dieser beiden Archetypen (Keller und Speicher) macht es möglich, einen Raum zu konstruieren, der konstante Feuchtigkeit und Temperatur garantiert, und zwar ohne Energiezufuhr und ständige Wartung, wie sie technische Klimaanlagen erfordern.

Querschnitt und Grundriss (Ausschnitte)

Die mit einer natürlichen Belüftung gekoppelte Baumasse – eine Mischung aus Zement, Stein und Blähton – gewährleistet gleichbleibende Temperatur und Luftfeuchtigkeit. Die technischen Anlagen sind als beiläufige fakultative befristete Ergänzungen verstanden, abhängig von den spezifischen Bedürfnissen jeder Generation.

Die kontinuierliche Erweiterung der Magazinräume wird durch ein Bauprinzip ermöglicht, das auf einem Spiralsystem beruht.

Grundriss

Die Einrichtungen für den Zugriff auf die Bestände sind als epochenabhängige technischen Elemente zu verstehen. Die Magazinierung ist hauptsächlich chronologisch organisiert, wobei informatisierte Kataloge beliebig vorstellbare Gliederungen ermöglichen.

486

Oliver Galletti

Born in 1963

1998	Graduated from EPF Lausanne
1989	Set up the G&M office
1996	Became a member of FAS

Claude Anne Marie Matter

Born in 1964

1998	Graduated from EPF Lausanne
1989	Set up the G&M office
1996	Became a member of FAS

We set up our office in 1989 following a winning competition entry. Our work comes from two main sources: major competition projects and private commissions. Our design approach is resolutely pragmatic; if it weren't then our winning schemes could well have been left to vegetate, given the financial difficulties experienced by local public authorities over the past few years. Our office draws up schemes based on an in-depth assessment of the given context. Consequently, we do not simply look at the short term when designing buildings; we place just as much importance on how the buildings will be used in the long term and how they will impact the environment. These essential criteria are incorporated into the design phase right from the very outset.

Our young office has been awarded a number of prizes and special mentions for its skills and innovative designs, including:

Prix Vaudoise – special mention (1992)
Andréa Palladio international prize (1993)
Prix Suisse Béton – special mention (1993)
Die Beste Architektur 10 vor 10 / Hochparterre (1998)

Main prize-winning competition entries:

1989	Monthey town hall	1st prize
1990	Monthey district school	2nd prize
1991	Fully district school	1st prize
1993	Gruyère space in Bulle exhibition centre	1st prize
1994	SIA Martigny Pavilion	1st prize
1996	Technical school and gymnasium, Marcellin	2nd prize
1997	Collombey-Muraz secondary school	1st prize
1998	Bulle market square	1st prize
2000	Sports hall and multifunctional hall, Renens	1st prize
2000	Teacher-training school, Lausanne	2nd prize
2000	Speech therapy unit, Lausanne	1st prize
2000	Extension to Saillon primary school	1st prize

Exhibitions

1992	Portrait d'architectures vaudoises, Lausanne
1993	Premio internaz. di architettura Andrea Palladio, Vicenza
1994	Zaragoza Biennial of Architecture
1994	Prix béton, Ecoles polytechniques Lausanne/Zürich
1994	Bauten junger internationaler Architekten, Fontane Haus Berlin
1998	La romandie existe, Architektur forum Zürich, EPF Lausanne

CHRISTIAN KEREZ   ZH

DIE SCHWEIZ

29 458 Publikationen, u.a. 13 694 Bücher, 7 481 Publikationen ausserhalb des Buchhandels, 1 652 Übersetzungen, 1 236 Musiknoten, 225 Karten, 43 Kalender.   **370 Zeitungen,** u.a. 97 999 350 Exemplare Jahresgesamtauflage des Blick, 51 456 225 Exemplare Jahresgesamtauflage der NZZ, 7 194 360 Exemplare Jahresgesamtauflage von Zeitungen für Ausländer   **11 137 Zeitschriften,** u.a. 119 Architektur- und Bauzeitschriften mit einer Jahresgesamtauflage von 6 726 918, 19 Erotikzeitschriften mit einer Jahresgesamtauflage von 4 029 632 Exemplaren, 18 Uhrenzeitschriften mit einer Jahresgesamtauflage von 1 961 600 Exemplaren (Angaben 1999)

2075 27 221 933 BÜCHER

2050 13 984 852 BÜCHER

2025 6 995 622 BÜCHER

1999 3 449 410 BÜCHER

18 407 119 SFr Gesamtbudget der SLB, u.a. 1 800 050 SFr für Veröffentlichungen, 1 300 831 SFr für Konservierung und Restaurierung, 1 138 004 SFr für Ankäufe der Bibliothek. **101 202 ausgeliehene Werke,** u.a. 56 040 per Ausleihe im Lesesaal, 28 087 per Ausleihe am Schalter, 14 173 per Postversand (Zunahme zum Vorjahr 1998: 25.3%) **3 499 410 Bücher** oder 479 km Regallänge Sammlungsbestand 1999 13 984 852 Bücher oder 1 913 km Regallänge geschätzter Sammlungsbestand im Jahr 2050 52 988 308 Bücher oder 7 247 km Regallänge geschätzter Sammlungs

IN EGERKINGEN

60 km von Bern, 42 km von Basel, 72 km von Zürich, 59 km von Luzern   **2598 Einwohner,** 46 915 Gastankünfte, durchschnittliche Aufenthaltsdauer: 1.5 Tage,   **318 885 m² überbaute Fläche** mit Gewerbe- und Industriefbauten, 15 landwirtschaftliche Betriebe mit 1 973 000 m² Nutzungsfläche, SBB-Lagerfläche für ca. 183 km Schienen, 1 550 Parkplätze auf dem Gewerbeareal "Gäupark", 25 km Gesamtstrassenlänge   **250 000 Postpakete** pro Tag im PTT-Verteilzentrum, 93 244 Fahrzeuge pro Tag am Autobahndreieck, 200 Züge pro Tag, 179 Lastwagen und 40 Züge pro Tag im Migros-Verteilzentrum

Egerkingen, Bahnhof

Switzerland

29,458 publications, including 13,694 books, 7,481 publications not sold in bookshops, 1,652 translations from 33 languages, 1,236 volumes of sheet music, 225 maps, 43 calendars (figures 1999). **370 newspapers**, above all 97,999,350 total annual circulation of Blick, 51,456,225 total annual circulation of NZZ, 7,194,360 total annual circulation of newspapers for foreigners. **11,137 magazines**, above all 119 architecture and building journals with a total annual circulation of 6,726,918, 19 erotic magazines with a total annual circulation of 4,029,632, 18 watch-and-clock magazines with a total annual circulation of 1,961,600 (figures 1999).

18,407,119 SFr total budget of the SNL, above all for publications, 1,800,050 SFr for conservation and restoration, 1,138,004 for purchases by the library. **101,202 loans**, above all 56,040 loans for use in the reading room, 28,087 via the loans desk, 14,173 via post (increase on previous year: 1998: 25.3%). **Total collection 1999: 3,499,410 books** or 47.86 km of shelf space; estimated total collection 2050: 13,984,852 books or 191.26 km of shelf space; estimated total collection 2100: 52,988,308 books or 724.67 km of shelf space.

Egerkingen

60 km from Bern, 42 km from Basel, 72 km from Zurich, 59 km from Lucerne. **2,598 inhabitants**, 46,915 visitors, average length of stay 1.5 days, **318,885 m² of built-up area** including commercial and industrial buildings, 15 agricultural enterprises utilising an area of 1,973,000 m², Swiss Federal Rail (SBB) storage area for approx. 183 km of track, 1,550 parking spaces on the "Gäupark" commercial area, 25 km of roads.

250,000 parcels per day in the Swiss Post distribution centre, 93,244 vehicles per day on the motorway merging point, 200 trains per day, 179 lorries and 40 trains in the Migros distribution centre.

La Suisse

29 458 publications, notamment 13 694 livres, 7 481 publications en dehors du marché du livre, 1 652 traductions, 1 236 partitions musicales, 225 cartes, 43 calendriers. **370 journaux**, notamment un tirage annuel du Blick à 97 999 350 exemplaires, un tirage annuel de la NZZ à 51 456 225 exemplaires, un tirage annuel de journaux pour étrangers à 7 194 360 exemplaires. **11 137 revues**, notamment 119 revues concernant l'architecture et la construction avec un tirage annuel de 6 726 918 exemplaires : 19 revues érotiques avec un tirage annuel de 4 029 632 exemplaires au total, 18 revues d'horlogerie avec un tirage annuel de 1 961 600 exemplaires au total (données recueillies pour 1999).

Budget global de la BN : 18 407 119 francs : notamment 1 800 050 francs pour les publications, 1 300 831 francs pour la conservation et la restauration, 1 138 004 francs pour les acquisitions de la bibliothèque. **101 202 ouvrages prêtés**, dont 56 040 à la salle de lecture, 28 087 au guichet, 14 173 par courrier postal (augmentation par rapport à 1998 : 25,3%). **3 499 410 ouvrages** ou 479 km de rayons pour les collections de 1999 : 13 984 852 ouvrages ou 1913 km de rayons estimés pour les collections de 2050. 52 988 308 ouvrages ou 7 247 km de rayons estimés pour les collections de 2100.

Egerkingen

A 60 km de Berne, 42 km de Bâle, 72 km de Zurich et 59 km de Lucerne. **2598 habitants**, 46 915 voyageurs (arrivées), durée de séjour moyenne de 1,5 jour. **318 885 m² de surface occupée** par des constructions à usage industriel ou artisanal, 15 exploitations agricoles pour une surface utile de 1 973 000 m², des entrepôts CFF pour environ 183 km de rails, 1550 places de stationnement sur le terrain industriel du « Gäupark », 25 km de routes au total.

250 000 paquets par jour au centre de distribution de La Poste, 93 244 véhicules par jour sur l'échangeur, 200 trains par jour, 79 poids lourds et 40 trains par jour au centre de distribution de la Migros.

List of Sources

86. Jahresbericht 1999, published by Schweizerische Landesbibliothek, Bern 2000

Schweizerisches Medienhandbuch 1999/2000, published by Medienpublikationen Hildegard Schulthess-Eberle, Leutwil 2000

Das Schweizer Buch 1999, published by Schweizer Buchhändler- und Verleger-Verband, Zurich 2000

Bundesamt für Statistik; Migros Neuendorf: logistics; Gäupark: office; SBB Lucerne: statistics; SBB Hägendorf: logistics

Photography: Christian Kerez; picture layout: Andreas Meiler; text: Florian Sauter

Christian Kerez

Born 1962. Lives and works as architect in Zurich.

MILLER & MARANTA   BS

I carceri dei libri   Unsere Entwurfsmethodik ist durch ihren Ansatz nicht dazu geeignet, einer Utopie zum Leben zu verhelfen. Die aus dem Bekannten schöpfende Vorgehensweise, die auf thematischer Ebene nach Entwurfsargumenten sucht und sich dabei dem kulturellen Kontext der Aufgabe verpflichtet, kann für die Gegenwart gültige Antworten generieren, die auch auf dem Weg zur Zukunft ihre Richtigkeit behalten. Durch die Vielschichtigkeit der Referenzen im Entwurf sichert sie dem Werk seinen Platz innerhalb des Umfeldes und haucht dadurch auf den verschiedenen Bedeutungsebenen die Inhalte ein. Wir bestimmen den Ausgangspunkt in unserem heutigen Kontext und definieren die kulturellen Bezüge auf architektonischer, städtebaulicher oder inhaltlicher Ebene.   Stellen wir uns diesen gedanklichen Ansatz als System von entlang eigener Bahnen sich bewegenden Objekten im Raum vor, das sich seinerseits als Gesamtsystem entlang der Flugbahn der Zeit im Raum bewegt. Bewegen wir uns mit dem System durch die Zeit, so verändern sich zwar die einzelnen Bezugsvektoren laufend; durch die Kontinuität der Beobachtung unseres Umfeldes bleiben sie aber auch unter veränderten Verhältnissen interpretierbar. Versuchen wir uns heute vorzustellen, wie sich das System in die Zukunft bewegt und wohin dannzumal die Bezüge verweisen werden, so sind wir auf reine Vermutungen angewiesen, denn wir wissen nicht, welche Kräfte es in welche Richtungen lenken werden. Eine so formulierte Utopie würde sich in der Leere des Gedankenraumes verlieren.   Unsere Methodik nimmt damit durch ihren Ansatz der gestellten Aufgabe, eine architektonische Utopie für eine Bibliothek in Form eines Projektes zu finden, ihren Sinn.   Die aufgezeigte Relativität der Beziehungen einer Architektur liesse sich mit Bildüberlagerungen demonstrieren, die durch das Übereinanderlegen verschiedener Architekturen und deren unterschiedliche Transparenz und Farbigkeit das Grundmaterial der Utopie darstellen. Durch gegenseitige Verschiebung der Elemente liesse sich das Gedankenmodell bildnerisch sichtbar machen. Man stelle sich einen modernen *carcere* im Sinne Piranesis vor, der mit zeitgemässen Darstellungsmitteln hergestellt werden sollte, wie sie beispielsweise eine Holographie mit dem Einbezug des dreidimensionalen Raumes ermöglichen würde.   In unseren Köpfen ist daraus ein interessantes Modell für die Darstellung unserer Entwurfsarbeit entstanden. Dabei haben wir uns aber in den labyrinthischen Tiefen der unendlichen Gänge und dunklen Treppen der *carceri* verloren...

I carceri dei libri

Our design methodology is by its approach unsuitable for bringing a utopia into being. The method of procedure which creates from the familiar, which seeks design arguments on a thematic level and thereby commits itself to the cultural context of the task, can generate answers valid for the present which will also retain their rightness on the way to the future. Through the complexity of the references in the design it assures the work its place within its milieu and thereby wafts the contents in on the various levels of meaning. We determine the point of departure in today's context and define the cultural references on an architectural, urban planning or contentual level.

Let us imagine this mental approach as a system of objects in space moving along their own trajectories, which for its part moves in space as a complete system along the trajectory of time. If we move with the system through time, the individual reference vectors will be continually changing; but through the continuity of observation of our milieu they will remain interpretable even under changed conditions. If we attempt today to imagine how the system moves into the future and whither the references will then point we are thrown back on pure assumptions, for we do not know which forces will steer it in which direction. A utopia thus formulated would lose itself in the void of the space of ideas.

Our methodology therefore by its approach forbids the set task of finding an architectural utopia for a library in the form of a project, forbids its meaning.

The highlighted relativity of the relationships of an architecture could be demonstrated by image overlays, which by superimposing various architectures and their varying transparency and colour represent the basic material of the utopia. By mutual displacement of the elements the mental model could be made a visible image. One may imagine a modern *carcere* in the Piranesian sense, to be produced with contemporary representational techniques, as for instance a holograph incorporating three-dimensional space would permit.

This created an interesting model in our heads for the representation of our design work. But in the process we lost ourselves in the labyrinthine depths of the endless corridors and dark stairways of the *carceri*…

I carceri dei libri

L'application de notre méthode habituelle de travail se prête mal à la production d'utopies. Notre processus s'inscrit dans un univers connu et recherche, sur le plan thématique, des arguments en faveur de certains axes de développement, en intégrant le contexte culturel qui circonscrit la tâche impartie. La méthode est à même de générer des réponses valables pour le présent, dont la validité se maintiendrait au cours de développements ultérieurs. Par la multiplicité des niveaux de référence pris en compte lors de l'élaboration d'un projet, elle assure à l'œuvre sa place dans un contexte donné et la nourrit du contenu des différents niveaux significatifs. Nous déterminons l'ancrage contextuel d'aujourd'hui et nous définissons des connexions culturelles architectoniques, urbanistiques ou de contenu.

Imaginons cette entreprise intellectuelle comme un système spatial d'objets se déplaçant le long de trajectoires propres, alors que le système lui-même est lancé dans l'espace sur l'orbite du temps. Lorsque nous accompagnons le système global dans sa course temporelle, les différents vecteurs corrélatifs se modifient continûment, certes, mais par la continuité de notre observation du contexte ils restent interprétables au travers de l'évolution de leur relations. Si maintenant nous cherchons à nous représenter aujourd'hui le trajet du système vers le futur et à deviner à quoi renverront alors les rapports entre ses constituants, nous en sommes réduits à une pure spéculation, car nous ne savons rien des forces qui agiront sur le système et rien de leur direction. Une utopie formulée ainsi se perdrait dans le vide intersidéral de l'univers des idées.

Notre méthodologie ne peut donc par son application répondre à la tâche assignée : formuler le projet d'une utopie architecturale pour une bibliothèque.

La relativité démontrée des affinités que présente une architecture se laisserait peut-être révéler par des superpositions d'images, où les strates d'architectures différentes et les variations de transparence ou de couleur offriraient la matière première de l'utopie. Le déplacement des éléments les uns par rapports aux autres permettrait de visualiser, sous la forme d'une image, le modèle mental de cette utopie. Que l'on se représente un *carcere* piranésien moderne, créé grâce aux plus récents moyens de présentation, tel, par exemple, que l'holographie pourrait le faire apparaître dans l'espace tridimensionnel.

Nous avons ainsi créé mentalement un intéressant modèle de représentation pour notre travail projectif. Mais, chemin faisant, nous nous sommes perdus dans les profondeurs labyrinthiques des couloirs infinis et des sombres escaliers des *carceri*...

Life Histories

Quintus Miller, born 1961 in Aarau. Studied architecture at the ETH, Zurich. Diploma 1987 at the ETH, Zurich. Assistant of Design at the EPF, Lausanne and the ETH, Zurich between 1990 and 1994. Since 1994 has been in permanent partnership with Paola Maranta in Basle. 2000–01 Invited Professor at the EPF, Lausanne.

Paola Maranta, born 1959 in Chur. Studied architecture at the EPF, Lausanne and the ETH, Zurich. Diploma 1986 at the ETH, Zurich. Master of Business Administration 1990 at the IMD, Lausanne. Management consultant at Mc Kinsey & Co. from 1991 to 1994 in Zurich. Since 1994 has been in permanent partnership with Quintus Miller in Basle. 2000–01 Invited Professor at the EPF, Lausanne.

Awards

1998	Eidgenössisches Kunststipendium (Swiss Art Scholarship). Färberplatz covered market project in Aarau.
2000	SIA "Priisnagel" (award for good buildings). Conversion of municipal library in Aarau.
2000	"Bronzener Hase" (Bronze Hare) of the cultural prize from the magazine Hochparterre and the DRS television programme Next. Volta schoolhouse in Basle.

Buildings and Projects

1989–90	Werdenberg pedestrian precinct in Sevelen. Project and execution. Collaboration with Christoph Mathys, Zurich.
1993	Stadtkeller restaurant and Kasinopark in Aarau. Competition, 1st prize.
1994	Bündner Lehrerseminar extension in Chur. Study commission, 1st prize. Collaboration with Jürg Conzett, Chur.
1995–00	Hotel Waldhaus conversion in Sils-Maria. Project and execution.
1996–00	Haus Engelapotheke conversion in Basle. Project and execution.
1996	HTL engineering school in Oensingen. Competition, 2nd prize.
1996	Forester's house in Aarau. Competition, 3rd prize.
1996	Färberplatz covered market in Aarau. Competition, 1st prize. Collaboration with Jürg Conzett, Chur.
1996–00	Volta schoolhouse in Basle. Competition, 1st prize and execution. Collaboration with Jürg Conzett, Chur.
1996–00	Municipal library conversion in Aarau. Project and execution.
1999	Municipal auditorium in Baden. Competition, 3rd prize with request for revision.
1999	Museum extension in the Augustinergasse in Basle. Study commission, 1st place. Collaboration with Jürg Conzett, Chur.
1999	Verenahof hotel and thermae, Baden. Study commission, 1st place ex aequo. Collaboration with Jürg Conzett, Chur.
2000	"Hinter Gärten" school house in Riehen. Competition, 4th prize.
2000	Grosspeterareal service complex in Basle. Competition, 1st place. Collaboration with Jürg Conzett, Chur.
2000	State archive in Liestal. Competition, 3rd prize. Collaboration with Jürg Conzett, Chur.

SMARCH: STÜCHELI & MATHYS & WALDVOGEL   BE

Spinnfadenkabel, l=136'000km, Ø=40m

Sanadrom, Höhe 1850m ü.M.

Hotel für 500 Besucher

Synthese- und Scannerräume

Archiv für Originale

Stadtinfrastruktur für 1200

Lesegärten, 0.25km²

Gewächshäuser, 3000
Pflanzenlinien à 0.8GB

Shuttleaufzug

Ausschnitt

EIN STÜCK ERDE IN DEN

Erde im Sonnensystem

Mond und Aufhängung als
Erdtrabanten

Gegengewicht

Geostationärer Punkt
Distanz 36'000km

Erde mit Bibliothek

Bibliothek am Spinnfaden
Länge 1000m
Höhe über Boden 1250m

'Auch erhoffte man sich damals Aufschluß über die Grundgeheimnisse der Menschheit: den Ursprung der
Bibliothek und der Zeit. Wahrscheinlich lassen sich diese gewichtigen Mysterien in Worten erläutern;
wenn die Sprache der Philosophen nicht ausreicht, wird die Bibliothek die unerhörte Sprache, die dazu
erforderlich ist, hervorgebracht haben, sowie die Wörterbücher und Grammatiken dieser Sprache.'

Jorge Luis Borges: *Die Bibliothek von Babel*, 1941

HIMMEL VERSETZT

Unsere Vision einer Bibliothek der Zukunft situiert sich zwischen dem Genussideal eines Garten Eden und dem Angstbild einer Arche Noah des Wissens. Möglichkeiten des viralen Crash vernetzter Welten ebenso wie der versprochenen künstlichen Paradiese zukünftiger technischer Intelligenz führen zur Konzeption der Bibliothek als autonome Einheit, abgeschirmt gegenüber Naturkatastrophen und von Menschen verschuldeten Vorfällen. Als Sensor für humane Artefakte, deren Inhalte in den allem Lebenden zugrundeliegenden Gencode kopiert und in Pflanzen dauerhaft gespeichert werden, stillt die Bibliothek unser kulturelles Bedürfnis, sich feste «Erinnerungsräume» zu schaffen, die zukünftigen Generationen Neuinterpretationen erlauben.

Eine metabolische Struktur aus synthetischen, metallischen und organischen Stoffen hängt im optischen Schwerpunkt zwischen Alpen und Jura. Sie ist mit einem Kabel, das sich mit der Erde und deren Rotation im Gleichgewicht befindet, in einer geostationären Umlaufbahn verankert. Mit der dadurch erreichten relativen Unabhängigkeit von der Erde wird das Urbedürfnis an Sicherheit, in der wir die Grundlage für jede Bibliothek

Archo-geologische Struktur: Raum

Biostruktur: Speicher

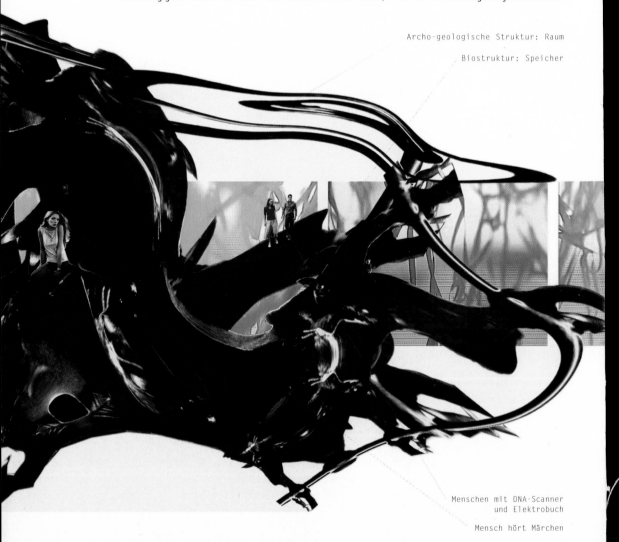

Menschen mit DNA-Scanner
und Elektrobuch

Mensch hört Märchen

Codierungssysteme für Papier [lateinisch] digitalen Speicher [ASCII und binär] und Pflanzen [DNA]

[lateinisch]	[ASCII]	[binär]	[DNA]
&	38	00100110	AGCG
'	39	00100111	AGCT
(	40	00101000	AGGA
)	41	00101001	AGGC
*	42	00101010	AGGG
+	43	00101011	AGGT
,	44	00101100	AGTA
-	45	00101101	AGTC
.	46	00101110	AGTG
/	47	00101111	AGTT
0	48	00110000	ATAA
1	49	00110001	ATAC
2	50	00110010	ATAG
3	51	00110011	ATAT
4	52	00110100	ATCA
5	53	00110101	ATCC
6	54	00110110	ATCG
7	55	00110111	ATCT
8	56	00111000	ATGA
9	57	00111001	ATGC
:	58	00111010	ATGG
;	59	00111011	ATGT
<	60	00111100	ATTA
	61	00111101	ATTC
>	62	00111110	ATTG
?	63	00111111	ATTT
@	64	01000000	CAAA
A	65	01000001	CAAC
B	66	01000010	CAAG
C	67	01000011	CAAT
D	68	01000100	CACA
E	69	01000101	CACC
F	70	01000110	CACG
G	71	01000111	CACT
H	72	01001000	CAGA
I	73	01001001	CAGC
J	74	01001010	CAGG
K	75	01001011	CAGT
L	76	01001100	CATA
M	77	01001101	CATC
N	78	01001110	CATG
O	79	01001111	CATT
P	80	01010000	CCAA
Q	81	01010001	CCAC
R	82	01010010	CCAG
S	83	01010011	CCAT
T	84	01010100	CCCA
U	85	01010101	CCCC
V	86	01010110	CCCG
W	87	01010111	CCCT
X	88	01011000	CCGA
Y	89	01011001	CCGC
Z	90	01011010	CCGG
[	91	01011011	CCGT
\	92	01011100	CCTA
]	93	01011101	CCTC
^	94	01011110	CCTG
_	95	01011111	CCTT
`	96	01100000	CGAA
a	97	01100001	CGAC
b	98	01100010	CGAG
c	99	01100011	CGAT
d	100	01100100	CGCA

als Behälter von Wissen sehen, sichergestellt. Die sich im Laufe der Zeit zu Landschaften und Geologien des Wissens verdichtende Struktur beherbergt einerseits unzerstörbare Kernräume zur Aufbewahrung, Encodierung und Zurschaustellung der Originale, andererseits den Pollenfundus, welcher mit dem gesamten, in ihm auf geringem Raum konzentrierten und konservierten Bibliotheksbestand an die elektronischen Datennetze angeschlossen ist. In den peripher gelegenen Zonen befinden sich Lesesäle als «Wiesen des Wissens», Kurz- und Langzeithotels, vegetarische Restaurants, ein Sanadrom, Simulations-Theater, Landeplätze für Flugobjekte und Shuttlezugstationen. Die gesamte mnemonische Stadtstruktur wird mit einem Solarenergiesystem versorgt.

Der Mensch, der sich über Düfte, Farben und Formen auf Pfaden der Verführung, des Unwissens und des Vergessens dem Wissen annähert, ruft dieses mit direkt aus den Pflanzen und Bäumen ab. Leben, Emotion und Zufall fungieren als Quelle des Wissenstransfers, vergleichbar mit der Reise in einer Märchenlandschaft, während der über Figuren, Mythen und Erlebnisse Wissen vermittelt wird.

Wir fassen die Evolution der Architektur als Pendelbewegung zwischen archaischen ewigen Werten und einem sich befreienden, neue Lebensformen gestaltenden Kraftfluss auf. Vor diesem Hintergrund erscheint unser Entwurf als archaisches, zukünftiges, zeitloses Gefäss der Erinnerung, das sich im Gleichgewicht zwischen Himmel und Erde befindet. Er bildet eine Architektur, die gleichzeitig in die Zukunft und in die Vergangenheit blickt, um sich in diesem Spannungsfeld der Zukunft zu erinnern. Mit diesem bifokalen Blick wird jede Utopie zur Re-tropie, und zwar genau im Moment ihrer Entstehung.

Und die Zeit steht plötzlich still.

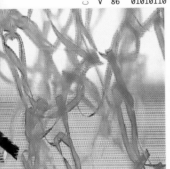

Beratung:
Dr. Bruno Stanek, Weltraumexperte
Dr. Thomas Wicker, Molekularbiologe

A Piece of Earth Moved to the Sky

Our vision of the library of the future is situated between a Garden-of-Eden ideal of enjoyment and the nightmarish vision of a Noah's Arch of knowledge. The prospects of networked worlds experiencing a virus-induced crash and the promise of artificial paradises created by a future technical intelligence have spawned the conception of the library as an autonomous entity shielded from natural disasters and man-made incidents. As a sensor of human artefacts, whose contents are copied in the genetic code upon which all life is based and permanently stored in plants, the library satisfies our cultural need to create secure "spaces for memory", allowing future generations to interpret things anew.

A metabolic structure composed of synthetic, metallic and organic materials is suspended at the optical focal point between the Alps and the Jura Mountains. It is anchored by a cable, held in a state of equilibrium with the earth and its rotation, and kept in a geostationary orbit. Made relatively independent from the earth, it satisfies that age-old need for security in which we see the basis of all libraries as receptacles of knowledge. This structure, coalescing over the course of time into landscapes and geologies of knowledge, accommodates indestructible core areas for preserving, encoding and displaying original works as well as that store of pollen, which – together with the entire library stock concentrated and preserved in a restricted space within it – is linked to an electronic data network. The peripheral zones contain the reading rooms as "pastures of knowledge", as well as hotels for short and long stays, vegetarian restaurants, a sanadrome, simulation theatres, airstrips for flying objects and shuttle stations. The entire mnemonic urban structure is supplied by a solar-energy system.

Human beings, who approach knowledge via scents, colours and forms along the paths of seduction, ignorance and forgetfulness, are also able to call up all these things directly from plants and trees. Life, emotions and chance serve as sources for the transfer of knowledge, rather like a journey into a fairy-tale world, on which knowledge is conveyed through figures, myths and experiences.

We grasp the evolution of architecture as a pendulum swinging between archaic eternal values and a flow of energy that is in the process of liberating itself as it creates new forms of life. Against this background, our design appears as an archaic, future-oriented, timeless receptacle of memories held in a state of equilibrium between Heaven and the Earth. It forms an architecture that looks simultaneously at the future and the past in order to remember the future within this field of tension. This bifocal view makes every utopia into a retro-topia – at the very moment of its inception. And time suddenly stands still.

Une parcelle de terre dans le ciel

L'idée que nous nous faisons de la bibliothèque à venir est à mi-chemin entre l'idéal sensuel d'un jardin d'Éden et l'image angoissante d'une arche de Noé du savoir. L'éventualité d'un virus entraînant la débâcle des mondes en réseau, tout comme celle d'une intelligence technique du futur nous promettant des paradis artificiels nous incite à concevoir la bibliothèque comme une unité autonome, protégée des catastrophes naturelles et des désordres causés par l'homme.

La bibliothèque nationale devrait créer des « lieux de mémoire » stables, que les générations de demain pourraient retrouver et réinterpréter. Nous imaginons que toutes les données (codes génétiques, artefacts humains…) pourraient être copiées et stockées dans des plantes transgéniques et que, celles-ci se reproduisant, assureraient la pérennité de ce savoir.

Notre bibliothèque serait une structure en évolution, composée de matériaux synthétiques, métalliques et organiques, attachée à l'aide d'un cable de rappel à mi-chemin entre les Alpes et le Jura ; elle est placée en orbite géostationnaire.

Grâce à cette relative autonomie par rapport à la terre, on répond à notre souci de sécurité, qui nous semble le fondement de toute bibliothèque, réceptacle du savoir. Cette structure, qui se construit au fil du temps en paysages et en terrains du savoir, abrite, d'une part, les parties centrales indestructibles servant au dépôt et à l'encodage des originaux et, d'autre part, un stock de pollen qui concentrera en un tout petit volume les collections de la bibliothèque et sera branché aux réseaux électroniques. Dans les zones périphériques se trouvent les salles de lecture, véritables « jardins du savoir », les hôtels, les restaurants, un sanadrome, un théâtre, des terrains d'atterrissage pour des engins volants et des stations de navettes spatiales.

L'homme qui emprunte les chemins de la séduction, de l'ignorance et de l'oubli et qui, par le biais des senteurs, des couleurs et des formes, s'approche du savoir, le prélève directement sur les plantes et les arbres.

La vie, l'émotion et le hasard sont sources d'un transfert de savoir, semblables à un voyage dans un paysage enchanteur, au cours duquel nous nous ferions guider par des figures, des mythes et des expériences.

Nous concevons l'évolution de l'architecture comme un mouvement oscillatoire entre des valeurs archaïques éternelles et un flux de force qui crée, en se libérant, de nouvelles formes de vie. Notre projet se veut, en quelque sorte, réceptacle du souvenir – archaïque, futuriste, intemporel – placé en équilibre entre le ciel et la terre. Il propose une architecture tournée à la fois vers l'avenir et vers le passé, de façon à ce que, au milieu de cette zone de tension, on puisse se souvenir du futur. Grâce à ce regard bifocal, toute utopie devient une re-tropie au moment même où elle se forme. Et le temps s'immobilise soudain.

Beat Mathys

1962	Born in Bern
1989	Diploma ETH Zurich
1991	smarch architects with Ursula Stücheli
1997	"Diskurs für Bern" for new building – Paul Klee Museum; Swiss "Freie Kunst" prize
1999	Competition – Wankdorf football stadium, Bern
2000	Worb railway station with Conzett, Bronzini, Gartmann; "Bildung" pavilion, Expo 2002 Neuchâtel; "life-forms"
Essays	www.smarch.ch

Ursula Stücheli

1963	Born in Zurich
1988	Diploma ETH Zurich
1991	smarch architects with Beat Mathys
1997	"Diskurs für Bern" for new building – Paul Klee Museum; Swiss "Freie Kunst" prize
1999	Competition – Wankdorf football stadium, Bern
2000	Worb railway station with Conzett, Bronzini, Gartmann; Lecturer at the Fachhochschule Muttenz; "Tradition&Trash"
Pamphlet	www.smarch.ch

Christian Waldvogel

1971	Born in Austin USA
1999	Studies in architecture at ETH Zurich and RISD
1996	!Hello_World?, Internet exhibition MFGZ; Computer music seminar, Zurich Conservatory
1997	Echtzeit, music/graphic art installation
1999	BSA network, www.architekten-bsa.ch
2000	Competition – Oslo opera house with J. Studer; Schlachtenpanorama Morât, Expo. 02, with Ch. Brändle; "Metapher und Interface" Essay

JENS STUDER   ZH

info_landscape_ch

Basel Liestal
Dornach

Porrentruy

Delémont Olten
Zofingen
Aar

La Chaux-de-Fonds Solothurn

Biel

Le Locle

Neuchâtel

Bern

St.Maurice
Yverdon-les-Bains Fribourg

Thun

Bulle

Morges Lausanne

Vevey

Nyon

Sion Visp

Genève

Martigny